# 브레턴우즈 전투

**THE BATTLE OF BRETTON WOODS**
Copyright ⓒ 2013, Benn Steil
All rights reserved

Korean translation copyright ⓒ 2015 by The Asan Institute for Policy Studies
This Korean edition was published by The Asan Institute for Policy Studies in 2015
by arrangement with The Wylie Agency (UK) Ltd

이 책은 The Wylie Agency (UK) Ltd를 통한 저작권자와의 독점 계약으로 아산정책연구원에서
출간되었습니다. 저작권법에 의해 한국 내에서 보호를 받는 저작물이므로
무단 전재와 무단 복제를 금합니다.

# THE BATTLE OF BRETTON WOODS
# 브레턴우즈 전투

벤 스틸 지음 | 오인석 옮김

존 메이너드 케인스, 해리 덱스터 화이트,
그리고 새로운 국제질서의 정립

아산정책연구원

나의 소중한 글로리아(Gloria)와 이선(Ethan)에게 바칩니다.

한국어판
서문

"우리는 고려해야 할 정치가, 국민, 그리고 미래가 있습니다." 미국 재무장관이 중국 대사에게 강력한 메시지를 전했다. "우리 두 나라가 협의해 위안화 시세가 달러화로 매겨지도록 하는 방안이 가장 바람직합니다." 이 말은 곧 중국 위안화를 미국 달러화에 고정비율로 연동시켜야 한다는 뜻이다.

루스벨트 행정부가 유럽 강대국들뿐만 아니라 중국의 대(對) 달러 자국 통화 가치를 지속해서 떨어뜨리는 행위를 막기로 한 때는 1935년이었다. 1930년대와 1940년대에는 중국이 채택한 고정환율제가 (오늘날 중국의 변동환율제가 '더욱' 그렇듯) 미국이 산업 경쟁력을 유지하는 데 꼭 필요했다. 미국은 오래전부터, 중국의 환율 정책이 변동환율제든 고정환율제든 그 정책을 미국 달러화의 경쟁력을 높일 수 있는지 여부에 따라 평가했다. 예를 들어 2009년 티모시 가이트너(Timothy Geithner) 미 재무장관 지명자는 고정환율제를 유지하는 중국을 '환율 조작국'이라고 비난한 반면, 1998년 아시아 외환위기 때 로버트 루빈(Robert Rubin)은 공식 석상에서 중국을 '위기에 휩싸인 지역에서 안정을 유지하는 중요한 섬'이라고 치켜세웠다.

오늘날 국제통화기금(IMF)과 G20 정상회의에서처럼, '환율전쟁'의 종식과 채권채무국 사이의 이해충돌 조정이 1944년 브레턴우즈 회담의 주요 의제였다. 하지만 1919년 파리강화회의 이후 가장 중요한 국제회의였던 브레턴우즈 회담은 그 이상의 목적이 있었다. 세계 제일의 채권국가였던 미국이 (파산이 임박했던 세계 최대 채무국이었던 영국의 처지를 활용해) 제2차 세계대전 이후의 국제 정치·경제 질서를 자국에 유리하게 전환하는 일이었다.

그동안 한국, 중국, 일본이 서로 모여 합의를 도출해 낸 부분은 거의 없다. 하지만 경제 주권, 즉 자본의 유출입과 이것이 자국 경제에 미치는 영향을 관리할 수 있는 능력이 미국의 전례 없는 통화정책에 좌지우지되고 있다는 생각을 공유하면서, 이 나라들 사이의 관계가 점점 더 가까워지고 있는 듯하다. 2012년 12월 아베 신조(安倍晋三) 일본 총리는 "세계 각국 중앙은행이 돈을 찍어내고 있다. 미국이 대표적 예다. 만약 이런 움직임이 계속된다면 엔화는 어쩔 수 없이 절상될 수밖에 없기 때문에 이런 움직임에 대항해야 한다."라고 비판했다. 같은 해 3월 김중수 전 한국은행 총재는 "한국과 중국은 미국과 같은 선진국의 통화제도에서 비롯되는 부정적 여파를 최소화하기 위해 함께 노력해야 한다."라고 말했다. 2010년 11월 저우샤오촨(周小川) 중국 인민은행 총재도 "자국에는 최적인 듯 보이는 미국의 환율 정책이 국제 지급수단으로서의 달러의 역할과 상충한다는 점이 가장 큰 문제다."라고 주장했다.

그는 국제통화 시스템의 정관에 달러화를 금의 유일한 대체 수단으로 공식 지정한 1944년의 그 유명한 회의를 언급하며 "이러한 상충 문제는 브레턴우즈 체제가 남긴 결함이다."라고 말했다. 처음으로 유럽 9개국이 각국 통화를 달러화로 태환할 수 있도록 하는 요구조건을 충족했던 1961년에도 이 체제는 이미 많은 문제를 내포하고 있었다. 그로부터 10년 뒤 브레턴우즈 체제는 리처드 닉슨(Richard Nixon) 대통령이 미국의 금 보유액 고갈을 막기 위해 달러화 금태환을 중지하면서 무너졌다. 하지만 저우샤오촨 총재가 지적한 대로, 1971년 이후 '더욱더 큰 금융위기가 더 자주 발생'하고 있는데도 마땅한 대안이 없어 달러화가 여전히 세계 외화보유액과 무역 통화로서의 지배적 위치를 차지하고 있다.

세계 최대 채권국인 중국과 최대 채무국인 미국이 오늘날의 경제적, 정치적 현실을 반영해 환율 질서를 재편하기 위해 '새로운 브레턴우즈 체제'를 만들지, 만들 수 있을지, 만들어야 하는지에 대한 질문은 매우 흥미로울 듯하다. 전 세계 생산량의 36퍼센트를 차지하고 있는 두 국가가 국제 금융불균형의 주 근원지다. 미국이 수입대금으로 중국에 지급한 달러화는 이튿날 저리 대출 형태로 미국으로 되돌아오고, 이는 다시 더욱더 많은 신용을 창출하는 미국 금융시스템을 통해 빠르게 재활용된다. 중국의 무역수지 흑자와 미국의 무역수지 적자를 줄이려는 노력, 즉 미국 수출품의 경쟁력을 높이기 위한 지속적 평가절하라든지 미국의 신용팽창을 억제하기 위한 연방준비제도이사회(FRB)의 통화긴축 조치가 없다. 그 결과 2007년 미국 주택시장 붕괴가 발생하면서 전 세계 경제에 끔찍한 결과를 초래했다.

중국은 믿기 힘들 정도로 외화보유액을 많이 쌓았다. 거의 4조 달러에 이르는 외화보유액 중 60퍼센트 정도는 미 국채로 구성돼 있다. 반면 미국은 18.1조 달러에 달하는, 세계에서 가장 많은 부채를 떠안고 있다. 양국은 이 잔액 변화를 예의 주시하고 있다. 중국은 자국이 축적한 달러 표시 자산의 구매력이 급락하지 않을까 걱정하고, 미국은 더 이상 자금 융통이 불가능해질까 염려한다. 미국은 중국이 수출을 촉진하고 수입을 억제하기 위해 위안화 가치를 낮게 조정하고 있다고 비난하는 반면, 중국은 미국이 낭비가 심할 뿐만 아니라 통화 관리마저 느슨하게 하고 있다고 비판한다. 미국 재무장관을 역임했던 로렌스 서머스(Lawrence Summers)는 이러한 교착상태를 '일종의 금융 공포의 균형'이라고 불렀다.

하지만 중국은 1940년대의 미국과 달리, 국제통화 체제를 바꿀 브레턴우즈 같은 모임을 지휘할 위치에 있지 않다. 오늘날 미국은 전쟁으로 피폐해진 1940년대의 영국처럼 중국에 간청해야 하는 처지가 아니다. 당시 미국 재무부는 파운드화의 국제적 역할을 뒷받침했던 무역과 통화 태환 규제를 철폐하라고 영국에 강요했다. 반면 미국은 여전히 자국 통화인 달러를 발행해 부채를 상환한다. 미국은 국가부채가 계속 늘어

한국어판 서문

나고 있는데도 미국과 유럽의 금융위기 때 유례없이 낮은 금리로 엄청난 규모의 달러를 찍어냈다. 달러화는 여전히 전 세계 외화보유액의 60퍼센트를 차지한다. 현재 미국은 글로벌 선(善)이라는 모호한 비전을 위해 자국이 지나치게 누리고 있는 특권을 희생하라는 요구를 받아들일 필요가 없다.

한국 같은 신흥국이 미국의 협조 없이 통화 위기에서 자국을 보호하기 위한 조치를 취할 수 있을까? 사실 그럴 수 있다. 2013년 IMF는 2010년 이후 갑작스러운 미국 통화 정책의 영향에서 타국보다 더 빨리 회복된 나라는 다음 세 가지 특징이 있다고 결론지었다. 즉, 국내 자산에 대한 외국인 보유 비중이 작고, 무역수지가 흑자며, 외화보유액을 대규모로 보유하고 있다는 공통점이 있다. 이것이 정책적 차원에서 시사하는 점은 분명하다. 신흥국 정부들은 상황이 좋을 때 수입은 줄이고 자국 통화가치를 낮추는 한편, 수출은 늘려 달러 보유액을 올리는 정책을 펴야 한다는 사실이다.

유감스럽게도 많은 미 국회의원들은 이러한 정책을 미국의 수출업자를 불리하게 하는 불공정한 환율 조정이라 여긴다. 미 대기업의 지원을 받고 있는 프레드 베르그스텐(Fred Bergsten) 같은 영향력 있는 경제학자들은, 외국 정부가 이러한 조치를 취하지 못하게 하기 위해서는 향후 체결될 무역협정에 환율 조정을 막는 조항을 넣어야 한다면서 백악관을 압박했다. 자레드 번스타인(Jared Bernstein)과 딘 베이커(Dean Baker) 같은 학자들은 심지어 미국 국채에 투자하는 외국인에게 세금을 물리고 환율 조작으로 의심되는 국가로부터 수입하는 물품에 대해 추가 관세를 부과하라고 미 행정부에 요구했다.

이러한 제안들은 잘못된 것이다. 국제 무역에서의 긴장과 정치적 갈등을 높일 뿐이기 때문이다. 하지만 유명 인사들이 이러한 조치를 요구하고 있는 사실은 분명, 국제 금융과 통화 체계가 제대로 작동하는지 혹은 잘못 작동하는지에 따라, 악영향을 끼치는 정치적 행동이 걷잡을 수 없이 일어날 수도 있다는 점을 잘 보여준다.

미국의 분명한 정책 방향을 고려했을 때, 지난 몇 년 동안 통화와 국채 시장 혼란 문제를 겪은 신흥국은 향후 예상되는 FRB 정책의 파급효과로부터 국제 금융시스템을 보호하기 위해 더욱더 효과적인 집단 행동체제를 구축하려 할 것이다. 신흥국 대부분은 자국을 보호할 수 있는 자원이 부족하다. 하지만 그 국가들이 함께 행동한다면 외화보유액을 충분히 확보할 수 있다. 예를 들어, 아시아에서는 2010년 '치앙마이 이니셔티브 다자화(Chiang Mai Initiative Multi-lateralization, CMIM)'를 통해 협정에 참여한 13개국이 외환 위기에 몰릴 때 2,400억 달러의 공동 외화보유액을 이용할 수 있도록 했다.

하지만 불행히도 이후 움직임은 눈에 띄지 않는다. CMIM에 참여했던 국가들은 약속한 자금을 실제로 아직 출자하지 못했고, 각국은 IMF 프로그램에서 요구하는 관리 조건에 따라서만 상당한 자금을 요청할 수 있을 뿐이다. 사실 이 지역의 정부들은 위기 때에는 서로 신용을 확장하는 데 여전히 주저하고 있지만, 사실 위기 때야말로 이런 조치가 정말 필요하다. CMIM의 기금은 아직까지 상호 원조에 한 푼도 쓰지 않았고 향후에도 쓰지 않을 듯하다.

이러한 것들 모두, 심지어 자원이 이미 준비됐더라도 미국의 역할을 대신하기 힘든 만큼이나 미국의 금융 지도력 부족을 한탄하기도 쉽다는 사실을 보여준다. 브레턴우즈의 무용담이 보여주듯 국제통화 체제의 견실한 개혁은 어렵다. 통화 민족주의는 예전에도 있었고 현재에도 가장 높은 장벽이다.

2015년 3월
미국 외교협회
벤 스틸

한국어판 서문 ··· 7

감사의 글 ··· 17

제1장   머리말 ··· 21
제2장   온 세계가 화이트산맥에 모이다 ··· 31
제3장   믿기지 않는 화이트의 부상 ··· 40
제4장   메이너드 케인스와 골칫거리 통화 ··· 100
제5장   가장 이타적인 법률 ··· 152
제6장   화이트와 케인스가 최선을 다한 계획 ··· 188
제7장   눈가림 ··· 227
제8장   역사가 이뤄지다 ··· 289
제9장   애완견 팔라처럼 알랑거리며 애원하다 ··· 357
제10장  구 질서를 보내고 새 시대를 맞이하다 ··· 415
제11장  맺음말 ··· 467

별첨 1: 해리 덱스터 화이트 자필 내용과 사진 ··· 494
별첨 2: 해리 트루먼 대통령이 해리 덱스터 화이트 사건에 대해 쓴 글 ··· 497

등장인물 ··· 500
주석 ··· 515
참고문헌 ··· 552
찾아보기 ··· 572

## 감사의 글

  이 책을 저술하는 데 많은 지원을 아끼지 않은 재능 있고 의욕 넘치는 젊은이들인 로밀 초우헌(Romil Chouhan), 데미트리 카라가스(Demetri Karagas), 마크 홀든(Mark Holden), 니콜라이 크릴로프(Nikolai Krylov), 애너 배릭(Ana Baric), 제스 석(Jess Seok), 막시밀리언 추퍼스키(Maksymilian Czuperski), 패리니사 사스트리(Parinitha Sastry), 애슐리 랭퀴스트(Ashley Lannquist), 서머 린지(Summer Lindsey)께 무한한 감사의 말을 전한다.

  영광스럽게도 미 외교협회 연구회 동료의 훌륭한 조언과 검토의견도 받았다. 전문 지식을 나누어 주고 시간도 아끼지 않은 한분 한분께 깊이 감사드린다. 특히 리아콰트 아하메드(Liaquat Ahamed), 데이비드 볼드윈(David Baldwin), 데이비드 베임(David Beim), 존 비그스(John Biggs), 마이클 블루멘탈(Michael Blumenthal), 카렌 파커 펠드(Karen

Parker Feld), 리처드 포스터(Richard Foster), 제프 가튼(Jeff Garten), 짐 그랜트(Jim Grant), 존 헤이맨(John Heimann), 짐 호쥐(Jim Hoge), 해럴드 제임스(Harold James), 월터 러셀 미드(Walter Russell Mead), 어니 패트리키스(Ernie Patrikis), 애미티 슐래스(Amity Shlaes), 폴 볼커(Paul Volcker), 웨이 샹진(魏尙进), 그리고 특히 이들을 이끌어준 루벤 제프리(Reuben Jeffery)께도 감사의 뜻을 표한다.

초안을 꼼꼼히 검토해 준 앤드루 와일리(Andrew Wylie), 스콧 모이어스(Scott Moyers), 세스 디칙(Seth Ditchik), 데이비드 체임버스(David Chambers), 데이브 컬럼(Dave Collum)과 익명의 검토위원 두 명으로부터도 도움을 많이 받았다.

마지막으로 연구자금을 기꺼이 지원해 준 스미스 리처드슨 재단(Smith Richardson Foundation)뿐만 아니라 지원과 격려를 아끼지 않으신 외교협회 회장 리처드 하스(Richard Hasss), 협회 연구회 이사 짐 린지(Jim Lindsay)께도 감사드린다. 책에 오류나 흠이 있다면 이는 순전히 내 잘못이다.

# 제1장
# 머리말

　전 세계가 대공황 이후 최악의 금융위기에 빠진 2008년 말, 니콜라스 사르코지(Nicholas Sarkozy) 프랑스 대통령과 고든 브라운(Gordon Brown) 영국 수상은 국제금융 시스템을 근본적으로 재검토해야 한다고 주장했다. 2009년 초 저우샤오촨 중국 인민은행 총재도 확실한 국제통화 시스템이 없어 위기가 발생했다며 이들을 거들었다. 이들 주장은 뉴햄프셔주 시골 마을인 '브레턴우즈'의 기억을 떠오르게 한다. 제2차 세계대전이 한창이던 1944년 7월, 세계 44개국 대표들은 이전에는 한 번도 시도하지 않았던 일을 하기 위해, 즉 국제기구가 관리하는 국제통화 시스템을 고안해 내기 위해 한적한 산골에 모였다.
　당초 대규모로 추진돼 첫 경제세계화의 토대를 이뤘던 19세기 말 고전적 금본위제(gold standard)는 제1차 세계대전 도중 무너진 뒤 1920년 부활을 시도했으나 결국 처참한 실패로 끝났다. 경제활동과 무역이 추락하고 국가 간 긴장이 고조됐다. 미국 재무부와 국무부 세계주의자들은 금본위제가 왜 허물어졌는지 붕괴의 파장이 얼마나 컸는지 잘 알고 있어, 미국 재무부의 해리 덱스터 화이트(Harry Dexter White)가 말한 대로 1930년대에 '새로운 세계를 위한 뉴딜'을 만들기로 다짐했다.

화이트는 혁명적 경제학자였던 존 메이너드 케인스(John Maynard Keynes) 영국 대표와 티격태격 싸우며 전후 세계평화 유지의 밑바탕이 될 경제체제를 만드는 데 착수했다. 이 체제에서는 정부가 시장에 더욱 큰 영향력을 행사하도록 하되, 무역으로 이득을 취하려고 시장을 조작하는 행위는 더욱 억제해야 했다. 금과 달러화 부족문제를 종식시켜 무역이 장차 국가 간 정치협력으로 발전하도록 해야 했다. 더불어 자본이 무질서하게 국경을 넘지 못하도록 제한해, 금이나 달러화가 부족할 것이라는 우려를 부추겨 이득을 챙기는 투기꾼들에게 족쇄를 채워야 했다. 각국에서는 케인스가 주창한 강력한 신거시경제 이론으로 무장한 정부 전문가들이 이자율을 결정하도록 해야 했다. 국제통화기금(International Monetary Fund, IMF)은 가격경쟁력을 높이려고 환율을 조작하는 나라가 없도록 해야 했다. 가장 중요한 것은 신예 독재자들이 이웃 나라를 파멸시키고 전쟁을 확산시키는 '경제 침략'을 두 번 다시 못하도록 막는 일이었다.

1950년대와 1960년대의 탄탄한 경제회복 덕분에 브레턴우즈 체제는 서로 협력하는 통찰력 있는 세계경제 개혁의 대명사가 됐다. 그 뒤 70년이 지나 세계가 국제 금융위기로 신음하고 있는 이때 헤지펀드계 거물 조지 소로스(George Soros), 노벨 경제학상 수상자 조지프 스티글리츠(Joseph Stiglitz), 정책통인 프레드 베르그스텐(Fred Bergstein) 같은 사람들이 모두 국제통화 체제 개혁의 청사진으로 브레턴우즈를 떠올리고, 국제통화 체제를 만들기 위해 케인스와 화이트가 서로 논쟁을 벌이던 시절을 들먹이는 것은 어쩌면 당연한 일인지도 모른다.

하지만 실제로 브레턴우즈 이야기가 앞길을 밝혀줄 수 있을까? 브레턴우즈에서 고안된 통화 체제는 분명 중대한 결함이 있었고, 바로 그 결점 때문에 결국 1971년 이 체제는 붕괴되고 말았다. 사실 브레턴우즈 체제의 수명은 매우 짧았고 이 시스템을 작동시키는 것도 생각보다 쉽지 않았다. IMF가 출범하고 15년이 흐른 1961년에야 유럽 9개국이 처음으로 자국통화를 달러화로 바꿀 수 있는 필수조항을 공식적으로 채택했다. 사실 그때까지 이 체제 안에서 이미 팽팽한 싸움이 벌어지고 있었다. 기존 체제를 대체할 시스템이 무엇이든 1940년대 미국과 영국 협상단을 오랫동안 괴롭혔던, 개별국가 재량권과 국제규약이 서로 충돌하는 문제에 여전히 부딪힌다. 1971년 이후 세계 경제석학들은 '신 브레턴우즈 체제'를 만들어야 한다는 주장을 되풀이해 왔다. 20개국 위원회(1973~1974년), G24(1986년), G7 유럽위원회(2009년) 등이 대표적 예다. 하지만 이들 모두 아주 실망스러울 뿐이었다.[1]

브레턴우즈 체제는 미국의 정치·경제적 부상과 대영제국 추락을 둘러싼 독특한 외교적 상황에 그 뿌리를 두고 있다. 제1차 세계대전이 일어나기 직전 영국의 국가부채는 국내총생산의 29퍼센트에 불과했으나 제2차 세계대전이 끝났을 때에는 240퍼센트까지 치솟았다. 1920년대까지만 해도 지구 전체 면적과 인구의 4분의 1을 지배했던 나라가 케인스 표현대로 '됭케르크(Dunkirk) 같은 금융위기상황'[2]에 맞닥뜨리고 있었다. 영국이 전쟁에서 살아남기 위해 미국과 파우스트식 거래(돈, 성공,

권력 등을 바라고 옳지 못한 일을 하기로 동의하는 행위_옮긴이)를 하는 것은 브레턴우즈라는 연극에서 가장 중요한 부분이 될 터였다.

　이 극적인 사건은 반대편에서 서로 대립하는 케인스와 화이트가 중심 인물이다. 언변이 뛰어난 케인스는 하인까지 둔 명문 케임브리지대 교수 집안에서 자란 반면, 성급하고 고집 센 전문 관료인 화이트는 유대계 리투아니아 이민자인 보스턴 노동자의 아들로 컸다.

　브레턴우즈에서 케인스는 전례 없이 세계적 명성이 자자한 경제학자였다. 미국 언론은 가시 돋친 말을 청산유수로 늘어놓는 이 영국인에게서 한시도 눈을 떼지 않았다. 그는 정부가 시장에 적극 개입해야 한다고 주장했다. 케인스가 자신만만하게 제시한 새 이론은 숭배되기도 하고 매도되기도 했다. 20년 전 아인슈타인(Einstein)이 물리학계에서 그랬듯, 케인스는 경제학계에서 통용되던 기존 이론을 맹공격했다. 1936년 그는 자신의 기념비적 저서인 《고용·이자 및 화폐의 일반이론The General Theory of Employment, Interest and Money》에서 정부가 영구적으로 효과가 있다고 믿는 정책은 사실 공황을 극복하는 데에는 전혀 쓸모 없다고 확신에 찬 목소리로 아주 신랄하게 비판했다. 그는 경제시스템 안에 있는 통화량 자체가 고전파 경제학자들이 항상 작동한다고 믿었던 경제 자동안정화 기능을 엉망으로 만든다는 통찰력 있는 주장을 폈다. 케인스는 자신의 식견을 활용해 새로운 국제 기축통화를 토대로 하는 신국제통화 시스템을 고안해내려 했다. 이 시스템은 세계금융 패권을 쥐고 있는 미국 달러화에 대한 위협이었기에 화이트는 이것이 햇빛을 보기 전에 무슨 수를 써서라도 막아야 했다. 케인스는 신국제통화 시스템에 대한 비전이 있었지만, 그가 미국에 온 궁극적 목적은 사라지기 직전의 유서 깊은 영국 제국주의 특권을 지키는 일이었다. 사실상 달러화가 지배하게 되는 전후 세계에서는 이 특권을 거의 누릴 수 없을 터였다. 영국이 뜬금없이 케인스를 마지막 금융특사로 보내 브레턴우즈 회의, 무기대여협상, 대출협정 등에서 목소리를 높이도록 한 까닭은, 자국 정치인들과 고위 관료들이 워싱턴에서 아주 필사적으로 벌인 구걸작전이 번번이 실패하고 진전을 보이지 못했기 때문이다.

당시 신문 한 구절은 영국 사절단이 어떤 처지였는지를 간명하게 보여준다. '어느 날 워싱턴에서 핼리팩스(Halifax) 경이 케인스 경에게 속삭였습니다. 돈 주머니를 가지고 있는 사람들은 그들이지만 머리를 쓰는 사람들은 우리입니다.'[3] 영국 정치인이었던 핼리팩스가 미국의 돈 주머니를 푸는 데 실패하자 영국 정부는 케인스를 워싱턴과 브레턴우즈 전선에 파견했다. 영국은 자국의 지급능력을 유지하는 데 가장 중요한 것이 두뇌라면 바로 케인스가 그 임무를 성공적으로 수행할 수 있는 적임자라는 헛된 희망을 품었던 것이다.

케인스만큼 영국의 끔찍한 재정상황을 적나라하게 파악하는 사람도 없었다. 케인스는 말을 술술 풀어갈 줄 아는 달변가였다. 만약 그가 상대방을 꼼짝 못하게 몰아붙이거나 모욕을 주기보다는 오히려 자기 편으로 만들려고 노력했다면 그는 일류 외교관이 될 수도 있었을 것이다. "그 사람은 국제관계에 활용하기에는 곤란한 인물입니다." 이는 미국 쪽 교섭담당자가 한 말이 아니었다. 케인스를 '신'[4]이라 여겼던, 영국 전시내각 고문이자 나중에 노벨 경제학상까지 받은 제임스 미드(James Meade)가 쏟아낸 푸념이었다. 재무부 동료 폴 바로(Paul Bareau)는 케인스를 이렇게 평가했다. "케인스는 표를 얻기 위해 로비를 한다든지 지인을 동원한다든지 점심이나 저녁 식사를 하면서 정치하는 일 따위에는 재주가 없습니다."[5]

　케인스는 분위기가 낯선 사람들에 적응하느라 정신적 육체적으로 큰 어려움을 겪었다. 특히 워싱턴에서 온 미국인들은 그의 명석한 논리에 당황하기는커녕 동요조차 하지 않았다. 미국인들은, 적어도 전쟁이 끝나 트루먼(Truman) 대통령이 내각을 물갈이하기 전까지는, 자신들의 강경한 지정학적 요구 조건에서 단 한 발짝도 물러서지 않았다. 케인스는 종종 일을 서툴게 처리하는 바람에 가뜩이나 어려운 문제를 더욱 꼬이게 만들었다. 열성적이고 영리한 전문 외교관이었다면 뉴욕 은행가들과 루스벨트 대통령의 재무관료들을 서로 싸움 붙여 중간에서 이득을 취할 수도 있었을 것이다. 뉴욕 은행가들은 영국이 미 재무부의 통화개혁안에 반대하면 그 대가로 영국에 대출을 해줄 수도 있었기 때문이다. 하지만 케인스에게는 잊지 말아야 할 영국의 위대한 유산이 있었다. 이 유산을 지키는 데 있어서 가장 중요한 것은 브레턴우즈 판테온 [Pantheon, 만신전(萬神殿)의 뜻으로, 로마에 있는 로마 시대 신전을 이르는 말] 에서 어떤 위치를 차지하느냐였다. 그러나 그는 고집스러운 성격 탓에 스톡홀름 증후군과 비슷한 증상을 보였다. 즉 그는 (미국사람들이 지나치게 관료적이고 비논리적이기는 해도 나름 선의도 있어서) 자신이 런던 정치인 수준의 비길 데 없이 뛰어난 언변으로 그들을 잘 구슬리면 결국 영국이 하자는 대로 따라올 것이라고 착각했다.

　케인스가 브레턴우즈 회의에서 전후 국제통화질서의 청사진을 만드는 데 가장 큰 걸림돌은 아직은 잘 알려지지 않은 미국 재무부 관료 해리 화이트였다. 회의장에 모인 기자들이 그를 케인스의《고용·이자 및 화폐의 일반이론》에서 얻는 지식 이외에는 사실상 아는 것이 없다는 투로 무시하자 발끈했다고 한다. 화이트는 중요한 공식 직함은 없었지만 1944년까지 미국 외교정책에 믿기 어려우리만큼 커다란 영향력을 행사하고 있었다. 심지어 브레턴우즈 회의가 있기 3년 전 미국이 일본을 상대로 전쟁을 선포하는 데 외교적으로 결정적 역할을 하기도 했다.

국내외 지인들은 명석하고 꼼꼼하고 집요하며 정책도 잘 고안해 내는 재주가 있는 화이트를 마지못해 존경하는 척했고, 그 자신도 남에게서 호감을 사기 위해 애쓰지 않았다. 케인스는 이렇게 투덜거렸다. "화이트는 교양이나 품위라고는 눈곱만큼도 찾아 볼 수 없는 사람입니다."[6] 거만하고 으스대는 화이트는 곧잘 흥분하고 정서적으로도 불안했다. 헨리 모겐소(Henry Morgenthau) 재무장관은 머리가 썩 좋지는 않지만 실행 가능한 정책을 끊임없이 제시해 루스벨트 대통령의 신뢰를 받았다. 이런 모겐소 장관에게 전적으로 의존했던 화이트는 워싱턴에서의 자신의 보잘것없는 지위에 늘 심한 열등감이 있었다. 그는 종종 케인스와 협상을 앞두고 너무 긴장한 나머지 몸이 아팠고 협상 도중 울컥했다. 어느 날 회의 석상에서 화이트는 아주 격렬하게 논쟁을 벌이다 이렇게 비꼬았다. "전하께서 알아 들으실 수 있는 것을 만들기 위해 노력하겠나이다."[7]

브레턴우즈 회의에서 화이트는 자신보다 훨씬 더 명석하지만 그렇지 않은 척했던 케인스를 압도했다. 화이트는 브레턴우즈 체제를 앞장서서 설계해야 할 임무가 있었기에, 제2차 세계대전을 계기로 구조적으로 바뀌기 시작한 영국과 미국의 지정학적 역학관계를 이용해 앞뒤 가리지 않고 최대한 많이 얻어내는 애국주의자가 돼야 했다. 화이트는 영국이 오랫동안 누려온 제국주의적 특권과는 상반되는 전후 세계질서를 구상했다. 하지만 화이트의 가장 친한 친구조차 모르고 있었던 사실은, 화이트가 미국이 유럽의 새롭게 떠오르는 강국인 소련과 아주 친밀한 관계를 맺길 원했고 이를 도모하기 위해 특별수단까지 동원하려 했다는 점이다. 화이트가 왜 그렇게 영국인들이 협상하기 어려운 상대였는지를 알기 위해서는, 그리고 전쟁이 끝난 뒤 미국 대외경제정책이 왜 그리 느닷없이 바뀌었는지 파악하려면, 화이트가 그린 큰 구상이 무엇이었는지 이해하는 일이 중요하다. 사실 전쟁 후 트루먼 대통령은 대외경제정책 담당부서를 재무부에서 국무부로 바꿨다.

화이트는 소련이라는 나라를 오랫동안 동경하고 있었다. 그는 실제로 위스콘신주 로렌스대 경제학 교수가 된 직후인 1933년 러시아로 건너가 계획경제체제를 연구하기 위해 장학금을 신청하려고 한 적도 있었다. 화이트는 1934년 6월 재무부 자문위원이었던 제이콥 바이너(Jacob Viner)가 그에게 워싱턴으로 건너와 화폐금융 개혁에 대해 잠시 연구해 달라는 부탁을 받고 나서야 마음을 바꿨다. 화이트가 소련 지하조직을 위해 일하는 조지 실버맨(George Silverman), 휘태커 체임버스(Whittaker Chambers)를 만난 곳이 바로 여기였다. 이상주의적이고 권력지향성이 강하며 실행을 가로막는 관료주의적 장벽을 경멸했던 화이트는, 1930~1940년대에 워싱턴에서 알고 지내던 사람들을 끌어들이는 위험한 이중생활을 일찍이 1935년부터 시작했다.

외부로 알려진 화이트 보고서만 보면 그는 케인스식 뉴딜정책을 지지하는 민주당원임이 확실해 보였지만 속으로는 확실히 좌파적이었다. 화이트는 전쟁 후에는 소련식 사회주의 경제모델이 미국식 자유자본주의 체제를 대체하지는 못할지언정 세력은 더욱 떨치리라 예상했다. 이번 연구과정에서 새로 발견된 화이트 미공개 자필보고서가 이를 확실히 증명한다. 전쟁 종료 직전에 쓴 이 보고서는 소련에 대한 미국의 태도를 강도 높게 비판하는 내용이 포함돼 있어 만약 당시에 세상에 공개됐더라면 그를 해고해야 한다는 여론이 들끓었을 것이다.

급진 저널리스트였던 링컨 스테펀스(Lincoln Steffens)는 1919년 페트로그라드(Petrograd, 상트페테르부르크의 옛 이름)를 다녀온 뒤 이렇게 썼다. "나는 미래 세계를 보았고 그 세계는 잘 굴러가고 있었다." 그로부터 사반세기가 지나 브레턴우즈 회의가 열리던 1944년, 화이트는 소련식 사회주의 경제모델이 성공한 것으로 증명됐다고 믿었다. 화이트는 다음과 같이 썼다. "러시아는 사회주의식 계획경제를 처음으로 실행에 옮긴 나라다. 그리고 그 모델은 잘 작동하고 있다!" 그는 소련에 대한 미국 정치계의 적대감은 대부분 사회주의 경제모델의 성공을 인정하지 않으려는 이념적 무능력에서 비롯된 정치적 위선이라고 비판했다.[8]

여기서 확실히 짚고 넘어가야 할 부분은 화이트의 소련 커넥션이 실제로 브레턴우즈 회의 결과에 영향을 끼쳤는지 여부다. 전후 경제개혁을 위한 전체적인 '화이트 플랜'에는 소련식 통화 체제에 대한 내용이 전혀 없었다. 아예 말할 거리가 없었기 때문이다. 확실히 화이트는 회의에서 의사진행을 방해하는 러시아 대표들을 눈에 띌 정도로 배려했다. 그는 다른 어떤 미국인 동료보다 더, 그리고 유럽 대표들보다 소련 대표들에게 훨씬 더 신경을 써 줬다. 이 때문에 화가 난 대표들이 있을 정도였다. 하지만 소련이 협약에 비준하지 않았기 때문에 화이트가 기울인 노력은 아무런 의미가 없는 일이 됐다. 아무도 모르는 일이지만,

만약 화이트가 IMF 초대 총재가 됐다면 그의 주장은 영향력이 더욱 컸을 것이다. 하지만 우리는 화이트가 IMF 총재가 되지 않고 이후로도 쭉 미국인이 IMF 총재를 맡지 않았던 주된 이유는 그가 소련을 위해 암약한 일이 드러났기 때문이라는 사실을 알게 될 것이다.

윈스턴 처칠(Winston Churchill)은 유명한 말을 남겼다. "미국인들은 이것저것 다 시도해보고 나서야 제대로 된 선택을 하는 사람들이다." 그의 말은 케인스 사망 2년 후, 즉 화이트가 죽고 반년이 지나 미국이 마셜 플랜(Marshall Plan)이라는 프로그램을 실시하면서 사실로 입증됐다. 마셜 플랜은 (화이트가 못박았듯 영국은 이제 더 이상 강대국은 아니지만) 점점 커져가는 소련의 위협에 맞서 어떻게든 동맹을 강화해야 하는 이웃이라는 판단에 기초한 미국의 특별조치였다.

이 책은 화이트가 구상한 새로운 전후 질서의 흥망성쇠에 대한 스토리고 오늘날 우리가 씨름하고 있는 사라진 청사진의 흔적에 대한 얘기다.

## 제2장
## 온 세계가 화이트산맥에 모이다

"주변의 빼어난 경관은 워싱턴산 아주 가까이 있는 고원에서 잠시 벌어지고 있는 소란스런 모습과 완전히 대조를 이루고 있습니다." 외지고 쌀쌀한 미 북부 뉴잉글랜드 산악지대에 갓 도착한 〈뉴욕 타임스New York Times〉 특파원이 전했다.[1] 1944년 7월 1일, 인파 수백 명이 허겁지겁 새로 꾸민 마운트워싱턴호텔에 몰려들고 있었다. 이곳은 바로 뉴햄프셔 주 브레턴우즈다. 번화가나 상점이라고는 눈을 씻고 찾아봐도 없는 이 마을의 유일한 랜드마크인 파비언역에는 외국인들이 '바퀴 달린 바벨탑(the Tower of Babel on wheels)'이라 부르는 기차를 타고 속속 들어오는 진풍경이 벌어지고 있었다.

바야흐로 미 재무부의 떠오르는 별인 해리 덱스터 화이트가 솜씨 좋게 화이트산맥에 자리 잡은 이곳에서 개최될 국제통화 회의를 준비하기 시작한 지 2년 반이 흘렀다. 한때 화려했지만 최근 2년간 문을 닫았던 마운트워싱턴호텔 경영진에게 갑작스레 쇄도하는 손님을 맞이하기 위해 준비할 시간은 한 달뿐이었다. 불과 몇 개월 전까지만 하더라도 이 마을에 살던 사람들이라고는 호텔 관리인, 역장, 우체국장과 이들의 배우자뿐이었다. 하지만 군용버스가 역과 호텔을 오가며 각국 대표들과 보좌관을 실어 나르는 바로 그 순간부터 일꾼, 군인, 정부 관리들이 정신없이 움직이며 이것저것 정리하기 시작했다. 보좌관들 중에는 나중에 수상, 재무장관, 중앙은행장이 된 사람이 부지기수였다.[2] 호텔은 침대, 온수, 직원 등 부족하지 않은 것이 없었다.

갓 도착한 영국 대표단 단원 라이오넬 로빈스(Lionel Robbins)는 이렇게 적었다. "브레턴우즈는 정말 아름다운 곳이다. 하지만 모든 것이 뒤죽박죽이다."[3] 신임 호텔 지배인이 바로 교체됐다. 낙담해 스스로 그만뒀다고도 하고 주벽 때문에 해고됐다고도 했다.[4] 회의 진행요원, 기자 70명, 각국 대표단 수백 명, 그 외 넘쳐나는 단체손님들은 숙소를 찾아 호텔에서 8킬로미터 떨어진 곳으로까지 옮겨가야 했다.

1919년 파리강화회의 이후 가장 중요한 국제회의 장소를 유별나게 외진 곳으로 고른 이유는, 헨리 모겐소 미 재무장관이 워싱턴의 숨이 턱턱 막히는 더위와 어지럽고 음울한 전시 분위기를 피해 멀리 회의하기 좋은 동부의 대형 휴양지를 원했기 때문이었다. 물론 더 잘 알려진 해안 관광지가 훌륭한 대안일 수 있었지만 브레턴우즈는 정치적으로 그럴 만한 까닭이 있는 곳이었다. 만만치 않은 11월 예비선거를 앞둔, 국제기구를 기를 쓰고 반대하는 공화당 상원의원 찰스 토비(Charles Tobey)가 소속된 뉴햄프셔 주에서 회의 장소를 찾아야 했다. 프랭클린 델러노 루스벨트(Franklin Delano Roosevelt) 대통령은 뉴햄프셔 주에서 국제회의를 개최해 토비의 당선을 돕는다면 회의규약을 상원에 상정했을 때 보답 받을 수 있으리라 기대했다. 루스벨트는 우드로 윌슨(Woodrow Wilson)이 주창했던 국제연맹이 상원에서 좌초됐던 사실을 너무나 잘 알고 있었다.

브레턴우즈는 1772년 토머스 웬트워스(Thomas Wentworth) 경이 영국 브레턴 인근 브레튼홀에 살던 조상의 고향을 본 떠, 산 많은 뉴잉글랜드 지방에 붙인 이름이다. 웬트워스 조상과 몇몇 동료 귀족은 영국의 왕 조지 3세에게서 땅을 하사받았다. 마운트워싱턴호텔이 지어진 뒤 이곳은 20세기 초 보스턴, 뉴욕, 필라델피아에 사는 부유층이 즐겨 찾는 휴양지가 됐다.

1902년 탄광과 철도 업계 거물인 조지프 스티크니(Joseph Stickney)가 이태리 장인 250명을 동원해 지은, 방이 400개인 Y자 모양의 스페인 르네상스 풍의 이 거대한 호텔은 저산지대와 화이트마운트 국유림 사이 후미진 곳에 생뚱맞게 자리하고 있다. 호텔 건물은 비싼 벽토로 칠한 정면과 8각 5층탑 위의 붉은 첨탑 때문에 다가가면 눈에 확 들어온다. 스티크니는 '이렇게 큰 흰 코끼리를 지은 바보 멍청이'를 위해 자랑스럽게 건배하자고 제안하면서 뉴햄프셔 주에서 가장 큰 건물인 이 호텔에 이름을 붙여줬다.[5] 호텔 안에는 색유리 창으로 둘러싸인 700명을 수용할 수 있는 대강당과 이와 크기가 비슷한 식당, 실내 수영장과 명품가게, 우체국과 이용원, 영화관 2개와 볼링장, 주식시세표까지 있었다. 차는 화려하게 장식한 뚜껑이 있는 둥글고 우아한 유리 용기에 담아 내놨고 칵테일은 아름다운 숲과 언덕이 내다보이는, 두리기둥으로 받친 320미터에 이르는 기다란 베란다에서 대접했다. 뉴잉글랜드 지방에서 가장 높은 워싱턴산 꼭대기 풍경이 마치 스위스 알프스산맥을 닮아, 이곳 토착민들은 이 지역을 흔히 북미의 스위스라고 부르기도 했다.[6] 이 목각 매머드는 대공황이라는 한파가 몰아쳐 1930년 한 해 문을 닫았었고 제2차 세계대전으로 파산 위기에까지 몰리기도 했지만 그 전에는 애스터, 록펠러, 베이브 루스, 윈스턴 처칠 같은 유명인사를 손님으로 맞이한 적이 있었다.[7] 날이면 날마다 유령이 출몰한다는 전설이 내려오던 마운트워싱턴호텔은 브레턴우즈 회의가 다시 생명력을 불어넣기 직전까지 호텔 자체가 유령이 돼가고 있었다.

44개국에서 온 대표단은 총 700명이 넘었다. 마운트워싱턴호텔 소유주였던 데이비드 스톤맨(David Stoneman)은 이곳이 어느 모로 보나 이 손님들에게 추천할 만한 장소가 되지 못한다고 생각했다. 뉴햄프셔주 사람들은 낯선 이방인들을 결코 좋아하지 않았다. 인원이 33명으로 미국 다음으로 많았던 중국 대표단은 아주 수상쩍은 옷차림으로 이 한적한 곳에 나타났다. 어느 날 몇몇 중국인들이 산책하러 갔다가 '자신들을 회의를 망치려고 혈안이 된 일본인으로 오인한 매우 호전적인 이곳 은둔자'를 놀라게 하고는 허겁지겁 도망친 적도 있었다.[8] 하지만 미국 정부는 이 회의가 인류를 위해 아주 중요할 뿐만 아니라 호텔 영업을 위해서도 매우 중요하다고 말하면서 결국 스톤맨을 설득하는 데 성공했다. 스톤맨은 마음이 썩 내키지 않았지만 결국 3주 동안 회의를 주최하기로 한 계약서에 서명했다. 국제주간지 〈뉴요커*New Yorker*〉는, 대표단이 도착한 날 저녁 스톤맨이 흰색 정장을 입고 '콜롬비아와 페루, 라이베리아와 에티오피아, 러시아와 필리핀, 아이슬란드와 다른 구경거리가 될 만한 나라 사람들이 모인 곳'을 죽 둘러본 뒤 화가 나고 당황해 얼굴이 벌게졌다고 보도했다.[9] 스톤맨은 품격 있는 이곳 쉼터에 외계인이 침입했다고 느꼈던 것 같다.

호텔에 갓 도착한 러시아 손님인 리디아 로포코바(Lydia Lopokova)는 수돗물이 하루 종일 줄줄 새고 창문은 꼼짝도 안 해 여닫을 수 없으며 배관은 뜯어고치기를 되풀이해야 한다고 불평하며 이곳을 '정신 병원'이라고 비꼬았다.[10] 그녀가 머무는 219호실에서는 바위가 많은 애머누석강(River Ammonoosuc), 워싱턴산을 기어 올라가는 톱니궤도철도, 아침이면 안개가 자욱하게 깔리는 산기슭 등 아름다운 경치가 내려다보였다. 리디아는 호텔 뒤편 애머누석강에서 직접 끌어온 물로 채운 차디찬 수영장에서 날마다 수영을 즐겼다.[11] 어릴 적 프리마 발레리나였던 그녀는 밤마다 댄스 연습을 해 바로 아래 119호 방에 머물던 미 재무장관의 밤잠을 설치게 하며 고요했던 이 휴양지에 활기찬 분위기를 불어넣었다.

리디아 자신도 유명하긴 했지만 회의장에서 언론의 관심을 가장 많이 끈 인물은 그녀의 남편이었다. 그도 그럴 것이 영국 대표였던 존 메이너드 케인스는 자신의 일거수일투족을 취재하려고 혈안이 된 미국 기자단과 돌아가며 칵테일파티를 열어야 했다.[12] 로빈스는 이렇게 적었다. "불쌍한 우리 대표는 사방팔방으로 사진을 쉰 장 넘게 찍어야 했다. 러시아 대표와 대화를 나누는 모습(물론 서로 상대방 말이 무슨 뜻인지 모르지만), 중국 대표 쿵(Kung) 박사와 다정하게 손을 잡는 장면, 서거나 앉아서 찍는 등 셀 수 없을 정도였다."[13]

회의 전날 미국 대표단이 사전 전략회의에서 열띠게 토론했던 주제는, 논쟁을 좋아하는 세계적으로 명성이 자자한 경제학자 케인스를 어떻게 상대해야 할지에 대한 이야기였다. 이미 많은 미 의원들은 브레턴우즈 의제는 사실상 영국이 미국의 금을 훔치려는 계략이라고 간주했고, 케인스만큼 특유의 일장연설로 자기들을 괴롭히는 사람은 없다고 굳게 믿었다.

모겐소 장관은 회의 주최국으로서의 미국의 위상과 외교 관례의 힘을 빌어 자신이 회의 의장직을 맡고 개회사도 해야 한다고 주장했다. 모겐소 장관과 그의 보좌관들은 케인스가 나서지 못하게 하려고 똘똘 뭉쳤고 미국 쪽 전략도 단단히 숙지했다.

"(영국은) 케인스를 시켜 저를 의장 후보로 추천하려 했습니다. 하지만 저는 이를 거부했습니다." 모겐소 장관이 미국 대표단에게 말했다.

바야흐로 유럽에서 전쟁이 극적으로 반전되고 있던 7월 1일 오후 3시 모겐소 장관이 개회를 공식 선언했다. 엄청나게 많은 연합군이 노르망디 상륙작전을 개시한 지 한 달이 흐른 시점이었다. 4일 뒤 독일 육군원수 게르트 폰 룬트슈테트(Gerd Von Rundstedt)가 히틀러(Hitler)에게 휴전하자는 말을 꺼냈다가 서부지역 사령관에서 해임될 참이었다. 대표단은 이제 전쟁이 막바지로 치닫고 있어서 회의를 여는 의미가 크다고 여겼다. 루스벨트 대통령이 미국 대표단에게 보낸 전갈은 경제문제와 항구적 평화체제를 구축하는 과제를 서로 단단히 묶어 다시는 뗄 수 없게 하라는 내용이었다.

"해방을 위한 전쟁이 한창이지만 자유를 사랑하는 나라 사람들이 모여 서로 머리를 맞대고 미래를 구상하는 일은 마땅히 해야 할 과제입니다." 대통령은 이렇게 적어 보냈다.

물론 우리가 논의할 프로그램은 질서 있고 조화로운 세계를 만들기 위해 서로 조율하는 단계에 불과합니다. 하지만 이는 온 세상 사람의 사활이 걸린 일입니다. 풍부한 자연자원과 공산품, 기발한 제품을 서로 교환할 수 있는 기초를 다지는 작업이기 때문입니다. 무역은 자유사회의 혈액이나 마찬가지입니다. 과거에 그랬던 것처럼 무분별한 경제적 경쟁의식 때문에 생긴 찌꺼기가 혈관을 막는 일이 없도록 해야 합니다.

경제적 질병은 아주 전염성이 강합니다. 그래서 각 나라 경제가 튼튼한지 여부는 가깝든 멀든 이웃나라 모두의 중요한 관심사일 수밖에 없습니다. 세계경제를 역동적이고 견실하게 확장시켜야 각 나라의 생활수준이 우리가 꿈꾸는 데까지 올라갈 수 있습니다.

모겐소 장관 자신의 연설은 전쟁과 평화에 대한 것이었지만, 1930년대 전쟁의 불씨가 됐던 국제무역 붕괴와 통화질서 파괴에 대해 이야기할 때에는 몹시 무거운 어투였다. 모겐소 장관은 청중에게 '경쟁적 통화절하'와 '제품의 자유로운 이동을 방해하고 제한하는 조치'들이 유럽 '파시스트 독재자들'이 유혈 참극을 일으킨 '경제적 무기'가 됐다고 주장했다. 모겐소 장관이 역설했다. "경제적 침공은 전쟁을 초래할 뿐입니다. 백해무익하고 위험합니다."

케인스는 해로운 경제정책들이 정치적으로 참혹한 결과를 초래했다는 모겐소 장관의 주장에 공감은 했겠지만 연설의 가장 핵심적 내용 때문에 틀림없이 마음이 편치 않았을 것이다. 사실 연설 내용은 전쟁 직후 정치·경제적 틀을 구상하려는 미국을 우려의 눈초리로 지켜보던 영국의 심장을 겨눈 것이었다.

"우리가 다룰 의제는 주로 통화와 투자에 관한 내용입니다." 모겐소 장관은 거슬리지 않게 연설을 시작했다. "하지만 이는 대서양 헌장(the Atlantic Charter), 그리고 미국과 여러 UN 회원국 사이에 체결한 상호원조조약(mutual-aid agreement) 제7조에서 논의한 더욱 넓은 프로그램의 일부분으로 검토돼야 합니다. 이곳에서 우리가 무엇을 이루더라도 그것은 제가 말씀 드린 내용을 감안해 보강되고 강화돼야 합니다."[14] 무기대여법(Lend-Lease Act)으로 널리 알려진 제7조는 1942년 영국이 전쟁을 수행하는 데 필요한 자금을 미국이 지원하기로 서약한 법안이다. 윈스턴 처칠은 이를 '역사상 가장 이타적인 법안'이라고 말한 적이 있다. 하지만 이 법안이 의회에 상정됐을 때 '미합중국 방위를 증진시키기 위한 법률'로 미국에 유리하게 제목이 바뀌었다. 제7조에는 미국 지원에 대한 대가로 영국이 양보해야 할 것들을 명시했다. 즉, 영국이 관세와 다른 무역장벽을 축소하고 국제무역에서 차별적 조치를 완전히 없애기로 서약한다는 내용이었다.

영국 내 많은 지도층 인사들은 이 법안이 영국의 지급능력과 주권을 치명적으로 위협한다고 판단했다. 1941년 7월 케인스는 이 법안 초안을 훑어본 뒤 미 국무부 딘 애치슨(Dean Acheson) 앞에서 격노했다. 케인스는 나중에 애치슨의 상사였던 코델 헐(Cordel Hull) 미 국무부 장관을 지칭해 '헐씨의 미치광이 같은 법안'이라고 비꼬았다.[15] 케인스는 제7조가 사실상 영국이 확보한 식민지 지역에 대한 특혜관세에 사망선고를 내리는 법안이라는 사실을 알았다. 전쟁 덕분에 미국은 과거 영국이 누리던 시장에서 강력한 우위를 점하게 됐다. 전쟁으로 피폐해지고 예전의 수출 특권까지 빼앗긴 영국은 생존에 절실히 필요한 수입대금을 치르기 위해 미국에 전적으로 의지해야 하는 처지에 놓이게 됐다.

특히 미국 정부는 도덕적으로 용납할 수 없는 대영제국을 영속시키는 데 미국 청년들이 희생되지 않았다는 점을 국민들에게 보여주려고 작정하고 있던 터라, 영국으로서는 막강한 미국에 휘둘리는 일은 도저히 참을 수 없었다. 하지만 이곳 브레턴우즈에서 미국 재무장관은 이 역사적 사건을 미국의 초강대국을 향한 야망이라는 돛에 묶고 있었다. 영국은 전후 국제질서의 기본 원칙을 만드는 데 미국과 협력하기를 간절히 원했다. 하지만 미국은 브레턴우즈 체제로 향하는 한걸음 한걸음마다 새로운 질서에는 영국의 영광스러웠던 제국주의 잔재가 끼어들 틈이 없다는 점을 (때로는 가차없이) 일깨워줬다.

제3장

# 믿기지 않는 화이트의 부상

해리 화이트 자신의 계산법에 따르면 그의 삶이 진정으로 시작된 해는 하버드대에서 박사 학위를 받은 1930년이었다. 그가 주요인사 인명록에 제공한 자신의 이력에는 이 시절 이전에 대한 기록이 없다.

사실 해리의 삶은 38년 전 찰스 강(Charles River) 건너편의 결코 상류사회라고 볼 수 없는 환경에서 시작됐다. 하지만 하버드대에서 그는 인생의 전기를 마련했다. 행상인의 아들로 태어나 나이 서른에 학사학위에 두 번째 도전하면서 깨달음을 얻었던 그는 첫 번째 입시에서 비교행정학과 미국 역사에서 낙제했지만 정치학에 대한 꿈은 버리지 않았다. 경제학은 목적을 이루기 위한 수단이었다. "알고 보니 정부문제는 대부분 경제문제더군." 몇 년 후 그가 친구에게 털어놨다. "그래서 경제학에 매달렸어."[1] 해리는 무엇이든 한다면 하는 사람이었다.

해리는 아버지 제이콥(Jacob)이 미국 시민권을 얻고 4개월이 지난

1892년 10월 29일 7남매의 막내로 태어났다. 제이콥과 어머니 사라(Sarah)는 1885년 리투아니아 유대인들이 제정 러시아 시대 유대인 대학살을 피해 탈출할 때 미국으로 건너왔다. 화이트의 성인 바이트(Weit)는, 이 단어가 바이스(Weiss)를 점잖게 부르는 말이라고 짐작한 호기심 많은 미 출입국 관리가 붙여준 듯하다.[2] 당시 제이콥은 스물 다섯이었다. 보스턴에서 그릇과 철물을 팔아 근근이 먹고 사는 정도였지만 꼬박꼬박 돈을 모아 결국 자신의 가게를 열었다. 제이콥 가족은 북적대는 공동주택 단지 한가운데 비컨 힐(Beacon Hill) 맨 아래 로웰가(Lowell Street) 57번지에 둥지를 틀었다. 집은 밤낮으로 덜컹거리는 고가철도 바로 아래에 있었다. 1897년 제이콥은 자신의 성을 영어식인 화이트로 바꿨다.[3]

해리는 겁 많은 아이였고, 동네 건달들 이외에는 그를 딱히 눈여겨보는 사람이 없었다.[4] 그는 매주 작문을 공부하는 웹스터(Webster) 문예반에 다닐 정도로 교육을 중시하는 가정에서 자랐지만 어려서부터 총기가 보이지는 않았다. 그는 1901년 아홉 번째 생일 직전 올드 엘리엇(Old Eliot) 초급 중학교에 입학했다. 당시 해리의 가족은 고가철도 아래 소음과 그늘을 벗어나 살렘가(Salem Street) 7번지로 옮겼다. 안타깝게도 어머니 사라는 그해 세상을 떠났다. 하지만 아버지가 꾸리는 사업은 번창하기 시작해 다시 보스턴 교외 에버렛(Everett)으로 이사할 수 있었다. 1906년 그곳에서 해리는 에버렛 고등학교에 입학했다. 그는 불어 79점, 화학 85점을 얻는 등 성적이 그리 뛰어난 편은 아니었지만 4년 과정을 3년 만에 마쳤다. 1909년 6월 25일 〈보스턴 글로브*Boston Globe*〉지는 그해 에버렛 고등학교 졸업생 가운데 가장 어린 학생은 16

세인 해리 '덱스터' 화이트였다고 보도했다. 처음으로 해리의 특이한 가운데 이름이 공식적으로 드러난 것이다. 급우들 말에 따르면 그는 수줍어하지만 재치 있고 똑똑한 아이였다고 했다. 그는 작고 연약했지만 테니스와 야구를 무척이나 좋아했다.[5]

해리가 졸업하고 두 달이 지났을 때, 즉 어머니가 세상을 뜨고 8년 후 아버지도 그 뒤를 따랐다. 당시 가족은 철물점을 4곳이나 운영하고 있던 터라 해리는 2년 동안 때로는 점주 노릇까지 하며 철물점 일을 도왔다. 1911년 9월 해리는 지금은 매사추세츠(Massachusett) 종합대학으로 바뀐 앰허스트(Amhurst) 매사추세츠 농업대학에 등록했다. 비교 행정학과 미국사에서 낙제했지만 영어시험을 통과해 조건부 입학허가를 받았다. 믿기 어렵겠지만 그는 입학 서류에 장래 직업을 '영농'이라고 기재했다. 낙제했던 두 과목은 몇 개월 뒤 재시험을 치러 통과했지만 1912년 2월 가업에 전념하기 위해 대학을 그만뒀다. 그는 군사학에서 99점을 받은 덕분에 평균평점 80.8점을 얻어 낙제를 여유 있게 면했다.

그 뒤 5년 동안 해리는 제이 화이트 선즈(J. White Sons)라는 회사에서 밥 먹듯 야근했다. 그러면서도 일요일 아침마다 도체스터(Dochester) 유대인 어린이 집에서 상급반 아이들을 가르치고 보이스카우트 단원도 이끄는 등 강한 시민의식을 보였다.[6] 그러면서 한편으로는 도약할 전기를 노리고 있었다. 1917년 4월 6일 의회에서 우드로 윌슨 대통령의 독일 제국주의에 대한 선전포고 법안이 통과됐을 때, 그에게 드디어 꿈꾸던 기회가 찾아왔다. 당시 25세였던 해리는 징집될 때까지 기다리지 않고 6일 뒤 바로 미군에 입대했다. 그는 뉴욕 플래츠버그(Plattsburg) 장교 교육과정에 지원해 합격했고 여름이 끝날 무렵 육군 보병 중위로 임관했다. 중대 동료 5명 가운데 특별히 선발돼 다른 장교 수백 명과 함께 이른바 강철대대 대원이 되기 위한 특별훈련을 받은 뒤 매사추세츠 캠프 데븐(Camp Deven) 신병 훈련소에 배치됐다.[7] 해리는 당시 군인들이 흔히 그랬듯 해외로 파견되기 직전 결혼했다. 신부는 우크라이나 출신 스물 두 살 처녀 앤 테리(Anne Terry)였다. 그녀는 나중에 아동 도서 작가로 성공했다.

화이트의 군 생활은 어느 모로 보나 큰 굴곡이 없었다. 프랑스에서는 훈련·보급 부대에서 근무해 전투는 구경조차 할 수 없었다. 1918년 11월 휴전이 되자 집으로 돌아와 바로 가업인 철물점 일을 도왔다. 하지만 지방에서 작은 가게나 하면서 세월을 보내기에는 자신이 너무 아깝다고 생각했다. 1919년부터 1922년까지 그는 군인이나 빈민 관련 고아들을 돌보는 기관에서 일했고 1920년 뉴욕시로 이전했다. 서른이 된 화이트가 다시 학업에 전념하기로 마음먹은 곳이 바로 뉴욕이다. 그는 결국 1922년 행정을 공부하기 위해 컬럼비아(Columbia) 대학에 입학했다. 하지만 그곳에 뿌리를 내리지 못하고 3학기만 마치고 미 대륙을 가로질러 스탠퍼드(Stanford) 대학에 3학년으로 편입했다. 화이트는 1923년 바로 이곳에서 삶의 전기를 마련했다.

1924년 10월 화이트는 경제학에서 '탁월한 성적'을 얻어 우등생으로 졸업한 뒤 이듬 해 6월 석사학위까지 취득했다. 그 뒤 어느 교수가 그를 '의욕 넘치는 수재'라고 평가하며 하버드대에서 박사과정을 밟아 학자의 길을 걸으라고 조언했다.[8] 화이트 자신도 나중에 워싱턴에서 일하는 데 밑거름이 됐던 진보정치학에 열정을 드러내기 시작했다. 1924년 2월 화이트는 위스콘신(Wisconsin) 출신 급진 진보주의자였던 로버트 라폴레트(Robert La Follette) 상원의원에게 편지를 보냈다. 화이트는 자신을 깨어 있는 스탠퍼드대 졸업생 모임 대표라고 소개하며 '투사 밥(Bob)'이라 일컫는 이 의원에게 대통령에 출마하라고 촉구했다. "우리는 귀하의 기치를 따르기를 갈망합니다." 화이트가 글을 이었다. "우리나라는 지금 그 어느 때보다도 지도자다운 지도자가 절실히 필요한 시기라는 사실을 강력하게 주장하는 바입니다. 링컨(Lincoln) 대통령 이후 귀하만큼 훌륭한 지도자는 없었습니다. 귀하의 기치를 최대한 발현시킬 방법에 관한 귀하의 고견을 기다리겠습니다."⁹ 결국 진보당을 이끄는 라폴레트는 수도와 철도산업을 국유화하겠다는 공약을 내걸고 대통령에 출마했다. 비록 공화당 캘빈 쿨리지(Calvin Coolidge)와 민주당 존 데이비스(John W. Davis)에 이어 3위를 했지만 17퍼센트라는 꽤 높은 득표율은 그에 대한 인기가 식지 않았음을 확인시켜 줬다. 화이트는 가슴 속에 품고 있던 학업에 대한 꿈을 이루기 위해 1925년 하버드대에서 박사 과정을 밟기 위해 다시 미 대륙을 가로질러 갔다.

   화이트를 장래가 가장 촉망되는 학생이라고 평가한 저명한 경제학자 프랭크 타우시그(Frank Taussig)의 지도를 받아 준비한 화이트의 논문은 '하버드 데이비드 웰스상(Harvard's David A. Wells Prize)'을 받아 1933년 《프랑스의 국제수지, 1880~1913 The French International Accounts 1880~1913》라는 제목의 책으로 출간됐다. 이 논문은 국제통화 시스템과 실물경제 사이의 관계를 둘러싼 정책 문제에 대한 화이트의 깊은 관심을 반영한 첫 작품이었다.

   화이트가 논문에서 다룬 기간은 책이 출간되기 20년 전에 끝나지만 마치 그보다 훨씬 전 이야기를 하는 것 같았다. 1880년부터 1913년까

## 제3장 믿기지 않는 화이트의 부상

지는 세계 경제사에서 자유방임주의가 기세를 떨치던 시기로 고전적 금본위제가 널리 채택됐다. 이 체제에서는 세계 각국이 전례 없을 정도로 경제활동의 자유가 허용됐고 시장 상황에 따라 금을 국경 건너로 옮겼다(실제로 각국 중앙은행이 금고 안에 쌓아둔 금을 서로 주고 받았다). 이와는 정반대로 1933년 세계가 대공황에 빠지면서 금본위제는 누더기가 되고 무역규모는 추락했으며 실업률은 상상할 수 없는 수준까지 치솟았다. 하지만 화이트는 1920년대 말 세계경제에 대해 글을 쓸지 말지 고민하고 있었다. 그 당시만 해도 오스트리아의 유명한 유대계 작가였던 슈테판 츠바이크(Stefan Zweig)가 제1차 세계대전이 터지기 전 30년을 지칭하던 '평화의 황금시대'로 되돌아가는 길을 찾을 수 있다는 강한 믿음이 널리 퍼져있었다.[10]

화이트의 논문은 과거를 옹호한 것도 새로운 미래를 예언한 것도 아니었다. 그는 경제학자로서 땜장이였고 수선공이었다. 그는 정부가 잘 조작하면 훌륭하게 작동되는 경제라는 기계를 동경했다. 먼저 자본의 국제이동이 환율과 금의 흐름, 이자율과 신용, 물가와 무역 등에 미치는 영향을 다루는 신고전파 이론을 설명하고, 시계처럼 정교한 이 훌륭한 시스템이 어떻게 계속 균형을 이룰 수 있는지 보여주려 했다. 전쟁 전 금본위제를 떠받치고 있었던 기둥은 바로 이런 끊임없는 역동적 변화와 시스템의 안정성이었다. 하지만 화이트는 데이터를 돌려 이 멋진 시스템이 정말 잘 돌아가고 있는지 증명하고 싶었다. 그래서 무역 관련 수치를 파헤쳐 보려고 프랑스로 돌아왔다. 이번에는 군인이 아닌 민간인 신분이었다. 화이트 자신도, 자신의 책을 검토해 줬던 사람도 무역통계 원 자료의 질이 마음에 들지는 않았지만, 숫자를 논리적으로 일부가공해 프랑스 경제가 신고전파 이론과 정확히 맞아떨어지지는 않는다는 점을 추론해 냈다.

화이트의 글은 관심을 끄는 수준은 아니었다. 이 글에는 투사 밥에게 편지를 쓸 때 보였던 열정이 없었다. '자본수출이 해당국과 세계 여러 나라에 이롭다는 가정은 꼭 맞아 떨어지지는 않는다.' 많은 논문이 항상 그렇듯 결론은 평범했다. '해외투자 규모와 방향을 적절히 통제해야 한다. 한 나라의 자본을 너무 많이 수출하면 그 영향과 결과가 너무 크고 복잡해, 그 나라 복지에 미치는 영향을 평가하기 전에는 끊임없는 자본수출을 허용하면 안 된다.'[11] 심정은 순전히 케인스와 같았지만 글 자체는 케인스의 가시 돋친 수사법이 전혀 아니었다.

화이트의 논문은 어느 정도 성공적이었지만 그는 종신 교수직을 얻지 못하고 6년 동안 1년 단위로 계약을 연장했다. 하버드대에서는 보통 내부 승진이 어려웠지만 화이트는 학문적으로 탁월하지 못하고 성격도 원만하지 않았다는 점이 걸림돌이었다. 한 학생은 화이트를 뛰어난 교수라고 추켜세웠지만 동료 전임강사는 그를 불만 많고 능력도 '뛰어나지 않은' 사람이라고 평가했다. 이제 마흔이 된 화이트는 이도 저도 아닌 자신의 처지에 좌절감만 더욱 커져가고 있었다. 이때 케임브리지(Cambridge)에서 아주 멀리 떨어진 위스콘신 주 애플턴(Appleton) 로렌스(Lawrence) 대학에서 조교수직 제안이 들어왔다. 1933년 화이트는 애플턴으로 옮긴 뒤 1년 만에 정교수로 승진했으나 여전히 성에 차지 않았다. 그를 똑똑하고 좋은 사람이라고 평가한 동료도 있었지만 거칠고 자기 주장을 굽히지 않는다고 말하는 사람도 있었다. 하버드대에서처럼 그의 경제학 강의는 평범했다. 하지만 화이트는 진보적 정치성향 덕분에 새로 선출된 프랭클린 루스벨트와 그의 뉴딜정책에 자연스럽게 끌렸고 자신이 경제라는 기계를 직접 조작하고 싶어졌다.

1933년 즈음 화이트가 스승이었던 타우시그 교수에게 썼던 날짜 미상의 편지 원고를 보면 화이트가 애플턴에서 연구나 하면서 여생을 보낼 생각은 추호도 없었음을 알 수 있다.

> 저는 우리나라 경제를 심각한 침해로부터 보호해야 하고 이를 위해 어느 정도는 수입을 규제해야 한다는 목소리가 커지고 있다는 사실에 감흥을 받았습니다. 경제가 자족적으로 잘 굴러가게 하기 위해서는 이전보다 더욱 강력한 조치를 취해야 한다고 생각합니다. 국제경제관계의 안정과 무역의 장점을 희생하지 않으면서 우리나라가 외부의 방해를 견뎌낼 수 있는 가시적 조치를 취하는 일이 가능하다고 믿습니다. 이를 위해서는 외환과 국제무역을 정부가 통제해야 합니다.

화이트는 나중에 워싱턴에서 일할 때까지 계속 이런 기술관료적 견해를 고수했다. 즉, 정부가 환율과 무역을 통제해 개방된 미국 경제에 미치는 외부 충격을 누그러뜨려야 한다고 믿었다.

이어 화이트는 신기하게도 러시아에 그 해답이 있다고 생각한다며 타우시그에게 자신의 견해를 밝혔다.

> 저는 봄과 여름 내내 이 문제를 골똘히 생각했지만 해결책

이 떠오르지 않습니다. 장학금을 받아 주로 러시아에서 1년을 보낼 수 있으리라는 희망을 품고 러시아어도 공부하고 있습니다. 소련에서 고스플랜(Gosplan) 국가계획위원회가 경제계획을 어떻게 수립하는지 깊이 연구하고 싶습니다. 장학금을 받을 가능성은 크지 않다고 생각하지만 사회과학연구 장학금을 신청하고자 합니다.[12]

만약 화이트가 장학금을 받아 모스크바로 갔었다면 그의 학문적, 직업적 경로가 어떠했을지 상상하는 것은 흥미로운 일일 것이다. 그가 열렬한 중앙계획 전문가가 돼 돌아왔을까? 아니면 스탈린주의에 환멸을 느꼈을까? 한 가지 확실한 사실은 그가 세상을 바꿀 훨씬 더 큰 기회를 놓쳤을 것이라는 점이다.

기회는 1934년 7월 17일 제이콥 바이너(Jacob Viner) 시카고대 경제학 교수의 편지와 함께 찾아왔다. 바이너 교수는 젊은 밀턴 프리드먼(Milton Friedman)의 스승이자 케인스의 경쟁자로서 경제학계에서 매우 존경 받는 훌륭한 인물이었다. 당시 헨리 모겐소 재무장관 자문위원이던 그는 화이트에게 워싱턴으로 건너와 3개월 동안 자신의 연구를 도와달라고 부탁했다. 연구주제는 '정부의 장기적 법안 마련을 위한 통화·은행 법률과 제도'에 관한 것이었다. 이틀 뒤 화이트는 급여가 얼마인지 확인하지도 않고 '귀하와 함께 일하게 돼 영광'이라는 내용으로 전보를 보내 제안을 수락했다. 바이너 교수는 화이트가 애플턴에서 받던 월급의 3분의 1과 연금 수당 200달러를 주겠다고 회신했다. 6월 20일 화이트는 워싱턴에서 일하기 시작했고 그 뒤 다시는 애플턴을 뒤돌아보지 않았다.

화이트는 워싱턴의 무더운 여름 날씨와 싸워가며 연구에 매달린 결과 9월 22일 최종 보고서를 제출할 수 있었다. '미국을 위한 통화 체제 선택'이라는 직설적 제목을 보면 저자가 쓸데 없이 자잘한 주제나 다루려는 뜻이 전혀 없다는 사실을 알 수 있다. 그는 이제 맨 꼭대기에서 윤곽만 그리는 게 아니라 확실한 정책을 만들길 원했고 경제위기로 찾아온 기회를 날리고 싶지도 않았다.

화이트는 국가 간 정치분쟁이 증가하고 전쟁이 터지기 전 금본위제 시절에 벌어놨던 이익을 토해 내는 암울한 경제상황을 그리기 시작했다.

> 미래에는 국가 간 상호 의존으로 나타났던 안정화 현상이 과거만큼 크지 않을 것이다. 많은 나라들이 해외로부터 오는 방해 요인에 눈뜨기 시작했다. 각 국가는 자국의 안정을 걱정할 뿐만 아니라 방해 요소를 쫓아내기 위해 대응 조치를 마다하지 않을 것이다. 앞으로는 미국의 엄청나게 많은 수출이 '덤핑'을 조사하기 위한 특별 수입제한 조치라는 역풍을 맞을 가능성이 크다. 이뿐만 아니라 상승하는 할인율도 금을 지켜내기 위한 더욱 효과적인 조치에 직면할 것이다. 수많은 수입국이 경쟁국을 상대로 경쟁 우위를 짜내기 위해 국제 무역과 금융에 대한 정부 통제를 더욱더 강화할 것이다. 그 결과 국제 무역에서 경쟁 우위를 점하기 위한 싸움이 더욱 치열해지고 재화와 자본의 흐름이 갑자기 크게

바뀌는 현상이 확산될 전망이다. 이렇게 경제 쇄국주의가 더욱 강화되면 재화, 서비스, 자본의 자유로운 교환으로 생기는 안정화 기능이 훼손된다.[13]

화이트는 새로운 통화 체제가 무엇이든 반드시 '국제 무역과 금융을 촉진'하면서도 '개별 국가의 정책결정 자율'을 허용해야 한다고 결론지었다.[14] 필요한 것은 '국제 금본위제와 개별국 통화제도의 장점은 모두 취하고 주요 단점은 버리는' 시스템이다. 이는 "일종의 '관리' 통화제도다."[15]

화이트는 어느 나라가 국제수지 적자에 직면하면 (즉, 수출보다 수입이 더 많거나, 국채매도 규모보다 국채매입 금액이 더 많으면) 그 나라는 '두 악마', 즉 환율 하락이나 국내 물가 수준의 하락 가운데 하나를 선택해야 한다고 주장했다. 둘 다 나쁜 것이지만 그 중 하나를 골라야 한다.

금본위제에서는 환율이 고정돼 있기 때문에 국제수지는 국내 물가 인하로 조절해야 한다. 케인스와 마찬가지로 화이트도 이와 정반대가 돼야 한다고 결론지었다. 화이트는 이렇게 썼다. "국내물가를 바꾸는 것이 환율을 자주 조절하는 일보다 비용이 훨씬 더 크다는 증거가 명백히 존재한다고 생각한다. 미국은 디플레이션이 기승을 부렸던 시기인 1929년과 1933년 사이로 되돌아가는 우를 범하려 하고 있다."[16]

따라서 화이트는 개편된 미국 연방준비제도이사회(Federal Reserve Board, FRB)에 금본위제 때보다 더욱 많은 자율권을 주도록 미국통화시스템 규칙을 새로 쓰고 다른 나라들도 이 새로운 시스템을 널리 준수하도록 납득시키길 원했다. 사실상 어느 나라도 금본위제를 '만들어' 본 적이 없었기 때문에 이는 생각보다 훨씬 어려운 일이었다. 금본위제는

## 제3장 믿기지 않는 화이트의 부상

수세기에 걸친 시행착오 끝에 19세기 초 영국에서부터 시작됐다. 다른 나라들은 한참 뒤 이 시스템이 국내 경제와 세계무역을 활성화시킨다는 사실이 확실해지고 나서야 동참했다.

하지만 1934년 전 세계가 대공황이라는 수렁에 빠졌다. 미국 국내총생산은 1930년대 초보다 28퍼센트나 줄어들었다.[17] 무역규모가 29퍼센트나 추락하고[18] 실업률은 22퍼센트로 치솟았다.[19] 화이트는 미국 경제 회복을 위해서는 국제무역을 더욱 확대해야 하고 이를 위해서는 국제통화안정을 위한 새로운 모델이 필요하다고 주장했다. 이것이 화이트가 이후 10년 동안 자신의 권한과 세력을 확장시키는 반석이 됐다.

1920년대 말까지 유지됐던 낡아빠진 금본위제라는 유물은 1934년 완전히 무너졌다. 19세기 금본위제를 고안하고 기반도 다져왔던 영국은 1931년 원통하지만 어쩔 수 없이 이를 포기해야 했다. 스물 다섯 개 나라가 재빨리 영국을 뒤따랐다. 미국은 루스벨트 대통령 취임 직후인 1933년 4월에 이르러서야 금본위제도를 버렸다. 허버트 후버(Herbert Hoover) 대통령은 무역규제를 통해 금본위제를 지키려 했다. 루스벨트는 그와는 반대로 움직였다. 즉, 다자주의 원칙을 무역 부문에서는 유지하고 통화 부문에서는 적용하지 않으려 했다.

결국 금본위제는 붕괴됐고 이로 인해 미국과 영국 사이의 관계는 수십 년간 좋지 않았다. 영국 사람들은 이기적이고 한 치 앞을 못 보는 미국과 프랑스의 정책 때문에 영국이 불명예스럽게 금본위제에서 강제로 탈퇴할 수 밖에 없었다며 분개했다. 미국은 야비한 수입관세를, 프랑스는 가증스런 통화절하 정책을 썼다고 주장했다. 하지만 미국은 자국을 영국의 끔찍한 파산으로 인한 선의의 피해자라고 믿었다.

일반인과 중앙은행장들은 금이 확실히 지폐와 동전에 대한 믿음을 유지해 주는 특성이 있다고 믿고 있었다. 하지만 전통적 금본위제 아래서는 (지금처럼 사람들이 겁에 질려 금을 사재기하려는 동기가 아니라) 규칙에 따라 한 나라의 금이 다른 나라로 이동했다. 루스벨트 대통령은 금본위제를 폐지하면서 민간인의 금 사재기를 금지하고 국가가 금을 관리하도록 했다. 그는 4월 5일 국내에 있는 모든 금화, 금괴, 금 예탁증서를 연방준비은행에 인도하도록 하고 수출도 금지하는 대통령령에 서명했다. 6월 5일 미 의회는 공공 또는 민간 계약에서 금을 지급수단으로 사용하게 하던 조항을 삭제하는 극단적 조치를 취했다. 이로써 금과 달러 사이에 있던 연결고리가 끊어졌다. 사실 이 조치는 1935년 2월 대법원에서 찬성 5표, 반대 4표로 가까스로 통과될 정도로 엄청나게 논란이 많았다.

1933년 6월 미국 은행 전문가들과 영국, 프랑스 전문가들이 모여 비밀협상을 벌인 뒤 몇 주 후 루스벨트는 영국과 프랑스가 자국 통화를 평가절하함으로써 경쟁 우위를 점하려 한다고 확신했다. 그는 무슨 수를 써서라도 미국 경제 부흥계획이 물가 하락과 수출 산업 몰락으로 물거품이 되는 일을 막으려 했다. 그래서 통화시장에 대한 불신을 잠재우기 위해 중요한 국제 정치회의를 개최했다. 1920년 부통령 후보로서 국제연맹을 강력하게 지지했던 국제주의자 루스벨트는 7월 3일 숨이 턱 막히는 선언으로 런던경제회의에 참석한 66개국 참석자들을 충격에 몰아 넣었다. 루스벨트는 소위 국제 은행가들이 과거에 집착한다고 맹비난하며 한 나라의 복지를 결정하는 데에는 견실한 국내 경제 시스템이 환율보다 더 중요하다고 주장했다. 주요 강대국 사이의 통화안정 협력의 실효성에 대한 루스벨트의 신랄한 공격은 유럽국가들의 합의로 환율을 다시 안정시키려는 노력에 찬물을 끼얹었다. 이 연설에 램지 맥도널드(Ramsey McDonald) 영국 수상은 엄청난 충격을 받았고, 프랑스 통화위원회 조르주 보네(Georges Bonnet) 위원은 격분했다. 회의는 만신창이가 됐다. 런던에서 백악관으로 보낸 전신은 그의 발표 내용이 너무 거칠고 시의적절하지 않아 회의에 참석한 미국 대표단이 아주 난처했다고 전했다.[20] 나중에 루스벨트도 자신의 말이 지나쳤다고 시인했다.

하지만 회의 당시 루스벨트는 영국을 완전히 불신하고 있었기에 영국을 거침없이 공격했다. 그는 자신이 오랫동안 신뢰해온, 당시 농업신용국(Farm Credit Administration) 대표였던 헨리 모겐소에게 영국을 신랄하게 비꼬았다. "영국인과 카드 게임을 하면 그 영국인이 좋은 패를 가질 확률이 보통 80퍼센트는 될거야." 루스벨트는 나중에 수상을 역임한 네빌 체임벌린(Neville Chamberlain) 영국 재무장관이 '미국인들을 경멸한다'고 믿었다. 영국인들은 프랭클린 루스벨트가 자기들을 배신했다고 확신했다. 이런 불신 때문에 루스벨트 대통령 재임 기간 중 이어진 환율 협상은 틀어질 수밖에 없었다.[21]

루스벨트의 선언은 영국이 혐오했고 경제논리에도 맞지 않는 게 한두 가지가 아니었지만, 다름아닌 케인스는 루스벨트의 가시 돋친 발언을 좋아했을 뿐만 아니라 국가가 앞장서서 경제를 관리해야 한다는 주장도 적극 지지했다.[22] 한편 이미 화이트는 미국 국제 경제정책에서 자신의 이름을 드러내기 위해 은밀히 작업하고 있었다. 그는 국내 경제안정을 위해서는 반드시 통화를 안정시켜야 한다며 대통령 연설 내용과는 상반되는 주장을 폈다.

루스벨트는 미국에서도 직설적으로 말했고, 통화정책에 대해서는 오락가락했다. 재무부는 달러 가치를 내리고 국내물가를 올리기 위해 금을 매입하는 등 수많은 정책을 실험했다. 대통령은 아침에 침대에서 종종 자문위원에게 전화로 간단히 논의한 뒤 금 가격의 일일 인상 폭을 결정했다. 규칙이라고는 전혀 없었다. 11월 3일에는 금 가격을 1온스당 21센트 올리자고 했다. 그는 쿡쿡 소리죽여 웃으며 이렇게 말했다고 한다. "행운의 숫자예요. 21은 3의 7배니까요."[23]

모겐소가 털어놨다. "만약 누군가 금 가격이 행운의 숫자로 정해진다는 사실을 알기라도 한다면 아마 놀라 자빠질 겁니다."

조지 해리슨(Geroge Harrison) 뉴욕 연방준비은행 총재는 미국이 해외에서 금을 매입하기 전에 미리 영국 정부에 알리자고 대통령에게 건의했다. 루스벨트는 딱 잘라 거절했다. "우리가 영국인들을 믿을 때마다 그들은 우리를 배신했습니다."[24] 하지만 대통령은 자신이 '늙어빠진 털북숭이'라고 별명을 붙인 몬터규 노먼(Montagu Norman) 영국 중앙은행 총재가 화가 머리 끝까지 치밀어 졸도했다고 해리슨이 보고하자 화가 누그러졌다. 몬터규 노먼은 "온 세계가 파산하고 말 거야!"라며 격노했다. 하지만 루스벨트는 정신을 잃고 쓰러진 털북숭이 총재의 모습을 상상하고는 모겐소 장관과 함께 소리 내어 웃으며 즐거워했다.[25]

오랫동안 아팠던 윌리엄 우딘(William Woodin) 재무장관을 대신해 일을 잘 처리하던 딘 애치슨 재무장관 직무대행은 대통령의 금 매입조치가 불법이라고 주장했다. 법무장관도 금을 법으로 정한 온스당

20.67달러 이상으로 매입할 법적 근거가 없다며 애치슨 의견에 동의했다. 루스벨트는 각료 중 이 조치가 헌법에 위배된다고 생각하는 사람들이 있다는 신문보도를 보자 격분해 부당하게도 애치슨에게 잘못을 뒤집어 씌웠다. [결국 예산국장 루이스 더글러스(Lewis Douglas)가 희생양이 됐다. 통화와 예산 정책에 실망한 그는 이듬해 8월 사임했다]**26** 11월 3일 조찬회의를 마치자 루스벨트 대통령은 모겐소 장관에게 애치슨을 대신해 달라고 말했다. 당시 마흔 셋이었던 모겐소 장관은 놀라 어안이 벙벙했다.**27** 통화정책은 모겐소 장관의 전문 분야가 아니었지만 대통령을 향한 충성과 그가 제시한 각종 정책은 부족한 부분을 보완하고 남았다. 1934년 1월 마침내 그는 재무장관으로 취임했다. 미국 역사상 두 번째 유대인 출신 장관이었다.**28**

대통령의 기분에 따라 일일 금 가격이 정해졌지만 결국 이런 식으로 가격이 매겨지는 방식은 오래가지 못했다. 로비가 이루 말할 수 없을 정도로 많았고 외국도 크게 반발했다. 결국 1934년 1월 31일 루스벨트는 전날 의회에서 통과된 금준비법에 따라 자신에게 주어진 결정권을 이용해 달러화 가치를 전날 공식가격보다 59.06퍼센트나 낮게 고정시켰다. 달러화 가치를 하룻밤 사이에 금 온스당 20.67달러에서 35달러로 내린 것이다. (이 가격은, 적어도 매우 제한된 법적 의미로는 1971년까지 유지됐다) 모겐소 장관은 앞으로 재무부가 금을 온스당 34.75달러에 사고 35.25달러에 판다고 발표하고 거래는 각국 정부와 중앙은행으로 제한했다.**29** 이 법에 따라 연방준비은행이 보유하고 있던 금에 대한 소유권이 정부로 이전됐다. 이리하여 미국 통화정책의 주도권이 뉴욕에서 워싱턴으로 넘어갔다. 이 문제는 미 정부정책 의제로 계속 남아 1944년 브레턴우즈 회의까지 이어졌다.

해리 화이트는 바이너를 도왔던 연구가 끝난 뒤에도 워싱턴에 머무를 작정이었다. 때마침 미국 관세위원회 임시 특별전문가 자리가 있어 그해 10월 5일부터 그곳에서 수석 경제분석가로 일하기 시작했다. 하지만 3주 만에 그만뒀다. 11월 1일 재무부 연구통계 분과에서 임시로 경제분석을 총괄할 수 있는 기회가 생겼기 때문이다. 이 '특별 연구'는 8개월 뒤인 1935년 6월에 끝날 예정이었다. 하지만 이는 화이트가 재무부라는 무대에서 12년 동안 펼친 드라마의 서막이었다.

화이트는 1935년 3월에 〈현재 상황에 대한 개괄적 분석Outline Analysis of the Current Situation〉이라는 연구보고서에서 자신의 정책 의견을 다듬기 시작했다. 그는 일자리를 잃은 사람이 천만 명이나 되는 심각한 실업문제를 지적했다. 하지만 그는 휴이 롱(Huey Long) 상원의원, 라디오로 선교를 하는 성직자 코플린(Coughlin) 목사처럼 자본주의를 기를 쓰고 반대하는 자들의 인기가 커지고 있다는 점에 대해서도 우려를 표시했다. '급진 체제에 대한 지지가 빠르게 확산'되고 있었다.

더욱 적극적인 '적자재정 정책'을 요구하는 날 선 주장이 녹아있는 메모는 분명히 많은 부분이 현대적인 것들이었고 당대의 미국 자유주의 경제학자라면 누구나 쉽게 쓸 수 있는 내용이었다.

> '신뢰 상실'이라는 구호는 보수주의자들의 연막작전에 불과하다. 이들은 애당초 정부 지출과 세금 인상을 반대해왔다. 더군다나 너무 근시안적이어서 현재의 높은 실업률이 지속

된다면 자신들도 심각한 피해를 입을 수 있다는 사실을 모른다. 이들은 정부가 처음으로 적자를 기록한 이래 채권시장이 국채를 흡수할 수 없다고 주장해 왔다. 하지만 현재 미국 국채가격은 그 어느 때보다도 높다.[30] 만약 기업이 실업자들의 잠재 구매력을 고용하지 않는다면 정부가 공동체를 희생시키지 않고 이를 대신할 수 있다.[31]

"1936년에도 재정적자가 80억 달러에 이를텐데 큰 문제 없을까?" 화이트가 말했다. "해답은 이렇다. 만약 정부지출 축소를 감당할 만큼 경제가 충분히 살아나지 못한다면 민간부문이 정부지원 없이 다시 일어설 수 있으리라 기대할 수 없다."[32]

그런데 추가적인 대규모 적자 재정 지출이 비틀거리는 기업투자를 살리기 위한 '유일한 해결책'일까? 만약 '신뢰 상실'이 대규모 재정적자 지속에서 비롯됐다면 추가적인 정부지출은 이롭기보다 해로울 수 있다. 신뢰가 무엇에 의해 어떻게 영향을 받는지 정확히 측정하는 것은 당연히 만만치 않은 일이다. 이 때문에 '경기부양책'에 대해 갑론을박이 뜨겁다.

화이트는 국내정책에 직접적으로 크게 영향을 미치지는 못했다. 하지만 국내정책과 국제정책을 효과적으로 조합해 국제정책에 결정적 영향력을 발휘하기 시작했다. 대통령의 런던 '폭탄 선언'을 지칭하지는 않았지만 그는 이미 알려진 대로 '국제경제 균형 재정립'의 중요성을 적극 강조했다. 하지만 이것이 '국내 경제가 장기적으로 높은 실질소득 수준을 유지하면서 안정적으로 굴러가는 데 걸림돌이 돼서는 안 된다'고 역설했다. 국내정책은 국제정책에 '의존하고' 이것들이 '서로 영향을 미친다.' 따라서 따로 떼지 말고 하나로 묶어서 검토해야 한다.[33] 화이트는 '국내문제와 국제문제 사이에, 또는 국내 경제활동과 국제무역 사이에' 경계선을 그을 수 없다고 주장했다.[34]

이런 점에서 화이트는 대통령의 국내정책과 전적으로 보조를 같이 했다. 하지만 국내정책은 국제통화안정을 위한 새로운 체제와 연결해야 효과가 있다고 판단했다. 물론 이 체제는 화이트 자신이 고안해 내야 했다. 그는 '국제통화균형이 국제무역을 증가시키고 국제무역 증가가 경제회복에 중요하다'는 논리를 폈다. 화이트는 영국과 프랑스가 자국 통화가치를 경쟁적으로 절하시키는 문제로 골머리를 앓고 있었다. 화이트가 주장했다. "둘 중 하나를 고를 수 있다면 어느 나라든지 자국 통화가치를 절상시키기보다는 절하시키려 할 것이다." 따라서 국제규약을 만들어 환율 균형을 회복하려는 노력을 하지 않는다면 각 나라는 수입장벽을 만들어 자국 산업을 보호하려 할 뿐만 아니라 '양자 간 무역과 환율조작'으로 수출산업을 지키려 할 것이다. 이렇게 되면 국제무역은 움츠러들고 경제회복도 어려워진다.[35]

루스벨트는 여전히 자신의 런던 주장을 굽히지 않았다. 하지만 그는 모겐소 장관이 주요 경제 강국들이 또 한차례 경쟁적으로 평가절하하는 것을 제한하는 방안을 찾길 간절히 바랐다. 화이트에게 이는 하늘이 내려 준 기회였다. 화이트는 이미 재무부에서 '능력 있는 젊은 경제학자이자 활력 넘치고 머리가 잘 돌아가는 친구'라는 평을 받고 있었다.[36] 더불어 화이트는 백악관이 국내 경제의 중요성에 눈을 뜨고 있던 바로 그 때 통화안정에 대해 연구하고 있었다. 이 때문에 모겐소 장관은 화이트가 4월에 유럽으로 건너가 상황을 파악하는 데 가장 적합한 인물이라고 판단했다.

당시 미국 국무부와 재무부가 벌였던 주요 실랑이 가운데 첫 번째는 새로운 통화외교를 코델 헐 국무장관이 담당할지 아니면 모겐소 재무장관이 주도할지에 대한 문제였다. 국무부가 네덜란드 정부에 보내는 전신에 들어갈 다음과 같은 문구를 모겐소 장관이 동의한 뒤 잠시 다툼이 주춤해졌다. 전신문에는 화이트가 통화 상황을 연구하기 위해 건너갈 것이지만 '군사문제는 협의할 수 없으며 정책도 논의해서는 안 된다'고 못박혀 있었다.[37]

화이트의 출장 가운데 가장 중요한 일정은 4월 말부터 5월 중순까지 런던에 머무르는 기간이었다. 그곳에서 기업가, 은행가, 경제학자, 공무원, 각 분야 대표들을 줄줄이 만났다. 6월 13일 화이트가 직접 작성해 제출한 출장보고서에는 그가 미국 대사관에서 회의를 시작했다고 기록돼 있다. 그곳에서 그는 회의적 반응을 보인 미국 대사에게 영국 관료들과 잘 협력했으면 좋겠다고 말했다. 화이트는 단지 '학문적이고 이론적인' 논의만 할 예정이며 '정부정책과는 아무런 관련 없이 오로지 경제 현상만을 알아보려 한다'는 점을 분명히 밝혔다.[38] 물론 터무니없는 주장이었다. 하지만 화이트가 영국 관료들과 약속을 잡는 일은 어렵지 않았다. 그들은 당연히 영국 정책에 대해 함구할 터였지만 화이트가 미국 달러화 정책에 대해 어떻게 생각하는지 알아내고 싶었기 때문이었다. 이들과 회의할 때 화이트는 신중했다고 한다. 자신이 열정을 보여왔던 주제였던 만큼 그에게는 입조심하는 일이 쉽지는 않았을 것이다.

영국의 기업가들은 대체로 금과 파운드화 사이의 비율을 재조정하는 방안에 반대했다. 그들은 1925년부터 1931년 사이 영국 경제가 어려움에 빠진 이유가 주로 그 비율 조정 탓이라 믿었다. 1929년 이후 세계 무역이 몹시 위축된 상황이었지만 영국 기업들은 파운드화를 사용하는 나라에 주로 수출하고 있었기 때문에 파운드화 환율 변동에 별 관심을 보이지 않았다. 화이트는 그들이 환율문제에 신경 쓰지 않는 것이 이상하다고 생각했다. 특히 '타 통화에 대한 파운드화 가치가 바뀌면 이는 파운드화 가치가 변한 게 아니라 다른 나라 통화 가치가 움직인 것'이라는 소(小) 영국주의자들의 주장은 더욱 기이했다.[39] 집권 노동당 소속 휴 돌턴(Hugh Dalton)과 조지 랜즈버리(George Lansbury)도 환율 조정에 무신경했다. 하지만 금본위제로 돌아가는 방안에 대해서는 기를 쓰고 반대했다. 이들은 국내물가 안정이 경제회복에 매우 중요하다는 루스벨트와 생각이 같았다. 경제학자들 가운데 런던정경대학 라이오넬 로빈스 교수와 그레고리(T. E. Gregory) 교수는 영국이 1파운드당 약 4.8달러로 고정시키면서 '최대한 빨리' 금본위체제로 돌아가야 한다는 아주 색다른 주장을 폈다. 이들은 그렇게 하지 않을 경우, 국제무역이 더욱 위축되고 통화에 대한 신뢰 추락으로 파운드화 연합체제가 무너지며 경쟁적 통화절하로 이웃나라를 궁핍하게 만드는 사태가 들불처럼 번질 것이라 믿었다. 화이트에게는 로빈스, 그리고 자신의 경제학계 적수인 존 메이너드 케인스와의 회의가 가장 중요했다.

 케인스는 대체로 환율 안정화 정책을 지지했다. 소문에는 안정화 정책을 반대한다고 알려졌지만 사실은 주로 정책 달성과 관련한 현실적 문제점을 지적한 것이다. 예를 들면 영국이 달러가 저 평가돼있다고 생각해서 반드시 파운드화를 더 평가절하해야 한다는 주장이라든지, '의회 내 일부 반대파'가 루스벨트 행정부가 내놓을 환율 정책을 기각할 가능성이 있다든지 하는 문제점들을 제기했다. 케인스는 앞을 내다볼 줄 알고 중요한 일에 영향력까지 발휘할 수 있는 인물이었다. 사실 그는 영국, 미국, 프랑스 재무부가 서로 협력하면 의회의 반대를 피할 수 있을 것이라 제안했다. 법적, 관료적 장애가 있다고 해서 절대 포기할 위인이 아니었던 화이트는 이 방안을 마음에 들어 했고 실제로 이듬해 실행에 옮겼다. 하지만 이 재무부 모임이 정말 중요한 까닭은 사실 이들이 나중에 브레턴우즈 체제를 모양 지을 영·미 간 금융 드라마의 주역이 될 것이기 때문이었다.

유럽 출장은 화이트의 경력에 무척 중요했다. 더불어 끝없이 팽창하는 헨리 모겐소 세력의 지적 초석으로서 화이트가 워싱턴에서 10년 동안 일하게 되는 출발점이기도 했다. 모겐소 장관은 뉴욕 더치스 카운티(Dutchess County)에 있는 자신의 농장이 대통령의 하이드파크(Hyde Park) 인근 사유지와 가까이 있어 둘은 오랜 친구로 지내기도 했지만, 모겐소 장관이 국무부와 헐을 능가할 수 있었던 이유는 자신의 생각을 설득력이 있고 현실적이며 효과적으로 실행할 수 있었기 때문이다. 반면 국무장관은 민첩하지 못했고 확고한 기질도 아니었다.[40] 화이트는 모겐소 장관을 완벽히 보완해 줄 수 있는 인물이었다. 꿈이 원대했던 화이트는 강력한 후원자가 필요했다. 화이트는 모겐소 장관에게 뉴딜 정책의 명확한 국제화 전략, 세밀함과 그칠 줄 모르는 열정, '경제이론을 정부정책으로 옮기는 솜씨'를 보여 줬다.[41]

1936년 여름, 이미 누더기가 된 금본위제를 바꿀 영구적 대안을 찾기 전까지는, 서로 죽고 죽이는 통화가치 절하 싸움을 막을 현실적 방법을 강구해야 하는 절박한 상황이 찾아왔다. 프랑스에서 레옹 블룸(Leon Blum)이 이끄는 좌익 인민전선(Popular Front)이 집권하자 금이 해외로 빠져나가 프랑화가 급격히 절하됐다. 이에 루스벨트 행정부와 스탠리 볼드윈(Stanley Baldwin)이 이끄는 영국 보수당 정부가 바로 대응했다. 머리를 맞대고 3주 동안 논의한 끝에 9월 25일 통화전쟁을 잠정 중단하자는 삼국 통화협정을 체결했다.[42] 모겐소 장관은 이 협정이 공식조약이라는 냄새를 풍기지 않도록 '신사협정'이라고 불렀다. 미국과 영국은 서로 통화절하 보복을 하지 않기로 약속하며 울며 겨자 먹기로 프랑화의 30퍼센트 절하를 용인했다. 3국 정부는 급격한 통화가치 변동을 막기 위해 국가마다 환율 안정화 계정을 준비하기로 합의했다. 프랑스는 3개국이 협력해 국제 금본위제를 부활시키자며 훨씬 더 강력한 협약을 원했다. 하지만 모겐소 장관에 따르면, 루스벨트는 자신이 런던 회의에서 주장했던 미국의 자율권이 '절대 수정할 수 없는 경전'이라며 이를 완전히 무시했다.[43] 중앙은행을 '민간 금융기관'으로 간주한 루스벨트는 한발 더 나아가 '중앙은행' 협력 체제를 없애야 한다고 주장했다. 모겐소 장관도 같은 생각이었다. 통화정책은 순전히 각 정부가 알아서 할 일이라 여겼다.[44]

그 뒤 두 달 동안 미국 재무부도 정책 대수술에 착수했다. 1934년 금준비법 통과 후 재무부는 금본위제를 실시하는 나라들에만 금을 팔았다. 하지만 1936년 10월 모겐소 장관이 금을 매일 정한 가격에 따라 영국과 프랑스에도 팔 수 있도록 정책을 바꿨다. 그는 기자회견에서 이렇게 발표했다. "국민을 보호할 책임이 있는 각 정부는 환율 변동을 최소화하기 위해 협력할 것입니다. 무책임할 뿐만 아니라 상도덕이 무엇인

## 제3장 믿기지 않는 화이트의 부상

지도 모르는 국제 투기꾼들은 앞으로 외환시장 혼란을 조장해 사적 이득을 얻으려고 자금을 이리저리 급격하게 옮기는 짓을 하지 못할 것입니다."[45] 옛 고전적 금본위제 시절과는 많이 다르지만 삼국 통화협정과 미국의 금 매도 재개라는 정책 조합으로 세계경제는 어느 정도는 안정을 되찾았다. 11월에는 벨기에, 네덜란드, 스위스가 협정에 서명했고 영국, 프랑스와 같은 조건으로 미국과 금 거래를 할 수 있는 권리를 얻었다. 1937년 이후 파운드화 가치가 달러화 대비 점차 하락했지만 미국은 이 정책을 고수했다.

하지만 경제안정이라는 희미한 불씨는 곧 꺼져버렸다. 1937년 주식시장이 폭락했다. 1938년 봄, 프랑스가 다시 프랑화 평가절하를 단행하고 파운드화에 연동시켰다. 파운드화는 제2차 세계대전 발발 전날까지 관리변동환율제도를 유지했다. 당시 1파운드에 4.03달러로 관리했다. 미국 경제는 다시 침체의 수렁에 빠졌고 뉴딜정책은 비틀거리기 시작했다.

그런데도 미국 재무부는 (아직 대통령은 그렇지 않았지만) 통화안정이라는 목표에 집착한 나머지 1936년까지도 미국 정부가 정한 달러 표시 금 가격이 국제통화 체제의 핵심 잣대라 여기고 있었다. 분명 금본위제는 죽어 땅속에 묻혔다. 국제통화협약 시절은 가고 각 정부가 임의로 정책을 정하는 시대가 왔다. 케인스는 의기양양했다. 미국은 안정을 갈망했지만 이를 손에 넣을 힘이 없던 유럽 자유민주국가들에 때마침 달러화를 금으로 바꿀 수 있게 해주겠다고 굳게 약속함으로써 국제통화 체제와 비슷한 것을 만드는 솜씨를 발휘했다. 그러면서도 금본위제로 인해 국내정책의 운신의 폭이 좁아져 정치권의 반발을 사는 일은 없도록 했다.

화이트는 재무부에서 아직 보잘것없는 존재였지만 이제 모겐소 장관의 가장 중요한 자문위원으로서 입지를 굳히기 시작했다. 1935년 7월 화이트의 특별 경제분석가라는 자리는 1년 연장됐다. 그리고 이듬해 10월 연구통계 분과에서 부이사가 됐다. 아직도 그는 1934년 금준비법으로 만든 외환안정기금 평가절하에서 나오는 이익을 재무부 내부적으로 전용한 예산에서 급여를 받았다. 놀랍게도 이 임시조치는 정식 공무원이 된 1945년까지 이어졌다.

이제 사십 중반에 접어든 화이트는 170센티미터로 크지는 않았지만 다부져 보였다. 파란 눈 위로 동그란 무테안경을 걸친 그는 둥근 얼굴에 잘 다듬은 검은 콧수염까지 길러 독일 독재자 아돌프 히틀러(Adolf Hitler)를 연상케 했다. 걸음걸이는 태도만큼이나 빠르고 갑작스러웠다. 헐을 포함한 주변사람들은 화이트의 투철한 직업의식과 업무파악 능력을 높이 샀다. 하지만 세월이 흐른 뒤 모겐소 장관은 이렇게 회상했다. "그는 사귀기 힘든 친구였습니다." 화이트는 걸핏하면 화를 냈고 야심이 너무 컸으며 힘깨나 있다고 거들먹거렸다.[46] 성질이 급했고 직설적이었으며 자주 빈정댔다. 주기적으로 아침회의에 참여했던 재무장관의 아들은 화이트의 속사포 같은 주장이, 마치 남을 비난하고 업신여기는 것처럼 들렸다고 회고했다. 하지만 재무장관에게 직접 보고할 때에는 완전히 다른 모습이었다. 누구에게 잘 보여야 하는지를 잘 아는 사람이었다. 그는 '자신을 권력의 사다리에 오르게 해 줄 만한 위치에 있는 사람에게는 지나칠 정도로 예의 바르게 대했다.'[47] 브레턴우즈에서 화이트의 오른팔이었던 에드워드 번스타인(Edward Bernstein)은 그를 성질이 까다롭고 괴팍스러운 상사였다고 묘사했다. 화이트는 자기 분야에서

'최고 전문가는 아니었지만 경제정책에 대해서는 일가견이 있었다.'⁴⁸ 화이트가 쓴 글을 보면 그가 전문적이고 복잡한 문제들도 하나하나 명쾌하게 설명하고 경제원리를 국제정치 환경과 연결시키는 재주는 타고났다는 사실을 알 수 있다. 화이트는 늘 회의로 바쁘고 업무 집중을 방해하는 이런저런 일들이 많았지만 그의 글은 마치 아무도 없는 조용한 곳에서 쓴 것처럼 빈틈 없고 논리정연했다. 이런 그가 영향력 있는 자문위원이 되는 것은 어쩌면 당연한 일이었다. 늘 바쁜 재무장관이라면 이런 사람을 (없어서는 안 될 인물은 아닐지라도) 어찌 소중한 부하로 여기지 않겠는가?

하지만 화이트는 지휘체계에만 의존하지 않았고 '종종 정해진 절차를 벗어나거나 반대를 피하는 길을 찾으려 했다.' 모겐소 장관의 전기를 쓴 존 모턴 블럼(John Morton Blum)의 말이다. "이 습관은 수상쩍다고 여겨질 수 있고 심하면 국가를 전복시키려는 것으로 잘못 비칠 수도 있었다."⁴⁹ 하지만 화이트의 자유분방한 외교행적으로 미뤄볼 때 이런 시각이 꼭 오해에서 비롯된 것이 아닐 수도 있다.

화이트의 친구들은 그에게 아내와 자식들이 있고 체스와 음악에 흥미를 느낀다는 사실 이외에는 그의 사생활에 대해 아는 것이 거의 없었다.⁵⁰ 1936년 화이트는 일곱 살, 열 살 난 딸 둘을 포함해 가족을 데리고 메릴랜드(Maryland) 실버 스프링(Silver Spring) 근처 콜롬비아 외곽지대에서 코네티컷가(Connecticut Avenue)에 있는 아파트로 이사했다. 1938년에는 메릴랜드 베데스다(Bethesda) 페어팩스가(Fairfax Avenue)에 방 여덟 개짜리 집을 얻어 옮겼다.

화이트가 코네티컷가와 페어팩스가에 살 때에는 집에 요즘 시세로 3,000달러가 넘는 부하라(Bokhara) 양탄자가 있었다. 양탄자가 흥미로운 까닭은 세공이나 예술적 가치 때문이 아니라 그것이 화이트 삶의 중요한 단면을 보여주기 때문이다. 사실 그는 워싱턴에서 사생활과 공적인 삶 사이에서 위험하고 수상쩍은 줄타기를 했던 것이다.

가장 믿을 만한 이야기에 따르면 화이트는 1937년 초 양탄자를 크리스마스 선물로 받았다고 한다. 발신자 미상의 양탄자를 전달해 준 사람은 조지 실버맨이었다. 그는 철도연금위원회(Railroad Retirement Board)에서 일하는 공무원으로서 나중에 재무부로 옮겨 화이트 밑에서 일했다.[51] 몇 년 뒤 화이트의 집을 찾은 어느 방문객은 마치 알고 있다는 듯이 '양탄자가 소련산 같다'고 말했다고 한다. 원래 신경이 예민한 화이트는 당황하는 기색이 역력했다. 그 친구가 나중에 방문했을 때에는 양탄자는 온데간데 없었다.

종국에 휘태커 체임버스는 양탄자를 배달했던 실버맨을 소련 정보기관과 미국 정부 내 비밀요원을 연결하는 간첩으로 지목했다. 그는 재무부와 전시생산국(War Production Board)에서 일하는 경제학자 네이선 그레고리 실버마스터(Nathan Gregory Silvermaster)가 이끄는 간첩단 일원이었다. 체임버스에 따르면 양탄자가 소련산인 것 같다고 말해 화이트를 깜짝 놀라게 했던 익명의 방문객은 '엘리자베스 벤틀리(Elizabeth Bentley) 조직' 일원이었다. 간첩이었던 벤틀리는 1945년 미국 정보원으로 전향했다.

체임버스에 따르면 화이트는 선물로 받은 양탄자를 '아주 만족스러워했다'고 한다. 그 양탄자는 화이트가 전문 중개상이었던 컬럼비아 대학 미술과 교수 마이어 샤피로(Meyer Schapiro)에게 도매가격으로 사라고 제안했던 양탄자 네 개 가운데 하나였다. 화이트는 소련 총정보국(Soviet Military Intelligence, GRU) 요원 보리스 비코프(Boris Bykov) 대령에게서 자금과 지령을 받았고 미국의 기밀정보를 제공하는 대가로 '값비싼 대형 양탄자'를 얻었다.[52] 체임버스는 비코프를 피터(Peter)로만 알고 있었다. 영어를 거의 구사하지 못하는 비코프는 처음에 화이트를 포함한 요원들에게 '거금'을 주려고 했지만 체임버스는 어리석은 짓이라며 이렇게 말했다. "그들은 공산주의 사상으로 무장한 사람들입니다. 돈으로 매수하려 한다면 그들은 당신을 절대 믿지 않을 것입니다." 비코프는 도저히 이해할 수 없었지만 결국 알았다고 했다. 그는 체임버스에게 양탄자는 '러시아에서 짰으며 러시아 사람들이 미국 동료들에게 주는 감사의 선물'이라는 사실을 화이트와 다른 동지들에게 알리라고 했다.[53] 체임버스는 의기양양하게 말을 맺었다. "우리는 양탄자 네 개를 받고 바로 첩보활동을 시작했습니다."[54]

체임버스의 주장에 따르면 화이트의 은밀한 활동은 1935년에 시작했다고 한다. 화이트는 자기처럼 통달한 전문가들이 관리하는 세상을 꿈꿨다. 화이트가 이런 이상주의자였기 때문에 체임버스 같은 비밀 요원들에게 빨리 포섭됐는지도 모른다. 하지만 체임버스와는 달리 화이트는 어느 누구에게서도 지령을 받지 않았다. 그는 그저 자기 자신의 생각대로 일을 했을 뿐이다. 지하 조직 따위에는 가입하지 않았다. 화이트는 사람들이 자신의 지식과 고급 정보를 원하면 그것들을 기꺼이 제공해 생산적으로 활용하도록 했다. 대신 그들이 준 대가를 마음껏 즐겼다. 그는 자신의 공식 지위가 자기 능력에 비해 낮다고 여기던 터라

외부사람이 자기를 인정해 주기를 내심 갈망했다.[55]

화이트는 가까운 연락책을 이용해 체임버스에게 넘길 재무부 서류를 확보했다. 체임버스는 건네 받은 문서를 볼티모어(Baltimore)에 있는 자신의 작업실에서 촬영한 뒤 원래 받았던 경로로 반환했다.[56] 화이트는 중요하다고 생각하는 기밀정보를 매주 또는 격주로 정리해 체임버스에게 건넸다.[57]

화이트가 비밀 활동을 한창 하던 때 소련과 미 재무부 사이의 관계는 더욱 나빠졌다. 1936년 9월 26일 토요일, 삼국 통화협정이 공표된 다음날 재무부는 외환시장에 개입해 파운드화 가치를 떠받쳐야 했다. 러시아가 체이스내셔널은행(Chase National Bank)을 통해 파운드화를 대규모로 매도했기 때문이다. 모겐소 장관은 뉴욕 연방준비은행으로부터 자세한 내막을 확인하고 노발대발했다. 러시아가 협정을 무너뜨리려는 의도가 있다고 확신한 그는 기자회견을 자청해 러시아의 도발을 폭로하고 외환안정기금을 사용하겠다는 성명을 발표했다. 러시아 통화당국자들은 미국의 성명에 분개했다. 그리고 스톡홀름에서 약속한 달러 자금을 마련하기 위한 어쩔 수 없는 조치였다는 믿을 수 없는 항변을 했다. 파운드화 매도 시점도 계획적으로 정한 것이 아니라고 주장했다.

체임버스는 화이트를 보호하기 위해 세심한 노력을 기울였다. 지하조직에서는 중요한 정확성 준수라는 원칙을 깨고 중간 이름을 뺀 '윌턴 러그(Wilton Rugg)'라는 암호명을 만들었다. 화이트가 신뢰하는 친구인 실버맨은 1936년부터 러그라는 이름을 가진 사람으로 행세했다. 실버맨은 체임버스가 '성격이 특이한 화이트를 잘 다룰 수 있다'고 확신하고 나서야 그를 화이트에게 소개했다. 화이트는 은밀히 모이는 것을 좋아

## 제3장 믿기지 않는 화이트의 부상

했다. 하지만 자신이 불편을 기꺼이 감수할 정도는 아니었다. 그는 약속 장소를 보통 자신의 코네티컷가 아파트 가까이에 잡았다.

"나는 결코 해리 화이트를 좋아하지 않는다." 체임버스는 거침없이 썼다. "화이트가 밤에 코네티컷가를 몰래 어슬렁거리는 모습을 봤다. 그는 초조하게 기다리며 계속 두리번거려 너무 경계한다는 표시가 났다." 회의를 할 때 화이트는 날카로웠지만 신기하리만큼 기발했다. 그는 '재무장관에 대해 끝없이' 얘기했다. 모겐소 장관의 기분을 설명할 때에는 장관의 분위기가 화이트의 기쁘거나 침울한 표정으로 투영됐다.[58] 화이트는 자신의 출세가 전적으로 모겐소 장관과의 관계에 달려 있고, 마찬가지로 모겐소 장관도 본인의 입지가 대통령과의 친분에 좌지우지된다는 사실을 뼈저리게 느끼고 있었다. 하지만 모겐소 장관은 백악관 안에서 화이트를 일부러 드러내려고 하지는 않았다. 1942년 8월까지도 재무장관은 이렇게 말했다. "아마도 대통령은 화이트가 누군지 모를 것입니다."[59] 만약 화이트와 모겐소, 모겐소와 대통령 사이의 친분이 단절됐다면 포부가 컸던 화이트는 워싱턴에서의 임시 관료직을 미련 없이 당장 그만뒀을 것이다. 그는 워싱턴 거리에서 미국과 소련 사이의 관계를 비밀리에 재정립하는 설레는 일만으로는 만족할 수 없었다. 그는 언제라도 애플턴으로 돌아가 연구나 하면서 조용히 지낼 수 있었다.

1937년 초 체임버스는 화이트를 비코프에게 직접 소개했다. 러시아 요원이 화이트가 보낸 정보가 아주 쓸모 없다고 불평한 직후였다. 체임버스는 화이트가 '아주 중요한 윗사람들'의 관심을 끌고 싶어했기 때문에 이 만남이 화이트의 부족한 열정을 불러일으키는 계기가 될 거라 생각 했다.[60] 체임버스는 화이트를 '조종해' 그에게서 최대한 많은 정보를 캐낼 수 있는 재무부 내 공산당원 한 명을 찾아달라고 헝가리 출신 공산당원 조지프 피터스(Josef Peters, J. Peters로 알려짐)에게 요청했다. 피터스는 헤럴드 글래서(Herold Glasser)를 추천했다. 화이트는 그가 재무부로 이동하는 데 도움을 준 적이 있었다. 곧바로 글래서는 "화이트는 수집한 중요한 정보를 모두 잘 넘겨주고 있습니다."라고 말하며 체임버스를 안심시켰다.[61]

화이트가 미 정부에서 일하기 시작한 이래 담당 업무는 계속 확장됐다. 1936년 2월에는 대외무역협정(Foreign Trade Agreement) 부서 간 위원회에 재무부 대표로 참석하기 시작했다. 1937년 12월 모겐소 장관은 화이트를 국가군수품관리위원회(National Munitions Control Board) 회의에 부서 대표로 참여하도록 했다.[62] 하지만 화이트는 틈나는 대로 소련의 통화구조 개혁에 대해서도 스스로 연구했다. 물론 미국 정부가 모르게 비밀리에 했다.

화이트는 체임버스와 단둘이 길을 걸을 때면 전문용어가 섞인 통화관련 이야기로 그를 지루하게 했다. 체임버스가 토로했다. "저는 화이트에게 화폐이론, 금융, 경제학 따위에 대해 전혀 모른다고 말했습니다. 그런데도 우리가 길을 거닐 때, 화이트는 재무장관의 기분이 이러니저러니 하다는 등 잡담은 하지 않고 난해한 통화 프로그램에 대해 혼잣말로 오랫동안 중얼거렸습니다." 화이트는 체임버스에게 소련의 통화개혁에 관한 자신의 구상을 소련 정부에 전달하라고 압박했다. 그래서 체임버스는 이에 대해 별 관심이 없던 비코프를 찾아갔다. 하지만 놀랍게도 모스크바에서는 소련의 통화개혁을 위해 미국 재무부 전문가의 조언을 받는 것에 대해 굉장히 큰 관심을 보였다. 비코프는 그제서야 사안의 중요성을 깨닫고 허겁지겁 체임버스에게 연락해 화이트 보고서 전부를 즉시 받아오라고 했다. 하지만 화이트는 뉴햄프셔 피터버러(New Hampshire Peterborough) 인근으로 여름 휴가를 떠난 상태였다. 체임버스는 어쩔 수 없이 손수 운전해 그를 찾아가야 했다.

화이트는 소련 통화개혁에 대한 자신의 계획을 체임버스에게 넘겼지만 계획의 자세한 내용에 대해서는 큰 열정을 보이지 않았다. 체임버스는 당황스러웠다. "저는 그의 열정이 통화이론에 대한 사랑과 소련에 대한 관심의 증거라고 판단했습니다. 하지만 그가 비밀조직을 위해 일하는 까닭이 무엇인지 궁금할 때가 있습니다. 그의 동기가 무엇인지 정말 궁금합니다."[63]

화이트가 신봉한 경제학 이론을 마르크스주의라고 할 수는 없다. 당시에는 케인스 경제이론을 철저히 따르는 것 같았다. 그는 경제를 살리기 위해 정부가 적극 개입해야 한다고 주장했다. 대공황 이전보다 더욱더 관여해야 한다고 믿었다. 하지만 정부가 생산수단을 광범위하게 통제해야 한다고 하지는 않았다. 국제통화 체제에 대한 그의 글에는 민간기업 통제를 줄여야 한다고 적혀 있다.[64] 국내정책에 대해서는 뉴딜과 같은 정부의 적극적 역할을 지지했다. 그가 공산주의 이데올로기를 흠모한다는 증거는 찾아볼 수 없었다.

공개적으로 알려진 화이트의 정치·경제에 대한 견해를 보면 그가 소련을 위해 첩보활동을 했다는 사실은 잘 믿기지 않는다. 바로 이런 점 때문에 지난 반세기 이상 그의 실체에 대한 설득력 없는 추측이 난무했다. 그가 사망한 후 5년 뒤 〈라이프Life〉라는 잡지에 이런 질문이 실렸다.[65] '해리 덱스터 화이트는 누구인가?' 물론 질문이 암시하듯 확실한 답은 없다. 딱 떨어지지는 않지만 화이트라는 인물에 대한 평가는 다음 상반된 두 가지로 분류할 수 있다. 하나는 그가 수년간 미국정책에 반하는 일을 은밀히 수행한 명백한 소련 끄나풀이었다는 주장이다.[66] 다른 하나는 화이트는 소련과 협력을 강화하기 위해 사심 없이 노력하는 과정에서 가끔씩 선을 넘었을 뿐이며 사실 그는 뉴딜정책과 국제주의를 신봉하는 인물이라는 평가다.[67] 두 주장 모두 설득력이 없다.

프린스턴(Princeton) 대학 서고에는 화이트가 직접 끄적거린 날짜 미상의 비공개 메모가 커다란 서류철에 파묻혀 있다. 노란색 줄이 그어진 노트에 아무렇게나 쓴 이 메모에는 그의 공개적인 활동과 비밀스런 사생활 사이의 연결 고리가 숨어있다. 흥미롭게도, 화이트 일대기를 썼던 사람들이 틀림없이 빠뜨렸을 이 메모를 보면 화이트의 위상이 한창 높았을 제2차 세계대전 끝 무렵, 지적 성취욕이 강했던 그가 계획했던 원대한 구상을 엿볼 수 있다.

〈미래 정치·경제 체제*Political-Economic Int. of Future*〉라는 간결한 제목의 보고서는 다음 내용으로 시작한다. 미국은 제2차 세계대전이라는 '갑작스런 사건'을 계기로 '독립 170년 만에 처음으로 국제적 연합, 의무, 책임에 대한 영구적인 정책을 채택하고자 의도적으로 노력하기 시작했다.' 세계평화 유지를 위해서는 미국, 영국, 소련, 중국이 '강력한 군사동맹'을 맺어 '국제법을 준수하도록' 하는 일이 가장 중요하다. '다른 어떤 나라가 연합해도 이 4개국 동맹을 대적하지는 못할 것이다.'

화이트는 10년 뒤에는 '패전국들이 경제를 재건하고 자존심도 회복할' 것이므로 이 4개국이 동맹을 맺는 일이 아주 중요하다고 강조했다.

## 제3장 믿기지 않는 화이트의 부상

패전국들은 패배의 멍에를 벗고 2류 국가라는 지위를 탈피하기 위해 다시 강대국이 되고자 할 것이다. 전쟁에서 진 일본과 독일 내부의 강경파들이 전쟁 이전의 위대한 국가로 되돌아가기를 갈망한다는 사실을 누가 의심하겠는가? 이 두 나라 역사에 이들이 항구적 패전국 지위를 유지해야 하는 의무를 고분고분하게 받아들일 것이라 믿을 만한 증거가 있는가?

성공적인 4개국 동맹을 맺는 데 가장 큰 걸림돌은 미국의 '고립주의와 일본과 독일의 광포한 제국주의'다. 만약 이 거슬리는 문구가 포함된 보고서가 외부로 알려졌다면 화이트를 해고하라는 요구가 빗발쳤을 것이다. 그는 이런 제국주의 탓에 '미국은 금융 지배와 군사력을 최대한 강화해 세계 최강국이 되려는 충동이 생긴다'고 공격했다.

화이트는 재무부 근무 당시에는 미국이 세계금융을 지배해야 한다고 강하게 주장했기 때문에 그가 미국이 금융 지배력을 이용해 '세계 최강국이 되려는 것'에 반대를 표명한 점은 아주 이상해 보일 수 있다. 화이트는 미국이 어느 나라와 세력을 나눠야 한다고 생각했을까? 답은 이 보고서에 아주 명백히 나타나 있다. 그는 이 보고서에서 떠오르는 경쟁국인 소련에 대한 미국의 시각을 계속 비판하며 지면의 절반을 소련에 초점을 뒀다.

화이트는 미국에는 '러시아와의 협력을 아주 혐오하는 강력한 천주교 계층이 있는가 하면 사회주의 국가와 협력하면 사회주의가 강해지고 이로 인해 자본주의가 약해진다고 걱정하는 집단도 있다'고 비난했다. 만약 화이트가 '천주교 계층'을 싸잡아 비판했다는 사실이 세상에 알려졌다면 그는 목숨을 내놓아야 했을 것이다.

화이트는 미국과 미국의 서방 동맹국들이 소련에 대해 위선적 태도를 보이고 있다고까지 했다. 그는 '자본주의 사상과 사회주의 이데올로기 사이의 심한 대립이 위험한 분열의 씨앗'이 되고 있으며 자본주의 국가와 사회주의 국가의 정치·경제적 차이점이 과장됐다고 한탄했다. 미국에는 테네시강유역개발공사(Tennessee Valley Authority), 국립공원관리공단, 유전 등 눈에 띄는 국유화 사례가 많았다. 운송, 통신, 수도, 가스, 전기 분야는 요금이 법으로 정해져 있었다. 민간기업은 '수많은 규제와 허가 조항에 시달린다.' 한편 '러시아에서는 수십만 개의 작은 농장들이 개인들에게 임대돼 운영된다. 자본주의 국가에서와 마찬가지로 목공일과 구두 수선, 수많은 각종 서비스가 소비자들에게 판매된다. 사람들은 출판물의 로열티를 받고 국채를 보유해 이자를 받으며, 국가가 정한 임금은 자본주의 국가에서처럼 수요와 공급의 법칙에 따라 오르고 내린다.' 하지만 화이트는 전쟁을 치른 자본주의 국가들이 적잖이 변화하리라 전망했다. 즉, '모든 면에서 산업에 대한 국가 통제가 강화되고 민간기업과 경쟁 원칙에 대해 규제가 심해질 것'으로 예상했다. 그리하여 결국 소련식 모델 쪽으로 수렴할 것으로 봤다.

왜 자본주의 국가들이 소련을 적대시할까? 화이트는 궁금했다. 정부 형태가 싫어서일까? 그는 그 이유 때문은 아니라고 결론지었다. 왜냐하면 자본주의 국가 가운데 미국이나 영국처럼 민주주의 체제가 있는가 하면 스페인, 포르투갈, 니카라과, 온두라스 같은 독재국가도 있기 때문이다. 이탈리아, 스페인, 브라질, 포르투갈, 중국이 미국처럼 민주주의 국가가 아니라고 해서 이 나라들을 무턱대고 싫어할 이유는 없다. 민주주의 국가가 아니라는 점이 무역이나 금융거래를 하는 데 걸림돌

## 제3장 믿기지 않는 화이트의 부상

이 되지는 않는다. 사회주의 경제체제도 전쟁 이전의 러시아처럼 독재가 가능하고(전쟁 중의 정치체제를 비교하는 것을 적절하지 않다), 1936년에 러시아 헌법에서 통과시켰으나 완전히 실행되지는 않았던 상당한 정도의 민주주의도 가능하다. 따라서 정치체제가 다르다는 이유로 소련을 반대할 까닭은 없다는 점이 명백하다.

소련에서 '상당한 정도의 민주주의가 완전히 실행되지는 않았다'라는 강조 문구를 보면 화이트의 스탈린식 소련 정치체제에 대한 장밋빛 견해를 엿볼 수 있다. 종교의 자유는 어떠한가? "통설과는 달리, 러시아에서 개인의 종교적 자유가 폐지된 적은 없다."라고 화이트는 주장한다. "소련 헌법은 종교의 자유를 보장한다." 이뿐만 아니라 독일은 1933년부터 줄곧 종교 탄압이 아주 심했지만 자본주의 국가들은 군사위협을 느끼기 전까지는 독일에 이의를 제기하지 않았다. 러시아의 사회주의 혁명에 대한 해외선동은 어떠한가? "코민테른(Communist International, 약칭 Comintern; 공산주의 국제 연합으로 제3인터네셔널이라고도 한다) 운동은 중지됐고, 오늘날 러시아는 다른 나라에서 활동하는 코민테른을 적극 돕지 않는다는 정책을 추구하고 있어 타 국가와의 분쟁의 불씨는 아주 작아질 것이다.

서방 국가들이 국내정치, 종교, 외교정책 때문에 러시아를 적대시하는 까닭이 아니라는 점을 확인한 화이트는 분쟁의 진정한 이유는 경제적 이념 때문이라고 결론지었다. "기본적으로 자본주의와 사회주의가 대적하는 것이다. 자본주의가 사회주의보다 훨씬 우월하다고 믿는 사람들은 사회주의 이념의 원산지인 러시아를 두려워한다." 화이트는 이런 부류에 포함되지 않는 듯했다. 그는 이렇게 끝을 맺었다. "러시아는 사회주의 경제체제를 처음으로 실행한 나라며 이는 잘 돌아가고 있다!"[68] 이는 미국의 가장 중요한 경제전략가가 내린 결론이어서 매우 충격적일 수밖에 없다.

소련 사회주의 경제가 '잘 작동하고' 있고 자본주의 국가들이 산업과 경쟁을 더욱 규제하는 쪽으로 움직이고 있다는 화이트의 결론은, 1954년 미국 상원 법사위(Senate Judiciary Committee)의 국가안보소위원회(Internal Security subcommittee)에서 화이트의 경제관에 대해 조너선 미첼(Jonathan Mitchell) 기자가 밝힌 논란 많았던 견해를 뒷받침한다. 미첼은 1939년 모겐소 장관으로부터 연설문을 써달라는 의뢰를 받은 적이 있었다. 제2차 세계대전에서 일본이 항복한 직후인 1945년 8월 미첼은 화이트와 오찬을 한 적이 있었다. 화이트는 그 자리에서 전쟁 중에 생겨난 정부의 무역규제는 전쟁 후에도 이어질 것이라고 주장했다고 한다. 정부는 자본(달러와 금)이 부족해 민간기업의 국경 간 무역을 철저히 규제하리라 예상했다. 그는 IMF도 이를 바로잡지 못하리라 전망했는데 IMF의 창시자라 해도 무방할 사람의 주장이라서 더욱 놀랍다. 화이트는 미국은 거대한 내수시장이 있어 민간기업이 해외에 의존하지 않고도 5~10년 정도는 버틸 수 있지만 결국 무역을 외면하고는 홀로 살아남을 수 없다고 생각했다. 미첼에 따르면 화이트는 영국의 사회학자였던 해럴드 라스키(Harold Laski)가 저술한 《신념과 이성, 그리고 문명Faith, Reason, and Civilization》이라는 책을 가리켜 "우리 시대에 출간된 책 가운데 가장 심오하고, 세상이 어디로 가고 있는지 섬뜩할 정도로 정확하고 깊게 예측한 책"이라 칭했다고 한다. 저자는 러시아가 자본주의를 대체할 새로운 경제체제를 만들었다고 주장했다.[69]

## 제3장 믿기지 않는 화이트의 부상

　라스키는 책에서 공산주의가 도덕성이 결여된 자본주의와 낡아 빠진 기독교가 남긴 정신적 물질적 공백을 채울 수 있는 새로운 교리라며 찬양했다. 라스키는 "10월 혁명 이후 더욱 많은 러시아 남녀들이 다른 어느 나라 사람보다 자아실현을 할 수 있는 기회를 더 많이 얻었다."라고 단언했다.[70] 냉전이 끝난 후 수십 년이 지난 현재에는 라스키의 견해가 매우 유별나 보일 수 있다. 하지만 라스키는 1945년 당시 영국 노동당 당수였으며 서방 주류 정치세계의 한가운데에 있던 인물이다. 화이트 보고서는 라스키의 깊이 있는 역사 연구에 비해 부족하지만 라스키의 격렬한 비판을 지지하는 내용이 있다. 특히 자본주의 연합국들이 위선적이라는 라스키의 주장에 동조한다. 화이트와 라스키는 자본주의 국가들이 독일과 이탈리아에서 민주주의가 짓밟힌 일을 당연하게 받아들이고 있다고 비판했다. 더욱이 자본주의 국가들이 정치적·종교적 자유를 지키려는 충동이 생긴 것은 히틀러와 무솔리니(Mussolini)가 다른 나라를 공격했을 때뿐이었다고 비판했다. 자본주의 국가들은 러시아가 사실상 성공적으로 이끌고 있는 사회주의 경제를 감당할 수 없다고도 했다.

　화이트의 동생인 네이선은 1956년에 발표한 긴 글을 통해 미첼의 주장을 맹비난하면서 자기 형을 옹호했다. 당시 화이트는 지적으로 명성을 날리고 있던 터라 미첼의 주장은 신빙성이 없어 보였다. 하지만 최근 발견된 화이트의 보고서를 보면 사실상 미첼의 주장이 아주 믿을 만한 것이었음을 알 수 있다.

　"해리가 러시아 사람들과 친하게 지냈다는 사실은 명백합니다." 수십 년이 지난 후 번스타인이 회고했다. 그리고 "누구에게나 조언을 줄 수 있다고 생각하는 사람이 바로 해리입니다."[71] 그런데 화이트는 왜 단지 조언만 하는 선을 훨씬 넘어섰을까?

제2차 세계대전 중 미국에 불충하리라고는 전혀 생각할 수 없던 수많은 미국 정부 관료들이 소련을 은밀히 도왔다. 엘리자베스 벤틀리는 이렇게 평가했다. "그들은 판단이 흐트러진 이상주의자들입니다. 자신들이 옳다고 믿는 대로 행동합니다. 이들은 러시아가 우리와 함께 전쟁을 함께 치른 우방국이라고 굳게 믿습니다. 그래서 러시아가 도움을 받아야 한다고 생각합니다. 이들은 우리가 러시아에 '영국에 주고 있는 것과 러시아에 줘야 하는 것'들을 주지 않는다고 여깁니다. 그래서 이들은 러시아에 무엇인가를 주는 일이 자신들의 의무라고 여깁니다."[72]

체임버스의 주장에 따르면 화이트는 전쟁이 터지기 전부터, 즉 1933년 소련이 미국과 외교관계를 맺고 1934년 국제연맹에 가입한 직후부터 수년간 소련을 도왔다고 했다. 어느 모로 보나 화이트는 앞으로 수년 동안 미국이 새로 들어선 소련 정부와 더욱 긴밀히 협조해야 한다고 믿었음이 틀림없다. 실버맨과 체임버스는 공식적인 기회가 생기기 수년 전부터, 여전히 신비에 싸인 강대국 러시아에 화이트가 자신의 선의를 보여줄 수 있는 기회를 실질적으로 만들어 줬다.

소련이 화이트의 도움에 감사의 뜻을 어설프게 전한 사례는 비코프가 화이트에게 양탄자를 보낸 것이 처음이 아니다. 체임버스는 몇 년 뒤 〈타임Time〉지 논설위원이었을 때 다음 이야기를 접했다고 밝혔다.

어느 날 (1945년 당시처럼) 워싱턴에 사는 목수의 집으로 캐비어 한 상자가 배달됐다. 그러고는 보드카 한 상자가 배달됐다. 얼마 뒤 소련 대사관이 주최하는 사교 모임에 참석해 달라는 내용의 편지를 받았다. 목수는 어리둥절했다. 결국 미 재무부 소속의 해리 덱스터 화이트라는 사람에게서 전화를 받았다. 이 목수도 이름이 해리 화이트였다. 재무부 화이트가 잘못 배송된 선물을 추적했던 것이다. 그는 목수 화이트에게 물건의 절반만 자기에게 보내고 나머지 반은 그냥 가지라고 했다. "저는 물건을 모두 되돌려 보내려고 했습니다." 목수가 기자에게 털어놓았다. "하지만 그가 한 말을 곱씹어보니 제가 물건을 모두 돌려보내면 그가 극구 사양할 것이라는 생각이 들어 그냥 절반만 보냈습니다."[73]

1938년 초 체임버스는 스탈린이 숙청을 단행한다는 이야기에 점점 걱정이 커져 자신의 신변에 위협을 느낀 나머지 공산당에서 탈퇴하겠다는 운명적인 결정을 내렸다. 그는 이제 요원들에게 자신의 탈퇴 사실을 말하지 말라고 협박해야 했다. 체임버스는 화이트의 입을 막으려면 그가 일하는 재무부로 직접 찾아가는 것이 상책이라 생각했다. 하지만 재무부 건물에 도착한 뒤 이 계획을 바로 포기했다. 경비원에게 자신이 누구인지 알릴 방법이 없다는 사실을 깨달았기 때문이었다. 화이트는 자신을 칼(Carl)로만 알고 있었다. 그래서 가까운 가게로 가서 화이트에게 전화를 걸었다. 접선 원칙을 어겼다는 사실에 화이트가 놀랄 것으로 예상했지만 이상하게도 화이트는 스스럼없이 전화를 받았다.

둘은 재무부 건물 근처에서 만나 함께 걷기 시작했다. "접선 장소 한번 보러 갈까요?" 화이트가 쾌활하게 물었다. 이들은 가게로 들어가 커피를 주문했다. 화이트는 '재무장관'과 실버맨에 대해 이러쿵저러쿵 하면서 이상스러우리만큼 수다를 떨고는 체임버스에게 '다시 워싱턴으로 돌아와 일하는 것이 어떻겠느냐'고 제안했다. 체임버스는 단도직입적으로 말했다. 만약 화이트가 '조직'에서 이탈하지 않으면 바로 고발하겠다고 으름장을 놓았다. 화이트는 몸을 구부려 커피를 한 모금 마시고는 이렇게 대꾸했다. "설마요 … 농담이시겠죠?" 체임버스는 그에게 진심이라고 털어놓았다. 잠시 어색한 분위기가 이어지고 있을 때 체임버스가 그들 쪽을 찍으려는 사진사를 발견하고는 화이트를 재빠르게 돌려세웠다. 체임버스가 자신의 몸을 다른 쪽으로 트는 순간 깜짝 놀란 화이트는 어깨 너머로 밖을 힐끗 봤다. 화이트는 자기 얼굴이 찍히지 않도록 도와준 체임버스에게 고맙다고 말했다. 이것이 이들의 마지막 만남이었다.[74]

엘리자베스 벤틀리에 따르면 체임버스가 탈당한 뒤 화이트는 아내에게 '앞으로는 간첩 활동을 하지 않겠다고 다짐했다'고 한다. 아내는 공산주의자가 아니었고 남편의 비밀스런 활동을 싫어했다.[75] 화이트는 그 뒤 여러 해 동안 아내와의 약속을 지킨 듯하다.

화이트가 체임버스를 통해 소련에 넘긴 정보가 얼마나 가치 있었는지에 대해 수십 년 동안 논란이 많았다. 여기에 대해서는 의견이 분분하지만 사실 이 점은 결코 중요하지 않다. 체임버스가 주장했듯 화이트와 다른 정보원들이 '정말 열심히 도우려 한 것은 사실'이지만 미 외교부는 악명 높게도 아주 하찮은 정보도 비밀정보로 분류했다.[76] 역사에 대한 지식이 조금이라도 있고 기초적인 정치 감각이 약간만 있어도 정치 관련 첩보조직을 만들 수 있다는 말이 돌 정도였다.[77] 정말 중요한 것은 한 나라의 국내외 정책을 만드는 심장부에 적대국 조직이 활개친다는 사실이었다. 체임버스가 포섭한 '앨저 히스(Alger Hiss)와 해리 덱스터 화이트'라는 최고 요원 두 명 덕분에 'GRU가 미국 정부의 한복판에 자리잡고 있었던 것이다.'[78] 히스는 미 국무부 산하 특별정무국(The Office of Special Political Affairs) 이사가 됐고 화이트는 정책과 인사에 커다란 영향력을 행사하는 미 재무부 차관보가 됐다. 화이트는 재무장관의 의견과 대화 내용, 이와 관련한 많은 비밀스런 정보에 접근할 수 있었다. 나중에 살펴보겠지만 화이트가 소련을 지지한 일은 그가 나중에 수년간 추진한 주요 정책과 무관하지 않다.

1936년 케인스의 《고용·이자 및 화폐의 일반이론》이 출간된 후 그의 이론은 워싱턴으로 빠르게 퍼졌다. 케인스는 특히 정부가 경기침체를 막기 위해 적자재정을 통한 경기부양정책을 실시해야 한다고 주장했다. 이 이론은 오늘날 주류로 자리잡았지만 케인스 이전의 경제이론에 따르면 그의 이론은 무책임한 사상으로 여겨졌다. 하지만 미 정부 내에 그의 이론을 지지하는 사람들이 차츰 늘어났다. 이들 가운데에는 연방잉여구제국(the Federal Surplus Relief Administration)과 공공사업진흥국(The Works Progress Administration, 1938년에 상무부로 바뀜)의 해리 홉킨스(Harry Hopkins) 이사, 허먼 올리펀트(Herman Oliphant) 재무부 자문위원, 매리너 에클스(Marriner Eccles, 케인스보다 먼저 이 주장을 내세움) FRB 의장 등이 있었다. 화이트는 당시 통설이었던 균형재정 이론을 대놓고 반대했다. 1937년 10월 화이트는 모겐소 장관, 바이너 등과 회의하는 자리에서 이렇게 주장했다. "정부가 균형재정을 이루려고 세금을 올리거나 지출을 줄이는 따위의 디플레이션 정책을 실시하는 방법은 옳지 못합니다."[79]

하지만 모겐소 장관은 정부지출 확대가 효과가 있다는 화이트의 의견에 동의하지 않았고 몇 년 뒤까지도 본인의 주장을 절대 굽히지 않았다. 모겐소 장관은 경제위기에는 통화정책을 써야 한다고 생각했다. 반면 화이트는 은행 지급준비율 인하, 연방준비은행의 국채매입(두 가지 모두 금융시스템에 돈을 더 많이 투입하는 정책이다), 달러화 평가절하 등 구체적인 위기대응정책을 제시했다.[80]

모겐소 재무장관은 자신의 주장을 대통령에게 관철시키지 못했다. 루스벨트 대통령은 미국을 경기침체에서 구해 내기 위해 재정 지출을 시도해야 할 때라고 마음 먹었기 때문이다. 이 덕분에 화이트의 위상이 올라갔다. 1938년은 참혹한 해였다. 경제성장률이 3.5퍼센트나 쪼그라들면서 1933년 이후 처음으로 뒷걸음질 쳤다. 모겐소 장관은 자신의 영향력이 줄어들자 화이트의 정책방향에 더욱더 의존했다. 그해 3월 화이트를 통화연구분과(Division of Monetary Research) 이사로 승진시키고, 4월에는 화이트를 자신의 소위 '9시 30분 고위 자문위원단 모임'에 참여시켰다. 같은 달 대통령은 대규모 공공사업 프로젝트를 포함해 총 40억 달러의 긴급지출프로그램(Emergency Spending Program)을 발표했다. 재무부는 1939 회계연도에 정부 재정적자 규모가 40~50억 달러에 이를 것으로 추산했다. 모겐소 장관은 스스로 사임을 할지에 대해 잠깐 생각했지만 그러면 대통령의 경제회복 노력에 찬물을 확 끼얹는 꼴이 될 것 같았다.

한편 대통령은 아주 열정적으로 국내문제에 집중하려 했지만 확산되는 세계적 군사 도발에 대응하라는 국내외 압력이 점점 커져갔다. 특히, 독일이 대규모로 재무장하고 이탈리아와 함께 스페인 내전에 간섭했다. 이탈리아가 에티오피아를 침공하고 일본은 중국을 점령했다. 1937년 10월 5일 루스벨트 대통령은 그 유명한 '침략국 고립정책(Quarantine the Aggressors)'을 발표했다. 이 연설문에서는 미국을, 나라 이름을 구체적으로 언급하지는 않았지만 침략 주축국가들에 맞서는 세력의 일원이라고 선언했다. 그러면서도 미국의 평화유지 노력을 강조함으로써 미국이 불간섭주의 정책을 취하고 있다는 느낌이 들지 않도록 했다. 이 연설은 평화를 상업, 무역과 서로 연결한 것으로도 유명하다. 사실 이 내용은 1914년 제1차 세계대전 이후 미국 정계에서 점점 두드러졌던 정책 방향이었다.

모겐소 장관도 재무부 업무 범위를 대외적으로 점차 확대시키면서 화이트에게 새로운 기회와 의무를 줬다. 처음은 중국에 관한 일이었다. 은 생산업자, 은행을 비판하는 무리, 인플레이션 지지자들의 끊임없는 로비로 1934년 은 구매법(Silver Purchase Act)이 통과됐다. 이 법에 따라 재무부가 은을 매입해야 했기 때문에 은 가격은 오를 수 밖에 없었다. 이 조치로 은 가격에 고정된 중국 통화가치가 크게 흔들렸다. 중국은 은을 자국에서 생산하지는 않았지만 예로부터 귀하게 여겼다.[81] 중국 안에 있던 은이 해외로 몰래 빠져나가 팔리면서 중국 내 통화공급이 줄어들어 디플레이션이 발생했고 돈 가뭄에 경제까지 주저앉았다.

이 상황은 중국을 점령한 일본에는 돈도 버는 한편, 장제스(蔣介石) 정부를 효과적으로 무너뜨릴 수 있는 기회였기 때문에 여간 반가운 일이 아닐 수 없었다. 타격을 입은 중국 정부는 미국에 정책을 바꾸라고 호소했다. 은 구매법으로 골치를 썩이고 있던 모겐소 장관은 중국을 안쓰럽게 생각했다. 하지만 운신의 폭이 너무 좁았다. 재무부의 제안에 헐 국무장관은 경제·정치적 이유로 이의를 제기했다. 이에 모겐소 장관은 국무부가 일본 쪽 주장에 지나치게 민감하다고 반박하기에 이르렀다. 하지만 대통령은 은 정책을 바꾸려 하지도 않았고 재무부가 중국의 통화정책에 얽히는 일도 용납하지 않았다.

1935년 알프레드 제(Alfred Sze) 중국 대사는 모겐소 장관을 찾아가 중국이 은본위제를 폐지한다고 밝히며 중국이 보유하고 있는 은을 국제시장에서 처분하는 대신 미국에 팔겠다고 제안했다. 모겐소 장관은 이 일을 통화 관련 사안이라고 이름 붙여 국무부의 간섭을 교묘히 피해 갈 수 있다고 생각했다. 하지만 미국은 은 구매법에 따라 은의 화폐적 기능을 유지시켜야 했다. 즉, 중국이 하는 대로 은 가격을 떨어뜨릴 수는 없었기 때문에 모겐소 장관은 멈칫할 수 밖에 없었다.

화이트는 중국의 은을 사자는 주장을 지지했다. 하지만 중국 위안화를 달러화에 연동시켜야 한다는 조건을 달았다. 당시 중국은 무역의 상당 부분을 파운드화로 결제했다. 파운드화가 달러 대비 가치가 하락하자 위안화 가치도 덩달아 떨어졌다. 화이트는 이를 막고 싶었다. 그래야 미국의 수출업체와 제조업체에 이득이 되기 때문이었다.[82]

그때에도 지금처럼 중국은 통화정책을 바꾸라는 미국의 압력에 반발했다. 모겐소 장관이 중국 대사에게 쏘아붙였다.

> 우리는 고려해야 할 우리의 정치인과 국민과 미래가 있습니다. 우리는 6,500만 달러를 쓰지 않을테니 중국은 위안화를 파운드화에 묶어두세요. 주장을 굽히지 않으시니 그저 성공하길 바랄 뿐입니다. 하지만 위안화를 파운드화가 아닌 달

러화에 연동시키는 것이 미국과 중국 모두에 최선이라고 생각합니다. 당신들은 포커 게임을 하며 허세를 부리고 있습니다.[83]

하지만 중국은 여전히 꿈쩍하지 않으려 했다. 대통령 재가를 받아 양보한 쪽은 결국 모겐소 장관이었다. 하지만 은 1억 온스를 사라는 중국의 요구에 순순히 응하는 대신 요구량의 절반만 구매해 면치레하는 것으로 결론지었다.

모겐소 장관은 중국이 위안화를 파운드화에 고정시키는 대가로 영국과 비슷한 거래를 할까 걱정스러웠다. 중국과 미국은 1936년 5월까지 계속 티격태격했다. 중국 특사 첸은 모겐소 장관에게 은을 더 사달라며 귀찮게 했고 모겐소 장관은 위안화가 파운드화와 연동해 움직인다고 끊임없이 불평했다. 모겐소 장관은 세계평화를 위해서 미국이 중국 위안화 절상을 돕는 일이 아주 중요하다는 점을 강조했다.[84] 첸 특사는 결국 위안화를 파운드화로 표시하는 시스템을 폐지하겠다고 약속했다. 그는 기존 시스템이 위안화가 파운드화에 연동된 듯이 보였다는 점을 인정했다. 국무부를 따돌리고 싶었던 모겐소 장관은 마침내 은 7,500만 온스를 시장가격에 매입하기로 중국과 합의했다. 1937년 1월까지 매월 분할해 은을 사기로 하고 매매대금은 뉴욕은행에 예치해 중국이 위안화 가치 안정 용도로 독점적으로 쓰도록 했다. 나머지 자세한 내용은 비밀에 부쳤다.

중국과의 통화관련 합의는 삼국협정과 더불어 재무부의 위상을 강화시켰다. 이제 재무부는 뉴딜정책의 해외부문도 담당하고 외교정책의 경제부문까지 맡았다. 화이트에게는 자신의 업무영역을 외교정책 수립의 심장부로까지 넓히는 기회가 생겼다. 1936년 중국 경제상황에 대해 행간 여백 없이 타자로 쳐 모겐소 장관에게 제출한 44쪽 분량의 메모에는 폭 넓은 정치 사안들에 관한 확신에 찬 주장이 들어있다. 이를테면 장제스에 대해서는 '권력은 히틀러나 무솔리니보다 실제로 덜 가졌지만 독재자와 다름없는 인물'이라고 평가했다. 화이트가 재무부에 근무하는 동안 미국의 수출 경쟁력에 대한 일은 그의 핵심 관심사였던 터라, 미국이 오랫동안 누리던 대(對) 중국 무역 흑자가 1935년에 확 뒤집어진 원인에 대해 자세히 파고들었다. 당연하게도 그는 통화 문제를 아주 깊이 있게 분석했다. 화이트는 위안화 문제가 미국 달러와 영국 파운드 사이의 국제 통화 경쟁에서 가장 중요한 요소라고 규정했다. 그리고 영국이 미국보다 자국통화를 위안화에 묶으려는 욕구가 더 강하다고 주장했다. 먼저 영국은 대외무역이 더욱 필요하고, 국제금융시장에서 예전부터 맡아오던 역할을 유지하고 싶어하며, 미국은 뜨는 국가고 영국은 지는 나라기 때문이라는 근거를 제시했다. 화이트는 8년 뒤 브레턴우즈 회의에서의 미국의 위상을 미리 생각하고 있었다. 즉, '국제회의가 열리면 파운드화를 쓰는 나라가 많으면 많을수록 금본위를 둘러싼 회의에서 영국의 입김이 더욱 세지리라 전망했다.'[85] 그는 어떻게 하면 달러를 국제무역과 금융의 중심 역할을 하는 기축통화로 만들어 파운드화를 영원히 대체할 수 있을까 하는 문제로 재무부 시절 내내 고민했다.

한편 1938년은 대외문제로 화이트의 명성이 유럽에서 크게 드높아지는 해였다. 오늘날까지 치욕의 대명사로 알려진, 9월 30일 체결된 뮌헨협정에 따라 영국과 프랑스는 독일이 체코의 주데텐 지방

(Sudetenland)을 합병하는 것에 동의했다. 독일은 이를 디딤돌 삼아 이듬해 3월 프라하를 점령했다.

 10월 초 모겐소 장관은 화이트에게 국제상황에 대해 대통령에게 보고할 문서를 준비하라고 지시했다. 다음과 같이 말할 정도로 화이트는 의욕이 넘쳤다. "만사 제쳐두고 준비하겠습니다."[86] 모겐소 장관이 화이트에게 어느 정도까지 강한 문구를 쓰도록 요구했는지는 모르지만, 화이트의 아주 거친 문체는 문자 그대로 모겐소 장관의 '이제까지 있었던 외교문서 가운데 가장 신랄'했다.[87]

 화이트는 '침략자, 침공'이라는 단어를 되풀이하며 독일, 일본, 이탈리아에 그야말로 강경노선을 고수했다. '유화정책 따위로 자신의 얼굴에 먹칠한 적이 전혀 없는' 대통령에게는 '아주 강력하게 대응하라'고 촉구했다. 보고서는 먼저 침략국들이 국제무역과 통화질서를 아수라장으로 만들었다는 데 초점을 둬 이 문제에 대한 재무부의 관심이 정당하다는 논조로 시작했다. 이어서 침략자들 탓에 달러가치가 상승해 미국의 수출이 어려워져, 무역을 촉진하고 달러 경쟁력을 높이려는 미국 정부의 정책이 망가지고 있다고 호소했다. 그러고는 대통령에게 피해국인 중국을 돕기 위해 전쟁을 피하는 선에서 더욱 단호하게 정치적 결단을 내리라고 강조했다. 영국의 외교정책도 이렇게 비꼬았다. "영국 수상이 히틀러에게 달려가 짜증내거나 화내지 말라며 빌고, 다그치거나 너무 심하게 요구하지 않으면 좋겠다며 비굴하게 매달릴 줄 누가 알았겠습니까?" 영국과 프랑스에 대해서는 의지력 부족으로 힘도 잃고 독립성도 상실했다고 비판했다. 화이트는 자신의 상사를 통해 대통령에게 탄원했다. "대통령께서 일본으로 날아가시어 일본 천황에게 필리핀을 무력으로 전부 빼앗으려 하지 말고 절반만으로 만족하라고 간청할 필요가 없습니다."[88]

10월 17일 보고서가 대통령에게 전달됐다. 11월 14일 '중대한 백악관 회의'에서 루스벨트 대통령은 (모겐소 장관의 표현을 빌리자면) 미국이 전쟁을 준비해야 한다는 역사적으로 중요한 발언을 했다. 대통령은 "뮌헨협정으로 독일이 다시 세력을 떨치게 됨에 따라 미국은 대외정책 방향을 완전히 틀 수 밖에 없게 됐다."라고 주장했다. 그리고 "1818년 신성동맹 이후 처음으로 미국은 대서양 쪽 남반구와 북반구 모두에서 공격당할 위기에 처해 있다."라고도 했다. 그러나 "해외파병은 바람직하지도 않고 정치적으로도 불가능하다."라고 밝혔다.[89] 대통령의 표현대로 대외환경이 미국의 안보를 크게 위협하는 중요한 상태더라도 유럽 전쟁터에 군대를 보낼 수는 없으며 상황을 진정시킬 다른 수단을 강구해야 했다. '정부의 모든 골칫거리는 결국 경제문제'라고 결론지어지자 1923년 스탠퍼드대 경제학자로 출발한 화이트는 이제 자신의 능력을 증명할 완벽한 기회를 얻게 됐다.

부처 간 경계는 걸림돌이 되지 않았다. 화이트는 1940년 8월의 메모에 뮌헨협정에서 비굴하게 양보했던 '프랑스의 달라디에(Daladier)와 영국의 체임벌린, 호어(Hoare) 같은 인간들의 꽁무니를 따라다니는 무리'가 국무부에 득실거린다고 격렬하게 비난했다. 이어서 "국무부가 실행에 옮길, 강력하고 명확한 외교정책을 만들어 통과시켜야 할 때가 왔다고 확신합니다.[90] 그동안 미국의 외교 노력은 '한심한' 수준이었습니다. 눈에 띄는 성과를 이루지 못했다는 사실을 숨기기 위해 19세기에나 하던 방식대로 하찮은 흥정만 해왔습니다. 어중간하게 약속하고 속임수

제3장 믿기지 않는 화이트의 부상

를 쓰거나 자질구레한 일로 성가시게 하며, 때로는 구슬리기도 하다가 허세를 부리며 으름장을 놓는 식으로 수많은 성명을 남발했습니다. 우리의 외교정책은 미국의 국제적 위상을 강화하거나 힘든 전쟁을 멀리 하는 데 아무런 도움이 되지 못했습니다. 폴란드가 자국을 지키기 위한 장비와 전략이 부실했던 상황과 비슷합니다."라고 주장했다. 화이트는 민주주의 국가들의 외교부를 좋지 않게 평가했다. 1941년 5월말 초안을 만들어 6월 6일 모겐소 장관에게 제출한 메모에서 그는 "미국, 영국, 프랑스 국무부가 무능하고 소심하고 자주 오판하며, 어정쩡한 조치나 취하고 권모술수를 즐겨 쓴다."라고 맹비난했다. "미국은 모든 정치·경제적 수단을 동원해 군사전략에서와 같이 외교전략에서도 '총력'을 기울여야 한다."라고 주장했다.[91]

이런 강력한 주장이 재무부의 연구분과 이사에 불과한 사람의 머리에서 나왔다는 사실이 믿기지 않을 정도였지만 그때는 이미 모겐소가 화이트에게 그의 공식적인 공무원 지위를 훨씬 뛰어넘는 힘을 실어줬다. 미 육군성(War Department)은 방관만 하고 있고 국무부도 머뭇거리고 있어 답답해하던 모겐소 장관은 자신이 대신 직접 나서 대통령이 행동개시 결정을 내려야 한다고 직언하고 싶었다.

1939년에 작성한 메모에서 밝힌 아주 확신에 찬 초기 주장 가운데 하나는 미국이 '세계에서 가장 강한 나라 중의 하나'인 소련과 긴밀히 협력해야 한다는 내용이었다.[92] 대통령의 눈에는 띄지 않았지만 화이트는 미국과 소련이 이해관계를 같이한다는 냄새가 풍기도록 했다. 화이트는 독일의 침공에 맞서려면 영국 체임벌린 정부를 압박해 러시아와 군사적으로 협력하도록 해야 한다고 주장했다. 그는 러시아에 2억5천만 달러

(현재 기준으로 40억 달러)를 10년 만기로 대출해 그들이 미국의 면화, 기계, 제품 등을 사도록 하자고 제안했다. 1940년 러시아가 발트해 국가를 점령하고 미 재무부가 발트해 국가에 예치된 러시아의 자산을 동결한 뒤에도 화이트는 이와는 상치되는 견해를 고수했다. 즉, 미국은 러시아로부터 2억 달러어치의 전략 상품을 구매하고, 러시아는 군수물자를 중국에 신용으로 판매해 삼국 간 협력관계를 맺어야 한다고 했다. 화이트는 (1970~1980년대의 반냉전주의자들처럼) 러시아는 '당분간 영토확장에 관심을 보이지 않을 것이고 …… 러시아의 침공은 군사적 공격이라기보다 이념적 선전운동에 가깝기 때문에' 침략국인 독일이나 일본과는 다르게 봐야 한다고 주장했다.[93] 이 주장을 4개월 전 루스벨트 대통령이 미국청년회의 대표자 모임에서 발표한 다음 내용과 비교해 보자.

> 저는 여러분들과 마찬가지로 러시아가 자국의 문제를 잘 해결하길 바랍니다. 더 나아가 평화를 사랑하고 무고한 이웃나라를 해치지 않으며 비밀투표가 보장된 민주국가가 되기를 희망합니다. 하지만 오늘날 이 희망은 산산조각 난 것 같습니다. 아니면 구석에 처박혀 있는지도 모릅니다. 진실을 진실이라고 말할 수 있는 사람은 누구나 알듯 소련은 전 세계에서 가장 독재가 심한 나라입니다. 더 나아가 소련은 다른 독재국가와 손을 잡고, 너무 작아 소련을 해치리라고는 상상할 수조차 없는 인접국가를 공격했습니다. 오로지 진보적이고 자유로운 민주국가로 평화롭게 살고자 하는 이웃나라를 침공했습니다.[94]

하지만 수년간 미국 재무부는 소련의 의도를 더욱 낙관적으로 보는 견해와 맞물리는 외교정책을 계속 추구했다. 해리 화이트가 배후에서 이를 더욱더 강하게 추진했다.

 1941년 12월 7일, 하와이 현지시각 일요일 오전 8시 직전, 일본 전투기와 폭격기 366대가 진주만에 완전히 무방비로 노출된 엄청난 수의 미 항공기와 전함을 공격했다. 참상은 이루 말할 수 없었다. 미 전함 4척이 폭파되거나 침몰됐다. 또 다른 전함 4척도 심하게 파괴됐고 군함 11척도 부서지거나 바다 속으로 가라앉았다. 육지에서는 군용 항공기 188대가 파괴됐다. 미국인 2,330명이 사망했거나 죽어가고 있었다. 이 가운데 전함 애리조나(Arizona)에서 죽은 인원만 1,177명에 달했다. 이튿날 루스벨트 대통령은 1941년 12월 7일을 '치욕의 날'로 선언하고 의회에 그 유명한 선전포고문을 전달했다. "이 계획적 침공을 극복하는 시간이 얼마가 걸리든 정의의 힘을 지닌 우리 미국인은 반드시 승리할 것입니다."

 미 대통령에게서 참혹한 피해 소식을 전해 들은 처칠 수상은 이렇게 탄식했다. "이런 끔찍한 대참사가 또 어디 있단 말입니까!"[95] 하지만 사석에서는 일본의 공격을 '대영제국 시절에도 없었던 어마어마한 행운이자 축복'이라며 좋아했다. 마침내 절실히 원했던 것을 얻었기 때문이다. 그것은 바로 미국이 전쟁에 휘말리는 것이었다. 그는 이런 기분이었다. "이제 다리 쭉 뻗고 잘 수 있겠군."[96] 한편 소련의 분위기도 비슷했다. 소련 내무인민위원회(NKVD) 정보국 미국 담당 총책임자였던 비탈리 파블로프(Vitali Pavlov)는 이렇게 회상했다. "우리는 불안한 마음이 싹 가셨습니다."[97] 하지만 소련은 단지 옆에서 박수만 쳐준 것이 아니었다. 파블로프가 이 일에 은밀히 연루돼 있었던 것이다.

일본의 진주만 공격은 중요한 정치적 사건들이 쌓이고 쌓인 결과였다. 단 한가지 사건이나 조치, 또는 한 사람 때문에 촉발된 것이 결코 아니었다. 하지만 가장 직접적 원인은 파블로프와 그의 가장 중요한 연락원인 해리 덱스터 화이트 사이에 교묘히 연결된 관계였다.

11월 20일 노무라(Nomura) 대사와 쿠루스(Kurusu) 특사는 일본의 '잠정 협정(modus vivendi)' 제안서를 미국 헐 국무장관에게 전했다. 주로 정치, 군사, 경제 분야에서 긴장을 완화하자는 내용이었다. 그 뒤 며칠간 협상이 진행되던 중 미국 정보기관은 일본 대사에게 전달된 암호를 도청했다. 암호문을 해독해보니, 일본 현지시각 기준으로 11월 29일까지는 무슨 일이 있더라도 협상을 타결하라는 지시였다. 미 해군성은 일본이 필리핀이나 괌(Guam)을 공격하리라 생각했다. 만약 진주만을 공격한다면 불가피하게 미국과의 전면전으로 치달을 수 밖에 없어 이는 틀림없이 '중대한 전략적 실수'가 될 것이었기 때문이다.

희한하게도 때마침 화이트가 드라마의 주연으로 등장했다. 11월 17일 그는 모겐소 장관에게 '일본과의 긴장관계를 제거하고 독일을 확실히 패배시키기 위한 전략'이라는 장문의 보고서를 제출했다. 여기서 제안된 전략 일부는 전쟁이 종반전으로 치닫는 상황에서 중요한 외교전략으로 바로 쓰였다. 모겐소 장관은 이때까지도 일본 문제에 대해서는 주연이 아니었다. 대신 화이트가 장관의 지적 공백을 메워주는 인물로 다시 나타났다. 모겐소 장관은 보고서 앞쪽에 있었던 '미국의 대외정책을 비판한 부분'은 외교적으로 별로 도움이 되지 않는다고 판단해 삭제한 뒤, 보고서를 '화이트의 아주 기발한 제안서'라며 헐 장관과 루스벨트 대통령에게 전달했다.

화이트는 대통령이 협상에서 특별한 조건을 내세우길 바라면서, 설레는 마음으로 다음과 같이 주장했다. "만약 일본으로 하여금 우리 조건을 수락하도록 함으로써 호전적이고 위협적인 적대국 일본을 평화를 사랑하는 이웃나라로 잘 탈바꿈시키면 온 세계가 환호할 것입니다. 역사에 남을 만한 훌륭한 외교적 승리로 대통령의 리더십과 평판은 나라 안팎에서 하늘을 찌를 듯 올라갈 것입니다."

헐 국무장관은 군 수뇌부, 고위 정부 당국자, 몇몇 주요 부처 대표들과 협의해 화이트의 주요 제안사항을 반영한 미국 측의 '잠정 협정문'을 준비했다. 화이트는 일본은 중국과 인도차이나 반도에서 병력을 모두 철수시키고 중국 국민당이 아닌 다른 어떤 정부나 체제에 대해 모든 지원을 중단해야 한다고 주장했다. 헨리 스팀슨(Henry Stimson) 육군 장관은 이 내용이 '너무 극단적'이라서 일본이 받아들일지 의문이었다. 하지만 화이트는 물러서지 않았다. 그는 모겐소 장관이 대통령에게 전달할 문서 초안을 다음과 같이 신랄하게 작성했다. "극동에서의 굴욕적 유화정책은 적들에게 피로 얼룩진 금괴 30개에 중국을 넘기는 것이나 마찬가지며, 파시즘에 대항하는 위대한 민주주의를 이끄는 미국의 위상을 깎아 내리는 것과 같다." 모겐소는 대통령에게 이 내용은 보고하지 않았다. 하지만 화이트는 다른 방법으로 밀고 나갔다. 그는 태평양문제연구회(Institute of Pacific Relation) 사무총장을 지냈던 에드워드 카터(Edward C. Carter)에게 전보를 쳐 워싱턴으로 오도록 했다. 그를 시켜 일본에 양보하지 않도록 로비하려는 의도였다. 미연방수사국(Federal

Bureau of Investigation, FBI) 기록에 따르면 그는 이전에 소련 쪽 주장을 지지한 적이 있었다고 한다.[98]

　루스벨트 대통령이 스팀슨으로부터 일본군이 중국에서 인도차이나 반도로 이동하고 있다는 보고를 받았을 때 사태는 화이트가 원하는 방향으로 기울었다. 스팀슨에 따르면 이 사건으로 대통령은 '격분'하며 "이제는 생각이 완전히 바뀌었다."라고 말했다고 한다. 대통령은 '잠정협정'을 '광범위한 필수제안사항'으로 바꾸길 원했다. 그는 헐 장관에게 열 가지 요구사항을 나열한 문서를 일본에 보내도록 했다. 11월 26일 헐 장관은 노무라 대사와 쿠루스 특사를 소환해 중국에 대한 화이트의 주장이 담긴 조건 없는 강력한 최후통첩을 전달했다. 깜짝 놀란 쿠루스 특사는 만약 미국이 일본의 휴전안에 견줄 만한 제안을 한다면 일본 정부가 "두 손을 들 수도 있다."라고 말했다. 헐 장관은 물러서지 않았다. 결국 충돌은 피할 수 없는 상황에 이르렀다.

　최후통첩안을 작성한 사람이 화이트라는 사실은 분명했다. 일본이 최후통첩을 받고 진주만을 공격하기로 결정했다는 것도 논란의 여지가 없다. 전쟁 후 조지 마셜(George Marshall) 육군 참모총장은 1941년 말 이전에 협상이 성사됐다면 일본은 공격을 감행하지 않았을 것이라고 단언했지만 사실 그 당시 공격은 불가피한 상황이었다. 하지만 유럽 전선에서 미국의 연합국이었던 소련이 일본의 침공을 간절히 원했다는 점은 주목할 만하다. GRU 대령으로 전역하고 제2차 세계대전에서 '소련의 영웅'이라고 불리는 블라디미르 카르포프(Vladimir Karpov)는 진주만 공격 후 거의 60년이 지난 2000년에 태평양전쟁은 피할 수도 있었다고 말했다. 그는 "일본에 최후통첩을 보내게 한 장본인은 스탈린이었

제3장 믿기지 않는 화이트의 부상

다."라고 주장했다.

이것이 어떻게 가능했을까? 카르포프가 밝혔다. "해리 덱스터 화이트는 소련 내무인민위원회 정보요원 이샥 아흐메로프(Iskhak Akhmerov)와 파블로프가 지시한 것과 같은 방향으로 움직였습니다. 화이트는 모겐소 장관과 루스벨트 대통령이 서명할 외교각서도 준비했습니다." 카르포프에 따르면 소련이 화이트를 시켜 일본을 자극해 미국을 공격하도록 했다는 것이다. 이 공작은 화이트라는 이름을 딴 '흰 눈 작전'이라는 작전명까지 있었다. '흰 눈 작전의 본질은 태양의 제국 일본과 미국이 서로 싸우도록 부추기고 극동지역에서 소련의 이익을 확보하는 것이었다. 일본이 미국과 전쟁을 하게 된다면 일본은 소련을 공격할 여유가 없었을 터였다.'99

소련은 이 작전을 어떻게 수행했을까? 이 대목에서 파블로프가 등장한다. 1941년 봄 파블로프가 워싱턴에 파견됐을 때 그의 나이는 스물일곱에 불과했다. 그는 소련 정보국 출신이었다. 자신의 상관들은 스탈린의 피의 숙청으로 대량 학살됐다. 그의 임무는 화이트라는 '영향력 있는 요원'을 활동하게 만드는 것이었다. 독·소 불가침 조약(Nazi-Soviet Pact)에도 불구하고 화이트가 여전히 협조적이라면 그를 시켜 미국 외교담당부서 고위관료를 포섭하도록 하려는 의도였다. 자기 편으로 만들어야 할 고위 관료는 일본이 전쟁을 일으키도록 자극하는 내용의 최후통첩을 만드는 사람이어야 했다. 이로부터 55년 뒤 파블로프는 자신의 주장을 담은 《흰 눈 작전 *Operatsia Sneg*[Operation Snow]》이라는 책을 출간했다.100

1941년 5월 말 파블로프는 중국에 있는 '빌(Bill)'이라는 사람에게서 전달받은 내용이 있다며 화이트를 불러냈다. 화이트가 알기로 빌은 아흐메로프였다. 1939년 리투아니아에서 망명 온 소련 정보국 연락책 조지프 카츠(Joseph Katz)는 빌을 중국으로 떠나려는 중국 연구가라고 화이트에게 소개한 적이 있다.[101] 파블로프는 화이트에게 올드 에비트 그릴(Old Ebbitt Grill)이라는 레스토랑에서 점심을 먹자고 했다. 화이트가 이전에 빌을 만났던 곳이었다.

화이트는 레스토랑에서 〈뉴요커〉라는 잡지가 탁자에 놓인 것을 발견하고는 파블로프에게 다가가 인사했다. 파블로프는 자신의 알리는 암호로 앞에 있던 탁자에 〈뉴요커〉를 놓았던 것이다. 파블로프는 최근 중국에 다녀왔다면서 그곳에 있는 빌의 부탁을 받아 화이트에게 전할 메시지를 가지고 왔다고 했다. 아시아에서 일본의 세력확장을 우려한다는 내용이었다. 파블로프는 자신이 영어를 잘 못해 미안하다며 빌이 전해달라는 쪽지를 화이트 앞에 내놓았다. 이를 읽은 화이트는 그 내용이 자신의 생각과 거의 비슷하다는 사실에 놀라움을 금치 못했다. 화이트가 쪽지를 자신의 주머니에 넣으려는 순간 파블로프가 손을 뻗어 저지하는 바람에 다시 그에게 건네줬다.

파블로프는 곧 중국으로 돌아가려 한다면서 빌이 화이트의 의견이 어떤지 매우 궁금해한다고 말했다. 미국이 일본의 위협을 느끼는지, 일본의 침공에 대항해 무슨 조치를 취할 것인지 알고 싶다고 했다. 화이트는 이 사안에 대한 자신의 생각과 빌의 견해가 서로 같다며 파블로프를 안심시키며 고맙다고 말했다. 아시아에 대해 지식이 깊은 빌 같은 전문가의 의견과 자신의 생각이 비슷해 한층 자신감이 생긴 화이트는 이제 원하는 방향으로 일을 적극 추진할 수 있게 됐다. 화이트는 파블

## 제3장 믿기지 않는 화이트의 부상

로프에게 천천히 말하며 그가 제대로 이해했는지 마지막으로 확인 차 물었다. 파블로프는 빌에게 전달할 메시지를 하나하나 또박또박 되풀이하며 화이트를 안심시켰다. 화이트는 고개를 끄덕였다. 그가 점심값을 내고 둘은 헤어졌다.

이들이 만난 직후인 6월 6일 화이트는 모겐소 장관에게 제안할, 앞에서 언급한 강력한 메시지 초안을 준비했다. 화이트는 미국의 겁쟁이 같은 외교정책을 사방에서 비난했을 뿐만 아니라 일본과 러시아와 관련한 특별제안도 마련했다. 러시아에 대해서는 독·소 불가침 조약을 깨뜨릴 경제적 유인정책에 초점을 뒀다. 일본에 대해서는 포괄적 협상을 제안했다. 즉, 일본이 중국과 인도차이나 반도에서 철수하고 그 지역의 점유권을 포기하면 그 대가로 미국이 정치·경제적으로 어느 정도 양보한다는 내용이었다. 화이트가 믿었던 것이 무엇이든, 이 요구는 비현실적이었고 일본이 절대로 받아들일 리 없었다.[102] 적어도 이것은 소련 정보국이 바라던 바였다.

빌, 즉 아흐메로프의 쪽지에는 미국이 일본에 요구했으면 하는 소련의 바람 세 가지가 있었다. 첫째, 일본은 중국과 그 국경에 대한 침략을 중단해야 한다. 둘째, 일본군은 중국대륙에서 철수해야 한다. 셋째, 일본군은 만주에서 물러나야 한다. 화이트는 앞 두 가지에 대해서는 명확하게 제시했다.[103] 하지만 이상하게도 만주는 (몇 개월 뒤 주장을 뒤집었지만) 일본제국의 영토로 인정하자고 제안했다.

화이트가 만주에 대해 우유부단했던 것을 보면, 그가 카르포프 주장과는 달리 소련 정보국의 꼭두각시가 아니었고, 아흐메로프는 화이트가 정책에 개입하는 시점이나 제안서의 윤곽에만 영향을 끼쳤음을 알 수 있다. 흰 눈 작전의 중요성은 재촉하는 성격인 화이트를 움직이게 하거나 그가 생각하는 미국의 이익에 어긋나게 행동하도록 하는 데 있지 않았다. 대신 소련이 화이트를 영향력이 있으면서도 귀는 얇은 사람이라고 믿었다는 점과 미국과 일본의 갈등이 소련에게는 아주 중요해 화이트를 목적 달성을 위해 이용하기로 했다는 점이 중요하다. 어쨌든 화이트의 개입은 가을 즈음 커다란 결과로 나타났다.

6월 모겐소 장관은 일본과의 협상에 개입할 준비가 돼 있지 않아서 그저 간단히 메모로 정리해 뒀을 뿐이었다. 일이 산더미 같았던 장관은 때마침 아시아 정책의 열쇠인 이 메모를 자신의 열정적인 보좌관에게 넘겼다. "나는 중국에 별 관심이 없네." 1941년 7월 모겐소 장관이 화이트에게 말했다. "이 문제를 처리해 줄 사람 한 명을 찾고 싶군."

"설마 장관님께서는 이 일을 제가 담당하길 바라는 건 아니시죠?" 화이트가 믿지 못하겠다는 듯 물었다.

"자네가 처리하게." 장관이 잘라 말했다.[104]

화이트는 11월 17일에 제출할 보고서에 일본을 더욱 압박하는 내용을 담기로 했다. 미국은 이제 만주를 일본제국의 땅으로 인정하지 않으므로 일본군은 그곳에서 철수해야 한다고 썼다. 6월 6일 화이트가 보고서를 제출했을 때에는 아시아에서 지정학적 대립이 더욱 심해졌던 터라 모겐소 장관은 보고서 내용을 이전보다 훨씬 더 잘 받아들일 분위기였다.

6월 22일 독일은 소련과의 불가침조약을 파기하고 공격을 감행했다. 이 때 중요한 것은 일본이 소련을 공격해 북으로 올라갈 것인지 아니면 미국을 공격해 남으로 내려갈 것인지 하는 문제였다. 파블로프와 아흐메로프는 화이트가 점심식사를 하며 논의한 내용을 실행하리라 믿었고 실제 그런 듯 보였다. 11월 즈음 일본 문제는 미 대통령의 가장 중요한 사안이 됐고, 이제는 모겐소 장관도 화이트의 제안이 실행 가능할 뿐만 아니라 승부수가 될 수도 있을 것이라 판단했다. 그 다음은 역사에 기록된 대로다. 즉, 화이트는 공식 보고서 내용을 훨씬 뛰어넘는 부분에까지 영향을 미쳤다.

그 요약 보고서는 바뀔 참이었다. 진주만 공격 이튿날인 1941년 12월 8일 아침회의에서 모겐소 장관은 화이트에게 '장관 보좌관'이라는 지위를 부여한다고 발표했다(이는 정식 '재무부 차관' 직함이 아닌 형식상의 직위였다. 화이트는 1945년이 돼서야 실제 이 자리에 올랐다). 이 비공식적 승진은 지난 반년 동안 화이트가 특히 중국과 일본에 대한 외교정책을 잘 고안해 낸 덕분이었다.[105] "그가 저를 대신해 모든 외교문제를 처리할 것입니다." 모겐소 장관이 덧붙였다. "저는 한 사람의 머리에서, 그것도 해리의 두뇌에서 외교정책이 나오기를 원합니다. 외교관련 문제가 생기면 해리를 통해 저를 찾아오면 됩니다. 제가 결정을 내리면 그 결정을 해리가 여러분께 전달할 것입니다."[106]

이제 해리 화이트는 워싱턴에서 영향력이 막강한 인물이 됐다.

# 제4장

# 메이너드 케인스와 골칫거리 통화

영국에서 케인스의 행로가 뻥 뚫린 탄탄대로였다면, 미국에서 해리 화이트의 인생 여정은 구불구불한 자갈길이었다. 화이트는 자신이 태어난 지 40년이 지나서야, 즉 미국의 가장 유명한 대학에서 박사학위를 받았을 때부터 진정한 인생이 시작됐다고 여겼다. 케인스는 학위에는 신경 쓰지 않았고 경제학 학위를 받은 적도 없다. 하지만 1908년 케임브리지대의 전설적 경제학자였던 앨프리드 마셜(Alfred Marshall) 교수가 그를 조교로 선발하면서 케인스는 26세의 나이에 모교의 킹스칼리지에서 종신 평의원직을 얻게 됐다.

케인스가 학문적으로 성공했다고 놀랄 사람은 아무도 없을 것이다. 그의 아버지 네빌(Neville)은 케임브리지대에서 윤리학을 가르치고 교무과장으로 일하며 40년을 보냈다. 네빌은 마셜 교수가 가르쳤던 학생 중 가장 뛰어나기로 손꼽히는 젊은이였다.[1] 케임브리지 뉴넘칼리지

(Cambridge's Newnham College)를 졸업한 케인스의 어머니 플로렌스(Florence)는 처음으로 케임브리지 시(市) 여성 시장이 됐다. 그녀는 스물두 살이던 1883년 6월 5일 메이너드를 낳았고, 케인스보다 12년 더 오래 살았다. 케인스도 아버지처럼 가운데 이름으로 불렸다(네빌과 케인스는 이름이 존으로 같았다. 네빌의 아버지도 이름이 존이어서 이 이름으로 부르지 않았던 것 같다).

케인스는 여동생 마가렛(Margaret), 남동생 제프리(Geoffrey)와 함께 교양 있고 이지적인 집안에서 유복하게 자랐다. 집안에는 보모, 요리사, 가정부뿐만 아니라 나중에는 독일어 가정교사까지 뒀다. 메이너드는 원체 약골이어서 허약한 체질은 평생 이어졌다. 이뿐만 아니라 그는 스스로를 추하다고 생각할 정도로 '끝까지 매달리는 집착 증세'에 시달렸다.[2] 하지만 어려서부터 추상적 추론에 남다른 재능을 보였다. 열두 살 때는 이런 재능을 가족 기도문에까지 녹여 넣었다. 그는 이렇게 기도했다고 한다. "어머니를 $x$라고 하고 제프리를 $y$라고 가정하겠습니다."[3] 그는 대수학에서도 뛰어난 재능을 보였다. 1910년까지는 경제학에서 수학적 계산을 지나치게 많이 쓰는 것을 강하게 비판했지만 나중에는 토론할 때마다 수학적 논증을 즐겨 사용했다.

수십 년 뒤 당대에서 가장 혁명적이고 인습 타파적이었던 경제학자가 된 메이너드는 학창시절부터 문제는 빨리 풀었으나 꼼꼼히 계산하는 성격은 아니었다. 구체적으로 형상화하는 기법과 뛰어난 직관력으로 복잡한 문제를 푸는 것을 즐겼다. 1933년에 그는 이렇게 말한 적이 있다. "완벽하고 정확한 언어는 생각을 잘 못하는 사람에게나 쓰는 것이다."[4] 추론을 잘하기보다는 고등수학문제를 열심히 풀기는 했으나 답은 틀린 젊은 경제학도를 더 쳐주는 경향인 요즘이라면, 아주 명석한 젊은이였던 메이너드가 미국 최고 경제학부 교수가 될 수 있었을지는 미지수다.

1897년 9월 열네 살이던 메이너드는 명문 이튼칼리지(Eton College) 입학시험 중 수학과목에서 일등을 했다. 자기보다 수학을 더 잘한 학생이 열한 명이나 있었지만 여유 있게 상위 10퍼센트 안에 들어 당당히 장학금까지 받아가며 케임브리지대학 킹스칼리지에도 진학했다. 그는 졸업하고 나서야 잠깐이나마 정식으로 경제학을 배웠다. 마셜 교수가 일주일에 한 시간씩 두 달간 메이너드를 지도했다. 그의 아버지가 이 위대한 교수와 친분이 있었던 덕분이었다. 훗날 메이너드는 경제학자가 되려면 "수학자, 역사가, 정치인, 철학자가 돼야 한다."라고 말하면서 자신의 직업에 대해 자랑스럽게 말했다고 한다.[5] 자신은 이 가운데 어느 한 분야에서도 똑 부러지게 잘하지는 않았지만 어느 경제학자도 대적할 수 없을 만큼 뛰어난 천재성으로 이 분야들을 잘 융합시켰다.

케인스 일대기를 쓰는 사람들은 그의 삶 가운데 어디부터 어디까지가 지식인이고 학자고 정치가인지에 대해 오랫동안 논쟁을 벌여왔다. 예를 들어 저명한 경제학자였던 조지프 슘페터(Joseph Schumpeter)는 케인스가 말한 "오랜 세월 뒤에는 우리 모두 사라진다."라는 유명한 경구는 아이가 없는 사상가의 당연한 생각이라고 딱 잘라 말한 적이 있다. 1920년대 말 케인스와 그의 아내가 될 사람은 아이를 가지려고 노력했다는 사실을 주목해야 한다. 어쨌든 중요한 점은 케인스가 주장한 것들을 그저 잠재된 욕구가 드러난 것일 뿐이라고 묵살하는 것은 그의 사상을 제대로 평가하지 못하는 것이다.

케인스 전기를 처음으로 제대로 썼던 로이 해로드(Roy Harrod)가 그랬던 것처럼 케인스의 사생활에서 중요한 부분을 빼는 것은, 대학이나 정부와 관련되지 않았던 케인스의 활동은 중요하지 않다고 무시하는 것이나 마찬가지다. 참고로 해로드는 1900년대 초부터 거의 20년 동안이나 케인스와 아주 친하게 알고 지내는 사이였으나 케인스가 동성애자였다는 사실을 그의 전기에 기록하지 않았다. 더불어 케인스는 케임브리지의 '사도(Apostles)'라는 남자들의 비밀모임과 우상을 타파하는 런던 지식인과 예술애호가 블룸스버리(Bloomsbury) 모임 회원이었다. 케인스는 사도에 대해서도 유명한 글을 남겼다. "인간은 …… 엄격히 말하자면 도덕적이지 않다."[6] 사람은 공익을 추구하려 한다는 기존의 관념을 깨뜨리려는 의도였다. 케인스의 개인적 사상은 분명 그의 도덕관뿐만 아니라 그가 공적인 자리에서 날카롭고 수사적으로 말하는 습관에도 영향을 끼쳤다. 1930~1940년대 그가 비판적인 미국인 참관인과 협상자들의 눈에 어떻게 비쳤는지를 생각하면 이 두 가지가 얼마나 중요한지 알 수 있다.

1906년 스물 세 살이던 케인스는 공무원이 되기로 마음먹었다. 자리가 딱 하나뿐인 재무부에서 근무하고 싶어 논리학과 철학, 수학과 경제학 시험에서 수석을 목표로 했다. 하지만 아주 실망스럽게도 차석을 차지해 인도 사무소(India Office)에서 근무하는 것으로 위안을 삼아야 했다. 대영제국을 이끄는 많은 관리들과 마찬가지로 그 역시 인도라는 나라에 대해 별로 아는 것이 없었다. 평생 살면서 접했던 인도인이라고는 런던과 케임브리지에서 만난 몇몇 사람들이 전부였다.[7] 새벽같이 일어나 밤늦게까지 일하는 게 싫었던 ("매일 일에 찌들어 살았거든요."라며 그는 익살스럽게 말했다) 그는 오전 열한 시부터 오후 다섯 시까지 근무하고 1년에 두 달이나 쉴 수 있어 좋았다.[8] 하지만 하고 싶은 일을 하지 못하면 십중팔구는 따분해 하거나 자기도 모르게 짜증을 냈던 그는, 누구나 탐내는 자리인 케임브리지대 교수직을 얻기 위해 1908년 자신의 스물다섯 번째 생일에 사직서를 제출했다.[9] 그때 그는 경제학자의 길을 걷고 싶은 마음보다는 그저 케임브리지로 돌아오고픈 바람이 더욱 강했다. 그 당시 새로 생겨난 경제학이라는 학문에 대한 그의 지식은 아직 일천했다. 1910년 대학에서 애덤 스미스(Adam Smith) 상을 받은 이듬해가 돼서야 애덤 스미스에 대해 연구하기 시작했다.[10]

케인스는 호기심이 발동할 때에는 공부하는 속도가 어느 누구보다도 빨랐다. 그는 1909년 〈이코노믹 저널Economic Journal〉이라는 경제전문지에 〈인도의 최근 경제적 사건들Recent Economic Events in India〉이라는 논문을 처음으로 발표했다. 사실상 이 논문은 그가 평생 지적 관심을 보였던 통화문제를 처음으로 다룬 것이었다. 인도 물가와 금 유출입 사이에 관계가 있다는 것을 '통계적으로 증명'하는 일은 그를 '엄청난 흥분상태'에 빠지게 했다. 케인스는 자신의 첫사랑이자 화가인 덩컨 그랜트(Duncan Grant)에게 이렇게 썼다. "저는 항상 이렇게 질문합니다. 통계적으로 증명할 수 있는가? 논리적으로 따지는 것만큼 재미있는 일도 없죠."[11] 1911년 10월 스물 여덟이었던 케인스는 잡지사 편집장이 됐다. 그는 이 일에 자신의 여생을 바치고 싶었다.

공무원으로 처음 일하면서 이뤄냈던 또 하나의 만족스러운 업적은 1913년에 《인도의 통화와 재정Indian Currency and Finance》이라는 책을 처음으로 출판한 일이었다. 케인스가 인도 사무소를 떠나고 5년이 지난 뒤, 즉 자신의 서른 번째 생일 직후에 책을 출간했지만, 그는 사실상 1912년 성탄절 휴가기간에 책 내용 대부분을 썼다. 이 책은 인도의 금본위제를 옹호하는 데 초점을 뒀다. 당시 인도는 런던에 보관된 파운드화 잔액을 바탕으로 루피화와 금 교환 비율을 정했다. 케인스는 인도가 완전한 고전적 금본위제를 채택해야 한다는 주장을 반박했다. 인도가 더욱 느슨한 통화정책을 펴면 금이 더욱 적게 사용되고 통화가 실제 기업활동에 더욱 탄력적으로 작용하기 때문이라는 논리였다. 케인스는 준비통화가 실물자산 형태를 띠어야 한다고 믿는 사람들은, 통화정책이 지금보다 믿음직스럽지 못했던 시대와 영국에서 처음 시행된 뒤, 19세기 초중반에 잘 굴러갔던 시스템을 무조건 따라 하는 것이 유행이던 시절의 유산을 멋모르고 지지하는 자들이라고 비난했다.[12] 물론 오늘날에도 종종 통화정책이 별로 믿음직스럽지 못하다든지 정부가 금융시장 붕괴에 지나치게 보수적으로 대응한다든지에 대한 논쟁이 뜨겁다. 케인스는 오늘날 많은 사람들에게 경종을 울릴 만한 내용으로 은행에 대해서도 신랄하게 비판했다. 그는 이렇게 물었다. "다른 공무원들도 은행원 못지 않게 쓸모 있고 힘든 일을 하는데도 언제까지 은행원들에게 이들보다 훨씬 더 많은 임금을 줘야 하는가?"[13]

훗날 케인스 사상으로 계속 남았던 다음 두 가지 주제가 이 책에 드러나 있다. 첫째는 합리적 통화개혁은 금의 기능을 점차 줄이는 데에 달려있다는 점이고, 둘째는 자연스런 국제금융의 중심인 런던에서 이런 개혁을 해야 한다는 주장이다. 당시 세계 무역금융의 절반이 런던에서 조달됐다. 하지만 이듬해 유럽이 치명적 전쟁에 휘말리면서, 19세기에 터를 닦은 런던과 파운드화의 국제적 위상이 영원히 지속될 것이라는 영국 지배층의 통념이 무참히 깨졌다.

케인스는 이때까지만 해도 통화문제에 대해 이른바 '케인스 학설'을 내세우지는 않았다. 예컨대 1912년 물가하락은 기업가와 채무자보다는 노동자와 채권자에게 이롭기 때문에 물가상승보다 낫다고 주장했다. 그러면 부는 더욱 평등하게 배분되고 결국 더욱 정의로워진다고 주장했다.[14] 하지만 그는 1914년 〈이코노믹 저널〉에 금본위제는 '예지력 있게 과학적으로 분석한 결과 이 제도가 이미 문제가 있음'이 드러났고, 통화정책을 합리적으로 관리하는 데에도 걸림돌이 된다고 주장하면서 금본위제에 대한 무차별적 공격의 서막을 알렸다. 만약 '금이 우리를 통제하는 전제군주에서 내려와 입헌군주가 된다면 새로운 역사의 장이 열릴 뿐만 아니라 인류가 자치정부 체제를 달성하는 데에도 한걸음 더 다가서게 될 것'이라며 케인스 특유의 신랄한 문체로 주장했다.[15] 그는 신문이나 주간지에 통화와 금융 관련 글을 정기적으로 쓰면서 재능과 인기를 겸비한 논평가로도 활동했다.

케인스는 시간이 흐르면서 자유무역, 물가, 통화안정 등에 대한 자신의 기본 사상을 이리저리 바꿨지만 오직 한 가지에 대해서는 일관성을 유지했다. 즉, 고리타분한 이단이나 통설에 집착하는 사람들은 철저히 무시했다. 1910년 그는 케임브리지 유니언이라는 토론클럽 연설문에 이렇게 적었다. "인위적 관세장벽으로 한 나라 안에서 물건이 모자라게 되면 국가 전체적으로 손해다."[16] 케임브리지대학 자유무역협회 총무였던 케인스는 당시 자유무역을 반대하는 사람은 경제학자로서 자격이 없다고 간주했다.

케인스는 처음부터 계속 영국 자유당에 관심이 많았다. 아버지는 반사회주의자며 보수 자유주의자였고 어머니는 직관을 따르고 종교적이며 '이상적 사회개선을 주장하는(do-gooding)' 사람이었다.[17] 케인스는 특히 대외적으로는 자유무역, 대내적으로는 사회보장이 인기를 누리던 20세기 초 자유당의 정책 절충안에 끌렸다. 1915년 1월 서른 한 살이던 케인스는 다시 공무원이 되기로 결심했다. 이전에 인도 담당 차관을 지냈던 에드윈 몬터규(Edwin Montagu) 재무부 금융담당 차관이 전시에 약속했던 탐나는 재무부 자리를 마련했다. 케인스는 바로 이곳 분위기에 끌렸다. 재무부 사람들은 매우 똑똑하고 꾸밈없으며 때로는 냉소적이었다. 지적 자신감이 넘쳤으며 논리가 없는 즉흥적인 말에는 잘 휘둘리지 않았다. 나중에 그는 세금을 거두는 일 이외에는 특별한 권한이 없는 미국 재무부를 이곳과 비교하며 자랑스러워 했다.[18]

해리 화이트는 열정적으로 미군에 입대한 뒤 전쟁 중에는 프랑스에서 근무했다. 재무부에서 근무했기 때문에 군 면제를 받을 수 있었던 케인스는 영국에 머물렀다. 하지만 1916년 2월 그는 징병제 자체는 개인의 자유를 침해하는 제도라는 이유를 들어 군입대를 반대한다고 쓸데없이 별난 선언을 했다. "저는 제가 해야 할 임무든 아니든 제 결정권을 남에게 넘길 수 없습니다. 이런 행위가 도덕적으로 올바르지 못하다고 생각합니다."[19] 그가 왜 이런 행동을 했을까? 블룸스버리 모임 회원인 덩컨 그랜트, 리턴 스트레이치(Lytton Strachey)와 케임브리지 모임 동료인 버트런드 러셀(Bertrand Russell), 로렌스(D. H. Lawrence)는 케인스에게 재무부에서 사퇴하고 전쟁에 반대하라고 강하게 압박했다. 1916년 약간 마음이 흔들리기는 했지만 케인스는 원칙적으로 전쟁을 결코 반대하지는 않았다. 겉으로 보기에는 그가 징병제를 반대한다는 선언은 그가 재무부를 떠나면 징집면제특권이 사라지는 것에 대한 일종의 보험으로 보였다.[20]

케인스는 레지널드 매케너(Reginald McKenna) 자유당 총재가 가장 신임하는 자문위원이었다. 케인스는 복잡하게 꼬인 영국의 국가재정 업무에 몰두하고 있었기에 군에 입대하면 군 생활을 견뎌내기가 개인적으로나 정신적으로 쉽지 않을 것으로 생각했다. 대외자금조달 업무를 책임지고 있던 그는 미국에서 엄청나게 많은 돈을 빌려야 하는 어려운 문제에 직면했다. 뉴욕에서 조달한 자금의 일부는 전쟁물자, 식량, 오일, 금속을 구입하기 위해 신용도가 낮은 동맹국에서 써야 했다. 1916년 9월 즈음에 영국 정부는 미국에서 매달 2억 달러(현재가치로는 41억 5천만 달러)를 쓰고 있었다. 절반 정도는 보유한 금을 팔거나 미국 국채와 캐나다 국채 매각으로 조달하고 나머지 절반은 대출로 조달했다.[21] 엎친 데 덮친 격으로 영국이 미국의 주머니에 더욱 의존하게 되자 두 나라의 사이가 더욱 나빠졌다. 영국해군이 미국과 독일 사이의 무역에 간섭해 마찰을 일으켰고, 영국의 뉴욕 주거래 은행이었던 제이피 모건(J. P. Morgan)은 우드로 윌슨(Woodrow Wilson) 대통령 재선을 반대하는 편에 섰다. 11월 미 FRB는 회원은행들에게 외국인 대출 한도를 축소하라고 지시하고 개인투자자들에게는 동맹국 정부가 발행한 증권을 담보로 받지 말라고 경고했다. 이는 합리적이기도 했지만 정치적인 성격도 띠었다. 즉, 동맹국들이 전쟁을 서둘러 끝내게 하려는 압박용 카드였다. 1917년 1월 22일 윌슨 대통령은 영국과 제정 러시아를 반대하는 유권자들의 압력이 커지자 '승리 없는 평화'를 이뤄야 한다고 공식 선언했다.

케인스는 영국의 외교정책은 '미국을 건드리지 않고, 미국이 영국에 앙갚음하고 싶은 마음이 생기지 않도록 하면서 잘 구슬리는 쪽으로 방향을 정해야 한다'고 판단했다. 그는 불편한 마음으로 이렇게 적었다. '윌슨 대통령은 선거에서 개인 자금이 바닥나면 영국에 까다로운 조건을 제시할 수 있는 인물이다.'[22] 영국은 금 재고가 놀라운 속도로 줄어들고 있었지만 케인스는 달러와 파운드 사이의 환율을 그대로 유지해야 한다는 재무부 주장을 지지했다. 20년이 지난 뒤 그는 이렇게 회상했다. '달러·파운드의 고정환율제를 폐기하면 우리의 신용이 추락하고 경제는 혼란에 빠져 결국 아무런 도움이 되지 못했을 것입니다.'[23] 독일에 영국의 곳간이 비어가고 있다는 인상을 주고 싶지 않았던 이유도 분명 있었다.[24]

만약 독일 정부가 영국의 재정상황을 정확히 파악했다면, 2월에 동맹국을 지원하기 위한 미국의 해상 보급로를 차단하기 위해 독일 해군의 무제한적 잠수함전을 재개하라는 치명적인 결정을 하지 않았을 것이다. 월터 페이지(Walter Page) 주영 미국대사는 미국이 무역부문에서 우월한 지위를 유지하고 혼란을 피하는 유일한 길은 독일과의 전쟁을 선포하는 방법 밖에 없다는 내용의 전문을 미국에 보냈다.[25] 영국에는 다행스럽게도, 4월 6일 드디어 미국이 독일에 선전포고를 감행했다.

이로써 영국은 계속 전쟁자금 조달을 보장받을 수 있을 것처럼 보였다. 하지만 정치적 요인이라는 걱정스러운 장애물이 새로 나타났다. 뉴욕 은행가들은 연합국이 전쟁자금을 조달해야 하는 상황이 국제금융시장을 지배하고 있는 런던 은행들을 대체할 수 있는 좋은 기회라고 생각했다. 하지만 이들에게는 워싱턴이 디딤돌이라기보다는 걸림돌이었다. 뉴욕 연방준비은행을 맡은 지 채 2년 밖에 안 되는 벤자민 스트롱(Benjamin Strong)은 국제금융시장을 주무르고 있던 영국중앙은행 같은 위상을 넘보고 있었다. 하지만 워싱턴에 있는 많은 의원들은 나라를 전쟁의 수렁으로 빠지게 한 장본인들이라는 아주 좋지 않은 시각으로 은행가들을 바라보고 있었다. 대통령의 사위였던 윌리엄 깁스 매카두(William Gibbs McAdoo) 재무장관은 영국과 뉴욕의 은행가, 의원들은 모두 자신의 정적이라고 여기로 이들을 저지하기로 작정했다.

영국은 미국이 전쟁을 개시하기 전 제이피 모건 은행으로부터 4억 달러를 빌리는 데 성공한 뒤 다시 워싱턴으로 눈을 돌렸다. 4월 9일 새뮤얼 하드맨 레버(Samuel Hardman Lever) 재무부 재정담당 차관은 향후 6개월 분인 15억 달러를 미리 영국에 앞당겨 빌려주자고 매카두 장관에게 제안했다. 하지만 장관은 이 자금이 미국에서 만든 물건을 사는 데 사용되지 않고, 주로 제이피 모건 은행에서 빌린 돈을 갚거나 달러·파운드 환율을 유지하는 데 쓰일 것으로 의심하고 이 요청에 화를 내며 거절했다.

영국에서는 정부 관료들 사이의 내분이 미국보다 더 심했다. 월터 컨리프(Walter Cunliffe) 영국중앙은행 총재는 재무부가 파운드·달러 환율을 관장하지 못하도록 케인스를 해고시키려고 압박했다. 그것도 모자라 7월에는 뉴욕에 있는 레버 미 재무부 재정담당 차관이 오타와(Ottawa)에 보관돼 있는 금에 손대지 못하도록 막았다. 레지널드 매케너(Reginald McKenna)의 후임인 보너 로(Bonar Law) 자유당 총재는 컨리프 영국중앙은행 총재에게 조기 사임하라고 맞받아쳤다.

이런 국내에서의 싸움 이면에는 전후 이권을 놓고 미국 정부가 얼마만큼 요구하느냐에 관한 훨씬 더 큰 문제가 숨어 있었다. 영국 재무부는 이제 외교전선에 서 있는 처지였다. 다시 말해 영국은 제국으로서의 특권이나 유럽국가 사이의 균형 관계에서 파생될 엄청난 이익을 볼모로 잡히지 않으면서 자금을 충분히 조달해야 했다.

케인스는 영국의 심각한 재정상황을 설명하는 내용의 중요한 편지를 매카두 미 재무장관에게 보냈다. 하지만 매카두 장관은 영국에 아주 찔끔찔끔 자금을 지원해주면서 용도마저 미국이 통제하겠다고 했다. 7월 20일 영국 자유당 총재 로는 케인스가 작성한 편지를 매카두 장관에게 다시 보냈다. "미국에 지급해야 하는 영국의 재원이 바닥났기 때문"에 워싱턴에서 이를 채워주지 않으면 "영국과 미국 사이에 금융으로 얽힌 동맹은 무너집니다. 몇 개월이 아니라 며칠도 버티기 힘든 상황입니다."라는 내용이었다. 28일 케인스는 영국이 파운드·달러 고정환율제는 유지해야 한다는 점을 적극 강조해, 결국 달러 보유액이 남아 있는 한 이 제도는 지켜야 한다는 내부합의를 얻어내는 데 성공했다. 만약 영국이 숨겨놓은 달러가 바닥나면 영국중앙은행 금고에 남아 있는 금을 지키기 위해 금태환을 포기해야 했다. 그는 고정환율제가 심하게 위협받는 상황이라는 내용의 편지를 다시 작성해 워싱턴에 보냈고, 사태의 심각성을 깨달은 매카두 장관은 돈 보따리를 풀었다.

케인스는 워싱턴 현지에서 직접 뛰는 것보다는 외교문서 대필가로 활동하는 게 더 나았다. 그해 9월 케인스는 수석 재판관이던 레딩(Reading) 경을 대동하고 매카두 장관에게 간청하러 갔다. 케인스를 처음 본 주미 영국대사는 나중에 자기 아내에게 이렇게 말했다고 한다. "레딩 경과 함께 온 케인스라는 친구는 이루 말할 수 없을 정도로 무례하더군. 자기 잘난 맛에 사는 친구 같아 …… 그런데 재능은 있는 젊은이라고 하더군 …… 존경할 만한 가치가 없다고 생각되는 사람들은 완전히 업신여기며 잘난 체 하는 게 요즘에는 통하나봐."[26] 미 재무부 금융담당 대표 바질 블래킷(Basil Blackett) 경은 런던에 있던 미국인에게 '무례하고 비협조적이며 자기주장만 내세웠던 케인스가 이곳에서도 아주 오만하다는 인상을 심어주고 있다'고 썼다.[27] 이런 상황에서는 다음 전쟁에서 바뀔 것이 거의 없었다. 케인스는 영국에 머물던 덩컨 그랜트에게 워싱턴에서 느낀 점을 이렇게 적었다. "미국에서 호감이 가고 색다른 사람들이라고는 오직 매력적인 깜둥이뿐입니다."[28]

케인스는 전쟁으로 벼락부자가 된 워싱턴 졸부들을 설득해야 하는 일이 달갑지 않았다. 1917년 말부터 그는 매월 런던과 파리에서 번갈아 열리는 '동맹국 간 금융감독위원회' 결정에 따라야만 했다. 오스카 크로스비(Oscar Crosby) 미 재무부 차관이 주관하는 이 회의에서는 미국의 지원을 요청하는 나라들에 지원금을 쪼개주는 일을 논의했다. 케인스는 이 위원회를 커다란 '원숭이 우리(monkey-house)'라고 조롱했다. 그는 비앵글로색슨계 사람들을 종종 그렇게 불렀다. 공교롭게도 이 원숭이들은 25년 뒤 브레턴우즈에 모이게 된다. 케인스는 회의에서 '알맹이 없이 계속 지껄여 대는 거짓부렁이 프랑스어와 지긋지긋한 양키놈들의 사투리'를 듣는 게 정말 싫었지만, 영국 관료들에게 '크로스비가 주관하는 회의가 중요하다고 강조하는' 것이 영국 내 '고집 센 부서'를 설득하는 데 매우 효과적이라는 사실을 잘 알고 있었다.

런던은 오랫동안 국제금융 중심지로서 이름을 날렸지만 전쟁으로 상황이 확 바뀌었다. 이제 영국은 미국에 갚아야 할 빚이 천문학적으로 늘어나고 있었다. 이 가운데 많은 부분은 결코 감당할 수 없는 프랑스와 이탈리아의 달러화 부채를 보증한 것이었다. 케인스는 상황을 확 뒤집을 수 있는 기발한 방법을 고안해 냈다. 중간에서 잘 구슬리면 영국이 이득을 챙길 수도 있었다. 그는 1918년 3월 미국 재무부를 설득하는 작업에 착수했다. 영국이 국제시장에서 원자재를 직접 구매하는 조건으로 향후 프랑스와 이탈리아가 지는 의무를 미국이 대신 떠안는다는 내용이었다. 이렇게 되면 영국은 밀 시장뿐만 아니라 국제 원자재 시장 전체를 지배해 중립국들에게 원자재를 독점 공급할 수 있게 된다. 케인스는 미국이 속아 넘어가지 않을까 봐 늘 노심초사했다. 그는 영국이 '완전히 빈털터리로 전락하게 되면' 미국인들이 좋아할 것 같다는 생각에 화가 치밀었다.[29]

1917년 4월 미국의 참전으로 전쟁은 결국 연합국의 승리로 끝날 것이었지만 영국이 이끌던 케케묵은 금융통화 질서는 사라질 것이 뻔했다. 케인스 자신의 경험으로 볼 때 영국이 미국 금고에 의존하면 지정학적 비용이 엄청나게 커 제2차 세계대전 중 미국과 머리를 맞대고 벌여야 하는 금융협상에도 영향을 미칠 것임이 분명했다.

케인스는 애스키스(Asquith) 전 영국 수상을 아주 존경했고 개인적으로도 그와 친분이 두터웠다. 하지만 1916년 12월 애스키스 수상이 퇴임하자 상황이 케인스에게 불리하게 돌아갔다. 매케너 바로 전에 재무장관을 지냈던, 아주 완강하고 교활한 수완가인 데이비드 로이드 조지 (David Lloyd George)는 육군성 장관이었을 때 케인스가 전시 자문위원으로는 능력이 부족하다고 생각했다. 새로 수상이 된 로이드 조지는 이렇게 말했다. "케인스는 비상시국에 자문을 하기에는 너무 경박하고 충동적인 사람입니다. 묘기를 부리듯 너무 쉽게 결론을 지으려 합니다. 재주부리듯 처리하다 엉뚱한 결론에 도달할 수 있어 결국 일을 그르칠 수도 있습니다."[30] 1917년 2월 로이드 조지 수상은 여왕훈장 최종수상자 명단에서 케인스의 이름을 일부러 뺐다(5월 케인스는 법적으로 대응해 여왕 훈장을 받았다). 12월 케인스는 새 수상이 자기를 싫어한다는 생각에 여자 친구인 덩컨 그랜트에게 푸념했다. "나는 그동안 내가 경멸하는 정부와 불법이라고 생각하는 목표를 위해 일했어." 어머니에게는 이렇게 한탄했다. "전쟁이 늘어지면 아마도 이제까지 우리가 알던 사회질서가 무너지고 말 거예요." 그는 '부자들을 없애면 속 시원할 것 같다'고 덧붙였지만 그의 불만 대상은 너무 한정적이었다. 사실 케인스 자신도 전쟁 동안 공무원 생활을 하면서 편하게 지냈다. 세계문제에 대해서는 이런 주장을 폈다. "앞으로 1년 뒤에는 대영제국이 확보했던 식민지에 대한 권리를 박탈당하고 영국은 미국에 담보 잡힐 것이다."[31]

케인스가 영국의 전쟁수행과 관련해 느꼈던 암울한 기분은 전쟁 후의 평화조약으로 인한 참담함에 비해서는 아무것도 아니었다. 1918년 11월 11일 독일과 휴전협상이 끝나자 케인스는 1919년 1월에 시작된 파리강화회의에서 영국 주장을 대변하기 위해 재무부에 머물렀다. 하지만 6월 28일 베르사이유(Versailles) 조약이 체결되기 3주 전 '울분을 참지 못하고' 사표를 제출했다. 케인스는 영국이 전쟁을 수행하기 위해 미국에 손을 벌려야 했던 1940년에 이르러서야 다시 재무부로 돌아왔다.

독일 배상금과 관련한 세 가지 문제가 정치라는 가마솥에 뒤섞여 펄펄 끓고 있었다. 여기에서는 아무리 명석한 경제적 논리도 통하지 않았다. 독일의 배상책임 범위는 어디까지인가? 독일은 이를 지급할 능력이 있는가? 연합국들이 이 배상금을 어떻게 나눌 것인가? 등이 핵심문제였다. 케인스는 그해 끝 무렵 충격적 협상에 대한 회고록인 《평화의 경제적 귀결The Economic Consequences of the Peace》이라는 책을 생생하게 써냈다. 이 회고록은 미국과 영국, 그리고 특히 프랑스의 맹비난을 받을 만도 했지만 국제사회에서 즉각적이고 폭넓은 지지를 받았다. 세 명의 주인공인 우드로 윌슨 미 대통령, 데이비드 로이드 조지 영국 수상, 조르주 클레망소(Georges Clemenceau) 프랑스 수상에 대한 신랄한 풍자 덕분에 케인스는 유럽에서 가장 재기 넘치고 예리한 논객이라는 명성을 얻게 됐다.

　케인스는 '멍청하고 쩔쩔매는' 윌슨 대통령을 '눈도 멀고 귀도 먹은 돈키호테'라고 조롱했다. 즉, 특유의 노골적인 비유를 써서 귀가 얇고 위선적이며 신실한 척하는 우둔한 미국인이라며 윌슨을 비꼬았다. 케인스는 또 이렇게 비판했다. "윌슨 대통령은 옳지 않다고 생각하는 일을 절대 하지 않습니다. 자신의 그 대단한 신념에 어긋나는 행위는 절대 하지 않죠. 그도 그럴 것이 그가 표명한 14개 평화원칙이라는 교시는 글귀 하나 빠지지 않고 자기기만에 빠진 식자들이나 좋아할 허울 좋은 문장으로 치장한 문서로 둔갑해 버렸습니다. 윌슨 대통령의 조상들은 아마도 모세 5경에 나오는 문구대로 꼭 따라 해야 한다고 믿는 족속들이었을 것입니다." 케인스는 윌슨 대통령이 '능구렁이 같은' 유럽 사기꾼들을 당해내지 못한다고 풍자했다. 즉 '자기 이익만 챙기는 요괴 같은' 클레망소와 '떠돌이 시인처럼 말 많은' 로이드 조지보다 한 수 아래라고 여겼다. 이들을 '목적의식이나 책임감이라고는 눈곱만큼도 없는

머릿속이 텅 빈 인간들'이라고 비꼬았다.[32]

케인스가 이 책을 쓴 주 목적은 위 세 사람을 풍자하려는 것이 아니었다. 정확히 말하자면 조약의 경제관련 조항들이 왜 아주 잘못됐고 위험한지를 역사적이고 논리적 근거를 명확하게 제시하기 위해서였다. 그는 1870년부터 전쟁 발발 시점까지 유럽경제가 어떻게 발전했는지 놀라울 정도로 잘 설명했다. 유럽국가들의 유기적 경제통합에서 비롯된 물질적 효과는 엄청나게 크다는 점을 강조하면서 국가의 경제계획, 특히 통화관리가 중요하다는 자신의 생각을 담았다. 가장 눈에 띄는 주장은 여러 나라의 통화가 금이나 타국 통화 대비 가치가 안정적으로 유지돼야 자본이동과 무역이 촉진될 수 있지만, 환율안정이 파괴되고 있는 지금에야 이것들이 중요하다는 사실을 깨달았다는 견해였다. 제1차 세계대전으로 백 년 동안 유지돼 온 고정환율제가 막을 내렸다.[33] 2월 영국에 대한 미국의 공식 원조가 끊기자 프랑화와 파운드화 가치가 폭락했다.[34] 그는 인류에게 많은 혜택을 준, 전쟁이 터지기 전 50년 동안 엄청나게 축적한 고정자본은 부를 평등하게 배분하는 사회에서는 쌓을 수 없었을 것이라며 자유주의자 같은 주장을 폈다.[35]

케인스는 주요 협상 상대방들에게 '패전국들을 쥐어짜야 한다면' 독일이 제1순위가 돼서는 안 된다고 침이 마르도록 줄기차게 주장했다.[36] 그는 연합국이 미국과 서로에게 진 빚을 청산할 수 있는 아주 기발하고 통찰력 있는 일괄 타결안을 제시했다. 더불어 독일의 자원과 수출 능력을 감안한 현실적인 배상안도 내놨다. 가장 혁신적인 부분은 연합국이 독일에 요구할 배상금을 케인스와 미국이 생각하기에 독일이 감당할 수 있는 수준까지 낮추고 이에 맞춰 미국에 대한 영국의 부채도 삭감하자는 내용이었다. 케인스는 영국이 미국에 진 빚을 탕감 받지 못하면 영국은 '앞으로 미국이 가장 불쾌하게 여기는' 나라가 될 우려가 크며, 이 문제는 자신의 일괄 타결안으로 해결이 가능하다고 강조했다.[37] 케인스의 주장이라면 좀처럼 찬성하지 않던 로이드 조지 수상은 이번에는 이 의견에 동의했다. 하지만 미국은 생각이 달랐다. 윌슨 대통령은 자신의 자문위원이자 금융전문가인 버나드 바루크(Bernard Baruch)에게 도움을 청했다. "휘청거리는 유럽 금융시스템에 우리를 엮으려는 공작이 진행되고 있소. 이를 무산시킬 대책을 찾아봐 주기 바라오."[38]

독일의 연간 전쟁 배상금을 영국과 프랑스 정부에서 요구한 금액보다 훨씬 적게 산정하기 위한 경제적 논리를 찾기란 쉽지 않은 과제였고 다른 경제학자들의 반발에도 부딪혔다. 실제로 프랑스 경제학자 자크 뤼에프(Jacques Rueff)는 케인스가 독일의 권리 이양이 환율과 무역수지에 미치는 영향을 논리적으로 혼동하고 있다고 비판했다. 케인스는 이 주장을 자신의 저널에 싣고 이를 반박하기 위해 혼신의 노력을 기울였다.[39] 약 20년 뒤 뤼에프는 케인스가 경제 불안정의 원인이 식별할 수도 있고 수정도 가능한 정책 오류 때문이 아니라 통화 시스템에 내재된 결함 탓이라고 착각했다고 주장하며 케인스의 가장 유명한 저서인 《고용·이자 및 화폐의 일반이론》에 도전장을 내밀었다.

어쨌든 케인스의 회고록인 《평화의 경제적 귀결》이 국제사회에서 엄청난 반향을 불러일으킨 것은 그의 논리적 분석력 때문이라기보다는 조약 내용이 편협하고 근시안적이며 터무니없다는 점을 정확하게 짚어낸 그의 탁월한 능력 덕분이었다. 케인스가 이 책으로 초기에 번 돈을 환투기라는 새로운 취미로 거의 다 날렸지만 그는 이제 세계적으로 널리 알려진 학자가 됐고 그후로도 그런 사람으로 살았다. 그는 1925년 이혼경력이 있는 러시아 출신의 유명한 발레리나 리디아 로포코바와 결혼했다. 1918년 케인스는 그녀가 공연 차 런던에 왔을 때 연회장에서 처음 만났다. [케인스는 자본가인 오즈월드 포크(Oswald Falk)에게 이렇게 털어놓은 적이 있다. "첫눈에 반한 사랑은 아니었어요. 그녀는 재수없는 댄서였죠. 정말 뻣뻣했거든요."][40] 케인스의 눈에는 리디아가 순진하고 매력 있는 여자로 보였으나 그의 지식인 모임에는 정말 어울리지 않을 정도로 교양이 떨어졌다. 어울릴 것 같지 않은 결혼으로 케인스는 더욱 유명해졌지만 이는 블룸스버리 친교 모임에는 계속 걸림돌이 됐다. 그런데도 케인스는 리디아를 죽을 때까지 진심으로 깊이 사랑했다.

학문이나 지식으로 이름이 알려진 사람들은 대부분 자신의 이름에 '학자'라는 말을 붙인다. 하지만 케인스는 달랐다. 케인스는 47세로 접어든 1930년에 이르러서야 위대한 경제 이론서를 완성했다. 1923년 한 해 동안 연간 가장 많은 47개의 신문기고를 했고, 이 덕분에 생활이 넉넉해지기 시작했다. 그 뒤 풍족하게 살면서 예술분야의 아낌없는 후원자가 됐다.

케인스의 황금기가 영국 경제에는 불황기였다. 1920년부터 1922년까지 영국은 경제침체라는 수렁에 빠졌다. 1923년 경제가 바닥을 찍었지만 실업률은 여전히 10퍼센트를 넘나들었고, 그 후 1920년대 말까지 아래로 내려올 기미를 보이지 않았다(1930년대에는 더욱 치솟았다). 전쟁 전에는 순조로웠던 무역질서의 붕괴에 너무 늦게 대응한 탓일까? 통화정책을 잘못 실행했기 때문인가? 아니면 시장경제가 저절로 잘 굴러갈 것이라는 경제학자들의 근거 없는 확신 때문인가? 이 단계에서 케인스는 고전파 경제학과 바로 전면전을 벌일 생각은 없었다. 대신 지적 소모전을 꾸준히 전개하겠다고 마음먹었다.

그의 주요 공격 목표는 영국중앙은행이었다. 영국중앙은행은 오랫동안 숭배돼 오던 파운드당 4.86달러인 환율수준을 지키기 위해 금리를 올려 전쟁으로 폭등한 영국의 물가를 끌어내리고 있었다. 하지만 단위당 임금은 하락 했지만 물가만큼 빨리 떨어지지 않아 1922년 말에는 단위당 임금이 물가보다 25퍼센트 정도나 높았다. 케인스는 임금이 충분히 탄력적이어서 파운드·달러 고정환율을 유지할 수 있고 단기 고통은 견딜 만하다는 영국중앙은행의 주장을 대놓고 공격했다. 케인스는 잘못된 정책 때문에 영국에서 '혁명까지 일어날' 상황이라고 판단하고 정부가 '고정환율제를 폐지해야' 한다고 생각했다. 하지만 기존 정책이 왜 구제불능이고 잘못됐는지에 대한 획기적인 통찰력을 보여주지는 못했다.[41] 임금이 물가보다 더 '비탄력적'이라는 의견에는 많은 사람이 동의했지만, 이 주장 자체가 임금을 탄력적으로 만들려는 정책에 영향을 미치지는 못했다.

이때까지만 해도 케인스는 은행이 케인스가 촉구한대로 통화 확장 정책을 실시하든 그렇지 않든 수요부진 때문에 결국 임금이 내려갈 수밖에 없다고 믿었다. 이뿐만 아니라 여전히 관세와 수입장벽이 실업문제를 해결해 줄 수 있다는 '보호무역주의자의 궤변'에 반대하는 전통적 자유무역주의자였다. 케인스는 보호무역 조치가 물가를 올려 고용을 일시적으로만 올릴 수 있다고 생각했다. 하지만 이 누그러진 의견 때문에 물가를 올리기 위해 금리를 낮추고 파운드화를 평가절하해야 한다는 그의 주장에 의구심이 들 수 있다.⁴² 케인스 자신이 오래 전부터 믿어왔던 이론과 최근 새롭게 제시한 급진적인 주장이 꼭 들어맞지는 않는다는 점은 분명하다. 1923년 12월 국립 자유주의클럽(National Liberal Club) 강연에서는 이렇게 주장했다. "경제가 어려울수록 자유방임체제의 자동성은 더욱 약해진다."⁴³ 고질적 실업문제라는 수수께끼에 대해 그가 나중에 제시한 참신한 해법이 싹트고 있었다.

전쟁 후 케인스가 화폐에 대해 집대성한 책은 1923년 12월에 출간한 《화폐 개혁론A Tract on Monetary Reform》이다. 정부가 적극적으로 재정정책을 펴야 한다는 케인스의 유명한 주장에 반대했던 밀턴 프리드먼도 이 책에 대해서는 케인스의 가장 훌륭한 작품이라고 치켜세웠다. 이것으로 미루어 케인스는 자신의 주장이 통화정책에 대한 고전파 이론과 완전히 결별하는 선까지는 가지 않았다고 생각했다. 사실 그의 결론은 이 책이 출간되기 몇 개월 전에 내려져 있었다. 그런데도 이 책은 추상적 경제분석과 당시의 문제에 대한 재치 있고 신랄한 비판을 융합한 케인스만의 특유한 지적인 감각이 빛난 역작이었다.

이 책은 어빙 피셔(Irving Fisher)와 크누트 빅셀(Knut Wicksell) 같은 저명한 경제학자의 기존 이론을 토대로 쓴 작품으로, 모두 케인스가 독창적으로 생각해 낸 것은 아니었다. 이 책의 핵심 이론은 정책 당국이 화폐공급이 아닌 화폐수요를 안정시키는 데 초점을 둬야 한다는 것이었다. 케인스의 주장에는, 통화정책의 제1목표가 돼야 하는 물가안정을 유지하려면 정부가 적극 나서서 통화량과 은행의 예금지급준비율을 계속 조절해야 한다는 매우 중요한 의미가 함축돼 있었다. 이는 케인스가 평화를 해치는 원흉이라고 부른 금본위제와 완전히 상반된다. 금본위제에서는 각국 통화당국이 금의 국경 간 이동에 따른 재고변동에 따라 기계적으로 대응한다. 즉, 금이 유입되면 통화량을 늘리고 유출되면 돈은 회수한다.

아무리 좋은 국제통화 시스템이라도 금본위제만 못하다는 게 통설이던 시기에 케인스가 작정하고 금본위제를 신랄하게 비판하자 독자들은 깜짝 놀랄 수 밖에 없었다. 당연히 책에 대한 비평도 수없이 많았다. 1933년 케인스는 이렇게 털어놨다. "맹목적 답습에 대한 공격이었기에 문장이 조금 거칠어야 했습니다."[44] 케인스는 금본위제가 19세기 말에는 감탄할 정도로 잘 작동했다는 사실은 인정했지만 이제는 상황이 완전히 바뀌었다는 점을 강조했다. 특히 전쟁의 수많은 폐해 가운데 하나는 세계 각국이 보유한 엄청난 금이 미국으로 흘러 들어갔다는 점이다. 타당한 일이지만 케인스의 주장에는 애국주의 색깔을 넘어서는 의미가 숨어 있었다. 그는 '미개한 유산'인 금본위제를 되찾으려는 시도는 '금송아지를 올려 놓는 받침대에 달러본위제도를 모셔 놓은 FRB의 손에 물가를 규제하거나 통화량을 조절하는 권한을 넘기는 것'이나 마찬가지라고 생각했다.[45] 케인스는 금융패권이 런던에서 뉴욕과 워싱턴으로 넘어가는 것을 늘 걱정했고 이런 우려는 그의 경제이론에도 반영됐다.

《화폐 개혁론》은 솜씨 좋은 통찰력으로 인플레이션과 디플레이션, 고정환율과 변동환율, 단기적 관점과 장기적 관점(장기적 관점으로는 '우리 모두는 죽고 없을 것이다') 사이의 상충문제를 잘 짚어 냈다.[46] 하지만 블룸스버리 모임에서나 쓰는 불경스러우면서도 고상한 문체 탓에 케인스가 개조하기를 바랐던 사람들 일부가 기분이 상했던 만큼 이 책의 영향력이 반감됐다. 케인스는 주로 보수주의자들을 조롱하는 것이 목표였으나 자신을 따르는 사람이 많아지자 몇몇 사회주의자들의 눈에 거슬리기도 했다. 예를 들어 유명한 사회주의자인 웰스(H. G. Wells)는 케인스의 주장은 '반볼셰비키 중도주의적'이며 이는 그들이 추구하는 훨씬 더 급진적 경제정책에 걸림돌이 된다고 여겼다.[47]

어쨌든 영국의 정책논란은 정부가 옛날의 달러 고정환율제를 부활시키기 위해 추가적 디플레이션 정책을 써야 하는지, 아니면 환율이 이전에 고정됐던 수준까지 오기를 기다렸다 그때 환율을 묶어두는 조치를 취할 것인지에 대한 논쟁으로 좁혀졌다. 이상적이라 여겨지는 금본위제에 대한 공격이 정치적으로 성공하지 못했다고 판단한 케인스는 재빨리 한발 물러섰다. 1924년 7월 의회에 출석한 케인스는 미국 경제부흥으로 달러 가치는 오를 수 밖에 없어 파운드화 가치를 일부러 떨어뜨리지 않아도 원하는 환율수준을 회복할 수 있다고 주장했다. 당시 그는 파운드화 가치의 추가 상승을 막기 위해 금 수입을 규제해야 한다고 생각했다. 그는 신성한 고정환율제를 모독한다는 인상을 남기지 않기 위해 무척 신경을 썼다.

하지만 1925년 4월 28일 윈스턴 처칠 재무장관이 환율을 전쟁 이전 수준으로 돌리고 금본위제를 부활시킨다는 치명적 결정을 내리자 케인스는 어떤 고정환율제도 도입해서는 안 된다고 공격했다. 그는 8월 1일 런던의 〈타임스The Times〉에 다음과 같이 편지를 보냈다. "요즘 상황에서 이 나라의 임금은 여러 가지 이유로 단기적으로는 아주 비탄력적이기 때문에 금의 국경 간 이동에 따라 임금을 조절하는 것이 사실상 불가능합니다. 그래서 충격을 흡수하기 위해 의도적으로 환율을 변동시켜야 한다고 생각합니다." 이 내용으로 보아 케인스가 변동환율제를 옹호하는 것 같지만 사실 그는 주로 환율을 '안정적으로' 유지해야 한다는 주장을 지지하는 편이었다. 그는 통화정책에 대한 주장을 끊임없이 내세워 그를 지지하는 사람들을 어리둥절하게 만들기도 하고 비방하는 사람들을 누그러뜨리기도 했다.

케인스는 〈타임스〉에 편지를 보냄과 동시에 《처칠 정책의 경제적 귀결 The Economic Consequences of Mr. Churchill》이라는 책도 출간했다. 이 책은 이전에 자신이 베르사이유 조약의 문제점을 제대로 지적한 부분을 상업적으로 이용한 면도 있었다. 이 책이 미국에서는 《평화의 경제적 귀결》만큼 많이 팔리지 않았지만 영국에서는 아주 잘 팔렸다. 책 제목이 짓궂기는 해도, 케인스는 책 내용에서 처칠 장관이 고심 끝에 정책결정을 내렸다는 생각에 살짝 방향을 바꿔 장관을 보좌하는 '전문가들'에게 책임을 돌렸다. 처칠 장관은 통화문제에 대해서는 문외한이었다. 그 결과 그는 전쟁 이전의 환율 정책이었던 고정환율제 포기는 파운드화의 태환 능력을 유지해야 하는 엄숙한 의무를 '저버리는' 행위라는 통념에 휘둘리고 말았다.[48] 처칠 장관은 고정환율제를 버리면 지정학적으로 커다란 파문이 일지도 모른다고 걱정했다. 그는 정책을 발표하면서 이렇게 주장했다. "우리가 이 정책을 유지하지 않으면 대영제국을 제외한 모든 나라들이 우리를 배제하고 금본위제를 실시할 것입니다. 그리고 그들은 파운드화가 아닌 미 달러화를 기초로 하는 금본위제를 택할 것입니다." 드러난 바와 같이 결국 달러를 기초로 하는 금본위제가 도입됐지만, 영국은 1925년부터 금본위제를 불명예스럽게 폐지했던 1931년까지 분명히 고평가된 파운드화 환율수준을 유지하기 위해 천문학적 비용을 감당해야 했다. 돌이켜보건대 처칠 장관의 결정에 대한 케인스의 반박이 옳은지 그른지 판단하기는 너무 어렵다. 처칠 장관이 훨씬 더 낮은 수준에서라도 고정환율제를 채택했어야 하는지에 대한 문제는 아직도 논란의 여지가 있다.[49]

1920년 중반 케인스는 효과적 경제정책과 제도를 구성하는 요소가 무엇인지를 역사적 사실에 근거해 도출해 내는 틀을 개발하고 이를 알기 쉽게 잘 풀어 썼다. 하지만 이는 자본주의 경제가 작동하는 일반원리를 명확하게 정리한 것으로서 획기적 이론은 아니었다. 케인스는 19세기 자유방임주의 신봉자들과는 정반대로 정부가 통화 시스템을 적극적으로 관리해야 하며 변덕스런 금 시장에 휘둘리게 해서는 안 된다고 생각했다. 이렇게 하면 인플레이션이나 디플레이션으로 사회 특정 집단이 불공평한 부담을 떠안는 일을 막을 수 있다고 판단했다. 중앙은행은 전기나 다른 과학 분야처럼 유능한 기술자 역할을 해야 한다고 믿었다.[50]

더불어 민간투자가 부진하면 이를 메우기 위해 주로 자본지출 같은 강력한 재정정책을 써야 한다고 믿었다. 민간부분과 시장경쟁에 대해서는 견해가 양면적이었다. 기업의 투자심리가 경제 활성화에 가장 중요하다고 생각한 반면, 대기업이 중소기업을 대체하고 정부는 대기업의 활동에 꾸준히 개입하는 행위를 지지하는 글을 쓰기도 했다. 기업, 공공기관, 대학 같은 사회 중추집단을 서로 연결하여 '총생산'을 늘릴 수 있는 것이라면 무엇이든 환영한다고 했다.[51]

하지만 사회주의자들과는 달리 케인스는 부를 재분배하는 데에는 관심이 없었다. 잘못된 디플레이션 정책으로 광부 등 특정 노동자 집단이 소득이 불균형적으로 줄어드는 것을 예로 들면서 실업은 명백한 사회악이라고 생각했다. 하지만 시장 내 특정집단에 더 많이 보상하기 위해 다른 집단을 희생시키는 정책에는 반대했다. 케인스는 자유당에 환멸을 느꼈지만 보수주의자들만큼이나 노동당도 마찬가지로 싫어했다. 그는 노동당은 '특정계급을 위한 당'이고 자기는 그 계급에 속하지 않는다고 썼다. "만약 내가 특정부류의 이익을 지지한다면 바로 내가 속한 부류를 도울 것이며 교육받은 부르주아 계층 편에 서겠다."[52]

당시 케인스는 특정 목적을 달성하기 위한 정부 역할에 대해서는 아주 급진적으로 생각했다. 그저 옛날에 하던 방식이기 때문이라든지 예상치 못한 결과가 두렵기 때문에 규제를 해야 한다는 사람들에 대해서는 참지 않았다. 하지만 그는 어느 시기에서든지 경제정책의 수단과 목적은 그 당시의 사회 현실에 기초를 둬야 하며, 경제원리가 과거의 주요 정책에 잘 적용됐는지에 관계없이 사회가 추상적 경제원리에 굴복해서는 안 된다고 믿었다는 점에서 버크(Burke) 같은 보수주의자였다. 그는 이렇게 적었다. "새 시대에 맞는 새로운 지혜가 필요하다. 만약 우리가 좋은 일을 하려 한다면, 우리는 우리 선조들에게 이단자거나 골칫거리, 위험한 자거나 반항하는 친구로 비칠 수 밖에 없다."[53] 그는 사회개혁의 이점에 대해 아주 회의적이었지만, 어느 시기든지 경제문제로 나라가 어려워지면 전문가가 나서서 이를 고칠 수 있다고 굳게 믿었다. 케인스는 자신 특유의 힘찬 필체로 이렇게 적었다. "자본주의 정부는 반드시 원칙이 있어야 한다. 융통성과 분별력이 있어야 하고 문자 그대로 기회주의적이어야 한다."[54]

화폐에 대한 문제, 즉 화폐의 기능, 역사, 관리, 심리학 등은 케인스의 깊은 관심사가 됐다. 확실히 화폐는 지적인 면도 감성적인 면도 있다. 케인스는 1928년 3월 윈체스터(Winchester) 대학 강연에서 사용한 〈후세의 경제문제*Economic Possibilities for Our Grandchildren*〉라는 글에서 '돈에 대한 애착은 정신과 의사에게 넘겨야 하는, 범죄자처럼 걷잡을 수 없이 몸서리칠 정도로 역겨운 환자와 같다'는 유명한 말을 남겼다.[55] 그는 당시 자신이 속한 계층의 사람들과 생각했던 것처럼 유대인들이 돈에 너무 집착한다고 봤다. 자신의 의견을 정중히 비판하는 미국인에게 이렇게 쓴 적이 있다. "저는 아직도 유대인들이 돈놀이로 재산을 불리는 데 남달리 관심이 크다는 점은 단지 우연히 아니라고 생각합니다."[56]

케인스 자신은 투기를 '몹시' 좋아한 나머지 그해 많은 돈을 잃었다. 고무, 옥수수, 면화, 주석 선물을 매수한 뒤 시장이 하락하자 마진 콜(margin call, 추가 증거금 납부 요구)을 당해 주식을 어쩔 수 없이 처분해야 했다. 그는 미국 주식을 가지고 있지 않았지만 1927년 말 4만 4,000 파운드(현재 가치로는 350만 달러)였던 그의 순자산은 10월 주가 대폭락 직후인 1929년 말에는 7,815파운드로 쪼그라들었다.[57] 1930년 케인스는 원자재 가격 하락은 과잉투자 때문이 아니라 잘못된 정책에서 비롯된 수요 부진 탓이라고 주장했다. 큰 돈을 잃은 원자재 투기자의 입에서 나올 만한 말이었다.[58]

그해 10월 처음이자 마지막에서 두 번째인, 시리즈로 된 두툼한 책을 출간했다. 이는 바로 두 권으로 된 《화폐론*A Treatise on Money*》이다. 그는 이 책을 주가가 대폭락하기 5년 전부터 쓰기 시작한 이래 여러 번 고쳤다. 책 내용을 살펴보면 케인스가 여러 해를 보내며 관심사가 가끔씩 바뀌었다는 사실을 알 수 있다. 케인스 자신도 이 책이 학술적 차원의 역작은 아니라는 점을 바로 인정했다. 그는 대공황을 맞으면서 자신이 지적으로 더욱더 발전해야 한다고 느꼈다.

《화폐론》도 이전에 쓴 《화폐 개혁론》과 《고용·이자 및 화폐의 일반이론》처럼 제목만 봐서는 이론서처럼 보이지만 사실은 추상적인 순수 이론서가 아니다. 이 책 모두 각각 출간하기 전 몇 년 동안의 영국 경제에 대해 쓴 것으로, 화폐와 통화정책이 경제에 어떻게 영향을 미치는지 설명하려고 노력했다. 케인스는 이 책에서 특히 영국이 어리석게도 19세기 후반에나 통했던 낡아 빠진 금본위제로 돌아가려 한다고 지적했다. 하지만 이제 세상이 변해 영국의 힘이 약해졌을 뿐만 아니라 경제이론도 발전해 중앙은행 전문가들이 분별력 있게 통화정책을 써야 한다고 주장했다.

《화폐론》에서 전달하고자 하는 중요한 메시지는 국제적 위상에서 FRB에 밀린 영국중앙은행이 금 보유액 감소를 막기 위해 실시한 통화정책이 임금의 고질적인 비 탄력성 때문에 결국 국익과 고용을 지속적으로 크게 해치고 있다는 점이었다. 이처럼 한번 오른 임금이 잘 떨어지지 않는 이유는 '노동조합의 힘이 강하기 때문이거나 사람들이 그저 모든 것을 돈과 연결해 생각하려는 습성 탓'으로 봤다. 즉, 노동시장의 유연성을 막는 제도와 단순한 심리적인 버릇 때문이라는 것이다.[59] 케인스와 소위 고전파 경제학자들 사이의 중요한 차이점 가운데 하나는 고전파 경제학자들은 노동조합 문제는 정치적으로 해결 가능하고 심리적 습관은 시장의 힘으로 풀 수 있다고 믿었던 반면, 케인스는 '사회의 자연스런 습성과 있는 그대로의 보상체계'에 적응해야 하는 것은 바로 '통화정책'이어야 한다고 여긴다는 점이었다.[60] 이 논쟁은 소위 스태그플레이션 시기로 불리는 1970년대에 다시 불 붙었다. 이때 케인스학파 경제학자들이 당혹스러워할 만큼 실업률과 인플레이션 모두 높았다.

때로는 지루하기도 하고 재미있으면서도 거칠기도 한 《화폐론》은 수년 동안 품어 왔던 자신의 주장을 뒷받침하기 위해 이론과 통계, 역사와 심리학 등을 엮어 집대성한 책이다. 이 가운데 가장 두드러진 부분은 오늘날 영국이 부와 위대한 문화유산을 갖게 된 것은 검소한 조상들이 저축을 한 덕분이 아니라, 돈을 더 많이 쓰고 기업가 정신을 발휘하게 만든 야성적 충동 때문이라는 주장이었다. "세계 7대 불가사의가 근검 절약했기 때문에 생겼을까요?" 케인스가 수사적으로 물었다. "저는 그렇지 않다고 생각합니다."[61] 그는 논란 많은 '역사적 사례'라는 장에서 세계 역사를 화폐제도 관점에서 멋지게 설명하면서 자신의 의견을 뒷받침했다. 또 다른 장에서는 이자율이 저축과 투자에 영향을 미치는 변수라는 고전파 경제학자들의 주장이 완전히 틀렸다고 강력하게 주장했다. 마지막 장에서는 국제통화 시스템이라는 중요한 문제를 다루면서 나중에 브레턴우즈에서 내세울 약간은 터무니없으면서도 통찰력이 있는 주장을 펼쳤다. 특히 새로운 초국가은행이 발행하는 국제준비자산인 '초국가은행 통화' 개념을 제시했다. 케인스는 궁극적으로 금을 이 통화로 대체하기를 원했다. 1940년대에 그는 초국가은행 통화인 뱅코르(Bancor, 프랑스어로 풀어 쓰면 '뱅크 골드'라는 뜻이다.)라는 국제통화를 새롭게 제시하면서 이 통화가 금을 대신할 뿐만 아니라 글로벌 패권을 향해 거침없이 질주하는 달러화를 저지해 주길 원했다.

주식시장 대폭락 직후인 1929년 11월 케인스는 정부 소속 맥밀런 금융산업위원회(Macmillan Committee on Finance and Industry)에 배속됐다. 이 위원회는 은행과 기업 간 관계를 지속적으로 연구하는 업무를 수행했다. 케인스는 1930년 내내 이곳에서 회의를 하거나 설명을 듣느라 엄청나게 많은 시간을 보냈다. 그는 회의 때마다 영국중앙은행과 재무부 전문가들을 궁지에 몰아넣으며 논의를 주도했다. 그러면서 불황기에는 통화정책과 정부지출을 대규모로 공격적으로 추진해야 한다고 주장하며 새로운 시각으로 접근한 케인스학파의 많은 핵심 주장을 뒷받침하는 이론적 기반을 다졌다.

케인스는 중앙은행이 이자율을 끌어내리고 민간투자를 되살리기 위해 '돈으로 경제를 처방하고 장롱 속에 숨겨둔 돈을 나오게' 해야 한다고 주장했다.[62] 하지만 이것만으로는 부족하며, 기업들이 충분히 투자하지 않으면 정부가 직접 나서서 지출을 늘려야 한다고 했다. 대규모 공공투자로 인한 재정적자는 문제가 아니라고 생각했다. 정부가 지출을 늘리면 고용이 늘어나 실업수당도 줄고 경제도 살아날 것으로 봤기 때문이다. 이는 케인스가 아끼는 제자인 리처드 칸(Richard Kahn)의 논문에서 따온 '재정승수'라는 개념으로 오늘날에도 자주 입에 오르내린다. 케인스의 유명한 옛 제자였던 휴버트 헨더슨(Hubert Henderson)은 재정정책을 실시하면 기업들은 앞으로 세금이 더 많아지리라 예상하고 더욱 투자를 회피하려 하기 때문에 결국에는 더욱 독한 처방을 할 수밖에 없다고 주장했다. 이에 케인스는 헨더슨이 '기본적 분석'을 제대로 하지 않았다고 반박했다. 하지만 헨더슨은 케인스가 안전하게 보수적으로 분석해야 하는데도 결국 '자존심이 허락하지 않아' 영국 기업들의 비용 구조를 고려하지 않았다고 따졌다.[63]

사실 케인스는 실업과 임금에 대해 일관된 주장을 펴지 않았다. 그해 2월 그는 "수백 년 동안의 역사를 되돌아 보면, 소득수준이 하락하면 사회적으로 심한 저항이 있었음을 알 수 있다."라고 말했다.[64] 하지만 며칠 뒤 실업수당은 '자신이 원치 않거나 익숙하지 않은 임금수준이나 고용조건을 받아들여야 하는 부담을 누그러뜨릴 뿐만 아니라' 이전에는 만연했을 물가하락과 실업률 상승에 따른 임금 조정도 막아 준다고 주장했다.[65] 그러면서도 사회 빈곤층을 지원하기 위해서는 '세금을 거둬 부를 재분배하는 것이 개인들의 임금을 더욱 높게 책정하는 것보다 더 현명한' 방안이라고 주장했다.[66]

하지만 결국 케인스의 결론은 명백했다. 명목임금을 내리기보다는 물가수준을 올리는 정책을 실시해야 한다는 점이었다. 왜냐하면 이는 '사회 저항을 줄일' 수 있을 뿐만 아니라 '이자소득자나 기타 불로소득자'들이 노동자들과 고통을 나눈다는 점에서 더욱 공평하기 때문이다.[67] 가장 논란이 많았던 주장은, 만약 정부가 영국 기업들의 불리한 비용수준을 충분히 상쇄할 정도로 물가를 올리지 않으면 보호무역주의, 특히 수입관세나 외국인 투자 규제 등이 필요하다는 부분이었다. 실제로 당시 영국 기업들은 '상대적으로 더욱 효율적인 다른 나라 기업에 비해 임금이 확실히 높았다.'[68] 이제 케인스는 예전에 괴짜들이나 고안해 냈을 법하다고 여겼던 정책들을 옹호했을 뿐만 아니라 필요하다고도 생각했다. 케인스가 이끄는 램지 맥도널드(Ramsay McDonald) 수상의 경제학자 위원회에서 헨더슨과 아서 피구(Arthur Pigou)와 함께 일했던 런던 경제학파인 라이오넬 로빈스(Lionel Robbins)는 나중에 공공지출과 관련해 케인스와 의견을 같이 했으나 자유무역에 대해서는 완전히 달리했다

## 제4장 메이너드 케인스와 골칫거리 통화

헨더슨, 로빈스, 피구 등이 중요 사안에 대해 기를 쓰고 반대했던, 위원회에서 만든 보고서는 직접 정책으로 연결되지 않았다. 이와 같은 의견 대립은 금융위기 문제에서도 반복됐다. 금융위기 후에 발생하는 경제침체 중 어느 정도까지가 인내심을 갖고 구조적으로 잘 개선해야 하는 경제 조직의 불균형으로 발생한 것인가? 환자가 쓰러진 이유와 상관없이 재정정책이라는 아드레날린을 투여하면 기업 투자심리를 살려 경제를 빨리 회생시킬 수 있는가? 케인스는 단호히 두 번째 접근법을 지지했다. 그는 '부족한 것으로 가득한 세상에서 실업은 항상 예상치 못한 수많은 문제를 일으킨다'고 주장했다. 이 말은 실업의 원인이 무엇이고 그 원인을 없애는 방법이 어떤 것인지를 묻지 않는 세상을 떠들썩하게 할 만한 문구였다.

케인스는 모든 경제문제는 서둘러 해결해야 한다고 굳게 믿었던 근거를 논리정연한 이론으로 정립하지는 않았지만 경제위기로 끝없이 고통 당하거나 부실한 경쟁력이라는 죄를 너그럽게 용서해 줘야 한다는 생각을 경멸했다. 그는 자본주의는 결국 위기를 맞아 쓰러질 수 밖에 없다는 마르크스주의와, 경제가 잘 돌아가게 하기 위해서는 정부가 개입해서는 안 된다는 19세기 고전파의 자유주의 사이에 서서 자신만의 급진적 이론을 명확하게 제시하기 시작했다. 케인스는 '상황이 아주 나쁘기 때문에 획기적 변화 없이는 우리를 구제할 수 있는 것이 아무 것도 없다는 혁명적 비관주의'를 비난했다. 이뿐만 아니라 '경제와 사회의 균형이 약하디 약해 함부로 실험적 시도를 하면 안 된다는 수구세력의 주장'도 경멸했다.[69]

항상 정치적으로 적절히 대응했던 케인스는 자신의 경기부양정책을 귀담아 들어 주는 사람은 없지만, 예전에 아주 자신 있게 제시했던 관세에 대한 주장은 관심을 끌 수 있다고 판단했다. 1931년 초에 이르러서는 정부가 공공사업을 추진해야 한다는 주장을 포기하고 수입장벽을 세워야 한다는 의견을 제시했다. 이상하게 들릴지도 모르지만, 1920년대 초까지만 해도 케인스는 자유무역을 열렬히 지지했다. 그런데 이제는 자유무역을 통제하지 않고 내버려 두면 신뢰위기로 이어져 결국 정부가 보호무역주의를 추진할 수 밖에 없다고 말을 바꿨다.[70] 놀라운 점은 이때 그가 자신의 주장을 경제이론으로 뒷받침하지 않고 제시했다는 점이다. 그에게는 순전히 정치적으로 실행이 가능한지가 중요했다. 3월에 그는 이렇게 적었다. "무역이 자유롭고 임금이 아주 탄력적이라면 튼튼한 이론을 만들 수 있다. 하지만 이는 완벽한 가정 없이는 불가능하다."[71] 하지만 케인스는 나중에 《고용·이자 및 화폐의 일반이론》에서 1930년대 초 영국처럼 낮은 임금은 사실상 경제에 좋지 않다고 주장했다. 그는 자신이 옳다고 느끼는 바를 뒷받침하기 위해 경제적이든 정치적이든, 이론적이든 실용적이든 상관없이 근거를 늘 찾으려고 늘 노력했다.

케인스는 그해 말 수입관세법 조항 때문에 지지를 얻기도 하고 비난을 받기도 했다. 그는 또 영국의 주부들이 저축을 그만하고 영국 제품을 사러 나가야 한다고 방송하기도 했다. 1931년 1월에 라디오 방송에서 이렇게 말했다. "만약 여러분이 5실링을 저축하면 하루에 한 사람씩 일자리를 잃습니다. 우리나라의 고용을 증가시키려면 우리나라 제품을 사줘야 합니다. 물건을 구입할 때마다 고용이 늘어납니다. 그러니 나라를 사랑하는 주부들은 내일 아침 일찍 신나게 거리로 나가서 멋진 쇼핑을 즐기시길 바랍니다."[72]

놀랍게도 케인스는 당시 오늘날 논란의 여지가 거의 없는 정책인 환율 평가절하를 지지하지 않았다. 영국이 금본위제를 탈퇴하기 11일 전인 9월 10일에도 〈이브닝 스탠다드Evening Standard〉지에 평가절하의 대안으로 수입 규제를 실시해야 한다고 공개적으로 주장했다. 이것이 그가 한쪽에만 치우치지 않으려 했던 뚜렷한 예다. 즉, 그는 자유로운 생각을 지닌 지식인으로서의 명성을 유지하면서 정부 편에도 서려고 했다. 아주 미묘한 영국의 경제정책에 대해 책임 있는 발언을 함으로써 계속 각광을 받으려 했다. 그는 파운드화의 국제적 위상을 지키고 런던을 국제금융의 중심지로 유지하려는 정부의 노력을 적극 지지했다. 그래서 공석에서는 환율에 대해 조심스럽게 말했던 반면, 사석에서는 영국이 국내 이자율 정책의 통제권을 되찾기 위해 금과 파운드화 사이의 연결고리를 끊어야 한다고 말했다.[73]

하지만 케인스는 파운드화의 가치가 삽시간에 폭락하자 깜짝 놀랐다. 만약 그렇지 않았다면 무역보호정책을 반대하지 않았을 것이다. 9월 16일 인버고든(Invergordon)에서 선원들이 임금 25퍼센트 삭감에 반발해 일으킨 폭동이 파운드화 매도를 촉발했다. 이틀 뒤 영국중앙은행은 파운드화의 금태환이 며칠을 버티지 못할 것이라고 정부에 보고했다. 9월 21일 필립 스노든(Philip Snowden) 재무장관은 금본위제를 포기했다. 그해 말 파운드화 가치는 달러 대비 30퍼센트나 폭락했다. 〈이코노믹스〉 논설위원 그레이엄 허튼(Graham Hutton)은 당시 케인스가 너무 기뻐 펄쩍 뛸 정도였다고 회상했다. 1931년 10월에 찍은 구하기 힘든 자료 화면을 보면 케인스가 이렇게 말하는 장면이 나온다. "정말 잘 된 일입니다." 케인스는 이제 영국 기업가들과 실업자들이 '오랜 세월 동안 그토록 좋아했던 금 창살로 만든 우리에 절대 다시 들어가서는 안 된다'고 주장했다.[74] 케인스는 '영국이 세계 금융패권을 단번에 되찾았다며' 약간은 낙관적으로 말했다.[75] 대영제국으로 수출하며 먹고 살아가던 20개가 넘는 나라들도 영국과 더불어 통화가치가 급락해 저절로 '파운드화 블록'이 형성됐다. 케인스는 영국중앙은행과 런던이 국제금융의 중심 역할을 계속 할 수 있게 됐다고 믿었다. 더불어 수입관세에 대한 자신의 지지를 공식 철회했다.[76]

만약 케인스가 정치적 필요에 따라 자신의 색깔을 이리저리 바꾸는 정치 동물처럼 보였다면, 이는 그가 관련자들에게 잘 보이고 싶은 욕망이 컸기 때문이었을 것이다. 1940년대에 그가 국제 외교무대에 진출했을 때 이런 욕심이 아주 적나라하게 드러났다. 미국과의 중요한 금융·통화 협상에 그가 나서면 일이 잘 돌아가지 않음이 확실한데도, 자기가 하면 성공할 수 있다며 영국 각료와 상원의원들을 설득한 적이 있다. 하지만 케인스는 잠시 동안 소외됐다. 10월 27일 보수당이 내각을 완전히 장악하고 그가 예전에 지지했던 자유당은 비주류로 밀려났다. 노동당은 정부의 적극적인 투자와 노동자 계급의 구매력에 초점을 두는 정책을 내세웠기 때문에 케인스가 노동당을 지지하리라 생각할 수도 있을 법 했지만 그는 원래 노동당이 자본주의를 적대시하고 부의 재분배에 집착하는 것을 싫어했다. 2월 노동당 내에서 케인스의 주장을 적극 지지했던 오즈월드 모슬리(Oswald Mosley)는 사임한 뒤 1932년 영국파시스트연합을 창설했다. 모슬리가 케인스의 의견에 찬성했다는 이유로 케인스는 노동당 안에서 부당한 대우를 받았다.

케인스가 정치적으로는 소외당했지만 오히려 이 덕분에 여유를 갖고 자유롭게 경제이론을 다듬을 수 있었다. 즉, 고질적 실업과 이를 부추기는 화폐의 역할에 대해 더욱 근본적으로 세밀하게 재검토했다. 오스트리아 출신의 떠오르는 경제학자인 프리드리히 하이에크(Friedrich Hayek) 런던정경대 교수와 케인스의 제자였던 데니스 로버트슨(Dennis Robertson)이 《화폐론》을 비평한 내용을 검토한 케인스는 자신이 경제문제를 오진한 것이 아니라고 확신했다. 대신 자신이 내린 진단을 뒷받침할 색다르고 혁신적인 이론이 필요하다고 판단했다. 영국은 파운드화 가치가 급락하고 이자율이 떨어졌는데도 1932년 실업률이 17퍼센트까지 치솟았다. 케인스는 고전학파의 시장 자동안정화 기능에 무엇인가 문제가 있고 이는 화폐경제의 본질과 관계가 있다고 확신했다. 하지만 그것이 무엇인지 정확히 집어내지 못했다. 1934년 11월 그는 이렇게 털어놨다. "우리는 직감적이고 본능적으로 고전학파를 싫어합니다. 고전학파 이론이 구체적으로 어떤 면이 틀렸는지 밝혀냈기 때문이 아닙니다."[77] 하지만 조지 버나드 쇼(George Bernard Shaw)가 케인스에게 칼 마르크스(Karl Marx) 이론을 더욱 진지하게 받아들이라 요구한 일에 대한 답장으로, 케인스는 1935년 새해 첫 인사편지를 보내면서 '지금 당장은 아니지만 앞으로 10년간 경제문제를 고찰하는 방법과 경제이론에 대한 혁명적인 책을 쓰겠다'고 밝혔다. 마르크스 주장에 대해서는 약간의 통찰력은 있지만 경제적 가치는 전혀 없다고 무시했다.[78]

자유시장경제가 자동 회생기능이 없다는 점을 동료 경제학자들에게 논리적으로 증명하기란 쉬운 작업이 아니었다. 하지만 유명한 논문을 통해 정부 적자재정 정책이 효과가 있다는 주장을 계속 폈다. 예를 들어 《번영으로 가는 수단The Means to Prosperity》에 침체에 빠진 영국과 미국 경제에 칸이 제시한 재정승수를 활용해야 한다는 글을 써 많은 논란을 불러 일으킨 사실은 아주 유명하다.[79] 케인스는 1달러어치 공공지출을 새로 하면 풍성하게도 최소 2달러어치의 추가생산을 창출할 수 있다고 했다. 그가 내세운 경제이론은 도전적이긴 했지만 이번 논문은 망나니 같은 정치인들에 대한 가시 돋친 공격을 퍼붓은 투였던 이전 글과는 아주 딴판으로 냉철하고 진지하게 썼다. 그런데도 보수주의자였던 네빌 체임벌린 재무장관은 '어떤 재무장관도 적자예산을 적극 나서서 추진한 적이 없다'며 케인스의 주장을 단호하게 공개적으로 반대했다.[80] 체임벌린 장관이 균형예산을 달성한 1933~1934년에 경제는 그런대로 잘 회복했다. 영국의 경제성장률은 1933년에 3.3퍼센트, 1934년에 8.7퍼센트를 기록했다.[81] 케인스는 정부가 '적자 재정정책을 실시했다면 경제는 더욱 빨리 더 많이 성장했을 것이라며' 약간 부드럽게 대응했다.[82] 하지만 결과는 아무도 알 수 없다.

《번영으로 가는 수단》은 미국에서 널리 읽혔다. 새로 취임한 프랭클린 루스벨트 대통령도 이 책을 받았다. 하지만 그가 이 책을 근거로 무엇을 했는지는 모른다. 미국은 1933년 세계경제회의에서 국제 공공지출 방안을 지지했다. 물론 케인스가 없었다면 이런 생각은 각광 받지 못했을 것이다. 실제로 루스벨트 대통령 행정부의 관료들은 이 방안을 반대했다.[83] 케인스가 루스벨트 대통령의 뉴딜정책에 영향을 끼쳤다는 점에 대해서는 사람들 대부분이 동의하지만 여기에는 논란의 여지가 약간 있다. 실제로 케인스는 1934년 5월 워싱턴을 개인적으로 방문해 대통령을 처음 만났을 때 대통령의 역작인 전국 부흥청(National

Recovery Administration)을 공개적으로 비판했다[스키델스키(Skidelsky)의 말을 빌리면 사실 이것은 '회복(recovery)'이라는 말로 포장된, 회복을 가로막은 개혁 프로그램이었다].[84] 한 가지 확실한 사실은 세계 중앙은행들이 케인스가 새로 제안한 국제통화인 '금권(金卷)'을 지급준비금으로 써야 한다는 논문 내용에 위스콘신 애플턴대 경제학 교수였던 해리 덱스터 화이트가 깊이 빠져들었다는 점이다. 사실 금권을 제안한 것은 대중들이 금 실물 자체에 무조건 끌린다는 점을 이용한 것이다.

케인스의 경제사상은 여러 번, 때로는 적잖이 바뀌었다. 그는 1933년 4월 17일 더블린대학의 유명한 강연에서 '국가 자급자족' 경제를 아주 강력하게 지지하는 발언을 했다. 보호무역주의가 교육을 받지 못하거나 분별력이 없는 자들의 주장이라고 더 이상 여기지 않는 듯했다. 그는 '한 나라, 하나의 경제·금융 체제 안에 생산자와 소비자를 함께 두면 점차 이익이 커진다'는 점을 인식하게 됐다. 이제는 노동의 국제 분업이 효과가 있다는 주장은 과대평가 됐다고 믿었다. 이뿐만 아니라 '긴장과 적대감'이 줄어들기 때문에 '국가 간에 경제가 서로 얽히는 것을 최소화해야 한다는 사람들과 공감'했다. 실제로 '불합리하거나 불편하지 않다면 가급적 국내에서 물건을 만들어야 한다'는 표현을 자주 썼다. 그리고 '무엇보다도 국내에서 자금을 조달해야 한다'고 했다. 즉, 다양한 경제적 교류 가운데 국제 자본이동이 가장 치명적 문제를 일으킨다고 강조했다.[85] 오즈월드 모슬리가 강의를 축하하는 편지를 보내자 케인스는 아주 어리둥절해 했다고 한다.

케인스는 보호무역주의를 끝까지 지지하지는 않았다. 실제로 여러 경제정책의 순 비용과 편익에 대한 케인스의 의견은 자신의 감정 상태나 청중의 편견에 따라 적잖이 오락가락했다(사실 그는 청중에게 도전하는 것을 즐겼다). 어쨌든 국내에서만 자금을 조달해야 한다고 끝까지 고집하지는 않았다. 1932년 케인스는 미국 주식을 열심히 사 모으기 시작했다. 자신의 대표작을 출간한 1936년에는 미국 주식이 자신의 전체 금융자산의 40퍼센트나 차지하게 됐다.[86]

《고용·이자 및 화폐의 일반이론》은 이제까지 출간된 경제 이론서 가운데 지적으로 가장 독창적이고 영향력도 큰 작품이다. 당시 사회에 굳건히 자리잡았던 자유시장경제를 지지하던 19세기의 고전파 이론을 비판한 이 책은, 아주 탁월한 분석력으로 칼 마르크스의 《자본론 Das Kapital》보다 훨씬 더 파괴적이었다. 하지만 메시지는 완전히 달랐다. 마르크스와 케인스 모두 자본주의는 그 자체에 붕괴의 씨앗을 품고 있다고는 했으나, 케인스는 정부가 적절히 시장에 개입해 대규모 공공투자를 때맞춰 실시하면 이를 구할 수 있고, 사회를 위해 꼭 그래야만 한다고 했다.

경제학계가, 특히 미국 경제학계가 《고용·이자 및 화폐의 일반이론》을 아주 높게 평가했다고는 말하기 어렵다. 이 책 덕분에 사실상 거시경제학이 학문 분야로 자리잡았다. 실제로 거시경제학이라는 용어는 1940년대부터 사용하기 시작했다. 하지만 이 책도 문체가 특이해 전문가조차도 핵심을 '정확히' 집어내기가 어려웠다. 성경과 비슷한 구석이 있다 해도 이상하지 않을 듯했다. 메시지는 강렬하고 기억할 만한 내용도 가득했다. 매끄러우면서도 때로는 모호하기도 하고, 과격하면서도 앞뒤가 맞지 않는 부분도 있었다. 논리정연하지 않아 증명하려면 제자를 따로 불러야 할 정도였다. 케인스는 자신의 대표작에 대해 이렇게 말했다. "이론 밑바탕에 깔려있는 비교적 단순한 기본개념에만 집중했을 뿐 이를 어떤 형태로 표현할지에 대해서는 큰 관심이 없었습니다. 논의가 한창인 현 시점에서는 형식에 구애 받고 싶지 않았습니다. 만약 기본개념이 낯익고 받아들일 만한 것이라면 여러 사람들이 자주 들여다보며 잘 표현할 수 있는 방법을 찾을 수도 있을 것입니다."[87]

이 책의 핵심주장은 적어도 경제학자들에게는 혁명적이었다. 즉, 경제를 그대로 내버려두면 완전고용에 이르지 못한다고 했다. 정부가 소비를 진작시키기 위해 강제로 개입하지 않으면 높은 실업률이 끝없이 이어질 수 있고 중앙은행이 이자율을 낮추는 정책만으로는 부족하다고 주장했다. 이는 지속적이고 비자발적인 실업은 가격의 자동조정기능을 방해했기 때문이라는 고전파 경제학과는 완전히 반대되는 것이다. 고전파 경제학은 완전고용을 위해서는 임금이 탄력적이어야 한다고 했다. 하지만 케인스는 다른 가정하에 임금하락은 실업률을 악화시킨다고 판단했다. 돈의 본질, 인간의 심리, 동시대의 관습 등에 대한 가정이 서로 달랐다. 가정에 따라 주장이 서로 다른 것이어서 케인스가 그리 특별했던 것도 아니었다.

미국 경제가 호황을 누리던 1920년대였다면 이런 요란한 논문은 더욱더 냉대받았겠지만 들어보지 못했을 정도로 실업률이 높았던 대공황기에는 케인스의 논리에 동의하지 않던 경제학자들조차도 이에 주목하지 않을 수 없었다. 이 책은 특히 미국에서 뉴딜정책을 정당화하기 위한 논리로서 안성맞춤이었다. 요즘에는 경제불황에서 벗어나기 위해 대부분의 정책입안자들이 적자재정을 시도하는 길이 자연스럽지만 1930년대에는 전혀 그렇지 않았다. 이 처방에 이론적 근거를 제시한 사람이 바로 케인스였다.

　당시 위대한 인물이었던 알버트 아인슈타인(Albert Einstein)처럼 케인스도 이전 세대 전문가들과는 완전히 다른 시각으로 복잡한 현상들 사이의 관계를 찾아내는 초자연적 능력이 있었다. 물리학과 경제학에서는 수학이 주요 분석수단이었지만, 아인슈타인도 케인스도 딱히 수학에 흥미를 느끼지도 않았고 탁월한 재능도 없었다. 이들은 아주 비범한 지적 직관력이 있었다. 즉, 자신이 몰두하는 문제들을 섬광처럼 번뜩이는 비유를 써서 분석했다. 아인슈타인은 이런 식으로 상대성 이론을 발견했고, 케인스도 오로지 바나나만 생산하고 소비할 수 있는 경제를 가정해 절약이 아주 치명적이라는 사실을 '증명'했다. 1926년 베를린에서 만났던 아인슈타인을 흠모하던 케인스는 세상 사람들이 이해할 수 있는 영구적 메커니즘 찾아내려는 아인슈타인을 의식적으로 따라 하려 했음이 틀림없다. 케인스가 쓰러뜨려 쩔쩔매게 하려 했던 고전파 경제학자인 아서 피구는 이렇게 말했다. "케인스는 아인슈타인이 실제 물리학에서 했던 대로 경제학에서도 그렇게 했다고 생각한다."[88]

　아이작 뉴턴(Issac Newton)은 시간은 절대불변하고 미친 사람이 아니고서는 이에 이의를 제기할 수 없다고 했다. 하지만 아인슈타인이 여기에 질문을 던졌다. 그는 시간은 상대적이라고 믿었고 이를 증명했다. 케인스가 새로 제시한 논란 많은 《고용·이자 및 화폐의 일반이론》의 '일반'이라는 단어는 아인슈타인의 '일반(단지 '특수'와는 대조되는 뜻으로 씀)' 상대성 이론에서 그대로 따왔다.[89] 1920년대에 홀로 명성을 떨치던 고전파 경제학자들은 케인스가 표현한 '공급이 수요를 창출한다'는 세이의 법칙(Say's Law)을 믿었지만 케인스는 이 주장이 잘못됐음을 증명

하기로 마음먹었다.⁹⁰

　세이는 케인스가 쓰기 시작한 이 말을 그대로 인용한 적이 없었다. '세이의 법칙'을 구성하는 내용이 정확히 무엇인지에 대한 논란도 끊이지 않는다. 세이는 '생산 요소가 특정 재화를 만드는 데 너무 쏠려 다른 재화를 제조하는 데 부족함이 생기면 공급과잉이 생길 수 있다'고 썼다. 이는 수요가 잠재 공급을 따라가지 못한다는 뜻이 아니다. 재화와 서비스를 제대로 공급하면 수요는 존재한다는 의미다. 이는 '어떤 재화를 만드는 환경 자체가 바로 다른 재화를 위한 통로를 열어주는 것'이기 때문이라는 논리였다. 생산자는 누군가 원하기 때문에 공급한다는 것이다.⁹¹ 케인스는 세이가 완전히 거꾸로 생각했다고 비판했다. 그는 '소득을 창출하는 것은 소비'라고 주장했다.⁹² 경제활동 수준을 결정하는 것은 공급이 아니라 수요고, 소득을 증가시켜 필요한 저축을 가능케 하는 것은 바로 투자라고 주장했다. 그 반대가 아니라는 것이다. 케인스 이론의 결론은, 수요는 심리적 요인이기 때문에 위축되는 경향이 있어 늘 완전고용을 보장할 만큼 강하지 않다는 것이다. 고전파 경제학은 이 중요한 문제를 잘못 파악하고 있어 처방은 끔찍한 결과를 초래한다고 비판했다.

　러츨린 커리(Lauchlin Currie) 루스벨트 대통령 경제 자문위원은 《고용·이자 및 화폐의 일반이론》을 검토한 뒤 케인스가 '소득은 소비가 아닌 투자 증가로 늘어난다고 생각한다'는 점이 '이 책의 특이한 부분'이라고 썼다. 하지만 커리는 자신의 분석을 '케인지언(Keynesian)'이라고 이름 짓고 '투자보다는 소비를 강조한다면 대통령이 더 좋아할 것'이라고 판단했다. 소비를 부추기기 위해 연방예산 사용을 강조하는 부분이 재

정정책을 쓰는 미국식 케인스주의의 특징이 됐다.[93]

《고용·이자 및 화폐의 일반이론》이 출간된 이후 지속적인 높은 실업률이 균형상태일 수 있는지, 즉 물가가 완전히 탄력적인데도 대규모 실업이 존재할 수 있는지에 대해 경제학자들 사이에 의견이 분분했다. 차원 높은 경제이론이 시의적절하게 현실적 문제에 접목되고 있었다. 이에 대한 해답은 정책을 추진하는 데 아주 중요했다. 대량실업 상태가 계속된다면 이는 경제의 자동조정기능이 없다는 뜻이므로, 이는 참으로 훌륭한 통찰력 있는 분석이라 할 수 있다. 그리고 정부가 개입하지 않으면 민간투자 부진이 영원히 지속돼 불황이 끝없이 이어질 수 있다. 하지만 그 반대라면 정부 개입은 재정승수로 경제를 회복시키는 효과를 발휘하기는커녕 오히려 생산을 효율적으로 배분해주는 기능을 하는 물가의 효능을 약화시킨다. 고전파 경제학자들은 케인스가 원인이 아닌 결과를 해결하려고 하는 바람에 오히려 꾸준한 경제회복을 지연시킨다고 주장했다.

각자의 주장을 뒷받침하기 위해 똑같은 증거를 대기 때문에 이 논쟁은 끝날 수 없다. 케인스학파는 1990년대 일본의 경제불황이 '재정정책'을 너무 일찍 그만뒀기 때문이라고 주장한 반면, 고전파는 재정정책에 너무 의존한 탓이라고 했다. 2007년 미국 주택시장이 붕괴된 뒤에도 같은 논쟁이 되풀이됐다.

케인스는 물가가 탄력적이어도 저축이 총소득을 극대화할 수 있도록 투자로 이어지는 것이 불가능할 수 있다는 획기적 근거를 도출하기 위해 《화폐론》에서 내세웠던 주장을 번복하는 바람에 수년 동안 고생했다. 하지만 그는 《고용·이자 및 화폐의 일반이론》을 분석하면서 그 원인을 찾아냈다고 생각했다. 그것은 바로 '유동성 선호(liquidity preference)'라는 개념이다. 사람들이 노동의 대가인 돈으로 소비하거나 투자하지 않고 화폐의 형태로 보유하길 선호한다는 견해다. 스키델스키가 말한 "돈은 모든 악의 뿌리다."라는 신념이 《고용·이자 및 화폐의 일반이론》의 '부제목'이나 다름없었다.[94] 유동성 선호는 케인스의 새로운 국제통화개혁의 밑바탕이 된 이론의 핵심이었다. 독일의 전후 배상금 문제로 케인스와 싸웠고, 나아가 1960년대에 케인스와 화이트의 브레턴우즈 구상을 나서서 공격했던 자크 뤼에프의 눈에는 유동성 선호가 《고용·이자 및 화폐의 일반이론》의 핵심이면서도 치명적 결함으로 보였다. 이 책을 비판하는 사람도 많고, 이들의 의견도 서로 다르다. 하지만 뤼에프는 케인스가 통화 시스템 작동원리를 분석해 고전파 경제학의 급소를 찌르려 했다는 사실을 정확히 알고 있었다.[95]

브레턴우즈 회의가 열리고 3년이 흐른, 즉 케인스가 사망하고 1년이 지난 뒤, 뤼에프는 〈계간 경제학저널Quarterly Journal of Economics〉에 케인스의 주장을 반박하는 글을 썼다. 그는 추가 현금수요, 즉 케인스가 비웃듯 불렀던 '장롱에 돈을 넣어 두려는 성향'이 '경제적 효과 면에서 소비 및 투자 수요와 같을' 수밖에 없는 까닭을 논리적으로 설명했다. 만약 뤼에프가 옳다면, 《화폐론》을 넘어 대담한 정책처방을 위한 이론적 기반까지 수립하려던 케인스의 시도가 허사가 되고 마는 셈이다.

뤼에프는 전쟁 전의 금본위제처럼 실물을 토대로 하는 통화 시스템을 내세우며 고전파 경제학에 대한 공격을 방어하려 했다. 화폐에 대한 수요는 결국 금을 채굴하고 운반해 화폐로 만드는 수요와 같다고 주장했다. 그는 더 나아가 이 논리는 중앙은행이 증권과 바꿀 수 있는 현금을 발행하는 명목화폐 시스템에서도 마찬가지로 적용된다고 했다. 여기서 말하는 증권은 '저장할 수 있거나, 더 넓은 의미로는 생산 과정에 있는 재산'을 뜻했다. 케인스가 주장한 대로 화폐수요는 아무 것도 없는 것에 대한 수요가 아니라, 기존 통화 시스템의 틀 안에서 현금으로 바꿀 수 있는 실물자산에 대한 수요라는 것이다. 그래서 금 수요 증가가 시장에 나쁘게 영향을 끼쳐 구매력 감소를 유발하지 않듯 화폐수요 증가도 그렇지 않다고 했다.

케인스의 화폐에 대한 주장이 옳은지 그른지가 중요한 문제일까? 1964년 위대한 경제학자 폴 새뮤얼슨(Paul Samuelson)이 지적했다. "만약 케인스가 현대 자본주의 사회는 임금이 하방경직적이라는 현실적 가정에서 출발했다면 그의 주장이 논리적으로 더욱 타당했을 것이다."[96] 오늘날 케인스학파의 분석은 대부분 이 타당한 가정에 바탕을 두고 있지, 케인스가 끈질기게 매달렸던 골칫거리 통화에 대한 이론에 근거를 두고 있지 않다. 조지프 슘페터(Joseph Schumpeter)도 이렇게 비꼬았다. "케인스를 존경하는 사람들은 대부분 마음에 드는 부분만 취하고 나머지는 버린다."[97]

뤼에프는 케인스의 통화와 재정 정책의 이론적 기반이 약하다고 비판했다. 더불어 케인스 주장대로 정책을 실시하면 나중에 인플레이션이 생기고 정작 사람들이 원하는 재화와 서비스가 공급되지 못한다고 했다.[98] 휴버트 헨더슨를 포함한 몇몇 사람들도 이와 같은 생각이었으나, 1970년대 스태그플레이션이 발생하고 그 뒤 반케인주의 학파의 반격이 있고 나서야 반대의견이 확산됐다. 이런 경우라면, 정부가 개입해 자유방임주의 경제를 늘 예상한대로 개선할 수 있다는《고용·이자 및 화폐의 일반이론》의 논리는 방어하기 힘들어진다. 2008년 경제위기 뒤에 이 책이 부활한 까닭은 케인스의 주장이 (사실은 그가 내세운 대로 경제가 활황일 때에는 적용될 수 없더라도) 경제 침체기에는 효과가 있다는 생각 때문이다.

하지만 1937년대 초 이 책이 직접적인 정책방향을 많이 제시했는지는 확실하지 않다. 1932년 이후 영국 경제는 균형재정, 낮은 이자율, 특히 부동산 분야를 중심으로 한 활기찬 민간투자를 바탕으로 순항하고 있었다. 경제성장률이 1936년에는 4.9퍼센트, 1937년에는 3.5퍼센트를 기록했다. 실업률은 1932년 이후 꾸준히 떨어지긴 했지만 여전히 8.5퍼센트로 높았다.[99] 경제학계의 통설은 건재한 것처럼 보였다. 하지만 부활하는 듯 하던 미국 경제는 여름에 들어서 곤두박질쳤고 뒤이어 영국 경제도 주저앉았다.

그해 케인스는 가슴에 심한 통증이 생기고 탈진까지 하는 등 건강도 급격히 나빠졌다. 아급성 세균성 심내막염으로 심장이 크게 상했다. 요즘이라면 항생제로 치료했겠지만 그때는 항생제가 없었다. 그의 헝가리 출신 주치의였던 야노스 플레쉬(Janos Plesch) 박사가 당시 발견된 항균성 약물까지 투입했으나 끝내 치료하지 못했다. 이듬해 회복되는 듯했으나 그 뒤 건강이 계속 악화되기만 했다.

만약 전쟁이라는 검은 구름이 다시 나타나지 않았다면 케인스는 더 오래 살고 그의 죽음도 덜 주목 받았을 것이다. 케인스는 아인슈타인처럼 인습에 얽매이지 않는 국제적 인물이었지만 그는 죽으나 사나 영국사람이었다. 그렇지 않았다면 경제적 개념이 국수주의적 색채를 띠지 않았을 지도 모른다. 그는 천생 영국인이었고 디플레이션과 경기침체, 전쟁 비용 조달, 쉽지 않은 평화정착 등 당시의 국내문제가 자신의 이론적 배경이었다. 영국이 다시 전쟁에 휘말리자 케인스는 건강이 악화되고 있었는데도 긴박한 재정문제를 해결하기 위해 직접 나섰다.

베르사이유 조약이 향후 유럽분쟁의 씨앗을 품고 있었다고 굳게 믿었던 케인스가 우려했던 일이 독일 히틀러의 등장으로 현실로 나타났다. 1937년 5월 스탠리 볼드윈(Stanley Baldwin)의 뒤를 이어 수상이 된 네빌 체임벌린과는 달리 케인스는 히틀러와의 협상은 소용없는 일이라고 생각했다. 하지만 그의 반대에도 불구하고 영국은 히틀러가 유럽대륙에서 일으킨 도발에 저항하지 않았다. 1938년 3월 케인스는 〈뉴 스테이츠먼New Statesman〉지 기고문에 체코슬로바키아 정부는 '보헤미안 국경을 변경'하는 일이 있더라도 주데텐 지방 문제를 놓고 독일과 타협해야 한다고 주장했다.[100] 체코슬로바키아가 방어능력이 없다고 여기고 독일군이 국경을 넘을 기세였는데도 9월 30일 체임벌린이 뮌헨에서 돌아오며 "우리 시대의 평화가 도래했다."라고 선언하자 케인스는 "퍽이나 좋겠군."이라고 말하며 비꼬았다. 체임벌린에 대한 케인스의 비판은 '히틀러가 전쟁에 무조건 반대'했기 때문에 수상이 이전에 독일을 더욱 강하게 밀어 부쳤다면 체코 문제를 더 잘 처리했을 것이라는 현실성 없는 생각에서 비롯됐다.[101]

비록 케인스가 사석에서 체임벌린을 강도 높게 비판했지만 두 사람은 케인스의 상상을 뛰어넘을 정도로 관점이 비슷했다. 체임벌린은 독일과 전쟁을 벌이면 대영제국의 존립이 위태로워진다고 여겼다. 케인스는 그 정도까지 대영제국에 집착하지는 않았다. 하지만 유럽에서 다시 전쟁을 치르기 위해 들어가는 엄청난 비용을 생각하면, 느슨해지긴 했어도 오로지 대영제국 식민지 국가들과 경제적 유대관계를 유지해야 미국에 손을 벌리는 일을 피할 수 있다는 사실을 누구보다도 잘 알고 있었다.

물론 히틀러는 변경된 체코 국경을 존중하겠다는 약속을 바로 저버렸다. 1939년 3월 독일군은 프라하를 점령하고, 독재자 히틀러는 보헤미아와 모라비아 지방을 독일 영토로 귀속시킨다고 선언했다. 체임벌린은 갑자기 노선을 바꿔 폴란드 주변에 방어선을 설치하고 폴란드 국경과 독립을 보장한다고 선언했다. 이 주장은 그가 체코슬로바키아에 대해 약속해 놓고 작년에 이를 저버린 것보다 더 믿음직스럽지 못했다.

스탈린의 숙청에 놀랐던 영국 수상은 독일의 추가 진격을 막으려는 자신의 때늦은 노력에 소련군이 조금이나마 도움을 줄 수 있으리라고는 크게 기대하지는 않았지만 모스크바에서 협상을 시작했다. 하지만 8월 23일 사상적 적대국인 소련과 나치 독일 사이에 몰로토프-리벤트로프(Molotov-Ribbentrop) 조약이라 불리는 충격적인 상호불가침조약이 체결되자 희망은 물거품처럼 사라졌다. 9월 1일 히틀러는 폴란드를 침공했고, 이틀 뒤 영국은 독일에 전쟁을 선포했다. 17일 소련군이 폴란드 동쪽으로 쳐들어갔다. 제2차 세계대전이 시작된 것이다. 이때부터 세계대전(The Great War)이라는 단어는 제1차 세계대전(The First World War)을 뜻하는 것으로 바뀌었다.

전쟁 전 국내총생산의 17퍼센트를 넘지 않던 영국 국방비는 1939년에는 18퍼센트, 1940년에는 46퍼센트까지 폭등했다.[102] 케인스는 이때를 배경으로 재무부로 돌아왔다.

전쟁이 터지자 케인스는 제1차 세계대전 때처럼 전쟁에서 이기기 위한 경제정책을 구상하는 데 몰두했다. 56살인 케인스는 건강도 나쁘고 공무원으로 일하기에는 성격도 차분하지 못해 정부를 위해 일할 경제학자 후보군에 들지 못했다. 하지만 그는 논문에서든 사석에서든 누구든지 정책을 추진할 수 있는 자리에 있는 정부 관료를 대상으로 가격통제에서부터(케인스는 이를 극구 반대했다) 루마니아 정유공장 파괴까지 모든 분야에서 자신의 의견을 강력히 제시했다.

케인스는 언론에도 계속 자신의 주장을 폈다. 그는 《고용·이자 및 화폐의 일반이론》에서 주장한 내용을 응용하여 왜 전시에는 부진한 수요를 진작시키는 것보다 초과수요를 억제하는 일이 더 중요한지 〈타임스〉에 설명했다.[103] 케인스가 인플레이션을 왜 억제해야 하고 어떻게 막을 수 있는지를 강조해 설명하자 하이에크는 잠시나마 그를 인정해줬지만 클레멘트 애틀리(Clement Attlee) 노동당 총재를 비롯한 주요 노동당 당원들은 크게 반발했다. 케인스는 자신의 〈타임스〉 기고문의 좋은 반응에 힘입어 《전비조달론How to Pay for the War》이라는 책을 썼다. 그는 1940년 2월 출간한 이 책에 좌파의 공격을 누그러뜨리고자 노동자 계급을 지지하는 내용도 덧붙였지만, 가격시스템이 최대한 원래대로 작동할 수 있게 해야 한다는 고전적이면서 진보적인 자신의 신념에 충실했다. 인플레이션을 초래하지 않으면서 전쟁물자를 조달하기 위해서 저축을 강요해서라도 민간소비를 억제하는 순간에도 가격시스템은 정상이어야 한다고 생각했다.

1940년 영국은 유럽대륙에 처음으로 군대를 투입했다. 하지만 치욕스럽게도 노르웨이에서 독일군을 몰아내는 데 실패했다. 이 때문에 정치적 파장이 커져 체임벌린이 더욱 보수적인 핼리팩스 경이나 특정 정당에 치우치지 않는 처칠에게 자리를 물려줘야 한다는 압력이 거세졌다. 체임벌린이 자신을 이을 후보로 처칠을 지목하자 5월 10일 조지 4세 국왕이 처칠을 불러 수상 직을 맡아달라고 부탁했다. 처칠은 다섯 명으로 구성된 초당적 전시내각을 만들기로 하고 보수당 출신 킹슬리 우드(Kingsley Wood)를 재무장관으로 임명했다. 그러자 6월 우드 장관은 케인스에게 자문위원회에 참여해 달라고 부탁했다. 케인스는 이 위원회가 '아무짝에도 쓸모 없다'고 생각했지만 위원회의 공식적 의무가 거의 없고 자신이 재무장관에게 직접 다가갈 수 있다는 점은 마음에 들었다.[104] 하지만 8월 자신이 그토록 원했던 재무부로 돌아와 무급 자문위원으로서 여러 위원회에 참석하기 시작했다. 하지만 그 뒤로 기회가 계속 찾아왔다. 1941년 1월에는 재무장관의 경제자문위원으로 임명됐고 10월에는 영국중앙은행의 이사 자리에까지 올랐다. 경제학계의 범상치 않은 젊은이였던 그가 이제는 영국정계에 확실히 자리를 잡았다.

《전비조달론》은 케인스가 원했던 만큼 영국의 전비조달 정책에 직접적으로 영향을 끼치지는 못했다. 예를 들어 1941년 우드는 케인스가 제시한 지급유예보다는 주로 부자에 대한 과세, 가격 통제, 배급 등으로 예산을 맞추려 했다. 하지만 케인스가 어머니에게 말했던 '혁명적 공공자금 조달' 구상은 분명 과장이 아니었다.[105] 총수요를 관리하기 위해 처음으로 국민소득계정이라는 도구를 사용했다. 정말 획기적인 발상이었다. 그의《전비조달론》은 영국의 전비문제를 해결하려는 목적으로 썼지만 유럽과 미국에서 큰 호응을 얻었다. 7월 〈뉴 리퍼블릭*New Republic*〉지는 케인스의 분석을 미국에 활용해 보자는 뜻으로 '미국과

케인스의 계획'이라는 기사를 실었다.[106]

케인스는 전쟁이 터졌을 때부터 영국이 전쟁을 제대로 수행하려면 미국과 군사협력은 아니더라도 공조는 해야 한다고 믿었다. 1939년 11월 루스벨트 대통령에게 '대통령께 드리는 전쟁에 대한 의견'이라는 편지를 자기 생각대로 써 보내, 대통령이 맨 먼저 '독일과 관계를 끊고 외교관계 중단을 선언해야 한다'고 조언했다. 이런 내용도 있었다. '독일이 순간 실수한 것은 어느 정도는 우리 잘못이기도 합니다. 지난 20년 동안 우리는 바보 같았습니다.'[107] 그는 또 유럽을 공산주의로부터 구해 내려면 미국이 연합국에 대출을 해 주고 파시즘과의 전쟁에서 이긴 뒤 재건기금에 출자해 갚도록 해야 한다고 제안했다.[108] 예전에 대통령에게 일방적으로 보냈던 편지의 반응이 차가웠던데다 이번에도 전혀 응답이 없자 케인스는 분위기를 제대로 파악하고 다시는 '편지를 쓰지 않겠다'고 마음먹었다.

케인스는 전쟁 내내 미국이 영국 편이라고 착각했고 미국 국민과 의회가 미국의 지원과 참여를 반대한다는 사실을 과소평가했다. 미국인들은 사악한 독일과 이탈리아의 파시즘은 서부 유럽의 통화가치 하락과 영국의 제국주의에 대한 혐오감 때문에 생겼다고 여겼다. 더 나아가 대영제국이 자국 식민지를 이용해 미국의 수출을 방해하려는 경쟁국이며 영국 은행가들과 정부 관료들이 통화안정을 해치려고 공모했으며 치사하게 제1차 세계대전으로 생긴 빚을 떼어 먹으려 한다고 생각했다.

1940년 말에 이르자 케인스는 재무부에서 전략을 짜는 핵심세력에 들어가면서 경제문제에 대한 관심을 국내에서 해외로 옮겼다. 그는 루스벨트 대통령이 '원조의 대가로 정치·경제적 양보나 합의를 요구하리라' 전망했다. 그래서 영국이 '미국의 위성국으로 전락하지 않고 스스로 일어서려면 기존 자산을 잘 지키는 일이 가장 시급하다'고 판단했다.[109] 10월 27일 재무부에서 데이비드 웨일리(David Waley)와 함께 국제금융을 담당하던 프레더릭 필립스(Frederick Phillips) 경에게 케인스가 제안서를 보냈다. 영국이 해외물자 구입자금을 확보하기 위해서는 무역과 투자로 달러를 계속 벌어들여야 한다는 내용이었다. 제안의 핵심은 영국이 미국에서 전쟁물자를 구입할 자금을 미국이 대줘야 하며, 이는 대출 형식이 아닌 무상지원이어야 한다고 했다. 영국이 개척한 해외시장에 미국이 마음대로 물건을 팔아 영국이 상환자금을 마련할 길이 끊기면 영국은 또 어쩔 수 없이 '불명예와 비난'을 피할 수 없게 된다고 주장했다. 정부는 '현재의 비상상황에 대영제국이라는 사자의 발톱이 뽑히지 않도록' 주의해야 한다고 강조했다.[110]

제안서에 깔려있는 가정은 미국이 비록 훈련은 더 시켜야 하는 병사지만 그래도 우군이라는 점이었다. 이 가정에는 두 가지 문제점이 있었다. 첫째는 미국은 아직 전쟁에 참여하지 않았다는 사실이고, 둘째는 이 병사는 케인스가 준비한 교육을 받을 자세가 돼 있지 않았다는 점이었다. 케인스는 제1차 세계대전 이후 처음으로 미국을 공식 방문한 1941년 5월에야 이를 깨닫는다.

# 제5장
## 가장 이타적인 법률

1939년 미국에는 고립주의가 팽배했다. 더욱 정확히 말하면 미국이 전쟁에 휘말리면 안 된다는 의견들이 수없이 많았다. 평화주의자, 공산주의와 파시즘에 찬성하는 사람, 독일을 안쓰럽게 생각하는 무리, 프랑스와 영국의 저항이 헛되다고 생각하는 무리까지 다양했다. 프랑스와 영국 편에 서서 바로 참전해야 한다는 사람은 3퍼센트에도 미치지 않았고, 전쟁을 치르는 나라들과는 무역조차 해서는 안 된다고 여기는 사람도 30퍼센트에 이르렀다.[1] 어느 쪽이든 교전국과 연루되는 일을 막기 위해 준비한 일련의 중립법(Neutrality Acts)에도 이 고립주의가 반영됐다. 1935년에 제정된 이 법안으로 무기와 기타 전쟁물자를 수출하거나 수입할 수 없었다. 이듬해 의회는 은행가들이 미국을 제1차 세계대전으로 몰고 갔다고 주장한 소위 나이 위원회(Nye Commission) 조사를 되새기고는 교전국에 대한 대출도 금지했다.

미국의 도움 없이는 영국과 프랑스가 독일의 공격을 막아내지 못할까 크게 걱정한 프랭클린 루스벨트 대통령은 9월 21일 의회에 나가 금수조치를 완화해 달라고 부탁했다. 그는 만약 영국이 독일의 손아귀에 들어가면 유럽의 조선소를 완전히 장악한 독일이 서반구를 집어삼키는 일은 시간문제라고 확신했다. 전쟁부 장관, 해군부 장관, 육군 참모총장, 해군 참모총장 모두 영국이 미국 방어에 아주 중요하므로 영국의 방어를 굳건히 하기 위해 어쩔 수 없이 미군을 파견해야 한다고 주장했다. 루스벨트 일대기를 쓴 로버트 셔우드(Robert Sherwood)의 말을 빌리면, 루스벨트 대통령은 '영국과 영국해군이 무너지면 대서양의 안전에 관한 전통적 개념이었던 먼로주의(Monroe Doctrine), 즉 대서양 연안국의 자유주의 원칙과 서반구의 결속이 신기루로 전락하고, 국민들은 나치의 총부리 앞에서 늘 벌벌 떨면서 살게 될 것'이라 생각했다고 한다.² 협상도 재앙을 몰고 올 게 뻔했다. 히틀러가 재무장하고 입지를 강화할 시간과 자원을 벌 수 있을 뿐만 아니라 영국, 프랑스, 특히 미국에서 전쟁을 반대하는 목소리가 더욱 커질 터였기 때문이다. 루스벨트 대통령은 아주 조심스럽게 자신의 생각을 꺼냈다. "저는 금수조치가 미국의 중립과 국민의 안전, 그리고 무엇보다도 미국의 평화를 크게 위협한다고 생각합니다."³

　11월 4일 국회를 설득해 제35항을 수정하게 함으로써 대통령은 금수조치를 일부 피해갈 수 있었다. 미국 선박들이 물건을 교전국 항구에 실어 나르는 행위는 여전히 금지했지만 '현금을 지급하고 군수품을 직접 가져가는 것'은 허락했다. 즉, 군수품을 사는 측이 현금을 내고 물건도 자기 배로 수송하도록 하는 것이다. 이렇게 함으로서 미국은 겉으로는 중립을 유지하면서 영국에 전쟁 물자도 팔 수 있었다. 사실 이때 영국은 대서양 수송로를 효과적으로 장악하고 있던 터라 자금이 부족한 독일은 이런 방식으로는 군수품을 수입할 수 없었다.

하지만 이마저도 독일의 희생양이 된 나라들에는 아무런 소용이 없었다. 독일은 1940년 4월 노르웨이와 덴마크 침공을 시작으로 5월에는 네덜란드, 룩셈부르크, 프랑스까지 쳐들어가며 무서운 속도로 민주주의 국가들을 하나하나 집어삼켰다. 독일의 맹공격에 허겁지겁 도망치던 저지대 국가 시민들은 폭탄과 기관총 앞에 추풍낙엽처럼 쓰러졌다.[4] 5월 10일 독일군이 저지대 국가를 침략하자 네빌 체임벌린 영국수상은 뮌헨조약의 영원한 실패라는 불명예를 떠안고 물러났고 윈스턴 처칠이 그 뒤를 잇기 위해 버킹엄 궁전으로 들어갔다.

벨기에와 프랑스에서 벌인 전투는 (처칠 말을 빌리자면) '그야말로 대참패'였다. 됭케르크에서 영국군은 수장부터 주력부대까지 괴멸돼 뿌리째 뽑힐 뻔했지만, 5월 27일부터 6월 4일까지 배 850척을 부리나케 마련해 영국군과 프랑스군 33만8천 명이 가까스로 도망칠 수 있었다. 하지만 영국군은 장비를 거의 다 잃었다. 이제 미국이 엄청난 전쟁물자를 대주지 않으면 영국이 더 이상 살아남기 힘들다는 사실을 의심하는 사람은 아무도 없었다. 영국은 전쟁물자를 수개월분 밖에 살 돈이 없어 몇 개월 뒤면 달러와 금이 바닥날 터였다.

루스벨트 대통령은 영국이 전쟁을 제대로 치를 수 있도록 미국이 시의적절하게 대규모로 지원해주기 위해 나서서 힘을 행사해야 할 뿐만 아니라 자신의 힘이 닿지 않는 부분은 의회에 도움을 청해야 한다고 판단했다. 6월 10일 이탈리아가 프랑스 남쪽 국경을 공격하자 그는 우레와 같은 연설로 타성에 젖은 보수적 국무부 관료들을 깜짝 놀라게 했다. "단검을 든 손이 친구의 등을 내리찍었습니다." 그러고는 이렇게 맹세했다. "우리 미국인들은 하나로 똘똘 뭉쳐 두 가지 일을 기어코 추진하겠습니다. 우리는 이 나라의 주요 자원을 폭력적인 적에 대항하는 쪽으로 돌리겠습니다. 그리고 이 자원을 서둘러 활용해 비상사태와 국방에 필요한 장비를 만들고 훈련도 시키겠습니다." 그리하여 루스벨트 대통령은 의회의 승인 없이 독일, 이탈리아와 싸우는 우방국을 지원하고 미국도 전쟁을 준비하겠다고 밝혔다.

미국 행정부는 재무부 변호사를 시켜 아주 미심쩍어 보이는 법적 근거를 만든 뒤 곧바로 군용기 150대를 캐나다로 출동시켰다. 그곳에서 이 항공기들을 프랑스 항공모함에 실어 나르려 했다. 하지만 항공모함이 캐나다에 도착하기 전에 프랑스가 항복함에 따라 이 배는 카리브해(Caribbean) 마르티니크(Martinique) 섬에서 전쟁이 끝나기를 기다려야 했다. 행정부는 이번에도 그럴듯한 근거를 마련한 뒤 그나마 부족한 미국의 무기 가운데 소총 50만 정, 기관총 8만 정, 탄약 1억3천만 개, 75밀리 대포 900문, 포탄 100만 개, 그리고 폭탄과 TNT 폭약을 영국으로 실어 날랐다. 무기가 도착하자 영국 사람들은 뜻밖의 행운이라며 기뻐 어쩔 줄 몰랐다. 하지만 대통령 주변 사람들은 머지않아 무기가 히틀러의 손아귀에 들어가 결국 미국을 공격하는 데 쓰일 거라며 그가 정치적 자살을 시도하고 있다고 비난했다.[5]

한편 영국의 재정상황은 고꾸라지고 있었다. 전쟁 전 외화보유액은 45억 달러였지만 이제는 국민들이 가지고 있는 외화까지 다 긁어 모아 내다 팔아도 금고가 바닥날 지경에 이르렀다. 11월 25일 주미 영국 대사 로디언(Lothian) 경이 미국 기자들에게 '영국의 외화보유액이 바닥을 드러내려 한다'고 밝히자 루스벨트 대통령과 모겐소 장관이 발끈했다. 대사가 이 말을 하는 바람에 미 행정부가 영국을 계속 지원하는 일이 더욱 어려워질 것이라 판단했기 때문이다. 모겐소 장관은 영국대사를 소환해 항의했다. "만약 나이(Nye) 같은 상원의원이 저를 불러 놓고 '곧 영국은 자금이 떨어진다고 로디언 대사가 말하던데 무슨 근거로 영국에 추가지원을 하자고 할 것입니까?'라고 말하면 어떻게 대답하죠?"[6] 모겐소가 사태의 심각성을 제대로 이해하고 있음에도 미 재무부는 이듬해 6월이면 영국은 적자가 20억 달러에 이를 것으로 추산했다. 미 의회도 영국의 금고가 바닥나고 나서야 도우라고 할 터였다. 그래서 그는 영국 재무부의 프레더릭 필립스 경에게 외화보유액 목록을 제출하라고 요구했다. 달러, 증권, 금, 직접투자 등을 유동성에 따라 분류하라고 요청했다.

하지만 확인해 보니 모든 것이 당장 지급할 수 있는 유동성 자산은 아니었다. 미 재무부 장관이 필립스 경에게 말했다. "제가 루스벨트 대통령께 말씀 드릴 수 있는 것이 하나 있죠. 우리는 돈 대신 섬으로 받고 싶지 않다는 말입니다. 대통령은 자메이카, 트리니다드, 영국령 기아나(Guiana) 섬 따위에는 관심이 없습니다."[7]

12월 9일 루스벨트 대통령은 서인도 제도에 있는 새 군사기지를 순찰한다는 명목으로 순양함 터스컬루사(Tuscaloosa)를 타고 가던 중 해군 수상비행기로 전달된 처칠 수상의 편지를 받았다. 처칠은 4천 단어가 넘는 장문의 글로 유럽, 아프리카, 중동, 아시아의 전황에 대해 하나도 빠짐없이 자세히 설명하며 전쟁물자와 전함이 매우 부족하다는 점을 강조했다. 그는 영국과 미국이 한 배를 탔으며, '미국이 전쟁 준비를 마치기 전까지 영국이 나치 군대와 맞서 싸워 버티는' 일이 영국의 임무라고 했다. 당장 영국은 특히 구축함과 보급선이 급했다. 하지만 머지않아 이것들을 구입할 '현금이 바닥날 것'이라고 대통령에게 솔직히 밝혔다. 하지만 그는 분명 망설이는 어투로 이렇게 써내려 갔다. '우리가 피땀 흘려 승리를 쟁취하고 시민들을 구하는 싸움이 한창일 때 미국이 전쟁준비를 완벽하게 마칠 수 있는 시간을 벌 수 있게 하기 위해서 영국이 팔 수 있는 자산을 모두 처분하면 우리는 돈 한푼 없는 빈털터리가 됩니다. 이는 원칙에도 어긋나고 두 나라에도 결코 좋지 않다는 사실에 동의할 것이라 믿습니다. 이렇게 되면 영국과 미국에 도덕적으로든 경제적으로든 도움이 되지 않습니다. …… 더군다나 그동안 미국이 너그럽게 약속한 도움들을 군수물자로 한정하고 바로 현금으로 지급하도록 제한하는 것은 미국 정부와 국민들도 원칙에 어긋나는 일이라 생각할 것입니다.'[8] 영국이 곧 미국의 기대에 부응할 수 있다는 희망을 담아 미국에 보낸 처칠 수상의 편지에는 고매한 감정이 깃들어 있었던 반면, 미 의회의 반발을 피하기 위해 대영제국은 해외자산을 헐값에 팔라는 모겐소 장관의 요구에는 현실적 어려움이 드러나 있어, 그야말로 양쪽은 완전히 대조를 이루고 있었다.

 해리 화이트는 영국이 미국에 주문한 50억 달러는 이미 영국이 갚을 수 있는 능력을 훨씬 넘어선 금액이라고 추정했다. 모겐소 장관은 영국이 이 군수품을 지원받고도 살아남지 못할 경우에도 영국을 계속 도와주는 것이 미국에 이익인지 아닌지 정말 궁금했다. 육군 참모총장 조지 마셜 대장은 영국이 원하는 항공기, 탱크, 기타 무기들이 미국을 지키는 데에도 도움이 된다고 강력하게 주장했다. 만약 영국이 무너지면 전쟁물자 생산에 박차를 가할 수 밖에 없기 때문이라는 논리였다. 이 문제는 이제 대통령이 해결해야 했다. 하지만 배를 타고 순시 중이던 그는 돌아온 뒤 모겐소 장관과 상의하기 전까지는 결정을 내릴 수 없다고 버텼다.[9]

루스벨트 대통령은 처칠 수상의 편지에 진정 마음이 움직였다. 영국이 곤경에 처해서라기보다는 만약 영국이 쓰러지면 분명 미국에도 좋지 않다고 여겼기 때문이다. 그는 '현금을 지급하고 군수품을 직접 가져가도록' 제한하는 규정과 교묘히 의회의 반대를 피하는 방식으로는 더 이상 영국을 지원할 수 없다는 사실을 깨닫고, 이를 대신할 새로운 정치적 해법을 찾기로 다짐했다. 루스벨트 대통령은 "영국에 군수품을 빌려주는 방법까지도 알아 봐야 합니다."라고 말했다.

대통령은 정치적으로 멋진 수완을 발휘했다. 12월 6일, 재충전하고 얼굴까지 그을려 워싱턴으로 돌아온 그는 이튿날 기자회견을 자청했다. 대통령은 "압도적 다수의 국민들은 미국을 지키는 지름길이 영국을 방어하는 일이라는 사실을 결코 믿어 의심치 않는다."라고 주장했다. 당시의 사실과는 완전히 다른 국민의 감정을 사실처럼 꾸밈으로써 자신이 없애야 할 허수아비를 만든 것이다. 그는 영국에 돈을 빌려줘야 한다는 사람도 있고 무상으로 줘야 한다는 무리도 있다고 말했다. 사실 그렇게 생각하는 사람은 어디에도 없었지만 대통령은 자신의 목적을 위해 양끝에서 대립하는 두 이미지를 과장해 만들었다. 그러고는 자신은 교묘하게 이들 가운데에 섰다.

저는 이제부터 우스꽝스럽고 구태의연한 달러기호를 쓰지 않겠습니다. 이 방에 계신 모든 분들은 제 생각이 아주 특이하다고 여기시겠죠. 예를 하나 들겠습니다. 이웃집에 불이 났는데 130~140미터쯤 떨어진 저희 집 정원에 호스가 있다고 칩시다. 불 난 집 주인이 이 호스를 소화전에 연결하면 불을 끌 수 있겠죠. 이때 제가 뭐라고 해야 할까요? 그 사람이 호스를 쓰기 전에 제가 이렇게 말하지는 않겠죠. "이봐요, 이 호스는 15달러 주고 샀으니 제게 15달러를 내세요." 그럼 대화가 어떤 식으로 진행될까요? 저는 15달러를 원하지 않습니다. 저는 저의 정원 호스가 그 불을 다 끄길 바랍니다. 자, 좋습니다. 호스가 상하지 않았으면 불 난 집 주인은 제게 돌려주며 고맙다고 말할 것입니다. 하지만 호스가 상했다 쳐도 저는 크게 따지지 않고 이렇게 말하겠죠. "이제 망가져 못 쓰게 됐지만 기꺼이 빌려드리는 것이 옳죠." 그 사람이 물을 것입니다. "호스가 얼마나 길었나요?" 제가 답하겠죠. "45미터쯤 됩니다." 다시 그 사람이 대답할 것입니다. "그럼, 제가 바꿔드리죠." 결국 저는 새 호스를 받을 테니 별 문제 없습니다.

마찬가지로 전쟁물자를 빌려주고 전쟁 후 그대로 돌려받으면 아무런 문제가 없습니다. 설령 물건이 망가지거나 없어지더라도 친구에게 새 것으로 바꿔달라고 하면 그만입니다. 더 이상 자세히 말씀 드리지 않겠습니다. 영국을 돕기 위한 법적 근거가 무엇인지는 이 자리에서 묻지 않으렵니다. 이

미 검토하고 있기 때문입니다. 제 생각은 향후 영국이 원하는 전쟁물자가 항공기든 총이든, 전부는 아니더라도 대부분 만들어줘야 한다고 생각합니다. 이것이 미국을 지키기 위한 최선의 방법이기 때문입니다. 그리고 전쟁이 끝나면 언젠가 돌려 받으면 됩니다. 금액을 표시한 차용증서 대신에 신사끼리 약속하는 것입니다. 이제 모두 이해하셨으리라 믿습니다.

루스벨트 대통령이 비유한대로 위기 상황에 빠진 영국은 미국에게 호스를 빌려달라는데 미국이 이를 팔려고 한다면 우스울 뿐만 아니라 악랄해 보일 것이다. 만약 대통령이 영국을 도우라고 의회에 직접 요청했다면 그 자리에서 거절당했을 것이고 유럽은 히틀러의 맹공에 힘도 제대로 쓰지 못하고 참패했을 것이 불 보듯 뻔했다. 다행이 정원의 호스를 이용한 비유는 미국인들의 심금을 울려 대통령은 무기대여법이라고 알려진 법안을 통과시킬 수 있는 기회를 얻었다.

대통령이 재무부로 하여금 '무기대여법이든 무기비용법이든'[10] 법률 초안을 만들도록 지시하자 모겐소 장관은 자문위원인 에드워드 폴리(Edward Foley)와 그의 부하직원 오스카 콕스(Oscar Cox)에게 이 일을 위임했다. 재무부는 이 법안이 적대적인 의회의 정밀조사뿐만 아니라 대법원의 위헌 법률 심사를 통과할 수 있도록 온 정성을 기울였다. 모겐소 장관도 대법관에게 법률 문구를 잘 다듬어 달라고 요청하고, 대통령 친구인 펠릭스 프랑크퍼터(Felix Frankfurter)에게 법안 제목을 지어달라고 부탁했다. 그는 '미국의 방위와 그 밖의 목적을 추진하기 위한 법안'이라는 우아하지는 않지만 그럴싸한 제목을 붙여 줬다. 상원과 하원에서 다수를 차지하는 민주당을 이끄는 매사추세츠 출신의 존 맥코맥(John McCormack)과 켄터키의 앨번 바클리(Alben Barkley)는 각각 양원에서 이 법안을 미국이 독립한 해의 숫자가 들어간 'H.R. 1776'으로 번호를 매겨 큰 힘을 실어줬다.

그런데도 법안 통과는 생각처럼 쉽지 않았다. 공화당원들은 하원외교위원회에서 모겐소 재무장관, 헐 국무장관, 스팀슨 육군 장관을 불러 자세히 진술하도록 했다. 영국도 화이트가 마련해 준 숫자로 무장한 미국 재무장관의 조사를 받는 것은 비굴하기 이를 데 없는 일이었다. 미국의 지원을 받기 위해 영국이 얼마나 가난한지, 그리고 대영제국이라는 잔해에서 건질 수 있는 것이 무엇이 있는지 낱낱이 밝혀야 했기 때문이다.

의회에서 "이는 우리의 전쟁이 아닙니다."라고 말하며 의원들을 꾸짖어 영국 관료들의 미움을 크게 샀던 조지프 케네디(Joseph Kennedy) 주영 미국대사의 강제 사퇴로 이 계획은 더욱 큰 저항에 부딪혔다. 카리스마가 있는 영웅적 비행사였던 찰스 린드버그(Charles Lindbergh)도 반대편에 섰다. "우리는 지금 전쟁에 휘말릴 위기에 처했습니다. 유럽인들이 우리 일에 끼어들어서가 아닙니다. 미국인들이 유럽에 간섭하려 하기 때문입니다. 우리가 평화를 원한다면 전쟁을 하라고 청하는 일을 멈춰야 합니다."[11] 무기대여법은 많은 미국인들 사이에서 미국을 파산하게 하고, 미국의 이익과는 거리가 먼 절망적 싸움에 빠져들게 하는 것으로 그려졌다.

민주당 하원의원들은 헐 국무장관과 모겐소 재무장관에게 법안을 수정하지 않으면 통과가 불가능하다고 분명히 밝혔다. 법률안을 고치면 대통령은 무기대여법을 승인할 시간이 줄어들겠지만 의회에서 합의를 이끌어낼 시간을 크게 갉아먹지는 않는다고 주장했다. 그리고 기존의 군수품 지원 한도나 외국정부에 이전시킬 주문한도를 13억 달러로 묶어둔다고 해서 앞으로 지원할 금액이 크게 제한되지는 않는다고 했다. 1941년 2월 8일 히틀러는 영국의 전시경제에 더욱 타격을 주기 위해, 특히 상선과 무기제조공장까지 공격하도록 하는 명령 제23호에 서명했다.[12] 이틀 뒤 무기대여법은 하원에서 260표 대 165표로 통과됐다. 찬성한 공화당원은 스물 네 명이었다.

상원에서는 통과시키기가 정말 만만치 않았다. 나중에 브레턴우즈에서 벅찬 상대로 드러난 오하이오 출신의 로버트 태프트(Robert A. Taft) 공화당 의원, 사우스 캐롤라이나의 제임스 번즈(James Byrnes), 버지니아의 해리 버드(Harry Byrd) 민주당 의원은 법안 수정을 요구했다. 무기대여 지원을 의회가 해당 용도로 특별히 허락한 기금에서만 가능하도록 바꾸라고 했다. 대통령이 감기로 옴짝달싹 못하자 대신 모겐소 장관과 스팀슨 장관은 대통령이 지원할 수 있는 권한을 행사할 수 있도록 앞장서 싸웠다. 포레이(Forey)가 초안을 완전히 바꿨다. 대통령이 대외 지원을 할 수 있는 권한을 의회가 구체적으로 제한할 수 있게 하는 대신, 대통령이 행사할 수 있는 권한을 미리 정하지 않도록 하는 것이었다. 이 방법은 효과가 있었다. 결국 법안은 상원에서 60표 대 31표로 통과돼 1941년 3월 11일 미국의 국법이 됐다.

이 법은 의회가 무기대여법을 마음대로 행사할 수 있는 대통령 권한을 묶어두기는 했지만 미 백악관의 놀랄 만한 법률적 승리였다. 중립법과 존슨법으로 세워진 난공불락의 고립주의를 밀어냈기 때문이다. 대통령이 끌어내려 했던 미국 국민들의 영국에 대한 동정심이 법안 통과에 결정적으로 기여한 것은 아니었다. 영국의 사학자 마이클 하워드(Michael Howard)는 이렇게 썼다. "1940년대에 미국인들은, 영국인들이 세계의 절반을 탄압한 콧대 높은 악당이고 다른 사람들을 시켜 자기 대신 싸우게 만드는 교활한 능력이 있는 사람들이라 여길 만 했다."[13] 영국이 제1차 세계대전 때의 빚을 떼먹은 기억도 생생했다. 그런데도 걱정 많던 미 의회는 다시 발생한 유럽전쟁에서 미국이 영국을 열렬히 지지할 수 있도록 많은 표 차이로 승인했다.

무기대여법 통과로 영국인들은 안도의 한숨을 크게 내쉬며 기뻐했다. 법 통과 후 찾아온 첫 번째 주말 대서양에서 독일 전함이 영국 상선 16척을 침몰시켜 미국의 지원을 더욱 다급하게 만들었다.[14] 처칠 수상은 하원에서 영국은 '너그럽고 선견지명이 있는 미국의 기념비적 결정을 깊이 존경하고 감사한다'고 밝혔다.[15] 나중에 처칠 수상은 무기대여법을 '인류 역사상 가장 이타적인 법률'이라고 치켜세웠다.[16] 참고로 많은 사람들은 이 유명한 발언이 무기대여법이 아니라 마셜 플랜과 관련된 말이라고 혼동하고 있다. 하지만 처칠 수상은 미국의 지원이 얼마나 마지못한 것이었는지를 너무나도 잘 알고 있었다. 그렇더라도 토리당원들처럼 자신의 속내를 드러낼 수는 없었다. 토리당원들은 대놓고 이렇게 말했다. "민주주의를 수호하기 위한 전쟁에서 영국에 전쟁물자를 공급하는 일은 양키들에게 구미가 당길 수 밖에 없다. …… 그들은 별난 매력이 있는 친구들이다. 그들은 우리가 전쟁에서 지면 히틀러의 다음 공격대상은 그들 자신이 될 것이라는 사실을 안다. …… 그래서 우리가 대신 나서서 싸우길 원한다. 그들은 싸우는 것이 아니라면 어떤 일도 마다하지 않을 것이다."[17]

당시 처칠 수상은 전후 무기대여법에 따른 지원의 대가가 얼마나 큰지를 정확히 몰랐다. '미국의 방위를 촉진할 법안'이라는 정식 명칭대로 이 법은 분명 아량을 베푸는 법이 아니었다. 1940년 유권자들에게 "미국 젊은이들을 외국 전쟁터에 보낼 수는 없다."[18]라고 말한 루스벨트 대통령이 독일과 일본을 저지하려는 임시방편으로 이 법안을 고안해 냈던 것이다. 이것이 우연히 영국이 살아남는 데 아주 중요한 구실을 했다.

법안이 통과되는 과정에서 루스벨트가 호스를 활용한 비유는 심하게 뒤틀어졌다. 72년 전 존 고드프리 색스(John Godfrey Saxe)라는 시인은 이렇게 적었다. "소시지와 마찬가지로 법률도 만들어지는 과정을 알게 되면 처음보다 크게 실망한다."[19] 법률 제목만 보면, 영국에 호스를 빌려주면 미국이 직접적으로 보상을 받는 것처럼 보였다. 하지만 위 소시지 비유처럼 법안 문구에는 그런 이득이 눈에 띄지 않는다. 사실 의회는 '재산이 무엇이든, 상환을 직접적으로 하든 간접적으로 하든 대통령이 괜찮다고 생각하는 것은 모든 수단과 방법을 써서 확보하라'고 요구했다. 결국 호스는 돈을 받고 빌려주는 것이었다. '달러 기호'가 다시 돌아왔다. 처칠 수상이 바라던 대로 문구에 미국 대통령이 아량을 베풀 수 있는 여지는 남아 있는 듯했지만, 루스벨트 대통령의 경제 자문위원들은 전혀 그럴 생각이 없었다. 나중에 루스벨트 대통령이 호스의 가격이 얼마인지 협상하는 데 잠깐 나섰지만 모겐소 재무장관, 헐 국무장관, 화이트 자문위원은 무기대여법으로 영국을 오랫동안 압박했다. 즉, 전후 세계에서 영국이 정치·경제적으로 결코 미국의 경쟁상대가 되지 못하게 할 심산으로 금융과 무역 분야에서 양보하라고 쉴새 없이 요구했다.

　헨리 모겐소의 공식 전기작가인 존 모턴 블룸은 모겐소 장관을 이렇게 묘사했다. "그는 영국인들의 좋은 친구지만 이들과 협상할 때에는 미국의 이익을 끈질기게 내세웠다." 1940년과 1941년 영국이 히틀러에 맞서 정말 훌륭하게도, 외롭지만 용감하게 버티는 것이 매우 중요하다는 점을 잘 알았던 모겐소 장관은 법안을 의회에 통과시키려고 그 어느 누구보다도 더 열심히 노력했다. "하지만 영국과 미국이 아무리 합심해 나치즘을 쳐부순다 하더라도 두 나라의 이해관계는 일치하지 않는다는 사실을 모겐소만큼 확실히 아는 사람은 없었다."[20] 모겐소는 영국의 금융업자들을 월가의 자본가처럼 뉴딜정책의 목적에 반하는 세력이라고 생각했다. 영국은 무기대여법을 시급한 전쟁물자를 확보하는 도구로 여길 뿐만 아니라 전후 대영제국을 지키고 그 영향력도 확대하기 위해 꼭 필요한 귀중한 금과 달러를 아끼는 수단으로 생각한다는 점을 모를 리 없는 모겐소 재무장관은 영국이 전쟁에서 살아남을 만큼만 돈을 대주기로 마음먹었다.

　모겐소 장관은 영국 외화보유액 현황을 파악하고 감시하는 일을 전적으로 화이트에게 맡겼다. 블룸은 화이트를 이렇게 묘사했다. "그는 통화제도에서만큼은 열렬한 애국주의자였다. 장관의 허락을 받아 전쟁 후 미국 달러가 지배하는 세상을 만들려고 공공연히 노력했다." 그래서 화이트도 '영국이 금과 달러를 늘리려 해서는 안 된다며 모겐소 장관보다 훨씬 더 심하게 반대'했다.[21]

　이 문제에 대해 모겐소 장관과 화이트는 국무부의 강한 반발에 부딪했다. 특히 헐 국무장관과 영국 예찬에서 둘째가라면 서러워할 딘 애치슨(Deal Acheson)의 저항이 심했다. 딘 애치슨은 1933년 재무부에서 나온 뒤 국무부에 공석이 생기자 1941년 국무부 차관으로 다시 등장한 인물이다. 세계평화를 위해서는 자유무역이 꼭 필요하다고 굳게 믿던 헐 국무장관은 영국이 지급능력이 있어야만 전후 무역을 복원할 수 있다고 판단했다. 하지만 모겐소 장관과 화이트는 의회라는 강한 우군이 있었다. 의원들은 매 6개월마다 갱신해야 하는 무기대여법에 따른 기금책정과정을 경계의 눈초리로 쳐다보고 있었던 것이다.

사실 "의회는 영국보다 중국에 더 너그러웠다. 아마도 전후 중국이 세력이나 무역에서 미국의 경쟁 상대가 되리라고 생각하는 사람이 아무도 없었기 때문인 듯하다."[22] 심지어 영국인들이 투덜댈 정도로 소련에도 더욱 관대하게 대했다.[23]

해리 화이트는 왜 영국 외화보유액과 무역정책에 대해 강경노선을 취했을까? 1938년과 1939년에 쓴, 화이트 문서 보관소에 있는 메모를 하나하나 살펴보면 재무부는 파운드·달러 환율에 집착하고 있었고 파운드화 가치가 더 떨어지면 미국의 가격경쟁력이 하락할까 봐 걱정했다는 사실을 알 수 있다. 화이트의 보좌관은 화이트와 모겐소 장관에게 영국의 재정상황을 낱낱이 분석해 보고했다. 파운드화 가치 급락 가능성과 이를 정당화하려는 논리가 무엇인지도 예상했다. 메모에 나와 있는 대로, 예상되는 경제적 파급효과는 "파운드화와 더불어 타국 통화도 대부분 절하되고 파운드화 가치가 내려가면 달러는 대부분의 다른 나라 통화 대비 절상된다는 점이었다. 결국 파운드화 가치 하락은 미국에는 아주 중요한 문제지만 영국에는 별 일 아니었다."[24]

보고서에 이런 내용도 있었다. "파운드화가 평가절하되면 사실상 다른 모든 나라의 통화가치 하락 압력도 커진다. 그러면 일본과 독일은 이에 자극 받아 자국시장을 지키려고 온갖 수단을 동원할 수 밖에 없어, 영국과 미국 사이의 무역협정을 수정해야 한다는 요구도 거세질 것이다. 결국 국제통화 시스템이 요동쳐 세계경제가 회복하기는커녕 오히려 다시 내리막 길을 걸을 것이다."[25] 타국 통화 가치가 떨어지면 1939년 2월까지 미국은 무역이 8퍼센트 줄어들고 영국은 3퍼센트 늘어난다고 분석하고, 영국이 파운드·달러 환율을 흔들어 외환시장에서 파운드화 가치 하락을 부추긴다고 비난하는 메모도 있었다.[26] 틀림없이 영국을 곱지 않은 시선으로 봤다. 영국이 3국 협정을 어겼으니 이를 공개적으로 질타하고 다음과 같이 보복하자는 제안도 있었다. 즉, 영국의 수입을 제한하고 파운드화의 가치 하락을 저지하기 위해 재무부가 외국에서 금을 더 비싸게 매입해야 한다고 했다. 더불어 파운드를 팔아 금을 사야 한다는 주장도 있었다. 이러면 미국은 당장 외환에서는 손실이지만 영국은 외환위기에 몰릴 수도 있다.[27] 이를 보면 왜 미 재무부가 무기대여법을 지렛대 삼아 파운드화가 다시는 주요 국제통화 구실을 할 수 없도록 하려 했는지 명확히 알 수 있다. 한마디로 대영제국의 기둥뿌리를 뽑자는 심산이었다.

　케인스만큼 미국 재무부의 의도를 정확히 알고 이에 격분한 사람은 없었다. 영국 수상이 의회에서 미국을 너그럽다며 크게 치켜세우고 있는 동안, 케인스는 영국이 공동 목적을 위해 고군분투하고 있는데도 모겐소 장관이 영국의 약점을 악용하려 한다고 맹비난했다. 케인스는 모겐소 장관이 "의회를 달래야 한다."라고 말한 점은 인정하면서도 '자신의 뜻을 관철시키기 위해 수단과 방법을 가리지 않는다'며 이렇게 비판했다. "모겐소 장관은 무기대여법이 효과를 발휘하기 전에 영국의 유동자산을 탈탈 털려고 한다. 그러면 앞으로 우리가 전쟁을 치르는 데 쓸 돈은 몇 푼밖에 남지 않을 것이고 부족분은 미국의 무기대여법으로도 충당할 수 없다." 마지막으로 케인스는 자신이 자란 배경을 잘 드러내는 말로 모겐소 장관을 공격했다. "우리는 가장 보잘것없고 무책임한 발칸 국가도 업신여기지 않는 것이 마땅하다고 생각하지만, 모겐소 장관은 우리를 이 나라들보다 더 무시한다."[28]

무기대여법이 통과는 됐으나 이 법이 실제로 작동하려면 의회가 세출예산 70억 달러를 승인해야 했다. 하지만 의회 세출위원회는 영국이 1941년 3월 11일 이전에 주문한 군수품에 대해서는 이 예산을 집행할 수 없다고 못박았다. 모겐소 장관은 예전에 영국이 무엇을 주문하든 물건값을 치를 수 있다고 의회를 안심시켰던 터라 더 이상 반박할 수 없었다. 대신 영국에 더 많은 유동자산을 서둘러 처분하라고 압박했다. 대기업도 처분 대상에 포함됐다. 영국의 코톨드(Courtauld)사는 한 미국 은행에 수익성이 아주 좋은 알짜 대형 섬유제조사인 아메리칸 비스코스(American Viscose)사 지분을 실제가치의 절반 수준인 5천4백만 달러에 처분해야 했다.[29] "아마도 앞으로 6개월 동안은 시장상황이 아주 나쁠 텐데 직접투자 지분을 앞뒤 가리지 않고 모두 헐값이 매각해야 한단 말인가?" 케인스는 믿을 수 없다는 듯 볼멘소리를 했다. "이는 우리에게 항복하라는 말인데 …… 상상만 해도 끔찍한 일이군."[30]

하지만 케인스에게는 런던에 존 길버트 위넌트(John Gilbert Winant) 미국대사라는 든든한 미국인 친구가 있었다. 깡말랐지만 키가 크고 얼

## 제5장 가장 이타적인 법률

굴은 검지만 말투가 나긋나긋한 그가 영국을 혐오했던 조 케네디(Joe Kennedy) 후임으로 오자 영국인들은 크게 환영했다. 위넌트는 처칠 수상의 둘째 딸인 사라(Sarah)와 교제했고, 1947년 권총으로 자신의 머리를 쏴 자살한 인물로 잘 알려져 있다.

케인스는 영국의 희생이 엄청난데도 미국이 이를 인정해주지 않는다고 위넌트에게 분통을 터뜨렸다. 그는 케인스에게 워싱턴으로 직접 건너가 일을 해결하라고 제안했다. 곧 영국 재무부는 케인스를 재무장관의 개인특사 자격으로 미국에 가도록 했다. 언론에 알려진 대로 그의 임무는 '무기대여법에 포함될 사항을 구체적으로 정하는' 일이었다. 1941년 5월 8일 케인스와 리디아는 일주일 남짓 여러 비행기를 갈아타며 고생한 끝에 언론의 플래시 세례를 받으며 뉴욕에 도착했다. 케인스의 첫 번째 미국 출장이었다. 1940년대 총 여섯 번의 미국출장 가운데 네 번은 전쟁 도중에 갔다.[31]

이렇게 중요한 외교임무 수행을 위해 케인스를 선택한 것은 영국 정부의 계산된 도박이었다. 그는 공식 직함이 없었다. 귀족 작위도 1년 뒤에 받았다. 그는 천생 외교관이 아니었다. 그는 전무후무할 정도로 영어에 능통한 경제학자였지만 원래 외교수완이 없었다. 아부를 떨기보다는 할말은 하는 성격이었다. 로디언(Lothian)도 그의 후임인 핼리팩스(Halifax)도 미국인들을 설득하지 못했다. 미국인들은 직급이나 지위, 경험이나 연줄에도 꿈쩍하지 않았다. 파운드화가 영국 화폐인 것처럼 그들도 철저히 미국인이었다. 그런데도 케인스가 미국에서 관심을 많이 받은 까닭은 그가 유명 인사였기 때문이다. 명석하고 논쟁을 좋아하며 어록에 남길 수 있는 말을 잘하는 케인스는 그에게 매료된 기자들에게 좋은 기삿거리를 끊임없이 제공했다. 그는 강력하면서도 고약한 미국 언론에 적잖이 놀랐다. 기자들보다 더 혐오스러운 무리는 변호사밖에 없을 정도였다. 케인스는 이렇게 생각했다. "변호사 놈들은 파라오가 알던 이집트의 그 어떤 재앙보다도 분명 더 나쁜 자식들이야."[32]

케인스는 뉴욕과 워싱턴에서 자신이 곧 맞닥뜨릴 미국인들의 성격과 태도에 대해 미리 브리핑을 받았다. 특히 '영국인들을 의심의 눈초리'로 바라보는 화이트라는 사람이 요주의 인물이었다.[33] 더욱 정확히 말하면 화이트는 케인스를 경제학자로는 존경했으나, 협상에서 미국이 훨씬 유리한 위치에 있다는 사실을 결코 잊지 않았고 감언이설에도 넘어가지 않으려고 작정했다. 협상에서 이기려고 달러나 금에 의지할 생각도 없었다. 6월 2일 영국 재무장관에게 귀국보고를 할 때 케인스가 화이트를 염두에 두고 마치 유대인처럼 직설적으로 말했으리라 상상해 볼 수 있다. "젊은 미국 관료들과 자문위원들은 정말 똘똘하고 당찼습니다."[34]

모겐소 장관은 케인스를 처음 만났을 때 그가 한심스러울 정도로 준비가 돼 있지 않다고 생각했다. 이는 영국에는 재앙이 아닐 수 없었다. 케인스가 매끄럽게 대화를 풀어나가 무기대여법으로 생긴 오해나 문제점을 풀 수 있기를 기대했지만, 이 영국 특사는 대통령과 의회가 어렵게 이룬 타결안을 무슨 수를 써서라도 지키겠다는 일념으로 차갑게 꼬치꼬치 캐묻는 미 재무부 관료와 맞닥뜨려야만 했다.

케인스는 미국의 권력구조가 얽히고 설켜 있다는 사실을 알지 못했다. 사실 그는 의회를 방문한 적도, 찾아갈 생각도 없었고 친분이 있는 의원도 거의 없었다. 케인스는 무기대여법 적용 대상을 전쟁물자나 농산물로 한정하되 예외를 둬 '만약의 사태에 대비하기 위해' 영국이 달러를 축적할 수 있도록 모겐소 장관을 설득하는 일이 당연히 가능하다고 생각했다. 하지만 그는 영국이 무기대여법을 활용해 비어가는 곳간을 채우려 한다는 모겐소 장관의 의심만 증폭시켰다. 모겐소 장관은 영국의 의도에 의문을 던지며 퉁명스럽게 몰아붙였다. 케인스는 모겐소 장관의 '속내를 알아차리기 전까지는 그가 보호막을 치는가 싶어 한발 짝 물러섰다. 모겐소 장관은 사사건건 오해를 해 이해시키기가 정말 어려웠다.'35

케인스는 미국인들이 영국과 같은 배를 타고 있다고 생각하지 않는다는 사실을 헤아리지 못했다. 그는 순진하게도 지금의 무기대여법으로는 영국이 당장 나치를 몰아내는 일 이외에는 아무 일도 할 수 없다는 사실을 미국인들이 모를 것이라 생각했다. 하지만 모겐소 장관은 자세히는 아니더라도 이 사실을 알고 있었고, 이미 끝낸 거래를 다시 논의한다는 것은 아주 영국답지 않은 일이라고 여겼다.

5월 16일 케인스가 모겐소 장관에게 또 다른 제안을 하는 바람에 일이 더욱 꼬여버렸다. 무기대여법을 정치적으로 덜 부담스러운 사항으로 한정하고 미국은 그 대가로 영국이 돈을 갚기로 한 기존 약속을 받아들이라고 미국에 정식으로 요청하겠다는 내용이었다. 결국 영국이 달러를 더 많이 챙기고 더욱 독립적으로 움직이겠다는 의도였다. 설령 모겐소 장관이 (사실은 그렇지 않지만) 이에 수긍했다 하더라도 고집불통인 의회와 미국 내 여러 세력들을 싸움 붙여 이익을 챙기려는 대통령의 강한 반발에 부딪혔을 것이다. 그리고 케인스도 수많은 아이디어를 끝없이 쏟아내고는 모겐소 장관이 그것도 이해하지 못한다고 몰아 부치며 그를 쩔쩔매게 만들었을 것이다. 케인스의 제안으로 모겐소 장관은 그에 대한 반감을 넘어서 화까지 치밀어 올랐다.

놀라운 일은 아니지만, 모겐소 장관은 케인스가 영국 회사들이 헐값에 팔리는 것을 막기 위해 백방으로 뛰고 있다는 사실을 알아 냈다. 그는 모겐소 장관의 적수인 제시 존스(Jesse Jones)와 상무부가 이끄는 뉴딜재건금융공사(New Deal Reconstruction Finance Corporation)에서 대출을 받도록 주선하려고도 했다. 모겐소 장관이 위넌트 대사와 존스가 서로 협력하고 있다고 의심하게 되면서 위넌트의 도움을 받으려는 케인스의 노력은 수포로 돌아가고 말았다. 케인스가 곤경에 빠진 영국의 상황을 감성적인 글로 호소했는데도, 모겐소 장관은 꿈쩍도 않고 워싱턴에 온 영국 재무부 대표 프레더릭 필립스 경에게 '조롱하는 투'로 편지를 읽어준 뒤, 케인스는 오로지 비스코스사 거래를 방해하려고 미국에 왔다고 단정했다.[36] 그러고는 핼리팩스를 백악관으로 불러 영국 재무부를 대표해 워싱턴에 온 사람이 누구며 케인스의 임무가 무엇인지 핏대를 올리며 따져 물었다(핼리팩스는 영국 재무부 대표는 필립스고, 케인스의 임무는 무기대여법 협상뿐이라고 답했다).

6월 17일 케인스는 무기대여법 전문가로서 곧 런던에 파견될, 루스벨트 대통령의 막역한 친구인 해리 홉킨스에게 후속 편지를 보냈다. 홉킨스는 모겐소 장관에게 편지를 받은 사실을 털어놓았다. "케인스로부터 아주 장문의 편지를 받았습니다. 하지만 이런 식으로 접근하는 행위는 옳지 않다고 봅니다. 솔직히, 공식 의견은 영국 재무부에서 받아야 합니다. 그는 집에나 보내 쉬게 해야 합니다."

"우리 둘만 아는 일로 합시다." 장관이 대답했다.

"케인스에 대한 제 생각은 이렇습니다." 홉킨스가 말을 이었다. "만약 그 친구가 우리가 무기대여법을 고치려 할 때까지 계속 이곳에 머무른다면 그는 법 수정안에 대해 이러쿵저러쿵 말이 많을 것이고 사람들은 크게 동요하리라 봅니다."

"젠장, 그러면 정말 큰 일이겠군요. 만약 그가 재무부 대표라면 그의 임무는 우리에게 편지를 쓰는 일이겠죠." 장관이 단정했다. "아마도 그는 온갖 수단과 방법을 가리지 않을 겁니다. 제가 필립스에게서 '영국이 곤경에 빠졌으니 귀하께서 도와주시면 고맙겠습니다'는 간단명료한 편지를 받았다면 저는 분명 케인스에게서 여섯 장이나 되는 편지를 받았을 때보다 훨씬 더 부리나케 움직였을 것입니다. 그렇지 않나요? 케인스는 자신이 최고라고 생각합니다. 맞죠?"[37]

처칠이 루스벨트에게 영국을 도와달라고 오랫동안 끊임없이 호소했지만 실패로 끝났듯 케인스도 모겐소를 설득하려 했으나 결국 허사였다. 케인스는 특사라기보다는 애인으로부터 버림받은 사람처럼 모겐소 장관에 대해 이렇게 적었다. '그가 시기하기 좋아하고 의심도 많으며 툭하면 토라지거나 짜증낸다는 사실은 삼척동자도 안다.'[38] 그런데도 케인스는 (처칠이 루스벨트에게 그랬듯) 가끔 쾌활한 모습을 보이는 모겐소 장관이 자기를 정말 다정하게 대해 줄 것으로 생각했다. 케인스는 모겐소가 존스를 적수로 여기는 부분에 대해 이렇게 감싸고 돌았다. "동료를 많이 시기할 수도 있죠. 장관님은 미 행정부에 있는 관료들 가운데 영국을 제일 좋아하는 분입니다."[39] 이 말은 사실이었다. 백악관에는 그만큼 마음에 맞는 사람이 없었다.

케인스는 미국에 11주 동안 머무르며 루스벨트 대통령을 두 번 만났다(이후에는 1944년에 딱 한 번 봤다). 5월 28일 케인스는 대통령을 처음 만

낮을 때, 늘 그랬듯 상대가 '기분이 좋은 상태'라고 생각했다. 하지만 7월 7일 두 번째 만났을 때 케인스의 눈에는 (사실은 그렇지 않았지만) '힘들고 지쳐'보였다. 나중에 핼리팩스가 사실을 밝혔다. "케인스는 대통령이 피곤하다고 생각했지만 사실은 그렇지 않았습니다. 제 생각에 대통령은 케인스가 말하려던 주제에 대해 별 관심이 없었습니다."[40]

무기대여법을 영국의 재정에 유리하게 만들려는 노력이 결국 성과를 내지는 못했으나 봄까지는 케인스가 협상에서 주도권을 쥐고 있었다. 하지만 6월 말 즈음에는 미국이 교섭에서 유리한 고지를 점령하며 상황을 완전히 뒤집었다. 미국이 무기대여법에서 일부 양보해 주면 영국이 그 대가로 '무엇을' 줄지 질문할 차례였다.

케인스는 모겐소와 헐 사이에서 오도가도 못하는 상황에 빠졌다. 모겐소가 이끄는 재무부는 영국의 수출을 감시해 영국의 달러와 금 보유액을 통제하고자 했다. 이는 당연히 케인스가 이루려는 목적과는 180도 다른 것으로 영국의 금융 독립성을 옥죄자는 계산이었다. 설상가상으로, 5월 구체적인 협상에 나서도록 대통령의 지시를 받은 국무부는 때로는 우선순위에서 부딪히는 별도의 임무가 있었다. 바로 대영제국의 국제 무역 체제를 깨부수는 일이었다. 이 목표에 깔려있는 대원칙은 헐 장관의 숙원 사업으로서 전후 세계는 차별 없는 다자간 무역시스템을 토대로 해야 한다는 원칙이었다.

수십 년 동안 대영제국 경제가 어려워진 탓에 이에 의존하는 다른 나라의 고통은 더욱 커져만 갔다. 1925년 헐 장관의 정치 동료이자 외교관이었던 윌리엄 컬버트슨(William Culbertson)은 이렇게 썼다. "드넓은 제국의 영토에서 제외되려던 몇몇 나라는 허깨비 같은 대영제국에 반발했다."[41]

통화와 무역 분야는 대영제국이 '중요시하는' 정책 중 하나에 불과했으나 전시에는 '가장 중요한' 정책으로 바뀌었다. 1940년 여름 즈음에는 영국의 달러 보유액이 위험한 수준으로까지 떨어졌다. 영국은 거주자의 '경화' 매매를 통제하고 수입도 최소화를 위해 허가제로 바꿨다. '스털링 지역(파운드화를 사용하는 국가들_옮긴이)' 거주자들은 그 지역 안에서 수출해 모은 파운드화를 사용할 수 있었다. 하지만 영국 수출이 곧 두박질치자 이 나라들에 갚아야 하는 영국의 '파운드화 부채'가 늘었다. 영국은 이 나라들과 협정을 맺어 이들이 수출로 벌어들인 귀중한 달러를 런던에 모으도록 하고, 필수적인 미국 수출품을 구입할 때에만 사용하게 했다. 그 밖의 나라들 중 유럽과 남미의 중립국들과 협상해, 이들이 '스털링 지역'으로 수출할 때 영국이 수출대금을 지급하는 대신, 이 대금으로 스털링 지역으로부터 재화와 서비스를 수입하는 데에만 쓰도록 했다.[42]

이로써 파운드화를 달러로 바꾸는 것을 막고(이를 '환전 규제'라고 한다) 영국과 협정을 맺은 나라들이 벌어들인 달러를 통제해 미국 수출품에 대한 글로벌 수요를 억제하는 효과를 봤다. 당연히 미국 수출업자와 의원들은 영국의 기존 주요 수출시장에 영국과 같은 조건으로 다가갈 수 있게 해달라고 아우성쳤다. 케인스는 영국이 무기대여법에 따라 수입하는 물건을 활용해 미국이 남미에서 수출품을 팔지 못하게 하려 한다는 미 의회와 언론의 공격을 공개적으로 반박하면서 워싱턴에서 계속 방어적인 태도를 취했다. 무기대여법을 담당하던 홉킨스는 영국은 위스키나 해리스 트위드(스코틀랜드 해리스 섬에서 나는 손으로 짠 모직물_옮긴이) 같은 전통 특산품만 팔아야 한다며 수출업자와 의원들의 원성을 달래려 했다. 이에 케인스는 해기스(양의 내장으로 만든 순대 비슷한 스코틀랜드 음식_옮긴이)를 포함시키자며 비꼬았다.[43]

7월 28일 미 국무부는 케인스에게 무기대여법 초안을 제시했다. 헐 장관의 자유무역원칙이 요약된 유명한 제7조에는 이렇게 적혀 있었다.

> 영국이 미국으로부터 방위 지원을 받는 조건과 그 대가로 미국이 받는 혜택은 두 나라 사이의 무역에 짐을 지우는 대신 상호 경제협력과 국제무역을 촉진하는 것이어야 한다. 미국과 영국은 상대국 수출품을 수입하는 데 차별이 없도록 준비해야 하며, 이 목적을 달성하기 위한 장치를 마련해야 한다.

이 문구는 악의 없는 듯 보였지만 케인스를 폭발시키기에 충분했다. "헐 장관이 정신이 나갔군." 그가 내뱉었다.[44]

영국 산업계는 깜짝 놀랐다. "영국과 미국이 서로 돕는다고 쉽게 말하지만, 우리는 조금 더 냉정하게 현실을 바라봐야 합니다." 런던 상공회의소가 주장했다.

> 전쟁이 터진 후 우리의 처지는 과거처럼 유리하지 않게 됐습니다. 과거 영국은 채권국이었으나 이제는 채무국입니다. 이 나라 산업계에는, 이런 상황에서는 적어도 꽤 오랫동안

우리가 수입 규제 정책에 의존해야 한다는 인식이 널리 퍼져있습니다. 즉, 우리는 해외에서 긴요한 물건만 수입할 수 있고 그 물건을 수출하는 나라는 그 대가로 우리가 제공하는 재화와 서비스만을 받는 방식일 수 있습니다. 이는 물물교환과 비슷한 시스템으로서 우리가 수출할 수 있는 한도로 수입을 규제하는 쌍무무역을 뜻합니다. 수출입규제, 수입쿼터, 수입대금을 지급할 수 있는 나라에 대한 특별대우, 외환 통제 등을 실시해야 합니다.[45]

케인스는 헐 장관의 숨은 뜻이 정상적인 경제정책 관리 수단인 합리적 무역규제와 외환 통제를 버리겠다는 의도라고 판단했다. 이 도구들은 심각한 무역수지 적자에 허덕이는 영국에 꼭 필요한 특권이었다. 케인스는 또한 헐 장관이 주장한 자유무역 '원칙'은 앞뒤가 맞지 않다고 생각했다. 미국이 요리조리 수입관세를 부과할 수 있는 수단이 많았기 때문이다.

케인스의 가장 중요한 미국인 동료인 딘 애치슨은 케인스가 너무 어두운 면만 부각시킨다는 국무부의 주장에는 동의했지만, 적군과 아군이 모두 죽는, 즉 적군은 무력으로 쓰러뜨리고 아군은 파산시키는 결과를 초래할 수밖에 없는 재무부의 주장에는 강력히 반대했다.[46] 단지 케인스만 그와 의견을 같이 하는 사람이 아니었다. 케인스 자신은 대영제국보다는 영국 경제를 더 걱정했지만, 골수 제국주의자인 처칠 내각의 레오폴드 에머리(Leopold Amery) 인도 담당 국무장관과 공급부 장관인 비버브룩(Beaverbrook) 경은 무기대여법 제7조를 강하게 반대하며 버렸다.

　케인스가 영국이 전후에도 무역을 차별해야 하는 이유를 지나칠 정도로 논리적으로 따진 일은 누워서 침을 뱉은 격이었다. 당시 국무부 무역분과에서 정책을 담당하던 해리 호킨스(Harry Hawkins)는 영국의 무역 차별정책은 무역전쟁을 유발할 수 밖에 없으며 영국은 이 전쟁에서 이길 수 없다고 경고했다. 호킨스는 "케인스는 미국인들이 위기에 빠진 영국을 돕기 위해 희생한 뒤에도 (물론 미국에도 도움이 되지만) 영국이 자기 고집대로 영국과 다른 여러 나라에서 미국 제품을 차별한다면 미국 여론은 이를 용서치 않을 것이라는 점을 전혀 모르고 있다."라고 주장했다. 케인스가 내세운 구상도 자신이 임무를 완수하는 데 걸림돌이 됐다. 1933년 케인스는 이런 글을 썼다. "영국은 외부의 경제변화로부터 방해 받지 않고 최대한 자유로워야 한다. 향후 내가 가장 좋아하는 이상적 사회공화국을 실험해야 하기 때문이다."[47] 이 때문에 홉킨스는 '세부협정문에 전후 경제정책에 대한 특별조항을 넣어야 한다'는 생각을 더욱 굳혔다. 그는 케인스가 런던으로 돌아가면 다시는 돌아오지 말아야 한다고 주장했다. 그는 '세상 사람이 다 아는 고집불통'이어서 협상은 무산될 수밖에 없다고 판단했다.[48]

　처칠 일대기를 쓴 맥스 헤이스팅스(Max Hastings)가 회상했다. "전시에 처칠 수상만큼 연애편지를 쓰느라 잉크를 많이 사용한 사람도 없었다. 그는 루스벨트 대통령에게 일주일에 두 세 번씩 장문의 글을 보냈다." 때로는 실연당했다는 생각에 가슴이 무너져 내리기도 했지만 너무 늦기 전에 루스벨트 대통령이 자신이 만들고자 하는 영미 협력 방안에 관심을 보이리라는 희망을 버리지 않았다. 마침내 대통령이 뉴펀들랜드(Newfoundland) 플레센티아(Placentia) 만에 있는 오거스타(Augusta) 순양함 안에서 8월 9일에 은밀히 만나자고 제안하자 수상의 기대는 '하늘을 찌를' 듯했다. 흥분한 처칠 수상은 여왕에게 이렇게 썼다. "우리 친구가 좋은 소식을 가지고 있지 않다면 이렇게까지 세상의 이목을 받을 만한 만남을 갖자고 하지는 않았을 것입니다."[49]

루스벨트는 기분이 좋아 보였다. 특히 오늘만큼은 그의 상냥한 모습이 민감한 문제를 접할 때마다 두루뭉술하게 넘어가는 그의 성격과 아주 잘 어울렸다.[50] 하지만 대통령은 아직 정치적으로 군사지원을 확약할 만한 위치에 있지 못했다. 오히려 그는 영국으로부터 약속을 받아내고 싶어했다. 세상 사람들, 특히 의회와 국민에게 보여 줄 공동원칙에 대한 결의, 즉 더 나은 전후 세계를 만들기 위해 영국이 미국의 지원을 받아 열심히 싸우겠다는 다짐을 원했다. 미국이 구 세계의 진흙탕 싸움에 끼어든다는 인상을 줄 수는 없는 노릇이었다.

한편 8월 11일 러시아가 베를린에 첫 공습을 감행했고, 9일 뒤 독일이 레닌그라드를 900일 동안이나 점령하는 악몽이 시작됐다. 루스벨트와 처칠이 러시아에 즉시 '대규모' 지원을 하겠다고 약속했는데도 러시아 사람들은 영미 회동에 분명 위협을 느꼈다.[51] 그로부터 30년 뒤 처칠 일대기를 쓴 소련 전기작가는 이렇게 적었다. '플레센티아 만에서 영국과 미국이 전후 세계를 지배하자는 계획을 세웠다.'[52]

루스벨트는 처칠과 마찬가지로 경제원칙을 밀고 나가는 데 별 관심 없었지만 그의 자문위원들은 제7조를 관철시킬 수 있는 기회를 놓치고 싶지 않았다. 당시 케인스는 이 조항을 기를 쓰고 반대했다. 섬너 웰스(Sumner Welles) 미 국무부 차관은 영국 알렉산더 카도건(Alexander Cadogan) 차관에게 전후 재건을 위해 "차별, 외환 통제, 정치색을 띤 경제우선주의가 없는, 온 세계를 수렁에 빠뜨린 주범이라고 생각되는 수많은 경제적 장벽이 없는 완전한 경제 교류"가 필요하다고 퉁명스럽게 내뱉었다. '지난 세대에 돌이킬 수 없는 문제를 일으켰던 시스템과 똑같은 체제'를 강화하려는 영국 사람들을 두고 한 말이었다.[53]

처칠 수상은 루스벨트 대통령이 공동선언을 할 수 있는 기회를 주기만을 갈망하고 있었다. 그는 초안을 하룻밤 사이에 마련했지만 이는 오래 전부터 미리 생각해 둔 것으로 작성한 듯했다. 여러 해 뒤 처칠 수상이 회고했다. "보수주의자들이 내세우는 다양한 주장, 구 세계에 대한 회고와 이것이 대통령에게 가져다 준 고통 등을 모두 검토한 뒤 '대서양헌장'이라 불릴 선언문의 기본정신을 손수 브리티시 프로덕션사의 대본 초안에 넣었다고 기록할 수 있어 기뻤다."[54]

주요 원칙은 민족자결주의, 자유 항행권, '공포와 궁핍으로부터 해방' 등이었다. 이는 큰 논란거리가 아니었다. 경제 관련 문제가 커다란 논란의 대상이었다.

처칠은 '미국과 영국이 두 나라뿐만 아니라 세계 모든 나라가 서로 필수품을 공정하고 평등하게 배분할 수 있도록 노력하자'고 제안했다. 제7조 때문에 케인스가 반발한 정도만큼은 아니지만 이 제안에 웰스도 심한 알레르기 반응을 보였다. 처칠 수상에게 늘 조언을 해 주던 웰스는 못마땅하다는 투로 말했다. "부질없는 일입니다. 미국에서 수입관세가 부과되고 독재가 더욱 세력을 떨치는 세상에서 온갖 차별적 무역장벽이 세워지는 바로 그 시기에, 천 번도 넘는 경제회의를 열어 상품을 국제적으로 공정하고 평등하게 배분하자고 경건하게 다짐했던 기억이 떠오릅니다." 사실 1932년 오타와 협정(Ottawa Agreements)을 맺어 '다 죽어가는 자유무역정책을 마지막으로 짓밟아 죽인 나라는 바로 영국'이었다. 이 협정은 '지구 면적의 25퍼센트를 차지하던 영국 식민지 지역 안에서만 무역을 하도록 제한한 규약'이었다. 그래서 '곧 발표한 선언문에 전후 영국이 국제무역을 가로막는 모든 걸림돌을 완전히 없앤다는 확약을 집어넣지 않는다면 …… 틀림없이 새롭고 더 나은 세계경제질서를 보장할 수 없었을 것이다.'⁵⁵ 당시 런던으로 돌아왔던 케인스는 (설령 너그럽게 말했더라도) 이는 자유무역을 하자고 울며 무식하게 떼쓰는 것이나 마찬가지라고 비웃었을 것이다.

웰스는 처칠이 제안한 네 번째 원칙을 다음과 같이 수정했다.

> 앞으로 미국과 영국은 미국에서든 영국에서든 제3국에서 차별적으로 수입하는 행위를 근절함으로써 서로 돕는 경제협력관계를 촉진하기 위해 노력한다. 그리고 두 나라는 경제번영을 위해 모든 사람들이 동등한 조건으로 시장에 자유롭게 물건을 팔고 원자재도 수입할 수 있는 기쁨을 더욱더 누릴 수 있도록 노력한다.

이는 근본적으로 케인스가 증오했던 제7조나 다름없었.

표현은 간결할수록 좋다는 점과 무역차별화가 국무부의 골칫거리라는 사실을 잘 알던 루스벨트 대통령은 위 초안의 첫 번째 문장은 다 지워버린 후 뒷문장에서 단어 몇 개를 고쳤다. 즉, 미국과 영국은 (이 세

번째 수정안대로) 경제번영을 위해 모든 사람들이 **차별 없이** 동등한 조건으로 **세계** 시장에 자유롭게 물건을 팔고 원자재도 수입할 수 있는 기쁨을 더욱더 누릴 수 있도록 노력한다."(굵은 글씨가 대통령이 덧붙인 부분이다)

처칠은 이 문구가 무엇을 대상으로 하는지 바로 알아차렸다. 그는 초안을 읽은 뒤 즉시 웰스에게 연락해 이 선언문이 오타와 협정에도 적용되는지 물었다. 웰스가 잘라 말했다. "물론 그렇습니다." 수상은 솜씨 있게도 자신이 협정을 공개적으로 반대하는 사람이라고 대놓고 말하며 "이 문제에 대해 식민지의 의견을 받는 데 적어도 일주일이 필요하다."라고 주장했다.[56]

홉킨스는 웰스와 카도건에게 처칠 수상이 바로 서명할 수 있도록 서둘러 문구를 새롭게 고치라고 부탁했다. 하지만 웰스는 "더 고치면 제안한 선언문의 가치가 완전히 떨어진다."라고 말하며 거절했다. 그는 대통령도 "자신과 생각이 똑같다."라고 주장했다. 그러고는 이 문제는 "최종 합의문 도출을 지연시킬 만큼 중요하지 않다."라고 말하면서 홉킨스가 대통령을 설득해야 한다고 했다.[57] 대통령이 웰스에게 메모를 보내 "시간이 촉박하니 문제되는 유일한 문구인 무역차별이라는 말을 삭제하라."고 지시했다. 이로써 대통령은 제국주의적 무역차별을 반대하는 헐과 웰스와 담을 쌓았다. 결국 웰스의 반대를 무릅쓰고 두 나라 사이의 대서양 헌장 최종 문안을 다음과 같이 완성했다. "두 나라는 경제번영을 위해, 크든 작든 승리했든 패배했든 상관없이 모든 나라들이, 동등한 조건으로 세계 시장에 자유롭게 물건을 팔고 원자재도 수입할 수 있는 기쁨을 더욱 누릴 수 있도록, **기존 의무를 마땅히 존중하면서**,

노력한다."(굵은 글씨는 추가한 부분이다) 처칠 수상은 "'기존 의무를 마땅히 존중한다'는 문구로 우리가 대영제국 내 특혜관세를 지킬 수 있었다."라고 적어 의기양양하게 런던으로 전신을 보냈다.[58]

8월 14일 대서양 헌장이 공동성명 형식으로 발표됐다. 하지만 결코 서명은 하지 않았다. 서명을 하면 조약이 돼 미국 의회의 비준을 받아야 했기 때문이다. 하지만 고립주의를 내세우는 의원들이 들고 일어나 미 행정부는 '전쟁 중이든 전쟁 후든 도덕적 의무를 절대 약속하지 말라'고 압박했다.[59]

웰스와 헐 장관은 공석에서는 밝은 표정을 지었지만 사석에서는 노발대발했다. 웰스는 겉으로는 "제국주의 시대는 끝났다."라고 선언했다. 하지만 회고록에서 헐 장관은 기존 의무 조항 탓에 '선언문 의미가 완전히 퇴색됐다'라며 아쉬워했다고 적었다. 심술 사나워진 그는 지푸라기라도 잡고 싶은 심정으로 몇 주 뒤 영국이 제국의 특혜관세를 없애기로 무조건 약속한다는 조항을 선언문에 넣자고 제안까지 했다. 런던에 있던 위넌트는 아니나 다를까 처칠 수상이 조항을 수정할 생각도 대영제국 식민지 국가에 의견을 물을 마음도 없다고 보고했다.[60] 헐 장관은 물러설 수 밖에 없었다.

영국은 미국을 한번은 쓰러뜨렸지만 결국 싸움에서는 졌다. 대서양 헌장은 선언문일 뿐이고 말이란 값싼 것이다. 반면 무기대여법은 사고 싶어 안달 난 매수자와 물건을 독점한 매도자 사이에 체결한 계약이다. 무기대여법에서 정한 군수물자는 영국으로 계속 흘러 들어가고 있었지만 대급결제 조건은 여전히 합의되지 않았다. 아직도 국무장관은 자신의 '뜻'을 관철시키려고 단단히 벼르고 있었다.

제7조를 놓고 국무부와 영국 대사관이 서로 옥신각신하면서 협상은 가을까지 이어졌다. 국무부는 제국의 특혜관세를 제거해야 한다며 단 한 발짝도 물러서지 않았고 영국은 한꺼번에 두 가지 주장을 밀고 나갔다. 하나는, 미국은 경제상황에 맞게 '적절한 조치를 취하기로 합의할 수' 있고 이 합의로 원하는 것을 얻을 수 있다는 의견을 내세웠다. 다른 하나는, 경제가 어려워지면 미국은 '생산, 고용, 재화의 교환과 생산 등에 대해 적절한 조치'를 강구해 무역에서 '원하는 것'을 어느 정도는 이룰 수 있다는 견해였다. 이는 미국이 경제불황을 극복하기 위한 통화정책이나 재정정책을 실시하지 않으면 경기침체가 해외로 전염돼 결국 다른 나라의 손발을 묶는 결과를 초래한다는 케인스의 걱정을 반영한 주장이었다.

여전히 처칠 전시내각의 4분의 3은 무기대여법에서 대영제국 내 특혜관세를 거론하는 것 자체를 반대했다. 수상처럼 제국의 특혜관세에 집착하지 않는 사람조차도 전시물자를 구입하는 대가로 제국의 토대까지 팔아먹는다는 인상을 준다는 사실에 못마땅해 했다.

전쟁 중에 흔히 있던 일이지만 영국 사람들은 결국 미리 계산되고 실체 없는 미국 대통령의 선의에 기대고 따를 수밖에 없었다. 1942년 2월 루스벨트 대통령은 헐 장관의 성화에 못 이겨 처칠 수상에게 전신을 보내 제7조 수정안을 빨리 승인해 달라고 요청했다. 한편 전황은 영국에 불리하게 돌아갔다. 2월 15일 싱가포르가 일본군에 의해 함락당하자, 제7조 수정안 논쟁은 적들에게 미국이 영국의 위태로운 전시상황을 악용해 대영제국을 통제하려 한다고 떠들고 다닐 수 있는 빌미를 주는 꼴이라는 처칠 수상의 걱정에 대통령이 즉각 반응했다. 루스벨트 대통령은 국무부의 공식 수정안을 받아들이지 않고, '무기대여법을 제국의 특혜관세 원칙을 없애려는 무기로 이용하려 한다는 소문은 사실무근'이라며 수상의 우려를 진정시키는 전신을 '순전히 개인적으로' 보냈다.[61] 이 답신은 영국 내각을 달래기에 충분해 마침내 2월 23일 영국과 미국은 무기대여법에 최종 서명했다.

하지만 이는 미 행정부를 감싸기에는 부족했다. 몇 주 뒤 루스벨트 대통령은 의회에 출석해 "우리가 영국을 돕는 대가로 얻는 직접적 혜택은 향후 무역과 통화 정책에 대해 영국과 (앞으로 다른 우방국과도) 논의하기로 한 약속"이라고 밝혔다.[62] 여기서 말하는 무역과 통화 정책이란 무엇일까? 헐 장관은 이렇게 적었다. "우리가 제7조에 '우선적 배려(preferential arrangements)'라는 문구를 넣으면 영국 정부가 정치적으로 곤란해질 수 있다고 판단해 일반적 용어로 바꿔 표현했다고 핼리팩스 영국대사에게 통지했다. 우선적 배려에는 무엇이 포함될 수 있는지 묻는다면 모두 것이 포함될 수 있다고 답할 것이다."[63]

제7조를 받아들인 처칠 수상은 국회에서 사정없이 질타를 받을 터였다. 루스벨트 대통령이 아무런 구속력 없는 전신을 보내 자신을 안심시킨 사실 이외에는 내세울 것이 없었다. 2년 뒤 수상은 의회에 출석해 보고해야 했다. "우리가 대영제국의 특혜관세를 포기한다고 약속하는 대가로 미국 정부도 높은 수입관세를 폐지한다고 대통령이 확약하지 않았다면 저는 제7조에 합의하지 않았을 것입니다."[64]

무기대여법 합의에서 케인스는 어떤 도움을 줬을까? 사실, 모겐소 장관, 헐 장관, 웰스가 요구하는 내용이 전후 영국의 지급능력을 크게 해친다는 점을 케인스보다 더 잘 파악하고 조리 있게 설명할 수 있는 사람은 없었다. 하지만 케인스처럼 결혼한 사람이라면 원리원칙대로만 해서는 곤란할 때가 있다는 사실쯤은 알아야 한다. 그런데도 이 세상에 자기보다 더 똑똑한 사람은 없다고 자만한 케인스는 자신보다 덜 박식하고 덜 유창한 상대방을 궁지에 몰아 자존심에 상처를 입히기 일쑤였다. 모겐소 장관이 홉킨스와 한 대화에서 알 수 있듯이, 케인스가 겸손하지 못한 탓에 루스벨트 대통령의 자문위원들은 케인스의 조리 있는 화법에 넘어가지 않도록 자신들의 요구사항을 더욱 강하게 밀어 부쳤다.

확실히 케인스는 손에 든 패가 형편없었다. 하지만 최선의 전략은 포커페이스를 유지하고 운에 맡겨보는 것이다. 외무부는 무기대여법을 협상할 때 이 같은 전략을 택했다. 하지만 케인스는 이 방법은 원칙적으로 좋지 않다며 무시했다. 화이트가 미 국무부를 조롱했듯 케인스도 영국 외무부를 비웃었다. "외무부는 더 이상 달랠 상대가 없으면 이 일은 자기들에게 어울리지 않는 임무라고 생각할 것이다."[65]

영국이 전쟁에서 살아남으려고 애쓰는 가운데 케인스가 금융 최전선에 나가 싸웠지만 놀랍게도 처칠 수상은 그의 노력에 별 관심을 두지 않았다. 처칠이 전쟁사를 다룬 책이 다섯 권인데도 이 위대한 경제학자에 대해서는 딱 한번 언급했을 뿐이다.[66] 수상은 전쟁 내내 생존 전략에만 초점을 뒀다. 가장 중요한 전략은 루스벨트 대통령과 홉킨스 같은 특사들과 친분을 쌓은 뒤 이들을 끈질기게 설득해 포템킨 마을 (Potemkin Village, 제정 러시아 시대 그레고리 포템킨 지사가 예카테리나 여제에게 보여주기 위해 만든 가짜 마을로서 겉만 번지르르한 꾸미는 겉치레를 일컫는 말_옮긴이)로 데려가는 일이었다. 나머지는 관심 밖이었다.

## 제5장 가장 이타적인 법률

케인스는 처칠 수상보다 미국인들 앞에서 더 자주 좌절감을 느꼈지만 케인스와 처칠 모두 협상 상대가 후의를 베풀지 않았는데도 그들이 결국 후의 있는 사람들이라 여겼다. 하지만 보이는 모습 그대로가 맞을 때가 종종 있다. 모겐소 장관과 화이트는 비합리적인 것을 요구하지 않았다. 단지 받아들이기 어려운 것을 원했다. "우리 패가 유리하면 배팅해야 합니다." 2년 뒤 브레턴우즈에서 모겐소 장관이 주장했다. "상대방의 패가 유리하면 그들이 하겠지요."[67] 화이트가 덧붙였다.

## 제6장
## 화이트와 케인스가 최선을 다한 계획

헨리 모겐소 장관은 본능적으로 적자재정을 싫어했지만 뉴딜정책은 강력히 지지했다. 그는 전형적인 미국인답게 미국에 좋은 일은 온 세계에도 바람직한 것이라 믿었다. 호전적이지 않은 강국으로 떠오르는 미국은 유럽 제국주의 국가와는 달리 차별 없고 경제적으로 협력하는 세상을 만드는 데 힘을 써야 한다고 생각했다. 그러기 위해서는 각국 중앙은행들을 협박하고 외환시장을 흔들 뿐만 아니라 무역을 방해하고 국제분쟁의 씨앗을 뿌리고 다니는 이기적이고 근거 없는 금융업자들을 정부가 기필코 장악해야 했다. 그는 브레턴우즈 회의에서 유명한 글을 남겼다. "저는 국제금융이라는 신전에서 고리대금업자들을 몰아내려 합니다."[1]

모겐소 장관은 이를 달성할 수 있는 구체적인 방법은 알지 못했다. 하지만 이를 위해서는 정부가 통화정책과 중앙은행을 관리해야 한다는 사실쯤은 파악하고 있었다. 더불어 개별국가들이 앞다퉈 자국 통화 가치를 떨어뜨리고 환율을 통제하지 못하도록 국제기구를 만들어야 한다는 점도 알고 있었다. 당연한 일이지만 그는 해리 화이트에게 이 시스템을 만들기 위한 밑그림을 그려달라고 부탁했다.

1941년 12월 4일 모겐소 장관은 화이트 차관에게 새로운 임무를 주면서 '동맹국 안정화 기금'을 설립하기 위한 보고서를 준비하라고 지시했다. 이 기금은 '전후 국제통화질서 구축을 위한 토대'가 될 터였다. 이 임무는 그저 기술관료나 하는 일 같아 보였지만 모겐소 장관은 마음 속에 아주 원대한 꿈을 품고 있었다. 몇 년 뒤 그는 트루먼 대통령에게 자신의 목표는 '국제금융센터를 런던과 월가에서 미국 재무부로 옮겨 세계 여러 나라들에 국제금융이라는 새로운 개념을 심어주는 일'이었다고 보고했다.[2] 모겐소 장관 일대기를 쓴 전기작가 블룸은 이 개념이 '전후 미국달러를 전 세계 외환거래의 기본통화로 만드는 것'이었다고 썼다. 사실 이 야망은 장관 자신이 신뢰하는 보좌관인 화이트가 그에게 심어준 꿈이었다.[3] 이는 화이트에게도 유명해질 수 있는 절호의 기회였다.

1942년 3월 화이트는 '화이트 플랜'이라고 알려진 첫 번째 초안을 완성했다. 당연히 이 계획은 당시 현실과 동떨어져 보이는 세계평화를 전제로 하고 있었다. 사실 이날은 연합군 대참패로 기억되는 싱가포르 함락 후 단 몇 주만이 지난 시점이었다. 말레이 반도와 싱가포르에서 영국, 인도, 호주 병사 13만 명이 포로로 붙잡혔다. 포로 수가 사상자 수보다 무려 40배가 넘어 그야말로 치욕스런 참사였다. 처칠 수상은 이를 영국 역사상 가장 규모가 큰 항복이라고 말하며 사임하려고까지 했다. 어느 영국 사령관은 독일의 '영국해협 돌파작전'과 이 패배로 "대영제국이 뿌리째 흔들렸다."라고 한탄했다. 영국해협 돌파작전이란 2월 12일 프랑스 항구에 있던 독일 전함 3척이 봉쇄됐다고 여겨졌던 영국해협을 뚫고 독일 영해로 달아난 사건이다. '더 큰 문제는 이 사건들이 전 세계 여론에 영향을 끼쳤다는 점이다. 양국 간 조화와 이해가 가장 중요한 시점에 미국에서 가장 당혹스런 파장을 일으켰다.'[4] 처칠 수상은 극동 지역 참패를 일본군의 진주만 공격으로 '박살 난' 취약한 미 해군의 방어력 탓으로 돌리는 듯한 인상을 줌으로써 일을 더욱 악화시켰다.[5]

화이트는 전쟁이라는 끔찍한 파도 너머로 보이는 경제 문제에만 집중하려 했다. 그는 전쟁 직후 미국이 직면할 '피할 수 없는 문제 세 가지'를 검토하기 시작했다. 먼저, '외환시장, 통화, 신용 시스템의 붕괴를 막는' 일이고, 다음은 '국제무역을 기필코 회복시키는' 문제였다. 마지막은 '재건, 구호, 경제회복에 필요한 엄청난 규모의 자본을 확보해야 하는' 숙제였다. 그는 지체 없이 '이 중요한 세 가지 목적을 이루기에 적합한 자원, 힘, 구조를 가진 기구를 만드는' 실행 계획에 착수했다.[6] 이는 전후에 이른바 세 가지 브레턴우즈 기구 창설로 이어진 발상이었다. 이 기구들은 바로 국제통화기금(International Monetary Fund, IMF), 세계무역기구(World Trade Organization, WTO),[7] 세계은행(World Bank)이다.

화이트는 이 문제를 전쟁이 끝나기 전에 해결해야 한다고 주장했다. 참가국 모두 법을 만들고 중요한 기구들을 설립하려면 시간이 많이 걸릴 터였기에 하루 빨리 가동시켜야 했다. 처칠 수상으로서는 대수롭지 않은 조직을 세우는 일로 왁자지껄하는 것이 짜증스러운 뿐이었다. 이런 그가 화이트와 케인스의 노력을 대놓고 무시하는 것은 어쩌면 당연해 보였다. 싸움이 한창인데 전후 문제를 상상하며 걱정한다는 일은 그

제6장 화이트와 케인스가 최선을 다한 계획

저 쓸데없는 시간 낭비일 뿐이었다. 차라리 그 시간과 노력이면 비행기를 한 대라도 더 많이 만들 수 있을 터였다. 영국 육군성 작전 참모였던 존 케네디(John Kennedy) 소장은 그럴싸한 미래 정치·경제 비전만 그리는 '대서양 헌장'으로는 '독일과 일본 파시즘에 싸워 이길 수 없다'고 조롱했다.[8] 하지만 화이트에게는 재건 계획을 제안하는 일 자체가 '전쟁을 승리로 이끄는 요인'이라고 판단했다. 왜냐하면 '이미 침략당했거나 앞으로 침공당할 나라들이 연합군의 승리가 단지 경제적 승리가 아니라는 점을 더욱 굳게 믿는다면 악의 축 무리를 물리치는 일이 더욱 쉬울 터였기 때문이다. 연합군이 전쟁에서 이기면, 즉 전쟁 전 수십 년간 국제경제를 지배하던 약육강식 논리에 따라 약소국이 굴복하고, 세계경제가 혼란에 빠져 불황으로 치달아 결국 자기나라만 살겠다고 아우성치는 세상으로 되돌아가지 않는다는 사실만 확신한다면, 싸움에서 더욱 쉽게 이길 수 있기 때문이다.'

이뿐만 아니라 재빨리 움직이지 않으면 비극으로 끝날 수도 있다. 즉, 세계는 '혼돈스런 경쟁, 통화질서 붕괴, 불황, 정치적 분열 등으로 결국 다시 전쟁에 휘말리지 않으리라는 보장이 없다. 효율적인 국제연맹을 만들지 못해 참혹한 전쟁을 한 세대에 두 번이나 치러야 했듯, 선도 국가들이 경제협력을 탄탄히 하지 않으면 앞으로 수십 년간 훨씬 더 방대한 무력전을 초래할 경제전쟁에 휩싸일 것이라고 봤다.[9] 하지만 8년 전 처음으로 제출한 재무부 보고서처럼 실무적으로 쓸모 있다는 평을 받지는 못했다.

화이트는 자신의 구상을 실행할 새로운 기구에 대한 밑그림 두 개를 그렸다. 하나는 '연합국과 관련국 국제안정기금'이었고 다른 하나는 '연합국과 관련국 국제부흥개발은행'이었다(그는 무역기구는 제안하지 않았는데 이는 그가 무역을 통화문제로 간주한 사실과 맥락이 같다). 혼란스럽게도 화이트가 제안한 기금은 은행을 닮았다. 즉, 기금 같은 은행처럼 보였다. 하지만 이름이 암시하듯 이들은 나중에 IMF와 국제부흥개발은행(IBRD)으로 탈바꿈한다. 그리고 국제부흥개발은행은 지금의 세계은행이다. 화이트는 이 은행이 주로 전쟁으로 폐허가 된 나라를 재건하기 위한 직접 대출과 민간 대출에 대한 보증(대출 보증은 이자율을 낮추기 위한 뉴딜정책 관행이었다) 업무를 하리라 기대했지만, 자신이 제안한 기구 두 개 중 국제안정기금이 향후 지정학적으로 훨씬 더 중요한 구실을 하게 된다.

화이트가 만든 안정기금의 주 목적은 국제무역과 관련한 자본 이동을 막는 장애물을 줄일 수 있는 데까지 줄이되 장벽이 다시는 생기지 않도록 해야 한다고 명시돼 있다. 1914년 이전까지만 해도 화이트가 제안한 것 같은 복잡한 공식 국제협정 없이도 금본위제가 이 두 가지 목표를 사상 유래 없을 정도로 잘 달성했다. 하지만 이 금본위제는 1920년대 온갖 통화정책 실패의 온상으로 전락하고 말았다.

하지만 화이트는 자신의 가장 중요한 목표를 일부러 보고서에 언급하지 않았다. 그는 향후 수년 동안 금의 국경 간 이동이 미국 통화정책을 좌지우지하지 못하도록 달러의 지위를 격상시켜 금을 대체하려는 일에 온갖 관심과 열정을 쏟아 부었다. 미국 통화정책은 순전히 미국에 있는 전문가들이 결정하고, 이는 고정환율제를 통해 다른 나라에 전파되도록 하는 계획이었다.

이는 영국 외무부에서 미국을 담당하던 킹(C. R. King)의 근심을 사기에 충분했다. 그는 미국인들이 '전쟁에서 완승한 뒤 군사력과 경제력에서 절대 강국으로 떠오르리라고' 확신한다는 사실에 주목했다. 미국에 파견된 눈치 빠른 아서 솔터(Arthur Salter) 선박담당 특사는 이렇게 적었다. "앞으로 정책은 점점 더 워싱턴에서 결정된다는 사실을 받아들여야만 한다. 정책을 런던에서 만든 뒤 워싱턴에서는 '설명만' 한다든지 정책을 영국이 독자적으로 시행한 뒤 미국과는 '조율만' 한다든지 하는 일을 기대하는 것은 발만 아프게 돌부리를 차는 짓과 같다."

하지만 루스벨트 행정부는 자신들의 원대한 포부를 밀고 나가기 위해 전쟁에서 이길 때까지 기다릴 수 없었다. 화이트가 경제 청사진을 제시하는 사이 루스벨트 대통령은 정치 비전을 위한 밑그림을 그리고 있었다. 이 중 가장 중요한 목표는 유럽 식민지 제국들을 해체하는 일이었다. 4월 11일 루스벨트는 자신의 열성적 펜팔인 영국 수상에게 "영국 정부는 인도인들에게 자치권을 양보하지 않으려 한다."라고 쏘아붙여 그를 노발대발하게 만들었다.[10] 해리 홉킨스도 이를 보고 '격앙했다'고 한다.[11] 연합국의 대의를 위해 인도를 안정시키는 일이 급선무라고 여겼던 처칠 수상은 루스벨트 대통령의 발언이 위선적이고 무책임하며 쓸데없는 간섭이라고 생각했다. 하지만 5월 4일 미군이 호주 북동부 산호해 전투에서 일본군에게 심한 타격을 입히는 등 미국이 아시아라는 무대에서 거둔 성공은 곤혹스럽게도 영국의 패배와 대조를 이뤘다. 이로써 미국은 전후 세계를 구상하는 데 영국을 별로 신경 쓰지 않아도 된다는 인식이 더욱 팽배해졌다.

해리 화이트는 (오늘날의 미국 재무부와 FRB 관료들과는 달리) 미국 달러화가 금을 디딤돌 삼지 않고서는 자신이 부여한 국제통화 구실을 제대로 할 수 없다고 생각했다. 분명 1939년~1942년 사이에 쓴 〈금의 미래The Future of Gold〉라는 제목의 방대한 분량의 미공개 보고서의 일부에는 돈의 본질과 잘 돌아가는 국제통화 시스템에 대한 화이트의 흥미로운 통찰이 잘 드러나 있다. 이는 화이트가 재무부에 근무하면서 틈틈이 썼던 깊이 있고 세밀하며 때로는 정치적으로 물의를 일으킬 수도 있는 수많은 보고서 중 하나였다.

화이트는 국제통화 시스템에서 금이 맡아야 할 역할에 대해 케인스보다 더 좋게 평가했다. 화이트는 이렇게 주장했다. "금은 이제까지 고안된 가장 훌륭한 국제적 교환의 매개체다. 금이 다른 결제수단보다 더 낫기 위해서는, 금을 충분히 보유한 나라는 그렇지 못한 국가보다 언제 어디서든 더 자유롭고 효과적으로 국제무역을 할 수 있다는 점을 모든 나라가 공감해야 한다."[12]

아주 심각한 국제분쟁만이 금이 중요한 구실을 못하게 할 수 있지만, 설령 그런 분쟁이 있다손 치더라도 조만간 그런 일은 일어나지 않을 것이다. 화이트는 불환지폐인 달러 '항성' 주위를 불환지폐인 타국 통화 '행성'이 공전하는 통화 시스템은 불안정하고 정치분쟁을 초래할 수 있다고 예상했다. "금이 그 어떤 것보다 우월한 지위를 더 이상 유지하지 못하는 때가 올 수도 있다." 화이트가 말했다. "하지만 그 시기는 국제통화 시스템이 개별국가의 통화 시스템과 통화정책을 대체하여 개별국가의 통화, 신용, 무역 정책을 좌지우지할 때뿐이다. 이 시스템은 세계 경제정책을 관리하는 일종의 통화국제연맹 같은 것이다."

"지금은 각 나라들이 무역대금 결제수단으로 금을 쓰지만 앞서 언급한 것과 같은 시기가 도래하면 결제를 위한 매개체로 금을 더 이상 사용하지 않을 것이다."라고 화이트가 설명했다. 돈과 정치는 서로 뒤엉켜 떼려야 뗄 수 없다.¹³ 아마도 화이트가 이를 의식하지 못했을지라도 그는 세기말 독일 철학자이자 사회학자인 게오르크 지멜(Georg Simmel)이 〈돈의 철학The Philosophy of Money〉이라는 논문에서 밝힌 돈에 대한 추상적 개념을 구체적으로 잘 설명했다. 지멜은 자신이 사는 세상이 아주 빠르게 세계화되고 있다는 사실을 간파했다. "경제협력으로 더욱 커지고 국제화된 사회에도 원래 몇몇 폐쇄된 집단에만 있던 특징들이 똑같이 존재한다. 이런 모습으로 얼마나 발전하느냐에 따라 금으로 대표할 수 있는 돈의 본질가치에 대한 의미가 퇴색하는 정도가 결정된다. 아직은 우리가 국가 내에서든 국가들 사이에서든 서로 믿을 수 있는 가까운 관계를 맺었다고는 결코 말할 수 없지만 틀림없이 추세는 이 방향으로 가고 있다."¹⁴

화이트는 그 당시의 정치현실을 반영해 다음과 같이 분명히 못박았다. "하지만 이런 새천년이 오기 전까지는 많은 국가들이 금을 선호할 것이다. 왜냐하면 금만큼 군자금과 대외충격에 대한 완충 구실을 잘 할 수 있는 수단이 없기 때문이다."¹⁵ 하지만 그는 논문에 그런 새천년이 아주 어두운 면이 있을 수 있다는 점도 지적했다. "하지만 주요 나라들 모두 전체주의 국가로 완전히 바뀌어 물물교환만 한다면 무역 상대국끼리 미결제 잔액이 사라져 금은 결제수단으로서 쓸모 없어진다." 이는 금이 사라진 사회에서는 자유민주주의도 없어진다는 사실을 뜻했다.¹⁶ "한 나라가 한두 국가만 제외하고 다른 모든 나라를 정복해 그 곳의 통화정책을 통제하는 날이 오면 금은 최후를 맞을 것이다. 하지만 이런 재앙이 일어난다면 화폐보다 훨씬 더 가치 있다고 여겨지는 어떤 결수단도 마찬가지로 종말을 고하고 말 것이다."[17]

화이트는 미 달러화가 국제결제와 가치저장 수단으로서 언제 금을 대체할 수 있을지 궁금했다. 그는 이에 대한 답은 미국이 일정한 비율로 달러화를 금으로 태환해 줄 수 있는 의지와 능력에 달려있다고 봤다. "금태환이 불가능한 국제통화 시스템과 개별국가의 정책 자주권이 양립할 수 있다고 믿는 사람들이 있다." 화이트는 의도했든 의도하지 않았든 케인스까지 포함해 말했다. "조금만 생각하면 이 생각은 현실성이 없다는 사실을 알 수 있다. 오늘날 외국이 재화와 서비스에 대한 결제수단으로 달러를 받아들이는 이유는 달러를 고정환율로서 금으로 바꿀 수 있다는 확신이 있기 때문이다."[18] 새로 고안된 국제통화도 달러와 일정비율로 교환할 수 있다면 국제결제수단이 될 수 있을 것이다.

"여러 나라들이 미 달러화를 신뢰하는 가장 큰 이유는 분명 미국이 금을 대규모로 보유하고 있기 때문이다."[19] 화이트가 결론지었다. "국제협약으로는 금을 대신할 수 없다."[20] 하지만 그의 주장은 브레턴우즈 회의가 끝난 뒤 25년이 지나 미국 금 보유잔액이 곤두박질치고 달러화 인출사태까지 벌어져 달러화라는 이름이 달린 통화 시스템이 무너졌을 때가 돼서야 옳았음이 밝혀졌다.

화이트는 자신의 계획을 준비하면서 〈이코노미스트*Economist*〉지에서 '금의 미래(The Future of Gold)'라는 자신의 보고서와 똑같은 제목의 기사를 보고 자신감을 얻었음이 틀림없다. 기사 내용은 이렇다. '금이나 금을 기초로 하는 국제통화는 이미 존재하는 통화 중 하나일 것이다. 그리고 분명 전후 경제를 재건할 때 틀림없이 달러화가 국제적으로 가치 척도와 지급 수단이 될 것이다.' 이 기사는 화이트가 전후 통화 시스템을 계획하는 데 지적 명분을 제공했다.²¹ 1943년 1월 8일 화이트의 재무부 동료인 존 건터(John Gunter)는 화이트에게 이런 메모를 보냈다. "자네가 제안한 국제안정기금은 기사에서 제시된 경제 목표를 이루는 데 아주 적절한 도구인 듯하네. 금은 국제통화 시스템의 기초로 삼으면 좋겠고 달러화와 금 사이의 교환비율은 세계경제 상황을 감안해 바꾸면 될 듯싶네."²²

하지만 화이트가 쓴 보고서에는 아주 중요한 한 가지가 빠져 있었다. 그 하나가 없어 화이트가 선호했던 통화 시스템은 1920년대에 쓰러지고 1960년대에 다시 무너졌다. 그의 보고서에서는 금을 국제통화로 쓰는 것과 금본위제를 명확히 구분하지 않았다. 이자율과 국경 간 금의 이동을 자동적으로 규제하던 1914년 이전의 고전적 금본위제가 금 사재기와 국경 간 외교흥정을 기초로 해 1920년대를 주름잡던 자율적 금환본위제와 왜 그렇게 달랐는지 설명하지 않은 것이다. 정부가 금 유출을 막기 위해 극단적 조치를 취할 수는 있지만 역사상 금 유입을 억제하려고 과감한 조치를 강구한 사례는 없다는 화이트의 주장은 옳았다.²³ 하지만 그는 자신의 예리한 통찰력으로도 1930년대 통화와 무역 질서가 어떻게 혼란에 빠지게 됐는지에 대한 실마리를 찾지 못했다. 1914년 이전 금본위제가 국제경제 협력을 촉진하는 데 성공한 까닭은 정부가 외국인들이 금을 사기 위해 지폐를 인출하는 행위를 막지 않았기 때문이다.

화이트는 미국이 금 보유액을 충분히 유지하면서 통화정책을 실시하는 시스템을 구상한 것이 아니었다. 사실 이와는 정반대였다. 진정한 금본위제에서는 달러가 해외로 빠져 나가면 금도 자동으로 해외로 유출돼 결국 통화긴축정책을 실시할 수 밖에 없다. 그러면 국내에서 돈의 가치(Domestic credit)가 상승하고 물가는 하락하며 수출경쟁력이 강화돼 국제수지 적자는 비교적 빠른 시일 내에 흑자로 돌아선다. 하지만 화이트가 제안한 달러화를 토대로 하는 금환본위제에서는 거꾸로 작동한다. 즉, 해외로 나간 달러는 즉시 달러 은행예금으로 되돌아오고 이 돈은 신용을 더욱 많이 창출하는 데 쓰여 결국 통화량은 줄어들지 않는다. 그러면 국제수지는 적자는 감소하지 않고 증가한다. 이것이 바로 오늘날 거품이 계속 생기고 만성적 국제불균형이 나타난 원인이다.

화이트가 고안한 시스템에서는 달러가 전 세계에 계속 더욱더 많이 유통될 수밖에 없는 구조다. 달러를 지탱해주는 금이 상대적으로 차츰차츰 줄어들어 달러를 보유한 외국인들이 공황상태에 빠져 한꺼번에 금으로 바꿔달라고 몰려오면 위험할 수 있다. 화이트는 이 문제점을 잘 알고 있었지만 일부러 이를 대수롭지 않게 여겼다. "'자동적' 통화 시스템에서 화이트가 강력히 주장하는 관리 통화 시스템으로 바뀌면 특정 국가들은 국제수지 흑자를 누리고 다른 나라들은 적자를 겪는 기간이 꽤 오랫동안 지속될 수 있다." 단, 이 주장에는 적자국들이 금을 충분히 보유하고 있다는 전제가 깔려 있다.[24] 여기에는 문제가 하나 있다. 국제수지 적자가 지속되면 금 보유잔액도 끝없이 줄어든다. 결국 적자국은 머지않아 금이 바닥날 수밖에 없다.

화이트는 왜 이 위험을 중요하지 않다고 생각했을까? 그는 국제수지 적자를 자동으로 뒤집는 금본위제의 자동안정시스템이 각국 정책 입안자들이 자국 경제정책을 주무를 수 있는 여지를 지나치게 제한한다고 믿었다. 이점이 바로 케인스학파가 걱정하는 부분이다. 그래서 화이트는 "안정기금을 활용해 금 유출입이 국내 경제에 미치는 영향을 최소화해야 한다."라고 주장했다.[25] 이는 위태로운 국제불균형이 커져간다는 신호를 없애면 가능했다.

화이트가 지적했다. "안정기금이 국내 경제를 보호하는 만큼 금이 조정기구 노릇을 할 수 있는 여지가 줄어든다는 점은 사실이다." 화이트는 이어 주장했다. "그러면 각 나라가 자국 경제정책을 마음대로 수립하고 관리할 수 있어서 바람직하다." 그는 안정기금이 "각 나라가 편리하게 쓸 수 있는 도구라고 결론 내렸다. 왜냐하면 외환 통제를 수반하는 극단적 국내 경제 보호조치에 의존하지 않으면서도 타국의 저항을 불러올 국제수지의 변화 없이 국내 경제목표를 추구할 수 있기 때문이다."[26] 그러므로 안정기금은 통화는 태환할 수 없고 국가가 무역을 통제하는 체제와 기계적 금본위제에서 자유롭게 무역을 하는 시스템을 연결하는 가교 구실을 한다.

화이트는 국제기금을 설립해 국제시장에서 통화를 안정시키면서, 즉 각국 통화를 고정된 환율로 언제든지 교환할 수 있고, 각 정부가 1914년 이전 금본위제 시대보다 훨씬 더 자유롭게 자국 경제정책을 수행할 수 있게 하려고 했다. 이는 생각보다 쉬운 일이 아니었다. 회원국 정부가 환율안정과 모순되는 국내 경제정책을 추진하려 할 때 기금이 어떻게 대응해야 하는가라는 중요한 질문이 생긴다.

이 기금에 대한 규정을 꼼꼼하게 만들어 각 회원국 정부가 타 회원국 통화를 제한적으로만 살 수 있도록 하고자 했다. 즉, 금이나 더 강력한 통화를 사재기하려는 의도가 아니라 금이나 타국 통화를 담보로 제공하면서 국제수지의 어려움을 해결하려는 타당한 목적으로만 수요를 한정하려 했다. 회원국 정부는 이런 특권을 받는 대신에 기금 가입 후 1년 이내에 타 회원국과 외환거래를 할 때 적용하는 모든 규제를 포기해야 한다. 즉, 기금의 허락 없이 환율을 바꿀 수 없고 차별적 쌍무청산협정이나 외환협정을 하지 못하며 수입관세와 기타 무역장벽을 점점 계속 줄여나가야 한다(이 기금은 무역장벽에 대해 의견을 제시할 수 있지만 처벌할 수 있는 권한은 없다).

개별 회원국이 머지않아 심각한 국제수지 불균형을 불러올 수 있는 가격통제나 통화정책을 실시할 수 없도록 하는 일이 중요했다. 대다수 회원국이 특정 회원국이 위와 같은 문제가 있다고 판단하면, 회원국 5분의 4의 찬성으로 해당 국가에 기존 조치를 철회하도록 요구할 수 있도록 한다.[27] 개략적으로 말해 개별국가의 경제정책 자율권은 그 국가가 고정환율제를 유지하기 위해 꼭 필요하다고 대다수 회원국이 인정하는 수준까지만 허용한다. 드문 일이지만 특정국 통화가 평가절하되면 그 나라 정부는 기금에 추가 출자함으로써 이를 벌충할 수 있다.

무역 목적이 아닌 투자 목적의 자본 이동은 자유 무역과 외환 거래 원칙에 어긋난다. 화이트가 제시한 시스템에서는 회원국이 투자 목적의 자본 흐름을 막는 것을 허용하고, 이런 투자성 자본이 유입되는 회원국은 타 회원국의 요청에 따라 자본 유입을 막는 데 협조해야 한다. 화이트는 '새로운 세금이나 사회입법'을 피하려는 부자들의 행위가 '외환시장 불안정의 주범'이라는 이유를 들어 자본 이동 규제를 정당화했다.[28] 이 주장은 그의 뉴딜정책 추진 논리와는 잘 맞아떨어지지만 대체로 무역을 자유롭게 해야 한다는 그의 견해와는 맞부딪힌다.

"높은 수입관세는 대부분 조잡하고 낡아빠진 중상주의적 오류에 대한 집착에서 비롯됐다." 화이트는 설명을 이어 나갔다. "이 오류가 너무 널리 퍼져있고, 이 오류에 고집스럽게 매달리는 어리석은 사람들이 수많은 국내외 정책을 좌지우지할 뿐만 아니라 세계 평화와 번영에 기여하지도 못했기 때문에 우리는 중상주의나 이에 뿌리를 둔 보호무역주의를 '세계 제1의 적'이라고 생각하기 쉽다." 화이트는 자신이 반대하는 의견을 비난할 때 쓰던 호기롭고 과장된 어조로 보호무역주의를 비판했지만, 이상하게도 얼마 뒤에는 합리적이라고 여겨지는 정치·경제 목표를 위해서라면 수입관세를 부과해도 문제 없다고 주장했다. "'자유무역' 정책이 이상적이라는 믿음을 뒷받침하는 가정들은 유효하지 않다." 그가 덧붙였다. "이 가정은 비현실적이고 근거도 약하다."[29] 이런 개념화가 자신의 정책 기조를 흐릴까 봐 그는 어쩔 수 없이 다시 기금의 동의 없이도 상품과 서비스 수출보조금을 막아야 한다고 주장했지만, 이것도 그의 정책 방향을 더욱 혼란스럽게 만들었다.

 기본적으로 화이트가 제안한 기금은 미국의 경제적 이해관계와 맞아 떨어지는 세상을 만드는 것이었다. 1930년대처럼 다른 나라들이 새로운 무역장벽을 세우거나 경쟁적으로 평가절하하는 행위를 하지 않는다는 약속과, 그런 행위에 대한 기금의 제재는 미국 수출에 엄청나게 힘을 실어줄 수 있다. 반면, 미국은 전 세계 화폐용 금의 3분의 2를 갖고 있어, 기금에서 돈을 빌릴 필요가 없다. 뿐만 아니라 화이트의 투표 공식에 따라 미국이 질책 당하지 않도록 실질적 거부권을 행사할 수 있기 때문에 미국은 사실상 자기 마음대로 경제정책을 추진할 수 있다. 다른 회원국들은 급할 때 달러 자금을 지원받을 수 있으며 이 달러 자금은 고정환율로 언제든지 금으로 바꿀 수 있다(이는 미국이 달러화를 금으로 바꿔줄 수 있고 실제로 교환해 준다는 약속을 가정한 것이지만, 30년 뒤 미국은 이 약속을 공식적으로 저버린다).

오늘날 미국이 주요 무역상대국에 (특히 중국에) 해당국 통화를 달러화에 고정시키지 말라고 끊임없이 요구하고 있는 점을 생각하면, 모든 통화를 달러화에 고정하는 국제통화 시스템을 만들려고 온갖 정치적 노력을 기울였다는 사실이 이상해 보일 수도 있다. 하지만 1930~1940년대에는 미국이 엄청난 무역수지 흑자를 기록해 타국 통화 평가절하 압력이 컸으나 지금은 미국이 대규모 무역수지 적자를 나타내고 있어 이 압력이 종종 반대 방향으로 작용한다. 즉, 1930~1940년대에는 미국이 고정환율제를 써 달러 강세 압력을 저지하려 했지만 지금은 변동환율제를 이용해 달러 약세 압력을 용인하려 한다. 미국은 무역수지가 흑자던 1940년대에는 대체로 '글로벌 불균형'에 대해 별로 신경 쓰지 않았지만, 만성 적자에 시달리는 지금은 이런 불균형을 크게 걱정한다. 이 두 시기의 공통점은 미국이 수출을 촉진하기 위해 달러 약세를 지지하고 외국기업과 경쟁하는 국내기업을 보호하려 한다는 점이다.

국제경제교류를 촉진하는 새 시스템을 제안하는 긴 보고서 내용 중 가장 흥미로운 부분은, 화이트가 자본주의와 시장경제를 제일 싫어하는 나라의 자문과 동의를 이끌어내려고 열심히 노력했다는 점이다. "공포, 편견, 반감 따위 때문에 사회주의 경제체제를 이 시스템에서 제외하기를 바라는 사람이나 정부가 분명히 있다." 화이트가 비판을 이어나갔다. "러시아 같은 나라를 배제한다면 이는 돌이킬 수 없는 실수를 저지르는 것이다."[30]

세계 평화와 번영을 가로막는 높은 관세정책을 비난하면서도 무역장벽을 없애는 데 기여할 국제기구에 소련을 참여시켜야 한다고 주장하는 이 보고서는 분명 앞뒤가 맞지 않는다. 사실 사회주의 국가도 무역을 해야 한다는 화이트 주장은 옳다. 하지만 러시아는 수입을 철저히 통제하고 있기 때문에 무역을 제한하지 않는다고 약속하는 조건으로 국제수지 적자국을 돕는 기금이 할 수 있는 일은 사실상 아무것도 없다. 화이트가 준비한 내용은 늘 공식 보고서보다 훨씬 더 분량이 많았다. 더불어 자신의 주장을 내세울 때 논리적 모순도 서슴지 않았다. 화이트는 자유무역 정책을 이상적이라 여기고 이를 정말 사랑했다. 하지만 전후에는 소련식 계획경제 체제가 세계적으로 더욱 확산될 수밖에 없다고 기록한 그의 개인 메모를 보면 사기업 사이의 무역을 회복시키는 시스템을 만드는 일보다 미국과 러시아를 정치적 동맹국으로 묶는 데 훨씬 더 관심이 컸다.

"몰로토프는 미국인들이 영국을 대할 때 보였던 태도와 비슷하게 러시아에도 뿌리깊은 우월감을 드러낸다는 사실을 제대로 감지했던 것 같았다." 맥스 헤이스팅스는 루스벨트 대통령을 만난 소련 외무장관에 대해 이렇게 기억했다. 세월이 흐른 뒤 몰로토프는 회상했다. "루스벨트 대통령은 러시아가 산업도 곡물도 없는 가난한 나라라서 결국 미국에 손을 벌릴 것이라 보았습니다."[31] 하지만 이와는 정반대로 화이트는 러시아의 모습에서 미래의 물결을 봤다. 다음은 몇 년 뒤 그가 출간되지 않은 보고서에 적은 내용이다. "어떤 경우라도 각국 정부가 더욱더 산업을 통제하고 경쟁활동과 사기업을 규제하는 방향으로 바뀔 것이다." 그러고는 이렇게 결론지었다. "러시아는 사회주의 경제를 처음으로 실행에 옮긴 나라다. 그리고 이 시스템은 잘 작동하고 있다."[32] 화이트는 기금과 은행을 제안하는 보고서에서 '러시아를 세계경제협력을 촉진시키는 노력에 동참하는 특권을 누리지 못하게 하는 행위는 지난 세대의 비극적 실수를 되풀이하는 것이며, 세상사람 모두가 바라는 새로운 시대에 불협화음을 일으키는 짓과 같다'고 주장하고, 이런 자신의 견해를 다른 동맹국 못지않게 미국에도 호소하려 했다.[33] 이 보고서가 대부분 전문적이라는 점에서 이런 화이트의 열정은 더욱 놀랍다.

화이트가 자신의 구상을 공식화하기 불과 몇 개월 전인 1941년 8월 메이너드 케인스는 온전히 자기 스스로 새로운 국제통화 시스템에 대한 자신의 생각을 싹 틔우고 있었다. 이 두 계획의 겉모습은 아주 비슷해 보였다. 하지만 기본 틀이 달라 국가 간 이해관계가 서로 충돌할 수밖에 없었다.

케인스는 20년 넘게 국제통화 시스템을 어떻게 고칠지 고심하고 있었다. 그는 이 문제를 1923년에 출간한 《화폐 개혁론》이라는 책에서 깊이 있게 분석했고, 1930년에 저술한 《화폐론》에서 세계은행이 초국가적 화폐를 만들어 인플레이션을 일으키지 않으면서 일시적으로 국제수지 문제를 겪는 나라를 돕는 생각까지 했다. 하지만 그는 미국에서 만든 제7조라는 강력한 폭탄에 자극 받아 새로운 국제시스템에 대한 청사진을 자세히 그리기 시작했다. 이 시스템으로 미국의 강압적 통화와 무역 정책으로부터 영국을 보호해야 했다.

화이트와 마찬가지로 케인스도 자유무역을 지지하고 국제 지급 불균형 현상이 나타나지 못하도록 막으며, 혹시 나타나더라도 경제적 고통을 최소화할 수 있는 시스템을 원했다. 케인스는 금본위제의 금이라는 글자만 봐도 몸서리를 쳤으며 금본위제를 '미개한 유물'이라며 무시했다. 스키델스키에 따르면 케인스가 이렇게 말했다고 한다. "이 금본위제라는 녀석이 선천적으로 디플레이션을 유발하는지 아니면 1925년 파운드화를 평가절상시킨 정책 오류 때문에 영국에 디플레이션이 발생했는지 분명하지 않다."[34] 사실 케인스는 금본위제를 비난하는 것은 날씨를 탓하는 것과 같다고 여겼다.

예컨대 케인스는 금본위제에서는 "조정 과정을 채무국은 강제로 해야 하고 채권국은 자발적으로 할 수 있다 …… 왜냐하면 한 나라의 외화보유액은 아래로는 제로수준까지만 내려가지만 위로는 끝없이 올라갈 수 있기 때문이다."라고 주장했다.[35] 하지만 이 논리는 금본위제에서뿐만 아니라 현재의 명목화폐 체제에서도 마찬가지다. 외화보유액 3조 2천억 달러를 자랑하는 세계 최대 채권국가인 오늘날의 중국은 이를 너무나도 잘 보여준다.

케인스는 더 나아가 채무국은 부채를 줄이려고 디플레이션 정책을 쓰거나 자국 통화를 평가절하 하더라도 소위 마이너스 교역조건 때문에 종종 성공하지 못한다고 주장했다. 수출단가가 내려가더라도 외국 수요가 가격하락을 벌충할 수 있을 만큼 충분하지 못하면 채무국은 더욱더 어려워질 수 있기 때문이다. 우연의 일치는 아니지만 케인스는 이것이 바로 영국을 괴롭힌 문제라고 생각했다. 그가 주장했다. "우리가 수출하는 대부분의 서비스 가격이 파운드화로 고정돼 있기 때문에 우리는 늘 평가절하로 손해를 본다. 옷감을 10퍼센트 더 싸게, 10퍼센트 더 많이 팔면 물건을 한 푼도 받지 않고 넘기는 거나 마찬가지다."[36] 하지만 이번에도 이 문제는 금본위제와는 아무런 관계가 없다. 왜냐하면 이는 오늘날 모든 수출국이 겪는 문제기 때문이다.

마지막으로 케인스는 투기자본을 통제하지 않으면 국제수지 적자국에서 안전한 흑자국으로 주기적으로 옮겨 다니면서 말썽을 일으킨다고 생각했다. 하지만 투기자본이 이런 짓을 하는 까닭은 바로 환율을 안정시키는 믿을 수 있는 닻이 없었기 때문이다. 사실 19세기 후반에는 금이 이런 고정장치 구실을 잘 했었다. 이때는 단기 자본 이동으로 외환시장이 불안해지기보다는 오히려 안정을 찾는 모습이었다. 특정 국가에서 자본이 빠져 그 나라 통화가치가 떨어져도 결국에는 금에 고정된 환율로 돌아가기 때문에 투자자들이 자본 이탈은 오히려 투자기회가 된다고 믿었기 때문이다.[37] 더불어 국제수지 흑자국가라고 해서 꼭 안전하지는 않다. 실제로 현재 세계 최대 채무국가인 미국은 위기 때 투기자본 이동의 희생양이 아닌 수혜국이 됐다. 더불어 미국은 공교롭게도 세계에서 제일가는 기축통화를 발행하는 나라가 됐다.

케인스는 전쟁 이전에 금본위제가 성공했다는 사실은 인정했지만 이는 비정상이라고 단언했다. 그는 런던이 해외로 자금을 빌려주는 세계 제일의 국제금융센터였을 때 영국은 국제수지가 흑자였기 때문에 국내 경기가 적절히 확장하는 데 도움을 줬지만, 국제금융 중심지가 뉴욕으로 넘어간 뒤로는 이 효과가 사라져버렸다는 점을 지적했다. 더불어 금을 토대로 하는 국제통화 시스템을 만들려 할 때에는 전후 금본위제가 실패했다는 사실을 꼭 염두에 둬야 한다고 했다. 하지만 이는 페달을 밟지 않아 멈춰선 자전거를 고장났다고 따지는 것과 같다. 19세기 후반 영국중앙은행이 했던 방식과는 달리, 1920년대 미국 FRB는 금이 국내로 들어오면 돈을 방출하고 금이 해외로 나가면 자금을 회수해야 하는 금본위제의 가장 중요한 규칙을 따르지 않았다. 오히려 이와는 반대로 하는 경우가 많았다. 당연히 결과는 참혹할 수 밖에 없었다.

환율에 대한 케인스의 견해는 오늘날 외환시장만큼이나 이랬다저랬다 했고 짜증날 정도로 불분명했다. 1936년에 인터뷰할 때에는 다음과 같이 말했다. "보통은 개별국가가 자율변동환율제를 채택하는 것이 낫다고 생각합니다. 하지만 환율을 계속 불안정하게 놓아 둘 이유가 없을 뿐만 아니라 환율이 안정되면 장점도 있기 때문에, 다른 정책을 실시해야 하는 근거가 확실하지 않다면 사실상 환율을 안정시키는 조치를 취하는 것이 바람직합니다. 환율 안정 정책이 효과가 있으려면 먼저 자본이동을 규제해야 하고 다음은 관련 당사국들의 임금이 서로 비슷하게 움직이려는 경향이 있어야 합니다." 그러면서도 그는 실제로는 이렇게 조언했다. "환율 변동은 큰 부담이 없는 수준까지만 허용해야 합니다. 보통은 10퍼센트 정도면 충분하다고 생각합니다."[38] 이때 아마 인터뷰하는 사람의 얼굴에서 어리둥절한 표정을 읽을 수 있었을 것이다.

왜 케인스는 이렇게 중요한 주제에 대해 의견을 명확히 제시하지 못했을까? 케인스는 기존 세계 정치·경제의 토대가 뿌리째 뽑히고 쓰러졌던 제1차 세계대전 중에 지적으로 크게 성숙했다. 특히 금본위제, 그리고 이와 끊으려야 끊을 수 없는 관계인 고정환율제가 오늘날 이상해 보이는 것만큼이나 당시에는 당연해 보였다. 금본위제를 다른 체제로 바꾸는 문제는 현재 기축통화인 달러를 바꾸는 일처럼 어렵고 난해한 과제로 여겨졌다. 케인스처럼 급진적이고 창의적인 사상가도 금본위제를 완전히 버리지는 못했다. 1971년 이후 알려진 순수 변동환율제 같은 극단적 변동환율제를 균형을 회복시켜줄 수 있는 하나의 '시스템'으로 검토했던 사람은 거의 없었다. 라이오넬 로빈스가 있으나 그처럼 생각한 사람은 아주 드물었다. 자유방임주의로 운용되는 변동환율제도는 금융시장 혼란의 원인이자 결과일 뿐만 아니라 환율 당사국끼리 서로 물어뜯는 싸움도 일으킬 수 있어 좌파, 우파 경제학자 모두 꺼린다. 케인스는 자유 변동환율제는 금본위제가 붕괴되자 지푸라기라도 잡고 싶은 심정으로 눈감고 아무거나 고르는 짓이나 마찬가지라고 여겨, 국제무역을 뒷받침하는 대체모델은 될 수 없다고 생각했다.

1941년 전후 통화 시스템을 계획하기 시작했을 때까지도 케인스는 사실 변동환율제를 분명히 반대했다. "평가절하는 정책에서 실패한 뒤 더 좋은 대안이 없어 어쩔 수 없이 선택하는 나쁜 방안이다." 이는 1941년 4월 외무부에 보낸 글이다.[39] 1942년 1월에는 이런 메모를 남겼다. "환율이 안정된 환경은 전쟁 후 안정을 이루는 데 꼭 필요한 요소라는 생각이 든다. 특정 국가에서 명목임금이 끝없이 치솟는다면 환율을 바꾸는 수밖에 없다. 하지만 그 밖의 긴급상황에서도 환율 변동이 좋은 면이 있다는 주장은 아주 터무니없다. 분명 득보다 실이 더 크다. 이 점이 제1차 세계대전 후 거의 모든 평가절하에서 배워야 하는 교훈이다." 케인스는 영국에 대해서는 이렇게 말했다. "명목임금을 물가에 연동시키는 관습 때문에 평가절하로 얻은 이점이 크게 줄었다. 수입식품 가격이 올라가면 늘 명목임금도 덩달아 오르는 나라는 평가절하에 따른 장점이 사라진다."[40]

케인스는 영국 출신 국제주의자라기보다는 국제주의를 추구하는 영국인이었다. 당시 유명했던 조지프 슘페터는 케인스는 언제나 영국의 문제에 대해 맨 먼저 조언했다고 말했다.[41] 이 문제들은 1920~1930년대 세계 정치·경제의 영향으로 순식간에 돌연변이가 됐다. 1920년대

## 제6장 화이트와 케인스가 최선을 다한 계획

까지만 해도 영국은 전 세계를 호령하던 채권국가로서의 대영제국에 대한 기억이 생생했다. 하지만 영국은 1930년대 들어서 이상적 '자동' 국제시스템, 특히 이제 미국 입맛에 따라 만들려는 시스템이라는 굴레를 벗어나지 않고서는 만성적 무역수지 적자 문제를 고칠 수 없다는 엄연한 현실을 받아들이기 시작했다.

모겐소 장관과 화이트가 환율 변동을 아주 싫어한 케인스를 환영했으리라 생각해 볼 수 있다. 하지만 케인스가 좋아하는 것을 헐과 웰스가 반길 리 만무했다. 특히 자본수출 규제, 수입 통제 등 영국이 무역 적자를 보고 있는 국가를 상대로 세운 규제를 미국은 아주 싫어했다. 만약 영국이 불균형적 채권국가 지위를 계속 유지하겠다고 고집부리면 나중에는 '의심할 나위 없이 미국까지 차별하게 될 것이 뻔했다.'[42]

1941년 11월 케인스는 한 재무부 동료에게 편지를 썼다. "저는 우리가 전후에도 계속 환율을 통제해야 하며, 금이나 그와 상응한 결제수단으로 물건을 자유롭게 사고 팔던 전쟁 이전의 자유방임적 통화 체제로 돌아가서는 곤란하다고 생각합니다. 우리는 금이 얼마 남아있지 않은 데다 해외 채권국가에 빚도 엄청나게 많이 지고 있어 이는 아주 상식적 판단이라고 봅니다 …… 자유무역의 장점은 사실상 국제무역을 물물교환 형식으로 할 때 잘 드러납니다. 전후 자유방임적 환율체제는 혼란만 불러왔습니다."[43]

케인스는 전형적인 영국인답게 한쪽으로 치우치지 않으려 했다. 재무부에서 케인스와 논쟁을 즐겼던 휴버트 헨더슨은 그가 상황에 따라 이로운 쪽으로 움직이고 서로 다른 의견은 조율하려고 노력하는 친구로 여겼다.[44] 휴버트 헨더슨은 미국이 스스로 나서서 수입관세율을 내린다든지 채권국가로서의 지위를 낮춘다든지 영국이 고질적 무역 적자를 개선하려고 만든 전후 통화 체제를 허용하는 따위의 행동은 결코 하지 않으리라 판단했다. 그는 독일의 위대한 경제학자 햘마르 샤흐트(Hjalmar Schacht)와 더불어 관리무역제도와 쌍무구상무역협정은 그저 전시에만 필요한 것이 아니라 거스를 수 없는 미래의 물결이라 생각했다.[45]

케인스는 영국이 전쟁 후 무역수지 적자를 개선하기 위해 '샤흐트식 기구'를 만들려는 노력과 미국의 무역차별 제거 요구가 서로 부딪힐까 봐 걱정이 이만저만이 아니었다. 1940년대에 그가 쓴 편지에는 미국이 황소고집을 부릴까 우려하면서도 마음 한구석에는 미국이 야망을 버리고 현실을 받아들인 다음 다시 꿈을 키워나가리라는 희망을 품었다는 사실이 잘 드러나 있다. 케인스는 통찰력 있게도 미국이 '유럽 재건을 위해 엄청난 선물을 준비함으로써 글로벌 불균형을 줄이는 부담을 덜려고' 할 수밖에 없다고 판단했다.[46] 결국 이는 마셜 플랜이라는 형태로 나타났다.

케인스도 화이트처럼 각 국가가 경제정책을 더욱 자유롭게 펼 수 있는 체제를 만들어야 한다고 주장했다. 디플레이션과 실업은 사람들이 아주 잘못된 낡아빠진 경제학설에 매달리는 한 영원히 사라지지 않는 불필요한 악일 뿐이라고 생각했다. 디플레이션 압력을 막으려면 금본위제에서 자동조절기능의 중추역할을 했던 자본유출을 국가가 엄격히 관리해야 한다고 봤다(그는 1924년 초부터 이 주장을 내세우기 시작했다). 정부는 완전고용을 달성하기 위해 이자율을 충분히 낮게 유지해야 하고 (이 의견은 1930년에 저술한 《화폐론》에서 처음으로 자세히 설명했다), 금 매각

## 제6장 화이트와 케인스가 최선을 다한 계획

처럼 비인위적 요인 때문에 이자율이 올라가는 일이 없도록 해야 한다고 했다.

케인스는 9월 3일 수요일부터 틸턴(Tilton)에 틀어박혀 자신의 어머니에게 설명한 대로 '전후 국제통화 시스템에 대한 방대한 보고서'를 작성하기 시작했다. 하지만 9월 5일 금요일 몬터규 노먼 영국중앙은행 총재가 호출하는 바람에 런던에 가야만 했다. 총재는 그에게 은행 이사직을 맡아 달라고 부탁했다. 하지만 재무장관의 무급 자문위원 노릇도 포기하고 싶지 않아 두 일을 모두 해도 된다는 특별 허가를 받은 뒤에야 총재의 제안을 받아들였다. 그 뒤 주말부터 다시 작업에 들어가 9월 9일 화요일 보고서 두개를 완성했다. 하나는 〈전후 통화정책*Post War Currency Policy*〉이고 다른 하나는 〈국제통화동맹을 위한 제안*Proposals for an International Currency Union*〉이다[나중에는 청산동맹(Clearing Union)이라 불렀다].[47]

케인스도 화이트처럼 차별적이고 무역을 짓누르는 쌍무협정을 없애고 다자간 무역시스템을 만들어 유지하는 일은 무역문제가 아니라 통화문제라고 포장했다. 그러면 훨씬 전문적이고 추상적으로 보여 골치 아픈 의회의 반발을 줄일 수 있다는 장점이 있기 때문이다. 그런데도 케인스는 이 시스템에 참여하는 나라가 수입관세, 무역차별, 수출보조금을 제한하고 수입관세나 쌍무협정을 금지하기로 서약해야 한다고 주장하면서 자유무역에 집착하는 헐 국무장관을 아주 경계했다.

'케인스 플랜'이라고 알려지게 된 것의 기본구조는 화이트 플랜보다 더 복잡하고 확실히 더 어마어마했다. 케인스 플랜에서 국제거래는 국제청산은행(International Clearing Bank, ICB)을 새로 만들어 결제한다.

각국 중앙은행도 ICB도 사실 외환을 보유하지는 않는다. 각국 중앙은행은 서로 자국 통화를 사고 팔 수 있지만 새로 만든 '은행화폐'를 ICB에 만든 각 중앙은행의 '청산계좌'에 입출금을 함으로써 정산한다. 케인스는 나중에 이 은행화폐를 '뱅코르'라고 불렀다. 뱅코르는 모든 회원국 통화와도, 그리고 금과도 환율을 고정시켰다. 각 중앙은행은 무역으로 뱅코르를 벌어들일 수 있을 뿐만 아니라 금을 내면 자기 청산계좌에 뱅코르 잔액을 쌓을 수 있다. 하지만 금을 사기 위해 뱅코르를 인출할 수는 없고 뱅코르는 다른 나라 중앙은행 청산계좌에 이전하는 용도로만 쓸 수 있다. 이처럼 비대칭인 이유는, 케인스는 ICB를 활용해 세계적으로 유통되는 화폐가 줄지 않고 늘어나도록 하는 것이 중요하다고 생각했기 때문이다.

각 회원국이 물건을 수출할 때마다 ICB에 뱅코르 잔액이 늘어나고 반대로 수입할 때마다 잔액이 줄어든다. 각 나라가 수입보다 수출을 더 많이 해 뱅코르 잔액을 쌓을 수 있지만, 일정 한도를 넘을 수 없고 반대의 경우에는 뱅코르 부채가 일정 한도를 넘지 않도록 한다. 이는 각국이 흑자나 적자를 지나치게 많이 쌓지 못하게 하려는 의도다. 각국의 뱅코르 잔액이나 부채 한도는 각국이 세계무역에서 차지하는 비율에 따라 정한다. 이처럼 뱅코르 한도를 정하는 방식은 당연히 영국에 유리했다. 영국은 금이 거의 바닥나 무역을 많이 해야 하는 처지였기 때문이다.

처음에 정한 한도를 위반하면 적자국가는 자국 통화 평가절하를, 흑자국은 평가절상을 허용한다. 이렇게 하면 적자국 수출품은 더욱 싸지고 흑자국 수출품은 더욱 비싸져 무역 불균형 조정이라는 목적 달성에 도움이 된다. 게다가 뱅코르 잔액과 부채 한도를 어기면 강제조치에 들어간다. 만성적 뱅코르 채무국가는 자국통화를 의무적으로 절하하고 ICB 준비금에 높은 이자를 지급해야 할 뿐만 아니라 금을 강제로 처분하고 자본 수출도 제한한다. 뱅코르 잔액이 만성적으로 계속 쌓이는 나라는 자국 통화를 평가절상하고 초과 잔액 분에 대해 금액에 따라 최소 5퍼센트에서 최고 10퍼센트 이자율로 ICB 준비금에 벌금을 내야 한다.

케인스는 뱅코르 잔액이 쌓이는 나라가 실제 벌금을 내리라고는 생각하지 않았다. 대신 벌금을 피하려고 수입을 늘리고 자국 통화가치를 올리는 조치를 취할 것이라고 믿었다. 이는 2010년 티모시 가이트너(Timothy Geithner) 미 재무장관이 각 나라들로 하여금 경상수지 흑자 한도를 지키게 하려고 제안했던 것과 비슷한 아이디어이자 1944년 미국이 흑자국이었을 때 그 자리에서 거절했던 의견이다. 채무국보다 채권국이 글로벌 불균형의 주범일 수 있다는 생각은 화이트와 케인스가 살았던 시대치고는 아주 급진적이다.

케인스가 새 국제통화인 뱅코르를 만들자고 한 것을 보면 그의 주장이 얼마나 대담했는지를 잘 알 수 있다. 그는 뱅코르를 도입하면 1920~1930년대 영국과 전 세계를 괴롭혔던 많은 문제를 해결할 수 있다고 믿었다.

첫째, 뱅코르가 국제적으로 통용될 수 있어 외화 태환금지나 쌍무청산협정(두 나라 사이의 무역균형을 위한 수입차별화) 같은 골칫거리가 없어진다. 둘째, 뱅코르를 쓰면 환율이 적절히 통제되기 때문에 이웃을 짓누르고 나만 살려고 평가절하 경쟁을 하려는 동기가 줄어든다. 셋째, 뱅코르는 금보다 훨씬 덜 변덕스런 국제통화다. 화폐용 금 공급은 채굴 기술 변화나 각 나라의 갑작스런 금 보유 정책 변화처럼 예측하기 힘든 요인들에 의해 결정된다. 하지만 뱅코르 공급은 기본적으로 국제무역에 따라, 그리고 실제 글로벌 수요의 지나친 확장과 수축을 통제하기 위한 전문가의 수급 조절에 따라 달라진다. 넷째, 채무국뿐만 아니라 채권국도 불균형을 바로잡아야 한다는 압박을 받는다. 흑자국이 뱅코르 잔액이 많으면 '쓰지 않으면 잃는다'는 원칙에 따라 벌금을 물어야 하기 때문에 수입을 더 많이 할 수밖에 없는 구조는 참신하다. 다섯째, 뱅코르 체제는 전쟁 후 각 나라가 세계무역에 적절히 기여하는 만큼 뱅코르 잔액을 쌓게 만드는 구조다. 잔액이 모자라면 많은 나라들이 당장 지급불능 위험에 빠질까 봐 정책규제를 풀고 싶어하지 않을 것이다. 마지막으로 ICB를 만들면 '세계경제활동을 계획하고 규제할' 때 지저분한 정치가 끼어들 틈이 없어진다.[48]

케인스는 ICB를 한 나라의 은행시스템에 비유했다. 철수가 여윳돈을 은행에 맡기면 은행은 그 돈을 사업자금이 필요한 영희에게 빌려준다. '맡긴 돈은 다른 사람이 빌려가기 때문에 예금주는 손해보지 않는다.' 이 말은 아주 틀렸다. 이는 대출받은 사람이 항상 돈을 갚으려 하고 상환할 능력도 있다고 가정한 주장이다. 케인스는 이 부분을 자세히 설명하지는 않았다. 대신 이 기구는 채권 총액과 채무 합계가 언제나 같은 안정된 자립신용시스템이라는 점을 강조했다. 하지만 회원국은 언제든지 금으로 뱅코르를 살 수 있기 때문에 이 주장은 맞지 않다. 금으로 뱅코르를 매입하는 경우에는 뱅코르 채권총액이 채무총액을 넘어설 수 있기 때문이다.

케인스는 뱅코르 대차제도가 없으면 차입을 못하는 나라의 경제가 수축해 디플레이션에 빠질 수 있다는 점을 가장 크게 걱정했다. 대공황처럼 이 위험이 전 세계적으로 퍼지는 위험을 막으려면 국제 대차조정을 해줘야 한다. 미국 같은 채권국은 당장 물건을 수입할 필요가 없기 때문에 금이나 다른 화폐자산을 써야 하는 상황이 아니라면 이를 금고에 놔두는 대신 '수입대금은 모자라는데 상황을 개선하기 위해 시간과 자본이 필요한 나라가 쓰도록 해야 한다.'[49] 케인스는 이렇게 하면 결국 국제무역도 늘고 모든 나라가 경제성장이 더욱 빨라진다고 믿었다.

적어도 영국으로서는 '전후 시스템에서 영구적으로 자본을 통제해야 한다'고 생각했다.[50] 그는 '국내 경제를 잘 관리하려면 해외에서 많이 참조하는 이자율과는 관계없이 국내 이자율을 적정한 수준으로 유지'하는 일이 가장 중요하다는 논리를 폈다. 이 개념은 오늘날 정통 케인스학파의 주장으로서 조지프 스티글리츠(Joseph Stiglitz)처럼 세계화를 반대하는 사람들은 찬성하지만, 로버트 먼델(Robert Mundell) 같은 국제통화기구 지지자들은 반대하는 논리다. 1942년 케인스가 로이 해로드에게 쓴 글에는 당장 위급한 영국의 상황을 걱정하는 내용이 잘 드러나 있다. "전쟁이 끝나면 런던에는 우리가 해외에서 쓸 수 있는 유동자산이 20억 파운드 밖에 남지 않아 운신의 폭이 아주 좁아질 것입니다. 지금 우리는 이 문제를 가급적 언급하지 않아야 합니다. 그렇지 않아도 이미 이 우려 때문에 파운드화를 보유하지 않으려는 현상이 나타나고 있기 때문입니다. 그렇지만 전쟁 직후 우리는 자본 이동을 통제하는 시스템을 꼭 만들어야 합니다."[51] 케인스는 ICB가 있으면 자본을 더욱 쉽게 규제할 수 있다고 믿었다.[52]

그는 자신이 구상한 은행을 영국과 미국이 함께 만들고 다른 나라들은 가입조건에 동의하도록 하면서 회원으로 가입시키면 된다고 생각했다. 이러면 '시간도 오래 걸리고 말도 많은 국제회의를 하지 않고 새 시스템의 강령과 주요 규약을 제정할 수 있다'고 여겼다.[53] 대규모 브레턴우즈 회의는 분명 케인스가 원했던 것은 아니었다. 대신 장관끼리 만나 바로 결론짓고 싶었다.[54] 그는 이렇게 썼다. "영국과 미국이 항구적으로 은행을 관리하고 실질적 투표권을 갖는 방안이 필요하다.[55] 런던 본부는 영국인이 의장을 맡아 영연방(캐나다는 제외), 유럽, 중동에 있는 은행들을 관리한다. 뉴욕 본부는 미국인이 의장을 맡아 북미, 남미, 극동지역 은행들을 감독한다."[56] 이는 영국 백화점인 막스 앤 스펜서(Marks and Spencer)가 거대 미국기업인 월마트(Wal-Mart)와 제휴했다고 내세우려는 것 같은 아주 순진한 발상이다.

텍사스 농업 위원회 위원을 지냈던 짐 하이타워(Jim Hightower)는 유명한 말을 남겼다. "도로 가운데에는 노란 중앙차선과 죽은 아르마딜로 (Armadillo) 밖에 없다(노란 중앙차선은 차들을 왼쪽과 오른쪽에서 나뉘어 달리도록 해 사고를 막으려는 게 목적이지만 결과적으로는 도로 중앙에 포유동물인 아르마딜로가 차에 치어 많이 죽어있다는 말로서 결국 중도주의가 틀렸다며 무시하는 의미_옮긴이)." 케인스는 끝까지 중도주의를 내세웠다. 그처럼 지나칠 정도로 강력하게 절충주의에 매달린 사람은 드물었다. 국제통화기구 계획도 예외가 아니었다. 그의 주장은 샤흐트의 의견도 헐 장관의 견해도 아니었다. 관리무역과 자유무역을 섞자는 판단이었다. 채권국은 정책을 조절할 의무가 있지만 채무국도 시장 규율을 벗어날 수 없다. 개별회원국은 은행에서 직접 차입하거나 타 회원으로부터 신용으로 빌릴 수 있지만 상황이 나아지면 빚을 청산해야 하고 그렇지 못하면 강제로 조정 당한다. 그는 은행이 금을 받을 수 있다고 제안했는데 이는 과거

유물을 마지못해 받아들인 것이다. 하지만 은행은 금을 결코 내주지 않으므로 블랙홀과 같다. 케인스는 이런 별난 특징을 '한 방향 태환'이라고 불렀으며 이로써 금이 과거처럼 화폐 구실을 하는 일이 없게 만들려는 의도였다.

결국 영국과 미국에서 나온 계획들은 10킬로미터 상공이나 지상에서처럼, 즉 어디서 바라보느냐에 따라 어린 쌍둥이로 보이거나 싸우는 사촌들로 보였다.

화이트와 케인스 계획은 모두 새로운 국제통화기구를 중심으로 만들어졌다. 화이트가 생각한 국제안정기금에서는 회원국이 자국 통화와 금을 담보로 제공하고 차입할 수 있다(케인스는 아주 질 좋은 편지지에 차용증서를 쓰자고 농담했다).[57] 케인스가 내세운 ICB는 담보 없이 빌릴 수 있는데다 제약 조건도 까다롭지 않아 대출이 훨씬 수월하다. 이런 당좌차월(當座借越, bank overdraft라고도 하며, 은행에 대한 회사의 부채로 보통 이자가 붙어 지급이자가 발생함) 방식은 영국 은행업계에서는 흔한 일이었지만 미국에서는 그렇지 않아, 이런 서로 다른 관행이 이 두 사람이 제안한 모델에도 영향을 끼쳤다고 볼 수 있다. 하지만 케인스는 채무국, 특히 영국의 자율권은 늘리는 대신 채권국, 분명히 미국의 자주권은 일부러 줄이려고 했다. 반면, 화이트는 채무국이 채권국, 특히 미국에 대해 경쟁적으로 평가절하 하거나 무역을 차별하는 유인수단을 줄일 수 있는 데까지 줄이려 했다. 서로 다른 두 계획을 오랫동안 절충하는 과정에서 케인스는 화이트가 고안한 기구가 '지나치게 자선기금처럼 보일까' 봐 걱정했다. 두 사람 모두 각자 내세운 기구는 '예비용'이고 보통 때에는

쓰지 않는 '금융이라는 마차에 달려 있는 비상용 바퀴'라고 끝까지 우겼다.[58]

두 사람 모두 새로운 국제통화를 거론했다. 케인스는 뱅코르의 영향력을 키워 달러 의존도를 줄이고 금이 화폐 구실을 못하게 하려 했다. 반면, 화이트가 고안한 '유니타스(Unitas)'는 사실상 달러의 중추적 구실을 약화하기보다는 더욱 강화해 새로운 국제통화에 흥미를 느끼는 사람들의 관심을 끌려는 의도였다.

화이트는 오로지 미 달러화만을 금과 동등한 지위로 올리고 싶어했다. 그러면 미국정부는 미국뿐만 아니라 전 세계를 대상으로 이자율과 다른 통화정책 수단을 마음대로 쥐락펴락할 수 있기 때문이다. 케인스는 초국가적 통화를 새로 만들어 금과 달러의 국제적 위상을 끌어내리고 싶었다. 이 새 통화는 경제확장이라는 목표를 이루는 데 도움이 되도록 발행해야 한다.

화이트도 케인스와 마찬가지로 정부가 통화정책이나 재정정책을 써 '경제 수축'에 매우 적극적으로 대응해야 한다고 굳게 믿었다. 케인스가 뱅코르를 국제통화로 만들고 싶어할 때 달러화는 이미 국제통화로 떠올랐다. 이런 상황에서 미국은 굳이 전 세계 통화량을 늘리거나 줄일 수 있는 권한을 국제기구로 넘겨야 할 이유가 없어 화이트가 케인스의 ICB를 반대하는 건 어찌보면 당연한 일이었다. '경제 확장'을 위해 뱅코르를 어떻게 활용하든 미국 정부도 마음만 먹으면 달러도 비슷하게 이용할 수 있다. 하지만 화이트는 첫 제안서에서는 이런 졸렬한 생각을 멀리하려 했다. 1942년 4월 그는 이렇게 썼다. "달러화를 정식 국제통화로 만들려 한다면 분명 남의 나라 통화가 세계적으로 널리 쓰이지

## 제6장 화이트와 케인스가 최선을 다한 계획

않길 바라는 나라들은 국위 손상과 금전적 손실을 이유로 반발할 것이다."

화이트는 실제로 새 국제통화를 각국 통화와 함께 쓰자는 주장을 헐뜯고 다녔다. 대통령이 지지했다고 하는 이 방안은 모겐소 장관이 화이트에게 검토하라고 지시했다. 하지만 화이트는 보고서에 이렇게 적었다. "이름이 '무역 달러'든 '데모'든 '빅토르'든 '기타 등등'이든 상관없이 달러화를 대체하려는 새 국제통화는 (미 달러화와 가치가 같든 다르든) 국제무역을 활성화 하는 데 도움이 되지 못한다. 이는 깃발만 새로 바꾼다고 해서 달라지는 것이 없는 것과 같다. 새 통화가 어떤 모습이어야 하는지 하나하나 정하기도 어려울 뿐만 아니라 그 통화로 얻을 수 있다고 여겨지는 이득도 보잘것없다."[59] 그즈음 케인스는 아직 자신의 계획을 미국에 정식으로 제안하지 않았다. 물론 화이트가 뱅코르의 개념을 미리 알아차리고 먼저 공격을 했을 수도 있다. 사실 '데모'나 '빅토르'는 루스벨트 대통령이 꺼낸 이름이었다.[60] 화이트는 영리하게도 자신의 보고서에 유니타스가 쓸모없는 통화라는 포석을 깔았다. 즉, 겉은 케인스가 말한 뱅코르처럼 보이고 냄새도 이와 비슷하지만 속은 텅 빈 '안정기금 금 예치증서'일 뿐이라고 했다. 환율을 1유니타스에 10달러로 고정했기 때문에 이를 '미화 십 달러'라고도 불렀다.

케인스는 '무용지물이라고 무시했던 유니타스'가 알고 보니 새 국제통화를 죽이려고 만든 허수아비였다는 사실을 뒤늦게야 깨달았다.[61] 영국은 미국을 끈질기게 붙들고 늘어져 유니타스를 뱅코르처럼 만들라고 설득했지만 결과는 정반대였다. 미국은 협상과정에서 뱅코르라는 골칫거리가 사라지자 기존에 제안했던 꼭두각시 통화를 헌신짝처럼 내버렸다.

만약 파운드화가 국제통화라는 왕좌를 달러화에게 빼앗기지 않았다면 머리가 트이고 죽으나 사나 애국자였던 케인스가 뱅코르를 내세우지 않았을지도 모른다. 설령 제기했더라도 영국정부도 틀림없이 그의 제안을 단호히 거절했을 것이다. 요컨대 화이트와 케인스가 전후 국제통화 구조 문제로 고민은 했지만 이들 모두 자기나라 정부 테두리를 벗어날 수는 없었다.

화이트와 케인스 모두 금이 (고전적 금본위제에서보다는 훨씬 약할망정) 계속 화폐 구실을 하도록 하는 구상을 했다. 화이트는 대중의 신뢰를 유지하려면 금이 꼭 있어야 하고 앞으로도 쭉 그래야만 한다고 믿었다. 반면 케인스는 금 역할을 아무쪼록 빨리 줄일 수 있을 만큼 줄여야 한다고 고집했다. 화이트는 각 회원국이 처음에 출자하는 자본금의 유동성 자금 중 절반 이상은 금이어야 한다고 했다.[62] 미국이 기금에 금이 있어야 한다는 입장에서 물러날 기미를 보이지 않자 영국은 금을 줄이라고 끈질기게 졸라댔다. 화이트의 계획에서는 회원국이 자국 통화제도에 금을 연결할 수도 하지 않을 수도 있다. 다만 미국 외부에 금이 모자라면 미국 수출이 지나치게 줄어들지도 모른다는 점은 걱정스러웠다. 케인스의 제안에 따르면 통화기구는 금을 보유할 수 없다. 회원국이 뱅코르를 사려고 기금에 금을 파는 경우는 예외지만 반대로 뱅코르를 팔아 금을 되살 수는 없다. 다만 뱅코르 채무를 지고 있는 다른 회원국에게만 뱅코르를 팔 수 있게는 했다(어느 나라의 통화 가치가 가장 많이 떨어질지 미리 알 수 없는 상황에서 나중에 뱅코르를 살 수 있게 해줄 테니 금을 팔라고 하면 과연 금을 매도할 나라가 있을지 의문이다). 화이트의 제안에도 케인스의 구상에도 각 나라가 통화제도를 자기 마음대로 고를 수는 있다.

하지만 케인스는 개별국가 통화와 금 사이의 양방향 태환을 유지하고 싶어하는 나라는 없다고 자신 있게 주장했다.

두 계획 모두 환율안정이 목표였다. 하지만 케인스는 각 회원국이 언제 얼마나 환율을 절하, 절상할 수 있고 또 해야 하는지 기계적으로 정하는 반면, 화이트는 더욱 까다롭게 회원국이 환율을 바꾸려면 기금으로부터 허락을 받도록 했다. 화이트가 환율 변동에 엄격했던 까닭은 미국이 다른 나라들이 자국 통화가치를 내릴까 봐 노심초사했기 때문이기도 하다. 반면, 케인스가 이 부분에 너그러웠던 이유는 영국이 지긋지긋하게 오르는 파운드화 가치가 더 이상 상승하지 못하게 하려는 데 온 정신이 팔려 있었기 때문이다.

두 사람 모두 외환 통제는 줄여야 한다고 생각했다. 하지만 케인스는 어떤 방법으로 얼마만큼 규제할지는 개별국가가 정해야 한다고 믿었던 반면, 화이트는 회원국들이 기금 설립 후 1년 안에 제약을 없애기로 약속해야 한다고 했다.

두 계획 모두 자본 이동은 불안정을 초래할 뿐만 아니라 각 정부가 국내 조세제도를 활용할 수 있는 여지도 줄어들게 한다고 여겼다. 케인스는 자본 이동의 한도와 방법은 개별국가가 정하도록 해야 한다고 생각했고 영국은 틀림없이 규제를 하리라 믿었다. 화이트는 한술 더 떠 회원국들이 서로 협력하도록 했다. 예컨대 각 회원국은 외국인 예금이나 투자자금을 받으려면 그 외국인이 소속된 나라의 승인을 얻어 오도록 했다.

두 제안 모두 국제수지 균형을 유지하는 수단이 있어야 한다고 봤다. 케인스는 흑자든 적자든 규모가 너무 크면 모두 벌금을 물리고 ICB가 직접 개입하지는 않고 문제를 바로잡으라고 조언만 할 수 있게 했다. 하지만 화이트는 기금이 직접 개입해 국제수지 불균형을 일으키는 통화정책이나 물가정책을 실시하지 못하게 해야 한다고 생각했다.

두 아이디어 모두 국제무역을 짓누르는 차별적 쌍무무역협정을 버릴 수 있도록 회원국들이 다자간 청산협정을 튼튼하게 구축해야 한다는 목표를 확실히 했다. 케인스는 차입 국가가 한 개 나라에서 빌리지 않고 전체 채권국가, 전체 무리에서 차입할 수 있게 하기 위해 세 나라 이상이 연합하는 '삼자 간 무역'을 적극 장려했다.[63] 그렇지만 스털링 지역처럼 정치적으로 뭉친 국가들 안에서 결제하는 것도 타당하다고 여겼다. 반면 화이트는 다자간 결제 방식이 아닌 다른 형태의 결제는 기금이 꼼꼼하게 조사하고 허락하는 경우에만 가능하도록 했다.

두 제도 모두 단기 불균형 때문에 무역이 위축될까 봐 국제수지 불균형에 시달리는 나라들에는 일시적으로 지원해 줄 수 있게 했다. 그리고 적자가 더욱 늘어나지 못하게 하는 것이 목표였다. 하지만 케인스는 화이트와는 달리 흑자도 규모가 커지면 규제하려 했다. 반대로 미국은 그 당시 어느 국가도 따라올 수 없는 채권국가여서 화이트로서는 흑자를 통제하는 데에 별 관심이 없었다. 설사 적자뿐만 아니라 흑자도 너무 커지면 기금이 해당국에 정책을 바꾸라고 지시할 수 있게 했을지라도 미국에는 이를 막을 수 있는 투표권을 줬을 것이다.

두 사람 모두 전후 세계경제 불균형 문제를 당장 어떻게 처리할지, 이후 어떤 방법으로 줄일지 걱정했다. 스털링 지역 같은 특정 블록을 케인스는 선뜻 반겼지만 화이트만 홀로 이를 기금으로 차츰차츰 대체해야 한다고 주장했다. 제이콥 바이너는 선견지명이 있었는지 두 계획 모두 위험한 면이 있다고 경고했다. 그는 단기목표와 장기목표가 서로 융합해 결국 두 주장은 정치적 과정을 거치면서 서로 하나로 뭉칠 것이라고 예상했다. 1943년 7월 바이너는 케인스에게 이렇게 편지를 보냈다. '채권국은 오로지 미국뿐이라는 예상은 단기적으로만 옳습니다. 제 생각에는 세월이 지나면 미국도 단기외화자금이 모자랄 수도 있습니다. 미국도 채권국이 아닌 채무국이 될 수도 있다는 뜻입니다. 저는 달러가 만성적으로 부족하리라고는 생각하지 않습니다.'[64]

두 제안 모두 주요 핵심 회원국이 적자를 기록한다면 다른 회원국이 메워 줘야 한다고 했다. 하지만 케인스는 회원국이 빌릴 수 있는 한도를 아주 높게 올려 놨다. 이는 글로벌 불균형의 주범인 실업과 미약한 수요에 맞서기 위해서는 대출조건을 쉽게 해야 한다는 그의 신념과 잘 들어맞는다. 하지만 이러면 세계 최대 채권국가인 미국이 손해를 볼 위험이 훨씬 더 커진다. 화이트의 계산으로 기금 총액은 50억 달러고 미국이 출연할 수 있는 금액은 기껏해야 20억 달러였다. 하지만 케인스의 추산으로는 모든 회원국이 출자해야 하는 기금 총액은 230억 달러에 이르렀다. 화이트는 한 걸음 더 나아가 미국이 주도하는 기금의 허락 없이는 회원국이 대외채무를 떼먹지 못하게 하는 조항까지 명시했다. 케인스는 이 문제에 대해 입을 다물었다. 이렇듯 서로 의견이 다른 까닭은 영국은 부도를 걱정해야 하는 상황이었고, 미국은 외국에 빌려 준 돈을 다시는 떼이지 않으려는 계산이었기 때문이다.

두 제도 모두 회원가입 대상국을 넓히는 것이 목표였다. 하지만 케인스는 일반원칙과 국제경제 행동규범을 지키는 나라면 모두 회원이 될 수 있게 한 반면, 화이트는 경제구조가 특정 기준에 맞지 않는다는 이유로 회원가입을 막는 일은 없어야 한다고 기를 쓰고 주장했다. 하지만 케인스는 화이트와는 생각이 완전히 달랐다. 화이트 주장대로라면 아무나 회원으로 가입시킬 수도 있지 않을까 하는 걱정이 조금은 있었지만 사실 크게 신경 쓰지는 않았다. 케인스는 1942년 5월 해로드에게 이런 글을 썼다. "다른 나라에 새 기구를 영국과 미국이 연합한 모습처럼 보이는 것이 현명한 일인지 아닌지 의문입니다. 우리 영국보다 인기가 떨어지는 나라가 있다면 그 나라는 미국일 것입니다. 미국보다 덜 인기 있는 나라를 고르라면 러시아를 선택하리라 봅니다. 러시아보다 더 인기 없는 국가가 있다면 이는 바로 우리나라입니다."[65] 이 재담은 앞뒤가 어긋나 보이지만 수사적으로 보면 더욱더 와 닿는 말이다.

두 사람 모두 투표권은 경제강국에 훨씬 더 유리해야 한다고 믿었다. 하지만 화이트는 각 나라의 몫과 투표권은 기금에 출자한 현금, 금, 증권에 비례해 배분해야 한다고 제안했다. 반면 케인스는 출연금액과는 상관없이 과거에 세계경제에 기여한 만큼 배분하자고 했다. 화이트의 제안은, 겉으로 드러내지는 않았지만 실제로는 미국에 거부권을 주는 구조였다. 케인스는 기구 설립국가를 영국과 미국으로 제한하고 첫 5년 동안은 기구 창립국가만 거부권을 갖도록 명시하자는 의견을 냈다.

두 제안 모두 새 국제기구가 각 회원국과 긴밀히 협의하는 구조였다. ICB를 세계중앙은행으로 만들려는 꿈을 꿨던 케인스는 ICB를 개별 회원국 중앙은행과 손발을 잘 맞추도록 했다. 반면, 정부를 위하는 마음이 부족한 각국 중앙은행이 썩어 빠진 민간은행의 손아귀에서 놀아난다고 판단한 화이트와 모겐소 장관은 안정기금이 오로지 회원국 재무부만 상대하게 했다.

끝으로 두 기구 모두 관세와 무역장벽을 줄이는 구조다. 하지만 화이트는 회원국이 지켜야 할 의무를 구석구석 정하려 했다 케인스는 개별 국가가 아주 터무니없는 무역장벽과 차별적 정책만 쓰지 않도록 했다. 두 사람 모두 수출보조금을 없애고 싶었다. 화이트는 기금이 허락해야 한다는 조항도 필요 없이 무조건 보조금을 제거해야 한다고 믿었다. 케인스는 기업이 자국 소비자에게 공급할 물건을 만들 때에는 보조금을 받을 수 있지만 그 물건을 외국으로 수출하면 벌금을 물리는 방안을 제시했다.

이제 두 계획이 서로 맞붙어 싸울 무대가 준비됐다. '지능'이라는 싸움터에서는 케인스가 이길 것이 뻔해 보였다. 하지만 전투를 벌이는 '지형'은 화이트에게 훨씬 유리했다. 금과 금을 살 수 있는 믿을 수 있는 상품권을 가진 나라는 바로 미국이었기 때문이다. 결국 전쟁이 끝나면 세상은 이 새로운 국제기구가 필요할 터였고, 케인스는 천재였지만 미다스 왕은 아니었다.

영국은 쓸 수 있는 지렛대가 오직 하나 있었다. 바로 싸움을 그만두고 철수하는 것이었다. 대영제국이 빠지면 국제회의도 새로운 국제통화기구도 있을 수 없다. 하지만 확실히 그만두려면 전쟁을 치르는 기간뿐만 아니라 전쟁 직후 과도기에도 자금을 많이 대줄 수 있는 다른 곳을 찾아야 했다.

그토록 기다리던 전투는 2년 뒤 대규모 브레턴우즈 국제회의 개최를 선언하기 직전에 벌어졌다. 뉴욕 은행가들이 루스벨트 대통령이 이끄는 재무부를 상대로 승산 없는 싸움을 걸어온 것이다. 이 은행가들은 새 국제금융기구가 자기들의 해외대출 사업을 갉아먹는다고 판단하고,

영국이 이 기구를 버리면 대출을 엄청나게 해 줄 수 있다고 유혹했다. 영국 재무부 차관이었던 데이비드 웨일리는 이 제안을 케인스에게 전달하며 수수께끼 같은 질문을 던졌다. "1945년에 우리가 모겐소 장관과 화이트와 협상하든, 뉴욕 은행가들과 협상하든 우리가 원하는 결과를 얻지 못할 수도 있다는 것이 가장 큰 문제입니다."[66] 케인스는 단연코 모겐소 장관과 화이트와 운명을 같이 하기로 했다. 오로지 이들만이 그가 꿈꾸는 새로운 세계금융질서를 실현할 수 있는 사람들이라고 믿었기 때문이다. 마침내 주사위는 던져졌다.

## 제7장

# 눈가림

해리 화이트에게 전쟁은 달러를 국제통화로 단단히 붙박아 둘 수 있는 더할 나위 없는 기회였다. 그는 미군과 연합군이 전쟁을 치르면서 오로지 달러만 쓰게 하고 현지인들이 달러를 기꺼이 받아들일 수 있도록 현지 통화 가치를 높게 쳐주는 방안을 추진했다. 각 핵심 적국에 대해서는 그 나라와 연합국과의 사이에서 경제 관련 합의가 완전히 끝날 때까지는 오로지 달러만이 합법적 통화 구실을 할 수 있기를 바랐다.[1]

다음으로 화이트는 전후 전략인 국제통화 체제에 대한 계획을 마련했다. 최종 보고서는 재무장관에게 제출하기 위해 1942년 5월 8일까지 조금 더 다듬기는 했지만 초안은 3월에 모두 완성했다. 그는 동봉한 편지에 보고서 내용을 설명하기보다는 자신의 주요 아이디어를 드러낼 국제회의를 서둘러 열어야 한다는 점을 강조했다. 화이트에게는 국제회의가 정말 중요했다. 자신의 계획을 드러낼 세계 무대가 필요했고 선수들이 도착하기 전에 원고를 만지작거릴 수 있는 시간이 충분했다.

화이트는 이렇게 제안했다. "우선 추진 절차, 즉 재무부가 국무부와 미리 협의한 뒤 대통령에게 보고할지 아니면 함께 보고할지를 결정해야 합니다. 재무부가 국제회의를 발의하지 않는다면 틀림없이 다른 곳에서 제안할 것입니다." 그는 무슨 수를 써서라도 회의에서 견인차 노릇을 하고 싶었다. "회의는 훨씬 뛰어난 재무부가 담당해야 합니다."[2]

화이트가 제안한 계획은 5월 12일 모겐소 장관이 이끄는 참모회의에서 가장 중요한 주제였다. "정말 훌륭한 작품이군!" 재무장관은 자기도 모르게 감탄사를 연발했다. 그는 추진 방법에 대해서 헐 장관의 도움 없이는 일이 어그러질까 우려하여 대통령에게 보고하기 전에 헐 장관과 접촉하고 싶었다. 분명히 대통령은 이렇게 질문할 터였다. "헐 장관의 생각은 어떤가?" 모겐소 장관이 하루 종일 곰곰이 생각하던 차에 화이트가 '한꺼번에 두 마리 토끼를 잡을 수 있는' 솔로몬의 지혜를 들고 왔다.[3]

마침내 모겐소 장관이 마음을 바꿔 대통령에게 직접 보고했다. 소개편지에는 이렇게 썼다. "세상 사람 모두에게 쓸모 있고, 그들의 가슴을 설레게 하며, 진정으로 효과가 있다고 여길만한 우리의 국제경제 목표를 무대 위에 올리는 일을 결행할 시기가 무르익었습니다. 적들은 승리에 취해 유럽과 아시아를 다스릴 '새로운 질서'를 만드는 문제를 늘 고민해 왔습니다. 뉴딜정책이 세계경제에서 진정 무엇을 뜻하는지 보여주기 위한 도구를 구체적으로 명확히 공식화하는 일보다 시대의 흐름이 우리 편이라는 자신감을 더 두드러지게 드러내는 방법은 없습니다."

예상했던 대로 대통령은 모겐소 장관에게 국무장관과 국무차관의 의견

## 제7장 눈가림

을 들으라고 하면서 '미국과 연합국 재무장관들이 워싱턴에서 회의를 할 수 있도록 국무부, 경제전략국, FRB와 함께' 일을 계속 추진하라고 지시했다.[4]

5월 20일 모겐소 장관은 헐 장관에게 보고서 사본을 보내면서 둘이 함께 대통령에게 보고하자고 제안한 뒤 추진회의에 국무부 대표 한 명을 보내달라고 요청했다. 5월 25일 헐 장관은 모겐소 장관와 화이트와 만나는 자리에 리오 파스볼스키(Leo Pasvolsky)와 허버트 페이스(Herbert Feis)를 보냈다. 아니나다를까 회의를 시작하자마자 규정과 절차를 어떻게 만들지에 대해 설전이 벌어졌다. 이를 두고 모겐소 장관은 국무부가 재무부를 방해하려 하려는 작전이라고 해석했다. 재무장관은 꾀를 내 타 부서와 기관에서 일하는 화이트의 친구를 초대해 다른 회의를 열었다.

초빙 대상자 중 하나는 백악관에서 경제학자로 일하는 러츨린 커리(Lauchlin Currie)였다. 그는 화이트와 마찬가지로 재무부에서 제이콥 바이너의 '전문위원'으로 일하기 시작한 인물이다. "우리와 함께 나가 싸워주시겠어요?" 모겐소 장관이 커리에게 물었다. "온갖 중상모략이 난무할 것입니다."

"정말입니까?" 커리가 답했다. "음, 저야 늘 재무부 편에 서서 국무부와 싸울 준비가 돼 있습니다."

모겐소 장관이 웃음을 터뜨렸다. "정말 냄새를 잘 맡으시는 군요. 해리와 저는 당신이 필요합니다. 아시다시피 국무부는 우리 제안을 짓누르려 할 것입니다. 우리는 의견을 냈는데 국무부는 그렇지 못했고 사촌이 땅을 사면 배가 아프기 때문이죠."[5]

모겐소 장관은 준비한 내용을 논의하고 의제를 준비하기 위해 금융 전문가를 워싱턴에 보내달라고 연합국 재무장관들에게 편지를 보내고 싶었다. 화이트도 '여러 나라에서 온 전문가들도 어느 정도 자기 의견에 공감한다는 점을 확실히 보여주고 싶은' 마음이 간절했다. 이들의 동의는 '전후 국제 금융, 통화 분야에서 우리가 제안한 계획의 길잡이 노릇을 해 줄' 수 있을 터였다.[6] 더욱이 화이트는 자기 제안이 확실히 지지받기 전에는 케인스와 맞닥뜨리지 않으려 했다.

하지만 국무부는 생각이 달랐다. 7월 2일 회의에서 영국의 반응에 늘 민감했던 애치슨은 회의를 대규모로 개최하기 전에 주요 강대국, 특히 영국과 따로 양자회의를 열자고 제안했다. 모겐소 장관은 짜증이 치밀어 올랐을 뿐만 아니라 의심까지 품었다. "도대체 헐 장관은 생각이 있는 겁니까 없는 겁니까?" 그는 애치슨을 마구 몰아 부쳤다.

모겐소 장관과 화이트는 아직도 애치슨이 자기편이라고 생각했다. "딘 애치슨이 국무부로 간 까닭은 그가 우리 건물보다 국무부 건물을 더 좋아하기 때문입니다." 몇 년 뒤 화이트는 브레턴우즈에서 이렇게 말했다. "애치슨은 모자 방향만 바꿔 썼을 뿐 속은 재무부 사람입니다."[7]

모겐소 장관이 계속 다그쳤다. "헐씨는 우리가 일을 계속 추진하기를 바라거나 하는 겁니까? 아니면 흐지부지 끝나기를 원하나요? 속셈을 모르겠어요! 헐 장관은 영국과 회의할 때 누구를 미국 대표로 내보내고 싶어하죠?" 애치슨은 대표는 '전문가위원회'일 뿐이라고 생각했지만 입에서는 모른다는 대답이 나왔다.

곧 모겐소 장관은 연합국 금융전문가들과 회의를 여는 문제를 놓고 차라리 국무부와의 싸움을 질질 끄는 편이 더 나을 수도 있다고 생각을 바꿨다. "타 부서와 다툴 힘이 없습니다." 그가 한 발짝 물러섰다.[8] 마침내 재무부와 국무부는 당분간 국제회의를 열지 않고, 대신 영국, 러시아, 중국, 기타 주요 국가와 비공식 만남을 추진하기로 합의했다.

다음달 영국은 미국에서 누가 협상 대표로 나설지 알아내기 위해 이리저리 뛰어다녔다. 애치슨은 영국 대사관에 있던 재무부 대표 프레더릭 필립스 경에게 런던에 사람을 보내기 어렵다고 알려줌으로써 일이 빨리 추진될 수 있다는 기대를 짓누르려고 애썼다. 국무부가 추천하면 '소외됐다고 느끼는 부서와 개인들이 바로 강력하게 반발할' 것이 뻔했기 때문이었다. 필립스 경은 런던에 전신을 보내 '미국 부서 간 싸움이 어떻게 끝나는지에 달려 있기 때문'에 지금은 언제 공식회의가 열릴지 알 수 없다고 했다. 그는 케인스가 제안한 청산기구(이전에는 국제청산기구라 불렀음)를 모겐소 장관과 애치슨에게 미리 간단히 설명하자고 제안했다. 필립스 경은 이 제안이 초기단계에서 잊히기 전에 미국인들에게 영향을 줄 수 있는 기회를 잡아야 한다고 생각했다.[9] 런던의 첫 반응은 냉담했다. 이 계획을 충분히 검토하지 않고 제안하면, 채권국가기 때문에 결국 청산기구에 자금을 대줄 수밖에 없는 미국이 공격할까 봐 두려웠던 것이다.[10] 하지만 재무장관인 킹슬리 우드(Kingsley Wood) 경은 오히려 영국정부가 논의를 본궤도에 올릴 수 있는 가장 좋은 기회라고 결론짓고 필립스 경을 시켜 모겐소 장관과 애치슨에게 간단히 알려주라고 허락했다.

"모겐소 장관은 깊은 관심을 보였습니다." 필립스 경이 전신을 보냈다. "다음주에 계획을 더욱 자세히 설명해 달라고 부탁했습니다." 화이트는 그에게 보고서를 보고 싶다며 재촉했다. 8월 4일 케인스는 '미국인들에게 보여줄 목적'으로 새로운 초안을 마련해 회람하도록 했다.[11] 케인스가 리처드 로[Richard Law, 나중에 콜레인(Coleraine) 경으로 이름을 바꿈] 외교부 정무차관에게 간단히 설명하자 그는 다시 월말 즈음 재무부와 국무부에 줄 사본 여러 부를 준비해 워싱턴으로 떠났다. 화이트는 케인스 보고서를 받은 뒤에야 국무부 소속 아돌프 벌리(Adolf Berle)와 리오 파스볼스키에게, 미리 필립스 경에게 사본을 '비공식적으로' 줬다고 털어놨다.[12] 이로써 영국은 상대방의 꿍꿍이를 알아내는 데 사실상 한 발 더 앞서 나갔다.

화이트와 케인스가, 적어도 그들의 계획이 합의점을 찾는 데에는 꼬박 2년이 걸렸다. 1942년 7월 8일 필립스 경이 영국 재무부 리처드 홉킨스(Richard Hopkins) 경에게 미 재무부 화이트가 만든 전후 국제금융기구에 대한 초안을 보내면서 협상은 시작됐다. 필립스는 그 초안을 '직접 받은 것이 아니어서' 홉킨스 경에게 케인스 이외에는 보여주지 말라고 부탁했다. 그들이 보고서를 봤다는 사실을 절대 비밀로 해야 하고 다른 영국사람들은 이 문서가 있는지조차 알면 곤란하다고 말했다.

비밀을 무덤까지 가지고 가야 한다고 했는데도 영국정부 수석 경제자문위원이었던 프레더릭 리스 로스(Frederick Leith-Ross) 경도 초안 작성자인 해리 화이트에게서 그 다음날 받았다며 보고서를 런던에 보냈다. 8월 3일 케인스는 홉킨스에게 보고서는 '다 읽고 이해하려면 엄청나게 고생해야' 하며 '아무짝에도 쓸모 없다'는 반응을 보였다. 그는 같은 날 필립스 경에게 편지를 보냈다. "화이트가 제안한 내용은 기술적으로 실행할 수 없습니다. 금본위제에서 나타났던 문제에 대한 해결책도 없고 은행에 맡긴 예금이 어떻게 잘 쓰이는지도 까마득하게 잊은 것 같습니다." 케인스는 은행이 예금주에게서 받은 돈을 대출해 신용을 창출할 수 있듯 청산기구도 이와 비슷하게 새로운 국제통화를 창출할 수 있다고 믿었다.

케인스가 제안했다. "하지만 은행에 돈을 맡길 경우 신용을 창출할 수 있다는 장점을 화이트에게 설명해 주면 그가 이 이점을 중심으로 보고서 내용을 고치지 않을 특별한 이유가 있을까요?" 이는 정말 케인스다운 발상이었다. 즉, 안타깝게도 이 미국인들은 뭐가 뭔지 모르지만 잘 가르쳐주면 말귀는 알아 듣는다는 식이었다. 케인스는 인정을 베풀 듯 말했다. "수준은 많이 떨어지지만 기꺼이 배우려는 태도는 마음에 듭니다."[13] 물론 화이트는 한치도 양보할 생각이 없었다. 국제통화도 달러에 맞설 경쟁 통화도 없어야 했다. 하지만 명문 케임브리지대 교수인 케인스는 지적 자만심에서 비롯된 낙관적 태도를 미국인들과 오랫동안 협상하는 내내 버리지 못했다.

케인스가 필립스 경에게 보낸 편지에는 특유의 거친 비판으로 시작하는, 화이트 계획에 대한 자세한 설명이 들어 있었다. "이 미국 보고서는 이해하기도 어렵고 거의 읽을 수도 없습니다. 앞뒤가 맞지 않는 주장도 여러 군데 보입니다. 사실상 실행하기 어려운데도 이 문제에 대한 해결책도, 언급도 없습니다. 이 계획은 현실 문제를 해결하기에 적합하지 않다는 사실을 누구나 알 수 있습니다." 이와 관련해 케인스는 금이나 미국이 채운 족쇄를 풀면 세계적으로 유통되는 통화량을 늘릴 수 있다고 믿었다.

"화이트의 안정기금은 (사실은 그렇지 않지만) 얼핏 보기에는 청산기구와 아주 비슷해 보입니다." 케인스는 글을 이어갔다. "하지만 기반을 이루는 원칙은 근본부터 다릅니다." 그는 화이트가 제안한 기구는 '금본위제를 각색한 것에 지나지 않는다'고 무시했다.[14] 하지만 9개월 뒤 곧 타협을 할 수 있다고 확신한 그는 이렇게 썼다. "두 제안서에서 금을 보는 관점이 다르다는 부분을 지나치게 과장하는 듯합니다."[15]

화이트가 쓴 보고서를 파쇄하면서 쓰기 시작한 케인스의 메모에는 경쟁자도 결점을 보완하리라는 특유의 희망이 깃들어있다. "상대방이 제안한 내용의 큰 목표가 우리가 추구하는 목적과 같다는 사실은 아주 놀랍고 고무적입니다." 케인스는 화이트의 보고서가 세 가지 면에서 영국의 이해관계와 맞아 떨어진다는 점을 강조했다. 첫째, 스털링 지역에 대해서는 '아주 너그럽다.' 이로 인해 케인스는 미국이 전쟁 직후 영국의 유동적 상황을 이용하기보다는 해결하는 데 도움을 주리라는 희망을 갖게 됐다. 둘째, 자본유입 국가가 자본유출 국가와 협의하도록 한다는 점도 유익하다. 케인스는 자본흐름 규제를 더욱 효과적으로 만드는 제안을 지지할 수 있어서 정말 기뻤다. 셋째, 완벽한 자유무역주의에 대해 아주 온건한 입장이다. 즉, 영국의 제국주의적 무역차별화를 정면으로 거부하는 국무부의 극단적 자유무역주의에 굽실거리지 않았다. 그는 '19세기 경제철학의 잔재', 특히 '무역, 자본, 금 이동 등을 방해하는 행위는 아주 나쁘다'는 잘못된 관념을 비난하면서 화이트 보고서의 많은 부분을 만족스럽게 여겼다.[16]

영국과 미국 재무부는 잇달아 나온 두 보고서의 초안을 자세히 비교하기 시작했다. 화이트와 케인스의 제안서 모두 꼼꼼한 부연설명을 나란히 담은 그래프도 있었다.

 10월 6일 벌리는 케인스가 제안한 뱅코르의 영향에 초점을 두어 청산기구와 관련한 문제를 쭉 나열해 필립스 경에게 건넸다. 벌리는 다음과 같이 화두를 꺼내며 회의를 시작했다. "무역수지 적자를 정산할 수 있는 수단은 단 두 가지 밖에 없습니다. 금이 받아들여진다면 금이고 그렇지 않다면 재화입니다." 그러고는 말을 이었다. "케인스 경은 그가 제안한 청산기구로 하여금 신용을 창출할 수 있게 해 실제로 적자를 정산하도록 하겠다는 의도입니다. 이는 우리가 이 새로운 통화를 엄청나게 많이 얻는다는 의미입니다." 이 방안이 과연 쓸모가 있을까? 사실상 미국은 다른 나라, '주로 영국'에 신용으로 재화를 빌려주라는 요청을 받고 있었기 때문에 신용제공 조건은 결국 이 문제에 귀결된다.

 벌리는 금으로 인출할 수 없는 뱅코르가 미국 같은 채권국가에는 믿을 만한 가치저장 수단이 결코 될 수 없다고 차분히 설명했다. 케인스가 제안한 기구는 디플레이션보다는 인플레이션을 일으키려는 특성이 있는 듯 보였다. 케인스는 '전 세계 유효 수요'를 늘리거나 줄이기 위해 뱅코르의 유통량을 확대하거나 축소할 수 있다고는 했지만, 경제를 수축시키는 장치는 어디에도 없었다. 더군다나 대규모 흑자를 기록하는 나라가 몇 안 될 터인데 채무국가들이 투표권을 갖거나 청산기구의 정책을 통제할 수 있을까? 필립스 경에 의하면 미국인들은 '기구가 발권 기능을 행사해 달러의 위상을 깎아 내릴까 봐 노심초사했다'고 한다.

 영국 쪽은 제대로 대답하지 못했다. 런던에서 미국 쪽이 궁금해 하는 많은 질문을 검토하는 도중 필립스 경의 뒤를 이을 로버트 브랜드(Robert Brand)가 청산기구 이사회는 분명 '아무런 어려움이나 비용 없이 마음껏 금을 만들어내는 것만큼 막강한 권력'을 갖는다고 맞장구 쳤다. 그러면서 '이사회가 강대국도 의회도 모르게 강대국의 과실을 약소국에 헐값에 넘길 수 있는 대단한 능력이 있다'고 비꼬았다.[17]

실제 협상은 전혀 예상치 않게 시작됐다. 위넌트 대사는 모겐소 장관이 화이트를 데리고 곧 감행할 북아프리카 상륙작전에 대비해 군사시설도 점검하고 자금도 준비하기 위해 영국에 갔을 때 화이트와 케인스를 10월 23일에 서로 만나게 하자고 제안했다. 하지만 케인스는 그날 오후 다른 일정이 있었고 화이트는 그날 저녁에 떠나야만 했다. 위넌트의 경제자문위원이던 펜로즈(E. F. Penrose)는 이렇게 회상했다. "오후에 케인스를 만나는 것이 어떻겠느냐고 물었을 때 케인스 못지 않게 자만심이 강했던 화이트 박사는 케인스 말고는 누구와도 얘기하고 싶지 않다고 퉁명스럽게 말했습니다." 케인스와의 만남이 성사되지 않자 대사관에서 다시 만남을 주선했다.

케인스와 화이트는 그야말로 옥신각신 싸웠다. 펜로즈는 이렇게 기억했다. "정말 볼만 했습니다. 고성이 오가기도 했거든요. 케인스는 화이트가 제안한 기금이 커지기 어렵다고 생각했습니다. 화이트는 미국 지분에 맞는 금액을 마련하기 위해 의회를 설득할 수 없다고 판단했죠. 이 문제는 자본금을 출연 받을지 아니면 케인스가 말한 대로 창출할지에 대한 논쟁으로 이어졌습니다."

화이트의 계획은 회원국이 기금에 자본금을 넣는 구조인 반면 케인스의 제안은 기금이 자본금을 뱅코르 형태로 새로 만드는 방안이었다. 케인스는 자본금 출자 방식을 신랄하게 비판했지만 화이트는 의회가 이 방안만 고집한다고 우겼다. 의회가 반대한다는 구실은 모겐소 장관과 화이트가 외국인들이 못마땅한 일을 요구할 때 늘 입버릇처럼 말하던 핑계였다.

> 화이트는 케인스가 청산기구로 하여금 구호나 재건 따위에 자금을 지원하도록 하는 시도는 정치적으로 불가능하다고 반박했다. 케인스는 한 나라가 환율을 바꾸기 전에 회원국 80퍼센트 이상 동의를 얻어야 한다는 주장은 영국으로서는 받아들일 수 없다고 분명히 말했다. 더불어 영국은 재정 상황이 어렵기 때문에 때에 따라서는 환율을 마음대로 정할 수 있는 자유를 누려야 한다고 고집했다. 투표제도와 다른 부분에서도 의견이 엇갈렸다. 결국 케인스는 미국과 영국 두 나라만 직접 협상하거나 가능하다면 영국연방자치령과 소련을 끌어들이자고 했지만, 화이트는 그러면 영국과 미국이 금융 '패거리'를 만든다는 의심을 받을 수 있다며 반대했다. 이에 케인스는 이 문제는 복잡하기 때문에 먼저 영국과 미국이 초안을 마련한 뒤, 의심을 덜기 위해 러시아, 프랑스, 영국연방자치령을 초대한 다음 공식 회의체를 만들어 나머지 국가를 참여하도록 하자고 제안했다.[18]

두 사람 모두 각자 돌아가 제안한 내용을 일부 고치기로 했다.

미국 쪽에서는 국무부가 전후 경제계획에 대해 협상을 시작하라고 승인해 준 적이 없기 때문에 기존 회의는 사실상 '비공식적'인 것이었다. 드디어 11월 13일 정식 허가가 났고 그때부터 필립스 경은 워싱턴에서 벌리, 파스볼스키, 페이스와 다시 논의하기 시작했다. 협상 주체가 재무부에서 국무부로 넘어가면서 미국 쪽은 헐 장관의 제7조에 대한 생각을 반영해 통화보다는 무역체제에 더욱 초점을 뒀다. 영국은 미국이 이것저것 따지는 바람에 협상 내내 힘들었다. 케인스는 '단순히 사적 모임으로 끝날' 수도 있는 미 국무부와의 협상은 피하려고 했다. 나중에 미 재무부 같은 '타 부서가 불쑥 나타나 자기가 정식 협상 담당이라며 영국 정부를 공격할까 봐' 걱정했기 때문이다.[19]

1943년 1월 7일 화이트는 전미경제협회를 대상으로 '전후 통화 안정'이라는 주제로 연설하면서 자신의 계획을 드러내기 시작했다. 그는 이 자리에서 '국제연맹이 국제안정기금과 국제은행을 세워야 한다'고 주장했다. 화이트는 달러가 모든 사람이 신뢰하는 가장 위대한 통화라고 내세우고 있어서 케인스는 뱅코르를 기초로 하는 청산기구와 화이트가 내세우는 기금을 절충하는 일이 쉽지 않다는 것은 불 보듯 뻔하다고 생각했다. 화이트는 '달러가 전후 통화 시스템을 안정시키는 주춧돌이 될' 것이라고 예상했다.[20]

비록 화이트가 수개월 동안 협상전선에 직접 나서지는 않았지만 영국 측은 그가 미국 측 주장을 배후에서 조종하고 있다는 사실을 한시도 잊은 적이 없었다. 영국은 케인스의 계획이 아무리 훌륭하더라도 영국의 약한 협상기반을 보완해 줄 수 없다는 점을 잘 알고 있었기 때문에 화이트와 논의하는 동안에는 그의 자존심을 세워 주려고 무척 애썼다. 1943년 1월 필립스 경이 케인스에게 보낸 편지에는 이런 내용이 들어 있다. "제안한 내용을 많이 바꾸자고 하면 화이트는 기분이 상할 것입니다. 하지만 몇 군데만 고치거나 조금씩만 다듬으면 보고서가 짜임새 있다는 인상을 줄 수 있어서 기뻐할지도 모릅니다. 보고서는 약간 매끄럽게 손질하면 멋지게 보일 때도 있습니다."²¹ 영국 쪽은 외화 태환 금지처럼 상대가 크게 문제삼지 않을 사안에 대해서는 화이트에게 의견을 적극 개진할 작정이었다. 그러면서도 다시는 대공황을 겪지 않으려면 반드시 금이 부족한 나라도 회원으로 받아들이고 '국제통화'도 충분히 확보해야 한다면서 국제청산기구가 제안한 내용의 핵심이라고 강조했다.²²

1월 미 국무부가 케인스의 제안을 받아들일 수 없을 뿐만 아니라 영국과 합의점을 찾기 전에 러시아, 중국, 그리고 다른 여러 나라와도 논의하기 시작할 예정이라고 필립스 경에게 알리자 영국 쪽은 화가 머리 끝까지 치밀어 올랐다. 케인스는 영국 재무부에 있는 윌프리드 에디(Wilfrid Eady) 경에게 이렇게 썼다. "전혀 쓸모 없고 어리석은 주장입니다."²³ 격노한 웨일리도 재무장관에게 다음과 같이 적어 보냈다. "있을 수 없는 일입니다."²⁴ 2월 1일 미 국무부가 화이트 계획 수정안을 영국 대사관에 보내면서 사본을 러시아와 중국을 포함해 다른 나라 대사들에게도 전달했다고 밝히자 영국인들의 분노는 하늘을 찌를 듯했다. 케인스는 영국 정부도 맞대응 해야 한다고 압박했다. "원숭이 우리에서 모이자고(공식 국제회의를 열자는 의미) 제안하기 전에 초대할 원숭이들의 반응을 미리 알아보고 싶습니다."²⁵

2월 17일 필립스 경은 런던으로부터 벌리에게 전달할 전신을 받았다. 영국은 청산기구에 대한 내용을 러시아, 중국과 협의하고 곧 런던에 있는 연합국 금융전문가들과도 비공식적으로 논의하겠다고 통보하라는 내용이었다. 단, 미국 쪽 의견을 들은 뒤에 논의를 시작하겠다고 했다.²⁶ 하지만 미국은 가만히 있지 않았다. 필립스 경은 미국이 이제 화이트 계획을 자치령뿐만 아니라 유럽과 남미에 있는 연합국에까지도 보낼 계획이라고 회신했다.

이 시점에 영국은 타협하자는 생각에서 한 발 물러섰다. 에디는 양쪽 의견이 너무 다른데 미국 호주머니 사정은 정말 좋은 상황이라서 '섣불리 절충하려 했다가는 해리 화이트의 제안을 약간만 고치는 선에서 결론 날까' 봐 걱정스러웠다.²⁷

미 국무부는 영국이 보고서를 해외 여러 나라에 배포하는 계획을 반대하지 않았다. 단, 미국 보고서와 함께 배포해야 하고 보고서도 정부가 작성한 것이 아닌, 전문가가 마련한 초안이라고 알려야 한다는 조건을 달았다. 영국은 서둘러 러시아와 중국을 포함한 연합국에 사본을 전달했다. 와일리가 걱정했다. "서로 경쟁하는 두 방안이 경매에 부쳐지는 듯한 인상을 준다면 이는 바람직하지 않습니다. 하지만 어쩔 수 없는 일이기도 합니다."²⁸

영국과 미국은 여러 달 동안 자기 쪽 제안을 홍보하고 다녔다. 3월 4일 모겐소 장관은 화이트 보고서 사본을 37개국 재무장관에게 전달해 나라마다 '전문가 한 명 이상씩 보내 달라고 요청하면서 미국이 제안한 국제통화협력 방안과 다른 원하는 분야에 대해 미국 전문가들과 토의하자'고 제의했다.²⁹ 같은 날 영국 재무부도 전후 통화·금융 체제에 대해 연합국 재무장관들과 회의를 개최한다고 발표했다. 러시아, 중국, 영국연방자치령 대표는 이미 모임에 참석한 상태였다.³⁰

2월 26일 케인스는 자신의 구상을 유럽 연합국 대표들에게 있는 그대로 투명하게 제시하고 제안서의 핵심내용을 아주 매끄럽게 술술 풀

제7장 눈가림

어 설명했다. 특히, 국제수지 적자에 허덕이는 국가를 디플레이션과 경기침체에 빠뜨리기 쉬운 글로벌 불균형이라는 고통을 덜고 국제무역도 촉진하기 위해서는, 국내은행에 적용하는 원칙을 국제통화 시스템으로 확장해야 한다고 주장했다. 케인스는 연설하면서 글로벌 불균형이 '가장 중요한 사안'이라고 강조했다. 흥미롭게도 현재 미국은 중국에 고질적인 대규모 무역수지 적자에 시달리고 있어서 이는 오늘날에도 큰 반향을 일으킬 수 있는 문제다. "어느 나라는 수출보다 수입이 더 많고 다른 나라는 수출보다 수입이 적어 무역 불균형이 생겼을 때, 과거처럼 무역수지가 적자인 약소국이 모든 책임을 떠안아서는 곤란합니다. 적절한 무역 균형을 보장하려면 채권국도 채무국만큼 의무를 지는 체계를 만들어야 합니다."[31] 하지만 1943년 미국은 당연히 채권국가가 부담을 떠안아야 한다는 주장을 지지할 까닭이 없었다.

케인스의 연설은 연합국 대표들로부터 긍정적 반응을 이끌어냈다. 연합국 대표들은 케인스의 계획이 아주 국제적이라는 점이 마음에 들었다. 그렇지만 무엇보다도 자국의 이익이 가장 중요했다. '굴지의 금 생산국인 남아프리카공화국 스머츠(Smuts) 수상은 이 제안의 영향을 많이 받을 수 밖에 없습니다. 어느 계획이 향후 남아프리카공화국의 금 산업에 더 안정적입니까?' 이는 4월 22일 필립스 경이 케인스에게 보낸 글이다.[32] 그리고 케인스가 지적한 대로 키리아코스 바바레소스(Kyriakos Varvaressos) 그리스 중앙은행 총재는 '미국의 심기를 건드릴까 노심초사'했다.[33]

케인스는 참가국 대표들에게 '자기들이 청산기구를 아주 좋아한다는 점을 미 재무부에 알리라'고 부추기면서도 '지금은 논쟁도 옹호도 피하라고 권고했다. 그러면서도 화이트의 계획을 무턱대고 반대하지는 말고 의문을 품고 구석구석 살펴보라고 부탁했다. 더불어 이 문제를 협의하기 위해 전문가들이 모인다면 어렵지 않게 두 계획을 절충하는 방법을 찾을 수 있다고 주장했다.[34]

두 계획이 부딪힌다는 소문이 어느새 흘러 나가 영국과 미국 언론에까지 삽시간에 퍼졌다. 질문이 쇄도하자 재무장관은 필립스 경에게 영국정부는 화이트의 제안을 화이트 보고서가 아닌 의회 백서(화이트 계획과는 전혀 다른 백서)라고 포장해 공표하고 싶다며, 이를 미국에 알리라고 지시했다. 이에 벌리와 파스볼스키는 특별히 거절할 이유가 없다고 말했다. 3월 15일 회의에 참석했던 화이트는 이 소식을 모겐소 장관에게 보고하자 장관은 다시 이틀 뒤 미국 쪽 제안내용도 공개하자고 건의했다. 루스벨트 대통령이 이를 거절하자 바로 모겐소 장관은 영국이 보고서를 공개하지 못하게 막았다. 모겐소 장관이 화이트에게 말했다. "대통령께서는 아주 단호하십니다. 우리 계획을 절대 공개할 수 없답니다. 전쟁이 끝나지 않아 아직은 이르다고 말하십니다."[35]

하지만 4월 5일 런던의 〈파이낸셜 뉴스Financial News〉가 미국 쪽 계획을 요약한 기사를 싣자 대통령도 어쩔 수 없다. 적잖이 당황한 영국 정부는 필립스 경을 서둘러 모겐소 장관에게 보내 영국은 보고서를 누설한 사실이 전혀 없다고 했다. 필립스 경이 말을 꺼냈다. "런던 소재 미국 대사관에서 정보가 흘러나갔다는 소문이 자자합니다."[36] 그의 말을 곧이 들은 모겐소 장관은 언론과 의회에 보낼 보고서와 정보누설에 대한 브리핑 자료를 부랴부랴 준비했다. 양국은 각자 화이트와 케인스 계획에 대한 보도자료를 허둥지둥 마련해 4월 7일 워싱턴과 런던에서 동시에 공개했다. 하지만 서로 상대방에게도 다른 계획이 있다는 사실을 모르는 듯한 인상을 풍겼다.

 기사의 방향은 자국의 이익을 대변하듯 서로 엇갈렸다. 미국 쪽 기사는 대체로 전 세계 금을 주무르는 채권국가의 이해관계를 대변하는 편이었다. 오늘날의 〈월 스트리트 저널Wall Street Journal〉 색채를 띤 〈뉴욕 타임스〉는 케인스의 계획은 '환율안정을 망가뜨리고 평가절하와 통화팽창을 떠받드는 내용'이라고 맹비난했다. 이뿐만 아니라 영국이 노동 국제분업을 파괴하고 지나친 경제 국수주의에 빠진 까닭은 '분명 이 걸출한 전문가가 영국정부에 그렇게 하라고 가르쳤기 때문'이라고 거세게 공격했다. 더불어 새 모델은 필요하지 않다며 다음과 같이 썼다.

> 국제규약이 필요 없는 금본위제는 지금까지 고안된 국제통화 체제 중 가장 만족스러운 제도다. 금본위제가 '실패했다'고 주장하는 사람들도 있지만, 사실은 정부가 환율안정보다 더 좋아하는 국수주의 '정책'을 금본위제가 방해했기 때문에 의도적으로 금본위제를 피한 것이다. 통화를 안정시키기 위해 정교한 기구를 새로 발명할 필요는 없다. 통화안정기구는 이미 19세기를 거치면서 금본위제로 다져졌다.[37]

〈뉴욕 월드 텔레그램New York World-Telegram〉은 야구로 비유했다.

> 보통은 야구공을 가진 아이가 주장이고 그가 언제 어디서 누구와 경기할지 정한다. 국제통화안정이 야구는 아니지만

하나의 경기다. 야구경기를 하려면 야구공과 방망이가 필요하듯 경기를 하려면 금이 있어야 한다. 현재 미국은 전 세계 금 280억 달러 중 220억 달러를 보유하고 있어 미국 정부가 주장이 돼야 하며 그렇지 않으면 경기를 그만 둬야 한다. '금을 다른 통제 단위로 바꾸고' 전쟁 전 무역규모에 따라 투표권을 배분하면 영국은 미국보다 50퍼센트 넘게 투표권을 가진다. 이는 공평한 야구 경기가 아닐 뿐만 아니라 크리켓 경기도 아니다.[38]

영국 언론은 당연히 케인스 계획을 지지하는 편이었다. 그의 계획은 신물 난 자유방임이라는 신조와 영국 금고에 거의 남아 있지 않은 금이라는 무겁디무거운 사슬에서 영국을 구할 수 있는 기발한 발명품이라고 했다. 런던의 〈타임스〉는 '합리적 금융경제시스템으로 도약하는 길을 안내해 줄 이정표'라고 치켜세웠다.[39] 〈데일리 헤럴드*Daily Herald*〉는 '시대를 꿰뚫을 만큼 고무적이고 경탄할 만하다'고 띄웠다.

드디어 구태의연한 교리를 깨뜨린 방안이 탄생했다. 국제통화 체제 문제를 해결할 아주 창의적 제안이다. 이제 영국중앙은행에 의지할 필요가 없으며 중앙은행의 요지부동 관행에서 벗어날 수 있다. 이 제안으로 금은 제자리를 찾게 된다. 즉, 금이 쥐고 있던 외환관리 통제권이 정부 손에 넘어간다. 이 계획은 민간은행보다는 정부의 이해관계를 위한 국제기구 설립을 목표로 삼는다. 이 기구 하나면 피해 막심

한 무역량 폭등이나 폭락을 피할 수 있다.⁴⁰

케인스는 마침내 두 계획을 공표해 대중으로부터 평가받는다는 사실에 몹시 흥분했다. 상황이 바뀌자 그는 늘 하던 대로 바뀐 상황에 맞춰 자신의 견해를 재빠르게 수정했다. 이전에는 미국과 따로 만나 합의점을 찾는것이 아주 중요하다고 생각했으나 이제는 두 계획을 공개해 떳떳하게 경쟁하는 방안이 훨씬 더 낫다고 여겼다. "미국과 은밀히 회동해 절충안을 마련했다 하더라도 십중팔구 의회가 반대했겠지요?" 이는 4월 16일 케인스가 필립스 경에게 보낸 글이다. "현재 전략은 아무도 다치지 않도록 초기단계에서 논쟁이 벌어지도록 하는 것입니다. 사람들이 있는 데서 초기의 어려움을 극복해야 합니다."⁴¹

케인스의 제안이 외부로 알려지자 편지가 수없이 쏟아져 들어왔다. 영국중앙은행 이사 에드워드 피콕(Edward Peacock) 경은 케인스 제안을 '대헌장'이라고 추켜세웠다. 하지만 내용이 몹시 획기적이라는 점에서 비관적 전망을 내 놓았다. "틀림없이 더 이상 진척시키기 어렵겠지만 언젠가는 제안하신 대로 이뤄질 것입니다. 보고서에는 귀하의 통찰력, 지식, 전문성이 잘 드러나 있습니다."⁴² 66년 뒤 중국 인민은행 총재가 브레턴우즈 회의가 혁신적 수준에서 타결되지 못한 점은 안타까운 일이라고 언급해 전 세계 주요 신문이 대서특필한 적이 있다.

자신감이 충만해진 케인스는 4월 16일 필립스 경에게 물었다. "6월 즈음 당사국끼리 총회를 열어 아예 결론을 내면 안되겠습니까? 유럽과 자치령은 우리를 지지하는 편이니 미국과의 일대일 협상보다 총회가 우리에게 더 유리합니다." 그는 이전에 미국과 단독 회의를 갖자고 했던 주장을 뒤집었다. "여름에는 워싱턴보다 런던이 날씨가 더 낫다는 점을 들어 미국을 설득할 수 있으면 얼마나 좋겠습니까! 하지만 부질없는 생각이겠지요."[43] 워싱턴에 상주하고 있어 미국인들의 생각을 더 잘 아는 필립스 경은 케인스가 지나치게 낙관하지 않도록 자제시키려고 애썼다. "청산기구가 아주 훌륭하다는 귀하의 주장은 지당합니다. 하지만 청산기구를 만드는 작업이 국제통화를 더욱 많이 발행하는 일이라는 점을 잘 알지도 못하고, 금이 받쳐주지 않는 통화를 만든다는 제안에 충격 받은 아둔한 미국인들과 합의점을 찾기 어려울 것입니다."[44]

케인스는 겁쟁이들을 혐오하고 낙관적이며 상상력도 풍부했지만 때로는 정치현실에 맞게 타협하려고도 했다. 4월 27일 경제학자인 로이 해로드에게는 이런 글을 보냈다. "우리는 미국과 잘 절충해 결국에는 그들의 주장을 받아들일 수 있으리라 확신합니다."[45]

전년 봄에 작위를 받은 케인스는 5월 18일 상원에서의 첫 연설시간을 주로 자신의 계획을 설명하는 데 할애했다. 그 자리에서 통화 체제가 왜 필요한지, 자신의 계획이 엄청난 금과 달러를 등에 업고 있는 미국 쪽 주장과 어떻게 다른지 아주 차분하게 설명했다. 케인스는 이후 몇 년 동안 국내에서 논쟁할 때는 유지할 수 없었던 대단히 겸손한 자세로, 미국이 강력한 채권국가 지위를 강화하는 것을 허용하는 한편, 그의 계획이 영국 통화팽창 정책에 족쇄를 채우지 않을까 걱정하는 영국 정부를 달래려고 노력했다.

양쪽 계획이 다른 부분에 대해서는 이런 식으로 말했다. "두 계획을 잘 통합할 수 있다고 확신합니다." 그러면서 모겐소 장관과 화이트에 대해서는 '그들의 목적은 자신의 계획과 똑같고 아주 고귀하고 광범위

제7장 눈가림

하게 영향을 끼칠 수 있는 방안을 제시했다'고 칭찬했다.[46] 이는 이전에 '화이트의 제안에 깔려있는 원칙은 자신의 것과 근본적으로 다르다'고 사석에서 내뱉은 말을 완전히 뒤집은 것이다.[47] 합의점을 찾은 뒤에 발표하지 않고 미리 따로따로 공개한 이유에 대해서는 이렇게 주장했다. "계획을 본격적으로 준비하는 데 정성을 쏟기보다, 그리고 의회나 국제 연맹 소속 국가의 주장을 귀담아 듣지 않고 합의점을 찾으려는 것보다, 영국과 미국 재무부가 충분히 이곳저곳의 의견을 구하는 것이 훨씬 더 바람직하다고 생각합니다. 전후 세계경제 체제는 은밀히 만들 수는 없습니다."[48] 하지만 케인스는 몇 개월 전 미국이 지금과 같은 의견을 내세웠을 때에는 '양국이 절충하기도 전에 미국이 러시아와 중국 대표를 초대하려고 한다'며 강력하게 비난했다. 그때 그는 '전혀 쓸모 없고 어리석은 주장'이라고 말했다.[49] 지금은 다른 나라들의 의견을 듣자고 주장하지만 이전에는 회의 참석자를 '원숭이'에 비유하며 나중에 모이자면서 이를 기를 쓰고 반대했다.

"상황이 달라지면 제 생각도 바뀝니다. 다른 방도가 있습니까?" 이는 통화정책에 대한 의견을 바꿨다고 공격 당했을 때 그가 반박했던 말로 유명하다. 하지만 상원에서 첫 연설을 할 때에는 이런 식으로 솔직하게 답변할 수는 없었다. 상황이 달라지지 않았기 때문이다. 즉, 미국은 시종일관 케인스의 주장을 사사건건 반대했기 때문에 의회에서는 감히 그렇게 말하지는 못했다.

워싱턴에 있던 필립스 경은 화이트의 계획이 공표되면서부터는 전후 통화 체제 문제를 미 재무부가 담당하게 됐다는 전갈을 보냈다. "국무부가 조용해졌습니다." 필립스 경이 케인스에게 편지를 보냈다. "따라서 앞으로는 벌리 대신 모겐소 장관과 협의해야 할 것 같습니다."[50] 아니나다를까 얼마 지나지 않아 모겐소 장관은 안정기금은 재무부 소관이며 재무부가 이 문제를 다룬다는 사실을 헐 장관도 알고 있다고 필립스 경에게 알려왔다. 벌리는 '통화안정기구 추진방안은 국무부 소관인 전체 전후 프로그램의 일부로 봐야 한다'고 화이트에게 끈질기게 주장했다.[51] 하지만 이미 주사위는 던져졌다. 이제부터 재무부가 통화개혁안을 추진하게 됐다.

이로써 화이트는 관료로서 개인으로서 그야말로 커다란 승리를 거뒀다. 그는 발 빠르게 4월말부터 각 나라 전문가들을 워싱턴으로 따로따로 불러 일대일로 회의했다. 깜짝 놀란 필립스는 런던으로 전신을 보냈다. "네덜란드와 벨기에 대표들이 런던에서 무슨 말을 했든 이곳에 올 때에는 청산기구를 지지할 생각이 없는 듯합니다."[52] 케인스 계획이 이론적으로는 흥미로웠을망정 유럽 연합국들은 미국의 위상이 압도적으로 높아 섣불리 반대했다가는 정치적으로 어려움을 겪을 수도 있다는 사실을 잘 알고 있었다. 화이트는 이 나라들을 하나하나 공략했다.

캐나다는 미국과 영국 못지않게 계획의 세부내용을 결정하는 데 아주 적극적이었다. 실제 '국제외환기구'라는 방안도 제시했다. 하지만 이 방안은 미국 쪽 제안과 비슷해 영국에서는 이를 '화이트 사촌'이라고 불렀다.[53]

초대된 정부 모두가 통화기구의 세부사항에 대해서는 관심을 보이지 않았다. 예를 들어 러시아가 재정상태나 경제력에 비해 지나치게 우대받는다고 생각한 중국은 러시아와 비슷하게 대우를 받는 데 온통 관심이 쏠렸다. 한편, 러시아는 이 계획에 관심만 표명하고 대표조차 보내지 않았다.

영국인들에게는 초조하게도, 화이트는 6월 중순이 넘어서야 필립스와 대사관 소속 레드버스 오피(Redvers Opie) 경제 전문위원뿐만 아니라 라이오넬 로빈스, 데니스 로버트슨 같은 영국 전문가들과 만나기 시작했다. 영국인들에게 가장 중요한 사안은 채권국가의 의무에 대한 문제였다. 이들은 어떤 다자간 결제시스템을 도입하더라도 채무국가뿐만 아니라 채권국가도 적자나 흑자가 일정 한도를 넘지 않도록 해야 한다는 점을 강조했다. 이는 미국이 국제수지 흑자를 줄여야 한다는 명백한 주장이었다.

지난 2월 화이트가 필립스를 통해 케인스에게 전달한 아홉 번째 수정안에는 화이트가 자신의 주장에서 한 발 물러선 듯 보였다. 수정안에는 만성적 흑자국가로부터는 수입을 실제로 제한할 수 있는 '희소통화'라는 조항이 있었다(화이트 계획에서는 환율이 고정되고 고정 환율에서는 수요가 공급을 초과해 흑자국 통화는 귀해질 수 있다). 어안이 벙벙해진 케인스는 이 조항은 미국이 언제든지 철회하자고 요구할 수밖에 없는 정치적 자살행위라고 여겼다. 기쁨을 참을 수 없었던 해로드는 3월 3일 케인스에게 편지를 보내 이 조항이 엄청나게 중요하다는 사실을 알아차리지 못했다고 질책했다. "가장 중요한 점은 미국이 이 초안에, 제7조에 서명한 뒤에는 우리가 바꾸자고 요구하지 않을 내용을 넣었다는 사실입니다. 즉, 달러가 귀해지면 우리나 다른 나라들이 미국을 상대로 무역차별화 조치를 취할 수 있다는 것입니다."[54]

"동의합니다. 자세히 읽어보니 전체 초안 내용 중 오로지 당신이 해석한 부분만 합당하다고 생각합니다." 이튿날 케인스가 회답했다. "하지만 미국인들이 이 부분을 다시 꼼꼼히 살펴본다면 바로 철회하려고 할 것입니다."[55]

영국 언론조차도 믿지 않았다. 4월 미국 계획 발표 후 영국 〈타임스〉의 브라함(Braham) 주필은 케인스에게 이렇게 써 보냈다. "그 조항대로라면 미국이 상황에 따라서 수출을 할당하거나 제한할 수 있는 듯 보이지만 실제로는 그런 뜻이 아니라고 판단합니다. 수출을 제한하면 틀림없이 미국 수출기업과 노동계가 강력하게 반발할 것이기 때문입니다."[56]

4월 캐나다 대표들이 화이트에게 통화가 귀해지는 나라가 추가 평가 절상을 막기 위해 어떤 조치를 실행할 수 있는지 명확히 밝히라고 압박하자 화이트는 뒷걸음치기 시작했다. 화이트는 조치를 취할 책임은 전적으로 다른 나라에 있다고 주장하며 이 점을 명확히 하기 위해 조항을 고치겠다고 대답했다. 그러나 캐나다 대표들이 다른 나라가 취할 수 있는 '적절한 조치'에 문제가 되고 있는 채권국가에 대한 무역차별화가 포함되는지 따져 묻자 화이트는 당황한 나머지 '제안을 받아들이겠다'고 했다.[57] 그러고는 6월에 영국 대표들과 회의할 때에는 국제수지 흑자 축소는 적자국보다는 흑자국에 더욱 어렵다고 밝히면서 조정 책임이 채무국가에 있다는 점을 암시했다.[58] 런던에서 미국과의 협상 경과에 대해 설명을 들은 케인스는 격분했다. "화이트 수정안에서 우리가 반드시 반대해야 하는 부분은 채권국가가 이전과 마찬가지로 엄청난 금을 긁어 모을 수 있다는 내용입니다." 케인스는 '체면을 구기고 미국 달러에 완전히 굴복하지 않으려면' 많은 곳을 수정해야 한다고 주장했다.[59] 아니나 다를까 미국은 달러 중심 체제를 더욱 강화하려고 했다. 이는 미국 쪽 제안을 만드는 데 화이트가 점점 주도권을 쥔다는 것을 뜻했다. 예컨대 새롭게 제시한 할당량 제도에서는 달러와 금을 구분하지 않았다. "달러만을 금과 같은 위치에 올려 놓는다면 이는 파운드화에 치욕적인 일입니다." 핼리팩스 대사가 워싱턴에서 런던으로 보낸 전신이었다.[60] 하지만 화이트는 물러서지 않았다. 8월 19일 그가 자신 있게 선언했다. "제 생각에는 영국(the British formula)은 끝장났습니다."[61]

1943년 여름에 이르자 전쟁은 연합국에 유리하게 돌아갔다. 2월 러시아는 스탈린그라드를 무참히 짓밟으려다 실패하고 도주하던 독일 제6군을 완전히 괴멸시켰다. 소련군은 우크라이나를 가로질러 서쪽으로 도망치던 독일군을 뒤쫓아가며 도시들을 하나하나 해방시켰다. 이제 동부전선에서는 독일군이 승리한다는 소식을 들을 수 없었다. 1942년 6월 미드웨이(Midway) 해전에서 미군이 일본 해군을 참패시킨 뒤 과달카날과 솔로몬 제도 전투에서도 승리함에 따라, 수세에 몰렸던 연합군은 태평양전쟁이 끝날 때까지 공세를 펼칠 수 있었다. 5월 영미 연합군이 튀니스(Tunis)를 점령하면서 북아프리카 전쟁에 종지부를 찍었다. 7월 22일에는 이탈리아 팔레르모를 손에 넣었고 이틀 뒤 무솔리니 정권이 무너졌다. "분노로 똘똘 뭉친 연합군이 진격하고 있습니다." 7월 28일 루스벨트 대통령이 노변담화(爐邊談話)를 통해 국민들에게 말했다. "러시아 전선에서도 넓은 태평양에서도 유럽에서도 쉬지 않고 돌진해 마지막으로 베를린과 도쿄에까지 쳐들어갈 것입니다."[62]

이런 상황에서 미국과 영국 재무부가 전후 국제금융 시스템에 대한 합의점을 찾기 위해 노력하는 일은 의미가 더욱 컸다. 만약 두 나라가 절충한다면 설 자리가 별로 없는 다른 연합국들은 서둘러 절충안에 동의할 터였다. 전쟁이 끝나면 패전국들은 조약에 강제로 서명할 수밖에 없었다. 하지만 의견 일치를 보는 길은 더디고 험난했다.

1943년 7월과 9월 사이 화이트와 케인스는 계획에 대해 서로 논쟁을 주고 받았다. 화이트는 정치에 초점을 맞춘 반면 케인스는 계획 세부내용에 중점을 뒀다. 화이트는 사무적이었던 반면 케인스는 농담도 섞어가며 편안하게 접근했다. 예를 들면 이런 식이었다. "신비롭고 은은한 멋이 있는 조항들을 자세히 살펴보시기 바랍니다."[63] 두 사람 사이에는 틀림없이 좁힐 수 없는 성격 차이가 있었다.

케인스는 다시 워싱턴으로 건너가 9월과 10월 미국 재무부와 열띤 논쟁을 벌였다. 똑같은 부분에서 의견이 계속 달랐다. 케인스는 금과 달러의 위상을 격하시키고 유니타스를 그의 뱅코르처럼 진정한 화폐로까지 격상시키려 했다. 화이트는 금이 화폐 구실을 하도록 해 달러와 같은 지위에 올려놓으려 했다. 유니타스는 그저 부기하는 도구에 불과했다. 케인스는 회원국이 마음대로 환율을 조절할 수 있길 바랐다. 화이트는 자율권을 엄격히 제한하되 환율을 많이 바꾸려면 안정기금으로부터 동의를 받는 구조를 원했다. 케인스는 기금은 단지 명의변경 대리인 구실만 하고 회원국이 자원을 자유롭게 인출할 수 있기를 희망했다. 화이트는 미국이 져야 하는 의무를 의회가 허용하는 수준까지로 제한하겠다고 고집했다.

당연히 다시 긴장감이 흘러 넘쳤다. 로이 해로드는 이런 분위기를 잘 표현해 냈다.

논쟁 분위기는 서로 완전히 달랐다. 열정이 가득한 화이트는 거칠게 밀어 부쳐 험악하고 무례해 보일 수도 있었다. 종종 열성적으로 거침없이 쏟아내는 말은 어떤 논리로도 당해 낼 수가 없었다. 알려진대로 케인스는 이와는 딴판이었다. 그는 아무리 추상적인 문제라도 논리상 오류가 있으면 눈깜짝할 사이에 찾아내 모욕적이고 가시 돋친 문장으로 지적했다. 때로는 무례하기 짝이 없기도 하고 신경이 곤두서기도 했다. 화가 머리 끝까지 치밀어 오를 때도 있었다. 이는 흔히 있는 일이었다. 눈치도 빨라서 상대방이 공정하게 나오리라고는 생각하지 않았다. "그 똑똑한 친구(케인스)에게 속아 넘어가지 않도록 조심하세요." 화이트는 자기 동료들에게 조심하라고 늘 주의를 줬다. 그는 꿰뚫어 보는 능력이 있었다.[64]

번스타인은 화이트가 양쪽 대표들 앞에서 버거운 상대의 공격을 잘 막아내야 한다는 부담감 때문에 회의 시간이 다가오면 너무 긴장한 나머지 몸이 불편하기까지 했다고 밝혔다.[65]

케인스는 회의에서 있었던 일을 적어뒀다. "저는 화이트를 이해시키려 했습니다." 10월 3일 에디에게 이렇게 편지를 보냈다. "그에 대해 어떻게 생각하는지부터 있는 그대로 아주 솔직하게 말씀 드리겠습니다. 화이트에 대해 우리가 받은 인상은 그의 친구들이 그에 대해 느끼는 것과 비슷합니다. 그는 늘 귀에 거슬리는 말로 윽박지르기 일쑤고 짓누르려는 태도가 몸에 배어 있는 아주 건방진 친구예요. 격식 있게 소통하기 위해 어떻게 말하고 행동해야 하는지 전혀 모릅니다."

그러고는 갑자기 돌변해 그답게 온갖 미사여구를 써가며 화이트를 칭찬했다.

> 그렇지만 저는 그를 매우 존경하고 좋아하기까지 합니다. 어느 모로 보나 그는 여기에 온 사람 중 으뜸이지요. 어마어마하게 부담스러운 일도 마다하지 않고 솔선수범하는 책임감이 강한 아주 훌륭한 공무원입니다. 청렴결백하고 선견지명도 있을 뿐만 아니라 이상적이고 국제적인 인류 목표를 이루려고 진정 최선을 다합니다. 건설적인 의견을 내면서도 추진력도 강해 여기에 있는 사람들과는 달리 무슨 일이든 한다면 합니다. 아첨에도 절대 넘어가지 않아요.

하지만 케인스는 자신의 원래 성격대로 결국 이렇게 결론지었다. "그를 잘 다루려면 먼저 그의 논점을 존중하고 지적 관심을 일깨우면서도 앞뒤가 맞지 않는 말을 하거나 이상한 행동을 해 정도를 벗어나면 단호하게 꾸짖어야 합니다."[66] 화이트가 제안한 재건은행 계획에 대해서는 다음과 같이 폄하했다. "정신 나간 사람이 만든 터무니없는 제안입니다. 통화제도라는 바구니 속에 온갖 잡동사니 통화를 넣은 것과 똑같습니다." 사실 케인스는 이 잡동사니를 뱅코르로 대체하려고 애쓰고 있었다.[67]

두 사람 관계는 날이 갈수록 더욱 나빠졌다. 10월 4일 통화문제에 대해 논의한 뒤 어느 영국 쪽 참가자가 분위기를 이렇게 요약했다.

제7장 눈가림

> 한마디로 아수라장이었어요! 케인스와 화이트가 나란히 앉고 그들 옆으로 자기 쪽 지지자들이 늘어앉았습니다. 논제나 회의할 내용을 미리 준비하지도 않은 채 서로를 공격했어요. 불협화음으로 얼룩진 이중주를 시작하는가 싶더니 상대방을 점점 강하게 모욕하다 결국 혼돈 속에 연주가 중단됐습니다.[68]

케인스는 화이트와 그의 보좌관인 에드워드 번스타인을 유대인에 빗댔다. 해리는 교리가 가득한 탈무드를 배우려는 제자로, 번스타인은 이를 읽는 랍비로 풍자했다. "번스타인이라는 친구는 유대인 마을 골목 구석구석 샛길까지 잘 알았지만 세상으로 나와 넓은 도로를 걷자고 제안하면 주저주저했다."[69] 10월 8일과 9일 이틀 동안 '고성이 오가는' 마라톤 협상을 진행했지만 미국 대표들의 고집은 전혀 수그러들지 않았다. 케인스는 끝내 회의록 초안을 바닥에 내동댕이쳤다.

"케인스는 노발대발했습니다." 어느 영국 쪽 참가자가 케인스가 한 말을 전했다. "도저히 참을 수 없습니다. 이들은 탈무드 교리를 신주단지처럼 모시고 있어요. 차라리 협상은 그만두는 편이 낫겠습니다." 자신과 상대방의 고상한 배경 차이를 늘 잊지 않던 화이트가 맞받아쳤다. "전하께서 알아 들으실 수 있는 것을 만들기 위해 노력해 보겠나이다."

협상은 중단됐지만 다시 오후에 영국 쪽 주장을 일부 반영한 새로운 미국 쪽 수정안이 제출되자 자신의 성과에 크게 만족한 케인스는 교섭에 성공했다고 에디에게 적어 보냈다. "회의는 사랑과 키스, 온갖 칭찬으로 마무리됐습니다."[70]

번스타인은 화이트를 설득해 토요일 아침 마지막 회의에서 보충계약서를 만들어 서명하도록 함으로써 불리해진 입지를 되찾으려고 마지막까지 노력했습니다. 그들 뜻대로만 됐다면 그 랍비가 몇 개월 전 작성했던 안정기금에 대한 주장을 절반은 관철시킬 수 있었겠지요. 저는 마감이 임박한 시간에, 첫 회의 때 제안했던 조항을 하나도 바꾸지 않고 그대로 다시 제시하는 행위는 정말 참을 수 없다고 거칠게 쏘아붙였습니다. 우리 일행 중 몇 명은 제가 너무 지나쳤다고 생각했지만 회의장을 떠난 뒤 30분이 지나 미국 쪽으로부터 보충계약서를 철회하겠다는 전화 연락을 받았습니다. 이로써 평온을 되찾고 다시 논의를 진행할 수 있었습니다.

케인스는 위대한 랍비 화이트에 대해 아주 너그럽게 평가하며 끝맺었다. "아무리 생각해도 해리 화이트는 이곳 사람들 가운데 최고이고 제일 쓸모 있는 사람이라고 밝혔던 저의 기존 견해를 바꾸고 싶지 않습니다."[71]

결국 기본 원칙만 합의해 '국제안정기금 설립에 관한 연합국과 관련국의 공동성명'을 발표했다. 양국 전문가들은 성명서 내용을 자국 정부에 보고하기로 하고 여전히 논의 중인 사안은 나중에 합의하기로 했다. 하지만 지금까지 이뤘던 합의는 무척 험난한 절충 과정의 시작에 불과했다. 영국은 초안에 간략히 기술했던 기금의 기본 틀을 근본적으로 반대한다는 문구를 넣자고 고집했다. 게다가 화이트가 처음에 제시했던 초안을 케인스가 반대했듯, 화이트도 배포한 수정안에 서명하기를 거

제7장 눈가림

부했다.

 런던에 돌아온 케인스는 화이트가 마련한 수정안을 받았다. 동봉한 편지에는 영국이 수정안에 서둘러 동의하면 이 안을 미국과 공동으로 발표함과 동시에 연합국에 배포한 뒤 국제회의를 열고 싶다는 내용이 들어있었다. 케인스는 수정안에 서명하려면 영국 정부와 의회를 설득시켜야 하는 지루한 과정을 거쳐야 한다고 구구절절이 답장을 써 보내 화이트의 기대를 누그러뜨렸다. 케인스는 유니타스 방안과 개별국가 통화 방식을 비교하는 내용을 별지에 적어 보내면서 화이트에게 유니타스 방안을 받아들이라고 촉구했다. 8월 30일 사망한 필립스 경의 뒤를 이은 오피는 이 초안을 미국 쪽에 설명했다. 하지만 화이트는 '유니타스 방안에서는 개별국가가 경제정책을 마음대로 실시하지 못할 수 있고, 달러나 파운드화 대신 생전 듣지도 보지도 못한 국제통화로 무역을 할 수는 없다'는 이유를 들어 이 방안을 거절했다.[72] 미국인들이 유니타스 방식 채택을 '달러를 가짜 국제통화와 묶는 행위'로 간주한다고 주장했다.[73] 의회도 절대 찬성하지 않는다고 내세웠다. 결국 유니타스는 사라지는 듯했다. 하지만 케인스는 워싱턴과 브레턴우즈에서 최종 검증을 받자고 제안했다. 화이트는 미 의회가 '연합(Union)'이라는 단어를 싫어하니 안정기금을 '국제통화연합'이라고 부르지 않았으면 좋겠다고 하자 케인스는 다시 '국제통화기금(International Monetary Fund, IMF)'이라고 제시했다. 이로써 국제기구 명칭이 타결됐다.

 화이트는 자질구레한 내용으로 회의가 끝도 없이 늘어지자 답답해 미칠 지경이었다. 그는 곧 선거운동이 본격적으로 시작되니 늦어도 5월에는 최종안을 의회에 제출해야 한다며 국제회의를 3월이나 4월에 열자고 주장했다. 미 재무부는 이 계획을 국제회의로 연결시켜 민주당 선거전략으로 활용하고 싶었다. 이 제안을 싫어하는 공화당을 매우 중대한 국제협력을 반대하는 고립주의자로 몰아가려는 전략이었다. 화이트와 모겐소 장관은 국제회의에서 결정하면 될 공동성명안을 굳이 의회로부터 승인을 받으려 하는 영국이 답답할 뿐이었다. 미국은 먼저 회의를 한 뒤 의회를 거치기를 희망했다. 화이트는 현재 초안 그대로 러시아와 다른 나라에 바로 배포하길 원했지만 그러면 내용이 새어나갈 위험이 있다고 케인스가 거절하자 한 발 물러섰다. 결국 화이트는 러시아에만 초안을 건네줬다.

협상이 1944년으로 이어지자 미국 언론과 은행들은 재무부가 추구하는 목표를 점점 의심하기 시작했다. 의회 은행통화위원회 위원이었던 프레더릭 스미스(Frederick C. Smith) 의원은 '케인스·모겐소 계획'을 '미국이 보유한 금을 장악하려는 영국의 음모'라고 매도했다. 미국은 어쩔 수 없이 '부채에 허덕이는 유럽이라는 밑 빠진 독에 금을 쏟아 부을 수밖에 없다'고 공격했다.[74] 물론 영국은 시각이 아주 달랐다. 당연히 케인스는 만약 자신이 내놓은 방안이 밀려나면 화이트가 자기 계획대로 달러를 토대로 하는 국제통화기구를 새로 만들지 않을까 늘 노심초사했다. 그는 화이트에게 '금으로 교환할 수 있는 외환'이라는 수수께끼 같은 문구가 도대체 무슨 뜻인지 밝히라고 압박했다. 2월 3일 화이트는 케인스에게 '금과 금으로 교환할 수 있는 외환의 정의를 정식 국제회의에서 결정하자고 하면서 공동성명서에 이 내용을 굳이 넣어야 할 까닭이 없다'고 답장했다.[75] 화이트는 그 뒤로도 여러 달 동안 자기와 케인스의 의견이 확실히 다른 부분에 대해서는 이런 식으로 회의 때까지 미루는 전략을 되풀이했다. 그는 회의를 연 뒤 중요한 논의에서 케인스를 따돌릴 속셈이었다.

한편 1944년 초 케인스를 괴롭혔던 가장 큰 골칫거리는 자국 정부를 설득하는 일이었다. 영국 정부 내부에서 공동성명을 추진하는 방안이 옳은지 그른지를 두고 서로 의견이 갈렸다. 영국에서 가장 영향력 있는 인물 몇 명이 이 계획을 아주 강하게 반대했다. 케인스가 고안한 청산기구도 영국을 위한 계획으로 비춰질 수 있다는 이유로 거부했다.

이 중 경제학자이자 재무부 자문위원이었던 휴버트 헨더슨은 청산기구는 1920년대 영국을 파멸로 몰았던 금본위제(금환본위제를 뜻함)보다 훨씬 더 나쁘다고 거세게 비판했다. 금본위제에서는 각 나라가 고정환율로 자국 통화를 금으로 바꿔야 하는 의무를 면제받거나 연기할 수 있었다. 하지만 청산기구는 고정환율을 유지하기 위해 다른 나라에 무한정 의무를 지울 수 있고, 심지어 조약까지 맺는 일이 생길 수 있으며, 이러면 영국이 보유한 금과 외화를 모두 팔아야 한다고 주장했다. 이는 있을 수 없는 일이라고 했다. 더욱이 만성 적자를 해결하려는 평가절하는 더욱 비싼 가격에 수입해야 하고 더욱 싸게 수출할 수밖에 없다는 단순한 이유로 디플레이션만 못하다고 반박했다. 각 나라가 아무런 제한 없이 수입 규제, 외환 통제, 쌍무청산협정을 실행할 수 있어야 한다고 했다. 이는 사실 미국 재무부와 국무부가 혐오하는 방편이었다. 그렇지만 '차별화 정책'을 실시하지 않겠다고 미국 앞에서 맹세하면 '나중에 미국이나 기금에 머리를 조아리며 돈을 빌려 달라고 부탁해야만 하는 돌이킬 수 없는 위험에 빠지게 된다고 경고'했다. 이뿐만 아니라 '자금 사정이 어렵다고 사정사정해야 하고, 꾸지람까지 들으면서 조금씩

나눠주는 돈이나마 고맙게 받아야 하는 정말 바람직하지 않은 상황에 빠지게 된다'고 걱정했다.[76]

웨일리는 이런 헨더슨의 의견에 동의했다. 웨일리는 한때 케인스가 제시한 청산기구를 지지했으나 공동성명서에서 제안한 다자간 청산기구에 가입하는 행위는 아주 위험한 짓이라고 말을 바꿨다. "이는 파운드화 보유자가 다른 통화로 환전해 달라고 요구하면 언제든지 그 요구에 응해야 함을 뜻한다. 전쟁 직후 우리는 결코 이런 요구를 들어줄 수 있는 능력이 없다. 결국 미국에 손을 벌릴 수밖에 없고, 미국은 자금을 빌려주는 대가로 미국이 제안한 통화기구에 가입하라고 요구할 뿐만 아니라 유예기간 조항을 근거로 우리의 자유권을 속박할 것이다."[77]

공동성명서뿐만 아니라 케인스의 청산기구도 반대한 주요 인사는 전시내각 일원인 비버브룩 경과 제국주의 관점에서 반박 논리를 편 레오폴드 에머리 인도 담당 국무장관이었다. "영국중앙은행의 견해를 전적으로 지지합니다." 비버브룩 경이 내각에 보고했다. "저는 새로운 제안을 보고 깜짝 놀랐습니다. 이 계획대로라면 스털링 지역은 무너질 수밖에 없기 때문입니다. 워싱턴에 있는 기금이 강요하는 대로 할 수 없이 따라야 합니다."[78]

"우리가 살아남기 위해 특권을 지키려면 대영제국 자치령 안에서나 다른 나라와 무역할 때 우리가 수입을 마음대로 통제할 수 있어야 하고 우리의 훌륭한 소비시장에서 흥정 능력을 마음껏 발휘할 수 있어야만 합니다." 에머리는 역설했다. "우리는 영국 제품을 보호하고 특혜관세를 발전시킬 뿐만 아니라 대외 협상력을 높이고 파운드화 시스템이라는 훌륭한 통화 시스템을 더욱 강화하기 위해 모든 수단을 강구해야 합니다. 어떤 방식으로든 우리의 자유를 구속하는 국제기구에는 절대 가입하지 말아야 합니다."[79]

내각에서 공동성명을 가장 적극적으로 지지한 사람은 리처드 로였다. 그는 새로운 제안이 훌륭하지는 않지만 해를 끼치지도 않는다고 평가했다. "새로운 초안에서는 원칙적으로 상황에 따라 개별국가가 통화가치를 조절할 수 있다고 명시돼 있습니다." 그는 조심스럽게 의견을 제시했다. "이와 더불어 기금은 개별 회원국의 사회·정치 문제에 간섭할 수 없다는 점을 분명히 했습니다."[80]

공동성명을 혐오하는 사람들은 자세한 설명까지 곁들여가며 입에 거품을 물고 반대하는 반면, 가장 영향력 있는 지지자들은 공동성명이 영국의 제국주의적 특권을 심각하게 해치지는 않는다고 미지근하게 표현했다. 이런 상황에서 어떻게 2월 18일 내각위원회 위원 대부분은 공동성명을 계속 논의하라고 권장할 수 있으며, 2월 24일 전시내각이 공동성명을 지지한다는 보고서를 낼 수 있을까?

내각 위원회는 스털링 지역의 위상과 전쟁 직후 유예기간 조항에 대해 공식적으로 의문을 제기했다. 이와 더불어 영국 협상대표는 특혜관세를 무조건 없애자는 주장에는 절대 굴복하지 말고, 일반관세 축소나 농업 분야 정부 구매나 보조금 따위를 고려해 협상하라고 권고했다. 상황이 이런데도 결국 공동성명이 추진됐다는 사실은 아주 이상해 보일 수 있다.

공동성명이 살아난 까닭은 다름 아닌 무기대여법 때문이었다. 영국은 무기대여법 없이는 전쟁을 치를 수 없는 상황이었고 미 재무부는 영국이 이 때문에 전후 통화안정과 비차별적 무역협상에 적극 나설 것이라고 판단했다. 화이트와 모겐소 장관은 영국에 공동성명서에 서명하라고 재촉하면서 미국 정부가 영국에 비군사적 무기대여 지원을 하지 말도록 압박했다.[81] 영국 외화보유액이 10억 달러를 넘지 못하게 해 영국이 계속 미국에 기댈 수밖에 없게 하자는 의도였다. 이 때문에 미 국무부뿐만 아니라 처칠 수상까지 격분했다. "부당하게도 미 재무부는 우리로 하여금 얼마 남지 않은 금과 달러로 전쟁을 치르게 함으로써 결국 미국이 우리를 압박하려는 꾀로 밖에는 보이지 않습니다." 케인스가 날카롭게 내쏘았다.[82] 하지만 이는 미국인들의 여론과 잘 맞아떨어졌다. 가슴 아프게도 주미 영국 대사는 이 사실을 잘 알았다. 영국 대사관이 외무부에 보낸 보고서에 따르면 미국 국민은 '무기대여법이 제1차 세계대전 때 진 빚도 제대로 갚지 않은 영국을 미국이 호주머니까지 털어 지원하는 법안'이라고 생각했다.[83] 따라서 영국으로서는 미국을 무시하고 공동성명을 거절하면 미국의 비군사적 지원을 받기 어려워질 수 있는 처지였다.

그런데도 공동성명을 반대하는 주장은 수그러들 기미를 보이지 않았다. 비버브룩은 영국중앙은행의 전폭적 지지를 받아 반박 보고서를 냈다. 새로운 제안은 변장한 금본위제로서 영국 경제를 침체에 빠뜨리고 파운드화의 국제적 위상을 깎아 내릴 뿐만 아니라 특혜관세를 파괴하고 영국 농업을 말살한다고 엄포를 놓았다.

케인스는 영국중앙은행과 비버브룩에게 화살을 돌렸다. 2월 23일 영국 재무장관에게 보낸 편지에서 영국중앙은행이 현실을 몰라도 너무 모른다고 맹비난했다. "우리는 우리보다 돈이 훨씬 더 많은 이웃나라의 도움을 받아야만 전쟁을 끝낼 수 있습니다. 미국의 임시 지원과 국제기구를 바탕으로 공동 합의를 이끌어내지 못하면 영국 홀로 국제은행을 설립할 수 없습니다. 미국이 추가로 지원해주지 않으면 영국이 새로운 전후 사회·경제정책을 자유롭게 추진하는 일은 불가능합니다. 미국은 힘이 아주 강해, 우리가 여봐란듯이 따로 나가 홀로 실속만 챙기려 한다면 많은 우리 이웃나라로 하여금 영국을 저버리도록 부추길 수 있습니다."[84]

크게 실망한 케인스는 3월 8일 비버브룩에게도 자신의 의견을 분명히 전했다. "저에게 금본위제를 옹호하는 배역을 맡으라고 해놓고 영국중앙은행에 이 배역이 아주 충격적이라고 지적하게 하는 일은 용납할 수 없습니다. 이런 상식 밖의 생각을 하다니 역사도 잊으신 모양이군요!" 케인스는 비버브룩이 영국중앙은행에 속았다고 주장했다. 영국이 미국과 협력하지 않으면 스털링 지역 같은 대영제국의 경제적 토대는 허물어질 수밖에 없다고도 했다. "우리가 태환을 보장해주지 않으면 스털링 지역 국가는 틀림없이 기존 통화 시스템을 유지하려 하지 않을 것입니다. 스털링 지역을 계속 이끌고 가려면 국제기구라는 방패가 있어야만 합니다. 영연방 자치령에 대외적으로 태환을 보장해주지 않으면서 통화블록에 가입하라고 한다면 이는 불가능한 일을 하라고 요구하는 행위와 같습니다. 그러면 남아프리카공화국과 인도는 즉시 탈퇴할 것입니다." 케인스는 영국중앙은행이 더 이상 유지할 수 없는 낡아빠진 제도를 보호하려고 아주 위험한 도박을 하고 있다고 맹비난했다. "하나부터 열까지 모두 쓰레기군. 얼토당토않아!"[85]

"제가 당신 의견에 반대하는 까닭은 당신이 경제문제를 요술로 해결하려 하기 때문입니다." 비버브룩이 반박했다. "그럴싸한 말로 부처님 앞에서 설법하려고까지 할 필요는 없다고 생각합니다." 그러고는 퀴퀴한 냄새가 진동하는 낡아 빠진 교리를 늘어놨다.

"저는 당신 주장 밑에 깔려 있는 기본원칙이라는 국제화와 자유무역 모두 믿지 않습니다." 비버브룩이 의견을 내세웠다. "저는 특혜관세와 국내농업 보호를 당신이 생각하는 것보다 더 중요하게 여깁니다." 그러고는 설명을 이어갔다. "특혜관세를 파괴하고, 확실하지도 충분하지도 않은 보조금을 주는 대가로 농업을 희생시키려는 제안에 동의할 수 없습니다." 그는 경제가 성장하려면 무역장벽을 허물어야 한다는 주장에 반대했다. "영연방 안에서도 경제를 충분히 성장시킬 수 있다고 생각합니다. 실제로 마음만 먹으면 언제든지 더욱 단단한 기반 위에서 성장할 수 있습니다."

하지만 당시 영국이 맞닥뜨린 외교 과제를 감안하면 현실성 있는 주장을 내세운 사람은 케인스가 아니라 비버브룩이었다. 영국 경제발전과 제국주의의 이해관계를 증진시키는 체제에 미국을 묶겠다는 발상은 '한낱 환상에 불과했다. 영국이 미국을 통제할 수 있는 시절은 벌써 지나갔으며 더 이상 돌이킬 수도 없었다.'[86]

한편 미국 모겐소 장관은 더 이상 기다릴 수 없었다. 위넌트를 시켜 영국 재무장관을 압박해 영국정부가 공동성명을 승인하도록 하려는 계획이 실패로 돌아가자 4월 10일 위넌트에게 전신을 보냈다. "영국 대표가 논의를 지연시킨 탓에 우리는 매우 당황스러운 처지에 빠졌습니다. 의회와 국민, 정부에 보고조차 할 수 없습니다. 이뿐만 아니라 좋지 않은 소문이 나돌아 계획을 제대로 추진하기가 더욱 어려워지고 있습니다." 모겐소 장관은 다음 주까지 영국이 공동성명서 발표에 동의하지 않으면 올 해 안에 국제회의를 개최할 수 없다고 판단했다.[87]

하지만 영국도 영연방 자치령으로부터 몫을 더 많이 달라는 압박을 받고 있었다. 아직 확정 짓지 못한 문제에 대해 확답을 달라는 요구에도 시달렸다. 예를 들어 인도는 영국이 인도가 제공한 군수물자 대금을 어떻게 지급할지 알고 싶다고 했다. 실제로 인도는 군수물자를 판 대가로 받을 파운드화 미수금 잔액을 런던에 엄청나게 쌓아놓고 있었다.

화이트도 다른 나라들 때문에 골치가 아팠다. 그는 오피에게 중국이 공동선언문 사본을 달라며 끈덕지게 물고 늘어지고 있으며, 남미 국가들과의 회의 일정도 더 이상 미룰 수 없다고 하소연했다. 엎친 데 덮친 격으로 뉴욕 은행가들이 국제기금 설립계획을 말살하는 한편, 미국 재건과 안정을 위한 양자 간 지원, 대출협정을 승인하는 듀이(Dewey) 법안을 지지하기 위해 워싱턴에 모인다고 4월 13일 오피가 케인스에게 보고했다. 화이트는 영국이 지연 작전을 펼치고 있다고 여러 차례 주장했다. 11월까지 시간을 끌면 참다 못한 의원들이 너그러운 국제기구를 승인하지 않을 수도 있었다. 미 행정부는 이를 아주 심각한 위협으로 받아들였다.[88]

한편 영국 전시내각은 미국 쪽이 잔뜩 화났다는 사실을 알았으면서도 공동성명에 승인하는 조건으로 국제투자기구 추가 설립과 국제기구에서 영국의 몫에 대해 추후에 논의하자는 문구를 넣자고 했다. 약이 오를 대로 오른 화이트는 이 제안을 그 자리에서 묵살했다. 그는 몫에 대한 문제는 국제회의에서 다루고 싶었고 통화기구를 투자협정과 연결 짓기 싫었다.

화이트와 모겐소 장관은 다른 나라들을 회의에 소집하는 문제로 잠시 관심을 돌렸다. 이들은 절차를 중시하기로 해 주중 미국대사에게 전신까지 보내 '공동선언문을 충칭에서 공개하든 안 하든 상관없이 미국에서는 공표할 계획'이라고 했다.[89] 문제는 오로지 러시아였다. 화이트는 재무장관이 에버렐 해리먼(Averell Harriman) 소련 주재 미국대사에게 소련 재무장관을 만나라고 지시하는 내용의 전신을 준비했다. 실제는 그렇지 않았지만 영국 재무장관이 이미 공동성명서에 서명했다고 전하고 모스크바와 워싱턴, 런던에서 동시에 성명서를 공개하자고 제안하라고 했다. 소련 재무장관은 자국 전문가들로부터 아직 설명을 듣지 못해 제의에 동의할 수 없다고 답신했다. 하지만 서로 서둘러 의견을 주고받은 뒤, 워싱턴에서 성명서를 언론에 공개하기 불과 몇 시간 전 몰로토프 소련 외무장관이 해리먼 미 대사에게 다음과 같이 전했다. 즉, '미국 정부가 국제적으로 원하는 결과를 얻기 위해 소련의 동의가 필요하다면 소련은 자국 전문가들 사이에서도 의견이 분분하지만 이들로 하여금 모겐소씨 프로젝트에 함께 참여하라고 지시하겠다'고 했다.[90] 소련은 브레턴우즈 회의에서도 이와 똑같은 외교 전술을 구사했다.

한편 런던으로 돌아간 케인스는 불길한 기운을 감지했다. '화이트 박사는 기억력이 좋은 사람이다.' 4월 16일 케인스가 재무장관에게 편지를 보냈다. '심혈을 기울여 준비한 영향력이 아주 큰 훌륭한 보호 조항을 현 보고서에 반영시키지 못한 채 화이트가 만든 총칙을 받아들여야 할 처지에 놓였습니다.'

영국 전시내각은 기존에 내세웠던 요구조건을 부득이 포기할 수 밖에 없었다. 국제회의의 중요한 서막인 공동성명은 마침내 다시 진척을

제7장 눈가림

보이기 시작했다. 영국 재무장관 존 앤더슨(John Anderson) 경이 미국 모겐소 장관과 함께 4월 21일 워싱턴과 런던에서 성명서를 공동 발표하기 위해 최종 조율하고 있었는데도 케인스는 오피에게 허겁지겁 전보를 보내 문구를 수정하자고 제의했다. 미국 쪽이 이 제안을 거절했지만 케인스는 공동성명서가 청산기구 계획과 어떻게 왜 다른지 주석을 마련해 공동성명서와 함께 영국에서 공표하자고 재무장관을 설득했다. 화이트에게 미리 주석 사본도 보내자고 하면서 "주석 내용에 동의하라고 요청하지도 말고 찬성하리라고 기대하지도 말라."고 했다. "화이트는 그럴 특권도 없습니다." 화이트로부터 계속 무시당해 기분이 언짢았던 케인스가 덧붙였다. "이럴 때에는 미친 척하고 제안해야 합니다."[91]

러시아와 영국 모두 끌어들이는 데 성공한 모겐소 장관은 워싱턴에서 기자회견을 하며 기쁜 마음에 싱글벙글 입을 다물지 못했다. 기자들이 다른 작은 나라들은 어떻게 하겠느냐고 묻는 질문에 "그들에게 자문을 구해 수정하겠다."라고 재치 있게 답변하자 좌중에서 폭소가 터졌다. 계획의 세부 사항을 캐묻는 질문에 '장관은 계획의 장점이 무엇인지 기자들보다도 더 혼란스러워 보였다.'[92] 화이트가 계속 도중에 끼어들어 그의 상사 대신 대답하고 틀린 부분은 바로잡아야 했다.

공동성명서는 정부가 정식으로 승인한 문서가 아니라 전문가들이 합의한 원칙에 불과했기 때문에 런던에서는 성명서 발표 뒤에도 티격태격 다툼이 끝나지 않았다. 5월 26일 전후에 회의를 열고 싶었던 모겐소 장관은 영국에 대표를 보내겠노라고 바로 약속해 달라고 간청했지만 영국 재무장관은 이를 거절했다. 위넌트는 뱃길 여행이 안전하지 않을 뿐만 아니라 의회로부터도 반드시 승인을 받아야 하기 때문에 대표를 그렇게 일찍 보낼 수 없다고 모겐소 장관에게 설명했다. 회의 일정이 또 미뤄지자 화이트는 영국 국수주의자들이 영국을 유럽 강대국으로 만들려는 목적으로 배타적 제국 연합을 구축하려 한다고 믿는 미 행정부 관료들이 많다며 오피에게 분노를 폭발시켰다(자신도 그렇게 믿는 사람 가운데 하나라는 사실은 입 밖에 내지 않았다). 오피에 따르면 영국 국수주의자들은 화이트가 '세상에서 가장 나쁜 적'이라고 간주한 제국주의를 지지하는 미국 고립주의자들' 손에서 놀아나고 있다고 했다.[93]

5월 10일 예정된 하원 보고에 대비해 케인스는 재무장관에게 특히 공동성명서가 금본위제로 돌아가자고 제안하는 내용이라고 따지는 의원들을 어떻게 으스러뜨려야 할지 가르쳐 주면서 성명서에 대해 보고했다. 물론 케인스는 영국정부와 자신이 화이트의 계획에 굴복하기 전까지는 성명서가 바로 금본위제로 복귀하자고 제의하는 내용이라고 여겼다. 그렇지만 이제 그는 금과 달러를 상대로 싸우는 일을 국제회의 때까지 미룰 수밖에 없었다. '몸과 마음이 지칠대로 지친' 케인스는 '저주받을 하원 기자석에서 통화구상에 대해 어리석기 짝이 없는 헛소리를 일곱 시간 동안'이나 들었다. 결국 공동성명서는 끝내 채택됐다.[94]

이제 상원이라는 관문이 남아 있었다. 이곳에서는 비통화 분야 국제협력 방안을 구체적으로 논의할 때까지 논쟁을 미루자는 요구가 있었다. 케인스는 상원에서 '통화문제를 먼저 다뤄야 하는 타당한 이유가 있다'며 공동성명서를 서둘러 검토해야 한다고 계속 요구했다. '즉, 각 나라가 미리 협의하지도 않고 자국 통화가치를 마음대로 바꿔버린다면 관세의 틀을 짜기가 엄청나게 어렵다고 주장했다. 그러면서 통화 가치

제7장 눈가림

가 걷잡을 수 없이 움직이기 시작하면 반대 쪽으로 방향을 틀기가 매우 어렵다고도 했다.[95]

케인스는 반대하는 목소리가 나올 때마다 잽싸게 요리조리 잘 피해 갔다. 같은 날 런던 〈타임스〉지가 비판하는 글을 싣자 이렇게 반박했다. "이 계획으로 우리나라보다 더 많이 이득을 보는 나라는 없다. 우리의 주요 수입국이 늘 우리의 최대 고객은 아니기 때문이다. 하지만 영국이 국제협력 방안을 거부하고 용도가 각기 다른 여러 통화제도를 고집한다면 런던은 더 이상 국제금융센터 구실을 할 수 없다. 스털링 지역과 이것이 상징하는 모든 것과도 작별을 고해야 한다. 어쩔 수 없이 나서서 우리를 도와야 하는 전시 상황이 아니고서야 마음대로 인출할 수도 없는 돈을 누가 런던에 맡기려 하겠는가?"[96]

마침내 5월 23일 상원에서 토의를 시작했다. 공동성명서 내용이 케인스의 계획과 아주 많이 다르다는 주장에 대해서 케인스는 먼저 자기 계획의 핵심이었던 새로운 국제통화를 포기한 부분을 가볍게 다루려고 노력했다. "사라져 버린 청산기구가 멋지고 이해하기 쉬울 뿐만 아니라 이치에도 맞습니다." 그가 말을 이었다. "적어도 저에게는 정말 유감스러운 일입니다. 하지만 저는 최신식의 국제통화기구를 더 이상 원하지 않습니다." 게임이 끝났다는 사실을 받아 들이지 않았다면 케인스는 자신이 그토록 아끼던 뱅코르를 '최신식'의 통화라고 깎아 내리지는 않았을 것이다.

케인스는 자기가 물러선 사실을 대단하지 않은 일처럼 보이려고 일부러 우화를 써 돌려 말했다. "존경하는 의원님들께서는 뱅코르, 유니타스, 돌핀, 베잔트(비잔틴 제국에서 사용하던 화폐), 데릭(고대 페르시아에서 쓰던 금화) 같은 이름이 썩 마음에 들지는 않을 것입니다. 혹시 더 훌륭한 명칭이 있는지 찾아봐 주시면 좋겠습니다."

> 옛날옛적 어느 시골에서 아이에게 구약성서에 나오는 아모스, 에스겔, 오바댜 따위의 이름을 지어 줬다고 전해 내려오는 이야기가 생각납니다. 어느 날 새로 태어난 개에게 이름을 지어 주려고 성경을 이리저리 뒤적였지만 마땅한 것을 찾지 못하자 '더욱이(Moreover)'라고 부르기로 했답니다. 우리는 멋진 답을 생각해내지 못했고 개도 끝내 죽었습니다. 저는 아이디어를 이종 교배해 얻은 잡종보다 우리 개가 훨씬 더 순종이라고 보지만 개를 잃었다고 해서 크게 애석할 필요는 없다고 생각합니다. 하지만 때로는 잡종이 순종보다 더 튼튼하고 쓸만할 뿐만 아니라 훈련시킨 대로 잘 행동하는 충견이 될 수도 있습니다.[97]

수년간 케인스와 영국 정부가 미국과 옥신각신하며 끈질기게 싸워 지켜내려 했던 가장 중요한 뱅코르 구상을 한낱 개로 격하한 뒤 케인스는 '소(小) 영국주의'를 지지하는 영국 동포를 맹비난했다. "영연방 자치령이 런던으로 자금을 집중 관리하도록 하는 가장 좋은 체제가 파운드화를 소유했어도 마음대로 처분할 수 없는 쌍무협정과 구상무역협정이라고 주장하는 사람은 제게는 마치 정신병자처럼 보입니다. 우리 자원이 거의 바닥난 현실에서는 파운드화를 국제기구 안에 확고히 자리잡게 해야 파운드화에 대한 믿음이 유지될 수 있습니다. 홀로 따로 가겠다는 발상은 경제적으로 가장 무책임한 생각입니다. 영국이 무역 적자로 돌아섰을 때, 비상시에 빌려 쓸 수 있다고 명시돼 있는 기금을 활용하는 대신 우리나라의 실업률을 늘리면서까지 수입을 줄이자고 하는 반대파의 주장이 과연 옳습니까?"

1년 전 첫 상원 연설 때와 마찬가지로 이번 연설에서도 의원들의 환심을 사려고 일부러 진실이거나 진실이라고 여겨지는 것들을 감추려고 한 부분이 분명 있었다. '불끈 화내지 않고' 차분히 미국과 협상했다는 주장처럼 정치적으로 악의 없는 거짓도 있었다. 분명 이 말에는 화이트와 설전을 벌였던 부분이 빠져있었다. "우리 국민 중에는 미국의 헐 장관과 생각이 같은 사람들도 있습니다."라는 주장처럼 약간 악의적이거나 실제로 호도하는 표현도 있었다. 사실 케인스는 이전에 헐 장관을 미쳤다고 공격했지만 이제 헐 장관은 훌륭한 아이디어를 '너그럽고 사심 없이' 잘 수행하고 있었다.[98] 케인스는 전후 통화기구 내용을 협의할 때 주도권을 쥐고 있는 미국 쪽 주장을 어쩔 수 없이 받아들이면서도 세부사항을 논의하는 과정에서는 적어도 체면은 세우려고 애썼다. 이전에 그는 사석에서 미국의 제안을 금본위제와 크게 다르지 않다고 폄하했지만[99] 이번 상원 발표에서는 말을 바꿨다. "제가 미국 쪽 제안이 의미와 본질 면에서 금본위제와 같은지 다른지 표명할 권한을 가지고 있다면, 이 제안은 금본위제와는 정반대라고 말씀 드리겠습니다." 그렇지만 마지막에는 수사적 질문을 던졌다. "이보다 더 희망적이고 더 많이 도움을 받을 수 있는 대안이 있을까요?" 케인스는 솔직하지는 않았지만 영국 재정상황이 심각하다는 사실을 정확히 파악하고 있었다.[100]

그는 새로운 다자간 통화 시스템에서도 특혜관세를 유지할 수 있다고 주장하면서 밸푸어(Balfour) 경, 데니스 로버트슨같이 자기를 반대했던 동료 여럿을 공격했다. "영국처럼 큰 나라가 작은 나라에게 '수출품을 사주면 그 나라 물건만 수입하겠다'고 말할 수 있는 자유가 있다 하더라도, 통화다자주의에서 시사하는 대로 수출해서 번 돈으로 한 나라에서만 물건을 수입하는 행위가 과연 타당합니까?"

"당신은 통화와 무역을 구분하지 않아 혼동을 일으킬 수 있습니다." 5월 22일 로버트슨이 케인스에게 반박하는 글을 보냈다. "당신 의견은 겉보기에는 그럴듯해 보이지만 논리적으로는 맞지 않습니다."[101] 케인스는 로버트슨이 '부끄러운 줄도 모른다'고 즉각 쏘아댔지만 정치적으로 필요하다는 주장에 논리라는 옷을 입히려고 많이 애썼다.[102] 그 순간에 그는 영국을 미국이 제안하는 쪽으로 끌고 가려고 했기 때문이다.

무엇보다도 케인스가 의원들을 안심시킨 덕분에 마침내 발의안이 상원에서 통과됐다. 그렇지만 당연하게도 미국 언론이 반발하고 나섰다. 특히, 미국이 수입보다 수출을 '지독하게' 더 많이 하면 공동성명서에 '무역적자국이 미국제품을 수입하지 않을 수 있다거나' 혹은 '수입하더라도 대금을 지급해야 하는 의무를 지지 않는다'는 조항을 넣어야 한다는 케인스 주장을 공격했다.[103] 통화협상 과정을 면밀히 주시하던 독일 언론은 미국과 영국이 서로 힘겨루기를 한다고 날카롭게 지적했다. 〈독일 베르크베르크스 신문Deutsche Bergwerks Zeitung〉은 '통화전쟁' 초기에는 케인스가 영리하게도 세계경제를 구한다는 핑계로 영국의 이익을 지킴으로써 기선을 제압했지만, 끝내 월등한 정치적 힘을 앞세운 미국이 달러 제국주의를 강요할 수 있었다고 논평했다.[104] 〈쾰른 신문Kölnische Zeitung〉은 케인스가 경제학자다운 주장을 펴지 못하고 정

치적 이유 때문에 어쩔 수 없이 영국이 양보하도록 설득했다고 비난했다.[105]

케인스는 화이트에게 편지를 보내 그가 분명히 파악하고 있었을 영국 언론의 '그릇된 설명과 제국주의 정서'는 기본적으로 피상적이고 일시적인 현상이니 너무 심각하게 받아들이지 말라고 달랬다. 그렇지만 미국인들은 영국 언론의 보도뿐만 아니라 런던에서 전후 통화와 무역 특권에 대해 케인스가 밝힌 이중적 태도에 대해서도 격분했다. 파스볼스키는 이렇게 기록했다. "내가 케인스에게 상원 연설 때문에 우리가 매우 곤혹스러워졌다고 밝히자 그는 상황이 너무 나빠 어쩔 수 없이 그렇게 말할 수밖에 없었다고 대답했다."[106]

모겐소 장관은 영국 정치권에서 너무 시간을 끌자 국제회의 일정을 5월에서 7월 초로 다시 미뤘다(연기될 때마다 마치 세상이 끝나는 것 같았다). 늘 그렇듯 시간표를 미국 선거일정에 맞춰야 했다. 이제 모겐소 장관은 국제회의 날짜를 6월말 공화당 전당대회와 그 후 몇 주 뒤에 있을 민주당 전당대회 사이에 집어넣으려 했다. 이렇게 하면 자신의 전후 통화구상을 선거운동에 활용할 수 있을 터였다.

한편 뉴욕에서 은행가들을 만나 통화계획을 지지하라고 설득하느라 바빴던 오피는, 파운드·달러 환율을 안정시킨다는 합의가 이뤄지면 은행가들은 그 대가로 영국에 대출을 엄청나게 많이 해 줄 수도 있다는 사실을 확인했다. 오피가 보낸 글을 읽은 웨일리는 케인스에게 대출을 받는 것이 통화 구상을 좇는 일보다 더 중요한지 아닌지 물었다. "유예기간 중에 미국으로부터 30억 달러까지 차입할 수 있는 기회를 얻는 것이 유예기간 이후를 위해 통화계획을 받아들이는 일보다 훨씬 더 중요하다는 견해는 멀리 내다보지 못한 생각입니다."[107] 전 세계에 영향을 끼칠 원대한 구상이 단지 은행가들이 내건 돈으로 짓뭉개질 수 있다는 사실에 충격 받은 듯한 케인스는 다음과 같이 쏘아 부쳤다. "생각이 있는 사람이라면 짜증내며 비판하는 자들 대신 미 재무부와 함께 손잡고 가야 합니다. 은행가들은 뚜렷한 자기 의견도 없을 뿐만 아니라 약속을 이행할 능력도 없습니다."[108] 불편한 감정은 상대방도 마찬가지였다. 오피는 뉴욕 은행가를 대변하는 랜돌프 버제스(Randolph Burgess) 뉴욕 연방준비은행 이사가 자기에게 한 말을 외무부에 보고했다. "케인스 경이 영국대표단 일원으로 국제회의에 참여한다면 이는 미국 은행업계와 재계뿐만 아니라 의회에도 나쁜 소식입니다.[109] 그는 빚을 만병통치약으로 여기고 적자재정을 철학으로 삼는 사람입니다."[110]

자신이 정치적으로 수세에 몰리기 전에 국제회의를 개최하려고 안달이 난 케인스는 5월 24일 화이트에게 초초한 마음으로 편지를 보냈다. "모겐소 장관께서 초청장을 언제 보내실지 궁금합니다." 그러면서도 약간 익살스럽게 덧붙였다. "부디 7월에는 우리를 워싱턴으로 부르지 마시기 바랍니다. 그렇게 하시면 가장 불친절한 처사라고 여기겠습니다."[111] 바로 그날 화이트는 영국과 러시아 대표를 만나, 정확한 시간과 장소는 정하지 않았지만 국제회의를 7월 첫째 주에 개최하겠다고 밝혔다. 임시 국제회의는 공식 회의 3주 전에 연다고 했다. 화이트와 오피는 임시 회의에 전문가를 보내달라고 요청할 나라의 명단을 제시했다. 항상 그래왔듯 러시아는 이 제안을 모스크바에 전달하겠다는 말만 했다. 이튿날인 5월 25일 헐 국무장관은 44개 국가에 초청장을 보내 7월 1일 뉴햄프셔 주 브레턴우즈에서 국제회의를 개최한다고 정식으로 알렸다.

이튿날 모겐소 장관은 회의 세부내용을 설명하는 보도자료를 냈다.

케인스는 화이트의 작전에 초조해 했다. 절차는 세 단계였다. 먼저 6월 중순 애틀랜틱시티에서 예비회의를 열고, 다음으로 7월 1일 브레턴우즈에서 대규모 국제회의를 몇 주 동안 개최한 뒤, 마지막으로 참가국 모두 회의내용을 각자 비준하는 순서였다. 이는 케인스가 생각했던 영국과 미국이 주도하는 모델이 결코 아니었다. 5월 30일 케인스가 웨일리에게 글을 썼다. "화이트 박사의 이 모든 구상은 갈수록 기기묘묘해지고 있습니다. 7월 1일 영국을 포함해 43개 나라가 초빙됐습니다. 이 가운데 이란, 이라크, 베네수엘라, 콜롬비아를 비롯한 21개국은 회의에 기여하지 못할 뿐만 아니라 거추장스럽기까지 합니다. 이는 근래에 보기 드문 가장 어처구니없는 원숭이 우리 모임입니다." 그리고는 이렇게 써 내려갔다. "미국 언론에 따르면 국제회의가 7월 1일에 시작해 수주 동안 열린다고 합니다. 며칠을 몇 주라고 잘못 쓴 것이 아니라면, 임시회의까지 열리는 마당에 긴긴 정식회의 동안 원숭이 우리를 채우기 쉽지 않다고 생각합니다. 아마도 회의를 마치기도 전에 급성 알코올 중독자가 될 것입니다."[112]

화이트로서는 임시 회의에서 초안을 논의할 생각이 전혀 없었다. 그는 5월 24일 회의에서 이렇게 농담했다. 예를 들어 쿠바 대표는 "여송연을 가져오는 것 말고는 할 수 있는 일이 없을 것입니다."[113] 화이트는 예행연습뿐만 아니라 정보수집도 할 수 있는 훈련을 마련했다. 그는 특히 브레턴우즈 회의를 안무가 곁들어 있는 일본 전통 가무극인 가부키(Kabuki)와 가능한 똑같이 만들고 싶었다.

미국이 청산기구라는 꺼져가는 불을 작정하고 짓밟아 끄려고 하는데도 케인스는 온갖 자기기만과 정치적 가식까지 동원해 살려내려 애썼다. 그리고 그는 무기대여 협정과 브레턴우즈 협상을 벌였던 여러 해 내내 영국 재정문제를 가장 날카롭게 분석하기도 했다. 〈전환기 영국 대외재정 문제 The Problem of our External Finance in the Transition〉라고 간단히 제목을 붙인 이 만 단어짜리 보고서보다 영국의 재정 문제를 더 신랄하게 지적한 글은 없었다. 케인스는 애틀랜틱시티로 떠나기 직전인 6월 12일 이 보고서를 장관과 여러 부서에 배포했다.

"영국은 1914~1918년 동안에 진 대외부채 거의 전부를 미국에 떠넘기고 교묘히 빠져 나왔다." 케인스가 지적했다. "이번에는 우리가 부채를 상환한다고 가정할 때, 명예와 위신, 신용을 실추시키지 않고 온 세계에 진 빚을 갚아 나가려면 정말 피나는 노력을 해야 한다." 그는 영국이 시간과 돈을 빌려 살아가고 있다고 분석했다. 숫자를 보면 충격적이다. 전후 첫 3년 동안 영국은 국제수지 적자가 15~22.5억 파운드(60~90억 달러)에 이를 것으로 추정했는데 이는 어떤 방식으로든 메워야 했다. 케인스는 경기침체를 막기 위해 쓴 돈까지 포함해 부족한 돈을 채울 방안을 자세히 제시했다. 연합국과 맺은 수출대금 지급조건을 강화하고 수출을 촉진하며, 영연방 자치령이 스털링 지역에 쌓여 있는 달러에 자유롭게 손대지 못하도록 규제할 뿐만 아니라 무기대여법 조항에 영국이 달러를 축적하지 못하도록 한 규정을 느슨하게 해야 한다고 했다.

영국이 먼저 뛰어 넘어야 할 장애물은 문제가 있다는 사실을 인정하지 않는다는 점이었다. 이 부분에서 케인스는 실리를 추구하는 경제학자답게 진정한 천재성을 발휘했다. 그는 숫자로 따져가며 전국민적 심리 상태를 통렬하게 분석했다.

> 지금껏 우리가 했던 반사적 행동은 모두 돈 많은 사람들이나 할 수 있는 행위다. 우리는 부자인양 남들에게 약속을 너무 많이 했다. 전쟁에서 해방되기를 바라는 마음이 간절한 나머지 우리 자신에게도 너무 많은 약속을 했다. 자랑스럽고 위대한 강국인 영국은 물건을 팔 때는 값을 깎아주고 살 때는 너무 비싸게 샀다. 비참한 처지에 놓인 우리나라 재정 상황은 이런 양보에서 비롯됐다. 무엇보다도 전쟁 비용이 우리가 모르는 사이에 너무도 쉽게 쌓이고 있어 평범한 영국인은 평화를 찾는 대가가 크다고 생각하지 못한다. 공급 담당 부서들은 재무부에 돈을 마음대로 쓸 수 있게 해달라고 요구해 왔다. 재무부도 어려운 와중에 돈은 문제가 되지 않는다고 주장해 왔다. 이런 관행이 이 보고서를 심각하게 받아들이지 못하게 하는 가장 큰 걸림돌이다.

무엇보다도 영국이 미국의 속박에서 최대한 빠르고 완전하게 벗어나는 일이 가장 중요하다. 그러려면 국민들이 더욱더 많이 희생해야 한다. "재정자립을 못해 외부에 의존하는 데 따르는 피해를 생각하면 정말 걱정스럽다. 우리가 미국으로부터 지원받는 조건으로 준비해야 하는 돈을 적어도 20~30억 달러 수준까지 줄여야 한다. 미국의 지원을 받지 못하는 최악의 상황에도 대비해야 한다." 케인스가 공동성명서를 지키려고 영국 의회와 언론에 무슨 말을 했든 영국이 어마어마하고 훨씬 더 강력했던 옛 식민지를 등에 업고 위험한 게임을 하고 있다는 점을 간파했다는 사실이 다음 문장에 잘 드러난다. "최근 미국과 협상하고 의회에서 연설도 해보니 미국에는 전쟁 후 (겉으로는 전적으로 우리를 돕는다고 하면서) 대출을 빌미로 우리에게 미국식 국제경제 시스템을 강요하려는 세력이 있다는 사실이 명백해졌다."[114] 이 시스템은 분명 특혜관세 폐지, 스털링 지역에 쌓인 외화로 미국 수출품을 사지 못하도록 막는 외환 통제 폐지, 달러를 국제통화 시스템 맨 꼭대기에 올리는 일 따위를 포함하고 있었다. 해리 화이트가 이 무리를 주도하고 있었다. 그렇지만 6월 16일 뉴욕으로 출발한 케인스는 화이트를 여전히 좋게 생각했다. 틀림없이 케인스는 다급한 영국 재정상황을 개선하기 위해서는 화이트에 기댈 수밖에 없다고 굳게 믿었다.

그렇지만 웨일리가 귀띔해 준 그럴듯한 간단한 대안이 있었다. 미국 재무부에 맞서면서 미국 은행가들로부터 은근슬쩍 돈을 빌리는 방편이었다. 이 방안은 영국을 속박하는 지정학적 조건도 거의 없었다. 마음 한 구석에서 이를 거부한 까닭은 이 대안이 쓸모 없어서가 아니라 제의를 수락하면 청산기구라는 자신의 발명품이 끝났다는 점을 인정하는 꼴이기 때문이었다.

항해 도중 케인스와 에디, 로빈스, 영국중앙은행과 외무부 관료 여럿을 포함한 영국 대표단은 기금과 은행 문제를 다룬 '선상 초안'을 마련했다. 그러면서도 케인스는 시간을 쪼개 프리드리히 하이에크가 새로 쓴 《농노제도로 가는 길*The Road to Serfdom*》이라는 책도 읽었다. 그는 하이에크에게 편지를 보내 (그의 제자들은 유감스럽게 생각할지 모르지만) '위대한 책'을 썼노라고 치켜세웠다. "책 내용 전체가 도덕적으로든 철

제7장 눈가림

학적으로든 제 생각과 같았을 뿐만 아니라 제게 깊은 감명까지 줬습니다." 하지만 편지를 써 내려가다 하이에크를 비판하고 자신의 '절충안'을 옹호하는 데 단락 몇 개를 할애했다. 사실 하이에크는 정부 통제를 자유시장경제 체제로 바꾸면 경제가 쇠퇴할 뿐만 아니라 개인의 자유도 줄어들 수밖에 없다고 주장했다. 이 두 거물 사이의 경제학 논쟁에는 사실상 경제정책 대부분이 포함돼 있었다.[115]

6월 23일 뉴욕에 도착한 영국 대표단은 서둘러 애틀랜틱시티로 향하는 기차를 탔다. 브레턴우즈 회의에 앞서 몇 주간 임시회의가 열리는 클라리지 호텔에 여장을 풀었다. 케인스는 숨돌릴 틈도 없이 화이트를 따로 만나 그에게 '선상 초안'을 제시했다. 화이트가 어떻게 반응했는지는 기록에 나와 있지 않지만 대답이 어떠했을지 쉽게 상상할 수 있다.

이튿날인 6월 24일부터 영국과 미국 대표단은 정식 협상을 시작했다. 은행 문제를 주로 다룬 첫 회의는 순조롭게 진행됐다. "논의가 순풍에 돛 단 듯 했다." 라이오넬 로빈스가 수첩에 적었다. "케인스가 아주 명쾌하게 설득한 효과는 정말 대단했다. 미국인들은 황금 불빛 아래에서 신성한 방문객이 부르는 거룩한 노래를 들으며 넋을 잃은 듯 했다. 은행 문제만큼은 분명 아무 탈 없이 잘 진행되고 있다."[116] 일주일 뒤 브레턴우즈 회의에서 화이트가 케인스에게 은행 문제 협상을 맡긴 사실은 놀랍지 않다. 이 방문객이 이 문제로 미국에 해를 끼치지 않으리라는 느낌을 줬기 때문이다.

6월 25일에 기금문제를 주로 토의했지만 의견 차이가 확연하게 드러났다. 영국 대표는 각 나라가 환율을 마음대로 바꿀 수 있어야 한다고 내세운 반면 미국 대표는 환율 안정이 중요하다고 했다. 기금에 대해서는 영국은 각 나라의 권리를 강조했지만 미국은 기금이 개별국가를 상대로 권력을 행사해야 한다고 버텼다. 영국 쪽이 기금이 더 커야 한다고 하자 미국 쪽은 더 작아야 한다며 맞섰다. 영국은 각 나라가 무역과 통화 정책 자율권을 더욱 오랫동안 행사할 수 있도록 유예기간을 길게 가져가야 한다고 주장하자 미국은 그런 시기는 짧을수록 좋다고 맞받아쳤다. 영국인들이 미국에서 제시한 할당량 공식에 불만을 터뜨렸지만 미국인들은 이 문제를 다루고 싶지 않다며 피했다. 어쩔 수 없었던 케인스는 미국이 브레턴우즈에서 이 의제로 회의를 시작할 심산이라고 결론내렸다.

그런데도 케인스는 화이트와 자신이 회의가 끝날 때까지 미국과 영국이 공동노선을 취하기로 암묵적으로 합의했다고 확신했다. 6월 25일 리처드 홉킨스 경에게 보낸 편지에는 케인스가 환상에 사로잡혀 있었다는 사실이 드러나 있다.

> 화이트는 애틀랜틱시티 회의에서 많은 사항이 명쾌하게 결정될까 봐 노심초사하고 있습니다. 이곳에서 주요 내용에 대해 결론지은 뒤 회의에 참석하지 않은 미국과 주요국 대표들에게 나중에 형식적으로 승인하라고 하는 모양새는 보기가 좋지 않았기 때문입니다. 이와 동시에 그는 우리와 미국 대표가 회의에서 제외시킬 부분과 계속 밀고 나갈 부분에 대해 사전에 은밀히 합의하기로 동의했습니다. 따라서 화이트와 제가 최대한 합의해 놓고 겉으로는 여러 좋은 대

안을 제시하는 시늉만 할 예정입니다.[117]

처칠 수상이 루스벨트 대통령에게 보낸 편지에서와 마찬가지로 케인스가 쓴 편지에도 무기력함을 인정하지 않으려는 비애가 서려 있었다. 케인스는 자신과 화이트를 브레턴우즈 회의를 준비하는 과정에서 몰래 따로 만나, '뒤편에서는 아무 말도 들리지 않는 회의장에 약 60명이 들어 앉아' 벌이는 논쟁이 한낱 연극에 불과하도록 공모하는 사람으로 묘사했다. '물론 커다란 원숭이 우리를 브레턴우즈에 준비한 까닭은 의장이 44개국이 기금과 은행 설립을 찬성했다고 발표하기 위해서다.'[118] 하지만 사실 케인스는, 화이트가 자신의 계획을 통과시키기 위해 마련한 원숭이 우리에 넣고 주의를 딴 데로 돌려야 할 회원 중 한 명에 불과했다.

다음날인 6월 26일 미국 대표와 협상한 뒤 작성한 회의록에 따르면, 회원국은 환율을 조절할 수 있는 '절대 권한'이 있어야 한다며 케인스가 수정 제의한 원칙에 대한 공동성명서 제4조를 화이트는 단호히 거절했다. 화이트는 환율안정이 기금의 가장 중요한 임무라고 고집했다. 케인스가 주장하는 기금은 미국인들에게는 거대한 대출기관에 불과하다고도 했다. 사실 오늘날 기금은 주로 대출기관 구실을 한다.

영국 쪽 회의록에는 이런 내용도 있다. "화이트는 케인스 경이 비판과 대안으로 계획의 뿌리까지 흔들며 주장을 계속하면, 이는 도저히 합의에 이를 수 없다고 생각한다."[119] 케인스는 무슨 일이 있어도 고정환율을 유지해야 한다는 국제협약이 정치적으로 지탱될 수 없었던 1930년대를 교훈 삼아야 한다고 주장했다. 이에 화이트는 환율이 불안정해서 정치적으로 처참한 일이 벌어진 점이 1930년대의 교훈이라고 맞섰다.

케인스는 회원국이 기금에 마음대로 손 대지 못하도록 하는 대신 자국 환율을 평가절하시킬 권한을 갖게 하자고 절충안을 제시했다. 미국 쪽 회의록에는 화이트가 반박한 내용이 기록돼 있다. 즉, 그는 '기금에서 차입할 수 있는 한도를 모두 소진해 더 이상 기금에 관심을 둘 이유가 없게 될 영국으로서는 환율규약 위반 대가를 단지 자원박탈로 한정하는 일이 무척이나 중요하다'고 간파했다. 화이트는 케인스의 제안을 '미국이 준비한 협의안에 완전히 저촉된다'며 묵살했다.[120]

이 두 사람은 전쟁 후 회원국이 무역을 통제할 수 있는 유예기간에 대해서도 충돌했다. 화이트는 기간을 3년으로 정한 뒤 이후에는 기금이 승인하자고 했다. 케인스는 각 회원국의 판단에 맡기고 싶어했다. 화이트는 10년이 넘을 수도 있다는 뜻이 아니냐며 믿기지 않는다는 듯 물었다. 이에 케인스는 일정 기간이 지난 뒤 회원국에 문제가 있다고 판단되면 기금이 회원국 자격을 박탈하면 된다고 응수했다. 케인스는 더 이상 양보할 수 없다고 버티며 여차하면 협상을 그만두겠다고 협박했다. 화이트는 정식회의 때까지 기다리기로 마음먹고 논의를 피해 주제를 바꿔버렸다. 그곳이라면 케인스를 따돌리고 자기 뜻대로 할 수 있으리라 판단했다.[121]

6월 28일 두 전문가는 다시 맞부딪혔다. 이번에는 원칙에 대한 공동성명서에 여러 번 나오는 매우 중요하면서도 수수께끼 같은 용어인 '금태환 통화'와 '태환 외화'의 뜻을 두고 다퉜다. 금과 동등한 지위를 갖게 될 통화를 발행하는 나라는 향후 엄청난 혜택을 누릴 수 있다. 당연히 다른 나라들은 무역대금을 결제하고 언제 들이닥칠지 모를 금융위기에도 대비하려고 이 통화를 엄청나게 쌓고 싶어할 것이다. 이와는 반대로 발행국은 외환이 아주 조금만 필요하다. 이자가 없는 통화를 발행한 대가로 얻은 자산에서 이자를 챙겨 '시뇨리지(Seigniorage, 화폐주조차익)' 혜택도 누린다. 일정한 한도 내에서는 단순히 돈을 찍기만 하면 해외로 수출하는 규모보다 더 많은 물건을 계속 수입할 수 있다. 이 통화를 발행하는 나라에 소속된 기업들은 무역을 아무리 많이 해도 환율 변동 위험이 없다. 마지막으로 국제통화 발행국가로서의 위상은 이루 헤아릴 수 없을 정도다.

케인스는 '금태환 통화'가 파운드화가 아니라 미 달러화가 되면 정치·경제적 위험이 커진다는 점을 잘 알고 있었다. 그는 금태환 통화 대신 '준비 통화'라고 부르자고 제안했다. 이에 미국 쪽은 '금과 달러'로 바꾸자고 다시 제의해 자신들의 진정한 야심을 숨겼다. 케인스는 다른 나라 통화들도 추후 금으로 바꿀 수 있도록 해야 한다며 달러화만 특별히 우대해서는 곤란하다고 반박했다. 화이트는 말썽 많은 유예기간 문제는 일부러 논의하지 않고 회의 때까지 미뤘다. 화이트가 꿈꾸는 새로운 세계질서를 만들려면 브레턴우즈에서 달러화에 새로운 금이라는 왕관을 씌우는 일이 가장 중요하다는 사실을 케인스는 알지 못했다. 화이트 일행은 벌써 '금태환 통화'라든지 '태환 외화 보유'라는 표현을 모두 '달러화'로 바꿔 쓴 보고서를 모겐소 장관에게 제출했다.[122] 그렇지만 원칙에 대한 공동성명서 수정안은 다른 나라 대표들이 반대하리라 판단하고 전달하지 않았다. 대신 브레턴우즈에서 이를 은근슬쩍 변경하려는 의도였다.

케인스는 아주 중요한 사안을 놓고 미국 쪽과 계속 다퉜는데도 협의가 순조롭게 진행되고 있는 듯 꾸몄다. "협상이 모두 매끄럽게 나아가고 있습니다. 단 한번도 심한 격론을 벌인 적이 없었고 대체로 온화한 분위기였습니다." 케인스 자신이 더 이상 협상하지 않겠다며 상대방을 협박한 적이 있었는데도 6월 30일 홉킨스에게 사실과 다르게 썼다. "화이트는 정말 존경할 만한 의장입니다. 저를 아주 극진히 대해주며, 정치적으로 어려운 일이 아니면 저를 은밀히 따로 만나 합의하려고 노력합니다." 케인스는 또 미국과 손에 잡히는 합의안을 만들어내지 못한 것이 실패했다는 징후가 아니라 일부러 꾸민 꾀라고 주장했다. "어떤 사안에 대해서도 정식 합의안을 도출하지 않을 계획입니다. 화이트는 미리 다 협의해 놓고 브레턴우즈에서 참가국 대표들에게 서명만 하라고 해서는 곤란하다고 여기기 때문입니다." 매우 중요한 환율에 대해서는 이렇게 적었다. "우리는 아직 미국 쪽과 긴 설명이 필요한 합의안에 이르지 못했습니다. 미국인들은 법적 절차를 따르기 좋아하기 때문입니다. 화이트와 번스타인이 우리 견해를 받아들였습니다. 하지만 미국이라는 나라는 늘 절차가 복잡해 아무리 합리적인 일이라도 제대로 추진하기 어렵습니다. 까다로운 변호사에게 자문을 구해야 하기 때문입니다."[123] 영국 쪽 공식 보고서에는 미국과 영국의 의견이 서로 크게 다르다고 기록돼 있었는데도 케인스는 '공식합의'는 추후 공식절차를 밟기 위해 일부러 이뤄내지 않았고 단지 변호사 때문에 지연됐다고 그럴싸하게 둘러댔다.

한편 화이트는 케인스와 따로 만나 합의했다는 얘기를 극구 부인했다. "영국 쪽과 우리 사이에 견해 차이가 큽니다." 6월 25일 그가 모겐소 장관에게 보고했다. "회의장에서 미국 대표가 그들과 다시 협상해야 합니다." 화이트는 논의할 목록 가운데 영국이 환율을 언제든지 쉽게 바꾸고 싶어한다는 점이 가장 중요하다고 믿었다. "우리는 이 문제에서는 한 발짝도 물러설 수 없습니다."[124] 그는 변호사가 번거롭게 한다는 말은 꺼내지도 않았다.

애틀랜틱시티에서 케인스와 영국 대표들이 화이트를 골치 아프게 하는 사이 다른 나라 대표들은 자국 이익을 안건으로 내세우려고 분주히 움직였다. 화이트는 전문가들로 구성된 자기 팀원들에게 가급적 외국 대표를 자주 만나되 미국 쪽 노선을 준수하고 미국과 협의할 수 있다는 여지를 절대 남기지 말라고 지시했다.[125] 가장 걱정스러운 문제는 국가별 할당량 배분이었다. 화이트는 이 사안을 미국인 이외에는 논의하지 말고 재무부가 준비한 할당량 공식과 표를 비밀로 하라고 당부했다. 그는 각국 대표단에게 할당량 총액은 대략 80~85억 달러 수준이라고만 알려줬다. 그래서 이들은 자국 할당량이 늘어나면 다른 나라의 몫이 줄어든다고 생각했다. 화이트는 이들에게 서로 싸워야 한다는 점을 명확하게 알려줌으로써 미국 쪽과 다투지 못하게 하려는 속셈이었다.[126]

화이트에게는 이제 미국 대표단을 처리해야 하는 문제가 남아 있었다. 그는 처음부터 이들에게 정보가 흘러 들어가지 못하게 하려 했다. 애틀랜틱시티에는 이들 대신 자신을 개인적으로 도울 전문 보좌관들을 데려왔다. 화이트는 다른 나라 대표단이 도착하기 나흘 전인 6월 15일부터 이 전문가들을 직접 훈련시켰다. 이들은 에너지와 목표, 포부와 허영심으로 가득한 수많은 외국 대표와 의미 없는 토의를 벌여 주의를 분산시키는 일이 가장 중요한 임무였다.

화이트는 기금을 다루는 위원회의 우두머리로서 회의를 주도할 작정이었다. 케인스는 은행 문제를 논의하는 위원회를 이끌도록 할 계획이었다. 이때에는 이미 이 문제가 화이트에게 별로 중요하지 않았다. 개별사안을 다룰 여러 소 위원회는 의장과 보고담당자를 외국인으로 지정할 것이다. 이는 그야말로 케인스가 예상한 '원숭이 우리'였다. 화이트는 원숭이 우리를 자기 마음대로 주무르기 위해 친한 재무부 동료와 FRB, 국무부, 미 정부기관에서 직접 뽑아온 인물들로 전문 보좌관을 구성할 심산이었다. 토의주제를 정하고 투표를 집계하며 가장 중요한 회의록과 최종합의서를 작성할 사람들은 외국인도 미국 대표단도 아닌 자기 보좌관들이어야 했다. 화이트는 자기 팀원들에게 위원회 토의에 끼어들지 말고 무슨 일이 있어도 미국 쪽 공식 입장을 고수해야 한다고 주의를 줬다.

 애틀랜틱시티에 15개국 대표가 도착하기 전 화이트는 자기 팀을 네 무리로 나눴다. 이들은 각각 미 재무부와 외국 대표단이 논의할 기본원칙에 대한 공동성명서 개별 사안을 닷새 동안 집중 연구했다.[127] 개별 사안에는 회원국 의무, 할당량과 투표권, 추가 부담금, 회원자격 탈퇴와 연기, 환율 변경이 포함됐다. 이들은 날마다 화이트가 주관하는 전체 회의에 참여해 공동성명서를 어떻게 바꿀지 토론했다. 화이트는 가장 가까운 친구에게만 수정한 공동성명서 초안 전체를 볼 수 있게 하고 나머지 팀원들에게는 요청해도 보여주지 않았다. 한 팀원은 자기 동료들이 '공동성명서 전체 내용을 모른 채 특정 부분만 논의하기 어려워 초안 전부를 받아야 한다고 계속 요구한다'며 불평했다. 결국 이들에게 성명서 초안 사본을 줬지만, 회의가 끝난 뒤에는 부수까지 확인해 다시 수거해 갔다.[128] 이뿐만 아니라 화이트는 아무도 회의록을 작성하지 못하게 했다.[129]

화이트가 너무 심하게 비밀을 유지하자 애틀랜틱시티에 있던 그의 팀원들은 짜증이 났을 뿐만 아니라 워싱턴에 머물던 재무부 장관도 화가 치밀었다. "당신이 목욕 수건이 부족하다고 전한 소식 외에는 그곳에서 무슨 일이 일어나고 있는지 전혀 알 수가 없소." 회의 8일째인 6월 22일 모겐소 장관은 전화기에 대고 분통을 터뜨렸다.

"우리 쪽 의견을 조율하기 위해 밤낮으로 일하고 있습니다." 화이트가 변명을 늘어놨다. "합의하기 어려운 부분이 어디고 난관은 무엇인지 다각도로 분석하고 있습니다. 하지만 아직은 그저 의견만 주고받고 있는 상황입니다." 화이트는 영국 대표단에 제시할 초안을 완성하려 했다고 둘러댔다. 그는 보좌관들에게 6월 23일 영국인들이 도착하기 전까지는 외국 대표들과 '진지하게' 논의하지 말라고 지시했었다.

"좋아요. 하지만 당신이 나와 나머지 미국 대표들을 완전히 따돌려 놓고 나중에 우리에게 협상안에 서명만 하도록 할 속셈이라면 이는 오산이오. 아주 큰 오산이란 말이오." 모겐소 장관이 쏘아 부쳤다.

"하지만, 제가 드리고 싶은 말은……"

"절대 가만히 있지 않겠소." 모겐소 장관이 화이트 말을 끊어 버렸다. "당신이 열심히 일하는 것은 좋지만 우리 모두를 완전히 배제하고 있다는 점이 문제요."

화이트는 미국 대표 몇 명을 추가로 보내 회의에 참여시키라고 제안함으로써 장관을 달래려 했다. 브레턴우즈 회의가 열리기 전에 미국 쪽 견해를 간단히 설명해 주겠다며 그를 구슬리려 했다.

"설령 내가 협상안을 아주 싫어한다 하더라도 그곳 상황이 어떤지 내게 보고하라는 뜻이오." 모겐소 장관은 구체적으로 어느 부분을 찬성하고 반대할지 자세히 알고 싶지 않다는 듯한 말투로 차분하게 자신의 뜻을 분명히 밝혔다. "내가 자료를 받고도 읽지 않는다면 이는 내 잘못이지만 내가 아무런 정보도 받지 못한다면 그것은 당신 책임이오."[130]

마음이 급해진 화이트는 애틀랜틱시티에서 자신이 꾸려나간 일을 변호하는 내용으로 사후 보고서를 준비해 모겐소 장관에게 보냈다. 기금과 은행 관련 초안을 수정하거나 내용을 추가하고, 미국 전문가들에게 다른 나라 대표들 견해를 들어보라고 했을 뿐만 아니라 브레턴우즈에서 미국 대표단을 잘 지원할 수 있도록 보좌관들을 훈련시키느라 바쁜 시간을 보냈다고 강조했다. 하지만 모겐소 장관은 화이트에게 속셈이 있다는 사실을 알아채고는 번스타인에게 애틀랜틱시티에서 진행되는 일을 자신에게 알리라고 지시했다. 그를 통해 확인해 보니 미국인들 사이뿐만 아니라 참가국들 간에도 기금에 대해 논란이 많았다.[131] 화이트가 연막작전을 펼치고 있었던 것이다.

그렇지만 모겐소 장관이 고삐를 당기기에는 너무 늦었다. 6월 30일 대표단은 브레턴우즈로 가는 전세 기차에 올라탔다. 이들의 출발로 화이트가 구상한 국제회의를 위한 서곡이 무대에 성공적으로 울려 퍼졌다. 그는 영국인들과 활발히 협상하면서도 속을 드러내지 않으며 이들을 계속 겉돌게 했다. 이뿐만 아니라 다른 나라 대표들을 움직이게 할 수 있는 중요한 정보를 얻었다. 그러면서도 모겐소 장관과 미국 대표와는 거리를 뒀다. 곧 다가올 대규모 공연을 성공적으로 마치는 데 필요한 요원도 훈련시켰다.

# 역사가 이뤄지다

    1944년 6월은 아주 중요한 시기였다. 6월 4일 미군이 로마 한복판으로 쳐들어갔다. 이튿날 저녁 영국 보병이 글라이더를 타고 프랑스 캉(Caen) 북쪽 10킬로미터 지점으로 들어갔다. 6월 6일 자정쯤에는 미국, 영국, 캐나다 병사 15만5천 명이 노르망디 해안에 상륙했다. 6월 10일까지 32만5천명, 6월 20일까지는 50만 명이 뭍에 올랐다. 그칠 줄 모르는 폭풍우 때문에 시도하지 못할 뻔 했던 역사에 남을 연합군의 '오버로드 작전(Operation Overlord)'이 바야흐로 수행됐다.

    두려워진 처칠 수상이 루스벨트 대통령에게 남유럽을 공략하자고 은밀히 설득했지만 성사되지 않아 차질이 있었다. 하지만 연합국은 단단한 독일 방어선을 차례차례 무너뜨리고 있었다. 영국과 미국이 역사상 유례 없는 대규모 속임수 작전을 끈질기게 추진하지 않았다면 적은 더욱 강하게 버텼을 것이다. 6월 25일 미군이 셰르부르(Cherbourg) 교외로 진격했을 때까지도 독일 육군원수 룬트슈테트(Rundstedt) 공은 노르망디 상륙이 단지 교란작전에 그치는 줄 알았다. 독일군 수천 명은 미 제1군이 파드칼레(Pas-de-Calais) 지방으로 몰래 쳐들어올까 봐 이곳에 매복하고 있었다. 6월 마지막 주 동부전선에서는 소련 적색군대가 민스크(Minsk)를 휩쓸며 독일군 13만 명을 죽이고 6만6천명을 생포했다. 그렇지만 나치의 잔혹한 행위는 그치지 않았다. 6월 30일 민스크에서 700킬로미터 떨어진 곳에서 유대계 그리스인 1,795명을 태운 기차가 아우슈비츠에 있는 강제수용소를 향해 굴러가고 있었다. 이 가운데 절반이 죽었다. 나머지 반은 혼수상태에 빠졌고 바로 집단 학살됐다.[1]

같은 날 머나먼 뉴햄프셔 주에 우뚝 선 화이트산맥에서는 1919년 파리강화회의 이래 가장 규모가 큰 국제회의를 준비하기 위해 사람들이 분주히 움직이고 있었다. 이 회의는 대학살로 얼룩진 전쟁을 넘어 무역과 협력을 토대로 하는 새로운 세계질서를 찾는 것이 목적이었다. 유럽 이민자의 자식으로 자란 미 재무장관과 그의 보좌관은 미리 와있던 미국 동료들과 함께 이튿날 오후 헨리 모겐소를 의장으로 추대하기 위해 현장에서 머리를 맞대고 온갖 궁리를 하고 있었다.

화이트는 모겐소 장관이 의장 수락연설을 하는 도중 이상한 소리를 할까 봐 걱정했다. "언론은 어떻게 하죠?" 화이트가 물었다. "장관님께서 기자들을 잘 다루실 수 있을까요?"

"그럼요." 재무부에서 온 프레드 스미스(Fred Smith)가 그를 안심시켰다. "신문사들이 일요일 판도 찍기 때문에 연설 일정을 앞당겨 토요일로 바꿨습니다."[2]

회의를 준비하면서 재무부에게는 그나마 융통성 있는 반대파 의원들을 설득하기 위해 대규모 국제행사에 언론이 전례 없이 쉽게 다가올 수 있게 하는 일이 가장 중요했다. 미 행정부는 일 년 전 버지니아 주 핫스프링스(Hot Springs)에서 열렸던 국제연합식량농업회의에서 적대적이었던 언론으로부터 호되게 당했던 경험을 되풀이하고 싶지 않았다. "주최측은 브레턴우즈에서는 언론을 핫스프링스에서처럼 대하지 않겠다고 분명히 밝혔다." 〈크리스천 사이언스 모니터Christian Science Monitor〉가 보도했다. "회의 주최자들이 기자들을 상대로 매일 기자회견을 열 예정이다."[3]

연설 세부내용을 확정한 뒤에는 늘 성가시게 구는 영국 대표를 다루는 일이 가장 중요한 문제였다. 많은 미 의원들은 이 회의가, 잘난 척하고 말만 번지르르하며 상대방을 헷갈리게 하는 교활하기 짝이 없는 케인스라는 영국인이 꾸민 작품이라고 굳게 믿었다. 모겐소 장관과 화이트는 이 영국인을 개회식 날 연단 가까이 오지 못하게 하자고 말을 맞췄다. "다음 주 중반 즈음 할 말이 있으면 단독 기자회견을 할 수 있게 해주겠다고 그에게 말해보게." 모겐소 장관이 화이트에게 지시했다. "그렇게 하지 않는다면 의장과 우리가 그를 수장시킬 걸세."[4] 사실 모겐소 장관과 화이트는 케인스를 깊은 바닷속에 쳐 넣고 싶었다.

늘 그랬듯 화이트는 자기 상사보다 훨씬 더 앞서 있었다. 하루 전 케인스는 런던에 진행상황을 보고했다. "화이트는 IMF에 대해 논의가 충분히 진행된 뒤에 앞으로 있을 본회의에서 제가 정식연설을 해야 한다고 생각합니다."[5]

영국 대표단 일원인 라이오넬 로빈스는 개회사를 '잘 들리지도 않는 흔해 빠진 장광설'이었다고 혹평했다. 그에게는 케인스가 응접실에서 따로 여는, 국제회의와는 무관한 저녁 모임이 주 행사였다. 케임브리지대 킹스칼리지와 옥스포드대 뉴칼리지가 서로 맺은 제휴 500주년을 기념하는 자리였다.⁶ 킹스칼리지는 최근 명문 예일대와도 제휴했다. 케인스가 초청한 인사 가운데 5년 뒤 국무장관이 된 딘 애치슨, 중국 대표로 참석한 같은 대학 출신 '대디' 쿵(H.H. 'Daddy' Kung, 孔祥熙)이 포함돼 있었다.

그야말로 전설적인 쿵은 중국 부총리와 재무장관, 중국은행 총재, 옌칭(Yenching) 대학 총장, 치루(Cheeloo) 대학 총장, 중국 오벌린(Oberlin) 대학 총장, 중국산업협회장, 공자연구회장, 공공재정학회장을 역임했다. 공자의 75대 손인 쿵은 연쇄점, 방직공장, 광업으로 부를 쌓았다. 1933년 51세였던 그는 가문과 인맥을 잘 활용해 장제스 국민정부에서 재무장관 자리에 올랐다.⁷

브레턴우즈에 찾아온, 짧으나마 외교를 펼칠 수 있는 둘도 없는 기회를 애치슨이 놓칠 리 없었다. 로빈스가 그를 이렇게 평가했다. "애치슨은 대기업 변호사 출신답게 수완을 발휘해 노련한 쿵으로 하여금 중국 정국이 현재 분열돼 있다는 사실을 받아들이게 하려고 했다. 예상했던 대로 그 늙은 여우는 너무 영리해 덫에 걸려들지 않고 말을 돌려 루스벨트 대통령과 네빌 체임벌린과 친분을 쌓은 얘기를 늘어놓았다. 둘은 승부를 내지 못했다.⁸

해리는 자신이 직접 회의를 주도했지만 명성이 자자한 케인스라는 존재의 그림자에서 벗어날 수 없었다. 워싱턴에서 〈크리스천 사이언스 모니터〉는 미국 대표단에는 영국 쪽 케인스, 로빈스, 데니스 로버트슨을 대적할 '미국 최고의 경제학자'가 없다고 비판하며 회의를 '케인스가 주도하지 않을까' 우려했다.⁹ 더욱 원색적이고 국수주의적인 〈시카고 트리뷴Chicago Tribune〉은 케인스 사진에 '미국을 지배하는 영국인'¹⁰이라고 덧붙이며 그가 회의장에 있는 '다른 인물 모두를 가린다'고 탄식했다. 케인스를 '흠모하는 제자'라며 해리 화이트를 조롱하기도 했다. 화이트는 자신을 두고 케인스의 신기한 아이디어를 떠들고 다니는 미국인에 지나지 않는다는 주장에 발끈했다. 하지만 '케인스의 역작을 모르는 경제학자는 얼간이'라며 케인스의 명성을 어느 정도는 인정했다.¹¹

미국인들은 새로 고안한 IMF에 '가입하고 싶어 안달 났다'고 〈시카고 트리뷴〉이 보도했다.

> 기금을 제안한 존 메이너드 케인스는 인플레이션을 열렬히 지지한다. 세계대전 이전에는 자기 이론을 정부에 관철시키지 못했다. 당시 영국은 채권국가여서 다른 나라들이 평가절하된 자국통화로 영국에 진 빚을 갚도록 놔두는 것은 어리석은 짓이었기 때문이다.
> 하지만 현재 영국은 채무국가다. 지난 5월 케인스는 상원에서 영국이 다른 나라에 갚아야 할 빚더미에 짓눌려 휘청거리고 있다고 힘주어 말했다. 지금 그는 기발한 기구를 만들어 영국이 진 부담을 덜려고 한다. 미국인들이 돕도록 해 파산 직전에 몰린 영국을 다시 일으키려고 한다. 그러나 이 영국인에게 완전히 압도당한 화이트와 모겐소, 루스벨트를 제외하고는 어느 미국인도 우리 지급능력을 희생하면서까지 영국을 돕지는 않을 것이다.¹²

〈월 스트리트 저널〉도 우스꽝스럽게도 '인적이 드문 미국 촌구석에서 대규모 국제회의'를 여는 목적이 실제로는 영국을 구제하는 것인데도 겉으로는 통화를 안정시키는 일이라고 소문을 냈다며 비난했다.[13] 〈타임〉지는 미국이 영국으로부터 독립한 과정을 상기시키며 회의에서 영국과 미국이 서로 싸우는 모습을 부각시켰다.

> 영국과 미국이 청사진을 놓고 벌인 전투는 대부분 진짜 전력을 드러내지 않은 전초전에 불과했다. 지난 봄 존 메이너드 케인스와 퍼스트 배런 틸턴(First Baron Tilton)은 영국이 국제통화 체제에서 사실상 주도권을 쥘 수 있게 하는 제안으로 선제공격을 감행했다. 이에 미 재무부 해리 화이트가 미국이 보유한 엄청난 금을 무기로 반격함으로써 전세를 뒤집었다. 케인스 경은 영국 최고 경제학자 라이오넬 로빈스, 데니스 로버트슨을 비롯한 대표단 열 다섯 명을 화이트가 마련한 싸움터인 마운트 워싱턴 호텔로 이끌고 왔다.[14]

이튿날인 7월 1일 43개국 대표단이 도착하기 몇 시간 전 미국 대표단과 자문위원들이 첫 공식 전략회의를 하기 위해 모였다. 모겐소 장관은 국제회의 의장 노릇뿐만 아니라 미국 대표단의 우두머리 역할까지 했다. 경기 심판도 하면서 주장까지 맡는 격이었다. 그는 두 역할이나 담당했지만 전혀 들뜨지 않았다. 미국 쪽 제안을 손수 만들었다는 자부심이 없어 의장 자리에도 애착이 가지 않았기 때문이다. 외국 대표들이 법석을 떨 때에도 양심의 가책을 느끼지 않는 듯한 무표정한 얼굴과 무엇인가 해낼 수 있을 듯한 맑은 정신으로 또박또박 말했다. 성과를 내는 일은 해리 화이트와 전문가들 몫이었다.

전직 야구선수이자 켄터키 주 의원이자 판사였던 프레더릭 빈슨(Frederick Vinson) 경제안정국 부국장이 미국 대표단 부의장을 맡았다. 그는 유명한 켄터키 경마를 주최하는 켄터키 주 출신답게 경마에 비유하기를 좋아해, 외국 대표들에게 회의가 '마지막 직선 코스로 들어오고 있다'고도 하고 국제연합이라는 '말이 결승선에 도달하기 전에 넘어져 다리가 부러질 수 있다'며 우스갯소리를 했다.[15]

해리 화이트는 미국 대표단 안에서 특별한 직함이 없었지만 유럽에서 마셜 장군이 루스벨트 대통령에게 중요했듯 브레턴우즈에서는 그가 모겐소 장관에게 꼭 필요했다. 화이트는 스스로 맡은 IMF와 새로운 국제통화 시스템을 다루는 제1위원회 의장직을 디딤돌 삼아 주요 회의의 안건을 정하는 권한까지 가로챘다. 모겐소 장관은 화이트가 회의를 장악하기 위해 구체적으로 어떤 일을 꾸몄는지 알 수 없었지만 화이트가 공을 독차지하는 일만은 막아야겠다고 마음먹었다. 그는 재무부 출신 경제학자 에드워드('에디') 번스타인과 앤설 럭스포드(Ansel Luxford) 변호사에게 매일 익명으로 기자회견을 하라고 시켰다. 이는 '화이트와 모겐소 장관이 서로 공을 차지하려고 벌인 사소한 싸움이었다'고 몇 년 뒤 번스타인이 말했다. 그는 '두 사람이 서로 생색내려고 더 심하게 다툴 수도 있다는 생각에 꽤 놀랐다. 케인스도 마찬가지였다. 그도 회의를 자신의 공적으로 돌리고 싶었다.'[16]

국무부의 딘 애치슨(Dean Acheson), 대외경제관리국의 레오 크롤리(Leo Crowley) 국장, FRB의 마리너 애클스(Mariner Eccles)가 미 행정부 대표로 왔다.

대표단에는 의원 네 명이 포함돼 있었다. 모겐소 장관은 각 당에서 상원의원과 하원의원 한 명씩 뽑았다. 민주당에서는 로버트 와그너(Robert Wagner) 뉴욕 주 상원의원과 브렌트 스펜스(Brent Spence) 켄터키 주 하원의원을 선발했다. 전쟁 전 뉴욕 주 의회에서 일했던 와그너 상원 은행통화위원회 의장은 루스벨트 대통령의 자문위원으로서 뉴딜 정책을 이끌었고, 진보주의자로서 노동자 계층을 지지했다. 스펜스 하원 은행통화위원회 의장도 진보적 국내 경제정책과 필리핀 독립 같은 적극적 외교정책을 열렬히 지지했다. 소문에 따르면 1916~1924년 사이 뉴포트(Newport) 시 법무관으로 일했던 스펜스는 시를 상대로 제기된 소송을 매번 잘 막아내어 명성을 얻은 뒤 1930년 처음으로 의원으로 당선됐다. 남들과는 다르게, 연설문이 의사록에 기록될 때까지 수정하지 않았던 조용하고 평범한 연설가인 그는 청렴 결백한 인물로 유명했다.[17]

회의가 열리는 뉴햄프셔 주 출신 찰스 토비 상원의원과 미시건 주 제시 윌콧(Jesse Wilcott) 하원의원이 공화당 대표로 참석했다. 와그너 위원회(Wagner's committee) 일원으로서 노동자 계층을 옹호하고 한때 고립주의도 내세웠던 토비는 당파에 좌우되지 않는 독설가였다. 벌써부터 그는 IMF 가입은 '밑 빠진 독에 물 붓기'나 다름없다고 떠들고 다녔다.[18] 공화당 운영위원회 의장이자 와그너 위원회 동료인 오하이오 주 로버트 태프트 상원의원은 토비를 대표단에서 제외하자고 우겼지만 모겐소 장관과 앨번 바클리 다수당 상원의장은 그를 끝까지 포기하지 않았다. 1930년 스펜스와 함께 의회에 진출하기 전에 검사로 일했던 스

제8장 역사가 이뤄지다

펜스 위원회 소속인 윌콧은 제1차 세계대전 당시 기계화 중대 소위로 복무했다. 그는 1958년 연방예금보험공사 이사로 일했다가 나중에 의장으로 승진했다. 발이 넓디넓은 그는 미국 재향군인회, 해외참전용사협회, 프리메이슨단, 자선단체인 엘크회와 피시어스 기사회, 라이온스 클럽, 무스 클럽, 오드펠로우 상호공제조합 등 온갖 단체에 가입했다.[19]

두 명은 민간단체에서 왔다. 퍼스트내셔널시카고은행 에드워드 브라운(Edward E. Brown) 은행장은 '다루기 쉬운 은행업계'에서 아주 빼어나다는 이유로 뽑혔다.[20] 〈시카고 트리뷴〉은 자기 지역 출신인 그를 미국 대표단에서 '가장 뛰어나다'고 치켜세웠다. 그가 없었다면 '뉴딜정책 추종자[21]와 평범한 인물[22]로 가득 찰 뻔 했다'고 썼다. 〈타임〉은 브라운을 '잠을 설친 듯 게슴츠레한 눈으로 담뱃재가 묻은 구겨진 청색 서지 정장을 나흘씩이나 입고 회의장을 돌아다녔다'고 썩 좋지 않게 평했다.[23] 케인스는 그를 표현하며 혼합된 견해를 보였다. '소고기만 먹었는지 몸무게가 큰 돌 20개 정도로 이뤄진 100킬로그램에 이르는 거구여서 머리를 끄덕일 때는 외양간에 있는 소를 연상시킨다고 비웃었지만 지능과 인격은 높다고 치켜세웠다. 케인스는 브라운처럼 재능 있고 탁월한 은행가는 정말 오랜만에 봤다고 추어올렸다.'[24]

바사대학 마벨 뉴커머(Mabel Newcomer) 경제학 교수는 유일무이한 여성이었다. 그녀는 1920년대 중반부터 주 위원회에서 과세, 교육재정, 내 집 마련, 전원생활까지 여러 분야를 돌며 재정문제를 다뤘다.[25] 과묵한 그녀는 브레턴우즈에서 이렇다 할 족적을 남기지 못했다. 하지만 〈뉴욕 타임스〉는 마벨 교수를 비중 있게 다뤘다. 7월 4일자 신문에

'회의로 너무 바빠 등산을 즐길 수 없다'고 머리기사를 올렸다. 한 기자가 물었다. "여성으로서 경제학 교수가 되고 국제금융, 외환 분야 전문가로까지 인정받은 비결이 무엇입니까?" 뉴커머 교수가 대답했다. "하다 보니 그렇게 됐어요."[26]

법률고문 1명, 전문보좌관 7명, 의장 비서 4명, 사무국장 1명뿐만 아니라 재무부, FRB, 국무부, 대외경제관리국, 증권거래위원회, 상무부에서 뽑아온 전문가 12명이 대표 12명을 도왔다.

모겐소 장관은 이들을 모아놓고 당파 싸움을 하지 말고 '한 팀으로 똘똘 뭉쳐야 한다'고 신신당부했다. 브레턴우즈 국제회의는 '공화당이나 민주당보다 더 크다'고 강조하며 서로 의견이 다르면 '여기서 해결하고 가야 한다'고 일러뒀다.

와그너 상원의원이 농담조로 에둘러 물었다. "여기가 어딥니까?"[27]

화이트는 의원이 던진 말을 농담으로 받아들이지 않고 미국과 주요 다른 나라가 어떤 위치에 있는지 차근차근 자세히 설명했다. 다른 나라들은 '몇 년 뒤 미국이 세계시장의 대부분을 장악해 국제수지 흑자국으로 발돋움할 수 있는 지위를 이용해 타국 통화 시스템을 억누를 것으로 믿는다'고 말했다. 그들은 미국이 '기금의 속박을 받아 자기 나라 환율을 압박하지 못하게 하는 대신 미국으로 더 많이 수출할 수 있게 하는 정책을 미국이 채택하길 바란다'고 일러뒀다. 그렇지만 미국은 기금이 자국의 국제수지 흑자 문제에 간섭하는 행위를 용납할 리 없었다.

"우리는 확고부동합니다." 화이트는 오늘날 중국 관리의 말투처럼 단호했다. "이 부분만큼은 무슨 일이 있어도 양보할 수 없습니다."[28]

"케인스를 포함한 다른 몇 명은 채권국가에 이자까지 부담시키려한

제8장 역사가 이뤄지다

다."라고 화이트는 말했다. "하지만 우리 주장은 정반대입니다. 그들에게 이자를 지급하라고 할 작정입니다. 기금은 특별한 목적을 위해 고안됐으며 그 목표는 통화를 앞다퉈 절하시키지 못하게 막는 일이라고 이유를 댈 생각입니다."[29]

화이트는 계속 말을 이었다. "포트 녹스(Fort Knox)에 저장된 금으로 우리가 사고 싶은 통화를 얼마든지 살 수 있기 때문에 미국은 다른 나라의 부러움을 사고 있고, 이 국제회의에서도 아주 유리한 위치에 있을 뿐만 아니라 사실상 국제금융계도 지배할 수 있습니다. 만약 영국이나 다른 나라가 우리와 같은 처지였다면 상황은 완전히 달라졌을 것입니다."[30]

화이트는 채권국가가 열쇠를 쥐고 있다고 믿었다. 채무국가는 케인스 경처럼 언변이 뛰어난 특사조차도 모겐소 장관을 꽤나 즐겁게 해 줄 '요지부동'이라든지 '트랑쉐(Tranche)'라는 단어를 전할 수 있을 뿐이었다. "새로운 영어단어를 많이 배울 수 있어 좋습니다. 그렇지 않습니까?" 모겐소 장관이 멋들어진 단어를 끝없이 쏟아내는 케인스 특유의 항의 편지를 읽고 농담을 던졌다.[31] 영국과 미국이 합연한 금융 드라마가 종반에 접어들어 영국 대표가 궁지에 몰리자 모겐소 장관은 케인스가 간절하게 쓴 편지를 보고 여유롭게 우스갯소리를 할 수 있었다. 스탈린이었다면 이렇게 웃겼을 것이다. "킹스칼리지는 몇 개로 나뉘어 있습니까?"

미국의 힘이 워낙 강하다는 사실 때문에 미국을 반대하는 나라들은 회의목적에 대해 의구심을 떨칠 수 없었다. "전 세계 화폐용 금이 저 멀리 켄터키 주에 보관돼 있다는 사실을 모르는 미국인은 없다."〈크리스천 사이언스 모니터〉가 은근히 비꼬았다. "그래서인지 화폐와 대출, 무역과 상환을 논의하려고 미국 땅을 처음 밟은 외국 대표들은 혹시 금이 털려 없어지지나 않을까 노심초사하고 있다."32

이 주장은 브레턴우즈에서 미국이 좋은 패를 모두 들고 있지만 다른 나라들도 대비책이 있다는 받아들이기 힘든 사실은 감안하지 못했다. 대안은 바로 구상무역제도였다. 〈워싱턴 포스트 Washington Post〉는 이 부분을 잘 짚어냈다. "지략이 뛰어나고 목적의식이 뚜렷한 케인스 경이 구상무역제도를 밀어붙이려고 작전을 세우고 있다."

> 케인스는 기자회견에서 자신이 내세우는 통화 체제가 채택되지 않으면 영국 무역을 촉진시킬 수 있는 달갑지 않은 수단에 의존할 수 밖에 없다고 언급했다. 그는 남아 있는 대안은 구상무역제도로 복귀하는 길뿐이라며 이는 '마지막 수단'으로 써야 한다고 했다. 미국은 분명 이 제도가 현실화되기를 바라지 않는다. 영국은 최근 장관 두 명이 주장한 대로 곧 파산할 수도 있지만 쌍무무역협정이라는 수단을 동원해 자국 수출품을 외국시장으로 밀어낼 수 있다.33

독일은 이 방식을 수년 동안 활용해 마르크화를 보유한 다른 나라들로 하여금 독일 수출품을 구입하는 데 쓰도록 강요했다. 영국도 엄청난 파운드화를 가지고 있는 영연방 자치령과 중립국에 이와 똑같이 할 수 있다. 즉, 한 때 반짝반짝 빛났던 파운드화를 영국이 팔고 싶은 수출품으로만 바꾸도록 한다. 억울한 피해자들은 늘 쓸 수 있는 도구가 하나

밖에 없다. 죽을 지경이라고 호소하는 길뿐이다. 화이트가 대단히 존경하는 저명한 정치기고가인 월터 리프먼(Walter Lippmann)은 '채권국가가 채무국가에게 이래라저래라 할 수 없다면 이는 태프트 상원의원으로서는 꿈도 꾸지 못할 일'이라고 말했다.

그렇지만 사실 이 대안은 미 전문가들이 드러내길 바라거나 외국이 노골적으로 말하고 싶어하는 것 이상으로 실현 가능성이 컸다. 대외무역으로 돈을 긁어 모을 수 있는 초강대국이 하나만 있는 세상에서는 우리가 보통 생각하는 채권자와 채무자 관계가 유지될 수 없다. 다른 강대국들은 자기들이 원하는 차입 조건을 관철시키려고 목소리를 높일 수 있는 위치에 있다. 이는 우리가 냉정히 직시해야 하는 현실이다. 강력한 채권국가인 우리가 채무국 국내 사정과 국가 위신을 감안하지 않은 조건을 제시한다면 그들은 우리가 바라는 일반 국제무역시스템과는 다른 대안을 내밀 수 있다. 이는 바로 정부가 통제하는 쌍무협정이나 구상무역이다.

정말 바람직하지 않은 이 방안이 선택된다면 온 세계는 더욱 가난해지고 어려워질 수 있다. 그래서 아주 냉철하게 판단해야 한다. 재정이 튼튼한 다른 강대국들은, 미국이 자기 나라 정책에 간섭할 수 있는 규정만 만들고 무역을 회복시킬 대출을 해주지 않는다면 틀림없이 굴욕을 느끼고 바람직하지 않은 이 대안이 그나마 더 낫다고 여길 것이다.

안타까운 상황이 벌어질 수도 있다. 하지만 이는 피할 수 없는 현실이므로 일찍 받아들일수록 더 좋다."[34]

영국 신문 〈타임스〉도 똑같이 지적했다. "기금과 은행 계획이 무산된다면, 미국은 어쩔 수 없이 두 기구를 떠맡아야 할 위험에 처하거나, 각 나라가 더욱 규제를 강화하고 구상무역에 의존하는 세상에서 수출이 더욱더 줄어드는 상황을 지켜볼 수 밖에 없다."[35] 그래서 미국은 주장을 내세우면서도 기꺼이 협력해야 한다.

한편 유럽에서는 7월 3일 소련군이 극적으로 백(白)러시아(Belarus, 벨라루스) 수도 민스크를 탈환했다. 이 과정에서 독일군을 15만 명 넘게 생포하고 탱크도 2천 대나 노획했다.[36] 그러는 사이 브레턴우즈에서는 화이트가 밤늦게 진행하는 미국 대표단 모임에서 자신이 정성스럽게 구상한 회의절차를 간략히 설명했다.

각 위원회 의장은 외국인이 맡도록 한다. 기금은 중국, 소련, 브라질, 페루 대표가 담당한다. 각 위원회의 구성원에게는 미리 마련한 기본원칙에 대한 공동성명서 초안을 제공할 예정이다. 이는 화이트가 소속된 미 재무부 전문가들이 케인스와 영국을 달래려고 중요하지 않은 부분만 살짝 고친 안이다. 애틀랜틱시티에 참가한 각 나라 대표가 제시한 수정문구는 'A, B, C' 따위로 구분한다. 미국이 수정한 안은 늘 'A'로 표시한다. 'A'라고 나타낸 부분은 원칙적으로 미국과 영국이 미리 조율한 뒤 공식 회의록에 미국과 영국이 공동으로 제안했다고 기록한다. 화이트는 각기 다른 위원회를 대표했지만, 이 비밀스런 계획을 왜 하는지 잘 알지 못하는 빈슨과 윌콧에게 '전문 요원들'을 붙여 줘 '그들이 무슨 말을 해야 할지 알려주도록 하겠다'고 약속했다.

빈슨은 화이트가 전달한 지침이 무슨 의미인지 도무지 이해할 수 없었다. 안이 '통과됐다는' 사실을 어떻게 알 수 있습니까? 그는 각 위원회도 '뒤죽박죽'이라며 못마땅해 했다.

FRB의 연구위원 출신인 이매뉴얼 골든와이저(Emanuel Goldenweiser)가 제안했다. "한마디도 말하지 않은 사람은 얼마든지 얘기할 수 있도록 하는 원칙 하나는 꼭 필요합니다. 위원회 관련 논의는 사담과 분리해 진행하면 됩니다."

그는 이 말이 '농담'이라고 분명히 밝혔다. 하지만 화이트도 이매뉴얼의 주장이 옳다고 생각했다.

전쟁 후 세계은행의 첫 미국인 집행임원이 된 재무부 소속 에밀리오 코야도(Emilio Collado)가 끼어들었다. '애틀랜틱시티 회의에 참여하지 않았던 대표가 30명이나 있으니 위원회 의장은 적어도 다른 의견이 없는지 묻는 시늉이라도 해야 한다'고 주장했다.[37]

그렇지만 참석자의 발언을 모두 듣고 조율하는 일은 사실상 불가능한 일이었다. "알아들을 수 없는 영어표현이 너무나 많습니다." 러시아에서 태어난 골든와이저가 불평했다. "러시아 사람들은 영어를 할 줄 모릅니다. 통역사도 마찬가지예요. 그들은 빗발치는 총알과 영어 사이에 끼어 오도가도 못하는 상황입니다."[38]

어쨌든 화이트는 사실상 위원회에서 기금을 놓고 논쟁을 벌일 위험은 없다고 판단했다. 회의 진행요원들은 모두 화이트가 심어놓은 미국인이고 공식 회의록을 작성하는 사람도 이들뿐이다. 이뿐만 아니라 기금 위원회는 논의 내용을 화이트가 의장을 맡은 제1위원회에 보고해야 한다.

언젠가 애치슨이 의장 결정에 누가 반대의사를 표명하면 '거수로 결정하자'고 제안했을 때 화이트가 딱 잘라 거절했다. 화이트는 '의장이 출석자의 의향을 확인하는 방법이 가장 낫다'고 고집했다. 이 방식이 '법적으로 문제가 없다면 훨씬 더 안전하다'고 덧붙였다.[39]

"오늘 오후에 있을 제1위원회는 누가 주관하나요?" 어떻게 돌아가는지 잘 알지 못했던 모겐소 장관이 물었다. 재무장관은 애틀랜틱시티 회의에서 자기를 따돌렸던 화이트를 꾸짖은 적이 있었지만 브레턴우즈에서는 자기 부하가 무슨 일을 꾸미는지 까마득히 모르고 있었다.

"미국인이 맡아야 합니다." 화이트가 얼버무렸다.

"미국인 누구요?"

"아마도 제가 맡아야 할 듯 합니다." 화이트는 이제 생각이 떠오른 듯 둘러댔다. "전문적 내용이 많거든요."

"어쩔 수 없이 떠맡았다는 뜻이군요!" 모겐소 장관은 이제야 이해했다는 듯 말했다.

"네 그렇습니다. 할 수 없이 받아들였습니다." 화이트는 이미 둘러댄 마당에 더 이상 주저할 까닭이 없었다. "이 분야에 해박한 사람이 꼭 의장을 담당해야 하는 이유는, 투표해서는 안 될 주제가 표결에 부쳐지는 일을 막아야 하고, 우리가 의도하지 않는 쪽으로 합의가 이뤄지지 않도록 미리 손을 써야 하기 때문입니다."

모겐소 장관은 만족스러운 듯 말했다. "더 적합한 사람이 없을 것 같군요."[40]

첫 2주 동안 중요한 금과 달러 관련 문제를 다각도로 논의했다. 미국 대표단에게 가장 골치 아픈 부분은 희소통화 규정이었다. 화이트는 1년 반 전 희소통화에 대해 명확히 의견을 제시한 이래 정치 공세를 막느라 어려움을 겪어왔다. 향후 다른 나라들이 똘똘 뭉쳐 미국 수출품을 차별하는 무역장벽을 세우고 미국에 경제정책을 바꾸라고 요구하며 무역수지 흑자를 지속하고 있는 미국에 대항하는 도구로 활용할 수 있었다. "케인스의 상원 연설을 상기해 보십시오." 에클스가 주의를 환기시켰다. "그는 미국이 추구하는 정책이 잘못됐다는 점을 지적하고 싶어 안달입니다. 기금에 우리 정책을 수정하라고 지시할 수 있는 권한을 부여하자는 주장에 굴복해서는 절대 안 됩니다."

"다른 나라들은 항상 미국이 문제라고 생각하는 경향이 있습니다." 화이트가 거들었다.

애치슨은 '희소통화 규정 문제를 건드리지 말자'고 제안했다. 재적의원 3분의 2 이상, 실제로는 회원국 6분의 5가 넘게 찬성해야 미국을 강제할 수 있었기 때문이다. 이렇게 까다로운 의결조건이면 '터무니없는 비판은 채택되지 못할 터였다.'

"사실상 우리가 거부권을 가진 셈이군요." 화이트가 수긍했다.

그렇더라도 조항에 대한 문제는 여전히 골치 아픈 과제였다. "로버트 태프트는 당신이 이곳에서 우리의 주권을 포기하고 있다고 공격할 것입니다." 오스카 콕스(Oscar Cox) 법률고문이 다시 지적했다.

사실 태프트는 회의 내내 공격을 멈추지 않았다. "머지않아 우리 자산이 모두 사라지고 기금은 약하거나 쓸모 없는 통화로 가득 채워질 것이다." 그가 공언했다. "장치를 아주 복잡하게 만든 까닭은 미국인이 소수를 차지하는 이사회가 우리 돈을 아무에게나 마음대로 빌려주도록 의결할 수 있다는 사실을 감추기 위함이다." 그는 의회가 기금과 은행 안건을 거부한다고 장담했다.[41]

"이곳에 온 의원 모두 애국심을 갖고 발언해야 한다고 생각합니다." 윌콧이 강조했다. "제가 의회에서 이 기금을 반대하는 주장을 펼 때 금이나 환율에 대해 왈가왈부하지 않겠습니다. 의원들은 무슨 말인지 알아듣지 못하기 때문입니다. 기금을 찬성하는 것이 미국에 이익이라고만 말하겠습니다."[42]

더욱 원색적인 언론도 국익에 도움이 되는 쪽으로 결정하라고 계속 압박했다. "우리는 168세인 미국 처녀와 나이가 각각 다른 여러 연합국 남자를 두고 일처다부제 방식의 국제결혼을 주선하는 데 여념이 없다." 현장에 있던 〈시카고 트리뷴〉기자가 비꼬았다. "남자들이 이 여자를 사랑하지 않지만 여자는 지참금이 꽤 많다. 거래는 거래기 때문에 결과는 두고 봐야 한다. 아니면 지참금을 더 내 결혼을 성사시킬 수도 있다. 몇 년 후 돌이켜 봤을 때 많은 남자들이 예복을 입고 사랑과 존경, 보답을 약속했던 결혼식 장면을 떠올리는 사람도 있을 것이다."[43]

그렇더라도 기금이 희소통화에 대해 강제하지 못하게 하거나, 강요하지는 않더라도 관련 보고서를 쓰지 못하도록 반대함으로써 주요 회의를 난상토론으로 이끄는 전략도 썩 좋아 보이지 않았다. 더 중요한 일이 있었기 때문이다. 결국 미국 대표단은 의회 통과를 더욱 쉽게 하기 위해서 '희소통화 관련국 대표가 보고서 작성에 참여하도록' 하는 조항이 필요하다고 결론 내렸다.

다른 골칫거리는 은이었다. 6월 21일 미 서부지역 상원의원 21명이 루스벨트 대통령에게 은을 법정화폐로 다시 지정해달라고 탄원서를 보냈다. 이들은 브레턴우즈 회의에서 은을 화폐 관점에서 다루지 않아 '처음부터 잘못됐다'고 주장했다.[44] 더구나 이 의원들은 은 생산국에게 '추가 금융지원'을 해줘야 한다고 내세우는 멕시코와도 연합했다.[45] 당연히 은 채굴산업이 발달하지 않는 나라들은 이 주장을 무시했다. 인도 대표는 기자회견을 열어 자기 나라는 '은을 통화로 지정하는' 방안에는 전혀 관심이 없다고 노골적으로 반대했다.[46] 영국도 '절대 받아들일 수 없다'고 했다. 미국인 중 로빈스는 은을 통화로 인정하는 방안을 공개적으로 거부하면 국내 정치문제로 비화할 수 있으니 '다른 사안들과 함께 얼버무려 다루자'고 제안했다. 대안으로 '코코넛 조항(Coconut Clause)'을 제시하자 결국 멕시코 대표들도 물러섰다. 이는 '기금이 은을 비롯한 여러 원자재를 담보로 인정함으로써 은 생산국은 체면을 지킬 수 있게 한'[47] 조항이었다.

　미국과 멕시코에 은 광산을 대규모로 보유한 미국 제련회사 쪽 선전요원이 허가도 없이 입장권을 받아 마운트워싱턴호텔에 들어왔다는 사실이 밝혀져 '한동안 시끄러웠다'. 로빈스는 그 남자가 '잘 알려지지 않은 대표단원의 입장권을 빌려 이틀간 연합체를 조직하며 활개치고 다닌 듯하다'고 보고했다.[48] 기자들이 이 사건에 대해 묻자 당황한 모겐소 장관은 국무부 홍보 담당 책임자에게 질문하라며 피했다. 맥 빠진 제련회사의 데이비드 힌쇼(David Hinshaw) 씨는 회의장에서 떠밀려 나가면서 "이처럼 창피당한 적은 없었다."라고 기자들에게 말했다.[49]

　한쪽에서 금을 보완하는 통화로써 은을 끌어올리는 문제로 다루는 사이 화이트는 달러화를 금과 같은 지위에 올려놓으려는 계획에 온통 정신이 쏠렸다. 법령으로까지 만들 수 있다면 IMF를 활용할 작정이었다. 그러나 어떤 위치든 달러화에 특별한 지위를 부여하는 안은 케인스가 기를 쓰고 반대했었다. 때문에 그가 없는 자리에서 처리해야 했다. 가장 완벽한 방법은 화이트가 이끄는 위원회에서 다루는 방안이었다.

노르망디에서 벌였던 오버로드 작전과 마찬가지로 화이트가 추진한 달러 작전의 성공은 속임수와 적의 오판에 달려 있었다. 중요한 첫 기동작전은 7월 6일 기금 위원단의 제2위원회에서 실시됐다. 공동성명서 초안에는 기금이 특정국 통화를 선택할 경우 그 나라 통화의 액면가격은 '금으로 표시한다'고 명시돼 있었다. 미국 쪽은 액면가격을 '공통 척도인 금으로 표시하거나 1944년 7월 1일자 무게와 순도 기준 금태환 통화 단위로 나타낸다'고 명시한 '대안 A'를 제시했다. 그렇지만 이 문구는 케인스가 구경조차 할 수 없었기 때문에 영국이 승인하지 못했다.

번스타인은 고친 부분이 '별것 아닌 듯' 보이면서도 '금을 팔 의무는 없다는 의미로 해석되도록 다듬었다'고 설명했다. "합의안에는 금태환 통화가 존재한다고 분명히 명시돼 있습니다." 그가 덧붙였다. 회의를 열기 전 케인스는 '금태환 통화'라는 용어에 구체적인 뜻을 부여하는 제안은 받아들일 수 없다며 끈질기게 반대해왔다. 회의에 참석한 그 어느 누구도 이에 이의를 달지 않았기 때문에 이 수정된 문구를 기금 위원회까지 올리는 데 성공할 수 있었다.[50]

"오늘 오후에 개최할 위원단 회의가 가장 중요합니다." 7월 13일 아침 전략회의에서 화이트가 모겐소에게 알려줬다. "이 사안 대부분에 대해 태도를 분명히 해야 하는 시점입니다."[51] 하지만 이 '사안'이 무엇인지는 자세히 밝히지 않았다. 달러화 역할 문제가 화이트에게 가장 중요했는데도 미국인 동료 어느 누구에게도 이를 절대 입밖에 내지 않았다. 조심스레 선발한 정예요원을 시켜 비밀리에 처리할 속셈이었다.

오후 2시 30분, 위원단 회의에서 수수께끼 같은 '금태환 통화' 문제가 자연스럽게 드러났다. 인도 대표는 이 문구가 정확히 무엇을 뜻하는지 알고 싶어했다. "지금이 바로 미국 대표가 금과 금태환 통화의 정의를 설명해야 할 때라고 생각합니다." 화이트가 이 용어를 들먹이며 전문적 논의를 진행하는 과정에서 인도 대표가 끼어들었다.[52] 그 순간 이 부분이 그저 부기(簿記) 문제라고 착각한 데니스 로버트슨 영국 대표가 '금으로 공식 출자금을 납부해야 한다'는 문구를 '금과 미국 달러화로 공식 출자금을 납부해야 한다'고 바꾸자고 제안했다. 그러면서 협의안 다른 곳에서도 똑같이 문구를 바꿔야 한다고 아무 생각 없이 덧붙였다. 로버트슨과 마찬가지로 번스타인도 '금태환 통화'는 정의하기 어려워 "이곳에 있는 사람 모두를 만족시킬 수 있는 의미를 찾으려면 너무나 오랜 시간이 걸린다."라고 주장했다. "하지만 현실적으로 각국 통화당국은 미국 달러화로 금을 자유롭게 구입할 수 있는 반면, 달러화를 살 수 있는 다른 통화는 많이 보유하고 있지 않습니다." 그가 설명을 이어갔다. "그러므로 우리가 금태환 통화를 말할 때 이 통화를 알기 쉽게 미국 달러화라고 간주하는 편이 낫습니다."

이 순간 화이트는 기쁜 표정을 숨기느라 애를 먹었음이 틀림없다. 케인스가 세계은행 문제를 다루느라 정신이 팔린 사이 로버트슨이 화이트가 만들어 놓은 덫에 덜컥 걸려들고 말았다. 화이트는 이제 위원단 회의에서 이 문제를 더 이상 논의하지 말자고 독단적으로 결정하는 두 번째 주요 기동작전에 착수했다. "반대하는 분이 없으시면 이 문제는 특별위원회로 넘기겠습니다." 그가 서둘러 정리했다. 아무도 거부하지 않자 재빨리 다른 사안으로 넘어갔다.[53]

이튿날인 7월 14일 아침 9시 30분 전체 미국 대표단 회의에서 모겐소 장관은 화이트가 새벽 3시까지 작업해 준비한, 위원회에서 논의할 기금 초안이 아주 마음에 든다며 흡족해했다.[54] 장관은 초안의 세부내용은 알지 못했고 관심도 없었다. 그렇지만 모두 화이트의 요원들로 구성된 위원회가 이뤄낸 성과 가운데, 96쪽에 이르는 최종 합의안에 전략적으로 '금'을 '금과 미국 달러화'로 바꾼 업적은 정말 컸다. 수정한 문구는 화이트가 제1위원회에 제출하지 않았는데도 IMF 협정문의 중요한 부분이 됐다. 케인스는 브레턴우즈를 떠난 뒤에야 이를 발견했다.

"영국이 모든 것을 걸다." 7월 7일 〈뉴욕 타임스〉가 대서특필했다. "변죽만 울려봐야 아무런 소용이 없습니다." 어니스트 베빈(Ernest Bevin) 영국 노동장관도 말을 보탰다. "우리는 이 작전에 모든 것을 쏟아 부었고 저는 이에 만족합니다." 그날 영국 폭격기는 이틀간 진행할 탈환작전을 위해 프랑스 캉 지역에 폭탄 2,500발을 쏟아 부었다. 그사이 미군은 태평양에서 일본군 4,300명을 죽음으로 내몬 일본의 마지막 '만세(Banzai)' 공격을 물리치고 사이판 섬을 해방시키고 있었다.[55] 영국 〈타임스〉는 '브레턴우즈에서 날아온 국제통화회의 진행상황에 대한 암울한 보고는 앞으로 영국이 수출을 촉진하기가 매우 어려워질 것이라는 사실의 전조'라고 비관했다.[56]

그런데도 케인스는 그답게 여전히 낙관적이었다. 7월 4일 그가 영국 중앙은행 총재 카토(Catto) 경에게 보낸 편지에서 애틀랜틱시티에서 했던 주장을 이어갔다. "영국 대표단은 미국인들과 은밀히 공동전선을 구축하고 있습니다. 화이트와 함께 모든 일을 순조롭게 추진하는 중입니다. 해리 화이트는 자기 진영과 미국 언론을 상대로 여러 전투를 치르느라 바빠 가능한 한 우리와 논쟁을 벌이고 싶어하지 않습니다. 덕분에 우리는 만족스런 결과를 얻어내기가 훨씬 더 쉽습니다." 케인스는 카토 총재가 가장 걱정스러워 해 카토 조항이라고 별명을 붙여 준, 환율에 대한 주권 문제는 영국이 승리한 것이나 마찬가지라고 주장했다. '미국 변호사들이 쓸데없이 일을 더욱 어렵게 했지만' 케인스는 자신이 화이트를 설득해 중요한 부분을 영국에 양보하는 지혜를 발휘하게 했다고 자랑했다.

> 다시 말하면, 어느 나라든지 분쟁이 끊이지 않아 회원을 탈퇴할 수밖에 없는 상황에서는 기금이 주는 혜택을 포기하는 조건으로 기금에 계속 소속돼 있으면서 마지막 수단으로 자국 환율을 조절해도 기금 규정을 위반한 것이 아닙니다 …… 문제는 우리와 화이트 사이에 있는 것이 아니라, 화이트와 타국 대표단 사이에 있습니다. 그는 우리와 약속한 신의를 지키기 위해 용감하게 싸워왔습니다 …… 화이트는 상냥하게 웃으며 대해 줍니다. 우리는 분명 서로 동지며 우리의 적은 우리 이외의 다른 사람들입니다.[57]

케인스는 영국이 브레턴우즈 합의안에 서명하는 대신 미국 민간은행들로부터 대출을 받는다는 주장을 끊임없이 공격했다. 〈뉴욕 타임스〉

는 '영국 금융전문가들과 적자재정과 저금리정책의 지지자들'이 영국이 합의안에 반대하는 대가로 민간은행들로부터 빌릴 수 있기를 기대하는 50억 달러는 실현될 수 없을 만큼 지나치게 많은 금액이라고 지적했다고 보도했다.[58] 화이트는 기자회견에서 브레턴우즈 회의의 피해자는 외환시장에 있는 '얼간이들'뿐이라며 은행가들을 비판하는 사람들을 공격했다.[59]

영국과 미국이 서로 협조하고 있다고 케인스가 주장하는 사이 당혹스럽게도 (〈뉴욕 타임스〉가 대영대국을 비꼬아 부르던) '영국 식구들' 사이에 긴장이 고조됐다. 7월 2일 로빈스는 '회의 내내 논란거리가 될 우려가 있었던 파운드화 부채 문제를 놓고 케인스와 인도 대표단이 특별회의를 열었다'고 기록했다.[60] 영국 〈타임스〉지는, 얼마 뒤 인도 대표가 영국이 갚아야 할 엄청난 파운드화 부채를 달러화로 바꿀 수 있게 해달라고 기금에 요구하며 여러 나라 대표 앞에서 '소란을 피웠다'고 보도했다. 영국이 인도에 진 빚 120억 달러는 기금 전체 자본금보다 50퍼센트나 더 많은 금액이었다. 이집트도 '자국 소유 파운드화로 원하는 물건을 구입할 수 있도록 하는 마술사 같은 국제기구를 만들어 달라'고 강력히 요구했다. 영국기업들이 채권국가가 원하는 물건 대신 전쟁물자만 생산하는 한 파운드화 잔액은 아무런 쓸모가 없었기 때문이었다.[61] 로빈스는 '여러 나라 대표가 모여있는 자리에서 이 문제를 논의하는 것은 즐거운 일이 아니라고 하면서 채권국가가 원하는 조건을 들어주기 어렵다는 입장을 고수했다.'[62]

영국 대표단과 외무부 사이에 오간 전보 내용을 보면 런던이 누려왔던 '국제금융센터'의 위상이 무너지지 않을까 하는 우려가 점점 커졌다는 점을 알 수 있다.⁶³ 영국 정부는 IMF 규정에 자본유출을 마음대로 통제할 수 있는 조항을 집어넣으려고 고군분투하고 있었다. 하지만 7월 10일 대표단이 보낸 편지에는 영국이 파운드화를 타 통화로 바꾸지 못하게 함으로써 영국의 달러 보유액이 더 이상 줄어들지 않도록 조치를 취하자 '인도는 파운드화를 런던에 예치하지 않겠다고 강하게 맞서며 정치문제로 비화시키려 했다'고 적혀 있었다. 한편, '캐나다, 네덜란드, 벨기에 대표 모두 영국이 망하고 싶지 않으면 너무 지나치게 요구하면 안 된다'고 충고했다.⁶⁴ 이들 눈에는 대영제국이 이빨 빠진 호랑이로 보였지만 영국 고위 관료들은 자기나라가 아직도 대단한 대영제국이라고 믿고 있었다. "재무장관께서는 할당량 제안 내용을 묵인해도 된다고 하셨습니다." 전보 초안은 다음과 같이 이어졌다. "그렇지만 특히 호주와 유럽 동맹국을 제외한 약소 국가들에는 실망을 덜어줄 수 있는 방안을 마련해 주면 좋겠습니다."⁶⁵ 전보를 보내기 전 둘째 문장은 삭제됐다.

케인스가 쓴 글에는 희망이 배어 있었는데도 로빈스가 보고한 내용은 이와는 딴판이었다. "케인스는 일주일 동안 논쟁을 벌인 뒤 완전히 맥이 빠져 아주 걱정스러울 정도입니다. 정말 통제하기 어려울 뿐만 아니라 마음만 너무 앞서 일을 차분하게 처리하지 못합니다."⁶⁶ 미국인들은 그가 명석하지만 자신에게 주어진 임무를 절차에 따라 처리하지 못하는 인물이라고 엇갈리게 평가했다. 골든와이저는 케인스가 '두 가지 때문에 브레턴우즈에서 아주 두드러진다'고 말했다.

그는 생각과 표현, 타인에게 영향을 끼치는 능력에서 타의 추종을 불허한다. 그렇지만 이 세상에 그보다 더 나쁜 의장은 없다. 은행 문제에 대해서는 어처구니없게도 자기 자료만 미리 준비해 놓고 후다닥 처리해 버린다. 앉아서 말할 때에는 잘 들리지도 않는다. 안건도 어물쩍 넘기기 일쑤며 자기와 다른 의견은 참지 못한다 …… 케인스는 모두가 감화와 지도, 타협을 기대할 만한 2층 특별객실에 모아 놓고 회의를 진행한다.[67]

케인스가 이끄는 제2위원회의 미국 대표인 애치슨은 케인스가 '은행 의제를 믿을 수 없을 정도로 빨리 처리해 화가 날 지경'이라고 불만을 토로했다.

사실은 케인스는 엄청나게 압박을 받고 있었기 때문이었다. 그는 은행 안건을 환히 꿰차고 있어서 누가 15-C항을 언급하면 무슨 내용인지 바로 알았다. 하지만 회의장에 있는 다른 참가자들은 그렇지 않았다. 다른 참가자들이 내용을 확인하려고 15-C항을 뒤적거리기도 전에 그는 "이의가 없군요."라고 말하고 다음 조항으로 넘어가 버린다.
모두가 15-C항을 찾을 즈음 그는 다시 26-D항을 논의하고 있다고 말한다. 그제서야 사람들이 서류를 이리저리 들추지만 그 조항을 찾기도 전에 또 통과시켜 버린다.[68]

"케인스를 찾아가, 그가 실수하고 있는 것이며 회의에 참석한 여럿이 나를 찾아와 몹시 화를 냈다고 잘 설득해 보겠습니다." 모겐소 장관이 애치슨을 달랬다. "지금보다 절반 정도 느린 속도로 회의를 진행할 수 없겠느냐고 정중히 부탁해 보겠습니다." 19일에 떠나려고 마음먹었던 애치슨은 케인스에게 한마디 해 달라고 부탁하면서 그 정도로 속도를 줄이면 '기차가 떠나는 수요일까지는 회의를 마칠 수 있다'고 장관을 안심시켰다. 하지만 결국 애치슨은 수요일에 떠나지 못했다.

화이트는 애치슨을 동정하지 않았다. "케인스가 독단적으로 처리한다고 해서 그대로 따라 할 필요는 없습니다. 과감히 맞서 회의 방식에 문제가 있다고 말하세요." 화이트는 다음에 열리는 제2위원 회의에 참석해 그에게 직접 말하겠다고 제안했다. "사람들이 너무 마음씨가 좋거나 그가 무서워 말을 못할 수 있겠지요. 그렇지만 회의를 똑바로 진행하라고 강력하게 항의하면 다른 참가자들도 지지해 그는 결국 회의 방식을 고칠 것입니다."

"여러 사람 앞에서보다는 따로 불러 말하면 더 낫지 않겠소?" 모겐소 장관이 부탁했다.

"아마 그렇게 해야 할 것 같습니다." 화이트도 마지못한 듯 받아들였다.

화이트는 제1위원회를 완전히 통제하고 있어 애치슨을 도울 수 있었지만 제2위원회에 간섭하고 싶은 마음은 없었다. 그는 케인스가 원숭이 우리에서 군림하도록 놔두는 편이 좋다고 생각했다. 애치슨이 이끄는 미국 팀이 혼란에 빠진다고 해도 마찬가지였다. 상황이 전체적으로 어떻게 돌아가는지 아는 사람은 아무도 없었다.

"나는 은행 문제에 대해 전혀 모릅니다." 애치슨이 어려움을 호소했다. "주위들은 대로 대충 처리합니다." 서로 다른 위원회에 참석한 미국인들이 모여 의견을 조율하면서 서로를 거짓말쟁이라고 헐뜯고 있었다. "미칠 지경입니다." 애치슨이 볼멘소리를 했다.

화이트는 원하면 전문가를 붙여 주겠다며 애치슨을 달랬다. 하지만 자기가 기금 문제를 모두 처리한 뒤에야 도와줄 작정이었다.

애치슨은 여전히 불만이었다. 그는 화이트가 은행 위원회를 포함해 각종 분과 위원회와 기초 위원회 등 "수많은 위원회를 기분 내키는 대로 만들어 완전히 뒤죽박죽 섞어 도대체 갈피를 잡을 수 없다."라며 못마땅해 했다. "어디서인지 모르게 초안이 와도 읽어보지도 않고 다른 누군가에게 떠넘겼다. 대표들은 도대체 뭐가 뭔지 혼란스러웠다."

"기금에 대해서는 혼동할 것 없습니다." 화이트가 그를 안심시키려 했다. "중요한 문제는 모두 해결됐습니다."

"물론 해결하셨겠지요." 애치슨은 비아냥거리며 쏘아붙였다. "그러나 대표단들은 무슨 내용인지 모릅니다."

"딘, 절차는 아주 간단합니다." 애치슨은 화이트가 일을 어떻게 꾸몄는지 알 턱이 없었다. "예를 들어 제1위원회에서 합의를 이끌어내지 못하면 그 위원회에서 더 이상 논의하지 않습니다. 그 대신 몇 명에게 다시 논의하게 한 뒤 임시위원회를 만들어 토의한 다음 제가 담당하는 기금 위원회로 넘깁니다. 이보다 더 간단하고 효과적인 방법은 없습니다."[69]

당연하게도 애치슨과 마찬가지로 영국인들 또한 화이트가 진행하는 회의방식을 아주 혼란스러워했다. "미국인 중에는 훌륭한 전문가가 많다는 점은 인정하지만 그들은 국제회의를 조리 있게 진행할 줄 모릅니다." 로빈스가 적었다. "이곳에서 진행되는 회의절차는 믿을 수 없을 정도로 엉망입니다 …… 문제가 생기면 다른 어떤 회의에서 다뤄야 하는지를 놓고 서로 다투느라 회의마다 쓸데없이 엄청난 시간을 낭비합니다 …… 평화회의였다면 베르사이유(Versailles) 평화회의보다 훨씬 더 뒤죽박죽이었을 것입니다."[70] 로빈스는 위원회에서 시간을 허비하는 모습이 바로 화이트가 꾸민 일이라는 사실을 까마득히 모르고 있었다. 화이트는 이미 최종 합의문에 집어넣을 중요한 부분은 모두 정한 상태였다.

회의에 참석하기 전 주요 안건 대부분에서 좋은 결과를 얻으리라 기대하지 않았던 영국 대표단이 기금과 은행 문제에서 미국인과 가장 크게 부딪힌 까닭은 세부내용이 아니라 본부 건물의 위치 때문이었다. 영국 쪽은 기금을 여전히 런던에 두고 싶어한 반면, 미국인들은 기금과 은행을 미국에 둬야 한다며 끝까지 고집했다(사실 뉴욕보다는 워싱턴이 좋았지만 겉으로 드러내지 않았다). 영국 대표단은 적대적인 자국 언론의 즉각적인 반발을 피하기 위해 결정을 국제회의 뒤로 미뤄 체면만큼은 지키려 했다. 케인스는 화이트에게 봉투에 '개인적이며 사사로운 것'이라고 표시한 편지를 보내 결정을 연기하자고 제의했지만 7월 10일 화이트는 이를 무시하고 미국대표들에게 편지 내용을 읽어줬다. 그는 이 문제만큼은 타협할 생각이 전혀 없었다.

"우리가 이번 회의에서 해결하지 못하면 기금과 은행 본부를 미국에 둘 가능성이 작아집니다. 그래서 영국인들이 결정을 미루려는 것입니다." 화이트가 미국 대표단에게 설명했다.

그들은 시간을 번 뒤 자기들에게는 유리하고 우리에게는 불리한 상황을 만들려는 속셈인 듯 합니다. 확실히 가결시킬 수 있는 이번 회의에서 이 안건을 밀어붙여야 한다고 생각합니다 …… 우리는 전략적으로 유리한 위치에 있습니다. 그들은 본부의 장소가 마음에 들지 않는다는 핑계로 협상하지 않겠다고 할 수 없습니다. 자국 국민뿐만 아니라 온 세상 사람들이 비웃을 일이기 때문입니다. 그래서 이곳에서 반드시 통과시켜야 합니다. 그들이 싫어하더라도 어쩔 수 없습니다 …… 미국은 다른 나라보다 돈을 두세 배 더 많이 쓰기 때문에 본부를 다른 곳에 둬야 한다는 주장은 이치에 맞지 않습니다. 어디든 우리가 원하는 곳으로 가결할 수 있습니다. 이 때문에 그들은 이 문제를 표결에 부치기 싫어합니다.

화이트는 말을 맺었다. "정치공작이 개입될 수 있는 상황에 끌려들어가면 곤란합니다." 이는 미국이 통제할 수 없는 상태를 뜻했다.[71]

미국 대표단은 화이트를 확실히 지지했다. 이들 가운데 통화구상의 세부 내용을 아는 사람은 거의 없었지만 의원들이 엎어지면 코 닿을 곳에 본부를 두고 싶어한다는 사실쯤은 잘 알았다. "의원들이 들으면 아주 당혹스러워 할 대영제국 관련 질문이 몇 개 있습니다." 윌콧이 물었다. "서반구에 있는 영연방 자치령은 본부의 위치 문제를 어떻게 생각할까요? 그리고 국제금융센터가 런던이라는 사실을 시기하는 사람들도 있습니다. 의회는 기금과 은행 본부를 미국에 설치해야 한다는 주장을 지지하리라 예상합니다."

"그렇다면 이곳에서 끝까지 싸워야만 합니다." 모겐소 장관이 정리했다. "더 이상 논의할 사안이 없으면 회의를 마칩시다."

"나가서 술 한잔 기울입시다." 와그너 의원이 거들었다.[72]

기금과 은행 본부 위치 문제는 정치적으로 매우 중요했기에 화이트와 모겐소 장관은 여러 외국대표를 따로 만나 실제로 할당량을 늘려줄 테니 표결할 때 미국을 지지해달라고 은밀히 제안했다.

"외국 대표들이 우리를 만난 뒤 다시 영국인들을 만나지 않을까요?" 화이트가 그들이 책략을 쓰지나 않을까 걱정하며 물었다.

"당연히 만나겠지요." 애치슨이 대답했다.

"라이베리아는 걱정 마세요." 모겐소 장관이 안심시키려고 불쑥 끼어들었다. "우리에게 투표하라고 일러뒀어요."

"라이베리아와 필리핀, 에티오피아는 우리 편입니다." 럭스포드가 확인해 줬다.

"이들에게 할당량에 대해 말했습니까?" 애치슨이 물었다.

화이트와 애치슨은 각 나라를 일일이 열거했다. "룩셈부르크 대표와 상의했지만 100억 달러를 요구해 결론짓지 못했습니다." 화이트가 설명했다. "그들은 다섯 표만 주겠다고 했지만 저는 표를 더 얻어내고 싶었습니다. 그렇지만 라이베리아와 에티오피아는 확실히 우리 편입니다."

럭스포드는 논리적으로 협상해야 한다고 주의를 줬다. "우리가 빈틈없이 협의해야 하는 이유는, 온갖 주장은 내세울 수는 있지만 근거가 약하면 결국 입장을 관철시킬 수 없기 때문입니다."[73]

케인스는 7월 13일자로 모겐소 장관에게 보낸 '장문의 편지'에서 기금과 은행 위치를 이번 안건에서 빼야 한다고 줄기차게 주장했다. "그는 다섯 번이나 되풀이했습니다." 장관은 이튿날 미국 팀원들에게 투덜거렸다. 케인스는 기금 위치 문제는 정치적 성격을 띠어 '높은 분들이 결정해야 하는' 사안이므로 회의 참석자들 소관이 아니라고 썼다.

"저는 케인스의 의견에 끝까지 반대할 생각입니다. 무슨 일이 있어도 굽히지 않겠습니다." 스펜스가 단호하게 말하자 모두 맞장구 쳤다. "가능한 한 있는 그대로 솔직히 말해야 합니다 …… 물론 비속어도 적당히 하면 도움이 될 것입니다."[74]

마침내 케인스는 담판을 짓기 위해 모겐소 장관을 따로 만났다. 그는 '당장 싸울 듯한 태도'를 보이며, 미국이 이 문제를 표결에 부친다면 '영국정부'는 대표단을 철수시킬 수 밖에 없다는 말을 여러 차례 되풀이했다. 모겐소 장관은 꿈쩍도 하지 않았다. "우리 대표들, 특히 의원들 생각이 그렇기 때문에 어쩔 수 없습니다."

"당신들은 항상 대통령 선거만 생각하고 걸핏하면 의회 핑계를 댄다는 점이 문젭니다. 늘 그런 식이죠." 케인스가 쏘아붙였다.

"이번에는 의원들을 어떻게 설득해야 할지를 놓고 오랫동안 고민했습니다. 우드로 윌슨 대통령이 저지른 실수를 반복할 수는 없다고 결론 지었습니다." 모겐소 장관이 차분하게 설명했다. "대통령 선거와는 전혀 무관합니다. 루스벨트 대통령은 별 노력 없이도 선거에서 이길 수 있습니다." 윌슨 대통령이 발의한 국제연맹처럼 의회에서 뒤집어지는 일을 피하고 싶다는 말이었다. "그렇지만 로지(Lodge) 상원의원이 작성한 보고서에는 윌슨 대통령이 그를 만나 설득했었다면 로지 의원은 그 안건을 상원에서 통과시킬 수 있었다고 적혀 있습니다."

케인스는 분개한 표정으로 맞받아친 뒤 자리를 떴다. 모겐소 장관은 이 모습을 '멋진 유머'라고 묘사했다.[75] 케인스는 이번에도 정치적 현실을 실감했다. 7월 14일 그는 재무장관 존 앤더슨 경에게 전보를 쳤다. "우리가 이길 수 없는 상황입니다. 밑줄 친 1번과 3번 중 결정해 주시기 바랍니다. 즉, 묵인해 주든지 겉으로만 다투는 척하든지 둘 중 하나밖에 없습니다."[76]

화이트는 바로 표결에 부치고 싶었지만 로빈스는 케인스가 런던에서 답장을 받기 전까지는 이 문제를 겉으로 드러내지 말고 며칠 더 기다리자며 만류했다. "공개하면 언론이 공격할 테니 창피당하지 않도록 기다렸으면 좋겠습니다." 빈슨이 로빈스가 한 말을 그대로 전했다.

"그럼 기다리겠습니다." 화이트가 두말하지 않고 물러섰다.[77]

7월 17일 영국 재무장관은 모겐소 장관에게 다음과 같이 전하라고 케인스에게 지시했다. 모겐소 장관이 장소 문제로 겪는 정치적 어려움을 케인스가 과소평가했을망정 영국 정부는 이번 회의에서 표결하지 말자는 주장을 철회하겠다는 내용이었다. 영국은 여전히 기금 위치를 최종 결정하기 전에 '기금에 가장 이익이 되는 곳으로 결정해야 한다'는 조건을 달 수 있는 권리가 있었다.[78] 케인스는 장소 선정안을 놓고 투표하기 전에 영국 쪽 주장을 공식 발표하겠다고 모겐소 장관에게 말했다.

이틀날인 7월 18일 회의를 열어 할당량이 가장 많은 나라에 기금과 은행 본부를 두기로 결정했다. 사실 할당량이 가장 많은 나라는 미국이라는 암호였다. 〈뉴욕 타임스〉는 그 다음날 회의 결과를 크게 떠들어댔다. "영국이 IMF 본부를 런던에 두려는 싸움에서 손들다."[79]

모겐소 장관은 케인스가 작성한 보도자료를 화이트, 애치슨과 살펴

봤다. 애치슨은 기금의 위치는 정부가 결정할 사안이라고 전개한 케인스의 논리를 동정했다. 그러나 화이트는 버럭 화를 냈다. "대표단이 정부를 대표합니다." 그리고 따지듯 주장했다. "다른 안건처럼 이 문제도 대표단이 먼저 결정한 뒤 정부가 이를 받아들이거나 거부하는 것이 순서입니다."

모겐소 장관이 싸움을 말렸다. "이제 그만하시겠습니까?" 그리고 덧붙였다. "나는 이번에 최종 담판을 지어 국제금융센터를 뉴욕으로 정해야 한다고 생각합니다. 뒤로 미룰수록 우리에게 불리해 집니다. 영국이 약삭빠르게 다른 나라를 포섭하면 국제금융센터가 런던으로 결정될 수도 있습니다." 이틀 뒤 모겐소 장관은 미국 쪽이 은행 위치 문제를 밀어붙이지 못하게 하려고 애치슨이 자기에게 했던 말 한마디 한마디를 화이트와 럭스포드, 빈슨에게 되풀이해 주며 애치슨이 사실상 역적질을 했다고 주장했다. "돌이켜보니 우연히 아닌 듯 합니다. 그가 영국인들에게 정보를 흘렸든지 영국 사람들이 그에게 말해 준 것이 틀림 없습니다."[80]

화이트와 모겐소 장관은 애치슨이 도대체 누구 편인지 혼란스러울 때가 있었다. 이들은 7월 2일 로빈스가 쓴 다음 글을 읽었더라도 놀라지 않았을 것이다. "영국인들과 우리 국무부 동료들은 서로 아주 친하다."[81] 로빈스는 미국이 본부 위치 문제에서 '너무 고집을 부려' 애치슨이 영국인들에게 미안해 한다고 주장했다. 실제로 7월 13일 애치슨은 술자리에서 이렇게 투덜거렸다고 했다. "우리 미국인들이 너무 막무가내입니다. 당신이 완전히 미친 사람들과 일한다고 생각할 때도 있다는 사실을 잘 압니다. 기금 안을 의회에서 통과시킬 마음이 조금이라도 있다면 본부 위치는 영국에 양보해야 합니다. 그저 상황이 어떤지 말해 드리는 것입니다."

로빈스도 무기대여법 제7조의 내용, 특히 대영제국 내 특혜관세를 철폐하고 전후 통화태환을 허용하는 문제에서 영국이 물러서지 않은 탓에 생긴 애치슨의 걱정을 누그러뜨리지 못해 마음이 불편했다. 이 문제는 영국에서 정치적 지뢰밭이나 마찬가지였지만 로빈스는 영국이 계속 피할 수 있는 사안은 아니라고 생각했다. "미국인들은 무기대여와 영국의 각종 무역특권을 긴밀하게 연결시키는 것을 우리가 지나치게 싫어한다고 불평하겠지만, 영국이 단기금융 지원을 받으려는 협상에서 미국이 어떻게 나올지 모른 채 장기적 무역정책에서 양보하는 행위는 치명적일 수 있다. 우리는 현금이 필요하다. 그런데 일단 문서로 약속해 놓고 이를 어기면 돈을 받을 수 없게 된다."[82]

이때까지도 분명 애치슨은 화이트를 아주 싫어했다. 25년 뒤 애치슨은 브레턴우즈를 되돌아보며 다음과 같이 털어놓았다. "해리 화이트가 너무나 무례해 격분한 적이 많았습니다. 그를 '공산당에 동조하는 자'라고 비난한 말은 제가 했던 다른 욕설에 비하면 아무 것도 아닙니다."[83]

브레턴우즈 회의에서 논의한 기구를 어디에 둬야 하는지에 대한 문제는 결국 회의나 법으로 정할 수 있는 일이 아니었다. 가지고 있는 힘을 어떻게 활용하느냐 하는 문제였다. 미국으로서는 지금이 목숨과 같은 돈을 무기로 1930년대 내내 골치를 썩이던 경쟁적 평가절하와 보호무역주의도 종식시키고 국제무대에서 늘 걸림돌이었던 유럽의 오랜 강적들도 영원히 없앨 수 있는 절호의 기회였다. "칼자루는 우리가 쥐고 있습니다." 모겐소 장관은 개탄하거나 망설일 필요 없다는 듯 잘라 말했다. "이 기회를 꼭 잡아야 합니다."

"반대로 상대방이 칼자루를 잡고 있다면 바로 휘두르겠지요." 화이트가 거들었다.[84]

영국 정부가 본부 위치 문제에서 별말 없이 물러섰는데도 바로 다음날 케인스는 노발대발했다. 뜻밖에도 작은 문제가 불쑥 튀어나왔다. 스위스 알프스산맥 기슭에 있는 바젤이라는 작은 도시에 아늑히 자리잡고 있는 중앙은행 단체인 국제결제은행(Bank for International Settlements, BIS)이라는 잘 알려지지 않은 별도 기구에 대한 의견 차이로 다툼이 생긴 것이었다.

다른 유럽 대표들 등에 업은 노르웨이 대표단은 BIS가 독일이 침공했던 유럽 회원국을 장악한 나치정권을 도왔다는 핑계로 이를 당장 해체해야 한다고 회의 초기부터 주장해왔다. 로빈스는 노르웨이 대표단을 이끄는 빌헬름 카일하우(Wilhelm Keilhau) 중앙은행 이사를 '페르 귄트(Peer Gynt)라는 희곡에 나오는 목소리 크고 몸짓이 우스꽝스러운 괴상망측한 주인공 같다'고 조롱했다.[85] 1939년 BIS 총재 시절 나치가 체코슬로바키아를 침략한 뒤 체코가 보유한 금을 독일로 옮기도록 승인한 일로 논란에 휩싸였던 네덜란드 대표 바이엔(J. W. Beyen)은 BIS 해체를 반대했다. 영국 외무부에서 온 나이절 로널드(Nigel Ronald)와 영국중앙은행 출신 조지 볼턴(George Bolton)도 이 기구가 IMF나 세계은행과는 무관하다는 이유를 들어 노르웨이 쪽 주장에 반대했다. 화이트에게는 짜증나는 일이었지만 애치슨과 미 국무부도 영국을 지지했다. 은행가인 브라운도 애치슨 편을 들었다. 1929년 미국 재무부와 국무부의 요청으로 BIS 설립을 도운 은행에 근무하는 브라운은, 속으로는 BIS 청산을 지지했지만 브레턴우즈에서 BIS 폐쇄를 결의함에 따라 발생할 수 있는 곤란한 상황을 맞닥뜨리고 싶지 않았다.

7월 19일 오후 웃지 못할 촌극이 벌어졌다. 럭스포드와 그의 미국인 동료들은 영국이 회의 도중 각 나라가 IMF와 BIS에 동시에 회원으로 가입할 수 있도록 하자는 결의를 방해하리라 예상하고 이를 미리 막으려 했다. 이러면 BIS와 IMF가 서로 연결돼 영국의 반대를 무산시킬 수 있기 때문이다. 로빈스는 이를 '비열한 음모'라고 맹비난했다.[86] 이때까지는 해체 결의를 하지 않았는데도 저녁 7시 20분쯤 케인스는 제3위원회 산하 실무회의에서 영국과 네덜란드의 반대를 무릅쓰고 BIS 해체 결의안이 승인됐으며 언론도 이미 간략한 초안을 받았고, 곧 위원회에서 비준한다는 터무니없는 소식을 들었다. 거의 졸도할 뻔한 케인스는 저녁 약속까지는 아직 시간이 남았는데도 화를 참지 못하고 아래층 모겐소 방으로 달려갔다. "BIS 문제로 격분한 케인스는 9시 회의에서 결의안이 통과되면 당장 짐을 싸 회의장을 떠나겠다고 으름장을 놓았습니다. 배신당했다고 생각한 듯 했습니다." 그날 밤 9시 30분 조금 넘어 모겐소 장관이 화이트와 빈슨, 럭스포드에게 있었던 일을 들려줬다. 케인스가 찾아 왔을 때 모겐소 장관과 함께 있던 아내 엘리너는 케인스가 '몹시 흥분해 부들부들 떨었다'고 전했다.[87] 로빈스에 따르면 애치슨은 자기는 '이 사건과 무관하다며 굳이 해명하려 했다'고 한다.[88]

충돌 과정에서 특이한 부분은 화이트와 케인스가 럭스포드의 주장에 반대한 이유가 달랐다는 점이다. 화이트는 럭스포드 뜻대로 하면 현존하는 BIS가 IMF를 대체할 수도 있다고 판단해 거부 의사를 밝혔다.

"기금을 키우려는 우리 계획이 틀어질 수 있습니다." 화이트가 미국 동료에게 까닭을 설명했다. "반대파들이 BIS에 더 큰 힘을 실어주자고 할 수 있을 테니까요."[89] 케인스는 영국 정부는 사실상 BIS 해체를 지지한다는 말만 반복했다. 화이트는 로널드와 볼턴이 노르웨이 쪽 주장을 강하게 반대하고 있어서 BIS를 해산하기 쉽지 않다고 봤다. 어쨌든 그날 밤 늦게 케인스는, 럭스포드가 하자는 대로 하면 영국이 BIS와 기금에 지고 있는 법적 의무가 상충할 수 있어 해체할 수 없다는 내용을 종이 한 장에 깨알같이 적어 모겐소 장관에게 보냈다. 장관은 무슨 뜻인지 이해하지 못해 당혹스러웠지만 케인스의 잔뜩 격앙한 모습에 마음이 크게 흔들렸다. "버나드 바루크는 케인스가 베르사이유 회의에서 자기를 배신했고 이래저래 미덥지 못하니 그를 믿지 말라고 신신당부해 정말 그런 줄 알았지만 그를 신뢰하지 못할 이유를 찾지 못하겠습니다." 장관은 미국 동료에게 속내를 털어 놨다.[90] 모겐소 장관은 처음부터 BIS 세부내용에는 별 관심이 없었지만 이튿날 아침 영국 쪽을 만나 불편해진 심기를 달래줘야 한다고 고집했다.

케인스와 미국 쪽이 크게 의견 차이가 없는 주변 문제로 지나칠 정도로 심하게 충돌한 까닭은 케인스가 건강이 빠르게 나빠져 극도로 예민해졌기 때문이었다. "논거를 타당하게 제시할 수 있는 사람이 그렇게 화를 낼 수는 없습니다." 럭스포드가 단정지었다.[91] 그날 저녁 케인스가 심장마비로 쓰러졌다는 소문이 기자들이 머물던 바를 포함해 호텔 전체로 삽시간에 퍼졌다. 독일 언론은 끔찍한 사망기사를 쓰듯 깊이 애도한다며 야부를 떨었다.[92] "케인스 건강에 대해 우리 모두 벼랑에 선 느낌이었다." 이는 소식을 접한 뒤 로빈스가 쓴 글이다. "회의가 끝날 때까지

체력이 버틸 수 있을지 없을지 궁금하다."[93] 카토 영국중앙은행 총재는 절제된 마음을 담아 케인스에게 전보를 보냈다. "심장마비를 일으켰다는 이곳 보도를 보고 크게 우려했소. 쾌차하기 바라오. 행운을 비오."[94]

20일 아침 럭스포드는 화이트가 좋아할 만하게 고친 결의안을 모겐소 장관에게 읽어줬다. BIS를 '조속한 시일 내에 해체한다'는 내용이었다. "정말 간결하면서도 훌륭합니다." 모겐소 장관이 만족스러워했다.[95] 미국 동료로부터 설명을 들은 뒤 장관은 케인스와 로널드, 볼턴을 자신이 머무는 방으로 불러 간명하게 바꾼 미국 쪽 결의안 사본을 나눠줬다. 전날까지도 로널드와 볼턴이 IMF나 세계은행과 연결시킨다고 명시하지 않은 결의안은 모두 반대하겠다고 우겼지만 건강을 꽤 회복한 케인스는 미국과 틀어진 관계를 회복하기 위해 그 자리에서 수락했다. 볼턴은 '조속한 시일 내에'라는 문구가 무슨 뜻인지 잘 모르겠다며 조심스럽게 불만을 제기했다. "당장은 아닙니다!" 케인스가 말했다.[96] 그가 옳았다. 브레턴우즈 회의에서 이 결의안이 채택됐지만 거의 70년이나 지난 지금까지도 BIS는 건재하다. 얄궂게도 회의에서 케인스가 이룬 가장 큰 업적은 바로 이 안을 통과시킨 일이다.

회의에 참가한 다른 나라 가운데 러시아와 프랑스, 중국과 인도조차도 기금이나 은행 구조를 많이 바꾸고 싶어하지 않았다. 이 중 어느 국가도 화이트가 청사진을 실현해 나가지 못하게 막을 수 있을 만큼 세계 경제 무대 한가운데에 오르지 못했다. 그래서 이들은 고작 자국의 위상을 극대화하고 새로운 국제기구에서 차입할 수 있는 한도는 늘리면서 기구에 지는 부담은 최소화하는 일 이외에는 다른 목표가 없었다. 새로운 국제기구를 단단하게 다지는 데 꼭 필요한 금을 충분히 내 놓을 수 있는 나라는 미국밖에 없었기 때문에 이들은 미국에 빌붙어야 했다.

미국과 영국, 캐나다 이외에는 기금과 은행 구조를 짜는 일에 기여할 만한 전문가를 보내지 않았다. 로빈스가 차갑게 비웃었다. "대표들 대부분 멍하니 앉아 있다가 할당량 배분이나 해방된 지역에 주는 특혜 문제처럼 쉬운 용어가 튀어나올 때에만 정신을 차린다." 유럽 대표들에 대해서도 불편한 심기를 드러냈다. "미국을 혐오하는 유럽인들은 틈만 나면 싫어하는 기색을 내비친다. 우월감에 사로 잡힌 이들은 정치적 이유로 속으로는 반대하고 싶은데도 겉으로는 모두 찬성한다고 해야 한다." 그러면서 빈정대듯 충고했다. "행정 능력이나 정치 수완도 없는 잘난 유럽 패거리 틈에 끼어, 자국 문화가 신대륙보다 우수하다고 자랑하고 싶은 유혹에 이끌린다면 이보다 더 어리석은 바보는 없다."[97]

각국 대표 대부분이 지대한 관심을 보인 사안은 기금에서 차지하는 국가별 몫인 할당량 문제였다. 할당량은 차입할 수 있는 한도를 뜻했다. 이는 다분히 정치적 색깔도 띠고 있었다. 할당량은 기금과 은행에서 행사할 수 있는 투표권과 직결될 뿐만 아니라 각 나라가 세계경제 서열에서 어느 위치를 차지하는지 극명하게 드러내는 수치로 여겨졌다. 경쟁국보다 몫을 더 많이 부여 받으면 국제경제계에서는 이를 위상이 더 높다는 뜻으로 받아들였다. 경쟁국이나 다른 나라보다 할당량을 더 적게 받아 귀국하면 수치스럽게 항복했다는 의미로 해석됐다. 따라서 화이트와 모겐소 장관이 풀어야 할 가장 중요한 숙제는 각국 대표가 이야깃주머니에 성공담을 담아 돌아가게 하면서 미국이 부담하는 출자금을 의회가 받아들일 수 있는 수준으로 제한하는 일이었다.

영국 대표단은 영연방 자치령이 미국이 제안하는 몫보다 더 많이 받을 수 있도록 협상함으로써 대영제국의 힘을 보여주고 싶었다. 미국 대표단은 영연방 자치령을 포함한 대영제국 투표권 전체를 늘 염두에 두고 이 투표권 합계가 미국 투표권을 넘지 않게 하겠다고 언론에 분명히 밝혔다.[98] 러시아는 적어도 영국이 받는 만큼을 원했다. 인도는 중국과 같은 수준이어야 한다고 했다. 중국은 프랑스보다 앞선 서열 4위를 요구했다. 프랑스는 베네룩스 3국 합계보다 더 많은 몫을 달라며 3국이 정치적으로 완전히 통합해도 기금 집행위원회 마지막 의석은 프랑스가 차지해야 한다고 고집했다. 아메리카 대륙에서는 콜롬비아와 볼리비아는 칠레와 동등한 수준을 원했고 칠레는 다시 쿠바가 받는 할당량을 줄여 자국과 같도록 해야 한다고 따졌다. 한마디로 요구는 끝이 없었다. 모두들 할당량이 자국에 유리하게 배정되도록 해야 한다고 아우성쳤다. 국민소득, 무역량, 금 보유량, 금 생산량 따위가 주요 경제지표로 제시됐으나 당연히 중국과 인도는 인구를 중요한 지표로 써야 한다고 했다. 러시아가 몫 계산시 감안해 달라고 요청한 전쟁피해 규모는 회의 내내 논란거리였다.

각 대표가 기금에서는 몫을 조금이라도 더 많이 받으려 했던 반면 세계은행에서는 정반대였다.[99] 대출규모는 할당량에 따라 정하지 않고 대출이 정말 필요한지 따로 평가해 결정했다. '각국은 자기 나라가 기금에서 앞으로 돈을 빌리는 나라라 여겼고, 반면 은행은 그들을 대출을 보증해주는 국가라고 생각했다.'[100] 회원국을 차별하고 신용상태까지 평가하는 행위는 남의 심기를 건드릴 수 있어 돌이킬 수 없는 실수가 될 것이라는 케인스의 주장처럼, 은행 할당량 문제도 터무니없이 낮은 이

자율로 대출해 주겠다고 약속하는 짓이나 마찬가지였다.[101] 특히 남미 나라들은 은행이 추진할 전후 재건 노력에서 최대한 멀리 떨어지려고 안간힘을 썼다. 이들은 전쟁이 벌어지는 동안 모아 놓은 달러를 유럽 수출 경쟁상대를 다시 일으켜 세우는 데 쓰고 싶지 않았다.[102]

각 나라는 자국이 보유한 금의 전체 10퍼센트 이내에서 기금 할당량의 4분의 1을 금으로 출자해야 한다. "나머지는 금으로 바꿀 수 있는 화폐든 한낱 인쇄기에서 찍어낸 종이든 상관없이 임의로 가치를 정한 지폐로 납부할 수 있다. 각국은 자국 할당량의 두 배 한도 내에서 진정으로 가치가 있는 미국 달러를 '매입'할 수 있다." 〈뉴욕 타임스〉는 뒷부분만 잘라 기사를 냈다.[103] 〈시카고 트리뷴〉은 늘 그렇듯 더욱 원색적으로 썼다.

> 지폐 인쇄기가 한 대밖에 없는 신화 속 나라 바그라비아(Bargravia)는 이 그림 같은 나라에서만 쓸 수 있는 어음에 불과한 화폐를 출자한다. 자부심이 대단한 이곳 사람들은 전쟁으로 허물어진 건물을 다시 세우는 데 필요한 미국 제품을 사려고 엄청나게 많은 자국 통화를 미국 달러로 바꾸려 할 것이다. 바그라비아 사람들이 기금을 통해 자국 통화를 달러로 바꾸기 시작하면 나머지 42개 나라도 덩달아 따라 한다. 곧 기금이 보유한 달러는 바닥나게 되고 결국 바그라비아의 바르가, 벨기에의 벨가, 그리스의 드라크마, 스페인의 페세타, 스위스의 프랑, 영국의 파운드화 따위로 채워진다.[104]

유럽과 아시아 이웃나라들이 이러는 까닭은 국제안정기금에서 인출한 미 달러화로 우리 물건을 사려고 하기 때문이다. 모두가 좋아하는 금이 기금에서 빠져나가고 아무도 원치 않은 통화만 기금에 쌓인다. 이윽고 기금에는 달러화도 금도 남아나지 않아 회원국은 다시 출자해야 한다. 이런 악순환은 미국이 다른 나라처럼 파산 지경에 이를 때까지 반복된다.[105]

할당량 위원회가 별도로 존재했지만 이는 형식에 불과했다. 실제 할당량 배분은 전적으로 미국인들이 좌지우지했다. 화이트와 그의 동료들은 필요하거나 어쩔 수 없는 상황을 감안해 은밀히 할당량을 늘리거나 줄이면서 국가별 몫을 계속 수정해 나갔다. 현장에서 임의로 바꾸는 일이 더욱 잦아졌지만 회의할 때마다 비밀 공식에 따라 미리 정했다.

"유고슬라비아가 몫을 더 달라며 따지면 유연하게 대처해야 한다고 생각합니다." 7월 9일 회의에서 화이트가 제안했다. 그리스에 대해서도 언급했다. "케인스는 바르바레소스(Varvaressos)가 훌륭한 친구라고 했습니다. 그에게는 조금 더 신경을 써 줍시다."

모겐소 장관은 할당량이 어떻게 정해지는지는 별 관심이 없었다. 그렇지만 큰 흐름은 통제하고 싶어했다. "잠시만요." 그가 화이트의 말을 막았다. "폴란드가 할당량 100에 만족합니까? 아니면 불만스러워합니까? 당신 의견은 어떤가요?"

할당량과 이를 협상할 수 있는 여지가 정해진 뒤 모겐소 장관이 논의를 매듭짓기 위해 15분마다 각국 대표를 만났다. "4시에는 이란 대표를 만날 예정입니다. 4시 15분에는 누구와 협상한다고 했죠?"

"네덜란드입니다. 그 다음은 체코슬로바키아며 약속시간은 4시 반입니다." 일정 담당 보좌관인 클로츠(Klotz)가 확인해 줬다.

"칠레 사람들과는 4시 45분에 회의합니다." 코야도가 상기시켰다. "우리를 애먹이는 친구들입니다."

"4시 45분에 칠레 대표단과 만나겠습니다." 모겐소 장관이 확인했다.

미국 대표단 사이에서 정치적 관점에서 열띤 논쟁이 벌어졌던 분야는 유럽 식민지 열강을 다루는 문제였다. "그들이 광대한 식민지를 거느리고 있다고 해서 더 많은 할당량을 배정받을 권리가 있습니까?" 와그너 의원이 참지 못하고 따졌다. "테헤란회담에서 식민지가 원하면 해방해 주기로 약속했습니다. 이곳에서 이 문제를 다시 제기할까요? 아니면 참고 넘어갈까요?"

"이 문제를 꺼내면 네덜란드 여왕이 심기가 아주 불편해질 것입니다." 동인도를 거느리고 있는 네덜란드를 의식한 화이트가 조심스레 말했다.

"여왕이라고 했습니까?" 와그너 의원이 핏대를 세웠다. "여왕은 맞지만 내가 모시는 여왕이 아닙니다. 나는 미국을 위하는 사람입니다."

"꼭 유행가 구절처럼 들리는군요." 모겐소 장관이 농담하여 싸움을 말렸다.

럭스포드가 한 나라가 '두 주권국가로 분리된' 경우를 고려해 할당량을 조절할 수 있는 조항을 만들자고 제의했다. 화이트는 '아주 훌륭한 제안'이라고 맞장구 쳤다. 보수적인 국무부의 전통을 고집스럽게 따르는 애치슨은 '생각만 해도 끔찍한 일'이라며 맞섰다. "엄청난 항의소동

제8장 역사가 이뤄지다

이 벌어질 수 있습니다. 16개 자치공화국으로 구성된 러시아는 어떻게 다루죠?"

"소련은 걱정하지 않아도 됩니다." 화이트가 퉁명스럽게 맞받아쳤다. "그런 일을 일어나지 않습니다."

회의가 끝나고 얼마 지나지 않아 화이트는 소련에 대한 미국과 서방의 위선적 태도를 맹비난하는 글을 썼다. 물론 정부기관에서 일하는 동안에는 남에게 보여줄 생각은 추호도 없었다.[106] 소련이 해체되지 않으리라는 화이트의 생각은 틀렸을망정 소련 분리문제는 거의 50년이 지난 뒤에야 종결됐다.

할당량 위원회에서 럭스포드가 제안한 주권변경 조항을 다룰지 여부를 헐 국무장관에게 묻자고 모겐소 장관이 제안하고 나서야 싸움이 끝났다. 헐 장관이 거절하면 조항을 넣지 않기로 의견을 모았다. 애치슨은 헐 장관이 이를 반대하리라 확신했다.[107] 25년 전 파리강화회의에서처럼 전후 세계를 위한 고결한 민족자결주의 원칙은 선언하기는 쉽지만 실행하기는 어려운 문제였다.

모겐소 장관은 자신의 특별객실에 대부처럼 편안히 앉아 간청하거나 항변하러 온 각국 우두머리를 만났다. 프랑스 대표단을 지휘하려고 알제(Algiers)에서 온 피에르 망데스 프랑스(Pierre Mendes-France)가 7월 15일 오후 9시 모겐소 장관을 접견했다. 그는 '미국인들이 부당하게도 주요 자리는 모두 차지해 늘 프랑스에게 불리하게 결정을 내린다'고 불만을 터뜨렸다. 6월에 화이트가 프랑스에 할당량 5억 달러를 배정한다고 해 놓고는 이제 와서 4억 2천5백만 달러로 줄였다고 따졌다. 프랑스보다 앞선 서열 4위를 요구하는 중국을 달래기 위해 프랑스를 희생시키는 중이었다. 미국은 전쟁 피해가 심한 나라는 부담을 덜어줘야 한다는 러시아의 요구를 수용하느라 합계가 25퍼센트에 이른다고 프랑스 대표단에 한 말도 바꿨다.

"이대로 돌아가면 제 꼴이 뭐가 되겠습니까?" 망데스 프랑스가 난처해 했다. "프랑스로 돌아가 '몇 개월 전 브레턴우즈 회의에 참석해 우리 처지를 설명하고 이것저것 요청도 했는데 결국 빈손으로 돌아왔습니다' 이렇게 전하라는 말씀입니까?"

모겐소 장관은 프랑스가 기금과 은행 이사회 의석에서 이전에 계획된 세 자리 대신 전체의 5분 1을 차지할 수 있도록 할당량을 늘려주겠다고 약속했다. 이 제안은 효과가 있었다. 망데스 프랑스가 고마워했다. "제가 말씀 드렸잖습니까?" 모겐소 장관이 말했다. "미국인들이 프랑스 사람들에게 협조한다는 느낌이 들 때까지 잠을 청하지 않겠다고 말입니다." 그러면서 이렇게 끝맺었다. "이제 편히 잘 수 있을 것 같습니다."[108]

러시아는 결코 호락호락하지 않았다. 소련 대표단을 이끄는 스테파노프(Stepanov) 무역부 차관은 모스크바로 전보를 보내 의견을 받기 전에는 작은 사안에 대해서도 한 발짝도 물러서지 않았다. "그들은 절대 토론은 하지 않습니다." 로빈스가 묘사했다. "열심히 적다가 수정안을 내세우고 싶으면 제멋대로 이의신청을 한 뒤 일어서 짧디 짧게 발의만 합니다."[109] 미국 전문위원인 레이먼드 마이크셀(Raymond Mikesell)이 덧붙였다. "회의할 때에는 열띤 논쟁을 벌이거나 반론을 제기하지 않습니다. 각 나라가 의견을 낼 때마다 러시아는 자국의 안을 약간 수정해

제시할 뿐입니다 …… 미국은 소련이 회원국이 돼야 정치적으로 유리해지기 때문에 미국 대표단이 소련을 거스르지 않으려고 온갖 노력을 기울이고 있다고 믿는 이 사람들은, 논리를 앞세워 상대방을 설득하려 하지 않고 억지만 부립니다."[110] 미국인들은 이런 태도에 대비하고 있었다. 1943년 소련 그로미코(Gromyko) 대사는 화이트와 번스타인 앞에서 자기 부하에게 다음과 같이 말한 적이 있다. "기억하게! 자네들은 참관인이네. 의견을 낼 자격이 없단 말일세."[111]

로빈스는 러시아 사람들을 이렇게 평가했다. "이런 엄청난 아집에는 사실 인상적인 부분이 있습니다." 그리고 선견지명 있는 말을 남겼다. "다가올 세상에 좋은 징조는 아니라고 생각합니다."[112] 화이트는 그 말뜻을 알아차리지 못했다. 그는 그저 미국과 서유럽에 러시아와의 싸움을 부추기고 정치·경제 협력을 가로막은 반동 세력이 있다는 점이 문제라고 여겼다.

소련이 이루려는 목표는 간단했다. 금 생산국인 러시아는 다른 나라가 금을 화폐용으로 최대한 많이 사용하길 원했다. 따라서 금환본위제를 부활시킨 듯한 제도에 관심이 많았다. 독일 나치 정권이 이를 용납할 리 없었다. 독일 경제장관이자 중앙은행 총재였던 발터 풍크(Walther Funk)는 브레턴우즈 통화구상이 소련에 주는 뇌물이라며 맹렬히 비난했다.[113]

러시아는 처음에 영국과 대등한 할당량을 원했지만 스테파노프는 러시아 정부가 할당량을 영국보다 약간 적게 받아도 만족한다는 사실을 내비쳤다. 영국에 13억 달러를 배정했기 때문에 화이트는 러시아에 12억 달러를 제시했고 스테파노프가 나중에 이를 받아들였다. 이 금액은 미국 전문가들이 예정해 놓은 8억 달러를 훨씬 넘을 뿐만 아니라 세계 무역량에서 러시아가 차지하는 비중에 비하면 지나치게 많은 금액이었다. 그 밖에 다른 요구사항들은 정치적으로 수용하기 더욱 어려웠다.

러시아는 전쟁 중 적에게 점령당한 탓에 물질적 피해가 엄청나게 크다며 금 출자 규모를 50퍼센트 공제해 달라고 요구했다. 화이트는 회의 전에 자신이 거느리는 전문가들이 러시아 대표단에게 25퍼센트 삭감을 제안했으나 영국도 똑같이 공제받아야 한다며 맞섰다고 미국 대표들에게 밝혔다. 프랑스를 포함한 다른 나라도 마찬가지였다.[114]

러시아는 자국이 출자하는 금 가운데 절반만 워싱턴에 보관하고 나머지의 4분의 1은 모스크바에 저장해야 한다고 요구했다.[115] 더욱이 할당량이 가장 많은 4개국에 대해서는 각 나라가 출자한 만큼의 금을 그 나라에 보관하도록 허용해야 한다고 주장했다. 이는 기금이 러시아가 출자한 금을 러시아 정부 승인 없이 마음대로 쓰는 일을 막는 효과적인 방법이었다.[116]

이뿐만 아니라 러시아 대표단은 '국제 거래에 영향을 끼치지 않는다'는 전제로 자국통화 가치를 마음대로 바꿀 수 있어야 한다고 우겼다. 이는 미국 대표단과 전문위원들에게는 풀기 어려운 문제였다. 루블화 가치 변동이 어떻게 국제거래에 영향을 미치지 않을 수 있는가? 영향을 주지 않는다면 왜 그럴까? 그러나 러시아 사람들은 루블화가 국제무역에서 쓰이지 않으므로 공식 루블화 환율은 러시아의 국내 가격이나 비용과 아무런 관계가 없다고 생각했다. 그래서 고정환율을 유지해야 한다는 기금 규정에서 러시아가 완전히 면제받을 자격이 있다고 판단했다.

## 제8장 역사가 이뤄지다

주요 금 생산국인 러시아는 금을 채굴하는 나라들에는 금을 더욱 많이 출자해야 한다는 의무를 10년까지 유예해 줘야 한다고도 했다. 마지막으로 가장 받아들이기 어려운 주장을 내세웠다. 러시아는 개별 국가가 기금과 은행에서 차지하는 각 할당량이 서로 같아야 한다는 원칙을 받아들이지 않은 유일한 나라였다. 러시아는 할당량이 기금보다 은행이 3억 달러 더 적어야 한다고 고집했다.

화이트가 러시아에 기금 할당량을 더욱더 많이 제시해 이 주장을 비롯한 다른 요청 대부분을 철회하도록 설득해 보겠다고 제안했다. 러시아가 터무니없이 요구하는 바람에 잔뜩 화가 난 에클스가 강하게 반발했다. "그들이 태도를 완전히 바꾸지 않는 한 합의전망은 밝지 않다고 생각합니다. 알고 보니 자본주의 국가와는 관심이 전혀 다릅니다. 대놓고 받으려고만 합니다."

화이트가 맞받아쳤다. "중국, 폴란드, 그리스는 다릅니까?" 러시아도 다른 나라와 똑같다는 말이었다.

에클스는 많은 나라들이 환율안정이라는 정의로운 목적을 위해 이곳에 모였다고 따졌다. 그렇지만 러시아와 중국은 자국의 이익만 챙기려 한다고 했다.[117] 재무부 소속 마이크셀도 7년 뒤 에클스의 주장을 뒷받침하는 글을 썼다. '러시아 대표단은 기금이 다뤄야 하는 환율안정이라는 중요한 문제를 해결하는 데에는 관심이 없다. 그들은 기금에 가입하는 데 드는 비용은 줄이면서 차입할 수 있는 한도는 늘리는 데에만 온통 관심을 쏟았다.'[118]

에클스는 이는 환율 안정보다는 대출에 초점이 맞춰진 프로그램에 대한 비판이기도 하다고 지적했다.[119] 신문들도 이 문제를 들고 나왔다.

〈크리스천 사이언스 모니터〉가 적나라하게 썼다. '일시적으로 외환이 부족한 나라들은 자꾸 기금을 이용하려는 버릇이 생길 우려가 있다. 자국 통화를 팔고 수출국 통화를 사다 보면 결국 기금은 신용도가 떨어지는 통화로 가득 찬다. 지나치게 무모한 채무자들이 발행하고 만기를 계속 연장한 약속어음만 잔뜩 가지고 있는 상업은행처럼 끝내 파산할 지경에 이를 것이다.'[120]

에클스가 단정지었다. "러시아에 양보한다면 어쩌면 우리나라에 기금을 설립할 수 있는 불씨를 무참히 짓밟아 끄는 결과를 초래할 수 있다는 생각이 듭니다."

브라운도 같은 견해였다. 러시아가 특혜를 지나치게 많이 요구하고 있다며 불만스러워했다. "이 문제를 거론하는 은행이나 신문 모두 미국만이 기금에 믿을 만한 통화인 달러와 금을 채우고, 다른 나라들은 자국의 통화를 넣는다고 주장합니다."

"그렇다면 어느 통화가 가치 없다고 생각합니까?" 화이트가 더욱 흥분해 반문했다.

"그리스 통화입니다. 그리고 …… 러시아 대표들 생각을 바꿀 수 있는 방법이 없을까요? 기금은 환율 안정이 주요 목적인데도 제 생각에는 점점 잡동사니 기금으로 전락하고 있습니다."

이에 격분한 화이트가 입에 거품을 물고 일장 연설을 했다. "그렇지 않습니다. 터무니없는 주장입니다. 소련은 다른 나라와는 다른 장점이 있습니다. 금을 대량으로 생산하고 설비도 엄청납니다. 마지막으로 가장 중요한 점은 금 매각 규모를 마음대로 결정할 수 있다는 사실입니다. 다른 자본주의 국가는 이윤을 남겨 팔려 하기 때문에 절대 그럴 수

제8장 역사가 이뤄지다

없습니다."

화이트가 소련의 계획경제에 대해 오랫동안 품어왔던 동경심이 자기도 모르게 그대로 드러났다. "소련이 다음과 같이 솔직히 말했다고 칩시다."

"우리는 당장 물건이 필요합니다. 대출기관인 안정기금에서 자금을 빌리고 싶습니다. 차입금은 5년이나 6년, 아니면 7년 뒤에 갚겠습니다." 그러면 저는 기금은 다른 나라에 있는 기구와 마찬가지로 환율을 안정시키는 장치라고 대답하겠습니다 …… 사람들이 사실을 완전히 왜곡하고 있습니다. 어차피 다른 나라들도 하고 싶은 요청인데 러시아가 먼저 솔직히 요구했다는 이유로 러시아에 손가락질하고 있습니다. 폴란드나 네덜란드, 프랑스나 벨기에, 중국이라고 간청하고 싶은 마음이 없을까요? 그 나라 재무장관들이 바보가 아닌 한 당연히 요청할 것입니다.
각 나라가 기금에서 빌려간 달러를 상환할 수 있는 능력에 있어서는 러시아가 최고라고 생각합니다. 러시아에 10억 달러 대신 20억 달러를 빌려줘도 기금은 여전히 잘 돌아가고 러시아가 다른 나라에서 더 많이 수입할 수 있어 국제무역도 더욱 활성화됩니다. 안정기금의 본질에 대해 안팎에 오해가 많아 설명이 길었습니다. 케인스도 비슷하게 주장해서 똑같이 얘기해 줬습니다.

에클스는 흔들리지 않았다. "당신이 무슨 말을 해도 내 생각은 바뀌지 않습니다."

"러시아가 무리하게 요구하는 바람에 회의를 더 이상 진행할 수 없군요." 브라운이 답답해했다. "시간이 2주밖에 남지 않았기 때문에 빨리 결정하지 않으면 회의가 실패로 끝날 수도 있습니다. 강하게 밀어붙이는 방법도 고려해야 합니다."

"밀어붙일 수 있는 논리가 있다면요." 화이트가 조건을 달았다.

"이제 협상은 물건너간 듯 하군요." 에클스가 비꼬았다. "이제 어쩔 수 없으니 러시아 요구를 들어주자는 말이군요."

럭스포드는 러시아를 배제하고 국제회의를 강행할까 봐 불안했다. "발등에 떨어진 이 문제는 대표단이 회의에서 꼭 결정해야 하는 중대한 사안입니다. 러시아를 배제시킬지 말지 결정하는 문제는 남아 있는 할당량 전체를 배분하는 일보다 훨씬 더 중요합니다."

번스타인은 '암울했던 1930년대 내내' 러시아가 신용을 잘 지켰다고 덧붙였다. 그래서 특별히 할당량을 더욱 많이 달라고 하면 이 요구를 들어주되 다른 부분에서는 기금의 원칙대로 예외를 인정해주지 말자고 제안했다. 이는 러시아가 요청하는 다른 특혜는 모두 없앤다는 뜻이었다.[121]

미국 대표들 사이에 의견이 완전히 갈렸다. 러시아에 할당량을 더 많이 배정하는 방안과 금 출자 규모를 줄여주는 제안으로 나뉘었다. 그렇지만 두 가지 모두 줄 수는 없다는 의견이었다.

당연하게도 논쟁에 참석한 사람에게서 정보를 빼낸 언론은 회의 내용을 열띠게 보도했다. 〈뉴욕 타임스〉는 러시아가 '금 출자규모를 줄여

달라고 요구하지 않는 대가로 IMF 자산을 더욱 많이 쓰게 해 달라고 요구하는 행위는 국제회의에서 자국 이익만을 추구하려는 전형적으로 뻔뻔스러운 짓'이라고 익명의 미국대표가 말했다고 보도했다. '수상하게도 이런 러시아 사람들을 좋아하는 미국인들이 있다'고도 했다.[122] 실제로 미국 대표단은 러시아 사람들과 잘 어울려 다녔다. 이들은 '지하 나이트클럽에서 서로 모여 적색군대 군가도 종종 불렀다. 러시아 대표들도 보드카를 마음껏 마셔 기분이 한껏 달아오르면 익숙한 미국 노래를 함께 따라 부르기도 했다.'[123]

〈시카고 트리뷴 *Chicago Tribune*〉은 러시아가 '경제력에 걸맞지 않게 금을 조금만 출자하려고 한다'고 맹비난했다. 시카고 출신의 영웅 브라운처럼 이 신문은 러시아 대표단이 '통화를 안정시키려는 노력 따위는 안중에 없다고 믿었다. 게다가 미국으로부터 오로지 좋은 것만 얻으려 하고 이에 상응하는 대가는 지급하지 않으려 한다고 봤다. 러시아가 자기 주장을 내세우는 행위 자체는 크게 비난 받을 일은 아니지만, 미국이 러시아의 요구에 순순히 응한다면 비난 받아 마땅하다'고 했다. 마지막으로 기금은 미국을 희생시키면서 다른 나라를 부유하게 하고 미국에 인플레이션을 불러일으킬 수 밖에 없도록 설계돼 있다고 비난했다.[124]

미국 대표단이 러시아 문제로 한창 토론하는 사이 워싱턴으로 돌아와 있던 모겐소 장관은 화이트가 제안한 대로 러시아에 둘 중 하나를 선택하라고 요구했다. 할당량 12억 달러를 받으면 다른 특혜는 얻을 수 없고, 할당량 9억 달러를 수용하면 금 출자 규모를 25퍼센트 공제받을 수 있다고 했다. 그렇지만 러시아 대표단은 할당량 12억 달러와 금 출자 25퍼센트 할인 모두를 요구했다. 모겐소 장관은 화가 치밀었다. 정치적으로 운신의 폭이 없는데 러시아는 꿈쩍하지 않아 진퇴양난이었다.

"솔직히 말씀 드리자면 저는 그 쪽 분들과 참 잘 지내왔습니다. 그런데 이제 두 나라가 '팽팽한 협상'을 해야 한다니 정말 믿을 수 없습니다." 7월 11일 모겐소 장관이 스테파노프에게 실망한 듯 말을 건넸다. "우리 정부는 이런 식으로 문제를 해결하지 않습니다." 윌콧이 러시아의 요구는 '절대 수용할 수 없고 이를 들어주면 의회에서 전체 계획을 틀 수 있다'고 주의를 줬다고 모겐소 장관이 털어놨다.

통역사가 더욱 부드럽게 다듬었음이 틀림없는 스테파노프의 말투는 한결같이 공손했다. 그는 '모겐소 장관과 미국 대표들의 태도에 깊은 감사와 존경을 표시한다'고 했다. 그렇지만 러시아 정부는 두 나라 전문가들이 이미 금 출자 규모 할인에 합의했다고 믿고 있어서 이 사안을 양보하기가 정치적으로 매우 어렵다는 점을 이해해 달라고 호소했다. 할당량 문제에서는 '계산 방식에서 서로 오해가 있었다'고 주장했다. 화이트가 제시한 공식으로는 8억 달러로 산출됐지만 러시아가 다른 방식으로 계산해보니 12억 달러가 나왔다고 했다.

모겐소 장관은 정치에 대한 자신의 생각을 솔직히 밝히고 싶었다. "저는 외교관도 변호사도 아닙니다. 한낱 농부일 뿐입니다." 스테파노프를 안심시키려는 말이었다.

"스테파노프씨도 외교관이 아니라고 하십니다." 통역사가 말을 전했다. "변호사도 자본가도 아닙니다. 그저 사업가일 뿐입니다." 분명 공산주의자 입에서 나오리라고 기대하기 힘든 말이었다.

모겐소 장관은 러시아가 영국보다 약간 낮은 수준의 할당량을 요구했다는 말은 '금시초문이었다'고 했다. 미국 쪽 전문가들이 사전에 논의한 적이 없었지만 '러시아가 유럽에서 참으로 용감하게 싸우고 있기 때문에' 순순히 받아들였다고 했다. 나머지 미국 대표들이 이를 반대했다고도 말했다. 그러면서 러시아가 '둘 중 하나를 받아들이라'고 다시 한 번 요청했다.

스테파노프는 미국 쪽 공식으로 계산한 8억 달러는 '러시아가 응당 받아야 할 몫에 훨씬 미치지 못한다며, 받을 자격이 있으니까 그만큼 요구한다'고 고집했다. 모겐소 장관은 러시아가 '계산 근거를 제시하지 않았다'고 반박했다. 러시아는 금을 40억 달러어치나 보유하고 있을 뿐만 아니라 이보다 훨씬 더 많이 채굴할 수 있는 광부 70만 명이 금을 캐고 있다고 어느 미국 대표가 한 말도 전했다. "저는 이 소문을 늘 말하고 다닙니다."

"소문을 퍼트리고 다니시는군요." 스테파노프가 응수했다.

모겐소 장관은 모스크바 주재 해리먼 미 대사에게 전보를 보내 몰로토프 소련 외무장관과 미국 쪽 제안을 설명해도 괜찮겠냐고 스테파노프에게 물었다. 스테파노프는 자신이 모스크바로부터 직접 답변을 받을 예정이지만, 모겐소 장관이 미 대사에게 제안 내용을 설명하는 것이 사실 도움이 될 수도 있기 때문에 반대하지는 않는다고 답변했다. 두 사람은 서로 우의를 확인하고 향후 경제 협력도 약속하면서 헤어졌다.[125]

회의치고는 너무나 긴 사흘이라는 시간이 흘렀는데도 러시아 대표단은 러시아로부터 답변을 받지 못했다고 했다. 해리먼 대사가 러시아 사람들이 본국으로부터 지시를 받은 것으로 알고 있다고 했으나 스테파노프는 기존 주장과 다르게 전달받은 내용이 없다고 주장했다.

모겐소 장관은 압력 수위를 높이려고 했다. 그는 '최대한 예의를 갖춰' 회의 전체가 지연되고 있기 때문에 오후 두 시 예정인 할당량 회의에서 주장을 공식적으로 밝히겠다고 으름장을 놨다.

그런데도 스테파노프는 꿈쩍하지 않았다. 그는 모스크바로부터 별도 지시를 받을 때까지는 금 출자규모 25퍼센트 할인 문제는 합의하지 않은 것으로 하자고 했다. 모겐소 장관도 물러서지 않았다. 미국은 러시아가 할당량 12억 달러를 받을 수 있도록 지지하고 새로 채굴한 금도 출자금으로 인정해 줄 수는 있지만, 전쟁 피해를 근거로 금 출자규모를 25퍼센트나 공제해주는 특혜는 '다른 나라가 반발할 수 있다'는 점을 강조했다. 스테파노프는 예의는 갖췄지만 주장을 굽히지는 않았다.[126]

러시아는 위원회에서 사전 예고도 하지 않고 계속 이것저것 요구했다. 초안 세부내용을 정하려고 밤 늦게까지 회의할 때에는 수사처럼 몇 시간 째 침묵을 지키다가 어려운 영어발음으로 불쑥 의견을 제시해 회의 참가자를 종종 놀라게 했다. "소비에트 사회주의 … 연방 … 공화국은 …… 전쟁 피해가 큰 나라가 세계은행으로부터 예외적으로 … 특별대출을 받을 수 있는 E안을 주장합니다".[127]

스테파노프의 요청으로 다음날인 7월 15일 아침 그와 모겐소 장관, 화이트와 소련 체출린(Nikolai Fyodorovich Chechulin) 대표, 양국에서 각 1명이 모여 회의를 열기로 했다. "스테파노프씨는 합의점을 찾지 못한 사안에 대해 논의하려고 오셨습니다." 통역사가 먼저 말을 꺼냈다.

"이 분은 이 문제가 어렵지 않다고 생각하십니다." 스테파토프는 소련이 기금에 출자하는 금 규모를 줄여야 하는 이유와 루블화 환율을 자유롭게 조절해야 하는 까닭을 길게 늘어놓았다.

"말씀 다 하셨습니까?" 한참 지난 뒤 모겐소 장관이 통역사에게 물었다. 그러나 아직 끝나지 않았다. 스테파노프는 은행에 대해서도 의견이 '몇 가지 더' 있다고 말했다.

"스테파노프씨에게 한 말씀 드려도 될까요?" 참다 못한 모겐소 장관이 말을 잘랐다. "열 시간을 토의해도 모자랄 만큼 많은 질문을 제기하셨는데 화이트씨는 열 시에 회의가 있습니다."

화이트는 회의시간을 맞출 수 없어 은행 관련 회의를 오후로 연기했다. 그는 스테파노프에게 러시아 때문에 기금 규정이 효력이 없는 것처럼 보이지 않도록 환율관련 문구를 바꾸자고 제안했지만 소용이 없었다. 스테파노프는 '검토해보겠다'고 하면서 받아들일 듯했지만 그렇게 하려면 '소련 정부와 추가계약을 맺어야 한다'면서 말을 바로 뒤집었다. 그러면서 '내용이 바뀌지 않았다면 원래 제안했던 문구로 해야 한다'고 고집 부렸다.

모겐소 장관은 화가 머리 끝까지 치밀어 올랐다. "스테파노프씨는 한 입으로 두 말을 하고 있습니다." 그가 분통을 터뜨렸다. "처음에는 고려해 보겠다고 해 놓고는 바로 말을 바꿨습니다."

"스테파노프씨는 생각을 바꾸지 않으셨습니다. 검토하려고 하십니다. 그렇지만 러시아 정부로부터 승인을 받으셔야 합니다."

"소련에 전보를 보내야 한다는 말씀인가요?" 모겐소 장관이 믿을 수 없다는 듯 물었다.

"네 그렇습니다."

"그게 무슨 소용이 있죠?" 화이트가 체념하듯 질문했다.

모겐소 장관은 지쳐 물러설 수밖에 없었다. "그렇게 하시지요."

"정말 감사합니다."

"이 회의에서 감사하다고 말하는 것은 오늘이 마지막일 것이라고 스테파노프씨에게 전하세요!"

짧게나마 웃음이 터져 분위기가 약간 나아졌다. 그렇지만 소련이 출자하는 금을 보관하는 장소를 놓고 다시 힘겨운 싸움이 이어졌다. 이때 다른 위원회에서 이곳에 있는 미국과 러시아 대표가 오기를 기다리고 있다는 전갈이 왔다. 모겐소 장관과 화이트는 자리에 머물렀고, 럭스포드와 말레틴(Maletin) 소련 재무차관이 다른 회의에 참석하려고 자리를 떴다. 모겐소 장관은 러시아의 금 출자규모 25퍼센트 공제 요구라는 골치 아픈 문제를 다시 논의해야 했다. 그는 더 이상 물러설 수 없었다.

"전쟁으로 피해를 입었다고 해서 금 출자규모를 줄여줄 수 없습니다. 대단히 죄송합니다."

"출자규모 공제를 지지하지 않으시는 것입니까? 아니면 반대하는 것입니까?" 스테파노프가 믿을 수 없다는 듯 물었다.

"반대하고 싶지 않습니다." 화이트가 대답했다. "거부하는 나라들이 아주 많습니다. 그러나 그들이 거절하지 않는다면 우리가 반대해야 합니다."[128]

그날 오후 기금 할당량이 적힌 목록을 회의 참가국 대표들에게 나눠 줬다. '지난 2주 동안 진솔하게 협상을 벌였다는 부분을 부각하기 위해 빈슨 판사가 웅변하듯 말문을 열었다.' 이는 로빈스가 기록한 내용이다. 중국, 프랑스, 인도, 뉴질랜드, 다른 몇몇 나라들이 러시아에 특혜를 주는 안을 공식적으로 거부했다. 로빈스는 최대한 노력해서 도출한 할당량이니 각국 대표들에게 이를 받아들이라고 마지막으로 촉구했다. 그는 그날 밤 속내를 털어놨다. "공무원으로 일한다는 사실이 그렇게 혐오스러울 수가 없었습니다."[129] 결국 각 나라가 더 이상 반발하지 않고 할당량을 받아들였다. 이로써 중대한 이정표가 세워졌다. 그러나 아직 해결해야 할 문제가 산적해 있었다.

7월 17일 월요일 모겐소 장관은 회의를 언제 끝낼지 마지막으로 담판 지으려고 미국 핵심 대표단과 주요국 대표를 불렀다. 주요 미국과 영국의 전문위원들과 보좌관들은 지칠 대로 지쳐있었다. 속기사도 쓰러지기 일보 직전이었다. 화이트와 그의 동료들은 잠자는 시간을 반납해가며 밤늦게까지 일에 매달리기 일쑤였다. 이대로 가다가는 회의 종료 예정일인 7월 19일까지 최종 문안을 완성하지 못할 게 뻔했다. "아마도 수요일 밤에는 대통령 직권으로 군인들이 호텔을 장악하도록 해야 할 듯 합니다." 모겐소 장관이 말했다. "병사 둘을 불러 호텔 지배인을 끌어내야 합니다! 필요하다면 빈슨 판사가 명령을 내릴 것입니다."

애치슨은 아무리 빨라도 22일 토요일에야 회의를 마칠 수 있다고 주장했다. 화이트도 22일이면 회의를 끝낼 수 있다고 했다. 그러면 기차는 일요일에 출발할 수 있었다. 럭스포드만 유독 다른 의견을 제시했고 이 때문에 모겐소 장관은 그가 정말 거슬렸다. "그러면 어쩌려고요? 크리스마스까지 남아 있으려고 합니까? … 이곳에 모인 사람 모두 토요일이나 일요일까지 회의를 마치자고 하는데 … 어째서 당신만 뜬금없이 그럴 수 없다는 겁니까?"

케인스와 다른 나라 대표들은 일요일 밤까지 이곳을 떠나기로 했다.[130] 이튿날인 7월 18일 〈뉴욕 타임스〉가 일면에 대문짝만하게 기사를 냈다. '골치 아픈 은행 문제로 회의를 3일 연장하다.'[131] 그 다음 한 주 동안 화이트와 그의 요원들은 다른 나라 대표들 모르게 여러 회의를 열어 최종 합의안 본문과 중요한 문구를 다듬는 데 온갖 힘을 기울였다.

'소련이 통화기구 협상을 교착상태에 빠뜨리다.'[132] 7월 20일 〈뉴욕 타임스〉가 대서특필했다. 러시아 대표단이 전쟁 피해를 이유로 특별 대우를 해달라고 끈질기게 요구했지만 결국 회의에서 이를 부결시킬 참이었다. 새로 채굴한 금도 인정해주겠다는 미국 쪽 제안은 훨씬 더 쓸 만한 양보였다. 그런데도 러시아는 합의문에 이르는 역사적인 길을 가로막고 자기 주장만 고집했다. 소련은 기금에서는 할당량 12억 달러를 받으면서 은행에는 이보다 3억 달러 적은 9억 달러만 출연하겠다고 우겼다. 다른 나라는 모두 기금 할당량과 은행 출연금이 똑같았다. "부끄럽게 생각하세요." 조르주 투니스(Georges Theunis) 벨기에 대표는 은행위원회를 마치고 떠나면서 로빈스에게 소리쳤다. "미국은 늘 러시아를 봐주고 있어요. 영국도 똑같이 나쁩니다. 러시아에 무릎을 꿇었어요. 두고 봅시다. 당신들이 이러고도 평화회의에서 좋은 결과를 기대한다면 큰 오산일 것이오."[133]

회의 종료 직전일인 7월 21일 오전 10시 15분 빈슨이 이끄는 각국 대표가 참석한 할당량 회의에서 드디어 터질 것이 터졌다. 인도 대표 제레미 레이즈먼(Jeremy Raisman) 경이 도전장을 내밀었다. "러시아처럼 큰 나라에 출자금을 할인해주면, 할당량만큼 기금을 출연할 수 있도록 우리 정부를 설득할 수 없습니다. 원칙을 크게 벗어나면 저도 아주 곤란해집니다." 러시아가 거부한 은행 출연금 부족분 중 2천500만 달러는 폴란드가, 5천만 달러는 중국이 메워주기로 했다. 스테파노프는 조용히 앉아 있을 뿐이었다.

케인스가 끼어들었다. "모겐소 장관, 소련 대표가 아직 발언을 하지 않았습니다. 그가 말하기 전에 먼저 한마디 하겠습니다." 케인스는 폴란드와 중국이 은행 출연금을 보충하겠다고 나섰다는 점과 영국이 많이 출자한다는 사실은 러시아가 은행 출자를 지나치게 위험하게 생각한다는 반증이라고 주장했다. 그러면서 강하게 압박했다. "마지막까지 협조하지 않는 행위는 강대국의 명예와 위상에 걸맞지 않는다는 점을 꼭 말씀드리고 싶습니다."

'자기 나라를 침략한 히틀러 일당에 맞서고 있다'는 점을 강조할 때처럼 꼭 필요할 때만 입을 열던 스테파노프는 침묵을 깰 수밖에 없었다.[134] 그는 '언급한 목표를 이루려는 다른 나라 대표단의 의지에 깊이 감동했다'고 했다. 그렇지만 '할당량 문제를 놓고 인도가 전쟁 피해가 엄청난 소련과 비교하면 안 된다'고 주장했다. 어쨌든 자신은 정부가 제시한 9억 달러라는 숫자를 바꿀 권한이 없다고 잘라 말했다.[135]

캐나다 대표는 자국 정부를 설득해 미국이 제시한 금액의 10퍼센트인 2천500만 달러를 더 출연하기로 했다. 모겐소 장관은 빈슨과 러시아 대표에게 따로 만나 논의하자고 요청했다. 오후 3시 15분 다시 열린 대표단 회의에서 예상대로 러시아 대표는 '자국 정부로부터 다르게 지시 받은 내용이 없다'고 했다. 하지만 캐나다, 폴란드, 중국이 보충하고도 부족한 부분을 미국과 남미가 채워 마침내 러시아가 거절한 3억 달러가 모두 메워졌다. 스테파노프는 입을 꾹 다물고 있을 뿐이었다.

할당량 합의안은 오후 6시 예정된 케인스가 이끄는 회의에 바로 회부하기로 했다. 그 뒤 6시 반에 모겐소 장관이 총회를 열 예정이었다.[136] 이튿날 케인스는 벼랑 끝 전술을 쓴 러시아가 원하는 것을 모두 얻었다고 카토 영국중앙은행 총재에게 편지를 보냈다. "미국은 러시아를 달래려고 노력했습니다." 그러고는 이렇게 끝맺었다. "현명했다고 생각합니다."[137]

이튿날인 7월 22일 아침에 예정된 마지막 모임에 대비해 모겐소 장관이 미국 대표들을 모두 불러모았다. 러시아가 골칫거리였지만 결국 장관은 아주 만족스러워했다. 나중에 번스타인은 '제1차 세계대전 이후 국제회의에 참가해본 사람이라면 브레턴우즈 회의를 기적처럼 여길 것'이라고 단언했다.[138] 사실 '중요한 사안은 2년 전부터 논의하고 정리한 덕분에' 성공할 수 있었다.[139] 모겐소 장관은 국제통화협력이라는 엄청나게 복잡한 계획을 논의하려고 모인 44개 나라 대표를 잘 이끌기 위해 자국 대표단이 갈라서지 못하도록 특별히 신경 썼다. 브레턴우즈 회의를 성공시킨 일은 다가오는 대통령 선거뿐만 아니라 기삿거리가 없어 구석에 앉아만 있던 기자들에게는 엄청난 호재였다. 모겐소 장관, 윌콧, 스펜스는 정말 수고했다며 서로 노고를 치하했다. "민주주의 역사상 가장 성공한 실험입니다." 모겐소 장관이 자랑스러워했다.

"언론을 상대로 늘 신경전을 벌이는 사람으로서 한마디 하겠습니다." 마이클 맥더모트(Michael McDermott) 국무부 홍보실장이 거들었다. "이 회의가 전쟁을 끝내는 데 크게 기여하지 않아도 놀랄 일은 아닙니다." 독일 대표들이 가만히 있을 리 없었다. "맙소사, 우리와 한번 해보자는 말입니까? 그만둡시다."

비극적이게도 회의가 전쟁을 종식시키지는 못했다. 이후 독일은 8개월 반이나 싸움을 더 끌고 갔다. 더욱이 모겐소 장관이 나중에 제시한 전후 독일 탈공업화 전략은 독일군의 사기를 떨어뜨리기는커녕 오히려 반감만 사는 바람에 싸움이 더 길어지고 학살도 더욱 자행됐다.

브라운은 '미국 은행가들에게 회의 결과를 힘 닿는 데까지 이해시키겠다'고 약속했다. 모겐소 장관은 지금 '그들이 브레턴우즈 회의를 가장 소리 높여 반대하는 자들'이라며 고마워했다.

"로버트 태프트도 있습니다." 토비 의원이 지적했다.

"태프트는 당신이 알아서 설득해 주세요." 모겐소가 부탁했다. "그는 당신 앞에서는 꼼짝 못하잖아요." 아니나다를까 태프트와 은행가들의 저항은 만만치 않았다.

브레턴우즈 합의를 이끌어 내는 데 가장 큰 걸림돌이었던 러시아에 대해서는 언짢게 생각하지 않았다. "러시아 대표단은 어디에서든지 우리와 골프를 즐기려 할 것입니다." 모겐소 장관이 화해하는 말로 회의를 마무리했다.[140]

"화이트는 방송사들을 불러 회의 마지막 날 브레턴우즈 회의에서 거둔 성과를 설명할 예정이었지만 모겐소 장관은 화이트가 발표하지 못하게 했습니다." 몇 년 뒤 번스타인이 밝혔다. 모겐소 장관은 이번에도 몰래 번스타인을 시켜 화이트를 견제했다. "모겐소 장관은 늘 화이트에 대해 엇갈린 태도를 보였습니다. 브레턴우즈에서도 화이트에게 관심에 쏠릴까 경계했습니다."[141]

그날 저녁 멋진 대형 연회장에서 폐회를 기념하는 만찬이 열렸다. 케인스가 '피곤하고 창백해보이는 납덩이 같은'[142] 몸을 이끌고 인파로 꽉 찬 회의장에 예정보다 조금 늦게 들어와 자기 자리로 느릿느릿 걸어갔다. 그 순간 앉아 있던 사람들 모두, 스키델스키 말을 빌리자면 '브레턴우즈 회의를 빛나게는 했지만 자기 주장을 관철시키지는 못했던' 케인스에게 경의를 표하려고 자리에서 일어섰다.[143] 분명 세계에서 가장 유명한 지성인이라고 할 수 있는 케인스는 한낱 정치적 사건에 그칠 뻔했던 모임을 한 단계 더 격상시킨 인물이었다. 물론 어려운 법률 문구로 [케인스는 어려운 미국식 법률 용어를 '체로키(Cherokee)'라 불렀다] 가득한 마지막 합의문에서 그의 사상과 그가 제안한 문구를 찾기는 어렵지만 브레턴우즈는 케인스라는 걸출한 인물이 있었기에, 지성인들이 모여 국제적 합의를 이끌어낼 수 있다는 희망을 항상 품게 할 것이다.

사실상 케인스만큼 만찬연설을 기운차고 유창하며 훌륭하게 하는 사람은 없었다. 매끄러운 유머와 적절한 은유, 너그러운 마음이 가득한 연설 덕분에 연회장에 참석한 사람 모두 (적어도 영어에 능숙한 사람이라면) 마치 자신이 역사적인 업적을 이뤄냈다는 느낌이 절로 들 정도였다. 모겐소 장관은 '현명하고 친절하게' 안내해 줬고 화이트는 '불굴의 의지와 넘치는 힘을 인내심과 유머를 곁들여 늘 적절히 조절했다며' 찬사를 아끼지 않았다. 애치슨과 콕스, 럭스포드와 코야도, 그리고 그가 신랄하게 비꼬았던 다른 미국 변호사들은 '어려운 전문용어를 산문으로, 시로 멋지게 바꿨다'고 칭찬했다. 자신을 늘 따라다니던 언론이 '회의가 제대로 진행될 수 있도록 비판하고 의문을 던지며 트집까지 잡아준 덕분에 자신이 환상에 빠지지 않고, 잘못된 점은 깨닫고 더욱 기운 내 다시 시작할 수 있었다'며 고마워했다. 마지막으로 44개국이 '브레턴우즈에서 이룬 업적은 최종 합의문에 포함된 내용보다 훨씬 더 뜻 깊다'며 솜씨 좋게 마무리했다. 사실 최종 합의문에서 케인스가 꿈꾸던 원대한 국제 청산기구를 구현할 수는 없었지만 그것은 그의 커다란 희망을 담은 조항이었다. 케인스는 동료 대표들이 진심을 담아 부른 '사랑스런 친구를 위하여(For He's a Jolly Good Fellow)'라는 축가 속에 연회장을 떠났다. 모두 스스로 나서서 부른 듯 보였지만, 나중에 번스타인은 미리 악단에게 이 곡을 연주하라고 꾸며 놨다고 말했다.[144]

  모겐소 장관은 폐회사에서 회의에서 이룬 업적을 전쟁과 전쟁이 터진 원인이라는 넓은 맥락에서 평가했다. 그는 '계획도 없는 무분별한 경쟁과 노골적인 경제침략' 탓에 온 세계가 가파른 언덕 아래로 굴러 떨어져 참혹한 전쟁의 구렁텅이에 빠졌다고 비난했다. 이런 극단적 국수주의는 사라진 시대의 유물이라고 선언했다. 이어서 각 나라가 이익을 얻는 가장 앞선 방법은 국제협력이라고 목소리를 높였다. 브레턴우즈에서 연합국이 '통화와 경제 분야에서 이 교훈을 실행하기 위해 첫 삽을 떴다'고도 했다. 모겐소 장관은 더 나아가 이번 회의가 이틀 전 클라우스 폰 슈타우펜베르크(Claus von Stauffenberg) 독일군 대령과 그를 도운 군인들이 라스텐부르크(Rastenburg) 야전사령부에서, 아슬아슬하게 미수에 그쳤던, 히틀러를 암살하려던 사건에 '조금이나마' 일조했다고 강조했다.[145] 모겐소 장관을 환송할 때에는 케인스를 위해 준비된 각본만큼은 못했지만, '성조기여 영원하라(The Star-Spangled Banner)'가 연주됐다.

저녁 행사도 멋지고 화려했지만 모겐소 장관은 뜻하지 않게 들려온 반가운 소식으로 연설을 시작할 수 있어서 매우 기뻤다. 로빈스는 이렇게 기록했다. '이 소식을 듣고 모두 자리에서 벌떡 일어서 박수갈채와 환호를 보냈다. 이 덕분에 넘치는 희망과 화기애애한 분위기 속에 회의가 막을 내렸다.'[146]

결혼식을 앞두고 달아났다가 교회 불이 모두 꺼지고 문이 잠긴 뒤 돌아온 신부처럼, 회의가 공식적으로 끝난 뒤 꼬박 하루가 지나 러시아 대표단이 뒤늦게 소식을 들고 왔다. 저녁 행사를 시작하기 30분 전 스테파노프가 모겐소 장관을 찾아갔다. 통역사가 의기양양하게 말을 꺼냈다. "스테파노프씨가 몰로토프씨로부터 답변을 받았습니다. 그분께서 장관님 제안을 기꺼이 받아들이시겠답니다."

모겐소 장관은 어안이 벙벙했다. 스테파노프가 다시 확인해 줬다. "은행 출자금을 올리는 데 동의한다고 몰로토프씨께서 말하셨습니다."

"얼마까지요?" 모겐소 장관이 믿을 수 없다는 듯 물었다.

"기금 할당량과 같은 12억 달러까지요."

"몰로토프씨가 이 금액을 정말 허락하셨습니까?"

"모겐소씨 제안을 받아들이신다고 하셨습니다."

"정말이군요. 몰로토프씨께 진심으로 감사 드린다고 꼭 전해주십시오."[147]

지난 4월에도 몰로토프는 러시아의 지지를 얻지 못한 공동성명서가 언론에 공개되기 몇 시간 전 소련 정부가 '자국 전문가들로 하여금 모겐소씨 프로젝트에 기꺼이 참여하도록 하겠다'는 소식을 해리먼 대사에게 전한 적이 있었다.[148] 이곳 브레턴우즈에서도 몰로토프는 다시 자신 특유의 굼뜬 의사결정 탓에 전체 은행 자본금이 기금 할당량 합계보다 3억 달러 더 많은 이상한 구조가 됐다. "몰로토프씨께서는 모겐소 장관께서 소련 대표단에 요청하셨기 때문에 승인하신다고 하셨습니다. 스테파노프가 부연 설명했다.

"소련사회주의연방공화국에 대해 제가 오랫동안 간직해 온 존경과 신뢰에 부응해 주셔서 고맙다고 몰로토프씨께 전해주십시오." 기쁨에 넘친 모겐소 장관이 고마움을 표시했다.

스테파노프가 되풀이했다. "몰로토프씨께서는 기금 증액을 원하시는 모겐소 장관님을 깊이 존경하여 요청 안을 승인하셨습니다."[149]

사실은 브레턴우즈에서 러시아 사람들이 오로지 모겐소 장관만 좋게 평가한 것이 아니었다. 즐로빈(Zlobin) 재무부 통화분과위원장은 귀국 후 〈전쟁과 노동자 계급The War and the Working Class〉이라는 러시아 잡지에 자신이 쓴 보고서인 〈미국에서 연 모임Meetings in America〉에서 발췌한 호기심을 불러일으키는 기사를 실었다. 브레턴우즈에 머무는 동안 해리 화이트와 친밀한 관계를 유지했다는 사실에 초점을 둔 기사였다. 즐로빈은 체출린 대표와 함께 워싱턴에 갔을 때, 화이트는 워싱턴 교외에 있는 그의 별장으로 둘을 초대한 적이 있다고 밝혔다.[150] 나중에 화이트는 대배심 앞에서 브레턴우즈 회의 전과 후에 러시아 대표단 전체를 자신의 집으로 초대한 사실이 있다고 증언했다.[151] 브레턴우즈에서 그는 다른 러시아 동료뿐만 아니라 화이트와 미국 대표들과도 모여 배구를 즐겼다고도 했다. 마이크셀에 따르면 러시아 사람들이 아주 진지하게 경기를 했다고 한다.[152] 즐로빈은 또 이렇게 적었다. "나중에 우리가 꼭 관철시켜야 할 사안이 있을 때마다 화이트는 미국과 남미

22개 나라가 기꺼이 지원해주겠다고 우스갯소리로 말했다."[153] 1942년 이후 FBI가 화이트에 대해 모은 정보에 즐로빈이 쓴 기사도 들어있으나 위 농담에 관한 기록은 찾을 수 없었다.

# 제9장

## 애완견 팔라처럼
## 알랑거리며 애원하다

각국 대표 모두 브레턴우즈를 떠나자마자 이미 서명한 합의문 문구의 뜻을 놓고 영국과 미국 대표 사이에 논쟁이 벌어졌다. "우리 모두 문서를 처음부터 끝까지 읽기도 전에 서명해야 했습니다." 케인스가 5개월 뒤 지적했다. "우리가 본 것은 서명란이 전부입니다." 셰익스피어가 쓴 문구를 빌어 덧붙였다. "굳이 변명하자면 우리는 실망스럽게도 성찬도, 병자 성사도 받지 못한 채 몇 시간 만에 호텔에서 쫓겨나오다시피 했다는 사실입니다."[1]

기금 협상에서 공식적으로 영국을 대표한 사람은 케인스가 아니라 데니스 로버트슨이었지만, 그마저도 최종 합의문을 만드는 작업에 참여하지 않았다. 화이트와 그의 동료들이 배후에서 기금 세부 초안을 마련했고 케인스와 타국 대표들은 '집에서 쫓겨나기' 직전에야 초안을 처음으로 볼 수 있었다. 케인스와 영국정부가 이 기구를 창설하려고 거의 3년 동안이나 온 힘을 기울였다는 사실을 감안하면 그가 당시 한창 논의 중이던 합의문 최종안을 보지 못했다는 주장은 믿기 어렵다.[2] 회의 종료를 앞두고 단 며칠 만에 뚝딱 해치울 수 있는 일을 두고 지난 2년 동안 꼬박 매달리고도 해결하지 못했기 때문에, 각국 대표들이 호텔 방을 비워줘야 한다는 압박감 속에서 서명할 수 밖에 없도록 한 조치는 분명 화이트에게는 쾌재를 부를 일이었다.

특히 미 달러화를 유일한 '금태환 통화'로 지정함에 따라 단박에 구 금본위제가 달러본위제로 탈바꿈했다. 달러본위제는 1971년 금태환 금지 조치가 있었는데도 오늘날까지 버젓이 살아남았다. 만약 케인스가 최종안에 서명하기 전에 내용을 잘 읽었다면 틀림 없이 이의를 제기했을 것이다. 하지만 이상하게도 회의가 끝난 뒤에도 주의를 기울여 문구를 살펴봤다는 기록은 없다. 대신 그는 국제기구의 단기효과를 놓고 화이트와 이론 논쟁을 벌였을 뿐이었다. 화이트가 자신이 쟁취한 엄청난 외교적 승리를 움켜쥐고 결코 내놓지 않으리라는 사실을 잘 알고 있던 케인스가 최종안에 뜻밖의 내용이 들어있었다는 사실을 깨닫고 무척 당황한 나머지 이를 일부러 모른 척했을 수도 있다. 케인스는 회원국들이 고정환율로 통화를 바꿀 수 있도록 협조할 의무가 있다는 문구 때문에 몹시 화가 났다. 이 부분은 이해하기 어려운 법률용어로 서둘러 작성하는 바람에 뜻이 모호할 뿐만 아니라 곳에 따라서는 앞뒤가 맞지 않아 추후 여러 의미로 해석될 여지가 있었다. 케인스와 로버트슨은 의무가 정확히 무슨 뜻인지, 그리고 이런 혼란스런 사태를 누가 책임져야 하는지에 대해 서로 의견이 엇갈렸다. 케인스는 문제가 되는 문구를 발견하지 못한 점은 로버트슨 잘못이라고 했다. 로버트슨은 이를 승인한

것은 케인스라며 반박했지만 결국 '실수'를 인정했다.[3]

　케인스가 가장 걱정한 부분은 영국이 외환시장에 마음대로 개입하지 못해 결국 금과 달러 유출을 통제하지 못할 수 있다는 점이었다. 그렇다면 이는 '됭케르크' 사태와 같은 최악의 상황이나 마찬가지일 터였다. 10월 6일 케인스는 화이트에게 긴 편지를 보내 합의문 문구를 바꿔달라고 간청했다. 편지에는 케인스 특유의 논리와 익살, 열정과 고뇌가 소용돌이처럼 어지럽게 엉켜있었다. 화이트는 답장을 하지 않았다. 하지만 케인스가 11월에 다른 일로 워싱턴에 방문하던 차에 용케 시간을 내 18일에 화이트를 만날 수 있었다. 케인스가 문제를 제기한 구절 가운데 옳다고 인정되는 문구에 관해서는 화이트가 다음에 고치도록 노력하겠다고 했다. 그렇지 않은 부분은 수정할 수 없다고 고집했다. 화이트는 무슨 일이 있어도 문구를 놓고 다투고 있다는 소문이 의회로 흘러 들어가지 못하도록 해야 했다. 이것이 바로 합의문을 고칠 수 없는 이유였다.

　케인스는 포기하지 않았다. "우리는 앞뒤가 맞지 않고 누가 봐도 이해하기 어려운 문서에는 합의할 수 없습니다." 12월 29일 그는 재무장관에게 쓸데 없는 신념을 담아 편지를 썼다. 앞뒤가 맞지 않고 애매한 부분은 수완을 발휘해 해결할 문제였다.[4] 그렇지만 케인스는 할 수 없는 일과 해서는 안 되는 문제를 구분하는 노련한 솜씨가 부족했다. 그래서 걸핏하면 앞뒤 가리지 않고 시시비비를 따졌다. 이번에는 모겐소 장관을 압박한 일로 영국 재무장관을 놀라게 했고, 이는 결국 외교 마찰만 불러일으키고 말았다. 모겐소 장관이 화이트에게 편지를 건네자 그는 물러서기는커녕 영국 재무장관에게 편지를 수거하든지 날짜를 바꾸든지 아니면 문구가 잘못됐다고 지적한 부분을 삭제해야 한다고 요구하고 나섰다. 의회가 낌새를 알아차리지 못하게 하려는 속셈이었다. (모겐소 장관은 세 가지 방안 가운데 마지막을 선택했다) 하지만 갓 태어난 기금이 전쟁으로 찢긴 비참한 세계에 화이트가 내세운 평가절하 억제정책을 적용시켜야 하는 어려운 과제에 비하면 이 소동은 아무 일도 아니었다.

브레턴우즈 회의를 두고 영국과 미국이 벌인 드잡이는 당시 양국 안에서 일어난 정치적 소란에 비하면 가벼운 몸싸움에 불과했다. 1944년 7월 이전에는 화이트와 케인스가 고안한 색다른 국제기구를 반대하는 목소리가 세간에 떠들썩했지만 의외로 대형 은행들은 심하게 반발하지 않았다. 이들은 통제하기 어려운 거대한 국제회의로는 정교한 기구를 만들어 낼 수 없다고 착각했기 때문이었다. 하지만 화이트·라이트(White-Lite) 안이 아무런 방해도 받지 않고 생겨나 불쑥 미국 법률로까지 만들어지려던 참이었다. 이를 반대하는 무리들이 가만히 있을 리 없었다.

12월 말 모겐소 장관은 곧 벌어질 전투를 생각해 화이트를 재무부 차관으로 승진시켜 달라고 루스벨트 대통령에게 건의했다. "화이트가 브레턴우즈 회의 결과를 입법화하는 싸움에 앞장서야 하니 그를 특별히 차관으로 승격시키면 아주 쓸모 있으리라 봅니다. 보상받을 만한 일도 수없이 많이 했습니다. 이뿐만 아니라 케인스 경 같이 뛰어난 사람도 화이트의 상대가 되지 못합니다."[5] 물론 더할 나위 없는 칭찬이었다. 대통령의 허락으로 1945년 1월 23일 마침내 화이트는 처음으로 영광스런 공무원 직함을 얻었다.

이로부터 몇 주 전인 1월 4일 랜돌프 버제스를 포함한 영향력 있는 은행가들이 모겐소 장관과 그의 보좌관들을 만나 타협을 시도하려 했다. 버제스는 미국은행협회와 준비금도시은행협회(Reserve City Bankers Association)에서 준비한 보고서를 내밀었다. 이들은 브레턴우즈에서 제안한 은행은 자신들의 해외투자를 보장하기 때문에 지지한 반면, 기금은 튼튼하지 않다는 이유를 들어 거부했다. 더욱이 기금이 너무 크고 복잡하다고 주장했다. 기금은 다뤄야 하는 일이 너무 많고 모호할 뿐만 아니라 신용도가 낮은 정부에 너무 쉽게 대출해 줄 수 있는 권한이 있다고도 했다. 모겐소 장관은 청사진이 완벽하지 않다는 점은 인정했다. 그렇지만 이 프로젝트는 아주 중요해 서둘러 실행해야 할 뿐만 아니라 세계 최고 전문가들이 모여 만든 계획으로서 44개 나라가 합의했다는 사실을 강조했다. 따라서 이제 와서 한 나라가 내용을 고치려 한다면 다른 나라도 모두 수정하겠다고 나설 것이기 때문에 결국 세상 사람들은 틀림 없이 은행가들이 합의를 깨트린 주범이라 의심할 것이라고 주장했다.[6] "이 방안 아니면 대안이 없습니까?" 버제스가 물었다. "네 분명 그렇습니다." 장관이 대답했다.

2월 미국은행협회에서 기금을 반대하는 내용으로 보고서를 내자, 문제가 해결됐다고 여겼던 모겐소 장관이 격분했다. 미국 상공회의소도 기금을 받아들일 수 없다고 했다. 민간 단체인 국가경제위원회도 더욱 신랄하게 기금을 공격했다. '안정화 기금은 안정과는 전혀 무관하다. 오히려 아무짝에도 쓸모 없는 외국지폐를 달러로 바꿔주는 기계일 뿐이다. 기금과 은행의 '안건' 모두 케인스 경이 주장하는 터무니없는 부채이론과 뒤엉켰다.'[7] 이제 누가 누구 편인지 확실히 갈렸다.

2월 5일 모겐소 장관이 보좌관들과 비밀 회의를 연 자리에서 은행가와 정부 사이에 싸움이 벌어졌다고 선언하고 정부가 반드시 이겨야 한다고 힘주어 말했다. "다른 대안이 없습니다. 기금은 더욱 잘 사는 세상을 만들기 위해 미국 국민뿐만 아니라 (유럽에서 전쟁이 끝나면) 온 세계에 제시할 첫 작품입니다. 이자율은 개인이 아니라 정부가 결정해야 합니다." 그는 애초부터 민간 은행, 특히 영국에 있는 은행가 일당이 아닌 정부가 통화정책을 정해야 한다고 생각했다. "뉴욕에 있는 은행 다섯 개가 외환시장을 쥐락펴락하도록 놓아둘 참입니까? 런던 은행가들이 지난 수백 년 동안 그래왔듯 우리를 마음대로 쥐고 흔들도록 내버려 둬서야 되겠습니까?" 모겐소 장관이 목소리를 높였다. 럭스포드는 뉴욕 은행가들이 '연방준비제도마저도 반대한다'고 지적했다. 그들은 극단주의자들이었다. "투기꾼들이 반대한다고 몰아세우겠습니다." 화이트가 제안했다.[8]

재무부가 여론을 조성하는 데 가장 중요한 문제는 브레턴우즈 합의 내용이 너무 어렵고 복잡해 대중으로부터 관심을 끌기가 어렵다는 점이었다. "브레턴우즈 회의에 대해 형성된 여론은 사실상 없다." 이는 재무부 소속 전시정보국이 제출한 보고서에 적힌 결론이었다. "제시된 계획, 이와 관련된 문제, 이들의 중요성을 이해하지 못한 탓에 관심이 없고, 관심이 없기 때문에 전반적인 논의조차 하지 않는다."[9] 의원들도 브레턴우즈 합의내용이 무엇인지 잘 몰랐다. 럭스포드가 모겐소 장관에게 말을 옮겼다. "저와 친한 부히스(Voorhis) 의원은 의회가 내용을 이해하지 못하기 때문에 의견도 없다고 제게 알려줬습니다."[10] 브레턴우즈 회의에 참석한 매리너 에클스 FRB 의장조차 혼란스러워할 정도였다. "해리, 당신이 제안한 내용은 너무 복잡합니다." 그가 화이트에게 불평했다. "내용이 너무 어려워 무슨 뜻인지 알려고 직원에게 알기 쉬운 말로 간단히 정리하라고 했습니다."[11]

3월 1일 화이트는 브레턴우즈에서 합의한 내용을 대중에게 알리고 정치적 논쟁에도 대비하기 위해 새로운 작업에 착수하겠다고 동료들에게 알렸다. 재무부는 홍보전문회사와 계약을 맺었다. 외부 전문가인 랜돌프 팰터스(Randolph Feltus)가 홍보를 지휘하도록 했다. 목표는 명백했다. 좌익은 이미 지지를 표했기 때문에 재무부가 우익을 맡을 터였다. 중도파를 설득하고 영향력 있는 보수파를 포섭하는 일이 가장 중요했다. 뉴딜정책을 추진하는 재무부는 애초부터 은행을 공격했으나 이제는 전략을 바꿔야 했다. 이제부터 적을 '고립주의자'로 몰려는 작전이었다. 자세한 내용이나 숫자는 피하고 정치·경제 안정이라는 논리를 내세울 참이었다. 브레턴우즈 국제회의를 2월 연합국 수장들이 크림반도에서 개최한 얄타회담(Yalta Conference)과 엮을 계획이었다. '재무부를 뉴딜정책의 꼭두각시라고 믿는 대중이 수상쩍게 여길 수' 있어서 재무부는 이 일에서 최대한 거리를 둬야 했다.[12] 화이트에게는 이 부분이 가장 껄끄러웠다.

할 수 있는 한 많은 사람을 만나야 했다. 사업가와 언론인, 경제학자와 온갖 종류의 단체를 접촉할 계획이었다. 4월 13일 〈월 스트리트 저널〉이 보도했다. "금주에 개신교 4개 종파 목사들이 워싱턴에서 개최하는 비공식 설명회에 초빙됐다. 크게 감흥을 받고 교회로 돌아가 신자들에게 브레턴우즈라는 복음을 전파하겠다는 목사들도 있었다."[13] 그렇지만 최종 목표물은 더 높은 기관인 의회였다.

2월 12일 프랭클린 루스벨트 대통령은 의회에 공식 문서를 보내 브레턴우즈 합의사항을 즉시 비준해 달라고 요청했다. 3월 7일부터 청문회가 시작됐다. 모겐소 장관은 은행통화위원회 앞에서 발표하기 시작했다. 그는 브레턴우즈 합의안의 세부 내용이나 숫자는 자세히 알지 못했기 때문에 자연스럽게 사전에 준비한 홍보전략을 따르는 데 집중했다. "정치적 혼돈 속에서는 경제 안정을 이룰 수 없습니다." 그가 힘주어 말했다. "마찬가지로 경제적 혼란 속에서 정치 안정도 기대할 수 없습니다." 이 두 가지를 이루기 위해서는 브레턴우즈 회의가 꼭 필요했다. 다른 나라들이 '미국을 상대로 통화장벽을 세우는' 바람에 미국 수출이 추락한 1930년대를 되풀이하지 않고 미국의 국익을 지키려면 IMF를 설치해야 했다. 통화 가치를 안정시킬 필요가 있었다. 하지만 삼국협정에서 경험했듯이 단지 3개국이나 6개국만 모여서는 통화를 안정시킬 수 없다는 사실이 전쟁을 통해서 여실히 드러났다. 온 세계가 합의한 국제적 시스템을 만들어야 했다.

브레턴우즈 회의에 대한 자세한 설명은 당연히 화이트의 몫이었다. 3월 9일 금요일에 시작해 15일인 그 다음주 목요일에 진술을 마친 뒤 한달 남짓 지난 4월 19일에 다시 개시했다. 화이트는 44개 나라가 브레턴우즈 협정문을 마련했지만 '미국 대표단은 오로지 국익을 지키려 했다'는 말로 시작했다. 그러고는 최근 역사를 되짚어가며 국익이 무엇인지 자세히 설명했다. 제1차 세계대전 이후 각국은 금본위제로 돌아가려 했다. 그는 이 제도가 미국 경제에는 좋았지만 다른 나라, 특히 영국에는 그렇지 못했다고 했다. 영국은 '세계시장에서 원하는 만큼 충분한 몫을 차지하지 못했기 때문에 자국에서 높은 수준의 고용을 달성하지 못했다.' 영국 국민들 사이에 제1차 세계대전 이전에 실시하던 고정환율제도를 부활시켰기 때문이라고 비난하는 목소리가 점점 커졌다. 정치적 압력이 더욱 거세지자 결국 1931년 영국은 고정환율제도를 폐지했다. 파운드화 가치가 내려가자 다른 나라들도 가격경쟁력을 잃지 않으려고 자국 통화가치를 잇따라 떨어뜨렸다. 1932년 독일이 몇몇 나라와 특별 쌍무청산협정을 맺어 서로 수출입할 수 있는 품목을 철저히 통제하기 시작하면서 통화전쟁이 무역전쟁으로 비화됐다. 국제무역은 추락하고 경제공황이 더욱 악화됐다.

화이트는 만약 그때 환율 안정을 위한 브레턴우즈 협정이 있었다면 이는 '틀림 없이 전쟁 확산을 억제하는 데 크게 기여했거나 심지어 전쟁을 막았을 수도 있었을 것'이라고 주장했다. 미국은 이 협정으로 이익을 가장 많이 얻을 수 있었다. 기금이나 은행으로부터 도움을 받아서가 아니라 협정이 '국제무역을 활성화시키는 데 꼭 필요한 통화신용정책과 무역정책을 다른 나라들이 채택할 수 있도록 보장'해주기 때문이었다.

화이트가 재무부에서 일하는 동안에 강력한 미국기업들은 변동환율제도를 아주 싫어했다. 당시 미국은 대규모 수출기업과 국내 제조업체가 많아 달러화 절상 압력이 높았기 때문이었다. 타국 통화 가치가 달러 대비 하락하면 미국 제품 수출이 줄어들고 미국산 제품과 경쟁하는 외국 제품 수입은 늘어난다. 하지만 대외부채가 세계에서 제일 많은 영국은 미국이 영국에 파운드화 가치를 지나치게 높은 수준에 고정하도록 강요할까 봐 걱정이 태산 같았다. 화이트는 영국 사람들이 '안정화'라는 단어를 왠지 뻣뻣하다는 느낌으로 받아들여 불편하게 생각한다고 증언했다. '안정화'라는 말만 들으면 몸서리쳤다고 했다. 이 때문에 미국이 기금의 이름과 기능을 다룰 때 '안정화'라는 용어 대신 '통화'라는 문구로 바꾸는 데 동의했다고 밝혔다.

이어서 화이트는 기금과 은행의 조직과 기능에 대해 길지만 아주 명쾌하게 설명했다. 아직 문서화하지 않은 미국의 청사진도 알기 쉽게 요약했다. 그는 영국 보수당 로버트 부스비(Robert Boothby) 상원의원이 브레턴우즈 합의문이 모호하다고 악의적으로 비판한 글을 차근차근 반박했다. 〈뉴욕 타임스〉는 화이트가 비판한 내용을 편지 형식으로 기사를 냈는데, 청문회에 참석한 위원이 이를 큰 소리로 읽기도 했다.

화이트가 자신 없어 했던 곳은 정확히 1960년대 미국이 브레턴우즈 통화 시스템을 관리하면서 흔들렸던 부분이었다. 통화 시스템이 말 그대로 딱딱하고 희소한 금을 토대로 하는가? 아니면 미국 정부가 마음대로 찍어낼 수 있는 달러화에 바탕을 두는가? 화이트는 어떻게 금과 달러 모두에 기초를 둘 수 있는지 설명하느라 계속 진땀을 흘렸지만, 두 가지 모두라고 고집했다.

"이 제도가 금본위제와 비슷하다고 할 수 있습니까?" 부스비가 질문을 던졌다. "질문에 대한 답은 전적으로 금본위제가 무엇을 뜻하는지에 달려있습니다." 화이트가 대답했다. "어느 나라가 환율을 1퍼센트 범위 안에서 고정시켜야 한다는 의미라면 대답은 '예'입니다. 일정한 수준의 금을 보유하지 않으면 화폐를 발행할 수 없도록 규제한다는 뜻이라면 대답은 '아니오'입니다." 화이트는 이런 식으로 자유롭게 해석하는 것을 미덕으로 여겼다.

위원들이 기금 협정문 제4조 1항에 나오는 '각국 통화를 금으로 표시해야 하는지' 혹은 '1944년 7월 1일자 무게와 순도 기준 미 달러로 나타내야 하는지'에 대해 묻자 화이트는 두 가지가 서로 같다고 해명했다. "우리뿐만 아니라 세상사람 모두 미국 달러화와 금을 서로 비슷하게 여깁니다. 미 달러와 금은 사실상 같기 때문에 굳이 부연 설명을 하지 않고 편의상 그렇게 표현했습니다."

"다른 통화를 사용하는 방안도 검토했습니까?" 프레더릭 스미스 오하이오주 공화당 하원의원이 물었다. "기금이 금이나 달러 대신 '뱅코르'나 '유니타스'를 도입할 수는 없습니까?"

"도대체 뱅코르나 유니타스가 무엇입니까?" 화이트는 모른척하고 맞받아쳤다. "그런 통화는 없습니다."

"당신은 알고 있었어야죠." 스미스가 몰아세웠다. "당신은 이전에……."

"저는 이전에 그와 같은 것을 국제회계단위로 채택하자고 제안한 적이 있습니다." 화이트가 말을 잘랐다. "하지만 잘 아시다시피 브레턴우즈 회의 전에 더 이상 검토하지 않기로 결정했습니다."

"그 회계단위에 이름을 붙여야 하지 않겠습니까?" 스미스도 물러서지 않았다.

"우리가 대안으로 '미 달러'라고 쓴 까닭은 이름을 지어야 했기 때문입니다. 우리는 이 이름이 좋다고 생각합니다." 화이트가 대담하게 말했다. "다른 나라들이 '금과 달러'라는 문구를 받아들여서 기쁘게 생각합니다."

물론 이는 크게 부풀린 말이었다. 화이트는 다른 나라 대표들 모르게 '금태환 통화'를 달러로 살짝 바꿨다. 이를 알면 그들도 회의 때까지 수년간 물고 늘어진 케인스처럼 반발했으리라는 사실을 잘 알고 있었기 때문이다.

스미스가 계속 압박했다. "달러가 금과 같습니까?"

"미국이 고정된 가격으로 금을 자유롭게 사고 팔 수 없는 상황에 처할 가능성은 없습니다." 화이트가 단언했다.

결국 나중에 그가 틀렸음이 밝혀졌다. 1960년대 미국이 베트남전쟁을 치르고 '위대한 사회(Great Society)' 건설 프로그램을 추진하면서 금 보유액이 곤두박질치는데도 이에 아랑곳하지 않고 지폐를 마구 찍어내자 금 인출사태가 벌어졌고 달러가치가 하락해 결국 고정환율제를 폐지했다. 화이트가 주장한 대로 달러와 금은 같을 수 없었다. 금은 금일 뿐이었다. 그렇지만 '금과 달러가 같다'는 허구는 다른 나라들에는 미국이 달러를 지나치게 많이 찍어내면 어쩔 수 없이 금을 토해내야 할 수도 있다는 믿음을 주는 한편, 의원들에게는 미국이 통화정책을 마음대로 실시할 수 있다는 확신을 주기 위해 꼭 필요한 논리였다.

6월 14일부터 28일까지 화이트가 상원 은행통화위원회에서 증언할 때에는 스미스가 아주 색다른 방식으로 그를 괴롭혔다. 의사인 스미스는 아주 꼼꼼하면서도 날카로웠다. 반면, 세심하지는 않으나 큰 원칙을 중요시하는 오하이오주 출신 로버트 태프트는 달변인데다 추론에도 능했다. 태프트에게는 이 문제가 간단해 보였다. 그는 기금을 미국이 보유한 금을 다른 채무국에게 넘겨주는 괴상한 도구라고 생각했다. 화이트는 스미스가 말하면 빈정대며 껄끄러운 투로 반응했지만, 기금과 은행 세부내항과 그 안에 숨은 논리를 훤히 꿰뚫고 있어 자신감이 넘쳤던 태프트가 질문하면 차분하게 대답했다.

스미스와 태프트 모두, 화이트의 강력한 영국 쪽 경쟁자인 케인스가 말한 소위 희소통화 규정을 언급하는 것만큼 화이트 주장의 근거를 갉아먹는 데 정치적으로 더 효과적인 방법이 없다는 점을 잘 알고 있었다. 케인스는 이 규정에 따르면 기금 회원국이 미국처럼 지나치게 대외 채권이 많은 나라로부터 수입하지 못하게 할 수 있다고 주장했다. 랜돌프 버제스는 상원에서 이 조항을 '가증스런 악마'라고 혹평했다. 화이트는 '이 사안을 완벽히 이해하고' 있는 케인스를 존경한다고 치켜세운 뒤, 이 안은 오로지 미국 대표단에만 '보고하기로' 합의했다면서 그 안은 터무니없다고 일축했다. 태프트 위원이 이끄는 위원회에 법안이 제출되면 '검토한 뒤 쓰레기통에 버릴 수 있다'고 주장했다.

마침내 브레턴우즈 협정안은 저명한 은행가와 경제학자들의 비판이 많았음에도 양원에서 어렵지 않게 통과됐다. 내용을 조리 있게 설명했기 때문이 아니라 루스벨트와 트루먼 행정부가 그럴싸하게 잘 포장한 덕분이었다. 브레턴우즈 회의는 결국 전쟁과 평화에 대한 문제였다. 화이트가 약간 과장해 말했다. "1921년 전쟁을 막기 위해 국제기구를 만들려는 우리 노력에 찬물을 끼얹었던 사람들이 현재 비난 받아 마땅하듯, 브레턴우즈 협정안을 찬성하지 않는 사람들도 먼 훗날 역사의 심판을 받을 것입니다." 당시에는 낙관론이 팽배했다. 미국이 유럽과 태평양에서 승리했기 때문이었다. 고립주의자로 몰릴 수 있다는 걱정 때문에 공화당 의원들 사이에 표심이 갈라져 결국 6월 7일 하원에서 찬성 345표 대 반대 18표라는 압도적 차이로 협정안이 통과됐다. 6월 26일 화이트가 전문위원으로 참석한 자리에서 50개국 대표들이 샌프란시스코에 모여 유엔헌장에 서명했다. 7월 19일 상원에서 브레턴우즈 협정안이 찬성 61표 대 반대 16표로 통과됐다. 브레턴우즈 통화협의를 성사시키려면 적어도 반대자를 한 명 이상 이겨야 한다는 루스벨트 대통령의 의지를 담아 뉴햄프셔 주 토비 상원의원이 의회에서 동료들에게 다음과 같이 말했다. "경제전쟁이 세계를 집어삼키게 놔둘 수는 없습니다. 한가롭게 움츠리고 있어서는 절대 안됩니다." 그는 끝내 찬성표를 던졌다. 7월 31일 트루먼 대통령은 브레턴우즈 법안을 정식으로 승인했다.

영국에서도 미국에서처럼 브레턴우즈 협정안을 놓고 논쟁이 벌어졌다. 영국 산업연맹과 런던 상공회의소 모두 협정안에 반대하고 나섰다. 런던 상공회의소는 특히 브레턴우즈 협정이 채권국가에 유리하기 때문에 안정을 촉진하기보다는 갈등을 부추긴다고 주장했다. "국제수지 흑자국으로 하여금 수입을 늘리지 않게 하고, 수출로 번 돈으로 환율을 짓눌러 수출 상대국의 안정을 위협하거나 수출 대상국에 투자해 그 나라 고정자산을 점점 더 통제해 이익을 챙길 수 있도록 하는 금융시스템은 장기적으로 국제협력을 이끌어내기는커녕 혼돈만 초래할 것입니다."[14] 이는 채무국가가 늘 내세우는 논리였다.

미국에서 '고립주의자'들이 브레턴우즈 협정안을 공격했듯 영국에서도 의회 청문회에서 '제국주의자'들이 이 안을 비난했다. 케인스와 재무장관은 영국 의회에서 지나치게 논쟁을 벌이면 미국에서 협정안을 승인하지 않을까 봐 노심초사했다. 따라서 미국에서 안을 통과시킬 때까지는 무슨 수를 써서라도 영국 의회에서 싸움이 격렬해지지 않도록 막아야 했다. 〈이코노미스트〉는 브레턴우즈 협정안에 대한 주요 영국 여론을 반영했다. 즉, 협정안은 영국 경제에 도움이 되지 않으며 영국 은행가들을 화나게 한 미국도 나쁘다고 주장했다. "미국의 자비와 우정에 계속 기대거나, 미국이 실망하거나 화나지 않게 신경 써주는 대가가 얼마인가?"[15] 〈이코노미스트〉는 평소와는 달리 질문을 해놓고 답을 제시하지 못했다.

무기대여협상은 브레턴우즈 협상보다 시간에서 그다지 뒤쳐지지 않았다. 케인스는 워싱턴에서 화이트를 만나기 한달 전인 1944년 9월, 소위 제2단계 무기대여협상을 위해 캐나다 노바스코샤(Nova Scotia) 반도 핼리팩스(Halifax) 시 일드프랑스 호텔에 도착했다. 여기서 제2단계는 미국이 유럽에서 승리했을 때부터 태평양에서 이겼을 때까지의 기간이다. 연합국은 독일이 이르면 12월 즈음 항복을 선언하리라 기대하던 터였기에 서둘러 논의하자는 분위기였다. 당시 영국은 전쟁 피해가 너무 컸기 때문에 전쟁 배상금을 받아내려는 속셈으로 일본을 공격하는 데 더욱 힘쓰려 했다. 전쟁에서 손을 떼면 더 이상 무기대여 지원을 받을 수 없다는 사실을 잘 알고 있던 영국 재무부는 태평양전쟁이 기회라고 판단했다. 이곳에서는 전쟁물자 소요가 적기 때문에 남아도는 무기대여 지원을 영국의 수출을 촉진하는 쪽으로 돌리고 여분은 쌓아 놓을 수 있었다.[16] 영국의 속셈을 간파한 모겐소 장관은 '영국이 태평양전쟁에서 얼마만큼 기여하는지 유심히 지켜보겠다'고 분명하게 말했다.[17]

모겐소 장관은 미 행정부 안에서 영국을 가장 지지하는 인물이었지만 워싱턴에서는 그에게 요구된 구두쇠 노릇을 계속할 수밖에 없었다. 9월 퀘벡(Quebec)에서 열린 루스벨트 대통령과 처칠 수상 사이의 '옥타곤(Octagon)'이라 불린 군사협상을 옆에서 돕던 모겐소 장관은 처칠 수상 자문위원인 처웰(Cherwell) 경을 따로 만나 제2단계 지원 방안을 짜냈다. 처웰 경이 영국이 국제무역 시장에 복귀하는 데에만 적어도 군수물자가 아닌 현금 20~30억 달러가 필요하다고 주장하자 모겐소 장관이 거세게 반발했다. 그는 처웰 경에게 계산 근거를 제시하라고 요구했다. "모든 자료를 원합니다." 모겐소 장관이 강력히 말했다. "식량과 군수품뿐만 아니라 영국 경제 프로그램 전체에 대한 정보를 제시해 주시기 바랍니다."[18]

모겐소 장관은 영국이 국내에서 지독한 궁핍에 시달리지 않으면서 전쟁을 수행할 충분한 자원을 확보하게 해 주려고 다짐했지만, 무기대여협상을 전후 세계에서 미국의 위상을 재정립하는 수단으로 활용하는 데에도 반대하지 않았다. 특히 그는 탈식민지화를 위해 미국의 자금력을 동원했다. 10월 모겐소 장관은 케인스를 만난 자리에서 이를 촉진하기 위해 인도와 영국 식민지 지역에서 미군과 영국군을 줄이자고 제안했다. 케인스는 식민지에서의 영국 군비지출 문제는 미국이 간섭할 일이 아니라며 발끈했다. 모겐소 장관은 한발 물러섰지만 자금이 부족하면 제국이라는 태양도 곧 질 수밖에 없다는 사실을 잘 알고 있었다.

무기대여협상에서 모겐소 장관은 자기 부하만큼 강경한 노선을 취하지 않았다. 그는 영국이 '무일푼인 친구'니 다시 일어나 차츰차츰 빚을 갚을 수 있도록 도와줘야 한다고 주장했다. 하지만 화이트는 미국은 영국이 자립하도록 도울 의무가 없다고 맞섰다. 영국이 번영을 되찾도록 지원해주면 전후 세계에서 미국의 재정적, 정치적 지위가 위험해질 수 있다고 했다.[19] 화이트는 '철저히 비밀로 하자'며, 태평양전쟁 승리 뒤인 제3단계에서 영국이 미국으로부터 지원을 많이 받으려면 제2단계에서 금과 달러를 최소한의 정도만 유지해야 한다고 케인스를 악의적으로 꾀었다.[20] 케인스는 이 제안을 진지하게 받아들일 만큼 어리석지 않았다.

루스벨트 대통령은 거시경제에 대해서는 막연하게만 알 뿐이라 화이트처럼 무기대여협상을 지정학적 무기로 여기는 데까지는 결코 생각하지 못했다. 11월에 연 기자회견에서 대통령이 '제2단계가 무슨 뜻인지 모른다'고 하자 케인스는 깜짝 놀랐다.[21] 그가 거느린 고위급 자문위원들은 퀘벡에서 대통령이 했던 발언에 대해 걱정했다. 모겐소 장관은 헐 장관과 스팀슨에게 대통령이 '무기대여협상을 너무 만만하게 여긴다'고 불평했다. 건강이 나빠져 퀘벡에 가지 못했던 헐 장관은 대통령이 영국으로부터 상업적 양보를 얻어내지 못하고, 무기대여법에 따라 영국이 받는 물품이나 그와 비슷한 제품은 수출하지 못하게 하는 조건을 느슨하게 풀어줌으로써 '미끼를 내 던졌다'고 맹비난했다.[22] 그는 대통령에게 2주 뒤에 사임하겠다고 하자 12월 1일부터 에드워드 스테티니어스(Edward Stettinius) 국무부 차관이 장관직을 맡기로 결정됐다.

얼마 뒤 루스벨트 대통령은 영국의 궁핍한 처지를 미국에 이롭도록 활용하자는 주장을 전적으로 받아들였다. "나는 영국이 빈털터리인지 아닌지 모릅니다." 8월에 영국 재정상황에 대해 보고받은 뒤 대통령이 모겐소 장관에게 다짐했다. "그쪽으로 가 몇 차례 협상해 대영제국을 인수하겠습니다." 이 재담에는 평판을 갉아먹는 낡아빠진 해외사업에 매달리는 영국에 대한 혐오감이 고스란히 드러났다. 처칠 수상이 케케묵은 남유럽 왕조를 점점 더 대놓고 지지한데다 10월에는 모스크바에서 스탈린을 만나 제멋대로 유럽에서 영향력을 넓히려고까지 하자 루스벨트 대통령은 화가 머리끝까지 치밀어 올랐다. 처칠 수상이 주요 장관의 반대를 무릅쓰고 섣불리 영국군을 보내 지지기반을 점점 잃어가는 그리스 군주를 지원하려 하자 미국에서 항의가 들불처럼 일어났다. 미국은 영국의 이런 몰상식한 행동이 사리사욕만 추구하는 제국주의적 발상이라고 간주했다. 루스벨트 대통령은 영국 수상이 점점 '빅토리아(Victoria) 왕조 중기'로 돌아가고 있으며 '제국주의 강박증세'에 시달리고 있다고 비꼬았다.²³

모겐소 장관의 주장에 따르면 루스벨트 대통령은 처칠 수상이 선거운동이 한창인 11월까지도 도발을 계속하자 '퀘벡회담을 들어보지도 못한 듯' 행동하기 시작했다고 했다.²⁴ 그는 영국을 지지하면 의회의 반대에 부딪혀 선거에서 타격을 받을지도 모른다는 생각에 무기대여협상에서 더 이상 영국을 너그럽게 대하지 않기로 다짐했다. 영국을 봐주면 미국기업을 희생해 영국 수출을 지원한다는 비난을 피할 수 없을 터였다. 수상의 미국인 절친 버나드 바루크조차도 미 행정부를 돈 많고 지나치게 자비로운 정신 나간 바운티풀 여사(Lady Bountiful)로 묘사했다. '처칠 수상은 대영제국을 청산해야 한다는 요구를 받아들일 수 없다고 밝혔습니다.' 바루크가 모겐소 장관에게 보낸 편지에서 밝혔다. '하지만 저처럼 유식하지 않은 미국인도 영국을 지원하는 행위가 미국인의 생활수준을 떨어뜨리지나 않을까 하는 의문이 듭니다.' 그는 영국이 너무 오랫동안 죽는 소리를 했다고 불평했다.²⁵

대통령은 재수출규제 조항을 다시 넣고 제2단계에서 처칠 수상에게 약속했던 금액의 10퍼센트인 6억 달러를 삭감했다. 이보다 더욱 중요한 사실은 지원 의무를 명시화하지 않았다는 점이었다. 모겐소 장관이 이 조치가 '퀘벡회담 정신'을 위배한다고 지적하자 루스벨트 대통령은 이를 무시했다. 대통령은 더 이상 지원해 줄 마음이 없었다. 영국은 이제부터 '미국의 선의'에 의지해야 하는 처지가 됐다.

　미국 쪽 제안이 영국에 전달됐을 때 케인스는 미국이 지원 의무가 없더라도 그리 걱정할 필요가 없다고 했다. 미국 정부의 말은 구속력 있는 문구만큼이나 효력이 있다고 주장했다. 물론 이제 와서 다르게 말하면 자신이 협상에서 실패했다는 사실을 인정하는 꼴이었다. 처칠 수상은 루스벨트 대통령이 지원 프로그램이 충분하지 않다고 여기면 다른 '묘안'을 내리라 굳게 믿었다.[26] 하지만 만성병에 시달리던 대통령은 묘안을 떠올리기는커녕 단지 몇 개월 뒤 뇌출혈로 쓰러지고 말았다. 그는 의회가 무기대여법안을 더욱 강화한 뒤 몇 주도 채 지나지 않은 1945년 4월 12일 세상을 떠났다. 이제 처칠 수상은 백악관에 새로 등장한 해리 트루먼(Harry S. Truman)이라는 잘 알려지지 않은 인물을 상대해야 했다.

　5월 2일 소련 게오르기 주코프(Georgy Zhukov) 원수가 베를린을 함락시켰다. 그 이튿날 미군이 오스트리아 인스부르크와 잘츠부르크를 손에 넣고 히틀러가 이전에 은신했던 베르히테스가덴(Berchtesgaden)에서 독일군 2천 명을 사로잡았다. 다음날에는 미군이 플로센부르크(Flossenburg) 수용소를 장악했다. 석방된 사람들 가운데에는 레옹 블룸(Leon Blum) 전 프랑스 수상도 있었다.[27] 독일군의 저항은 점점 수그러들었고 마침내 소련군이 프라하를 점령한 5월 8일 독일군이 무조건 항복을 선언했다. 이후로도 전투가 간헐적으로 벌어졌지만 유럽을 휩쓸었던 전쟁은 공식적으로 끝이 났다.

　이때까지 1945년에 영국에 지원해 주기로 했던 군수물자의 6분의 1

만 보냈던 미국은 유럽에서 영국이 쓸 예정이었던 물자를 대부분 회수했다. 무기대여협정 제2단계가 이제 공식적으로 시작됐지만 영국에 대한 반감 때문에, 처칠 수상이 그렇게 공들였던 퀘벡 합의안은 사실상 무용지물로 전락했다. 워싱턴에 주재하고 있던 한 영국 관리가 본국에 이렇게 보고했다. "사실적으로든 법률적으로든 우리는 케인스가 논의했던 원점으로 되돌아갔습니다."[28]

처칠 수상이 트루먼 대통령에게 간청했다. "퀘벡에서 제가 루스벨트 대통령을 만났을 때 독일군을 물리치면 무기대여협의안에 서명하기로 약속했습니다. 당신 전임자와 제가 퀘벡에서 합의했던 원칙이 아직도 유효하다는 사실을 알고 계시리라 믿습니다." 터무니없는 영국의 요구를 단호히 거부하는 의회와 고위 장교로부터 거세게 압박 받던 트루먼 대통령은 퀘벡회담에 참여했던 처칠 수상, 모겐소 장관과는 다른 노선을 택했다. "그들이 원한다고 모두 줄 수 없습니다." 5월 23일 대통령이 장관을 야단쳤다. "저는 모두 준다고 한 적이 없습니다." 모겐소 장관이 성마르게 대꾸했다. "사실 영국은 우리가 충분히 지원해주지 않는다고 불만이 많았습니다."

루스벨트 대통령과의 친분을 등에 업은 모겐소 장관은 국무부가 오랫동안 휘둘렀던 권력을 손아귀에 쥐고 지난 12년 동안 국내외에서 최고의 영향력을 행사할 수 있었다. 여러 해 동안 재무부에서 한낱 일급쟁이 공무원으로 고생하던 화이트는 장관이 세력을 유지하고 확장하는 데 필요한 지적 능력이 있었기에 그에게는 없어서는 안될 인물로 컸다. 그렇지만 루스벨트가 사망하자 두 사람은 어느새 정치라는 바다에서 표류하는 잡동사니로 전락해 있었다. "이것도 잘못됐고 저것도 문제입니다." 모겐소 장관은 미국과 영국 사이에 군사협력이 제대로 이뤄지지 않는다며 자기를 비난하는 무리를 흉내 내며 분노를 터뜨렸다. 그는 트루먼 대통령에게 다음과 같이 간청했다. "처칠 수상이 의회에 출석해 케인스 경이 훌륭한 업적을 달성했다고 치켜세웠습니다만 저는 그로부터 글 한 줄 받지 못했습니다. 받을 생각도 저는 없습니다. 제 친구인 루스벨트 전 대통령의 말만 따를 생각이었으니 제게 조금만 더 힘을 실어 주십시오."[29]

모겐소 장관은 더 이상 힘을 얻지 못했다. 트루먼 대통령이 루스벨트가 감싸던 재무부를 멀리하자 신임 대통령의 노선을 바꾸려고 국무부와 전쟁부가 재빨리 끼어들었다. 트루먼 대통령도 전임자와 마찬가지로 주요 국제금융 문제를 전시동원복구청(Office of War Mobilization and Reconversion)을 이끄는 절친 프레드 빈슨 판사에게 의지했다. 빈슨은 대리인을 시켜 트루먼 대통령 이름으로 처칠 수상에게 보낼 무기대여협정문 초안을 마련하도록 했다. 퀘벡회담 이후 새로운 전략과 물자 현황을 고려해 미국이 영국을 지원하는 문제를 재검토하자는 강경한 내용이었다. 이뿐만 아니라 '영국의 금과 외화보유액이 예상보다 훨씬 많다'고 지적하고 영국이 '특정 물품에 대해서 물건 대신 달러로 지급해 달라는 주장을 누그러뜨려야 한다'고 요구했다.

영국에 대해 오래 전부터 강경노선을 취해오던 화이트는 대통령에게 보낼 편지에 서명하라고 모겐소 장관을 재촉했지만 끝내 이 일 때문에 둘 사이가 완전히 갈라졌다. 대신 모겐소 장관은 화이트의 후임인 프랭크 코(Frank Coe) 재무부 통화연구분과 이사에게 지시해 퀘벡에서 약속한 사항을 준수해야 한다는 내용의 편지를 준비하도록 했다. 빈슨은 결국 화이트가 마련한 편지를 보냈지만 처음에는 누구 편에 서야 할지 몰라 안절부절못했다. 그사이 국무부는 영국에 무상으로 돈을 대주는 대신, 금리 2.5퍼센트, 만기가 30년인 장기대출을 해주는 조건으로 영국이 특혜관세를 철폐하고 파운드화를 자유롭게 바꿀 수 있게 하며 미국이 국제자유무역체제를 세우는 데 협조해야 한다는 제3단계 금융지원 방안을 제시했다. 이제 미국과 영국은 전쟁이 터지기 이전보다 더욱 사이가 나빠졌고 모겐소 장관은 두 나라 사이의 정치적 소용돌이에 빠져 힘없이 허우적거리는 처지가 됐다.

난관에 봉착한 영국 문제에 '신물이 난' 모겐소 장관은 1945년 6월 자신이 아직 힘을 쓸 수 있다고 믿는 독일 쪽으로 관심을 돌렸다. 하지만 대통령과 주변 핵심 인물들은 그와 생각이 달랐다. 모겐소 장관은 '대통령과 자기가 독일에 대해 견해가 같다'고 확신했지만 사실은 전혀 그렇지 않았다. "모겐소 장관이 독일 문제에 끈질기게 간섭하려 하는군요." 트루먼 대통령이 스팀슨에게 불만을 털어놨다.[30] 결과적으로 그가 독일 문제에 관여한 일은 재무장관으로서 남긴 유산 가운데 가장 명예롭지 못한 부분이 되고야 말았다.

모겐소 장관의 일대기를 쓴 존 모턴 블럼은 장관이 1944년 여름부터 전후 독일 문제에 개입한 일은 그의 경력에서 '가장 논란도 많고 고통스러운' 부분이었다고 절제된 투로 적었다. 마찬가지로 화이트도 독일 문제로 논란에 휩싸였다. 사실 모겐소 장관은 브레턴우즈 회의가 끝나기 전에는 '독일에 대해 깊이 생각하지 않았다'고 블럼이 밝혔다. '장관은 제1차 세계대전 이후 줄곧 독일 사람들을 불신했다. 특히 독일이 터키를 침략해 잔인하게 저지른 짓을 생생하게 기억하고 있었기 때문이었다. 모겐소 장관은 독일인들은 전쟁에서 패배한 뒤에도 세계를 정복하려는 꿈을 버리지 못하는 사람들이라도 믿었다.'[31]

1944년 8월 6일 화이트는 무기대여협상과 영국의 달러 보유액 문제를 논의하려고 런던으로 향하는 비행기 안에서 파스볼스키와 애치슨이 대부분 작성한 전후 독일 문제를 다룬 국무부 보고서를 장관에게 건넸다. 단기적으로는 독일이 배상금을 지급하고 유럽에서 더 이상 경제적 지배를 하지 못하도록 하고, 장기적으로는 튼튼하고 산업화한 독일을 세계경제와 완전히 통합시키자는 구상이었다. 한마디로 '화해와 평화를 다지자'는 제안이었다.

모겐소 장관은 이를 물리쳤다. 이 제안이 나약하고 순진해 빠진 발상이라고 생각했다. 화이트도 그와 마찬가지로 이 정책을 실시하면 독일은 다시 재앙을 초래하는 전쟁을 일으킬 수도 있다고 봤다. 폭력적이고 말썽 많은 나라는 결국 침략하려는 유혹에 빠지기 쉽다는 까닭이었다. 모겐소 장관은 런던의 라디오 방송에서 영국 청취자들에게 다음과 같이 말했다. "독일과 일본을 무장해제시키고 이 나라들이 점잖은 사람처럼 제대로 행동하기를 바라는 것만으로는 부족합니다." 그는 독일을 탈공업화시켜 두 나라로 쪼개야 한다고 주장함으로써 영국과 미국 정부의 협상 담당자 사이를 완전히 갈라놨다. 독일을 작디작은 농업 국가로 탈바꿈시켜야 한다고 했다. 더군다나 자르(Saar)와 루르(Ruhr), 상부 실레지아(Upper Silesia) 지역만 산업화하고 다른 지방은 떼어내 이웃 나라로 편입시켜야 한다고 역설했다.

1943년 테헤란회담에서 루스벨트 대통령, 처칠 수상, 스탈린이 만나 독일을 분할하기로 합의한 내용에 국무부가 이의를 제기하자 유럽에서 돌아온 모겐소 장관은 자기가 독일 문제를 담당하게 해달라고 루스벨트 대통령에게 청원했다. 대통령은 국무부가 손을 떼도록 했다. 모겐소 장관은 대통령이 한 말을 기록해 뒀다. "우리는 독일 사람들을 거세하거나 과거에 저지른 짓을 계속하려는 사람들을 더 이상 번식하지 못하도록 조치해야 합니다."[32] 장관은 이를 재무부가 나서서 독일 문제를 맡으라는 신호로 받아들였다. 늘 하던 대로 이제부터 그가 전후 독일에 대한 정책의 큰 틀을 짜고 화이트가 그 안에 세부 내용을 채울 터였다.

화이트는 케인스가 자신의 주장을 일부 지지한 사실을 크게 확대해 '그가 독일을 분할하자는 우리 주장을 전적으로 찬성한다'고 내세우면서 케인스로부터 인정받고 싶은 욕망을 드러냈다.[33] 하지만 이는 크게 부풀려진 말이었다. 사실 케인스는 임시분할만 지지했지 독일을 탈공업화하자는 의견에는 결코 찬성하지 않았기 때문이다.[34] 모겐소 장관은 케인스가 무슨 생각을 하는지는 별 관심이 없었고 스팀슨과 헐 장관, 행정부 안에 있는 중요한 사람들로부터 지지를 얻는 데 온 힘을 기울였다.

독일 문제를 논의하는 과정에서 모겐소 장관은 사실과 추론보다는 다듬어지지 않은 본능과 감정에 의존해 때로는 괴상한 영역으로까지 빠지는 케인스와 아주 비슷하게 접근했다. "히틀러가 하던 방식대로 하면 어떻겠습니까?" 장관이 스팀슨에게 의견을 물었다. "아이들을 부모에게서 완전히 떼어 내 국가가 관리하는 병동에 집어 넣은 뒤 미군, 영국군, 러시아군 장교 출신으로 하여금 아이들에게 진정한 민주주의가 무엇인지 가르치도록 하면 어떨까요? 독일에 있는 공장을 모두 허물고 사람들이 그저 조그만 땅만 일구며 살도록 하는 방안도 좋다고 생각합니다." 스팀슨은 수백만 명을 독일에서 이주시켜야 하는 부담이 있다는 이유를 들어 그의 의견에 동의하지 않았다. "가스실로 보내는 짓만큼 나쁘지는 않다고 생각합니다." 장관이 지적했다. 스팀슨은 모겐소 장관이 '경제조치라는 미명하에 졸렬하게 실컷 앙갚음하려 한다'고 여겼다. 그러면 '독일의 심한 반발을 초래해 다시 전쟁이 일어날 수도 있다'고 우려했다.[35] 하지만 대통령으로부터 지지를 받고 있다고 굳게 믿었던 모겐소 장관은 자신의 주장을 굽히지 않았다.

1944년 9월 4일 재무부는 모겐소 계획이라고 알려진 〈독일이 제3차 세계대전을 일으키지 못하도록 하는 방안 Program to Prevent Germany from Starting a World War III〉이라는 보고서를 완성했다. 위넌트 대사의 경제 자문위원인 펜로즈(Penrose)는 '보잘것없는 논제에 훌륭한 지성이라는 옷을 더없이 깔끔하게 입혔다'며 화이트를 에둘러 칭찬했다.[36] 나중에 논평가들은 종종 모겐소 계획이 사실상 '화이트 계획'이라고 했다. 이는 화이트가 보고서를 작성했고 독일을 '5등급 국가'로 떨어뜨려야 한다고 주장했을 뿐만 아니라 보고서 내용 중 많은 부분에 동의했다는 점에서는 맞는 말이었다.[37] 하지만 모겐소 장관이 화이트를 시켜 화이트의 생각보다 더욱더 과격한 방향으로 보고서를 쓰도록 했다는 점에서는 오해의 소지가 있었다. 한때 미 국방정보국에서 일했던 존 디트리히(John Dietrich)는 '이른바 모겐소 계획은 해리 덱스터 화이트의 머릿속에서 나왔다고 생각한다'는 모겐소 장관 아들의 말을 인용했다.[38] 그렇지만 '모겐소 장관은 화이트가 원하는 수준을 훨씬 뛰어넘는 정도를 요구했다고 아들이 밝혔다. 그의 무리한 요구 탓에 얼마 지나지 않

아 모겐소 장관을 열렬히 지지하고 따르던 사람들조차 분노와 당혹감에 휩싸였다.'[39]

위넌트 대사의 정치 자문위원인 필립 모즐리(Philip Moseley)는 이 계획으로 유럽대륙에서 독일이 쥐고 있던 패권을 러시아에 넘길 수 있으며 이를 화이트가 지지할 것이라고 주장했다.[40] 그러나 화이트는 모겐소 장관의 주장대로 라인강 지역을 탈공업화하면 1,500만 명이 극심한 고통에 빠진다며 계속 반대했다. "나는 한 발짝도 물러설 수 없습니다." 모겐소 장관이 고집 부렸다. "대통령만 나에게 지시를 내릴 수 있습니다. 그밖에 어느 누구도 내게 이래라저래라 할 수 없어요."[41] 화이트는 어쩔 수 없이 장관 편에 섰다.

9월 12일 루스벨트 대통령은 모겐소 장관에게 캐나다 퀘벡에서 열리는 옥타곤이라 명명된 영미회담에 즉시 참여하라고 지시했다. 영미 지도자가 만나는 자리에 모겐소 장관이 초대받은 경우는 이번이 처음이었다. 루스벨트 대통령이 정상회담의 목적을 알려주지는 않았지만 모겐소 장관은 자신이 '처칠 수상에게 독일에 대한 자신의 구상을 설득시키려 했지만 아무런 성과를 내지 못했던' 까닭에 초대받았다고 추측했다. 처칠 수상은 제2단계 무기대여협상에 모겐소 장관이 참여하도록 루스벨트 대통령에게 부탁한 일도 있었지만 모겐소 장관의 추측이 거의 맞았다. 이 두 가지 사안은 서로 피해를 입히며 뒤엉켰다.

13일 공식만찬이 열린 자리에서 대통령은 모겐소 장관에게 독일에 대한 그의 구상을 처칠 수상에게 설명하라고 부탁했다. 모겐소 장관은 자신이 말을 마치자 처칠 수상이 '온갖 수사를 동원해 비꼬며 공격을 퍼부었다'고 회상했다. 장관은 처칠 수상이 미 재무부의 계획이 자신과 죽은 독일인을 밧줄로 엮는 행위로 여겼다고 밝혔다. 수상은 이 계획이 명백히 '비인간적'이라고 비판했다. 대통령은 말을 꺼내지 못하고 '수상이 장관을 맹비난하도록 끝까지 내버려뒀다.'[42]

모겐소 장관은 잠을 이루지 못했지만 다음날 독일 문제에 대한 논의는 방향이 완전히 바뀌었다. 희한하게도 처칠 수상이 생각을 바꿨던 것이다. 그는 이렇게 변명했다. "처음에는 모겐소 장관의 의견을 격렬히 반대했습니다. 그러나 제가 부탁할 것이 많은 대통령과 장관의 의견이 확고해서 결국 제가 따르기로 했습니다."[43] 하지만 '부탁할 것이 많다'는 말은 무슨 의미였을까?

14일 정오 모겐소 장관, 처웰, 앤서니 이든(Anthony Eden) 외무장관, 외무부 사무차관 카도건 경이 배석한 정상회담에서 루스벨트 대통령과 처칠 수상은 첫 번째로 제2단계 무기대여방안을 논의했다. 협상 대상 금액은 65억 달러였다. 대통령은 각서에 서명하지 않았던 이야기를 장난치듯 수상에게 말했다. "도대체 무엇을 원하십니까?" 논의하던 중 처칠 수상이 폭발했다. (대통령의) "애완견 팔라(Fala)처럼 일어서서 알랑거리라는 말씀입니까?" 화이트에 따르면 대통령은 수상에게 모겐소 계획을 구두로 동의하라고 요청했다고 한다. 뭔가 대가가 있는 듯했다.

14일 처칠 수상은 제2단계 무기대여협상에서 지원을 요청했다. 더욱 정확히 말하면 간청했다. 루스벨트 대통령은 먼저 독일 계획에 대한 처칠 수상의 확답을 얻으려고 일부러 꾸물거렸다. 수상은 바로 동의한다고 했으나 문서에 서명하지 않는다는 조건을 달았다. 15일 정오 루스벨트 대통령, 모겐소 장관, 이든, 처웰이 참석한 자리에서 처칠 수상은 독일 문제에 대한 공식 문서는 작성하지 않는다는 점을 전제로 한 뒤 자신이 하는 말을 받아쓰게 했다. 처웰로부터 모겐소 계획에 영국이 수출할 수 있는 훌륭한 기회가 내재돼 있다는 사실을 전해 들은 수상은, 독일 계획을 여섯 문장으로 줄이자고 했다. 초점은 루르, 자르 지역에 있는 '금속, 화학, 전기 산업'을 모두 폐쇄하고 '전쟁 피해국들이 그들이 입은 손실을 복구할 수 있도록 무기공장을 제거하도록 허용하자는' 내용이었다. 한마디로 독일을 '농업과 목축업만 하는 나라'로 바꾸자는 계획이었다.

잔뜩 화가 난 이든은 회의가 끝난 뒤 처칠 수상과 치열하게 설전을 벌였다. 이든이 따졌다. "독일이 수출품을 생산하지 못하면 무슨 수로 수입대금을 지급할 수 있겠습니까?" 처칠 수상은 이든에게 전시내각 앞에서 공개적으로 독일 계획을 반대하지 말라고 경고했다. "우리 국민의 미래가 달려있습니다." 수상이 또박또박 힘주어 말했다. "영국 국민과 독일 국민 사이에 선택해야 한다면 당연히 우리 국민 편에 서야 합니다."[44]

처칠 수상이 국민의 미래가 '달려있다'고 말했을 때, 그는 독일을 전원국가로 바꾸는 계획보다는 무기대여협상을 잘 이끄는 일을 염두에 두고 있었다. 처웰은 워싱턴에 있는 영국 재무부 대표 로버트 브랜드(Robert Brand)에게 '윈스턴으로 하여금 문서에 서명하도록 한다면 영국이 더욱 쉽게 대출 받을 수 있다'고 말한 적이 있다.[45] 처웰과 처칠 수상은 무기대여협상에서 좋은 성과를 얻어내려고 탐탁지 않은 독일 계획을 효과적으로 활용하고 있었다. 루스벨트 대통령은 처칠 수상이 받아 적으라고 한 글에 서명한 뒤 미국이 영국에 지원하는 제2단계 무기대여협의안에도 서명했다. 이번에도 영국은 (브레턴우즈 회의 때보다는 강도가 약했지만) 절실히 필요한 자금을 지원받기 위해 미국의 지정학적 구상에 응했다.

처칠 수상이 자신의 독일 계획을 마음에 들어 지지했다고 온 세상사람이 믿어주길 원했던 모겐소 장관은, 뒷거래가 있었다는 화이트의 말이 틀렸다고 주장했다. 9월 20일 워싱턴에서 열린 각료회의에서 스팀슨은 독일 계획과 무기대여협상이 서로 연결돼 있다며 모겐소 장관을 추궁했다. 모겐소 장관은 화이트가 쓴 퀘벡회담 회의록이 '무기대여협상 최종안이 작성되기 전에 처칠 수상이 독일 계획안에 동의했다'는 증거라고 꾸며 말했다.[46] 헐 국무장관은 모겐소 장관의 말을 한마디도 믿지 않았다. 모겐소 장관의 충실한 보좌관인 화이트조차도 사실은 그의 주장이 거짓이라고 했다. "장관님께서는 언제 서명하는지가 아주 중요하다고 하셨습니다." 화이트가 대꾸했다. "처칠 수상께서 루스벨트 대통령께 무기대여협정문에 동의해달라고 하면서 뭐라고 말씀하셨는지 기억나십니까? '도대체 무엇을 원하십니까? 애완견 팔라처럼 일어서서 알랑거리라는 말씀입니까?'라고 말하셨습니다. 나중에 무기대여협상안을 서명했지만 그 이전에 실제로 구두약속을 했습니다. 하지만 어쨌든 더욱 중요한 사실은 장관께서 두 가지를 서로 엮으셨다는 점입니다."[47]

각료들 사이에 벌어졌던 틈은 돌이킬 수 없을 정도로 더욱 커졌다. 모겐소 장관은 퀘벡회담을 자신의 공무원 경력 가운데 가장 두드러진 부분이라 생각했다. "그곳에서 보낸 48시간은 내 인생에서 그 어느 때보다도 가장 만족스러웠습니다."[48] 반면 독일 계획안을 독일 인구의 40퍼센트를 쓸어버릴 수 있는 '앙갚음에 눈이 먼' 조치라고 여긴 헐 장관은 '퀘벡에서 벌어진 일 때문에 자신이 국무장관으로 일하는 동안 제일 크게 화가 났었다고 털어놨다. 모겐소 장관의 계획이 새어나가기라도 한다면 미국인 수천 명의 목숨을 앗아갈 수 있는, 죽기를 각오한 독일의 저항은 불 보듯 뻔하며 실제로도 곧 그렇게 됐다.[49]

장관들 사이에 의견이 갈렸지만 모겐소는 대통령이 지지해준 덕분에 자신의 계획을 밀고 나갈 수 있었다. 전후 독일 지배문제를 다룬 악명 높은 합동참모본부 명령 1067호(JCS 1067) 초안이 숱한 논쟁에도 불구하고 9월 22일 각료 위원회에서 통과됐다. 가장 가혹한 조항은 드와이트 아이젠하워(Dwight Eisenhower) 연합군 최고사령관의 '독일 경제를 재건하거나 강화하는 조치를 취할 수 없다'는 부분이었다. 그는 오로지 '독일 국민이 굶어 죽지 않고, 전염병이 널리 퍼지지 않으며 점령군을 위협할 정도의 소요사태를 촉발하지 않을 만큼'만 물품을 수입할 수 있게 했다.

헐 장관이 예상한 대로 모겐소 계획의 세부내용과 미 각료 사이에 논쟁이 벌어진 사실이 〈워싱턴 포스트〉, 〈뉴욕 타임스〉, 〈월 스트리트 저널〉을 포함한 전 세계 언론에 흘러나가기 시작했다. 독일은 이 소식을 독일군이 저항하는 데 최대한 활용했다. 요제프 괴벨스(Joseph Goebbels) 독일 선전장관은 이 조치는 볼셰비키 같은 앵글로색슨 족이 '독일인 3,000~4,000만 명을 괴멸시키려고 작정한 증거'라고 공개적으로 떠들어댔다. 세월이 지난 뒤 알베르트 슈페어(Albert Speer) 독일 군수장관은 '모겐소 계획은 독일이 전쟁에서 지면 완전히 망한다는 뜻을 내포했기 때문에 이 계획은 히틀러 일당이 특별 주문한 계획이나 마찬가지였다'고 회상했다.[50] 히틀러도 모겐소 계획이 실시되면 '독일 국민 1,500~2,000만 명이 삶의 터전을 잃고 해외로 쫓겨나고 나머지 사람들은 노예로 전락할 뿐만 아니라 청년층이 붕괴되고 무엇보다도 엄청나게 많은 사람이 굶어 죽을 수 밖에 없다'고 선전했다.[51]

모겐소 계획이 누설되는 바람에 미국에는 그야말로 엄청난 정치적 회오리가 몰아쳤다. 토머스 듀이(Thomas Dewey) 공화당 대통령 후보는 이 소식은 '독일군 신규사단 10개와 비슷한 위력'이 있다고 주장했다. 루스벨트 대통령의 사위 존 보티거(John Boettiger) 중령은 '독일군 30개 사단과 맞먹는다'고 추정했다. 마셜 크나펜(Marshall Knappen) 중령은 전쟁이 끝난 뒤, '지친 몸을 이끌고 전장에서 돌아온 독일 병사들이 모겐소 정책 발표 후 이전보다 두 배나 더 각오하고 싸웠다고 보고했다'고 기록했다. 오마 브래들리(Omar Bradley) 장군도 다음과 같이 회상했다. "9월 초까지만 해도 연합군 고위 장교 대부분 승리가 임박했다고 믿었지요. 하지만 10월 들어 독일군이 기적처럼 되살아나 깜짝 놀랐습니다. 승리에 대한 기대가 한 순간에 사라졌어요." 아이젠하워 사령관도 독일 병사들이 '목숨 걸고 싸웠다'고 보고했다. "독일인들은 자신들이 살아남기 위해서는 죽기살기로 싸워야 한다고 믿었습니다."[52] 모겐소 계획 때문에 분명히 나치의 선전효과가 배가됐을 뿐만 아니라 전쟁도 늘어지고 연합군 사상자도 증가했다.

애초부터 헐 장관은 루스벨트 대통령에게 모겐소 계획과 연루되면 정치적으로 크게 타격 받을 수 있다고 경고했다. 이제 대통령은 피할 곳을 찾아야 했다. 9월 26일, 그는 독일 문제를 다루는 내각 위원회를 해산시켰다. 10월 3일, 어처구니없게도 대통령은 스팀슨에게 자신이 왜 처칠 수상이 불러 준 퀘벡 각서에 서명했는지 모르겠다며 한탄했다. 그는 자신이 쏜 화살에 '정통으로 맞은' 꼴이었다. 루스벨트 대통령은 기자회견을 열어 '내각에서 의견이 갈렸다는 얘기는 모두 사실이 아니라고' 밝혔다. 런던에서도 처칠 수상은 모겐소 장관에게 자신이 제시했던 여섯 문장은 미 각료회의에서 공식적으로 논의되기도 전에 폐기됐다며 꽁무니를 뺐다. 전쟁이 끝나고 한참 지난 뒤인 1949년 7월 처칠 전 수상은 퀘벡회담에 대해 이렇게 사죄했다. "저는 분명 독일에 너무 가혹한 제안을 했습니다. 서명한 일에 대해 사과 드립니다."[53]

유럽에서 전쟁이 끝나고 2년이 지난 1947년 7월이 돼서야 합동참모본부 명령 1067호는 결국 독일에 훨씬 덜 가혹하도록 다듬어진 명령 1779호로 대체됐다. 그런데도 원래의 모겐소 계획은 전쟁 중에는 나치에, 전쟁이 끝난 뒤에는 소련에 훌륭한 선전도구였다. 1946년 7월 파리에서 열린 외무장관 회담에서 몰로토프 소련 외무장관은 '독일을 멸망시키거나 주요 산업을 파괴해 전원국가로 전락시키려는 조치는 옳지 못하다'고 선언하면서 모겐소 계획을 비난했다. 독일 국민을 걱정하는 듯한 그의 발언은 진실이 아니었을지도 모르지만, 독일 산업을 해체시키려는 모겐소 장관의 정책 탓에 전후 독일경제는 나락으로 떨어졌을 뿐만 아니라 유럽의 경제회복도 지나치게 지연돼 뒤이은 미국의 유럽 재건비용도 크게 늘었다.

모겐소 계획이 미국과 서유럽 국가들에 경제적으로, 지정학적으로 손실을 엄청나게 끼쳤던 반면 이익은 눈곱만큼도 가져다 주지 못했다. 모겐소 장관과 화이트처럼 독일을 서둘러 탈공업화하지 않으면 머지않아 독일이 다시 전쟁을 일으킬 것이라고 믿는 사람이 없었다면 이 계획은 미국 외교정책의 참사였다고 불러야 마땅하다. 이 일로 영국은 단호하면서도 때로는 버릇없는 독점적 채권국가와 거래하기가 더욱 어렵게 됐다. 더욱이 온 세계는 금력외교가 최악의 경우 어떤 결과를 초래하는지도 알게 됐다.

잘못되고 비용도 많이 들었으며 소련에만 이로웠다고 드러난 전후 독일지배 문제도 모겐소 장관과 (특히) 화이트가 앞장섰다. 1944년 초부터 독일에서 점령군 화폐를 발행하는 문제를 본격적으로 논의했다. '해외에서 활동하는 미 육·해군 기동, 민간 업무와 관련된 재무부의 모든 경제, 재정 문제는 전적으로 책임지고 감독하도록' 모겐소 장관으로부터 1년 전에 서면 지시를 받은 화이트가 이 일을 맡았다.[54] 영국은 화폐를 미국에서 발행하는 데 동의했지만 러시아는 미국의 인쇄판 복제본을 사용해 돈을 자기나라에서도 찍게 해 달라고 요구했다. 물론 이러면 러시아는 독일 화폐를 마음껏 인쇄할 수 있다. 모겐소 장관은 이를 반대했지만 결정은 내리지 못했다. 반면 화이트는 단호하고 흔쾌히 찬성했다. "그동안 미국은 소련을 충분히 지원해 주지 못했습니다." 화이트가 소련을 감쌌다. "이 거래로 소련이 이익을 챙길 수 있다면 그들의 노력에 감사한다는 표시로 기꺼이 동의해야 합니다."[55]

앨빈 홀(Alvin Hall) 미 연방 인쇄국 이사가 러시아에 인쇄판을 주지 않겠다며 기를 쓰고 반대하자 화이트가 발끈했다. 화이트는 러시아를 '다른 연합국과 똑같이 신뢰해야 한다'고 맞섰다.[56] 하지만 이는 용서할 수 없을 정도로 지나치게 순진한 생각이었다. 1948년에 발각된 스파이 엘리자베스 벤틀리는 화이트의 행동이 범죄에 해당될 수 있다고 주장했다. 그녀는 화이트가 네이선 그레고리 실버마스터가 이끄는 지하조직의 지령을 받아 소련이 인쇄판 복제본을 얻도록 힘썼다고 밝혔다. 그녀의 주장이 입증되지는 않았지만 화이트가 한 말과 뒤이은 행동으로

미루어 그가 소련을 도우려고 자신의 권력을 지나치게 남용했다는 점은 의심할 여지가 없다.[57]

4월 14일 화이트는 조지 마셜 육군 참모총장으로부터 편지 한 통을 받았다. '만약 미 재무부와 국무부가 영국 외무부, 재무부와 협의해 소련 정부에 인쇄판 복제본을 주기로 결정했다면 아이젠하워 사령관이 추진하는 연합군의 마르크화 관련 문제에 걸림돌이 되지 않도록 1944년 5월 1일 이후에 복제본을 넘기면 좋겠다'는 내용이었다. 화이트는 이 문제에 대한 권력 공백을 이용해 '합동참모총장이 연합군의 마르크화 인쇄판을 러시아 정부에 넘기라고 지시했다'고 말을 바꿔 헐 국무장관에게 바로 보고했다. 화이트는 마셜 총장의 편지 내용을 왜곡해 전하고는 편지를 절대 보여주지 않았다. 헐 장관이 모겐소 장관을 찾아가 허락을 구하자 모겐소 장관은 이 문제에 대해 충분히 보고 받지 못했다면서도 순순히 응했다.[58]

화이트의 결정대로 러시아에 인쇄판을 건네주면 러시아가 화폐를 많이 찍을 것은 불보듯 뻔했다. 아이젠하워 군대가 독일 아이펠(Eifel) 지역 국경을 처음으로 넘은 1944년 9월 이후 연합군은 105억 마르크를 유통시켰고, 이는 소련이 발행하리라고 화이트가 예상한 금액과 거의 일치했다. 실제 소련은 화폐를 780억 마르크 이상 찍었다.[59] 화이트로부터 도움을 받은 소련은 이 가운데 상당 부분을 고정환율을 적용해 달러로 바꿀 수 있었다. 결과적으로 소련은 미 재무부를 급습해 3~5억 달러, 즉 현재가치로 따지면 이 금액의 12배에 해당하는 달러를 훔쳐갔다고 볼 수 있다. 영국 재무부로부터도 3억 달러 정도를 빼앗아 갔다.[60] 화이트가 아무리 소련의 노력에 감사한다는 표시를 하고 싶었다 하더라도 그가 준 돈은 지나치게 많았다. 그렇지만 1945년 7월 미국이 일련번호 앞에 줄표가 있는 러시아 발행 마르크화를 서독에서 통용하지 못하도록 함에 따라 소련의 횡재도 끝이 났다.

상처 입고 정치적으로 외톨이가 됐지만 여전히 고집이 셌던 헨리 모겐소 장관은 1945년 7월 5일 트루먼 대통령에게 뻣뻣하게 맞섰다. "제가 한 일에 대해 여러 얘기가 돌고 있습니다. 하지만 제가 이곳에서 12년이나 근무하고 각하와도 여러 달 동안 함께 일했을 뿐만 아니라 각하를 정성껏 보좌했는데도 저를 의심하신다면 차라리 제게 사임하라고 하십시오. 그렇지 않으면 제가 스스로 그만두겠습니다." 트루먼 대통령은 확답을 피했다. 모겐소 장관은 사직서를 쓰겠다고 말하며 대통령이 승전국 지도자들이 모이는 포츠담회담에 참석하기 위해 떠난 사이 후임자가 될 빈슨에게 인수인계 하겠다고 제안했다. 대통령이 아픈 곳을 찔렀다. "저런, 빈슨은 무기대여협상 문제 때문에 나와 함께 갈 예정입니다." 그날 늦은 시각 모겐소 장관은 사직서를 제출했고 자신이 초안을 작성한 사직승인서에 대통령의 서명을 받았다. 이튿날 대통령은 빈슨을 후임자로 임명하겠다는 뜻을 밝혔다. 모겐소 장관은 승진을 축하해 주려고 빈슨을 불렀고, 대통령의 말과는 달리 빈슨은 워싱턴에 머물러 있었음을 알았다.

빈슨 바로 밑에서 일하고 싶지 않았던 모겐소 장관은 바로 떠나기로 작정했다. 그날 새뮤얼 로즌맨(Samuel Rosenman) 판사는 대통령이 장관의 심정을 이해한다고 말해 주려고 대통령을 대신해 장관을 찾아갔다. 로즌맨은 장관에게 일종의 제안을 하려 했다. "장관직을 사임하신

것 때문에 대통령께서 책임을 느끼실 것이라고 생각해 계속 공직에 계시려 하십니까? 만약 브레턴우즈 관련 기구에서 근무하신다면 대통령께서 미안해 하실 것입니다."

"그럴 마음이 없습니다." 모겐소 장관이 대답했다. "주변 사람들은 제가 기금과 은행의 이사직이나 총재직을 맡을 것이라고 말하지만 저는 정말 그런 생각을 해보지 않았습니다."

"제가 장담할 수는 없지만 장관께서 그만두신다면 대통령께서는 미안하게 생각할 것입니다."

7월 13일 모겐소 장관은 사직서를 다시 써 로즌맨에게 전달했다. 이제 후임자 문제가 해결됐으니 공직에서 바로 물러나게 해 달라고 대통령에게 요청하는 내용이었다. 그리고 장관은 사직서와 함께 직접 대통령의 답변 초안을 두 개 더 작성해 로즌맨에게 건넸다. 답변 초안 중 두 번째 것은 대통령이 모겐소 장관에게 기금과 은행 이사직을 받아들이라고 요청하는 편지였다. 로즌맨은 이 편지들을 대통령에게 보냈다.

"편지 잘 받았소." 14일 대통령이 로즌맨에게 전보를 쳤다. "첫째와 둘째 편지만 마음에 듭니다. 셋째는 없던 일로 합시다." 이는 모겐소 장관에게 기금과 은행 이사직에 임명하지 않겠다는 뜻이었다.

모겐소 장관이 기금이나 은행 임원 자리를 원하지 않았다고 주장했는데도 트루먼 대통령은 장관의 사임문제를 아주 불쾌하게 처리했다.[61] 결국 그의 공직생활은 허무하게 끝났다.

그렇지만 화이트에게는 일이 더욱더 재미있게 돌아갔다.

루스벨트 대통령과 처칠 수상이 추진한 영미 연합 관계는 때때로 기우뚱거리기도 했지만 그런대로 계속 유지되고 있었다. 하지만 1945년 4월 루스벨트 대통령의 사망과 더불어 두 기둥 가운데 하나가 불안정해지더니 7월 처칠 수상이 이끄는 보수당이 총선에서 패하면서 나머지 기둥도 크게 흔들렸다. 처칠에 이어 클레멘트 애틀리가 정권을 잡았다. 그가 거느리는 노동당은 사회보장을 강조하고 정부가 적극 개입하는 경제정책을 지지한 덕분에 선거에서 승리할 수 있었다. 노동당은 영국 안에서 정책을 더욱 탄력적으로 실시하도록 하여 엄격한 브레턴우즈 태환통화정책(convertible currencies)과 맞부딪혔다.

이와 동시에 미 행정부가 새로 출범한 탓에 파산 지경에 이른 영국은, 브레턴우즈 체제에 이르는 길을 헤쳐나가기가 더욱 어려워졌다. 8월 6일 미국이 일본 히로시마에 첫 번째 원자폭탄을 투하했고 8월 9일에는 나가사키에 두 번째 원자폭탄을 떨어뜨렸다. 이로부터 채 한 주가 지나지 않은 8월 14일 일본 정부가 영국이 예상한 시기보다 9개월이나 더 빠르게 항복을 선언했다. 이는 영국이 1946년까지 그럭저럭 버틸 수 있게 해 줄 제2단계 무기대여지원이 갑작스럽게 끊긴다는 의미였다. 아니나다를까 트루먼 대통령은 사흘 뒤인 8월 17일, 영국에 제2단계 무기대여지원을 즉시 중단하고 서둘러 제3단계 프로그램에 착수했다. 영국으로서는 직격탄을 맞은 꼴이었다. 케인스가 추정한 그해 영국 국제수지 적자는 56억 달러였으며 이는 어떻게든 메워야 했다.

1944년 케인스는 영국 정부가 위기를 헤쳐나갈 수 있도록 긴축, 유혹, 정의라는 세 가지 정책을 제시했다. 케인스의 확장적 경제정책과는 완전히 상반된 개념인 긴축정책은 영국이 '당분간 강대국 지위를 포기해야 할 뿐만 아니라 사회·정치적으로도 반발이 아주 거셀 것이기' 때문에 포기해야 했다. 유혹정책에서는 영국이 미국의 장기 저금리 대출이라는 유혹에 빠져 무기대여법 제7조에서 정의한 태환통화정책과 다자간무역주의 원칙을 따라야 하는 대가를 치러야 했다. 이 대안도 전쟁이 끝나면 연합국이 독일에 요구하는 배상금과 맞먹는 200억 달러에 이르는 빚을 지게 돼 영국 국민들이 용납하지 않을 것이기 때문에 채택할 수 없었다. 이름이 암시하듯 마지막 대안인 정의정책이 당연히 받아들여야 하는 유일한 대안이었다. 이는 영연방 국가들이 들인 전쟁 비용과 이들에 대한 채무면제, 무기대여협상 전에 영국이 전쟁을 치르면서 쓴 돈을 '변제한다'는 명목으로 미국이 영국에 30~40억 달러를 지급해야 한다는 내용이었다. 케인스는 이 나라들 모두 영국에 도적적으로 빚을 졌고, 금을 많이 생산하는 남아공은 전쟁 덕분에 횡재를 했다고 주장했다.[62]

아니나다를까 이 제안에 혹해 한껏 들뜬 영국 정부는 1945년 9월 케인스를 미국에 보내 재정이 파탄 난 영국을 구하기 위해 정의의 깃발을 열심히 흔들라고 지시했다. 케인스가 영국의 국익과 보편적 정의를 아주 교묘하게 섞은 덕분에 영국 국민의 눈에는 이 두 가지가 마치 하나인 듯 보였다. 그렇지만 미국이 치르는 전쟁을 영국이 도와줬다는 주장은 미국인들 눈에는 지난 사반세기 동안 미국이 희생을 치르면서까지 유럽을 두 차례나 구해 준 은혜를 모르는 배은망덕한 태도로 보였다. 워싱턴 주재 영국 대사관도 이런 식으로 접근하면 곤란하다고 영국 정부에 주의를 줬다. 브랜드가 케인스에게 다음과 같이 편지를 보냈다. "미국이 더 일찍 전쟁에 참여하지 않은 탓에 영국이 어쩔 수 없이 쓴 30억 달러를 영국에 지급해야 정당하다는 주장은 미국인들에게는 통하지 않습니다."⁶³ 미국에서 9월에 실시한 여론조사에 따르면 미국 국민 60퍼센트가 영국에 대출도 해주면 안 된다고 생각하는 것으로 나타났다.⁶⁴ 따라서 30억 달러를 '배상하라'는 말은 미국인들에게는 그야말로 어불성설이었다. 그런데도 영국 정부는 정의라는 단어에 홀려 양국이 쓴 전쟁 비용을 영국에 유리하게 치우쳐 비교한 보고서를 만들어 뿌렸다. 이 자료를 입수한 〈뉴욕 타임스〉는 강력히 맞받아쳤다.⁶⁵

9월 13일부터 협상을 시작했다. 빈슨과 윌 클레이턴(Will Clayton) 경제담당 국무차관이 영국 재정 문제를 주도하던 화이트를 대신했다. 애치슨과 헐 국무장관을 따라 자유무역주의를 옹호하는 윌 클레이턴 국무차관은 2미터 거구인 텍사스 목화상 출신으로 말할 때 아주 논리 정연했다. 모겐소 장관 사임 후 화이트는 정치적으로는 황야에서 떠도는 처지나 마찬가지여서 다시 케인스와 맞붙을 수 있는 위치에 있지 못했고, 존경스러운 상대인 케인스를 영접이나 해야 하며, 그가 '시도 때도 없이 화내지 못하게' 하는 일이나 해야 했다.⁶⁶ 그즈음 화이트는 기금이나 은행에서 새롭게 일을 시작하길 바랐지만 어쩔 수 없이 이전에 하던 일을 다시 해야 하는 상황에 직면했다.

케인스가 이끌던 영국 쪽 협상단에 핼리팩스가 합류했다. 이제 예순둘인 케인스는 백발에 몸까지 허약해졌지만 가시 돋친 말을 거침없이 쏟아내는 달변은 여전했다. 전쟁 승리라는 영미 공동 목적을 위해 장렬히 목숨을 바친 영국인을 기리는 거창한 영국 애국가에 가슴 벅찬 감동을 느끼는 미국인은 없었다. 즉, 영국 동포들만 열광했지 미국 사람들은 가슴이 뭉클해지기는커녕 짜증만 날 뿐이었다. 미국 은행가인 러셀 레핑웰(Russell Leffingwell)이 내쏘았다. "케인스 경만은 미국에 오지 않으면 좋겠습니다. 그는 명석하지만 너무 똑똑하기 때문에 우리 미국인들을 그에게 설득 당하지 않으려고 합니다. 그의 말이 옳든 그르든 그의 말을 믿는 사람은 많지 않습니다. 그의 감언이설에 넘어갈 사람이 얼마나 있을까요? 아무도 없습니다."[67]

미국 협상단은 케인스가 이리저리 내뱉는 안개 같은 말에 말려들지 않고 잘 헤쳐나갔다. 클레이턴은 미국 국민은, 영국이 전쟁 물자를 들여올 때 영연방 지역에서는 외상으로 구입하고 미국으로부터는 무상으로 얻으려는 발상을 받아들이지 못한다고 분명히 밝혔다. 매리너 에클스는 영국을 망하지 않게 하려고 빚을 깎아줘야 하는 쓰러져 가는 회사로 비유했다. 헨리 월리스(Henry Wallace)는 영국이 채무를 면제받는 조건으로 인도를 해방시켜주기로 제의했다고 주장했다. 케인스가 변호사들에 대해 악의적으로 빈정대자 빈슨은 버럭 화를 내며 핏대를 세웠다. "당신도 그들과 똑같은 식으로 말합니다."

2주 동안 영국이 협상을 시도했지만 결국 실패로 끝났다. 한마디로 미국의 대승이었다. 클레이턴은 이제 영국은 무기대여법 제7조에 명시한 대로 무역차별화 정책과 이에 수반되는 금융규제를 없애야 한다고 주장했다. 영국이 무기대여 지원을 받는 대가로 약속한 사항들을 이행하라는 요구였다. 영국 협상단은 적자지출 문제를 논의하기 위해 유창한 대변인을 앞세우고 모자를 손에 든 채 언제 그랬냐는 듯 다시 워싱턴에 와야 하는 괴로운 처지에 빠졌다.

케인스에게는 짜증스러운 일이었지만 9월 27일 협상력을 강화할 목적으로 워싱턴에 파견된 라이오넬 로빈스는 실망스럽게도 케인스가 '최면상태에 빠진 영국 정부를 깨워야 하는 부담을 짊어졌다는 사실을 깨달았다. 케인스는 영국 재무부가 '정의'라는 이상에 빠져들도록 마법을 부렸으므로 이를 바로잡는 일도 그가 맡아야 한다.[68] 이제 영국은 한 발짝 물러서 유혹정책을 검토해야 했다. 케인스가 혐오하는 긴축정책을 피하려면 어쩔 수 없이 미국으로부터 대출을 받아야 하는 처지에 놓였다.

케인스는 자신이 열심히 준비한 계획을 뒤집고 미국으로부터 무이자 대출을 받을 수 있게 해 달라고 영국 정부에 요청했다. 휴 돌턴 재무장관, 어니스트 베빈 외무장관, 리처드 크립스(Richard Cripps) 상무장관 등 노동당 출신 장관들의 반응은 싸늘했다. 미국과 여러 해 동안 협상을 한 케인스가 어떻게 미국 쪽 의중을 잘못 읽고 우리를 오도할 수 있다는 말인가? 어쨌든 영국이 미국으로부터 절대 더 이상 대출을 받으면 안 된다고 고집했던 사람이 케인스였다.

영국 쪽 태도는 더욱 단호해지기 시작했다. 지난 3년간 영국은 가장 중요한 브레턴우즈 체제를 비롯한 전후 경제문제와 관련해 미국의 요구를 거절하거나 절실한 금융지원 요청에 등을 돌린 적이 없었다. 영미 사이에 긴장감이 팽팽해져 자칫하면 골이 더욱 깊어질 수도 있는 상황이었다. 하지만 고통을 견디기 어려웠던 돌턴 재무장관은 케인스에게 움직일 수 있는 여지를 조금씩 주기 시작했다. 워싱턴에서 협상을 시작한 지 한 달쯤 지난 10월 8일, 돌턴 재무장관은 미국으로부터 50년 만기 무이자 대출 50억 달러를 받아내는 일을 추진해보라고 핼리팩스에게 지시했다. 다만 영국이 전체 수입규모를 규제할 수 있는 권리를 보장받는 조건을 붙이라고 했다.[69] 그렇지만 장관은 케인스가 영국이 무기대여 협상 이전에 미국으로부터 물품을 구매했던 것을 변제하는 명목으로 20억 달러를 받아낼 수 있길 바랐다.

　압박감을 견디지 못한 케인스는 급기야 10월 7일 가벼운 심장발작 증세를 보였다.[70] 10월 9일 진행된 협상에서 클레이턴은 만기 50년, 이자율 연 2퍼센트짜리 대출을 20억 달러까지만 해주겠다고 못박았다. 다만, 영국이 견딜 수 없을 만큼 궁핍해지면 대출 이자율을 깎아줄 수 있다는 조건을 달았다. 이는 영국이 얻을 수 있는 가장 좋은 제안이었지만 케인스는 이를 받아들이지 않았다. 그런데도 그는 안타깝게도 많고 많은 사람들 가운데 하필 해리 덱스터 화이트라는 인물이 은밀히 현혹한 감언이설에 넘어가 버렸다. 케인스는 그를 '무이자 대출 원칙을 내세우며 우리를 뒤에서 아주 열렬히 지지해 주는 사람'이라고 여겼다.[71]

　당시 화이트는 행정부에서 뒷전으로 밀렸음에도 빈슨에게 영국 재정 상황에 대해 자문해 주기 위해 전문위원회를 마련했다. 영국에 동조한다고 알려진 번스타인과 럭스포드는 위원회에서 제외시켰다. 화이트는 영국이 진 엄청난 파운드화 부채를 미국이 할인 매입해 이 빚을 미국에 대한 의무로 바꾸려는 계획을 짜냈다. 이는 아주 복잡했을 뿐만 아니라 영국으로서는 정치적으로 받아들이기 어려운 제안이었다. 이 방안에는 영국이 경상수지 적자를 메우기 위해 미국으로부터 50억 달러 대신 30억 달러만 빌리도록 하려는 중요한 속셈이 숨어있었다. 화이트는 이를 실행하면 스털링 지역 국가들이 생존을 위협받을 수 있다는 사실을 명백히 알고 있었다. 케인스는 당황스러웠겠지만 화이트가 그랬던 것처럼 이를 너무나도 잘 알고 있었다.[72]

　협상에 화이트가 끼어들고 케인스가 그에게 빠진 상황이 영국에는 최악이었다. 케인스는 돌턴 장관에게 빈슨의 요구에 맞서라고 설득하기는커녕 장관이 요구하는 면제조항을 약화시키고 영국의 파운드화 부채를 하나의 작은 달러화 대출로 '돌리려는' 계획을 추진하기 위해 자신이 협상할 수 있는 권한을 더욱더 많이 얻으려 했다. 공공재정 원칙에 대해 책까지 쓴 경제학 박사인 돌턴 장관은 미국 쪽 요구 조건을 그 자리에서 거절했다. 내용도 문제가 있었을 뿐만 아니라 '정당성이라는 달콤한 향기'도 없었기 때문이었다.[73] 되돌아온 '정당하다'라는 말이 틀림없이 케인스 가슴을 깊이 후벼 놓았을 것이다. 엎친 데 덮친 격으로 빈슨조차도 화이트의 제안이 '너무나 터무니없다'며 거절했다. 그는 화이트 방안대로 하면 영국이 어렵다는 점을 더욱 부풀려 대출을 유리한 조건으로 받아갈 수밖에 없다고 판단했다. 화이트는 계획을 어디가 어디인지 모를 정도로 복잡하게 꾸며 자신의 의도를 숨겼다. 하지만 화이트의 개입은 틀림없이 케인스에게는 최악의 외교 참사였다.

화이트는 '고약한 일이 느닷없이' 일어날 수 있다고 경고했다. 하지만 자신에게 그에 대한 책임이 있을 수 있다는 말은 절대 꺼내지 않았다. 아니나다를까 10월 18일 빈슨이 케인스, 핼리팩스, 브랜드에게 날벼락 같은 소식을 전했다. 미국이 영국에 만기 50년 이자율 연 2퍼센트로 35억 달러를 대출해주고 무기대여 지원 이전에 영국이 미리 지출했다며 요구한 변제금을 '청산'하는 명목으로 만기 30년 이자율 연 2.375퍼센트로 5억 달러를 더 빌려주는 것 이외에는 더 이상 양보할 수 없다는 말이었다. 예상한 대로 케인스는 크게 격분해 협상을 당장 그만두겠다고 으름장을 놨다. 그렇지만 빈손으로 돌아가는 것이 무엇을 뜻하는지를 너무도 잘 알고 있었다. 이는 협상 참여국이 연말까지 비준해야 하는 브레턴우즈 체제의 붕괴를 의미했다. 그러면 영국 정치를 뿌리째 뽑으려는 보수 제국주의자들과 사회주의식 국영무역을 주장하는 무리들이 득세하는 견딜 수 없는 상황이 전개될 수도 있다. 더욱이 영국은 케인스가 말한 대로 극단적 '기아 상태'에 빠질 수도 있다.

그래서 케인스는 대출을 조금이라도 더 받고 면제조건도 더욱 유리하게 하기 위해 포기하지 않고 끝까지 매달렸다. 하지만 클레이턴과 빈슨은 전후 영국 무역 적자가 걷잡을 수 없을 정도로 나빠진다는 주장을 믿지 않았다. 오히려 클레이턴은 미국의 '해외지출이 곧 수출금액을 넘어선다'고 역공했고 케인스는 이 주장이 옳은지 그른지 알 수 없었다.[74] 그래서 11월 10일 미국 쪽은 브레턴우즈 체제하에서 영국이 임시로 행사할 수 있는 권리를 조금이라도 양보하도록 밀어붙였다. 1944년 처칠 수상이 "도대체 무엇을 원하십니까? 애완견 팔라처럼 일어서서 알랑거리라는 말씀입니까?"라고 하소연했듯, 미국 쪽 요구에 응하기로 아침부터 마음먹은 케인스는 이제 "어째서 우리를 이토록 구박하십니까?"라며 볼멘소리를 했다.[75]

11월 15일 양쪽이 다시 만났을 때 핼리팩스는 협상전망이 아주 불투명하고 어둡다는 사실을 깨달았다. 한마디로 교착상태에 빠져 있었다. 아마도 1년 뒤에나 다시 만날 구실을 찾아야 할 정도로 차가운 분위기였다. 이런 상태에서는 영국이 브레턴우즈 협상안을 비준할 리 없었다. 빈슨은 난관에 봉착한 부분을 끝까지 논의하자고 촉구했다. 불행히도 이는 미국의 무리한 요구에 케인스가 다시 격분하는 계기가 됐다.

협상 도중 한 미국 참가자가 끼어들어 향후 영국의 금 보유액에 따라 협상이 크게 달라질 수 있다며 영국 쪽 심기를 건드렸다. "영국이 엄청나게 많은 금을 동굴에 감춰뒀을 것입니다." 케인스가 담배를 피워 물며 반문했다. "우리가 동굴에 금을 숨겼다는 말입니까?" 그러고는 동료 프랭크 리(Frank Lee)에게 비꼬는 투로 지시했다. "프랭크, 지금 한 말을 계약서에 집어 넣으세요. 그리고 바로 서명합시다."[76] 이에 빈슨이 격노했다.

에클스는 미국이 대출을 제때 돌려 받을 수 있도록 하는 장치가 더 있어야 한다고 압박했다. 미국이 망할지도 모르는 나라에 돈을 대주려면 다른 채권자보다 먼저 상환 받을 수 있는 권리가 있어야 한다고 했다. 이에 케인스가 폭발했다. "위대한 나라를 부도난 회사처럼 대하다니 정말 너무하십니다." 나중에 케인스가 조용히 에클스에 대해 이렇게 평했다. "그는 틀림 없이 모르몬교도입니다. 아마 그를 견뎌낼 여자는 한 사람도 없을 것입니다." 협상 이튿날 영국 재무부 관료 프레디 하머(Freddie Harmer)는 케인스에 대해 다음과 같이 말했다. "분을 삭이지 못했습니다. 화병에 걸릴 정도였습니다."

양쪽은 피 말리는 싸움을 계속했다. 영국 대표단은 타당한 조건으로 대출을 받을 수 없다면 브레턴우즈 체제는 붕괴될 수 있다고 협박했다. 반대로 미국은 영국이 브레턴우즈 협상안을 비준해야 대출을 해줄 수 있다고 으름장을 놨다. 영국과 미국 협상단 모두 자기 쪽이 양보하기라도 하면 끈질기게 괴롭힐 강력한 국내 정치세력을 무시할 수 없었다. 케인스는 리처드 칸에게 양쪽이 끝없이 주고받는 공방을 '상상할 수 없을 만큼 힘들고 진 빠지는 협상'이라고 털어놨다.

영국의 재정독립을 빼앗는 미국의 요구조건을 받아들이지 말라고 정부에게 신신당부를 했던 케인스는 이제 거꾸로 런던으로부터 강한 역풍을 맞고 비틀거렸다. 그는 브레턴우즈 체제하에서 영국이 누리는 임시권리부터 파운드화 태환, 채권국가에 대한 무역 우선권까지 아주 민감한 분야에서 미국에 양보했다. 지칠 대로 치친 케인스는 영국을 대표해 브레턴우즈 체제를 공동으로 고안한 사람으로서 개인적 업적이 있어야 한다는 점을 너무도 잘 알고 있던 터라 이제 서둘러 협상을 마무리하고 워싱턴을 떠나야겠다고 굳게 마음먹었다. 그는 리처드 칸에게 간절한 마음을 담아 편지를 보냈다. "12월 8일 킹스칼리지 연례 모임에 참석할 수 있다면 정말 좋겠습니다."

런던에서는 깜짝 놀란 에디의 말에 혹한 듯, 애틀리와 돌턴 장관이 케인스가 파운드화 태환 문제에서 양보하면 안 된다고 주장했다. 1947년에 일어난 사건으로 이들의 우려가 옳았음이 드러났다. 영국 정부는 협상안을 받아들여야 한다는 케인스의 주장을 거절했을 뿐만 아니라 에드워드 브리지스(Edward Bridges) 재무부 사무차관을 워싱턴으로 급파해 케인스를 대신해 협상을 이끌도록 했다. 케인스는 사임하겠다고 맞섰지만 곧 누그러뜨렸다. 12월 2일 일요일 미국 협상단과 하루 종일 열띤 토론을 벌인 뒤 상황을 제대로 파악한 빈슨은 케인스가 토론을 정말 훌륭하게 진행한다며 칭찬을 아끼지 않았다. 이미 상처받고 비틀거리는 상대가 무대를 떠나지 못하게 하려는 속셈이었다. '정확히 예상한 대로' 결과가 나왔고 로빈스는 '굴욕 당했다'고 기록했다.

미국은 채권국가가 얻는 우선권과 스털링 지역이 벌어들인 이익의 태환 마감 시기에서 아주 조금만 양보했을 뿐이었다. 영국이 의회와 대통령 비준을 얻으려면 이제부터 노력해도 1년이 걸릴 터였다. 케인스가 약속했던 1946년 말까지는 힘들고, 1947년 봄 즈음에야 승인 받을 수 있었다. 신용한도는 37억5천만 달러, 이자율은 2퍼센트로 합의했다. 이는 처음에 클레이턴이 원했던 50억 달러에는 턱없이 모자랐지만 영국이 양보한 대가로 무기대여 협상 이전에 영국이 지출한 돈을 '깨끗이' 변제하는 명목으로 6억5천만 달러를 더해 대출금은 총 44억 달러에 이르렀다. 소위 역무기대여와 관련한 50억 달러를 공제한 뒤 미국이 무기대여협상으로 영국에 빌려준 돈은 총 220억 달러에 달했다. 미 행정부 눈에는 엄청나게 자비로운 조치였다.

합의문에 최종 서명하기 전 며칠 동안 양국이 편지로 팽팽한 기 싸움을 벌였고, 윌러드(Willard) 호텔 나이트클럽에서 반쯤 취해 부축돼 나온 빈슨이 마지막으로 거세게 항의했다. 마침내 영국이 항복했다. 결국 12월 6일 오전 10시 30분 미 국무부에서 핼리팩스와 빈슨이 영미금융협정에 서명했다. 기념 사진에 나온 케인스는 '초연하고 맥 빠진' 모습이었다. 뉴욕을 짧게 둘러본 케인스 부부는 킹스칼리지 연례 모임 후 사흘이 지난 12월 11일 퀸 엘리자베스(Queen Elizabeth) 호를 타고 모국을 향해 출발했다. 로빈스는 케인스가 얼굴이 잿빛이 된 채 선실에 앉아 있는 모습을 이렇게 회상했다. "케인스는 불리한 조건으로 대출 받는 데 앞장섰다고 거센 비난을 쏟아낼 언론에 대비해 고심하며 마지막 남은 힘을 쥐어짜내고 있었습니다."[77]

영국 하원은 케인스가 귀국하는 도중 토의를 시작해 12월 13일에 마쳤다. 12월 31일까지 브레턴우즈 협정과 그에 딸린 대출조건에 대한 비준을 얻어야 하는 애틀리와 돌턴은 반대 의견이 힘을 얻기 전에 안건을 재빨리 통과시키려고 작정했다. 논쟁은 짧았지만 열띠고 날카로웠다. "우리 머리에 권총을 겨누고 사흘 안에 법안을 모두 통과시키라고 협박하고 있습니다." 격분한 로버트 부스비(Robert Boothby)가 항의했지만 헛일이었다.

중령 출신인 보수당 하원의원 토머스 무어(Thomas Moore) 경은 자기 집 가정부가 법안에 대해 한 말을 전했다. "의원 나리들께 제발 미국 사람들 꽁무니만 따라다니지 말고 우리 국민 편을 들어주라고 말씀해 주세요." 경제학자가 아닌 토머스 경은 '통화가 다른 어떤 것에 기반을 두거나 묶여 있어야 한다고 생각했다. 대리석은 만들기 쉽고 새우도 잡기 쉽지만 금은 여러 가지 이유로 더욱 안정적이라는 생각 이외에는 금이든 대리석이든 새우든 상관없어 보였다.' 영국 파운드는 과거와는 딴판으로 금에 기반을 두지 못하지만, '좋다고는 하나 생소하고 의문투성이인 IMF에 가입하기 위해 영연방을 포기'해야 할 까닭이 없었다. 영국이 분연히 일어서 '돈을 얻으려고 구걸하지 않겠다'는 모습을 보여줘야 한다고 믿었다.

제니 리(Jennie Lee) 노동당 하원의원이 반대하고 나섰다. "미국과 무역전쟁을 벌이는 한이 있더라도 물러서지 말아야 합니다. 이처럼 쩨쩨하고 야만적이며 케케묵은 합의안으로는 세계를 돕기는커녕 우리나라 실업문제도 결코 해결할 수 없습니다." 데이비드 에클스 보수당 하원의원은 영국을 '수정 제국주의를 추구하는 러시아와 경제침략을 일삼는 미국 틈바구니에 낀 약소국'이라고 비유했다. 그는 합의조건이 '방금 전까지 서로 합심해 세계를 구한 연합국이 맺은 계약이라고 하기에는 너무 가혹하고 부당하다'고 투덜거렸다. 그러나 결국 달러 대출은 목숨줄이나 마찬가지였기에 마지못해 찬성표를 던질 수밖에 없었다.

이제 야당을 이끄는 처칠은 대출과 경제적 약속, 브레턴우즈 협약을 서로 엮어서는 안 된다고 주장했다. 대신 자신이 수상이었을 때 합의한 귀중하고 '비도덕적이지 않은' 미국의 전시 무기대여 지원과 애틀리가 하원에 발의한 형편없는 대출조건 사이에 선을 분명히 그어야 한다고 밝혔다. 15개월 안에 파운드화 태환을 실시해야 한다는 조건도 '믿을 수 없을 정도로 터무니없었다.' 새 노동당 내각은 미국 사람들이 놀랄 정도로, 영국 국민 사이에 '이제 그 어느 때보다도 훨씬 더 편히 잘 살 수 있다는 기대를 한껏 부풀려 놓았던 터'라 분명 비난의 화살을 피할 수 없었다. 그래서 동료 당원들에게 '번갯불에 콩 볶듯 급하게' 하원에 발의된 복잡한 합의안을 승인도 거부도 하지 말고 가만히 있으라고 당부했다.

정부를 변호하고 나선 베빈은 처칠이 더 좋은 조건으로 협상할 수 있었다고 비난했다. 이는 분명 '미국 행정부에 대한 모독'이었다. 반대파들은 기권할 수 있는 상황이었기에 그는 동료 노동당원들에게 호소했다. "우리는 겁쟁이가 되지 맙시다." 그러고는 한껏 힘주어 간청했다. "지금 우리나라는 1940년 우리 군대가 됭케르크에서 겪었던 위기와 아주 비슷하게 심각한 경제 상황에 처해 있습니다. 그때처럼 온 힘을 기울여 고국을 위기에서 구해내야 할 때입니다."[78] 법안은 찬성 345표, 반대 98표로 통과됐다.[79]

12월 17일 영국 사우스햄튼에 도착한 케인스는 서둘러 런던으로 향했다. 이미 상원에서는 브레턴우즈 합의안과 대출조건을 놓고 토론을 벌이고 있었다. 그는 지칠 대로 지쳤지만 다섯 시간 동안이나 앉아서 논쟁을 지켜봤다. 전쟁에 대한 이야기와 비유가 쏟아져 나왔다. "우리는 됭케르크에서 죽기를 각오하고 싸웠습니다." 울턴 경이 목청을 높였다. "그렇지만 지금 우리는 우리의 정당한 권리를 포기하려 합니다. 이 나라를 책임지는 사람들이 대영제국이 누리던 경제특권을 양보하려 하지 않은 탓에 달러의 위세에 눌려 우리 권리가 미국에 넘어가고 있습니다." 영국은 전쟁을 치르느라 역사상 최대의 채무국가로 전락한 반면 미국은 '꿈도 꿀 수 없을 만큼 부유'해졌다. 케인스가 이전에 말한 대로 그는 영국이 '공동 목적을 위해 싸우기 이전에 지출했던 돈을 미국이 마땅히 배상해야 한다'고 힘주어 말했다. "미국은 아직 전쟁이 끝나지 않았는데도 대출을 조건으로 내세우며 브레턴우즈 협정안을 승인하라고 요구하고 있습니다. 그렇지만 우리나라가 이 정도로 하찮게 취급 받아서는 안 된다고 생각합니다."

케닐워스(Kenilworth) 경은 '영국 정부가 상대하는 미국인들은 곤경에 처한 영국 코톨드(Courtauld)사가 보유한 미국 자회사 지분을 터무니없이 싼 가격에 사들여 결국 영국 납세자에게 3천만 파운드나 손실을 끼친 장본인'이라는 점을 상기시켰다. 브레턴우즈 협정안과 대출 합의안에 붙어 있는 조건도 결국 '유대감으로 뭉친 영연방 지역을 약화시킬 터'였다.

케인스가 1944년 5월 브레턴우즈를 떠나기 직전처럼 이번에도 상원의원들에게 야심 찬 미국 전문가가 대부분 준비한 새 국제통화기구를 지지하라고 설득해야 했다. 그러기 위해서는 그가 여러 해 동안 협상해 바꾸려 했지만 실패한 이 기구가 좋다는 점을 내세우기 위해서 온갖 노력을 기울여야 할 판이었다. 케인스는 뉴욕을 출발한 배 안에서까지 연설문을 정성껏 준비했지만 의원들이 다시 마련한 정교한 분석과 신랄한 비판에 크게 당황했다. 토의 이틀째에 접어들었을 때는 이미 체력이 바닥났는데도 멋진 미사여구까지 동원하는 능력을 발휘했다. 그는 의사당 안에서는 최대한 겸손한 자세로 말했다. 실제 워싱턴에서 협상할 때에는 서로 언성을 높여가며 치열하게 논쟁을 벌였는데도 양쪽 모두 차근차근 조리 있게 논리를 전개했다고 꾸며 말하고는 양국 간 견해 차이가 뚜렷해 만족스런 합의를 이끌어내지 못했다고 했다. 그러고는 자존심에 상처를 입은 고귀한 의원들을 설득하기 시작했다. 합의내용이 영국이 마땅히 받아야 하는 수준에는 미치지 못한다고 생각할 수 있지만 미국 정계가 그나마 너그러운 편이라서 이만큼이나 얻을 수 있었다고 설명했다.

　몇몇 의원들이 합의안은 아주 혹독한 대가가 따른다고 주장했지만 케인스는 '각 방안이 서로 보완적'이라고 대답했다. '개별적으로는 좋든 나쁘든' 그들을 '뭉뚱그려 하나로 봐야' 한다고 했다. '장기적으로 다자주의와 무차별원칙에 바탕을 둔 국제무역과 통화정책을 이끌어내는' 노력에 맞춰 '단기적으로 스털링 지역에서도 이 같은 방향으로 마땅히 탈바꿈해야 한다'고 설득했다. 그러면서 '미국이 제공한 금융지원 덕분에 영국이 변화를 시도할 때 당장 겪어야 하는 고통을 극복할 수 있다'고 주장했다. 합의안 하나하나는 마땅히 비난 받을 수 있다고 했다. 그렇지만 케인스는 '개별국가의 다양한 정책을 방해하지 않는 수준에서 새로운 국제질서를 구축함으로써 국가 간 갈등과 반감을 최소화해 전쟁의 소용돌이에서 벗어나게 하는 일은 우리가 마땅히 추구해야 하는 목표'라고 강조했다. 한결 공손하고 누그러진 어조는 몇 개월 전 미국 쪽 상대방을 끝없이 몰아붙이고 따지며 윽박지르던 모습과는 하늘과 땅 차이였다.

케인스가 넘어야 할 가장 큰 산은 아마도, 미국 사람들이 영국을 '아주 좋게 여길 것'이라고 믿게 하는 일이었다. 그렇다고 믿을 만한 증거는 거의 없었지만 이제 영국이 위험한 상황에 내몰리는 마당이었기에 미국인들이 영국에 호감을 갖고 있다는 점을 꼭 이해시켜야 했다. 그는 영국이 과거에 큰 희생을 치렀지만 충분히 보상받지 못했다는 점은 인정했다. 그렇더라도 과거에 희생한 일을 들먹이는 것은 영국스럽지 못하다고 주장했다. "미국은 주요 연합국 가운데, 이미 지나간 일을 놓고 누가 얼만큼 도와주고 희생했는지 왈가왈부하는 일을 가장 혐오하고 불만스럽게 여기는 나라입니다. 이런 문화가 잘못됐다고 할 수 있을까요?" 그러면서 미국인들은 늘 실리를 앞세우고 앞을 내다본다고 덧붙였다.

마지막으로 영국이 금융지원을 받은 덕분에 '국내외에서 반드시 엄청난 힘을 발휘할 수 있다'고 내세웠다. 그렇지만 금융지원 조건에 대해 느끼는 자신의 쓰라린 마음은 감출 수 없었다. "무이자 대출이 아니라 평생 한스럽습니다." 이 부분에 대해서는 낡은 미 재무부 외교백서의 한 쪽을 내보이며 미 의회로 책임을 돌렸다.

의사당 안에서 질문이 오가고 서로 말을 가로막으며 열띤 논쟁을 벌이기 시작하자 케인스는 공수 양면 작전을 적극적으로 펼쳤다. "우리가 아무 조건 없이 대출을 받아야 했다고 주장하는 사람들이 있다고 들었습니다." 그가 도전하듯 내뱉었다. "사실을 제대로 파악하고 이런 말을 하는지 궁금합니다." 그는 그런 대출이라면 조건이 더욱 나쁠 수밖에 없다고 반박했다. 브레턴우즈 체제에 대해 언급할 때에는 흥분을 억누르지 못했다. "옛날부터 고삐 풀린 자유방임주의 경제체제와 특히 이로 인해 나타난 초기 금본위제가 처음부터 끝까지 잘못됐다고 맹렬히 비난하며 이를 시장에서 쫓아내는 데 일조했던 사람들이 이제 와서 나라를 위한답시고 과거로 돌아가 이 우상을 다시 세우겠다고 하는 모습을 보면 참을 수 없습니다."

케인스는 분명 낡아빠진 교리를 깨뜨리고 '개별국가의 다양한 정책을 포용하는 새로운 국제경제질서 구축'이라는 목표를 향해 한 걸음 크게 내딛는 혁신적 인물로 이름을 떨치려고 작정했다. 그는 한낱 금본위제 부활에 찬성하는 보수주의자로 그려지는 일은 견딜 수 없었다. 케인스는 이런 비판자들은 영국이 미국과 소련 같은 강대국을 호령할 수 있는 처지가 아니라는 사실을 깨닫지 못하는 순진한 이상주의자라고 비난했다. "낡은 체제는 무너졌습니다." 그가 선언했다. "그리고 새로운 질서를 위한 발판도 마련됐습니다."

그 뒤 다섯 시간 더 논쟁을 벌인 후 투표를 실시했다. 전체 의원 중 절반 정도는 불만의 표시로 체념하며 기권했다. 금융협약은 찬성 90표 반대 8표라는 큰 차이로 통과됐다. 토니 블레어(Tony Blair) 수상이 재임하던 2006년 12월 영국은 마침내 미국에 진 마지막 부채 할부잔금 8,325만 달러를 상환했다.

의회에서 펼쳐진 드라마가 끝나자 이제 케인스는 자신이 역사적인 브레턴우즈 체제를 만든 아버지라는 지위에 있지 않았더라면 그를 지지했을 것이라고 말하는 사람들에게 독설을 내뱉었고, IMF와 대출조건을 반대하는 무리에게도 맹비난을 퍼부었다. 1946년 1월 1일 케인스가 핼리팩스에게 편지를 보냈다. "일부 사회주의자들이 미국식 국제체제에서 어쨌든 계획경제가 아닌 자유방임주의 냄새가 난다고 확신하고 있습니다. 하지만 이는 절반만 맞는 얘기입니다. 무역차별주의 폐지 원칙이 있다고 해서 우리가 유대인 경제 자문위원들이 동경하던 샤흐트 방식을 포기할 필요는 없습니다. 다른 많은 유대인들처럼 마음속으로는 나치와 공산주의를 지지하는 이 자문위원들은 영연방이 어떻게 설립되고 유지됐는지 전혀 알지 못합니다."

'막스 비버브룩이 이끌고 윈스턴 처칠의 측근이 지지하는 일부 보수주의자들은 무슨 이유에서인지 앞으로는 국제무역에서 틀림없이 특혜관세 정책을 추진하지 못하게 될 것이라고 확신했다. 이들은 대영제국에서 캐나다(아마도 남아공까지)를 배제시키고, 대영제국이 인도, 팔레스타인, 이집트, 옛 아일랜드인 에이레(Eire)의 충성과 선의에 의존해야 한다는 주장을 불쾌하게 여겼다.'[80]

좌익과 우익 모두 맹비난한 파운드화 태환 조건에 대해서는 케인스는 영국이 이를 받아들이지 않았다면 미국으로부터 대출을 받을 수 없었을 것이라고 주장했다. 하지만 미국으로 떠나기 전, 영국을 속박하고 자존심에 상처를 주는 대출조건을 지지하는 행위는 '가장 크게 격분할 일'이라고 떠들던 사람은 바로 케인스였다.[81]

케인스나 다른 영국 대표가 협상에서 더 좋은 결과를 얻어낼 수 있었지 않았느냐고 묻는 타당한 질문을 방어하기 위해 케인스가 제시한 모든 것을 곧이곧대로 믿을 필요는 없다. 물론 우리는 어느 선까지 협상이 가능했을지, 다르게 협의했다면 어떻게 결론 났을지 정확히 알 수 없다. 그렇지만 곧 드러났듯 전쟁 직후 역사를 보면 영국은 브레턴우즈 협상에서 아무것도 얻지 못했으며 오랜 세월이 흐른 뒤에도 더 좋은 합의안을 만들어내지 못했다는 사실을 알 수 있다. 1945년에 영국이 진정 원했던 것은 지정학적으로 불리한 조건을 거의 달지 않고 파운드화 가치를 떨어뜨리면서 타당한 이자율로 단기대출을 받는 일이었다. 케인스는 일부러 이를 얻으려 하지 않았다.

환율에 대해 케인스는 평가절하 정책을 끈질기게 반대했다. 1945년 9월 12일 워싱턴에서 연 기자회견에서 자신의 의견을 명확히 밝혔다. "현재 환율로도 우리가 만든 물건을 얼마든지 팔 수 있습니다. 당장 해결해야 할 과제는 수출을 더 많이 할 수 있도록 어서 빨리 우리나라 산업을 재편하는 일입니다. 그런 상황에서는 수출품을 터무니없이 싼 값에 팔려고 하는 행위보다 더 바보 같은 짓은 없습니다." 나중에 노벨 경제학상을 받은 제임스 미드는 다른 많은 경제학자와 마찬가지로 케인스가 논리적·경험적으로 틀렸다며 설득력 있는 주장을 폈다. 그런 케인스가 워싱턴으로 떠나기 전 상원은행위원회에 출석해 영국이 파운드화 가치를 내려야 한다고 밝힌 탓에 미국으로부터 대규모 자금지원을 받는 일에 찬물을 끼얹었다.[82]

1944년 5월 미국 은행들이 브레턴우즈 체제를 반대하면 영국에 대출을 해줄 수 있다고 했지만 케인스는 자신 특유의 경멸하는 투로 이 제안을 거절했다. 그가 이전에 사석에서 브레턴우즈 체제가 잘못된 경제원칙에 바탕을 두고 있고 미국이 제시한 대출 조건이 영국에는 너무나 가혹하다고 여러 차례 말했는데도 이것들을 추진한 까닭은, 자신의 이름을 자랑스럽게 역사에 남기고 싶은 욕망을 넘어서는 그 무엇이 있었기 때문이었다. 전문 외교관이거나 새로운 통화 체제에 자신의 이름이 새겨지도록 애쓰지 않았던 사람이라면 미국이 브레턴우즈 체제와 엮어 제시한 대출보다 덜 까다로운 조건으로 자금을 융통할 수 있었을 것이다. 세월이 흐른 뒤 영국 재무부 관료 리처드 오토 클라크(Richard Otto Clarke) 경은 가장 칭찬할 만한 계획은 '원대한 구상'이라는 개념을 버리고 아주 간단하게 캐나다 수출입은행이나 다른 은행들과 협상해 대출을 조금만 받는 방안이었다고 밝혔다. 하지만 그 어느 누구도 케인스에게 이처럼 단순하게 일을 추진하도록 설득시키지 못했을 것이라고 말했다. 클라크는 미국 쪽에 어쩌면 다음과 같이 말할 수도 있었다는 의견을 제시했다. "브레턴우즈 협정문에 서명하겠습니다. 하지만 전후 세계가 어떻게 돌아가는지 확인하기 전까지는 이 안을 결코 받아들일 수 없습니다 …… 실제 1947년에 일어난 일련의 사건들로 다자주의 원칙을 신봉해 추진한 일들이 완전히 잘못됐음이 드러났습니다 …… 따라서 '원대한 구상'을 구체화하려는 협상을 뒤로 미루고 이자율이 조금 더 비싸더라도 대출을 더 적게 받는 방안이 더욱 타당했을 것입니다."[83]

영국이 미국이 제시한 대출 조건을 받아들이자 12월 27일부터 31일 사이 30개국 대표들은 주저하지 않고 IMF 협정문에 서명했다. 회의에는 참석했으나 합의문에 서명하지 않은 14개국 가운데 소련이 포함돼 있었다. 소련은 협정문을 검토할 시간이 부족했다는 핑계를 댄 뒤 1946년 3월에 열린 기금과 은행 출범식에 참관인으로 하급 관료를 보내기만 하고 기구에는 결코 가입하지 않았다.[84]

사실은 소련은 협정문을 아주 자세히 검토했다. 워싱턴에서 각국 대표들이 서명하기 며칠 전 소련 외교부와 통상부는 회원으로 가입하면 이로운 점을 분석한 보고서를 준비했다. 장점 가운데 눈에 띄는 부분은 각국에 대출금을 배분하는 데 소련이 힘을 쓸 수 있다는 점, 기금과 은행을 내부에서 감독할 수 있다는 점, 기금 그리고 어쩌면 은행으로부터 저금리로 대출을 받을 수 있다는 점, 소련이 보유한 금을 더욱 쉽게 팔 수 있다는 점, 소련이 기구에 가입하는 조건으로 미국으로부터 돈을 빌릴 수 있다는 점 등이었다. 다음과 같은 내용도 있었다. "영국이 기금에 가입하는 조건으로 미국이 대출을 해줬다고 알려졌다." 미 행정부 안에서 소련의 기구 가입을 가장 적극 지지했던 화이트는 실제로 1945년 1월 소련에 전쟁복구 명목으로 영국에 제시했던 금액보다 3배나 많은 100억 달러를 2퍼센트 이자율로 대출해 주겠다고 제안했다.

결국 소련 외부무가 브레턴우즈 체제를 비준하지 말라고 지시한 가장 큰 이유는 미국이 대출을 해주지 않았기 때문이라는 사실이 드러났다. "미국 정부가 우리 소련에 대출을 제안하지 않았기 때문에 우리가 기구에 가입하면 미국의 압력에 굴복한 결과라고 인식될 우려가 있다. 우리가 기금과 은행 회원가입에 부정적 태도를 보임으로써 우리가 스스로 설 수 있다는 점을 보여줘야 한다." 물론 스탈린은 미국이 주도하는 경제체제를 거부한 다른 이유가 분명히 있었다.[85]

1946년 2월 22일 전설적인 미국 대사로 알려진 조지 케넌(George Kennan)이 모스크바에서 보낸 그 유명한 장문의 전보에는 소련이 거부한 이유가 적혀 있다. "국제경제 문제에서 소련은 소련이 좌지우지하는 주변국들을 하나로 묶어 경제자립체제를 구축하는 데 초점을 두고 있습니다. 이런 전략을 추진하는 배경에는 원래 자본주의 사회에는 내부갈등이 내재돼 있어 끝내 어려움을 겪을 수밖에 없다는 믿음이 숨어 있습니다. 이런 알력은 평화적 타협으로는 해결할 수 없다고 여깁니다.

가장 좋은 예가 영미 간 갈등입니다."[86] 분명 소련이 영미 이해관계 충돌을 비뚤어진 이념적 시각으로 바라봤지만 두 서방 강국이 전쟁 중에 맺은 동맹은 서로 국익을 추구하는 모습을 잠시 덮은 것에 불과하다고 예상한 점은 옳았다. 이 예측은 몇 년 뒤 현실로 드러났다.

화이트가 전쟁 후 러시아가 미국으로부터 금융지원을 넉넉히 받을 수 있도록 애 쓴 일이 실패로 끝났지만 소련으로서는 그는 여전히 쓸모 있는 인물이었다. 1945년 5월부터 6월 사이 소련 정보국이 샌프란시스코에서 모스크바로 보낸 암호문을 미 육군 신호정보국이 가로채 해독한 결과 '리처드'라는 인물이 국제기구 설립 회의에서 미국 대표단이 내부적으로 토의한 내용을 소련에 여러 차례 제공했다는 사실이 드러났다. 때로는 법률가나 변호사라고 부르기도 한 리처드라는 이름은 1944년 3월 16일부터 1946년 1월 8일 사이에 소련이 주고받은 암호문에 18차례나 들어 있었다. 그러나 미국 국가안전국이 소련이 교신한 내용을 도청해 해독한 기밀작전인 베노나(Venona) 프로젝트를 공개한 1995년에야 암호문 내용과 이에 연루된 인물들이 밝혀졌다. 교신 내용에 들어 있던 여러 이름, 날짜, 장소를 종합하면 리처드, 법률가, 변호사는 틀림없이 해리 덱스터 화이트를 위장한 이름들이었다.[87]

# 제10장

## 구 질서를 보내고
## 새 시대를 맞이하다

무장한 나치 군대의 행렬이 폴란드로 진격한 다음 날인 1939년 9월 2일 저녁, 잔뜩 긴장한 휘태커 체임버스는 루스벨트 대통령의 내부 보안책임자인 아돌프 벌리에게 소련 간첩 활동에 연루된 미국 관료 명단을 털어놓기 전 스카치 소다 한 잔을 죽 들이켰다. 이제는 공산주의를 지지하지 않는 〈타임스〉의 논설위원인 체임버스는 독·소불가침 조약으로 독일과 소련 정보국이 연합해 미국에 대항할까 걱정스러워 대통령에게 직접 보고하고 싶었다. 하지만 반공산주의 잡지 〈플레인 톡Plain Talk〉편집자인 아이작 돈 러바인(Isaac Don Levine)에게 대통령 직접 보고를 주선해 달라고 부탁했지만 결국 성사되지 못했다. 벌리가 보고해야 한다는 답변이었다.

체임버스는 열두 명이 넘는 명단을 폭로했다. 해리 화이트는 포함하지 않았다. 체임버스는 화이트가 자신의 경고를 받아들여 소련을 돕는 행위를 하지 않았다고 주장했다.¹ 그런데 웬일인지 러바인이 회의하면서 쓴 노트에는, 나중에 벌리가 대통령에게 건넨 보고서와 마찬가지로 화이트의 이름이 들어 있었다. 아마도 체임버스가 스카치 소다를 여러 잔 마시는 바람에 기억이 가물가물해지고 말도 헛 나왔는지도 모른다.

분명 루스벨트 대통령은 벌리가 제출한 보고서를 가볍게 여기고 아무런 조치도 취하지 않았다. 1941년 3월 벌리는 FBI를 찾아가 체임버스에 대해 얼마나 알고 있는지 물었다. 그때까지 FBI는 그가 과거에 급진운동에 참여했었다는 기록밖에 갖고 있지 않았다. 하지만 체임버스가 소련 간첩 활동에 대한 중요한 정보를 알고 있다는 주장이 여럿으로부터 제기되자 1942년 5월 FBI가 그를 처음으로 면담했다. 체임버스는 벌리를 만났지만 화이트에 대해서는 말하지 않았다고 털어놨다. 그 뒤 FBI는 1년 넘게 어물쩍거리다 1943년 6월에야 벌리가 1939년 루스벨트 대통령에게 제출한 보고서 사본을 요청해 받았다.²

1945년 2월 얄타회담에서 합의한 사항이 갑자기 무산돼 미소관계가 급격히 나빠지자 미 정부는 국내 공산주의 활동에 대한 관심을 한층 더 기울이기 시작했다. 3월 20일 국무부 보안담당 책임자 레이 머피(Ray Murphy)가 체임버스를 두 시간 동안 심문한 결과, 화이트가 해럴드 글래서(Harold Glasser), 솔로몬 애들러(Solomon Adler), 프랭크 코(Frank Coe)와 같은 지하조직원과 공산당원을 재무부에 심은 '소심한 조직원'이라는 사실을 밝혀냈다.³ 1945년 5월 FBI가 체임버스를 다시 소환했다. 당시 수사국은 공산당원을 색출하는 데 혈안이 됐다는 비판을 받았지만 수사 의지는 수그러들지 않았다. 그러면서 엘리자베스 벤틀리라는 인물을 알아냈다.

8월 23일 엘리자베스 벤틀리가 코네티컷 주 뉴헤이븐 FBI 사무실로 걸어 들어왔다. 당시 37세였던 그녀는 키 173센티미터에 몸무게는 64킬로그램으로 발은 크고 가슴이 풍만하며 얼굴은 불그스레해 미녀 축에 속했지만 패션 감각은 별로 없는 여자였다. 벤틀리를 면담한 요원들은 뉴욕 주 방위군에서 일한다는 사람이 그녀에게 접근해 그녀의 상사와 거래한 러시아인에 대한 정보를 달라고 요청했다는 수수께끼 같은 말을 그녀가 늘어놨다고 밝혔다. 벤틀리는 알려진 소문과 다르게 자신이 양심의 가책을 느껴 FBI를 찾아갔다고 문서로 공개했지만, 그녀가 자수할 다른 동기가 많이 있었기 때문에 그녀에 대한 심문은 여러 해 동안 큰 논란거리였다.[4]

벤틀리가 소련 첩보활동 수사의 핵심인물이었는데도 이상하게 FBI는 그녀를 계속 추적하지 않았다. 두 달 뒤 벤틀리가 다시 제 발로 찾아왔고 이번에는 자신이 '간첩 활동에 연루됐다'고 자백했다. 수사국은 그제야 관심을 갖기 시작했다. 11월 7일 벤틀리를 다시 불러 여덟 시간 동안 심문한 뒤 31쪽 분량의 보고서에 서명하도록 했다. 이후 그녀가 4주 동안 이야기를 털어놓은 결과 연루자가 80명이 넘는 사실이 밝혀졌고 이 사건에 대한 보고서는 107쪽에 이를 정도였다.

FBI는 벤틀리가 실토한 내용을 믿지 않을 수 없었다. '오로지 정부만 알고 있던 내용을 그녀가 아주 정확히 진술'했기 때문이었다. 그녀가 밝힌 내용 가운데에는 무기대여협상, 통화문제, 대략적인 상륙작전 실행일 등 정부가 은밀히 논의한 내용이 포함돼 있었다. 벤틀리의 주장은 지난 5월 휘태커 체임버스가 말한 내용을 확증하고도 남았다.[5]

벤틀리는 이탈리아에서 유학하는 동안 파시즘을 혐오했다고 주장했지만 귀국한 뒤 1년이 지난 1935년에 미국 공산당에 가입했다고 밝혔다. 1938년에는 '티미(Timmy)'라는 인물에게서만 지령을 받고 다른 당원들은 접촉하지 말라는 지시를 받았다고 진술했다. 나중에 그녀는 티미가 러시아 태생으로 미국공산당을 이끄는 3인 통제위원회 위원 중 한 사람이며 소련 내무인민위원회 위원인 제이콥 골로스(Jacob Golos)라는 사실을 알았다. 벤틀리는 골로스를 도우며 그와 사랑에 빠졌다.

  1941년 6월 러시아가 독일의 침공을 받자 러시아 정보국은 골로스에게 자국의 첩보활동을 도와줄 믿을 만한 인물을 미국 정부 요직에 심으라는 지령을 내렸다. 다음 달 골로스는 벤틀리에게 자신과 우크라이나 출신 네이선 그레고리 실버마스터 사이에서 전령 노릇을 해달라고 부탁했다. 이때 농업안전국 소속 경제학자였던 실버마스터는 미 정부 요직에서 일하는 관료 중 뜻을 같이하는 사람들을 규합하고 있었다. 이 무리에는 프랭크 코, 솔로몬 애들러, 윌리엄 루드비히 울만(William Ludwig Ullmann), 러클린 커리(Lauchlin Currie), 조지 실버맨, 소니아 골드(Sonia Gold), 어빙 캐플런(Irving Kaplan), 해리 덱스터 화이트가 포함돼 있었다. 실버맨과 울만은 화이트와 다른 여러 요원들이 빼낸 엄청난 분량의 중요 군사, 정치 기밀을 실버맨의 지하 작업실에서 촬영했다. 당시 벤틀리는 필름을 커다란 뜨개질 가방에 넣어 워싱턴에서 뉴욕으로 감쪽같이 전달했고 골로스가 이를 다시 러시아로 넘겼다. 1943년 골로스가 사망하자 화이트의 밑에서 일한 적이 있던 해럴드 글래서를 포함한 빅터 펄로(Victor Perlo)의 연락망을 벤틀리가 넘겨받았다. 이들은 모두 루스벨트나 트루먼 대통령 재직 당시 재무부에서 일했던 사람들이었다.

벤틀리, 체임버스, 실버마스터 모두 화이트가 당원인지 단순한 '동조자'인지 분간할 수 없었다. 실버마스터는 벤틀리에게 화이트와는 1936년부터 친구로 지냈고, 어느 날 저녁 아내와 함께 그의 집에 방문했을 때 부하라 양탄자를 발견하고는 그가 러시아와 내통한다는 사실을 감지했다고 말했다. 그 뒤에 화이트는 실버마스터에게 자신의 과거 행적을 알려주고 원하면 무엇이든 돕겠다고 제안했다.

화이트는 재무부 안에 있는 비밀 정보뿐만 아니라 다른 부서로부터 받은 기밀 정보도 가지고 있었기 때문에 엄청나게 가치 있는 요원이었다. 화이트는 어려움에 처한 동료 요원들을 돕기 위해 배후에서 조종하기도 했다. 예컨대 실버마스터가 1942년과 1944년 소련 간첩일 '가능성이 매우 크다'는 혐의를 받았을 때도 화이트가 도왔다. 1944년 3월 23일 폴 애플비(Paul Appleby) 농무부 차관은 화이트가 실버마스터를 농무부에서 일할 수 있게 해 달라고 부탁했다는 내용의 글을 자기 부하에게 건넨 적이 있다. 당시 실버마스터는 '반미활동을 조사하는 의회특별위원회인 다이스 위원회(Dies Committee)의 공격을 받고' 있었다. 화이트는 울만 같은 주요 요원들에게 조언해 주기도 하고 재무부에 새로운 요원을 심어 놓기도 했다.[6]

체임버스와 마찬가지로 실버마스터 역시 화이트가 소심하고 안절부절못하는 성격을 지녔다고 평가했다. 화이트는 '비밀이 조금이라도 새어 나갈까 봐' 늘 불안해 하고 초조해 했다. 체임버스와 한바탕 다툰 뒤 크게 겁을 먹은 화이트는 '공산당원도 아니고 혁명활동도 싫어하는 아내에게 앞으로는 간첩 활동을 하지 않겠다고 다짐해 놓고는 자신이 약속을 어겼다는 사실이 드러날까 봐 노심초사하며' 지냈다. 화이트는 자신이 준 정보는 결국 모스크바로 전달된다고 확신했지만 실버마스터는 그 정보가 미국공산당 중앙위원회 위원 한 사람에게만 전해진다며 그를 안심시키려 했다.[7]

한편 엘리자베스 벤틀리가 자백한 내용은 어디까지 진실일까? 그녀가 공산당 지하조직에서 일했던 부분과 간첩 활동과 연루된 수십 명의 정부관료에 대해 FBI와 정부의 심문 과정에서 진술한 내용, 자신의 자서전에 내세운 주장에는 분명 앞뒤가 맞지 않고 틀린 데가 있었다. 이는 '그녀가 자신의 주장에 신빙성을 높이기 위해 일부러 자세한 설명을 덧붙이려 했기 때문인 듯하다. 그렇지만 이런 설명은 전체 진술 내용에 비해 그다지 중요하지 않아 그녀가 거짓말을 하고 있다는 느낌도 주지 못했다.[8] 하지만 이를 계기로 그녀와 연루됐다고 추정되는 인물 가운데 가장 중요했던 화이트가 간첩 활동을 했다는 확증을 찾으려는 수사가 더욱 강화됐다.

체임버스와는 달리 벤틀리는 화이트를 만난 적이 없다고 했다. 더욱이 그녀가 주장한 화이트의 혐의에 대한 물증도 없었다. 연합군이 독일을 탈환하기 전인 1944년에 미국이 만든 독일화폐를 찍는 인쇄판을 소련에 넘기는 데 관여했다는 주장을 포함한 벤틀리의 여러 진술은 에누리해서 들어도 무방하다. "제가 화이트에게 부탁해 인쇄판을 미 재무부가 소련에 넘기도록 하기 전까지는 소련은 독일 마르크화를 복제하려고 했으나 허사였습니다." 벤틀리는 회고록에 그럴듯하게 부풀렸다. 결과적으로 그녀가 이 일에 연루됐는지 여부는 중요하지 않다. 공공연히 소련을 돕고 있는 화이트로서는 구태여 다른 사람에게 부탁할 필요가 없었기 때문이다. 그렇지만 화이트에 대한 그녀의 진술 가운데 입증할 수 없는 부분이 너무나 많았다. 체임버스와 벤틀리는 각자 화이트가 간첩 활동을 했다고 FBI에 폭로했다. 빅터 펄로의 전 아내가 1944년 4월 루스벨트 대통령에게 보낸 익명의 편지에서도 화이트를 고발하는 내용이 담겨 있다. 그녀는 FBI가 수사를 좁혀오자 자신이 편지를 보냈다고 자백했다.[9] 몇 년 뒤 사건의 전모가 더욱 드러났다.

11월 8일 미 FBI 에드거 후버(J. Edgar Hoover) 국장은, 수 많은 미 정부 관료가 기밀을 외부로 빼내 다시 '소련 첩보원들'에게 넘기도록 했다는 '비밀 요원'의 주장이 담긴 보고서를 백악관 FBI 연락관 해리 본(Harry Vaughan) 준장에게 전달했다. 명단에는 네이선 그레고리 실버마스터, 해리 화이트, 조지 실버맨, 러츨린 커리, 빅터 펄로가 포함돼 있었다. 후버 국장은 이 예비 보고서는 대통령이 서둘러 보고 싶어할 내용이라고 했다.

11월 27일 후버 국장은 71쪽에 이르는 더욱 상세한 보고서를 본에게 보내고 제임스 번스(James Byrnes) 국무장관, 톰 클라크(Tom Clark) 법무장관 등에게도 사본을 전달했다. 나중에 법무장관을 지냈던 허버트 브라우넬(Herbert Brownell)은 이 보고서에는 '화이트의 간첩 활동을 간략히 요약한' 내용도 포함돼 있었다고 의회 증언에서 밝혔다. 더욱이 '화이트를 IMF 최고위급 임원으로 임명하거나 정부에서 계속 일하도록 놔두면 국가안보가 심각하게 위협받을 수 있다는 경고'도 덧붙여져 있었다. 이후 FBI는 화이트를 철저히 감시했다. 그에 대해서 쓴 자료만 13,000쪽에 달했다.

1946년 1월 23일 트루먼 대통령은 IMF의 미국인 집행임원 자리에 화이트를 내정했다. 나중에 트루먼 대통령은 '미국 정부는 화이트가 IMF에서 집행임원보다 높은 자리인 총재로 선출될 수 있도록 힘쓸 계획이었다'고 토로했다.[10] 그러나 이 계획은 후버 국장이 방해하는 바람에 무산됐다.

후버 국장은 화이트가 IMF 임원으로 지명됐다는 소식을 듣고 서른 곳이 넘은 정보원에서 받은 내용을 근거로 대통령에게 제출할 특별보고서를 준비해 2월 4일 본에게 전달했다. 후버 국장은 화이트가 IMF 임원이 되지 못하게 하려고 작정했다. 후버 국장은 동봉한 편지에 화이트가 '소련 지하첩보조직의 중요한 조력자였다'는 점을 강조했다. 특히 화이트가 중요 기밀정보 사본뿐만 아니라 원본도 빼내 실버마스터의 집에서 촬영하게 한 뒤 조직원을 통해 소련 정보요원 골로스에게 전달했다고 했다. 화이트는 소련 정보국에 유용한 인물을 재무부에 심을 수 있는 힘이 있었기 때문에 소련으로서는 그가 매우 쓸모 있었다는 내용도 있었다. 화이트가 도와준 덕분에 재무부에서 근무할 수 있었다고 알려진 해럴드 글래서, 소니아 골드가 저지른 간첩행위도 낱낱이 밝혔다. 후버 국장은 보고서가 '믿을 만한 수많은 비밀 요원으로부터 얻은 내용'을 기초로 작성됐다고 주장했다. 화이트가 간첩행위에 가담했던 사람들 거의 모두와 끊임없이 접촉했다는 내용도 담았다. FBI가 조사한 내용을 일부 안다고 밝힌 어느 캐나다 요원이 국제금융 문제에 커다란 영향력을 행사할 수 있는 IMF나 세계은행에서 화이트가 일하면 절대 안 된다고 주장한 내용도 덧붙였다. 후버 국장은 화이트가 부적절한 일에 연루됐다는 사실이 알려지면 기금이나 은행 역시 제대로 운영될 수 없다는 점도 강조했다.

나중에 트루먼 대통령은 1946년 2월 초에 이르러서야 화이트에 대한 혐의가 제기됐다는 사실을 알았다고 주장했다. 후버 국장이 쓴 보고서를 본이 받았을 때는 대통령이 화이트를 IMF 임원으로 내정하고 2주가 지난 뒤였다.[11] 상원 은행통화위원회에서 화이트에 대한 지명을 통과시킨 2월 5일 번스 국무장관이 보고서 사본을 후버 국장으로부터 받았고 그 전날 빈슨은 이를 대통령에게서 받았다. 보고서 내용에 크게 놀란 번스는 대통령에게 지명을 취소하라고 조언했다. 화이트를 아주 싫어했던 빈슨은 화이트가 정부기관에서 일하지 못하도록 하고 싶었다. 트루먼 대통령이 상원 사무국장에게 전화해 화이트 지명안에 대해 물었으나 이미 통과됐다는 답변을 받자 유감스럽게 생각했다고 번스가 밝혔다. 번스가 트루먼 대통령에게 결정을 뒤집을 방안을 모색하자고 제안했지만 대통령은 머뭇거리기만 했다.

2월 22일 빈슨, 클라크 법무장관, 후버 국장이 모여 화이트에 대해 대통령에게 건의할 방법을 궁리했다. 대통령이 그를 느닷없이 해고하거나 그에게 사직하라고 권고하는 방안도 검토했다. 나중에 대통령은 FBI가 조사하고 있다는 사실이 간첩 무리에게 알려지지 않게 하고 화이트가 재무부를 떠나 국가안보에 덜 민감한 자리로 옮겨가도록 하기 위해 그에 대한 임명을 뒤집지 않기로 최종 결정했다고 털어났다.

봄 즈음 FBI는 벤틀리가 지목한 화이트의 전 동료들이 벌였다고 추정되는 간첩행위를 상술한 보고서를 작성해 각 부처에 배포하기 시작했다. 지목 받은 인물에는 윌리엄 루드비히 울만과 1958년 중국으로 이주해 마오쩌둥 정권 밑에서 일한 프랭크 코가 포함돼 있었다.[12] 자신이 뒷조사 당하고 있다는 사실을 알고 있었을 5월 초순 화이트는 IMF

에서 일하기 시작했다.[13] 시간이 지난 뒤 후버 국장은 기금 치외법권 때문에 FBI가 화이트를 '제대로 감시할 수 없었다'고 불만을 토로했다.

2월 19일 IMF와 세계은행 영국 쪽 수뇌부로 지명된 케인스는 3월 5일 워싱턴에서 빈슨을 만났다. 빈슨은 화이트가 IMF 총재로 '적임자'지만 미 정부가 그를 그 자리에 추대하지 않기로 결정했다고 밝혔다. 세계은행 총재 자리에는 '미국 투자시장의 신뢰를 얻기' 위해 다른 미국인을 천거하기로 했다고 알려줬다. 미국은 평소와는 다르게 두 기구의 수장을 모두 미국인이 차지하는 행위는 공정하지 않다고 내세웠다. 케인스는 화이트와 많이 다퉜지만 이 소식에 실망을 금치 못했다. 그는 IMF는 정말 뛰어난 사람이 이끌어야 한다고 믿었기 때문이다.

틀림없이 미 은행업계는 은행 출신이 세계은행 총재직을 맡길 원했을 것이다. 하지만 1년 전부터 미 은행협회는 세계은행을 공개적으로 지지했다. 협회가 불신한 기구가 있다면 그것은 IMF였다. 실제로 미 행정부는 다른 미국인을 화이트보다 더 높은 자리에 배치한다면 '적임자'인 화이트를 기금 수장 자리에 앉히지 않은 이유에 대해 많은 논란이 있을 것이라 판단했다.

분명 빈슨은 FBI가 화이트를 수사하고 있다는 사실을 말할 수 있는 위치에 있지 못했다. 이러한 말 못할 사정 때문에 역사의 흐름이 크게 바뀌었다. 화이트가 간첩 활동에 연루돼 수사를 받는 상황이 아니었다면, (물론 미국이 두 자리 모두 차지하겠다고 나서지 않는다는 전제라면) IMF 총재는 유럽인이, 세계은행 총재는 미국인이 맡는 전통은 분명 달라졌을 것이다.

케인스를 충격에 휩싸이게 한 소식이 또 있었다. 영국은 당연히 기금과 은행 본부를 뉴욕에 둔다고 믿고 있었지만 빈슨은 미 행정부가 워싱턴을 고집한다고 밝혔다. 케인스는 은행과 기금 본부를 워싱턴에 둔다는 말은 은행과 기금을 미 행정부의 '꼭두각시'로 만들겠다는 뜻이라며, 브레턴우즈 회의 때 미국이 본부 위치 후보에서 런던을 배제하려고 했을 때처럼 '격렬하게' 항의했다. 빈슨은 본부를 뉴욕에 두면 '국제금융자본의 손아귀에서 놀아난다'는 비난을 받는다고 반박했다. 이 주장에는 미 행정부가 은행가들을 혐오한다는 의미가 내포돼 있었다. 빈슨은 미국 쪽이 결정을 바꿀 생각이 없다는 뜻을 정중히 내비쳤다.[14]

케인스 부부는 기차를 타고 남쪽으로 1,200킬로미터 내려가 조지아 주 사바나 인근에 있는 윌밍턴 섬으로 갔다. 케인스에게는 이 여행이 브레턴우즈 협상이라는 마라톤의 마지막 한 바퀴 같은 느낌이었다. IMF와 세계은행을 출범시키기 위해 개최한 이번 국제회의에서는 기금과 은행의 본부를 어디에 둘지, 집행임원이 어떤 일을 맡도록 할지를 결정해야 했다. 케인스는 이곳이 '비칠 듯 말듯한 면사포로 얼굴을 가린 미녀' 같다며 남쪽 마을의 멋진 매력에 바로 푹 빠져버렸다.[15]

총 300명에 이르는 대표단, 참관인, 보좌관, 기자단이 회의에 참석했다. 3월 9일 회의 의장인 빈슨은 지난번 각국 대표단이 브레턴우즈에 모여 '경제 마그나카르타(Magna Carta)' 헌장을 마련한 일을 회상하며 방문객을 맞이했다. 영국 재무부 워싱턴 사무소장 폴 바로는 빈슨의 연설이 '감정에 빠져 헛된 망상을 지루하게 늘어놓은 장광설이었다'고 혹평했다.[16] 케인스가 그보다 짧게 연설하는 바람에 빈슨의 환영사는 더욱더 따분하게 느껴졌다. 케인스는 최근 관람한 '잠자는 숲 속의 미녀(The

Sleeping Beauty)'에서 연출한 춤추는 모습을 언뜻 떠올려, 요정들이 나타나 새로운 브레턴우즈 체제에 지혜와 행운을 내려주기 바란다는 멋진 비유를 들었다. 그러고는 이렇게 끝맺었다. "이 체제를 음흉한 정치 기구로 타락시키려는 사악한 악령이 사라지기를 기원합니다. 악령이 영원히 잠들어 다시는 깨어나지 못해 인류가 사는 성에 다시는 나타나지 않기를 간절히 희망합니다."

우레 같은 박수소리가 터지자 빈슨은 속이 부글부글 끓었다. 케인스의 연설을 자신에 대한 공격으로 받아들였기 때문이다 "사악하다는 말은 참을 수 있지만 악령이라는 소리는 도저히 견딜 수 없군."[17] 빈슨이 투덜거렸다.

IMF는 브레턴우즈에서 회의를 열기 전부터 구상했지만 영국과 미국은 남은 두 가지 사안을 놓고 평행선을 달렸다. 미국은 기금을 국제금융시장에서 민간은행과 다른 나라들이 하는 행동을 자국 정부가 감시할 수 있게 해주는 도구로 만들고 싶었다. 반면 영국은 기금이 금력외교에 휘둘리지 않고 자유롭게 대출할 수 있어야 한다고 여겼다.

첫 번째 사안은 기금과 은행 본부를 어디에 둬야 하는지 문제였다. 타국 대표단의 지지를 확인한 케인스는 월초에 빈슨이 내세운 주장을 무시하고 본부를 워싱턴이 아닌 뉴욕에 설치해야 한다고 주장했다. 케인스는 진정한 의미의 국제적인 기구를 만들려면 특정 국가의 영향권에서 벗어나도록 해야 한다고 따졌다. 뉴욕 같은 국제금융센터에 본부를 두면 유엔경제사회이사회와도 가까워 유리한 점이 있다고도 했다. 바로는 미국이 영국 의견을 '거들떠보지도 않고 야멸차게 무시했다'고 적었다.[18] 미국의 윌 클레이턴은 영국이 기구 집행임원이 국익을 대변해야 하고 모국에서 더 많은 시간을 보내야 한다고 주장하며 앞뒤가 맞지 않는 말을 한다고 반박했다. 게다가 정부 간 기구인 기금과 은행은 본부를 워싱턴에 둬야 민간금융기관의 상업적 이익으로부터 더욱 안전하게 지킬 수 있다고 덧붙였다.

시간이 흐른 뒤 케인스는 대다수 국가뿐만 아니라 뉴욕 연방준비은행까지도 자기 의견을 지지했다고 밝혔다.[19] (물론 워싱턴 FRB는 미국 쪽 견해를 적극 지지했다) 하지만 미국이 자국의 도시를 놓고 저울질하는 일에 외국이 간섭하는 행위는 절대 받아들일 수 없다는 태도를 보이자 프랑스, 인도뿐만 아니라 영국도 끝내 두 손을 들었다. 케인스가 돌턴 장관에게 글을 적어 보냈다. "빈슨이 회의 내내 미국 쪽 주장을 강압적으로 몰아붙였습니다. 미국 꼭두각시인 살바도르와 과테말라, 멕시코와 중국, 미국 은행의 도움을 받은 에티오피아의 한심한 지지 행렬이 이어졌고 나머지 국가들은 침묵을 지켰습니다."[20]

본부의 위치가 상징적으로 중요했던 만큼 기구, 특히 기금 이사가 맡을 직무와 보수도 결정해야 할 중요한 안건이었다. 개별국가가 국제금융시장을 혼란스럽게 하는 위험한 정책을 쓰지 못하도록 적극 나서야 한다는 원칙을 고수하는 미국은 기금 임원을 상근으로 해야 하고 보수도 넉넉히 지급해야 하며 전문가도 많이 배치해야 한다고 주장했다. 기금을 미국의 간섭을 시시콜콜 받지 않는 독립적 대출기관으로 만들고 싶었던 영국은 이사가 될 사람들은 이미 자국 정부나 은행에서 중요한 일을 맡고 있어서 비상근으로 재직하도록 하고 주로 자국의 이익을 지키도록 해야 한다고 반발했다. 미국은 기금 업무를 처리하려면 직원이 300명은 있어야 한다고 했지만 케인스는 30명이면 충분하다고 여겼다.

"미국 대표단은 IMF와 세계은행에서 국제문제를 어떻게 다룰지 전혀 고민하지 않았습니다." 케인스가 리처드 칸에게 보낸 편지에 불만을 쏟아냈다. "거의 모든 분야에서 얼토당토않은 말만 늘어놓고 있습니다. 그러면서 오로지 자기 주장만 밀어붙입니다. 결국 기구는 득실거리는 미국인들이 쥐락펴락하고 나머지는 옆에서 구경만 하는 미국 앞잡이로 전락해가고 있습니다."[21]

마지막에 케인스는 이사들과 이들을 임시 대체하는 직원 모두에게 비과세 고액연봉을 지급하자는 터무니없는 주장을 집중 공격했다. 두 부류 모두 상근직원으로 할 수는 없는 노릇이었다. 케인스는 특히 이곳에서 급여를 결정하는 무리 가운데 상당수가 바로 임원 자리에 내정될 사람들이라는 사실에 역겨움을 느꼈다. 클레이턴은 이사와 대체직원 모두에게 급여를 지급하는 대신 번갈아 가며 한쪽에만 주자며 한발 물러섰다. 케인스는 이에 만족하지 않고 이사회에서 강력하지만 정중하게 반대의견을 제시했다.

회의가 끝날 무렵 화이트가 케인스를 공격했다. "월급을 몇 천 달러를 더 받든 덜 받든 이는 우리에게 그리 중요하지 않습니다. 정말 시급한 문제는 기금의 업무를 정의하는 일입니다. 우리는 애초부터 기금이 경제전쟁을 막고 온 세계가 올바른 통화정책을 추진할 수 있도록 각국 통화정책을 조율하는 권한이 있어야 한다고 믿어왔습니다." 그렇지만 영국은 다르게 생각한다고 꼬집었다.

"케인스와 영국 정부는 아주 오래 전부터 같은 말만 되풀이해오고 있습니다. 여러 해 전 영국인들과 처음으로 토의하고 초안을 구상했을 때뿐만 아니라 애틀랜틱시티와 브레턴우즈에서 회의할 때에도 그들은 생각을 바꾸지 않았습니다. 영국은 늘 단기대출을 제공하는 국제청산기구를 원했습니다. 그들은 기금이 각 회원국 정부가 추진하는 정책이 원칙에 어긋나는지 여부를 결정할 재량권이 거의 없어야 한다고 믿고 있습니다." 그러고는 말을 이었다. "우수한 인재를 끌어들일 수 있을 만큼 임금을 충분히 주지 않는다면 기금의 설립 원칙과 전반적 방침이 흐트러져 기금은 그저 대출이나 해주는 기관으로 전락할 것입니다."[22]

신랄한 비판이었지만 이는 미국과 영국이 기금을 바라보는 시각이 어떻게 다른지를 아주 적나라하게 보여줬다. 바로는 영국 쪽 견해를 드러내며 다음과 같이 지적했다. "미국 대표단은 IMF를 회원국의 국제통화 문제에 깊이 관여하는 혁신적 기구로 만들려고 한다. 이들은 뉴딜정책에 개입했다고 의심받는 민간은행의 뒤를 이어 국제통화기구를 자기들 손아귀에 넣고 이래라저래라 간섭하고 통제하려는 데 온 정신이 팔린 사람들이다. 결국 미국인들은 사실상 세상 사람들에게 기구의 비전을 제시하지 못했다." 바로는 통탄하며 끝을 맺었다. "우리 영국은 모든 분야에서 패배했다. 논리가 타당하지 못해서가 아니라 미국 쪽에 찰싹 달라붙은 무리 때문에 졌다. 특히 남미 대표단은 미국 쪽에서 마련해 준 연설문을 그대로 떠듬떠듬 읽는 추태를 보이기까지 했다."

케인스는 규합한 무리 앞에서는 힘을 쓰지 못했다. 급여 조항에서는 끝내 케인스 홀로 거부했고 이는 회의에서 유일하게 기록된 반대표였다. "표를 얻으려고 공작을 펼치고 지지세력을 동원하거나 점심이나 저녁 식사를 대접해가며 상대방을 끌어들이는 일은 케인스가 잘하는 분야가 아니었다." 바로가 지적했다. "케인스가 더욱더 실망했던 까닭은 이 여정에 대한 기대가 여지없이 무너져 실망으로 바뀌었기 때문이다."

케인스가 한탄했다. "나는 각국 대표를 보러 사바나에 갔지만 만난 사람은 폭군뿐이었다."[23]

하지만 케인스는 그답게 다시 마음을 다잡았다. 3월 18일 사바나를 떠날 즈음엔 기분이 한결 나아져 감탄사를 터뜨릴 정도였다. "3월 중순인데도 20도를 웃도는 멋진 저녁이군. 저 강과 호수, 바다에 비치는 보름달은 참으로 아름답구나." 케인스는 '오랜 친구'인 카미유 구트(Camille Gutt) 전 벨기에 재무장관이 '젊지도 혈기 왕성하지도 않은데도' IMF 총재직에 출마하라는 자신의 부탁을 수락해 기뻐했다. 5월 6일 구트는 실제 총재로 선출됐다. 한편 화이트는 '바커스 신이 사티로스와 실레노스를 거느리듯 남미 대표단을 만찬장으로 이끌었다. 바커스 신이 포도나뭇잎을 머리에 꽂았듯 그도 술에 취해 칵테일 스틱을 머리카락 사이에 꽂고 '믿는 사람들은 군병 같으니(Onward Christian Soldiers)'를 목청껏 불렀다.[24]

케인스가 기분이 나아진 상태로 사바나를 떠났지만 고향으로 향하는 여정은 험난했다. 19일 아침 그는 워싱턴으로 가는 기차 안에서 쓰러진 뒤 몇 시간이 지나서야 가까스로 기운을 차렸다. 그는 21일 영국 사우스햄튼으로 향하는 퀸메리(Queen Mary) 호를 타기 전 뉴욕에 들렀다. 하지만 가는 도중 급성 위염에 시달렸다. 영국 은행가 조지 볼턴에 따르면 케인스는 귀국하는 동안 극악무도한 미국의 만행을 고발하고 해럴드 맥밀런이 이끄는 영국 정부가 IMF와 세계은행 관련 협정을 절대 비준하지 않도록 신신당부하는 글을 쓰는 데 전념했다고 한다. 하지만 그의 일대기를 쓴 도널드 모그리지(Donald Moggridge)는 케인스가 기억이 가물가물한 상태에서 쓴 글이어서 내용이 뒤죽박죽이었다고 말했다. 볼턴은 케인스가 매우 억울한 심정이었다고 밝혔다. 케인스가 패배를 쉽게 받아들였을 리 만무했다. 어쨌든 영국 정부는 이미 브레턴우즈 협의안을 승인했다.

3월 27일에 케인스가 영국 내각에 제출한 보고서 내용은 그가 브레턴우즈에서 전투를 벌였던 내내 내세웠던 주장과 거의 일맥상통했다. 그는 실망감을 약간 드러내면서도 미국이 저지른 행동에 대해 약간 누그러뜨려 보고했다. 예컨대, 클레이턴이 IMF 임원에게 권한을 많이 주자고 고집부린 까닭은 각국이 의회의 횡포에서 벗어나 자유롭게 대외경제정책을 실시할 수 있도록 하기 위해서였다고 조심스럽게 표현했다.[25] "이를 조금 더 일찍 알아차리지 못한 점은 문제입니다." 케인스가 설명을 이어갔다. "우리는 요점을 벗어나거나 무례하게 비판하거나 반대하기도 했습니다. 그렇지만 그들은 우리를 비난하거나 나무라지 않았습니다."[26]

3월말에서 4월초, 이상하게도 케인스 머릿속에서 경제에 대한 낙관적 시각이 싹트기 시작했다. 이제 그는 자신의 글과 말에 영국의 엄청난 재정적자 문제를 해결해 줄 수도 있는 '보이지 않는 손'을 거론했다.[27] 케인스는 '20년 전 자신의 경제사상에서 '보이지 않는 손'을 내쫓으려 한 적이 있다'고 고백했다. 전 영국중앙은행 총재이자 경제학자인 헨리 클레이(Henry Clay)가 은퇴한 몬터규 노먼(Montagu Norman)에게 보낸 글에서 이를 '아치형 구조물 설계자 입에서나 나올 법한 재미있는 고백'이라고 평가했다.

"저는 케인스가 정신을 차려 결국 '보이지 않는 손'을 무시하리라 생각합니다." 노먼이 답장했다. "케인스가 해리 화이트에게 잠시 현혹된

듯 합니다. 상환능력을 염두에 두지 않는다면 대출은 누구나 쉽게 주선할 수 있습니다. 그들의 주장에 영향을 줄 정도로 대서양 양쪽 국가들의 인플레이션이 심하게 올라가는 일이 없다면 상황을 개선할 수 있는 희망이 있을까요?"[28]

둘 사이에 주고받은 마지막 서신에서 3월 27일 화이트는 케인스가 출간할 논문에서 미국 국제수지에 대해 긍정적으로 쓴 부분에 의견을 같이한다고 썼다. "귀하도 같은 생각이시겠지만 상황을 종합해볼 때 예기치 않은 정치적 사건이 없다면 향후 5년 동안 달러가 부족해질 가능성은 거의 없다고 봅니다."[29] 하지만 불행히도 이후 정치적 우여곡절이 많았다.

4월 12일 케인스는 서섹스에 있는 자신의 집에서 부활절 휴가를 보내기 시작했다. 그 다음주까지 큰 문제없이 건강을 회복하는 듯 했고 꽤 오랜 시간 동안 걷기도 했다. 그러나 4월 21일 부활절 주일에 다시 쓰러졌고 이번에는 다시 일어서지 못했다. 결국 케인스는 자신의 침대에서 향년 62세의 나이로 생을 마감했다.

"대영제국은 미국의 대출금이 늘어날수록 힘을 잃을 것입니다." 1946년 12월 20일 처칠은 하원에 출석해 울화통을 터뜨렸다. "서두르면 결과는 끔찍합니다." 서로 짜맞추기라도 한 듯 제국의 기둥과 파운드화의 국제적 위상은 동시에 무너져 내리고 있었다. 이 둘의 기반이 튼튼했던 만큼 충격도 더욱 컸다.

대영제국이 어떻게 붕괴됐는지에 대한 질문에는 달러 문제가 늘 그림자처럼 따라다녔다. 케인스는 '임금님의 새 옷(Emperor's new clothes)'

이라는 동화에 나오는 어린아이처럼 당혹스러우면서도 핵심을 찌르는 질문을 던졌다. "이집트 문제를 살펴봅시다." 1946년 2월 그가 지적했다. "이집트가 우리에게 군대를 철수하라고 요구하면 어떻게 대답하겠습니까? 군대를 그곳에 계속 주둔시키는 비용을 우리가 댈 테니 대신 그 돈을 빌려달라고 하면 이집트가 이를 받아들일까요? 이집트가 우리에게 더 이상 대출해 주지 않겠다고 한다면 (확실히 빌려주지 않겠지만) 어떤 대안이 있습니까?"[30] 해결책은 군대를 팔레스타인으로 옮기는 방법밖에는 없었다. 시나이 동쪽 팔레스타인으로 이주시켜 아랍, 시온주의자, 미국 사이에 모종의 합의안이 마련될 때까지 시간을 벌 수 있기를 바라는 것이었다.

1960년대 해럴드 윌슨(Harold Wilson) 수상 밑에서 장관을 지냈던 리처드 크로스맨(Richard Crossman) 신임 하원의원은 1946년 팔레스타인 지역 유대인 정착문제를 조사하는 영미공동조사위원회에서 일했다. 그는 처음에는 아랍을 지지했으나 조사하러 다니는 과정에서 시온주의자의 주장을 두둔하는 쪽으로 바뀌었다. 그는 미국 내 시온주의를 지지하는 세력의 정치적 영향력이 막강하다는 사실을 잘 알고 있었다. 이들 가운데 상당수가 '영국을 혐오하는' 사람들이어서 영국에 지원하려는 대출을 무산시킬 수도 있었다. 팔레스타인 쪽에서는 영국 문제를 다룰 때 유대인을 지지하면 분명히 '미국의 환심'을 살 수 있다는 이점이 있었다. 반면 아랍 편을 들면 '틀림없이 반영(反英) 감정이 더욱 거세지고 고립주의자들의 반발이 커져 영국이 대출을 받는 일이 어려워질 수 있었다.'

"영국은 전쟁으로 많이 피폐해졌다고 알고 있습니다." 예루살렘 율

법학자의 사촌 제말 후세이니(Jemal Husseini)가 동정하는 투로 말했다. "그러니 제국을 다시 일으켜 세우려면 미국의 도움을 받아야 하겠지요."

모국의 처지를 부인할 수 없었던 크로스맨은 아랍에 경고했다. "무모하게도 아랍이 우리에게 미국과 아랍 사이에 한 쪽만 편들라고 강요한다면 현실주의자인 저로서는 미국 쪽에 설 수 밖에 없습니다."[31]

당시 영국과 미국은 서로 많이 소원해져 있었다. 1946년 3월 영국에서 실시한 여론조사에서 응답자의 22퍼센트만 미국에 호의적이라고 답해 1945년 58퍼센트에 비해 크게 떨어졌다. 구두응답에서 무기대여협상 종료와 질질 끌었던 대출협상 문제가 많이 거론됐다. 6월 미 국무부 여론조사에서는 38퍼센트만 영국에 대한 대출을 지지했고 48퍼센트가 반대했다.[32] 한 반대파 의원이 이렇게 비난했다. "영국에 대출을 해주면 미국에서는 사회주의가 더욱 득세하고 해외에서는 제국주의가 더욱 판칠 것입니다."[33] 그렇지만 소련의 위협에 대한 우려가 커지자 미 정부와 의회의 시각이 완전히 바뀌었다. 3월 5일 미주리(Missouri) 풀턴(Fulton)에서 처칠이 '철의 장막(Iron Curtain)'이라는 유명한 연설을 하고 스탈린이 이를 맹비난하자 아서 밴던버그(Arthur Vandenberg) 공화당 의원을 포함해 대출에 회의적이었던 사람들의 마음이 움직였다. 지난 12월 밴던버그는 상원에서 격론이 끝난 뒤 영국이 미국을 '고리대금업자로 몰아세우기 시작했다'고 비난한 적이 있었다. 마침내 대출 안건은 5월 14일 상원에서 찬성 46표 반대 34표로 통과됐고, 7월 13일 하원에서 찬성 219표 반대 155표로 승인됐다.

미국에서 마지막 여행을 떠나기 몇 주 전인 지난 2월 케인스는 영국 정부가 '타성을 버리지 못하고 전혀 분수에 맞지 않게 겉치레만 신경 쓰는' 상황에서, 베버리지 사회보장프로그램(Beveridge plan, 영국 사회보장제도의 바탕이 됨)에서 추진하는 것처럼 미국으로부터 받는 대출금이 전쟁으로 궁핍해진 영국 국민을 물질적으로 나아지게 하기에는 턱없이 부족하다는 점을 밝히는 데 몰두했다.[34] 그는 영국이 '자기 연민에 빠진 나머지 현재의 처지가 예전만 못하다는 사실을 냉정하게 받아들일 준비가 돼있지 않다'고 한탄했다. 인도에 영국군을 주둔시키는 비용이 연간 5억 달러였다. 중동에서도 3억 달러가 필요했다. 이 둘만 합해도 미국으로부터 받는 대출금액의 4분의 1 가까이 된다. 영국이 '미국이 해주는 대출과 이에 따르는 제안을 탐탁스럽지 않게 여기는 까닭은 꿈과 현실의 차이를 제대로 파악하지 못했기' 때문이었다.[35]

한때 영국군 상병으로 근무하고 수십 년 뒤 이스라엘 총리까지 지낸 메나헴 베긴(Menachim Begin)이 이끄는 유대인 지하조직 이르군(Irgun)이 7월 22일 예루살렘 킹 데이비드 호텔에 폭탄 테러를 저질렀다. 영국인, 아랍인, 유대인까지 총 91명이 사망했다. 참극이 벌어진 직후 처칠이 희망 섞인 말을 던졌다. "미국과 함께 해결방안을 찾을 수 있을 것입니다." 하지만 트루먼 행정부는 자신만의 독특한 정치노선을 고수했다. 트루먼 대통령에게는 루스벨트와는 달리 영국을 이용해 나치를 무찌르는 작전 같은 최우선 외교전략이 없었다. 10월 4일 트루먼 대통령은 영국과 미 국무부가 공들여 마련한, 팔레스타인을 두 지역으로 나눠 유대와 아랍이 자치하도록 하는 모리슨-그래디안(Morrison-Grady Plan)을 거부했다. 대신 팔레스타인을 딱 잘라 유대 국가를 새로 설립하는 방안을 지지한다는 성명을 발표했다. 애틀리는 성명발표 연기 요청을 거절한 트루먼 대통령을 맹비난했다. 상황은 처칠이 바라던 방향과는 정반대로 돌아가고 있었다. 즉, 미국이 돕지 않는 상황에서 대영제국이 스스로 어려움을 헤쳐나갈 수 있다는 희망은 보이지 않았다.<sup>36</sup>

1946년 여름 영국이 인도에서 벌어진 인종 갈등을 해결하려고 노력했으나 결국 허사로 끝났다. 7월 힌두계가 대다수인 인도국민회의(Indian National Congress) 당수로 선출된 자와할랄 네루(Jawaharlal Nehru)가 위대한 지도자로 알려진 모하마드 알리 지나(Mohammad Ali Jinnah)의 이슬람동맹(Muslim League)을 끌어들여 통일헌법을 만들며 인도를 독립시키려 했으나 실패로 돌아갔다. 이슬람동맹을 이끄는 지나가 협력을 철회하고 파키스탄 독립을 추진하겠다고 선언한 뒤 캘커타에서부터 퍼진 집단 폭력으로 수천 명이 사망했다.

한편 그리스에서는 사태가 나날이 악화됐다. 그리스 북부지역에서 공산 게릴라가 활개치는데도 영국군은 속수무책이었다. 어렵게 빌린 귀중한 달러가 해외 이곳저곳에서 증발하고 있었다. 11~12월에 걸친 6주 동안 미국에 머물던 베빈 영국 외무장관은 영국이 돈이 없어 해외에서 군대를 철수해야 할 판이라고 번스에게 호소했다. 하지만 지출을 꺼리는 공화당이 의회를 장악한 지 얼마 지나지 않은 상황이어서 미국의 군사지원은 불가능했다.

결국 애틀리 수상은 그리스뿐만 아니라 팔레스타인, 인도에 대해서도 다시 이해득실을 철저히 따져봐야 한다고 판단했다. 12월 1일 베빈 장관에게 개인 소견을 담은 편지를 보냈다. "아무래도 그리스를 지배하는 일이 타산이 맞는지 의심스럽습니다." 수상은 속내를 솔직히 드러냈다. "중동은 변경 식민지에 지나지 않습니다." 팔레스타인에 대해서도 체념한 듯했다. 사실 언제 손을 내밀어 줄지도 모르는 미국의 도움 없이 영국은 해외 여러 곳에 주둔시킨 군대를 유지할 수 없는 상황이었다. "미국은 우리를 지켜줄 필요가 없는 변방 정도로만 여기는 듯 합니다."

60년 만에 찾아온 살을 에는 듯한 혹한과 맞물려, 광활한 지역을 통치하는 영국의 정치·경제적 능력도 한계에 이르렀다. 1947년 1월 애틀리 수상은 버마의 아웅 산(Aung San) 장군과 독립협정문에 서명했다. 드라마 같은 2월 한 주 동안 대영제국을 떠받치던 기둥들이 하나 둘씩 허물어졌다. 2월 14일 베빈 외무장관은 영국이 팔레스타인 통치를 다시 국제연합(UN)에 넘긴다고 선언했다. 18일에는 영국 내각이 그리스에서 군대를 철수하기로 결정했다. 20일에는 애틀리 수상이 의회에 출석해 영국이 인도를 포기하겠다고 발표했다.

"모두 버리자는 말이군요!" 보수파 사이에 탄식이 터져 나왔다. 그 뒤 몇 달 동안 처칠은 노동당이 집권하는 현 정부에 이 말을 끊임없이 내뱉었다. 주사위는 이미 던져졌다.

1년간 달라져도 너무 많이 달라졌다. "대영제국이 쓰러지면 국민의 생활 수준도 크게 떨어진다고 생각합니다." 지난 1946년 2월 베빈 외무장관이 하원에 출석해 의견을 밝혔다. 1946년까지만 해도 영국 지배층 대부분은 당연히 식민통치가 영국 경제력의 원천이라고 여겼다. 그러나 지금은 달러를 끝없이 소모하는 혹 덩어리라는 사실이 명백했다. 영국은 전쟁을 치르면서 막대한 부채를 떠안은 탓에 인도처럼 저항하는 식민지를 얌전해지도록 할 수 있는 경제적 수단이 거의 없었다.

미국 정치권은 구질서가 급격히 무너지는 사태에 대비하지 못했다.

"이제 오직 두 강대국만 남았습니다." 1947년 2월 애치슨이 미국과 소련을 염두에 두고 엄숙하게 말했다. "영국은 끝났습니다."[37] 이제 애치슨은 병든 번스 뒤를 이어 국무장관이 된 조지 마셜 장군의 참모장이 됐다. 루스벨트 대통령은 영국이 그리스에서 군사작전을 개시하자 무기대여지원을 중단하려 한 적이 있었지만, 마셜 장관과 트루먼 대통령은 영국이 철수한 나라에 공산주의 정권이 들어서지 못하게 하기 위해 재빠르게 움직였다. 3월 12일 트루먼 대통령은 양원에 출석해 '트루먼 독트린(Truman Doctrine)'으로 알려진 유명한 연설을 했다. 그리스와 터키가 소련의 손아귀에 들어가지 못하도록 미국이 이들 나라에 군사, 경제 지원을 약속한다는 내용이었다. 이는 향후 수십 년 동안 미국이 대영제국 붕괴로 남겨진 빈 자리를 대신 채워야 하는 일련의 지정학적 과제의 시작이었다.

1946년 7월 15일 트루먼 대통령이 영국에 대출을 승인하면서부터 영국 파운드화는 1년에 걸친 고통스러운 죽음의 길로 접어들었다. 이로부터 1년 뒤인 1947년 7월 15일 파운드화 금태환이 전면 실시됐기 때문이다. 대출은 이 충격을 잠시 누그러뜨려 줬지만 빌려온 돈은 엄청나게 빠르게 고갈됐다. "차입한 자금이 더욱 빠르게 줄어들고 있습니다. 이제는 도저히 통제할 수 없는 상황입니다." 1947년 3월 21일 돌턴 영국 재무장관이 내각 동료들에게 글을 썼다. 엎친 데 덮친 격으로 미국에서 물가가 급격하게 오르면서 예상과 달리 미국제품 수입 비용이 덩달아 증가했다. 돌턴 장관은 몇 개월 뒤 식량배급제를 실시함과 동시에 수입을 줄이고 수출은 늘릴 수 있는 극단적 조치를 취해 달라고 장

관들에게 호소했다.[38]

5월 28일 돌턴 장관은 끔찍한 영국 국제수지 적자 문제를 상세히 보고했다. 그는 '세계 경제 위기가 발생할 수 있을 정도'로 글로벌 달러 부족 문제가 더욱 심각해지고 있다고 경고했다. 지난 봄 케인스와 화이트가 제시했던 낙관적 전망은 틀렸음이 분명해졌다. 실제 영국과 프랑스의 대미 무역수지 적자가 급속도로 늘어 각각 연간 10억 달러에 이를 정도였기 때문이다. 돌턴 장관이 강조했다. "우리에게 다가오고 있는 위기는 지금껏 겪었던 사태와는 완전히 다릅니다. 평가절하, 대외채무 조정이나 지급 거절로도 해결할 수 없습니다. 해외에서 벌어들이는 돈으로는 외국에서 지출하는 비용을 충당하기에 턱없이 부족합니다." '무기대여협상으로 미국과 캐나다에서 대출을 받을 수 있었던 탓에 문제가 계속 가려졌지만' 이제는 드러나지 않을 수 없었다. 마침내 영국은 '달러화 부족' 사태에 직면하고 있었다. 돌턴 장관은 '특히 미국과 IMF 위원회가 기금에서 대출을 많이 받는 나라를 철저히 조사할' 것이라고 경고하면서도, 영국이 기금으로부터 연간 최대 3억2,400만 달러를 차입할 수 있을지도 모른다고 언급했다.[39] 영국 재무부에서 일하는 오토 클라크는 '대규모 무역 불균형을 해결하는 일'은 기금의 업무가 아니라고 주의를 줬다.

클라크는 '영미금융협정에 달린 의무조항 때문에 문제가 더욱 악화될 수 있다'고 걱정했다. 해외에서 달러를 벌어들일 수 없다면 영국은 '미국 대륙에서 수입하는 물품을 최대한 줄여야' 했다. 그러나 영국은 무역차별금지 원칙을 지켜야 하기 때문에 국제무역 연쇄 붕괴를 초래하는 다른 나라 수출품에 대한 수입 규제 조치를 동시에 실시하지 않고는 이를 시행할 수 없었다. 파운드화 금태환을 실시해도 결과는 마찬가지일 터였다. 이 제도를 실행하면 타국이 파운드화를 축적하기 위해 영국제품 수입을 줄이려 할 것이고 그러면 영국도 이에 대응해 수입을 축소해야 하기 때문이었다. 결국 그는 마셜 장군이 6월에 제시한 획기적 계획을 유일한 희망으로 여겼다.[40]

하지만 마셜은 째깍거리며 돌아가는 파운드화 금태환 시계바늘을 멈추지도 되돌리지도 않았다. 7월 20일이 속한 그 한 주 동안 영국 중앙은행 금고에서 1억6백만 달러가 빠져나갔다. 그 다음 주에는 1억2,600만 달러, 또 그 다음 주에는 1억2,700만 달러가 새어 나갔다. 8월 16일이 속한 주에는 1억8,300만 달러가 인출됐다. 돌턴 장관은 미국 대출금을 인출해 외화보유액을 25억 달러 수준으로 안정시키려고 했지만 확인해 보니 남아 있는 잔액은 8억5,000만 달러뿐이었다. 글로벌 달러부족 현상은 더욱 심해지고 참전한 유럽국가 중 오직 영국만 금태환을 실시하는 상황에서는 이 흐름을 멈출 수 있는 방법이 없었다. 8월 20일 영국 정부는 끝내 금태환을 중단했다.[41] 파운드화를 국제통화로 다시 세우려는 꿈은 산산조각 나고 말았다.

1947년 6월 5일 마셜이 하버드대학에서 유명한 연설을 할 때까지만 해도 유럽의 경제체제에 대한 미국과 유럽의 비전은 너무나 달랐다. 애틀리 수상이 이끄는 영국정부는 이때 석탄, 철도, 전력 산업을 서둘러 국유화했다. 영국 경제안정의 기반을 마련하려면 정부 통제가 필요했다. 당시 경제분야를 담당하는 첫 국무차관이 된 윌 클레이턴은 5월 유럽 방문을 마치고 돌아온 뒤 이전과는 전혀 다른 청사진을 그리기 시작했다. 영국을 유럽통합경제 체제에 편입시켜 버젓이 자본주의와 자유무역 정책을 추진하도록 하려는 계획이었다. 워싱턴에서는 이런 생각이 1년 전 모스크바에서 조지 케넌이 보낸 장문의 전보에 투영돼 나타났다. 미국식 모델을 따르지 않는 나라는 결국 소련식 모델을 추구하기 쉽다는 주장이었다.

보호무역주의를 지지하는 공화당이 싫어 민주당원이 된 클레이턴에게는 자유무역을 신봉하는 헐과 통화안정을 옹호하는 화이트라는 든든한 지원자가 둘이나 있었다. 모겐소에게 화이트가 중요했듯, 대외경제 문제를 처리하는 데 마셜에게 없어서는 안 될 인물이었던 클레이턴 자신도 전쟁으로 피폐해진 유럽경제를 되살려 자유시장경제 체제를 확고히 구축하려는 폭넓고 과감하며 너그럽고 현실적인 비전이 있었다.

5월 프랑스를 먼저 방문한 클레이턴은 특히 계획경제가 실패로 돌아갔다는 사실에 마음이 크게 흔들렸다. 프랑스 정부가 인플레이션을 잡기 위해 물가를 통제하자 농민들이 농산물을 내놓지 않아 도시민들이 굶어 죽을 지경에 이르렀다.[42] 약탈과 사재기가 끊이지 않았다. 문명사회를 묶어주던 경제시스템이 갈가리 찢겼다.[43] 클레이턴은 정책을 크게 바꾸지 않고 미국의 조언을 받아들여 조금만 수정하면 문제를 해결할 수 있다는 환상에 젖어있지 않았다. 미국이 대출이나 신용한도, 무기대여지원 같은 방안 대신 혁신적 시장개혁을 조건으로 대규모 무상 지원을 단행해야 한다고 생각했다. 이는 1945년에 화이트가 점점 더 적대적으로 바뀌는 소련에 전쟁복구 명목으로 아무 조건 없이 100억 달러나 대출해 주는 내용을 골자로 하는 전후 미국 경제의 비전과는 천양지차였다.

4월 마셜 장군이 모스크바 방문을 마치고 아무런 성과 없이 돌아온 뒤 대(對) 국민 라디오 방송으로 유럽의 경제상황이 암울하니 과감한 조치를 바로 실시해야 한다고 호소했지만 실제로 마셜 플랜의 지적 기반을 다진 사람은 바로 클레이턴이었다. 클레이턴은 원래 남에게 주목 받길 꺼렸지만 이 플랜에 절반 이상 공헌한 애치슨을 제외한, 유럽 상황 파악이나 지원 명분 마련에서는 클레이턴의 공로가 컸다. 실제로 마셜 플랜과 클레이턴이 5월 27일에 완성한 보고서를 문구 하나하나 비교한 결과 클레이턴이 아주 크게 기여했다는 사실이 드러났다.[44]

단 1,442단어에 불과한 마셜 장관의 번뜩이는 연설은 그 비전뿐만 아니라 매우 능숙한 외교적 수사에도 잘 나타났다. 연설은 당장 생존에 필요한 것뿐만 아니라 주요 산업과 무역관계를 되살리기 위한 자금이 없어 허우적대는 유럽 동맹국에 미국이 던져주는 구명 밧줄 같았다. 유럽이 서로 협력하고 다시 일어서기 위해 강력한 계획을 마련해야 한다는 점과 늘 의심 많은 미 의회와 대중에게 유럽을 도와야 하는 까닭도 설명했다. 마지막으로 소련을 배제한다는 내용을 포함시키지 않음으로써 유럽 분열을 조장하지 않았지만 그렇다고 상호 협력을 장려하지도 않았다. 이 계획은 미국이 주도하는 것이어서 소련은 정치적 부담 때문에 스스로 떨어져 나갈 터였다.

마셜 장군이 고안한 계획을 유럽인들의 머릿속에 각인시키기 위해 애치슨은 영국 언론사에 있는 친구의 힘을 빌렸다. 베빈도 재빨리 움직여 조르주 비도(Georges Bidault) 프랑스 외무장관에게 러시아 몰로토프 장관을 만나라고 재촉해 결국 2주 뒤 파리에서 회담이 열렸다. 클레이턴은 소련이 마셜 플랜을 저지하지 못하게 해야 한다고 생각했다. 브레

제10장 구 질서를 보내고 새 시대를 맞이하다                    443

턴우즈 회의에서 러시아가 의사진행을 방해했던 행위가 다시는 반복되지 않도록 할 참이었다. 몰로토프 소련 외무장관이 모스크바로부터 전갈을 받은 뒤 소련의 자주권을 내세우며 예상대로 반대의견을 내세운 덕분에 일이 '훨씬 더 쉽게' 풀렸다고 베빈 영국 외무장관이 밝혔다. 이로써 러시아는 배제됐다. 7월 3일 프랑스와 미국이 공동으로 유럽 22개국에 서신을 보내 재건계획을 마련하기 위해 파리에 대표를 보내달라고 요청했다.[45]

하지만 베빈은 미국의 계획에 필사적으로 매달려야 하는 상황이 탐탁지 않았다. 그는 미국이 영국을 '단지 일개 유럽국가'로 여긴다는 사실에 '울컥하며' 클레이턴과 루 더글러스(Lew Douglas) 대사에게 불만을 털어놨다. 소련이 유고슬라비아를 대하듯 영국을 대하면 절대 안 된다고 생각했다. '대영제국은 다른 나라와는 다르다'고 여겼던 것이다.[46] 베빈 장관은 마셜 플랜이 영국이 '미국과 새로운 금융협력관계를 구축할' 수 있는 기회라고 판단했다. 그러나 클레이턴의 생각은 달랐다. 즉, '단편적 접근방법으로는 유럽문제를 해결할 수 없다'고 봤다. 그래서 미국은 특정국가와 '특별협력관계'를 구축하려 하지 않았다.[47] 지금 돌이켜 보면 베빈 장관이 영국을 특별히 우대해 달라고 호소하면서 미국이 영국을 동정해 주기를 바랐다는 점은 주목할 만하다. 하지만 1947년 제국주의적 사고의 틀을 벗어나지 못한 개혁으로는 빠르게 재정립되고 있는 국제질서를 따라잡을 수 없었다.

그 뒤 3개월 동안 클레이턴은 세 가지 과제를 이루기 위해 끈덕지게 밀어붙였다. 먼저 파리에 모인 대표단으로부터 마셜 플랜에 대한 강력한 지지를 얻어내는 일이었다. 다음은 국제무역 자유화를 획기적으로 발전시키는 과제였다. 마지막으로 '유럽연합'을 만들어 경제협력을 조율하고 관세동맹을 추진하도록 장려하는 과업이었다.

마셜 플랜과 관련해서, 마셜 장군은 점점 더 나락으로 떨어지고 있는 유럽을 돕자는 클레이턴의 끈질긴 요청을 여름 내내 묵살했다. 하지만 9월에 접어들어 마셜 장군이 태도를 바꿨다. 9월 10일 그는 유럽이 '겨울 동안 굶주림과 추위를 견뎌낼' 수 있도록 세출법안을 서둘러 승인해야 한다며 의회를 공개적으로 압박했다. 이 노력은 파리회담에 크게 영향을 미쳐 마침내 9월 22일 유럽대표단은 미국의 기대에 부응하는 지원 요청을 포함하는 '제1차' 보고서를 제출했다. 이에 클레이턴은 서둘러 파리를 떠나 런던으로 건너가 미국의 지원을 받으려면 무역자유화를 반드시 추진해야 한다고 영국을 다그쳤다.

그러나 이는 생각보다 쉽지 않았다. 여름 내내 클레이턴은 영국이 특혜관세를 철폐하도록 설득하는 데 힘을 기울이면서 새로 수입하는 양모에 수입관세를 부과하려는 자본력 있는 보호무역주의자들과 씨름했다. 결국 클레이턴이 트루먼 대통령을 설득해 양모 전쟁에서 승리한 덕분에 교착상태에 빠졌던 제네바 무역협상이 되살아났다. 클레이턴이 특혜관세를 공개적으로 비난하자 영국 국민들이 거세게 반발했다. 이들은 미국이 지난번 무기대여지원을 조건으로 특혜관세 철폐를 요구하더니 이번에는 대출을 미끼로 다시 압박한다고 투덜거렸다. 1946년 의회에서 빈슨이, 영국에 대출을 해주면서 그들로부터 공정하고 차별 없는 통화, 무역정책을 추진하겠다는 다짐을 받아내겠다고 했던 약속은 공허한 메아리로 끝났다.[48] 영국은 마셜 플랜이라는 당근 앞에서 다시 멈칫거리고 있었다. 하지만 9월 말 영국은 미국도 수입관세를 줄여야 한다는 요구를 누그러뜨리면서 영국이 누리던 특혜마진을 없애지는 않고 일부 축소하겠다며 한발 물러섰다. 클레이턴은 늘 하던 대로 더욱 강하게 압박하고 싶었지만 자신이 소중히 여기는 목표를 이루기 위해 이 제안을 받아들였다. 그의 목표는 나중에 세계무역기구(WTO)로 바뀐 '관세 및 무역에 관한 일반 협정(the General Agreement on Tariffs and Trade, GATT)'의 설립을 잘 마무리하는 일이었다. 예순 여덟에 접어든 클레이턴은 자신의 원대한 꿈이 실현되자 워싱턴을 영원히 떠나자는 아내의 뜻을 받아들여 10월 7일 국무부를 떠나겠다는 여섯 번째이자 마지막 사표를 제출했다.[49]

10월 15일 〈뉴욕 타임스〉가 보도했다. "기존의 국제경제 협력체제가 무색할 정도로 엄청나게 방대한 GATT는 클레이턴이 이룬 꿈이다. 뜻을 같이하는 민주주의 국가들이 모여 역사의 물줄기를 유유히 바꿔 세계무역을 촉진시키겠다는 이상이다. 이는 클레이턴씨와 그의 동료 이외에는 아무도 달성할 수 없는 위대한 업적이다."

유럽인들은 대체로 식견이 탁월한 해리 화이트가 IMF를 설립하려고 무던히 노력했던 점은 높이 샀지만 애착과 영감은 부족했다고 여겼다. 반면 클레이턴은 '미국 국제경제정책 추진의 원동력이자 상징적 인물'로 널리 인식되고 있다.[50] 클레이턴이 유럽 각국에 더욱 협력하고 덜 국유화하라고 끊임없이 압박했는데도 (어쩌면 압박했기 때문에) 유럽과 프랑스 언론은 그를 앞다퉈 치켜세웠다. 〈르 몽드 Le Monde〉지는 클레이턴을 '자유주의 전사'라고 추어올렸다. "우리 외교관들은 그처럼 유럽 문제에 정통한 미국인이 없다는 사실에 한탄할 것이다."[51]

1947년 유럽에 만연한 국수주의적이고 제국주의적인 낡은 국가 간 경제 장벽을 무너뜨리고 개방적이고 시장중심적인 자유무역체제의 기반을 닦으려는 클레이턴의 노력은 많은 진척을 보이지 못했다. 하지만 1957년까지 그는 대의를 위해 쉬지 않고 뛰었다. 클레이턴은 여름 내내 정신 없이 오가며 외교 작전을 펼쳤지만, 한때 무역규모가 전체 유럽의 두 배에 달했던 제국의 경제적 잔재를 지키고 주요 산업을 더욱 국유화하려는 영국 정부의 강력한 저항에 부딪혔다. 그러자 클레이턴이 추진하는 관세동맹을 점점 더 짜증스러운 눈빛으로 바라보던 자신의 국무부 동료조차도, 이를 먼저 서둘러야 하는 유럽의 산업과 농업 생산 촉진을 방해하는 걸림돌을 없애려는 원대한 꿈으로 보기 시작했다.[52] 1947년 9월 클레이턴은 유럽 국가들로부터 확약을 받아내지는 못했다. 하지만 마셜 플랜에 따른 지원은 유럽 각국이 시장과 투자 친화적 정책을 추진해야 받을 수 있다는 조건을 달았다. 이런 시장 및 투자 친화적 정책은 장기적으로 석탄산업 같은 독일 자원을 확보하려는 프랑스의 이해관계와도 잘 맞아떨어졌다. 마셜 플랜의 중요한 기둥이 된 패전국 독일을 전후 유럽경제에 통합시키려는 계획은 화이트와 모겐소가 그린 청사진과는 극명하게 대조를 이뤘다.

1948년 4월 3일 트루먼 대통령이 서명해 통과시킨 경제협력법을 바탕으로 마셜 플랜을 실행할 수 있었다. 결국 1951년까지 독일을 포함해 총 16개 유럽국가에 지원한 경제·기술 원조 규모는 130억 달러(현재 가치로 1,220억 달러)에 달했다. 마셜 플랜은 당장 급한 식량, 생필품, 연료, 기계류 원조를 가능하게 하고 장기적으로 산업과 농업 현대화, 수송망 재구축, 무역 촉진에도 크게 기여했을 뿐만 아니라 유럽통합을 위한 분수령이 되는 국가 간 협력에도 큰 힘이 됐다.[53] 애치슨은 클레이턴 계획이 유럽연합 설립의 기초가 된 '1957년 로마 조약보다 거의 10년이나 앞섰다'며 감탄했다.[54] 흥미롭게도 영국은 1973년 유럽경제공동체에 가입하기 전까지 특혜관세를 끝내 포기하지 않았다.

따지고 보면 무기대여법이 아닌 마셜 플랜이 처칠이 언급했던 '가장 이타적인 법률'이라고 잘못 알려진 데에는 그만한 이유가 있었다. 미국의 이해관계를 잘 반영시킨 마셜 플랜은 현대사에서 보기 드문 진보된 국제주의 법안이나 마찬가지였기 때문이다.

윌 클레이턴은 유럽국가들끼리, 그리고 대서양 연안국들이 경제, 통화, 외교 분야에서 서로 협력해야 한다고 죽는 순간까지 외쳤다. 그는 미국이 드넓은 세계에서 맡아야 하는 숭고한 임무를 저버리고 너무 좁게만 생각한다고 자주 지적했다. 1958년 클레이턴은 〈뉴욕 타임스〉에 이런 글을 실었다. "우리가 이익단체의 이기적인 요구를 들어주기 위해 국가정책을 타락시키는 일을 멈추지 않는다면, 자유세계를 이끄는 우리의 미약한 지도력마저도 사라질 것이다."[55] 1966년 그가 세상을 떠나자 트루먼은 다음과 같이 썼다. "클레이턴은 나라를 위해 헌신했을 뿐만 아니라 세계적 관점에서 미국이 온 세계와 조화를 이뤄야 한다고 생각했던 보기 드문 훌륭한 공직자였다."[56] 그처럼 너그러움과 현실이 멋지게 조화를 이뤘다는 칭송을 받은 인물도 드물었다.

1947년 3월 1일 IMF가 정식으로 업무를 개시했다. 하지만 곧 회원국이 하나 둘씩 기금에서 과도기적으로 허용한 전시 환율규제 정책을 들먹이기 시작했다. 3월 31일 해리 화이트가 "언젠가는 민간기업에서 일하는 소중한 꿈이 있었다."라고 말하며 트루먼 대통령에게 사직서를 제출했다. '기금이 잘 출범했고 업무도 정상적으로 개시했으니 지금이 후임자에게 자리를 물려줄 적절한 시점'이라고 적었다. 대통령은 화이트가 세계은행과 IMF를 통해 국제무역을 안정시키려고 끊임없이 노력했다고 칭찬하면서 4월 7일 사표를 정식으로 수리했다. 국제무역을 안정시키려고 '노력'했다는 말은 안정까지는 아직 멀었다는 사실을 인정한다는 뜻이었다.

1947년 4월 IMF 출범 첫해 업무현황을 장밋빛으로 적은 보고서에서 화이트는 '달러를 매입할 자격이 있는 나라들 가운데 아무도 매입신청을 하지 않았다'고 해서 기금이 '실패하거나 고장 나거나 문제가 있다'고 여긴다면 이는 '어리석은' 판단이라고 썼다. 곧 사라질 평범한 일시적 요인 때문이라고 했다.[57]

1947년 6월 IMF 집행임원들이 대출신청 건에 대해, 예컨대 대출금을 전후 재건 용도로 쓸 수 없다는 기금 조항을 제대로 준수하는지 '뒤에서 감시하겠다'고 공언하며 강경 노선을 취했다. 하지만 그 뒤 1948년 봄 마셜 플랜이 기금을 대신할 때까지 12개월 동안 임시방편으로 들어온 신청을 하나 둘씩 받아들여 모른 척하고 총 6억 달러나 지원해 줬다.[58] 이후 기금은 사실상 동면에 들어갔다.

1948년 5월 화이트는 상황이 아주 어려우니 기금 조항을 수정해야 한다는 보고서를 준비했다. 하지만 이를 외부로 공개하지도 출판하지도 않았다. 1년 전의 장밋빛 전망과는 전혀 딴판이었다. '기금과 은행이 이제까지 목표를 얼마나 달성했는지 진솔하게 평가한다면 실적은 예상에 훨씬 미치지 못했다고 결론을 내릴 수 있다'고 주저 없이 적었다. '향후 몇 년 안에 상황이 많이 개선될 수 있다면 크게 걱정할 필요가 없겠지만 지금으로서는 그런 희망은 보이지 않는다'고 썼다. 화이트는 IMF가 자금력을 대폭 증가시켜야 한다고 믿었다. 케인스가 'IMF 자원을 보충해' 줄 수 있는 '국제교환수단'을 만들자고 목소리를 높였을 때 거들떠보지도 않았던 화이트가 이제 와서 이를 제안하고 나선 것이다. 1945년 6월 화이트가 상원은행위원회에 출석해 영국이 임시특별지원을 받을 필요조차 없다며 거부했던 영국에 대한 대출은 실제로 효과가 엄청나게 컸다. 마셜 플랜도 크게 도움이 됐다. '하지만 이들 덕분에 얻은 이익이 하나였던 세상이 둘로 쪼개지면서 발생한 손실을 벌충할 수는 없었다.'[59]

이전에 화이트가 미출간 보고서에 미국과 서방이 러시아에 대해 위선적 태도를 보인다고 신랄하게 비난하며 드러냈던 전후 미소동맹에 대한 희망은 이제 산산조각 났다.[60] 그의 글에는 실망감이 배어 있었다. "1944년 봄 IMF 회원국 고위 관료들은 전쟁이 끝나고 3년이 채 지나지 않은 1948년에 주요 강대국이 이렇게까지 깊이 갈등하고, 세계 각국이 협력하지 않고 분열이라는 골짜기로 추락하리라고는 상상하지 못했을 것이다."[61] 이제는 평화와 더 나은 미국을 위해 싸우지 않는 민주당에 환멸을 느낀 화이트는 1924년 진보당 대통령 후보로 나섰던 로버트 라폴레트를 지지했듯 이번에는 미국과 소련이 점점 더 서로 반목하는 상황을 뒤집으려고 노력하는 헨리 월리스에게 희망을 걸었다.[62] '러시아는 평화를 간절히 원한다'는 기치를 내걸고 대통령 선거운동을 벌였던 월리스는 화이트를 재무장관으로 임명하려고 한 적이 있었다.[63] 세월이 흐른 뒤 케넌은 화이트를 염두에 두고 "순진하게도 워싱턴에서 재무부만큼 러시아와 협력하려고 (지독하게) 고집 부렸던 곳은 없었다."라고 신

랄하게 비판했다.⁶⁴

 1947년 8월 FBI는 화이트를 소환해 그레그와 헬렌 실버마스터, 조지 실버맨, 루드비히 울만, 윌리엄 테일러, 해럴드 글래서, 솔로몬 애들러, 소냐 골드, 러즐린 커리와 관계 있는지 두 시간 동안 심문했다. 9월 초 그는 급성 심장발작을 일으켰다. 10월에 화이트는 뉴욕에 있는 새 집에 몸져누워 있는 동안 연방법원으로부터 대배심에 출석하라는 통보를 받았다. 그의 아내는 의사 소견서를 첨부해 남편이 소환에 응할 수 없다고 답장했다. 화이트의 형제는 그가 12월까지 앓아 누워 있었다고 밝혔다.⁶⁵ 결국 화이트는 1948년 3월 24~25일에야 법정에서 진술했다. 화이트는 이미 대배심에서 증언한 코(Coe)와는 일반적인 대화만 했다고 증언했다. 이미 FBI에서 진술을 마치고 곧 대배심에 출석할 실버맨과도 일상적인 이야기만 나눴다고 밝혔다. 벤틀리와 체임버스가 FBI 수사를 받고 대배심에도 출석한 줄 몰랐던 화이트는, 자신이 실버맨에게 전화해 그를 만나자고 한 일을 검사가 벌써 파악하고 있다는 사실을 알았다면 틀림 없이 크게 놀랐을 것이다. 사실 화이트는 도청당하고 있었다.⁶⁶ 그러나 도청 내용은 법정에서 채택할 수 없어 그를 기소하기 위한 증거로도 사용할 수 없었다. 화이트가 간첩 활동을 했다고 주장한 벤틀리의 주장도 구체적인 증거가 없었다. 결국 대배심은 화이트를 기소할 수 있는 확증이 부족했다.

 드디어 7월 31일 벤틀리가 하원 반미활동조사위원회(HUAC)에 처음으로 모습을 드러냈고 8월 11일까지 네 차례 더 진술했다. 첫날 의원들은 실버맨이 이끄는 조직의 구성원이 누구고 그들이 어떤 활동을 했는지 물었다. 그녀가 울만과 애들러의 이름을 대자 재무부에도 조직원이 있는지 추궁했다. 벤틀리가 대답했다. "네, 있습니다. 해리 덱스터 화이트입니다." 화이트는 그녀가 폭로한 전직 공무원 30명 가운데 가장 지위가 높았다.[67]

"화이트가 공산당원입니까?" 한 위원이 추궁했다.

"화이트씨가 정식 공산당원인지는 모릅니다." 벤틀리가 대답했다.

"그가 조직에서 어떤 일을 했습니까?"

"화이트씨가 실버마스터씨에게 정보를 줬고 이는 다시 제게 전달됐습니다."

"화이트가 기밀이 어디로 건네지는지 알고 있었습니까?"

"실버마스터 부부와 울만은 빼낸 자료가 정확히 어디로 가는지 파악하고 있었다고 생각합니다. 그들의 주장에 따르면 화이트씨는 정보가 어디로 넘겨지는지 알았지만 이를 말하기 꺼렸다고 했습니다."

"러츨린 커리 이외에 조직원을 미 정부 요직에 심으려고 애쓴 사람이 있습니까?"

"물론입니다. 조직원들이 주요 자리에 배치되도록 화이트씨가 힘을 썼습니다."

상황이 이쯤 되자 언론이 크게 떠들어 댔다. 화이트가 대응하지 않을 수 없었다. 그는 벤틀리의 진술에 대해 전화로 이렇게 말했다. "이제까지 살면서 이런 터무니없는 일은 처음 당합니다." 화이트는 위원회에 출석해 '허황된 주장을 반박'해야 했다.[68]

체임버스는 8월 한달 동안 위원회에 여섯 차례 출석했다. 8월 3일 첫 증언에서 의원들은 그가 1939년 벌리를 만났을 때 미국 정부에서 일하는 조직원 명단을 받았는지 물었다.

"화이트도 명단에 있었습니까?"

"그렇지 않습니다." 체임버스가 대답했다. "당시 저는 화이트와 연락을 끊은 상태였고 제가 FBI에서 화이트에 대해 진술한 때는 4년 전이었기 때문입니다."

"FBI에서 화이트에 대해 진술한 까닭은 *그가* 조직에서 이탈하지 않았다고 확신했기 때문입니까?"

"네, 그렇습니다."

"화이트가 공산당원입니까?"

"화이트가 정식 당원이었다고 단정할 수는 없지만 그는 공산당 조직에 동조했습니다. 때문에 공산당원이 아니라고 한다면 틀린 말입니다."[69]

체임버스가 화이트를 개인적으로 안다고 하는 한 그의 주장이 벤틀리의 진술보다 더 믿을 만했다. 체임버스가 앨저 히스를 안다는 주장도 엄청난 반향을 불러일으켰다. 그 뒤 두 사람이 법적으로 크게 다투면서 두 사람의 이름을 모르는 사람이 없었다. 힘겨운 선거운동을 벌이고 있던 대통령도 이 사건을 공화당 후보가 '관심을 다른 곳으로 돌리려고' 벌인 일이라며 공개적으로 무시했다.

이제 화이트가 반미활동조사위원회라는 무대에 등장할 때가 됐다. 화이트는 그동안 의회 증언을 익히 잘 수행해 왔지만 이는 주로 자신의 진실성과 애국심이 아닌 재무부에 대한 공격을 방어하는 일이었다. 이번은 일생일대의 중요한 대결이 될 터였다.

8월 13일 아침 세로줄 무늬 양복에 조끼를 곁들이고 소용돌이 모양의 튀는 넥타이를 걸친 화이트가 플래시 세례를 받으며 인파로 꽉 찬

회의장에 들어섰다. 그는 마이크 다발 앞에 선 채 오른손을 들어 위원들을 향해 선서했다. 화이트는 모두 진술에서 자신이 진보주의 전통을 따르는 충성스러운 국민이라는 점을 강조했다.

> 저는 엘리자베스 벤틀리씨와 휘태커 체임버스씨가 저를 고발했다는 기사를 읽었습니다. 진실을 위원회와 국민 앞에서 밝히는 일이 중요하다고 생각했기 때문에 저는 이 자리에 나왔습니다.
> 먼저 저는 공산당원도 아니고 공산당원이었던 적도 없으며 공산당원이 되려고 생각하지도 않았습니다. 벤틀리씨나 휘태커 체임버스씨를 전혀 알지 못합니다.
> 제가 간첩들을 정부 요직에 앉혀 간첩조직을 돕도록 했다고 목격자들이 주장했다고 언론이 밝혔습니다. 이는 새빨간 거짓말입니다.
> 저는 지침으로 삼고 따르는 원칙이 있어 국가에 반역하거나 국익을 해치는 일을 절대 하지 않습니다.
> 저의 신조는 미국의 신조입니다. 종교의 자유, 언어의 자유, 사상의 자유, 표현의 자유, 비판의 자유, 거주 이전의 자유를 믿습니다. 기회균등의 원칙도 믿습니다.
> 저는 모두가 정치적, 경제적, 정서적 안정을 더욱더 많이 바라고 얻을 수 있도록 시민이 각자 노력할 권리와 의무가 있다고 믿습니다. 어떤 형태든 차별에는 반대합니다.
> 저는 기관총이나 비밀경찰, 경찰국가의 속박 없이 정부를

대표할 사람들을 선출할 자유가 있다고 믿고 있습니다.

저는 어떤 개인이나 집단이든 이들에게 힘과 권력을 부당하게 전횡하는 행위는 무엇이든 반대합니다.

저는 개인이 법보다 아래고 법이 개인보다 높은, 개인이 앞서는 국가가 아닌 법이 먼저인 나라여야 한다는 원칙을 믿습니다.

저는 이 원칙들을 신성하게 여깁니다. 이것이 우리 삶의 근간이라고 여기고 단지 말이나 글이 아닌 현실이라고 믿습니다.

이것이 저의 신조입니다.

질문이 있으시면 말씀해 주시기 바랍니다.

참관인들 사이에서 우레와 같은 박수가 터져 나왔다.

화이트는 유리한 위치에 있었다. 당시 위원회는 꼴사납게 사람의 눈길을 끌려 한다는 비판을 받고 있던 터라, 화이트는 이 상황을 잘 활용했다. 그는 성격이 성마르다는 평이 자자했지만 이번에는 위원들에 맞서지 않으려고 애썼다.

"휘태커 체임버스를 압니까?"

"제 기억으로는 그런 이름은 들어본 적이 없습니다." 화이트가 부인했다.

"네이선 실버마스터의 지하 작업실에 간 적이 있습니까?"

"네, 그곳에서 탁구를 즐겼습니다."

이때 위원장이 파고들었다.

"급성 심근경색으로 쓰러진 적이 있어 증언할 때 한 시간마다 5~10

분 쉬겠다고 요청하지 않았었나요? 심각한 심장질환을 앓았는데도 분명 스포츠를 많이 하셨군요." 파넬 토머스(Parnell Thomas)가 몰아세웠다.

"제가 심근경색을 겪은 해는 작년이었습니다. 탁구는 몇 해 전에 쳤습니다." 화이트가 부연 설명했다. "이제 이해하셨기 바랍니다, 위원장님."

더욱 많은 박수가 쏟아졌다.

"지하실에서 사진 장비를 봤나요?"

"보지 못했습니다만, 제가 목격하지 못했다고 해서 그곳에 장비가 없었다는 뜻은 아닙니다. 제 기억으로 그곳은 꽤 어수선했습니다."

"실버마스터가 공산당원입니까?"

실버마스터는 화이트에게 자기가 확실히 공산당원이 아니라고 했고 화이트는 그의 말을 믿었다.

"누구든 조금이라도 공산당원이라는 의심이 드는 사람은 비밀정보가 오가는 자리에 절대 있어서는 안 된다고 생각합니다. 공산당원이거나 그렇다고 의심되는 사람이라면 정부 요직에 앉히지 않았을 것입니다."

가장 젊은 위원은 위원장과는 정반대로 이것저것 캐묻지 않고 '차분하게 한 가지에 대해서만 파고들었다.'[70] 35세 공화당 의원인 리처드 닉슨(Richard Nixon)은 화이트가 체임버스를 절대 만나지 않았다고 단정했다며 그를 위증죄로 몰아갔다. 화이트는 그를 만난 "기억이 없다."라는 말을 되풀이하며 미리 준비한대로 조심스럽게 대답했다.

위원회는 화이트가 코, 글래서, 펄로도 아는지 캐물었다. 그와 연루됐다고 추정되는 파란 체크가 표시된 명단이 화이트에게 제시됐다.

"빨간색으로 표시해야 옳습니다." 화이트가 거칠게 반발했다. "위원님도 그렇게 생각하신다고 여기고 말씀 드린 것입니다." 화이트는 다시 조심스런 말투로 바꿔 토머스를 가리키며 말했다.

"화이트 당신이 그 유명한 모겐소 계획을 마련했습니까?" 존 맥도웰(John McDowell)이 질문을 던졌다.

"혹시 위원님은 그 유명한 화이트 계획을 준비한 사람이 바로 저라는 말을 들어보셨는지요?" 화이트가 대꾸했다. 맥도웰이 화제를 바꾸려 했지만 화이트가 물고 늘어졌다. "제게 질문하지 않으셨나요? 하찮은 질문을 하지는 않으셨을 텐데요." 화이트가 몰아붙였다.

토머스는 터져 나오는 박수를 저지하려 했다.

에드워드 에베르(F. Edward Hébert)가 화를 내며 가로막았다. "위원장님, 증인이 말꼬리를 물고 늘어지지 말고 질문에만 대답하라고 말씀해 주시기 바랍니다."[71] 화이트는 더 이상 공격하지 않았고 심리는 큰 문제없이 끝났다. 이튿날 〈뉴욕 타임스〉는 '거리낌 없이' 진술한 화이트와 헌법 수정조항 제5조 불리한 증언을 거부할 수 있는 권리를 근거로 '타당한 질문'에도 대답하지 않은 이전의 많은 증인들을 '극명하게 대조해' 기사를 썼다.[72] 화이트가 이번 심리는 헌법에 어긋날 정도로 아주 불공정하게 진행됐다고 말하자 토머스와 닉슨이 발끈하기도 했다.[73]

화이트는 증언을 마치자마자 워싱턴에서 뉴욕으로 향하는 기차에 몸을 실었다. 그 다음날인 8월 14일 뉴욕에서 의사를 찾아간 뒤 뉴햄프셔 피츠윌리엄에 있는, 자신이 여름에 주로 쉬는 별장으로 가려고 다시 기차를 탔다. 하지만 여행 도중 급성 심장발작이 일어났다. 이는 마치 2년 전 케인스가 사바나에서 워싱턴으로 가던 때와 아주 비슷했다. 이틀

날인 8월 15일 병원으로 실려갔으나 급성 심장마비는 더 이상 손을 쓸 수가 없었다. 결국 다음날 저녁 화이트는 세상을 떠났다.

그가 죽자 뜬소문이 급속도로 퍼지기 시작했다. 소련 첩보원들이 화이트를 처단했다는 소문이었다. 그의 죽음은 아주 그럴싸하게 꾸며졌다. 그가 우루과이로 갔다는 얘기도 있었다. 하지만 소문을 뒷받침해 줄 만한 증거는 조금도 없었다.

화이트가 급성 심장마비로 죽자, 너무 가혹한 심리가 사망 원인이었다는 이유를 들어 언론이 자연스럽게 하원 반미활동조사위원회를 맹비난했다. 적어도 겉으로는 화이트 사건은 끝난 듯 보였다. 하지만 나중에 이와 관련한 많은 일들이 다시 불거졌다.

1950년 1월 25일 앨저 히스가 위증죄로 징역 5년을 선고 받았다. 조사위원회를 공개 비난했던 트루먼은 이제 사석에서 '그 나쁜 놈이 범죄를 저질렀다'며 태도를 바꿨다.[74] 이 사건의 열쇠는 휘태커 체임버스가 소련 지하조직에서 나올 때 자신의 '목숨을 살리는 수단'으로 쓰려고 숨겨놨던 문서였다. 원래 이 문서는 소련 지하조직이 그에게 등을 돌려 목숨을 위협하면 이를 막는 수단으로 쓰려고 준비했다.[75] 그러다가 1948년 11월 사전심리를 받던 중 증거물로 제시하기 위해 히스의 변호사에게 넘겼다. 다시 히스는 그 문서를 법무부에 제출해 달라고 변호사에게 부탁했다. 여기에는 히스가 타자로 친 국무부 문서 65쪽과 자필로 요약한 4쪽이 포함돼 있었다.

이튿날인 1950년 1월 26일 리처드 닉슨이 하원에 출석해 '화이트가 직접 작성한 8쪽 분량의 문서를 사진기로 찍어' 1948년 12월 이후 줄곧 보관하고 있다고 폭로했다. '이 복사본은 1948년 11월 17일 체임버스씨가 법무부에 제출한 것이었다.[76] 닉슨은 이 복사본을 읽어 내려갔다.

문서 원본은 1938년 1월 10일부터 2월 15일까지 화이트가 노란색 가로줄이 그어진 양면 노트 네 장에 직접 쓴 글이었다. 이 자료도 체임버스가 만약의 사태에 대비하려고 보관해 뒀다.[77] FBI와 재향군인관리국이 필체를 자세히 분석한 결과 그 문서는 화이트가 쓴 것이 틀림없었다.[78]

문서에는 미국의 외교정책과 군사문제에 대한 구체적인 정보와 이와 관련한 재무부와 국무부의 입장이 적혀 있었다. 유럽의 정치·경제 문제도 다뤄졌다. 즉, (소련 주재 미국 대사를 역임했던) 불릿(William Bullitt) 프랑스 주재 미국 대사가 러시아와 독일 문제를 놓고 프랑스 정치인들과 사적으로 논의한 내용도 포함됐다. 일본에 대한 미국의 금수와 자산 동결 조치에 대한 윤곽도 그려있었고 일본의 원유저장시설 방어 계획도 기록돼 있었다. 미 대통령이 재무부 장관에게 은밀히 지시한 내용도 있었다. 화이트는 자신이 기밀정보를 기록한다는 점을 분명히 표시했다. 미 재무부의 일본에 대한 경제제재 계획을 '재무부 밖으로 누설하지 말라'는 대통령의 지시가 있었다는 사실도 명시했다.

1951년 8월 1일 벤틀리와 체임버스가 상원 국가안전보장위원회(매캐런 위원회)에 출석해 화이트에 대해 증언했다. 이듬해 체임버스는 화이트와 내통한 내용을 자세히 기록한《증인Witness》이라는 자서전을 출간해 세상을 떠들썩하게 했다. 1953년 11월 브라우넬 법무장관이 트루먼 전 대통령을 공개적으로 맹비난하자 다시 화이트의 이름이 신문 일면에 대서특필됐다. "해리 덱스터 화이트는 러시아 스파이입니다." 브라우넬이 단정지었다. "그는 기밀정보를 러시아 첩보요원에게 제공해 소련으로 넘어가게 했습니다. 해리 덱스터 화이트를 IMF 집행임원이라는 아주 중요한 자리에 임명한 사람들이 그를 공산당 요원이라고 밝혔습니다." 트루먼 전 대통령은 일격을 당하자 이렇게 맞아쳤다. "우리는 화이트가 간첩 활동을 했다는 사실을 발견하자마자 그를 해고했습니다." 하지만 나중에 화이트가 사표를 냈다고 얼버무렸다.

화이트와 히스 사건을 놓고 정부 안에서 의견 차이가 매우 컸던 이유 중 일부는 미 정보국이 소련의 조직적 간첩 활동을 많이 파악하고 있었음에도 이와 관련한 정보 가운데 일부만 백악관과 공유했기 때문이었다. 매우 놀랍게도 미 정보국이 수집한 수많은 증거는 제2차 세계대전이 끝나고 반세기가 지나서야 외부로 알려졌다.

1939년 제2차 세계대전이 터지자 모든 나라들이 그랬듯 미국도 드나드는 정보를 모두 감청했다. 워싱턴에 있던 소련 대사관과 뉴욕과 샌프란시스코의 소련 영사관도 교신 내용이 도청되고 있다는 사실을 너무도 잘 알고 있었지만 이에 대해 이의를 제기하지 않았다. 1회용 무작위 암호 시스템으로 알려진 소련의 복잡한 암호문은 기술적으로 해독할 수 없었다.

카터 클라크(Carter Clarke) 대령은 단념하지 않았다. 당시 미군 특수부 부장이었던 그는 1943년 초 나치와 소련이 은밀히 평화협상을 벌인다는 소문이 퍼지자 신호정보국 소속 정예 요원들에게 암호를 분석해 협상 증거를 찾으라고 지시했다. 이 비밀계획을 베노나 프로젝트라고 불렀다.

암호해독 작업은 결코 쉽지 않았다. 분석요원들은 교신 내용 수천 개를 분석한 뒤 암호를 해독하는 데 쓰는 연산 절차에 오류가 있음을 발견했다. 하지만 해독에 성공했을 때에는 이미 전쟁이 끝난 뒤인 1946년이었다. 그런데도 수집한 정보는 예상 외로 중요한 내용이었다. 교신은 미국 주재 대사관과 소련 외무부 사이에서 오가지 않고 미국에서 활동하는 소련 첩보장교와 KGB라고 하는 소련 국가보안위원회 대외정보국 사이에서 왕래했다. 나치와 소련이 평화협상을 했다는 정보는 찾지 못했지만 대신 미국 안에서 소련이 조직적으로 간첩 활동을 벌이고 있다는 증거를 엄청나게 많이 알아냈다.

처음으로 판독한 정보는 1944년 뉴욕에서 모스크바로 전달된 교신 내용이었다. 여기에는 소련이 미국의 극비 원자폭탄 프로젝트를 알아냈다는 정보가 숨어있었다. 1948년 미군 정보국은 소련이 스파이를 포섭해 외교·군사적으로 매우 중요한 미 정부 요직에 심었다는 사실을 발견했다. 당시 교신 내용 감청은 아주 비밀리에 진행돼 감청 사실은 FBI와 중앙정보국(CIA) 요원 몇 명만 알고 있었다. CIA는 1953년이 돼서야 판독 내용을 공식적으로 받을 수 있었다. 교신 내용 감청은 대부분 1947년과 1952년 사이에 집중적으로 진행됐지만 의심스러운 교신에 대한 도청은 1980년까지 계속됐다. 그 뒤 여러 해 동안 감청 내용을 공개하려고 민간 기관과 의회가 끈질기게 노력한 결과 드디어 1995년에 모든 것이 만천하에 드러났다. 2년 후 국가안전국은 베노나 프로젝트로 얻은 교신 내용 3천 건을 해독한 5천 쪽 분량의 자료를 공개했다.[79] 정보국이 수집한 내용을 분석한 책이 1999년에 처음으로 나오기 시작했다.[80]

후버를 크게 불신했던 트루먼은 소련과 교신한 내용이 FBI의 미국

내 간첩 활동 수사보고서의 주요 근거라는 사실을 알지 못했다. 오마 브래들리(Omar Bradley) 육군 참모총장은 백악관이 정보를 유출하지 않을까 걱정해 대통령에게 베노나 프로젝트가 있었다는 사실을 숨겼다고 알려졌지만, 사실은 이 프로젝트를 대통령에게 알리지 않기 위해 감청 내용을 증거로 제시하지 않았다. 대통령이 벤틀리와 체임버스의 주장을 명백히 입증하는 감청 증거를 미리 알았다면 더욱더 과감한 조치를 취했을 것이다.[81] 그렇지만 해독한 교신 내용에 화이트가 연루됐다는 FBI 내부 보고서가 1950년 10월에 이르러서야 외부로 알려졌기 때문에 대통령이 사전에 알았더라도 화이트 사건의 결과가 크게 달라지지 않았을 수도 있다.[82]

소련 간첩 체임버스와 벤틀리가 자수해 진술한 내용도 증거로써 중요했지만, 미국이 감청한 소련의 교신 내용은 더욱 확실한 증거였다. 1939년 체임버스가 벌리에게 밝힌 여덟 명의 이름이 베노나 프로젝트로 감청한 교신 내용에도 있었다.[83] (다른 다섯 명은 다른 증거로 간첩 활동을 했다는 사실이 입증됐다)[84] 1946년 벤틀리가 실버마스터가 이끄는 조직의 구성원이었다고 밝힌 14명 가운데 11명의 이름이 감청한 교신 내용에 들어 있었다. 이들 중에는 실버마스터와 울만, 실버맨과 코, 골드와 커리, 애들러와 화이트가 포함돼 있었다. 1944년 3월 16일부터 1946년 1월 8일 사이에 주고받은 교신 여덟 개에 여러 암호명으로 위장한 화이트의 이름이 나타났다.[85] 화이트의 암호명은 놀랍게도 소련 외교기밀정보를 외부로 여섯 차례나 대량으로 빼돌린 바실리 미트로킨(Vasili Mitrokhin) 전 KGB 문서보관담당자가 기록한 메모에도 나왔다. 1992년 미트로킨은 영국 군사정보부 제6부(MI6)의 도움을 받아 기밀문서를

들고 러시아에서 영국으로 탈출했다.[86]

1944년 4월 29일부터 1945년 1월 18일 사이에 교신한 내용에는 미 고위 관료들이 소련에 수백억 달러를 대출하는 문제를 논의했다고 화이트가 알려준 정보가 포함돼 있었다. 특히 두 번째 교신에서는 화이트가 실버맨 등과 내통하고 미 정부의 중요한 의사결정 과정에서 소련을 도우려 했다는 증거가 나왔다. 1945년 1월 3일 소련은 미국에 이자율 연 2.25퍼센트 만기 30년 이상인 대출 60억 달러를 공식 요청했다. 일주일 뒤 화이트는 모겐소 장관을 구슬려 소련에 더욱더 좋은 조건으로 더 많이 대출하는 방안을 대통령이 승인하도록 설득하게 했다. 이자율 연 2퍼센트 만기 35년 이상으로 100억 달러를 대출해 주자는 계획이었다.[87] "리처드(화이트의 암호명)는 우리가 요청한 조건보다 더 유리하게 대출을 받을 수도 있다고 말했습니다." 이는 1월 18일 모스크바로 전달된 교신 내용이었다. 하지만 루스벨트 대통령은 이를 결코 승인하지 않았다.

같은 날 교신한 내용에 화이트가 자신의 지위를 활용해 다른 지하조직원을 주요 자리에 앉히려고 했다는 진술을 뒷받침하는 증거가 나왔다. 교신 내용은 다음과 같다. "로버트(실버마스터의 암호명)의 말에 따르면, 리처드(화이트)나 루블(추측하건대 해럴드 글래서의 암호명)이 자신을 곧 재무부 차관으로 승진하는 화이트의 후임으로 천거할 수도 있다고 합니다."

브레턴우즈 문제로 백악관과 상원을 오가며 발표하던 1945년 봄, 화이트는 미국을 대표하는 전문위원으로서 샌프란시스코에 파견됐다. 교신 내용에서 이름이 거론된 미 국무부 관료 앨저 히스는 당시 국제회의 사무총장 대행이었다. 스테티니어스가 샌프란시스코 국제회의에 참석하는 미국 대표단에 화이트를 합류시키자고 제안했던 4월 6일 아흐메로프는 '로버트(실버마스터)와 상의해 바빌론(샌프란시스코)에서 리처드(화이트)와 파일럿(화이트의 보좌관 윌리엄 루드비히 울만)을 접선'하라는 지시를 모스크바로부터 받았다.[88] 그로부터 한달 뒤 모스크바는 샌프란시스코에서 전해오는 정보를 받기 시작했다. 5월 5일 KGB 요원인 블라디미르 프라브딘(Vladimir Pravdin)은 화이트가 알려준 정보를 상부에 보고했다. "트루먼과 스테티니어스는 어떻게 해서든지 회의를 성사시키려 한다고 합니다." 화이트는 미국이 '소련의 거부권 행사를 묵인할' 것이라고 프라브딘에게 말했다. 5월 4일부터 6월 8일 사이에 교신한 내용을 조합한 결과, 화이트가 미국 대표인 리오 파스볼스키, 넬슨 록펠러(Nelson Rockefeller) 국무부 차관보, 아서 밴던버그 상원의원, 찰스 이튼(Charles Eaton) 하원의원의 견해와 나중에 남미 대표단(화이트는 이 중 한명을 '멍청이'라고 불렀다)을 평가한 내용을 누설한 것으로 드러났다. 당시 프라브딘은 샌프란시스코에서 소련 타스(TASS) 통신 기자로 암약했지만 화이트가 그의 정체를 알았는지는 불분명했다. 하지만 화이트는 자신이 프라브딘에게 전달한 정보가 기사로 쓰이지 않는다는 사실을 분명히 알고 있었다.

휘태커 체임버스는 화이트가 기밀정보를 따로 적어 외부로 유출했다는 확실한 증거를 제시했다. 1990년대 서양 학자들이 처음으로 확인한 KGB 문서에는 1944년 중반 실버마스터가 '제이(화이트)'가 '정보가 어디로 전달되는지 잘 알았기 때문에 이를 누설했다'고 아흐메로프에게 보고한 내용이 기록돼 있다.[89] 베노나 프로젝트로 해독한 교신에도 화이트가 기밀을 넘겼다는 내용이 들어 있었다. 1944년 8월 4~5일에 교신한 정보에도 화이트가 암호명이 '콜초프(KOL'TsOV)'인 러시아 요원에게 '정보를 얻는 일이 아주 위험하다'고 말한 내용이 포함돼 있었다. FBI는 콜초프가 브레턴우즈 회의에 참석한 소련 국영은행 부총재 니콜라이 표도로비치 체출린이라고 결론지었다.[90] KGB에서 보관한 문서에는 1945년 10월 29일 프라브딘이 모스크바로 전신을 보내, 몇 주나 수개월 안에 해고될 것이라고 확신한 화이트가 더 이상 비밀 정보나 자료를 건네주지 않는다고 불평했다는 내용이 적혀 있다. 이제 화이트는 '주요 정치·경제 문제에 대해 조언만 해준다'는 기록도 있었다. 그의 재무부 동료인 코도 프라브딘에게 '정보를 숨기려'하고 '실버마스터가 이끄는 무리가 이제 더 이상 협조하려 하지 않는다'는 내용도 기재돼 있었다.[91]

프라브딘을 포함해 화이트가 접촉한 러시아 요원들은 모두 신분을 위장했다. 벤틀리는 실버마스터의 접선 요원들이 빼낸 정보가 소련 지하조직이 아닌 미국 내 소련공산당으로 전달된다고 화이트에게 알려줬다고 주장했다. 화이트의 참모들은 화이트가 진술을 그럴듯하게 거부하도록 도왔지만 베노나 프로젝트에서 감청한 교신 내용을 확인한 결과 화이트는 정보가 어디로 흘러가는지 잘 알고 있었음이 드러났다. 콜초프가 교신한 내용 일부는 다음과 같다. "우리를 돕는 방법에 있어서 화이트는 자기 아내도 희생할 수 있다고 말했습니다. 화이트는 자신의 신상을 크게 걱정하지는 않았지만, 그의 제안을 받아들여 활동이 발각되면 정치적으로 큰 문제가 될 수 있습니다. 더욱이 요원들이 '가족' 일부를 믿지 않을 수도 있어서 화이트의 제안을 받아들이는 일을 아주 신중하게 결정해야 합니다." 교신에는 화이트가 체임버스뿐만 아니라 다른 요원들과 접선하는 행위를 숨기려 했다는 내용도 있었다. 화이트는 고정적으로 만나기 좋은 아파트가 따로 없었다. 동료들 모두 '새로운 노선'을 따르는 사람을 지칭하는 '가족'이었다. 화이트는 '각 요원의 집에서 4~5개월마다 한번씩 돌아가며 모이자고 제안했다. 간간이 차 안에서 30분 정도만 이야기하자는 의견도 냈다.'

해독한 교신에는 화이트의 아내가 남편 지위를 이용해 가족이 도움을 받을 수 있도록 했다는 내용도 있었다. 1944년 11월 20일 "'리처드'를 위한 자금지원"이라는 제목으로 교신한 내용에는 앤 테리 화이트가 실버마스터에게 남편이 '빡빡한 살림살이에 보탬이 될 수 있는' 민간기관에서 일하고 싶어한다는 정보가 있었다. 말뜻을 알아 챈 실버마스터는, 남편이 자신들과 접촉한다는 사실을 아는 화이트의 아내에게 자신들이 기꺼이 도울 것이며 모든 상황을 고려했을 때 카티지(CARTHAGE)를 떠나지 않는 것이 좋겠다고 말했다. 여기서 카티지는 워싱턴을 뜻했다. 실버마스터는 '화이트가 정기적으로 돈을 받지는 않겠지만 감사 표시인 선물은 받으리라' 여겼다. 아흐메로프는 개인적으로는 '1년에 2천 달러에 이르는 딸 교육비를 지원해 주자는 의견에 동의한다'고 실버마스터에게 말했지만, '공식적으로는 화이트를 직접 돕지 않는 것이 좋겠다고 실버마스터와 울만, 나머지 요원들에게 조언했다.' 마지막 교신에는 화이트가 '제안을 호의적으로 받아들인다'는 내용이 있었다.

1953년 휘태커 체임버스는 화이트가 '소련 요원으로서 하는 일은 (굳이 중요도를 비교하자면) 앨저 히스가 맡은 업무에 비해 중요도가 떨어진다'고 기록했다. 체임버스는 화이트가 하찮은 자리에서 '소련에 도움이 되도록 미국정책을 주무를' 수 있는 위치로 떠오른 '완벽한 관료'였다고 말했다.[92] 고인이 된 대니얼 패트릭 모이니핸(Daniel Patrick Moynihan)이 이끈 미 상원위원회는, 체임버스와 벤틀리가 미국 내 간첩 활동을 FBI에 제보한 후 50년 동안 베노나 프로젝트로 감청한 교신 내용을 검토한 뒤, 1997년 '복잡다단했던 국무부 앨저 히스 사건은 종결됐다고 선언했다. 마찬가지로 재무부 해리 덱스터 화이트 사건도 끝났다.'[93]

제11장

# 맺음말

1947년 파운드화의 위기로 영국 안에서는 미국의 금력외교와 그에 따른 비참한 결과를 증오하는 목소리가 커졌다. 〈이코노미스트〉지가 다음과 같이 썼다. "미국이 작정하고 영국과 세계에서 영국이 옹호하는 모든 것을 파괴하려는 정책을 편다는 공산주의자들의 주장을 믿는 영국 국민은 많지 않다. 그렇지만 상황은 분명히 그들이 말한 대로 전개되고 있다. 지원을 연장할 때마다 영국은 점점 더 손을 벌릴 수밖에 없는 조건을 받아들여야만 하고, 나중에 이를 또 연장하기 위해 훨씬 더 열악한 조건을 비굴하게 수락해야 한다면 결과는 틀림없이 공산주의자들이 예상한 방향으로 흘러갈 것이다."[1]

고정환율로 자유로운 다자간무역을 실현하려는 마셜 플랜 이전의 미국 대외경제정책 목표를 좇아 맺은 대출협정은 역효과를 낳았다. 파운드화 태환 시도가 처참한 실패로 끝나자 미국은 영국이 만만치 않은 정치·경제적 경쟁 상대라는 믿음에 근거를 두고 화이트와 헐 장관이 쌓아온 강력한 외교정책을 느닷없이 포기했다. 미국의 기존 정책은 우스꽝스러웠을 뿐만 아니라 다가오는 소련과의 냉전에 대비해 영국과 서유럽을 부흥시켜야 한다는 중대한 당면목표에 커다란 걸림돌이었던 것으로 드러났다. "영국이 위기에 빠지면서 우리에게 충격을 주고 있다." 〈뉴욕 타임스〉가 대서특필했다. "우리가 상상도 못 한 사이에 균형추 노릇을 했던 강대국 영국이 없는 세계, 민주주의 저울눈에서 영국이라는 무게추가 없는 세상이 갑작스레 나타났다. 우리가 전쟁에 뛰어들기 오래전부터 영국을 도와야 한다는 마음이 들도록 했던 영국 패배에 대한 걱정이 컸던 만큼 세계 정치·경제 분야에 생긴 이런 공백에 대한 놀라움도 컸다."[2]

비참한 전쟁으로 금을 대체할 수 있는 유일한 통화인 달러 부족 현상이 온 세계에 나타났고 미국은 언제라도 경제적 질병에 걸릴 수 있는 처지에 놓였다. 1946년 유럽 수입물가를 치솟게 했던 원인은 가격통제가 느슨해진 틈을 비집고 나타난 인플레이션이었다. 1948~1949년에는 유럽 경제침체로 미국 제품에 대한 수입 수요가 급락했다. 1949년 중반 IMF 이사들은 전쟁 중에 품었던 희망에 가슴 아픈 묘비명을 써야 했다. 이들은 평화가 찾아온 지 4년이 지난 지금 각국이 '전쟁 전보다 쌍무무역과 통화 불환 정책에 훨씬 더 의존하고 있다'고 인정하지 않을 수 없었다.[3]

영국은 외환 통제를 계속 강화했지만 금과 외화보유액의 감소를 막을 수는 없었다. 1949년 9월 18일 영국은 파운드화를 30퍼센트나 절하했다. 이제 1파운드로 4.03달러 대신 2.80달러를 살 수 있다는 뜻이었다. IMF가 각국 환율 정책을 규제하는 문제를 놓고 끝없이 벌인 격론은 결국 공허한 메아리로 전락했다. 영국은 평가절하 단행 24시간 전에 IMF에 통보했다. 일주일 만에 23개국 이상이 평가절하를 단행했으며, 7개국이 뒤이어 자국 통화가치를 떨어뜨렸다.

평가절하가 달러부족 문제를 완화시키는 데 도움이 됐다. 영국은 외화보유액이 더 이상 줄어들지 않고 오히려 그 후 2년 동안 3배 이상 늘었다. 당시 미국은 경상수지 흑자가 이어지고 있었다. 1950년 상반기 흑자규모는 연 30억 달러에 이르렀다.[4] 미국의 지지와 금융지원을 등에 업고, 유럽 내 무역규제와 결제장벽을 무너뜨릴 목적으로 유럽결제동맹을 결성했다. 18개 회원국으로 구성된 유럽결제동맹은 국제 다자간 무역을 촉진하기보다는, 유럽 안에서 달러를 축적하고자 장벽을 세우는 행위를 막고 무역을 장려하는 것이 목표였지만 여러 면에서 IMF와 비슷했다. 유럽결제동맹은 결성 당시 2년간 유지될 예정이었으나 1958년까지 명맥을 유지했다. 1952년 IMF는 '설립 목적인 자유로운 다자간 무역과 폭 넓은 통화 태환을 거의 이루지 못했다'고 한탄했지만 현재 유럽 내 무역은 빠르게 증가하고 있다.[5]

1956년에 발생한 수에즈 위기로 영국은 예전에 세계무대에서 외교적, 군사적으로 기동력을 널리 발휘했지만 이제는 달러 부족으로 운신의 폭이 크게 줄어들었다는 점을 뼈저리게 느꼈다. 7월 26일 가말 압델 나세르(Gamal Abdel Nasser) 이집트 대통령이 수에즈 운하를 국유화하자 영국, 프랑스, 이스라엘이 은밀히 모의해 이집트를 침공하고 나세르를 권좌에서 끌어내리기로 결정했다. 영국과 프랑스의 비밀 지원을 받은 이스라엘이 10월 29일 시나이 반도를 공격했다. 군사 면에서는 성공했으나 외교 면에서는 참사였다. 화가 머리끝까지 오른 드와이트 아이젠하워 미국 대통령과 관계 장관들은, 중동에서 소련을 몰아내는 데 중점을 둔 미국 정책에 뻔뻔스럽고 음흉하게 도전하는 영국을 혼내주기 위해 해리 화이트와 헨리 모겐소 장관 때보다 훨씬 더 무자비하게 금력 외교를 동원했다. 미국은 IMF를 통제할 수 있는 권한을 이용해, 쇄도하는 파운드화 지급청구에 응하기 위해 영국이 IMF에 요청한 달러를 지급하지 못하게 했을 뿐만 아니라, 비상용 원유도 확보할 수 없도록 막았다. UN에 대항하려고 작정했던 영국은 미국의 조치에 깜짝 놀라 치욕스럽게도 바로 물러설 수 밖에 없었다. 가장 중요한 동맹국이 경제적 재앙을 몰고 올 수도 있다는 우려 때문이었다.[6]

십 년 넘게 정치·경제적 어려움과 위기를 겪었던 영국, 프랑스, 독일에서는 미국의 엄청난 외교적, 군사적 지원 덕분에 성장률이 올라가고 무역량도 증가했을 뿐만 아니라 달러 부족 문제도 사라졌다. 1958년 12월 27일 유럽결제동맹 14개 회원국이 경상계정태환을 실시한다고 선언했다. 1945년부터 1971년까지 25년 동안을 흔히 '브레턴우즈 시대'라고 일컫지만 규약에 명시한 통화 체제는 1961년에야 작동하기 시작했다. 그해 유럽 9개국과 페루, 사우디아라비아가 IMF 규약 제8조에 따라 처음으로 통화태환을 채택하겠다고 공식 선언했다. 이로써 통화태환 시행국은 20개 나라에 이르렀다. 하지만 벌써 전혀 예상하지 못한 문제가 생겨나고 있었다.

미국은 전쟁의 여파로 모두가 두려워할 정도로 엄청난 국제수지 흑자를 달성하며 국제 달러화 부족 문제를 악화시켰지만, 흑자는 곧 빠르게 줄어들기 시작했다. 수에즈 위기 전후를 제외하고 미국의 대(對)유럽

경상수지 흑자는 1950년대 내내 내리막 길을 걸어 결국 1950년대 말에는 대규모 적자로 전환됐다. 미국의 자본수출과 경제원조 규모는 전 세계 국가를 대상으로 기록한 흑자 규모를 훨씬 넘어서는 상황이 1950년대 내내 이어졌다. 타국의 미 달러화 보유액이 빠르게 늘었고, 해외 거주자들이 이자율이 더 높은 유럽으로 자금을 보냄에 따라 미국의 금 보유액마저 크게 줄어들었다. 미국이 달러화 부족이라는 국제문제를 해결하려다 금 부족이라는 문제를 맞닥뜨리기 시작했다. 달러를 지나치게 많이 보유한 외국이 달러화를 금으로 바꿔가면서 금이 귀해지기 시작했던 것이다.

한마디로 해리 화이트 주장은 틀렸다. 미국은 달러를 국제시장에 충분히 공급하면서 금태환 약속에 응할 수 있을 만큼 충분한 금 보유액을 유지하는 일을 동시에 할 수 없었다. 사실 어떤 나라도 자국통화로 이런 재주를 부릴 수는 없다. 이 딜레마는 벨기에 태생 미국 경제학자 로버트 트리핀(Robert Triffin)이 1959년 의회에서 증언하며 밝혔다. 그는 '한 나라의 통화를 국제 기축통화로 쓰면 우스꽝스러운 모순이 발생한다'고 지적했다.[7] 이는 국제통화 시스템에 '내재돼 있는 불안요인'이었다. 1958년 12월 통화 태환을 선언했던 유럽 여러 나라들이 새로운 통화시대로 가는 마지막 중요한 발걸음을 내딛는 대신, '1920년대 후반에 성행했던 국수주의적 금환본위제에 지리멸렬하게 굴복하고 말았다.[8]

온 세계가 금 대신 달러로 외화보유액을 쌓으면 미국은 아주 곤란한 지경에 빠지게 된다. 외국은 다시 미국에 달러를 빌려준다. 그러면 미국은 단기부채가 증가하고 이는 태환 약속을 지키기 위해 금 보유액을 늘려야 한다는 뜻이다. 그런데 문제가 있다. 미국이 금 보유액을 늘리면 국제 달러부족 문제가 지속된다. 반대로 금 보유액이 줄면 미국은 결국 더욱 적은 금으로 더욱더 많은 달러를 보장해야 하는 문제가 생긴다. 미국이 국제무역 수요를 충족시키기 위한 충분한 달러를 공급함과 동시에 고정환율로 달러를 금으로 바꿔줄 수 있도록 달러를 적게 방출하는 상황을 안정적으로 꾸준히 유지할 수 없다. 결국 미국이 국제 달러 유동성 수요에 응하려 해도 어려운 처지에 놓이게 되고 그렇지 않아도 나머지 나라들처럼 곤란한 상황에 빠질 수밖에 없다. 이것이 그 유명한 '트리핀 딜레마(Triffin dilemma)'다.

트리핀은 이 시스템을 바꾸려는 국제 공조 노력이 없으면 심각한 문제가 발생한다고 지적했다. 미국은 금 보유액 감소를 저지하기 위해 디플레이션, 평가절하, 무역과 환율규제 정책 따위를 동원해야 한다. 이는 국제금융시장에 충격을 줄 뿐만 아니라 세계 각국의 보호무역 정책을 초래할 수 있다. 트리핀은 해리 화이트가 고안한 작품 탓에 경제적 재앙이 발생하고 있다고 평가했다.

이를 막을 수 있는 방법은 무엇일까? 1962년 해럴드 맥밀런(Harold Macmillan) 영국 수상은 존 F. 케네디(John F. Kennedy) 미 대통령에게 '금 가격을 1온스 당 70달러로 올리면 모든 문제가 깨끗이 해결된다'고 주장했다.[9] 이는 트리핀 딜레마를 해결할 수는 없지만 해리 화이트가 고안한 시스템에서 질서정연하게 빠져 나올 수 있는 시간을 벌게 해 준다. 하지만 1920년대 초 처칠이 했던 생각과는 달리 케네디 대통령은 평가절하 정책을 지지하지 않았다. 그는 이를 위기 때 실시하는 정책이라고 여겼다. 그렇다고 긴축정책도 쓸 수 없었다. 결국 미국은 조세, 규제, 금 시장 개입, 중앙은행 간 스왑(swap) 정책 따위를 동원하고 은행과 외국 정부의 도의에 호소해 문제를 해결하려 했다. 정확히 트리핀이 예상한 대로였다.

하지만 모든 나라가 협조적으로 나오지는 않았다. 샤를 드골(Charles de Gaulle) 프랑스 대통령은 '두 차례 세계대전으로 폐허가 된 세계가 어처구니없게도 미 달러가 지나치게 많은 특권을 누릴 수 있도록 양보했다'며 강한 불만을 터뜨렸다. 그는 온 세계가 '금환본위제라고 하는 국제통화 시스템을 어쩔 수없이 받아들여야만 했다'고 꼬집었다. 이 체제에서는 '미 달러가 저절로 금과 위상이 같아졌다.' 그리고 '기득권을 포기하고 싶지 않았던 미국은 달러를 끊임없이 찍어 준비금의 실질가치를 훨씬 뛰어넘는 수준으로 타국에 대출을 해주거나, 빚을 갚거나, 물품을 수입하는 데 썼다.' 더욱이 미국은 IMF에서 누리는 지배적 위치를 남용해 무역 상대국이 남아도는 달러를 금으로 바꿀 수 있는 권리를 제대로 행사하지 못하도록 막았다. 1963년 9월 드골 대통령은 '앞으로는 대미 국제수지 흑자의 80퍼센트를 금으로 받으라'고 프랑스 은행에 지시했다.[10]

1965년 2월 4일 드골 대통령은 그 유명한 기자회견을 열어 자신의 주장을 뒷받침하는 경제논리를 자세히 설명했다. 즉, 달러는 결코 '공정한 국제무역 매개수단 구실을 할 수 없으며 사실상 오직 한 나라만을 위한 신용창출 도구'라고 지적했다.[11] 드골 대통령은 경제학자가 아니었다. 따라서 이러한 예리한 분석은 경제학계에 몸 담고 있는 학자가 마련했음이 틀림없었다. 드골 대통령은 '자신에게 대본을 써 준 사람이 있다'는 사실을 극구 부인했지만, 이 학자는 케인스가 제1차 세계대전 후 독일 배상금 문제를 놓고 다퉜던 숙적 자크 뤼에프가 확실했다.[12] 뤼에프는 달러에 기초를 둔 브레턴우즈 체제는 끝내 무너질 수 밖에 없다고 설파한 1960년대 트리핀과 더불어 가장 유명한 비관론자였다.[13] 이 두 학자의 진단은 서로 같았지만 치료방법은 완전히 달랐다.

트리핀은 화이트 방안의 대안으로 케인스가 제시한 '뱅코르'를 바로 상기시키며 IMF가 관리하는 새로운 기축통화를 만들어야 한다고 주장했다. 하지만 이 체제에서는 인플레이션 압력이 커질 수 있기 때문에 이를 막는 제도적 장치가 필요하다고 지적했다. 더불어 케인스 이론을 자세히 인용하며, 인플레이션이 발생한다는 약점 이외에는 만족스러운 시스템이라고 강조했다.[14] 이와는 정반대로 뤼에프는 1914년 이전에 실시했던 고전적 금본위제로 되돌아가야 한다고 역설했다. 그는 '금을 신앙하지는 않는다'고 딱 잘라 말했다. 금은 역사가 깊지만 원칙적으로 다른 원자재도 금 같은 구실을 할 수 있다고 주장했다. 흑자국은 신용을 늘리고 적자국은 신용을 줄임으로써, 즉 '적자국 국민은 가급적 수출할 물건을 덜 소비하도록'해 적자를 축소함으로써, 글로벌 불균형을 자동으로 억제하는 금본위제 작동 시스템이 필요하다고 강조했다.[15] 뤼에프는 트리핀과 케인스가 제시한 새로운 국제통화는 '단지 대외결제수단을 임의로 만든 것'에 불과하다며 '존재하지도 않는 것에 통화라는 옷만 입혔다'고 무시했다.[16] 게다가 어떤 제도를 도입해도 통제할 수 없는 인플레이션 문제가 내재돼 있다고 지적했다. 반면 트리핀은 뤼에프가 제시한 시스템에서는 '개별국가가 무역과 결제, 그리고 환율조차 통제할 수 없으므로 결국 주권을 포기해야 한다'고 믿었다. 이는 '각 나라의 고용이나 경제활동을 고려하지 않은 채 19세기 자유방임주의 원칙을 무조건 따르는, 오늘날에는 도저히 상상할 수 없는 체제'라고 주장했다.[17]

# 제11장 맺음말

이제 시장이 아니라 정부를 위해 브레턴우즈 체제를 개혁할 정치적 무대가 마련됐다. 1968년 IMF 이사회가 승인해 특별인출권(Special Drawing Right)이라는 제도를 만들었다.[18] 케인스의 뱅코르 방안을 지지했던 사람들은 특별인출권이 진정한 국제신용화폐로 향하는 첫걸음이라고 여겼다. 달러에 기반을 둔 브레턴우즈 시스템을 반대했던 나라들과 프랑스는 금과 연계한 새로운 결제수단 도입은 달러를 권좌에서 끌어내리고 금을 주요 국제준비자산으로 복귀시키는 디딤돌이라고 생각했다. 미국에는 새 제도가 금 유출을 막는 시간을 벌도록 해주는 수단이었다. 이는 각국이 달러를 금으로 바꾸지 못하도록 금 거래를 제한하는 조치를 대체하는 임시방편이기도 했다.

특별인출권이 가동되기 시작한 이듬해에 이르러서는 이 제도가 만들어진 주요 계기였던 국제 유동성 부족, 즉 달러 부족이라는 고질적 문제가 해결되고 있었다. 1970년 미국 닉슨 행정부 때에는 인플레이션이 빠르게 올라갔고 세계 각국이 보유한 달러 보유액도 급격히 증가했다. 이제는 더 이상 달러가 부족해 특별인출권을 만들자고 아우성치는 나라가 없었다. 한마디로 전 세계에 달러 자산이 넘쳐났다. 그런데 엄청나게 풀린 달러를 고정환율로 언제든지 금으로 바꿔줄 수 있는지가 문제였다. 왜냐하면 미국의 과거 금 보유액은 외국중앙은행 전체가 보유한 달러잔액의 50퍼센트에 이르렀지만 이제는 22퍼센트로 추락했기 때문이다. 1970년 발레리 지스카르 데스텡(Valéry Giscard d'Estaing) 프랑스 재무장관은 미국은 "다른 사람들에게 자기의 고장 난 시계에 계속 맞추라고 할 수는 없다."라고 비꼬았다. 닉슨 행정부는 국내 경제정책과 베트남전쟁 같은 값비싼 군사정책을 브레턴우즈 체제의 필요에 맞게 승화시키든지, 이 체제에서 달러가 누리는 허울좋은 특권을 포기하든지 선택해야 했다.

   FRB 의장들은 언제든지 달러에 대한 신뢰가 추락하는 사태가 발생할 수 있다고 경고했다. 그렇지만 당시 재무부 통화담당 차관이었던 폴 볼커(Paul Volcker)는 세월이 흐른 뒤 '미국 대통령, 특히 존슨과 닉슨 대통령이, 달러 약세로 그들의 선택지가 줄어든다는 말을 듣기 싫어했다'고 밝혔다. 닉슨은 해리 화이트를 간첩이라 여겼고 그가 고안한 신비로운 통화장치를 분명 좋아하지 않았다.

   1971년 5월까지 달러가치 하락 압력이 너무 커져 독일로서는 이를 배겨낼 수 없는 지경에까지 이르렀다. 이미 1961년과 1969년에 평가 절상됐던 독일 마르크화는 끊임없는 자본유입으로 절상 압력이 더욱더 커졌다. 1970년에 접어들어 유입된 자본은 96억 달러, 현재 가치로 540억 달러에 이르렀다. 독일 정부는 격론 끝에 5월 10일 변동환율제로 전환했다. 이로써 독일로 들어오는 투기자본은 막을 수 있었지만 미국에서 빠져 나오는 돈을 저지하지는 못했다. 닉슨 행정부에서 스스로를 '악한'이라 불렀던 존 코널리(John Connally) 재무장관은, 미국에 금리를 올리고 달러를 평가절하하라던 피에르 폴 슈바이처(Pierre-Paul Schweitzer) IMF 총재의 제안을 강력히 거부했다. 대신 마르크화 변동환율제 채택 여파로 투기자본이 유입되고 있는 일본이 '통제경제정책'을 실시한다고 비난했다. 코널리는 일본이 엔화를 평가절상하길 원했다. 그는 겉으로는 미국 제품이 더욱더 많은 나라로 수출돼야 한다고 주장한 반면, 사석에서는 '국제수지 불균형 문제를 해결하기 위해 특히 일본, 독일과 관련한 상호안보협약을 고쳐야 한다'고 지적했다. 일본은 꿈쩍하지 않았다.

  8월 6일 미 의회 소위원회에서 〈미국 달러를 즉시 강화시키는 조치 Action Now to Strengthen the U.S. Dollar〉라는 보고서를 냈다. 여기서는 역설적이게도 달러 가치를 떨어뜨려야 한다고 결론내렸다. 이 소식에 달러 매도세가 이어졌다. 프랑스는 뉴욕 연방준비은행에서 인출한 금을 안전하게 수송하도록 전함까지 보냈다. 워싱턴에서는 어떻게 대응할지를 놓고 치열한 논쟁을 벌였다. 닉슨 대통령은 코널리 장관이 주장한 대로 아주 과감한 조치를 단행했다. 8월 15일 대통령은 텔레비전에 출연해 국민에게 '신 경제정책(New Economic Policy)'을 발표했다. 감세, 90일간 임금과 물가 동결, 수입관세 10퍼센트 추가 부과와 더불어 금 인출을 금지했다. 이는 앞으로 미국은 외국정부가 보유한 달러를 금으로 바꿔주지 않겠다는 의미였다. 슈바이처 총재는 미국이 새로운 조치를 발표하기 한 시간 전에야 통보 받았다. 이는 명백한 IMF 규약 위반이었다.[19] 이어 코널리 장관은 유럽 각국 관료들에게 "달러는 우리나라 화폐지만 달러 때문에 발생하는 문제는 여러분들이 알아서 해결해야 할 문제입니다."라고 말하며 닉슨 대통령이 취한 조치의 의도를 지나칠 정도로 분명히 전했다.

  이로써 브레턴우즈 통화 시스템은 종말을 고했다. 거의 60년 동안 유지돼 오던 화폐와 금 사이의 연결고리는 닳고 해졌지만, 전 세계 2,500년 역사에서 이 고리가 잠시 끊어졌던 시기는 위기 때 뿐이었다. 그러나 이번은 달랐다. 달러는 본질적으로 금에 정박시킨 마지막 배였고, 이 배에는 온 세계 통화가 타고 있었다.[20] 하지만 미국이 닻을 끊고 영원히 떠나버렸다. 이전에 해리 화이트는 달러와 금 사이의 연결고리가 끊어지면 달러 패권이 끝난다고 믿었다. 1942년 그는 이렇게 적었다. "금으로 바꿀 수 없으면서 국제적으로 통용되는 통화를 도입하더라도 개별국가가 속박 받지 않고 마음대로 정책을 쓸 수 있다고 믿는 사람들이 있다. 하지만 조금만 깊이 생각하면 이는 불가능하다는 사실을 바로 알 수 있다. 특정 국가가 상품과 서비스 대금으로 달러를 기꺼이 받아들이는 이유는 고정된 가격의 달러화를 금으로 바꿀 수 있다고 확신하기 때문이다."[21] 닻을 끊고 떠난 배가 사나운 파도를 만나야 화이트 주장이 옳았는지 틀렸는지 알 수 있을 것이다. 온 세계가 1930년대처럼 보호무역주의라는 소용돌이로 빠져들까? 아니면 새로운 국제통화 시스템이 출현해 닻을 연결할 금 없이도 순항할 수 있을까?

슈바이처 총재는 스스로 방송에 나와 여러 나라들이 동시에 환율을 조정하면 브레턴우즈 시스템이 유지될 수 있다고 주장함으로써 미 행정부를 화나게 했다. "환율 조정은 달러 가치를 떨어뜨리는 일이라고 할 수도 있고, 타국 통화 가치를 재조정하는 행위라고 할 수도 있습니다."[22] 워싱턴 스미스소니언 협회(Smithsonian Institution)에서 10개국 재무장관이 모여 이틀간 협상을 벌인 끝에 슈바이처가 원하는 결과를 도출했다. 달러를 주요국 통화 대비 평균 10퍼센트 절하했다. 독일 마르크화는 13.57퍼센트, 엔화는 16.9퍼센트, 금은 8.57퍼센트(1온스 당 38달러로) 절하했다. 게다가 새롭게 조정된 환율에서 위아래로 움직일 수 있는 환율 변동폭을 1퍼센트에서 2.25퍼센트로 올렸다. 닉슨 대통령은 이를 '인류 역사상 가장 뜻 깊은 통화협약'이라며 환영했다.[23]

통화협정 역사가 실망스러웠지만 이번 일은 어처구니없는 사건이었다. 이듬해 11월 선거를 앞둔 닉슨은 자신의 운명을 새 고정환율제에 묶어둘 생각이 없었다. 고정환율제도를 반대하던 조지 슐츠(George Shultz)는 1972년 6월 재무장관으로 임명되자 전임 장관처럼 대놓고 IMF 규약을 따르지 않겠다고 공언하며 이런 말을 남겼다. "산타클로스는 죽었습니다."[24] 대통령은 FRB 의장 아서 번즈(Arthur Burns)를 압박해 이자율을 내리는 데 성공했다. 이는 국제통화 팽창을 부채질했다. 전 세계 통화가 빠르게 증가했다. 닉슨 대통령이 민주당 후보 조지 맥거번(George McGovern)을 압도적 표 차이로 누르고 재선에 성공한 후 두 달이 지난 1973년 1월 임금과 물가 통제를 해제하자 달러 유출이 재개됐다. 볼커가 비밀리에 도쿄와 본으로 날아가 환율조정 협상을 시작했다. 하지만 슐츠 재무장관은 미국이 고정환율제도를 실시하겠다는 약속을 해서는 안 된다고 생각했다. 자신이 초점을 두는 자본통제 해체 노력에 걸림돌이 된다고 여겼기 때문이다. 미국은 다각도로 심도 있는 논의 끝에, 브레턴우즈에서 케인스와 영국이 내세웠지만 해리 화이트가 기를 쓰고 반대했던 쟁점을 다시 들고 나왔다. 즉, 국제수지 흑자국이 흑자를 줄이는 조치를 하도록 강요해야 한다는 내용이었다. 의회는 이전에 혐오했던 희소통화 조항을 들먹이며 독일과 일본 같은 나라에 이를 적용해야 한다고 요구했다. 어떤 나라가 분별력 있고 책임 있는 국가인지 아니면 고집스럽고 이기적인 나라인지는 그 나라가 흑자국인지 적자국인지에 따라 판단하겠다는 논리였다. 이는 국제적 통화협력 노력을 지속하는 데 찬물을 끼얹는 태도였다.

  1973년 3월 G10 국가 대표들은 거의 2년 동안 진행한 고정환율제도를 부활시키려는 고된 노력이 허사로 끝났다고 공식 선언했다. 이제 IMF 회원국 중 협정문을 준수하는 나라는 하나도 없었다. 미국은 유럽의 강력한 반대에도 불구하고 슈바이처의 연임을 반대해 9월에 그를 총재 자리에서 물러나게 했다. 프랑스는 슈바이처가 자질에 문제가 있어서라기보다는 미국의 이해관계 때문에 떠나게 됐다고 여겼다. 네덜란드 재무장관을 역임했던 요한 비트베인(Johannes Witteveen) 신임 IMF 총재는 기금 설립 원칙이었던 (조정이 가능한) 고정환율제와 결별하는 역사적 조치를 단행했다. 1974년 1월 비트베인은 이렇게 선언했다. "현재 상황에서 변동환율제도는 불가피하며 실제 바람직한 선택이기도 합니다."[25] 그렇지만 독일과 프랑스는 유럽 차원에서 실시하는 고정환율제도를 결코 포기하지 않았다. 유럽은 이 제도를 잊히지 않게 하고 한발 더 나아가 더욱 강한 유럽정치통합의 기반을 확고히 다지기 위해 수십 년 동안 뼈를 깎는 정치적 노력 끝에 결국 1999년 유로화를 창설했다. 그러나 2011년 유럽재정위기가 발생하면서 통화동맹 자체가 흑자국과 적자국을 서로 잘 조율할 수 있는 지속 가능한 정치기구를 대체할 수 없다는 사실이 밝혀졌다. 실제 이런 정치기구가 통화동맹을 유지하는 필요조건이라는 점도 드러났다.

 1973년 즈음의 국제정치경제 상황에서는 G10 국가들이 환율을 안정시키는 새로운 국제기구를 만드는 데 실패한 사실을 모두가 나쁘게 받아들이지는 않았다. 10년 전 트리핀이 새로운 국제 기축통화를 만들자고 하고 뤼에프는 고전적 금본위제로 복귀하자고 하는 사이 시카고대학 경제학 교수 밀턴 프리드먼은 의원들에게 변동환율제의 장점을 설파해오고 있었다. 프리드먼은 뤼에프와 마찬가지로 '순수 금본위제'를 좋아했다. '경제질서를 세우는 데 인위적 요소가 배제되고 대신 자원, 기호, 기술처럼 실질적 요인이 반영된다는 점에서였다.' 하지만 프리드먼은 그런 규율체제로 복귀하는 작업은 정치적으로 불가능하다고 판단했다.[26] 대신 달러와 타국 통화 사이의 환율이 시장에서 결정되도록 하면 미국의 정책 담당자는 국제수지 문제 때문에 골머리를 앓거나 다른 나라를 설득하느라 협상 탁자에 끝없이 앉아 있을 필요 없이 국가 경제목표를 자유롭게 추구할 수 있다고 믿었다.

자유 시장경제 체제가 도덕적·경제적으로 바람직하다고 확신하는 프리드먼과 생각을 같이하는 저명한 경제학자들 모두 변동환율제도에 대한 그의 자신감 넘치는 주장에 공감하지는 않았다. 프리드먼보다 2년 앞선 1974년에 노벨 경제학상을 받은 프리드리히 하이에크(Friedrich Hayek)는 아주 오래 전인 1937년에 변동환율제가 엄청난 불안을 불러오는 자본이동을 유발할 수 있다고 주장했다. 고전적 금본위제에 기반을 둔 고정환율제에서는 단기자본이동이 '대체로 일시적으로 발생한 국제수지 적자를 초래한 근본 원인 때문에 생긴 긴장 상태를 누그러뜨리는 경향이 있다'고 봤다.[27] 이는 환율이 패리티(parity) 환율에서 벗어나면 곧 다시 복귀한다고 예상한 투자자들이 이를 싸게 사서 비싸게 팔 수 있는 기회로 여기기 때문이다. 그렇지만 변동환율제도에서는 자본흐름이 환율이 움직이는 쪽으로 쫓아가는 경향이 있어 환율 변동 폭을 키운다고 주장했다.[28]

"브레턴우즈 체제 붕괴 후 금융위기가 자주 발생한데다 그 여파도 컸다는 점을 감안하면 그런 시스템은 득보다 실이 크다는 사실을 알 수 있다." 2009년 저우샤오촨 중국 인민은행 총재가 지적했다. 프리드먼 지지자들은 금과 연결되지 않는 명목화폐 체제에서는 두 나라 사이에 환율을 조정하려고 시도했다가는 경제적으로 더욱 나쁜 결과만 초래할 수 있다고 주장했다.²⁹ 하지만 프리드먼과 하이에크 모두 1970년대 온 세계를 엄습했던 '스태그플레이션', 즉 저성장과 고물가가 지속되는 상황에 절망했다. 프리드먼이 통화량 증가를 중앙은행이 적절히 조절하지 못했다고 비난하자 하이에크는 정부가 금본위제 같은 외부통제장치의 구속을 받지 않으면 규율은 결코 지켜질 수 없다고 반박하면서 1976년에는 화폐를 발행할 수 있는 민간기구를 만들어 중앙은행의 독점을 막아야 한다고 주장했다.³⁰

놀라운 일은 아니지만 브레턴우즈 체제 대안으로 트리핀, 뤼에프, 하이에크가 제시한 새로운 국제통화, 금본위제 부활, 민간기구의 화폐발행 따위는 각국 정부, 특히 미국 정부의 입맛에 맞지 않았다. 하지만 프리드먼이 제시한 통화관련 아이디어는 계속 세간의 관심을 끌었다. 각국 중앙은행을 무용지물로 만드는 방안이 아니었기 때문이다. 1979년 지미 카터(Jimmy Carter) 대통령이 폴 볼커를 FRB 의장으로 임명했을 때, 이를 실험할 기회가 무르익고 있었다. 인플레이션이 치솟아 1980년에는 연 14.7퍼센트까지 올랐다. 아직 많은 사람들이 가치 저장과 교환의 매개수단으로 여겼던 금 가격은 1온스당 875달러(현재가치로는 2,400달러)까지 폭등했다. 10년 전보다 25배나 뛴 가격이었다. 산유국들은 보유 외환과 원유를 달러가 아닌 다른 대안으로 값을 매기겠다고 위협했다.

2미터가 넘는 거구인 볼커 의장은 인플레이션과 이를 부채질하는 기대심리를 억제하기 위해 통화량을 줄이고 시장이자율이 상상할 수 없을 정도로 급등하도록 내버려뒀다. 그를 향한 혹독한 비판이 끊이지 않았지만 그는 1981년 연방기금 금리를 20퍼센트까지 올렸다. 미국 경제는 침체에 빠지고 실업률은 가파르게 올랐다. 해외는 상황이 더욱 좋지 않았다. 1970년대 세계적인 달러 공급과잉으로 남미와 다른 지역에 있는 빈국을 대상으로 대출이 급증했다. 월터 리스턴(Walter Wriston) 시티그룹 회장이 "이 나라들은 파산하지 않는다."라는 말까지 함으로써 이런 대출행태에 부채질했다. 조달비용이 급등하고 원자재 수출가격이 폭락하는 상황에서는 어쩔 수 없는 대출관행이었다. 새 명목화폐체제에서 처음으로 대규모 국제부채위기가 시작되고 있었다.

케인스는 "폭풍우가 몰아치는 시기에, 경제학자들이 '거센 비바람이 지나가면 바다는 다시 잠잠해질 것'이라고 한다면 이는 너무 무책임한 발언이다."라는 유명한 말을 한 적이 있다. 그러나 볼커는 정부가 일렁이는 파도를 피하려 한다면 파도는 더 거칠어진다고 판단하고 일부러 폭풍우 속으로 항해했다. 1983년 인플레이션이 연 3.2퍼센트까지 급락한 뒤 그 수준에서 안정을 찾기 시작했다. 경제가 다시 성장하고 일자리도 늘었다. FRB가 소비자물가를 잡아 주고 앨런 그린스펀(Alan Greenspan) FRB 의장이 지도한 덕분에 이후 거의 25년이나 경제가 안정성장을 지속하면서 최후 변론을 하는 듯했다.

그린스펀 후임인 벤 버냉키(Ben Bernanke) 의장과 다른 전문가들은 '대 안정기(the Great Moderation)'라고 하는 새시대가 열렸다고 선언했다.[31] 해리 화이트가 금에 대해 내세웠던 주장이 틀린 듯했다. 이때 겉으로 보기에는 금이 케인스의 말대로 잔혹한 유물로 보였다. 케인스는 사람들 머릿속에 있는 화폐라는 개념에서 금을 완전히 떼어 내야 한다고 주장했다. 1990년대에 각국 중앙은행들은 이 유물을 대량으로 처분함으로써 20세기 말에는 1온스 당 290달러까지 가격이 급락했다.

한국, 러시아, 브라질을 비롯한 많은 나라들이 지금은 누구나 욕하는 IMF와 채권국가들로부터 배웠듯 달러라는 명목화폐는 왕이었다. 해답은 달러를 최대한 많이 긁어 모으는 일인 듯했다. 방법은 통화가치를 떨어뜨려 무역수지 흑자를 창출하는 것이었다.

새롭게 떠오르는 경제강국인 중국은 1994년부터 위안화를 달러에 고정시켰다. 중국을 세계경제와 통합시키는 빠른 길은 미국 통화정책을 스스로 수입하는 일이라고 여기고 무역도 대부분 달러화로 결제했다. 중국은 1997년 아시아 외환위기 당시 다른 나라들을 따라서 위안화를 평가절하할 것이라는 소문이 파다했지만 고정환율 정책을 고수했다. 이 덕분에 미국 정부는 중국에 커다란 찬사를 보냈다. 클린턴 행정부에서 재무장관을 지낸 로버트 루빈(Robert Rubin)은 1998년 5월 공식 석상에서 이렇게 말했다. "중국은 고정환율 정책을 유지함으로써 위기에 휩싸인 지역에서도 외딴 섬처럼 안정을 잘 유지하고 있다."[32]

지난 10년 동안 증가해 온 글로벌 무역 불균형은 전 세계 GDP의 3분의 2를 차지하는 두 경제대국 때문에 생겼다. 트리핀과 뤼에프가 정확히 예상했던 대로 금융위기가 싹트고 있었다. 미국이 수입대금으로 중국에 지급한 달러는 이튿날 저리 대출 형태로 미국으로 되돌아왔고, 이는 다시 더욱더 많은 신용을 창출하는 미국 금융시스템을 통해 빠르게 재활용됐다. 증가하는 중국의 무역 흑자와 미국의 적자를 뒤집는 정책을 동원하지 않았다. 즉, 미국 수출품의 경쟁력을 높이기 위한 달러가치 인하라든지 미국의 신용팽창을 억제하기 위한 통화긴축이나 금 유출 금지 정책은 실시되지 않았다. 특히 주택 관련 각종 파생상품이 성행했다. 금 가격도 지칠 줄 모르고 올랐지만 이 모든 것이 정책 입안자들에게는 그리 중요해 보이지 않았다.

중국은 외화보유액이 어마어마하게 늘어났다. 2012년 중반에는 3조 2,400억 달러에 이르렀고 이 가운데 60퍼센트 정도는 미 국채로 보유했다. 반면 미국은 대외부채가 15조5,000억 달러로 세계 최대 채무국이 됐다. 각 정부는 엄청난 미국 부채와 중국 외화보유액이 늘고 있는 속도에 우려의 눈길을 보내고 있다. 중국은 쌓아 놓은 달러의 구매력이 급락하지 않을까 걱정하고 미국은 대외 조달이 갑자기 막힐까 근심한다. 래리 서머스는 이런 대치 상황을 '금융 공포의 균형'이라고 불렀다.[33] 양국은 이를 줄일 수 있는 방법을 찾지 못했다.

1940년대 미국은 모겐소와 화이트가 끈질기게 지키려 했던 채권국가의 특권을 포기하고, 마셜과 클레이턴의 지도 아래 세계 경제 성장을 되살리기 위해 곳간을 여는 정책으로 전환했다. 장관이 교체된 점도 원인이었지만 사실은 바뀐 지정학적 환경에 맞춰 이익을 다시 합리적으로 따져야 했기 때문이다. 바로 지금 미국은 세계 최대 채권국가인 중국이 위안화 가치를 인위적으로 계속 낮게 유지하고 있다는 점이 문제라고 주장하고 있다. 1998년 중국이 위안화 절하를 저지했을 때 미 재무부는 중국에 찬사를 보냈다. 그러나 이제 중국이 위안화 절상을 억제하자 2009년 티모시 가이트너 미 재무장관 내정자는 중국이 환율을 조작한다고 맹비난했다.

찰스 슈머(Charles Schumer)와 린지 그레이엄(Lindsey Graham) 미 상원의원은 '자유무역 기본원칙 중 하나는 변동환율제도를 채택하는 것'이라고 주장하며 중국의 고정환율 정책을 비판했다. 이들은 중국의 환율정책은 지금까지 이어온 경제학 이론에 어긋날 뿐만 아니라 브레턴

우즈에서 미국이 제시한 원칙과도 부딪힌다고 봤다.³⁴

1944년 화이트가 브레턴우즈에서 그린 청사진, 1971년 닉슨의 금태환 금지, 중국 고정환율제에 대한 1998년 루빈의 찬사와 2009년 가이트너의 비난에는 공통점이 있었다. 미국이 특정 시점에 고정환율제나 변동환율제를 지지한 기준은 달러 경쟁력을 강화시킬 수 있는지 여부였다. 이렇게 왔다갔다하는 원칙은 편협한 미국 국익의 관점에서는 합리화될 수 있을지언정 달러를 토대로 하는 국제통화 시스템에서 다른 나라들로부터 신뢰를 계속 얻기는 힘들 것이다.

놀라운 일은 아니지만, 중국 정부는 자기 나라 정책에 대한 비판은 배격하고 미국이 통화관리를 너무 마구잡이로 느슨하게 했다고 비난했다. "미국 정부는 자신이 만든 문제를 돈을 계속 빌려 해결하던 꿈 같은 시절은 이미 다 지나갔다는 뼈저린 현실을 받아 들여야 한다." 2011년 국영 신화통신이 미국을 맹비난했다. "초강대국의 최대 채권자인 중국은 이제 미국에 구조적 부채문제를 해결하고 중국이 보유한 달러표시 자산의 안정을 보장해야 한다고 요구할 권리가 분명히 있다."³⁵ 후진타오 주석도 절제된 표현을 썼지만 미 FRB에 우려를 표시했다. "미국 통화정책은 글로벌 유동성과 자본흐름에 커다란 영향을 끼치므로 미 달러 유동성을 안정적인 수준으로 적절하게 유지해야 한다." 그렇지만 그는 FRB 정책이 세계경제에 나쁘게 영향을 미치는 까닭은 '과거에 만든' 국제통화 시스템에 결함이 있기 때문이라고 지적했다.³⁶ 저우샤오촨 총재는 한발 더 나아가 미국이 아무리 선의로 열심히 노력해도 구조적인 문제는 해결할 수 없다고 암시한 트리핀의 분석을 공개적으로 언급했다.

저우샤오촨 총재는 새로운 국제통화 시스템을 만들어야 한다며 다음과 같이 지적했다. "지금처럼 신용에 기초를 둔 한 나라의 통화를 주요 국제 기축통화로 인정해 주는 일은 역사상 아주 드문 일이다." 사실 기축통화 발행국은 '자국의 목표와 국제적 목표를 동시에 추구할 수 없다.' 이 부분이 바로 트리핀이 브레턴우즈 체제를 비판한 핵심이다. 트리핀은 이렇게 주장했다. "현재의 국제통화 시스템에서는 기축통화 발행국가가 의도하지 않더라도 위기는 필연적으로 발생할 수밖에 없다." 화이트가 그린 청사진은 실패로 끝났다. 그는 다음과 같이 결론지었다. "화이트가 제시한 방안에 기반을 둔 브레턴우즈 시스템이 무너졌다는 사실은 케인스의 접근방식이 훨씬 더 선견지명이 있었을 수도 있다는 점을 암시한다." 트리핀은 IMF가 앞장서 거의 잊힌 특별인출권을 더욱 더 장려해야 한다고 했다. 즉, 케인스가 제시한 뱅코르 모델을 활용해 특별인출권을 진정한 '초국가적 기축통화'로 만들어야 한다고 촉구했다.[37] 2011년 미국이 '빚 중독'에 빠졌다고 비난했던 신화통신은 '안정적이고 확실한 새 국제 기축통화'가 있어야 한다는 인민은행 총재 주장을 되풀이했다.[38]

미국에 엄청나게 많은 돈을 빌려준 중국은 1940년대 미국처럼 브레턴우즈와 같은 회의를 소집해 국제통화 시스템을 뜯어고치자고 제안할 수 있는 처지가 아니다. 오늘날의 미국은 1940년대 영국처럼 다른 나라에 애원해야 하는 형편은 아니다. 영국은 두 차례 세계대전으로 사실상 파산해 외국으로부터 금이나 달러를 지원받지 않고서는 시급한 수입대금을 지급할 수 없었다. 반면 미국은 돈을 찍어 수입대금을 지급한다. 미국은 부채가 엄청나게 많고 그 규모도 커지고 있는데도 글로벌

금융위기가 발생하자 화폐를 아주 낮은 금리로 역사상 유례가 없을 정도로 많이 발행했다. 10년 전 70퍼센트보다는 줄었지만 아직도 전 세계 외화보유액의 60퍼센트는 달러 자산이고, 미국을 제외한 글로벌 무역 대금의 75퍼센트가 달러로 결제된다.[39] 2008년 금융위기가 발생하자 미 FRB는 미국 내 금융시장을 되살리고자 특별조치를 단행할 수 있었다. 이와는 반대로 스웨덴이나 호주 중앙은행은 국내 금융시장을 활성화하기 위해 제3국 통화표시 자산을 팔고 달러를 사야 했다.[40] 현재 미국은 세계를 위해 착한 일을 해야 한다는 애매모호한 비전을 위해 엄청난 기득권을 포기하라는 요구를 받아들일 필요가 없다. 미국은 대안을 선택할 수밖에 없는 신호가 시장에서 명백하게 나타났을 때에야 움직이기 시작할 것이다.

하지만 당장은 신뢰할 만한 확실한 대안이 없다. 유로화도 존폐 위기에 놓이는 바람에 초국가적 명목화폐가 무엇이든 과연 살아남을 수 있을지에 대한 의구심이 매우 커졌다. 특별인출권도 현재 전 세계 외화보유액의 3퍼센트에 지나지 않고 국제무역, 차입, 대출에도 사용되지 않는다.[41] 이런 상황이 바뀌지 않는 한 각국 중앙은행이 특별인출권을 많이 보유해야 할 이유가 거의 없다. 역설적이게도 브레턴우즈 회의에서 초국가적 기축통화를 만들자고 주장한 사람은 케인스였고 이를 강력하게 반대한 인물은 화이트였지만, 그런 기축통화는 옛 소련이 시도했던 국영무역을 주로 하는 세상에서 훨씬 더 잘 살아남을 수 있었을 것이다. 화이트는 개인적으로 세계경제가 소련과 같은 세상으로 바뀔 것이라고 믿었다.

중국 위안화가 미국 달러 지배 체제에 대항할 수 있을까? 2010년대

말 즈음에는 중국 경제가 미국 경제보다 더 커질 수 있지만 중국은 외환을 엄격히 규제하고 국내 자본시장도 정부가 직접 통제하고 있으며 덜 발달돼 있다.[42] 더욱이 달러의 지배적 기축통화 지위를 무너뜨리고 새로운 시스템으로 잘 옮겨갈 경우 중국은 현재 엄청나게 많이 투자해놓은 미 국채 구매력을 희생해야 하는 문제 때문에 이러지도 저러지도 못하는 처지다.

그렇더라도 주로 미국 안에 금본위제와 비슷한 체제로 복귀해야 한다고 강력하게 주장하는 무리가 작으나마 존재한다는 점에 주목해야 한다. 오늘날 디플레이션이 주기적으로 나타날 수밖에 없어서 이를 당연하게 받아들여야 하는 체제에서 얽매여 살고 싶어하는 정부가 없을지라도, 명목화폐에 대한 신뢰가 전반적으로 무너지면 민간 경제활동과 정부 정책에 혼란이 발생할 수 있다. 부유하든 가난하든 세계 여러 나라 중앙은행들은 1990년대와는 정반대로 금을 다시 사 모으고 있어서 언젠가는 이 나라들이 금으로 무역 결제를 하겠다고 나설 수도 있다. 금은 파생상품 거래에서 담보로 사용된다. 이뿐만 아니라 민간 '골드뱅킹' 시장은 아직 규모는 작지만 계속 커지고 있다. 여기서 예금주는 금을 지급수단으로 활용할 수 있고 국경 간 전자 이체를 할 수 있다. 나중에는 골드뱅킹 계좌에 연결된 전자 직불카드도 발행될 수 있다.[43] 따라서 새로운 통화 시스템을 만들지 않고도 다시 금이 진정한 화폐 구실을 할 수 있는 시대가 올 수도 있다. 즉, 국제적 계획이나 합의 없이도 순수 금본위제로 복귀할 수도 있다.

2010년 기도 만테가(Guido Mantega) 브라질 재무장관이 '세계통화전쟁'이 터졌다고 선언함으로써 주요 신문 일면을 장식한 적이 있었다. 만테가 장관은 미국을 필두로 많은 나라가 심각한 경제불황 속에서 수출을 늘리고 수입은 줄이려고 자국 통화가치를 일부러 떨어뜨리고 있다고 주장했다. 스위스, 일본, 브라질을 비롯한 세계 여러 나라들이 자국 통화가치가 견딜 수 없는 수준까지 올라가지 못하도록 외환시장에 개입했다. 만테가 장관의 주장이 과장된 면이 있을망정 많은 사람들이 그의 말에 공감하고 있다는 사실은 대 안정기를 떠나 보내는 과정이 결코 쉽지 않다는 인식이 시장에 퍼지고 있다는 점을 반영한다. 달러가 지배하는 세계에서 다른 선진국이나 신흥국의 통화가 더욱 큰 구실을 하는 체제로 차츰차츰 바뀌는 시나리오를 생각해 볼 수도 있지만 그런 선례는 많지 않다. 20세기 초 달러화, 파운드화, 스위스 프랑화, 마르크화가 기축통화 노릇을 했지만 이들 모두 금을 대용하는 정도에 불과했다. 20세기 중반 달러화와 파운드화가 함께 기축통화 역할을 했지만 파운드화는 대체로 태환이 불가능했고 주로 특정 나라에서만 통용됐다.

그러므로 달러 기축통화 체제에서 다른 체제로 급격히 이동한다면 아주 혼란스럽고 피해도 클 수 있다. 국제무역이 추락했던 1930년대가 어둡지만 좋은 본보기다. 최근 중국이 일본, 브라질, 러시아, 터키와 쌍무협정을 맺어 달러를 사용하지 않고 위안화와 상대국 통화로 결제하려는 계획은 아주 걱정스러운 일이 아닐 수 없다. 이 나라들이 다른 명목화폐를 축적하려 하기보다 쌍무무역과 보조를 맞춰 무역차별화를 추구할 가능성이 크기 때문이다. 미국은 브레턴우즈 체제를 활용해 이런 무역차별화를 영원히 없애려고 한 적이 있었다.

오늘날 중국과 미국 사이의 채권채무 관계는 1940~1950년대 미국과 영국 사이의 관계와는 아주 다르다. 중국과 미국이 서로 우방국은 아니지만 경제가 어느 정도는 얽혀 있어서 정치적으로 다투면 서로 손해가 크다. 수에즈 위기 때 미국이 보유했던 영국 국채는 국민 1인당 1달러에 불과했지만 현재 중국이 투자한 미국 국채는 국민 1인당 1,000달러가 넘는다.[44] 따라서 1940~1950년대 미국은 큰 피해 없이 파운드화 위기를 일으킬 수 있는 위치에 있었다. 반면 오늘날 중국은 달러를 대상으로 그런 도발을 할 수 없다. 중국은 미국이 지배하는 국제금융체제는 시대착오적일 뿐만 아니라 중국의 경제적 이익을 담보할 수 없다고 믿고 있다. 하지만 중국은 외화보유액의 엄청난 손실, 정부 보조금에 의존하는 수출기업과 국영기업의 경제적 타격, 사회 혼란과 정치 파동 따위를 초래하지 않을 만큼 안정적인 대안을 아직 찾지 못했다.

18세기 임마누엘 칸트(Immanuel Kant)와 데이비드 흄(David Hume)이 주창한 계몽주의 사상을 기대해 보는 것도 구미가 당기는 일이다. 즉, 중국과 미국이 서로 경제적으로 얽히고설키면 국제질서를 안정시키려는 동기가 커져 서로 지정학적 균형을 깨뜨리려고 무모하게 도발하지 않을 것이라고 상상해 봄직하다. 즉, 통화질서뿐만 아니라 남중국해 영토문제와 에너지 같은 국제전략자원 분야에서 균형을 유지하려고 할 수도 있다.

하지만 1907년 영국 외무부 관료 에어 크로(Eyre Crowe)가 영국과 독일 사이의 관계에 대해 주장한 것처럼 중국과 미국 사이의 불화는 어쩌면 불가피할 수도 있다. 크로는 다음과 같이 말했다. "독일은 의도하든 의도하지 않든 '해군을 최대한 막강하게' 만들려는 욕심이 엄청나게 많다. 하지만 그런 해군은 대영제국과 공존할 수 없다." 영국은 이를 용납할 수 없었다. 독일 해군이 막강해지면 매우 위험하다고 판단했기 때문이다. 외교 협상으로는 해결하는 데 한계가 있어서 결국 전쟁이 터지는 것은 사실상 시간문제였다.[45] 영국이 이어진 두 전쟁에서 승리한 쪽에 속했지만 전쟁으로 쌓인 빚 때문에 대영제국은 결국 무너졌다.

정부에 오랫동안 정책자문을 했던 정비젠(鄭必堅) 중국공산당 중앙위원은 2005년 〈포린 어페어스Foreign Affairs〉에 다음과 같이 기고했다. "중국은 제1차 세계대전으로 치달았던 독일의 전철을 밟지 않을 것입니다. 대신 중국은 평화롭게 우뚝 서는 데 전념할 것입니다."[46] 그렇지만 크로처럼 생각하는 사람이라면 떠오르는 중국과 영국의 뒤를 이은 훨씬 더 강력한 미국 사이에, 과거 독일과 영국 사이에 있었던 역학 관계가 똑같이 존재한다고 믿을 것이다. 정비젠과 같은 중국 지도층은 앞으로 중국이 태평양 지역에서 해군력을 확장해야 한다고 말하고 또 그래야 한다고 믿기까지 한다. 이는 이 지역과 다른 곳에서 미국이 차지하고 있는 안보 전략의 기반을 흔들 수 있다. 따라서 미국은 중국이 위협을 느낄 수 있도록 태평양 연안국들과 새로운 연결고리를 만들어 중국의 부상에 대항해야 한다. 이런 일이 진행되면 양국 사이의 치명적 분쟁은 불가피하다. 헨리 키신저(Henry Kissinger) 전 국무장관은 그런 부정적 역학관계는 피할 수는 있지만 매우 걱정스러운 수준이라고 말한 적이 있다.[47]

현대 역사의 중요한 갈림길에서 브레턴우즈 영웅담을 펼쳐봤다. 식민주의를 반대하는 떠오르는 초강대국 미국은 경제력을 이용해 파산 지경에 이른 동맹국인 제국주의의 열강 대영제국을 굴복시켜 국제 무역과 금융을 주무르던 지배권을 포기하도록 만들었다. 영국은 살아남기 위해 어쩔 수 없이 미국의 요구에 순순히 따라야 했다. 해리 화이트는 국제금융 시스템을 고안한 뒤 달러화에 굶주린 연합국을 모이게 해 이를 강제로 관철시켰다. 하지만 비평가들은 이 시스템이 결국 내재돼 있던 모순 때문에 쓰러졌다고 주장한다. IMF는 설립 이후 목적이 많이 변질됐지만 아직까지 버티고 살아남아 있다. 그래서 많은 사람들은 IMF가 더욱더 오래갈 수 있는 새로운 '브레턴우즈 체제'를 만들 수 있는 촉매제 구실을 할 수 있기를 바란다. 하지만 역사를 뒤돌아보면 고질적 무역 불균형 문제가 해결될 기미가 보이지 않는 상황에서, 미국과 중국이 새로운 시스템을 만들었을 때의 후폭풍이 엄청나게 크다고 판단하는 한, 서로 협력하는 새로운 국제통화기구는 탄생하기 어렵다는 사실을 알 수 있다. 더욱 어려운 과제는 안정적으로 지속할 수 있는 체제를 구축하는 일이다. 1944년 공들여 만든 위대한 국제금융 시스템이 무너진 원인은 바로 통화 민족주의였다.

별첨 1

# 해리 덱스터 화이트 자필 내용과 사진

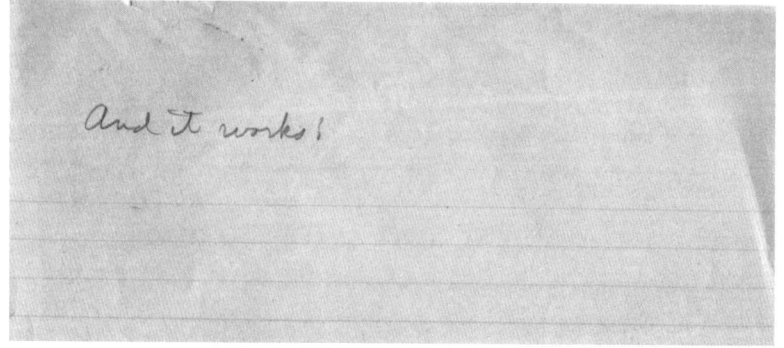

해리 덱스터 화이트의 〈미래 정치·경제 체제 Political-Economic Int. of Future〉라는 보고서 28~29쪽. 날짜 미상. (Princeton University Library. Harry Dexter White Papers, Public Policy Papers, Department of Rare Books and Special Collections, Princeton University Library)

별첨 1

그렇다면 사회주의에 반대하는 까닭은 무엇일까? 이유는 확실해 보인다. 자본주의자들은 기본적으로 사회주의를 싫어하기 때문이다. 자본주의 체제가 사회주의 체제보다 우월하다고 굳게 믿는 사람들은 사회주의 이념의 원천인 러시아를 두려워한다. 러시아는 사회주의식 계획경제를 처음으로 실행에 옮긴 국가다. (작은 규모로 실험적으로 실시하는 사회주의 공동체는 러시아 계획경제 체제와는 많이 다르다. 이런 흥미로운 소규모 공동체는 연구해 볼 만하지만 사회주의식 경제 체제라고 부르기에는 너무 작다.)

(중간중간 알아 볼 수 없는 글씨가 있음)

사회주의 경제 체제는 잘 작동하고 있다!

해리 덱스터 화이트의 〈미래 정치·경제 체제Political-Economic Int. of Future〉라는 보고서 1쪽. 날짜 미상. (Princeton University Library. Harry Dexter White Papers, Public Policy Papers, Department of Rare Books and Special Collections, Princeton University Library)

별첨 2

# 해리 트루먼 대통령이
# 해리 덱스터 화이트 사건에 대해 쓴 글 (1953년)

1953년 11월 17일자 〈뉴욕 타임스〉에 실린 화이트 사건에 대한 트루먼의 발표 내용 일부

 1945년 말 FBI는 간첩 사건에 대해 은밀히 수사를 벌였습니다. FBI는 수사 과정에서 비밀요원들이 간첩 활동을 했다는 증거를 찾기 위해 많은 노력을 기울였습니다.
 1945년 12월 FBI는 두툼한 수사보고서를 백악관에 제출했습니다. 이 보고서에는 혐의는 받았지만 범죄 사실이 입증되지 않은 전·현직 공무원 명단도 많이 포함돼 있었습니다. 이 가운데 재무부에서 오랫동안 근무하고 당시 재무차관을 지낸 해리 덱스터 화이트도 있었습니다.
 1946년 2월 초 저는 해리 덱스터 화이트의 활동을 상세하게 다룬 FBI 보고서를 자세히 읽은 뒤 그가 혐의를 받고 있다는 사실을 처음 알게 됐습니다. 2월 본 준장과 번스 국무장관이 수사보고서를 받았고 번스 장관이 이를 저에게 보고했습니다.
 보고서에는 화이트가 심각한 간첩 활동을 했다는 내용을 담고 있었

지만 그때까지 수집한 정보로는 사실상 그의 간첩 행위를 입증할 수 없었다고 적혀 있었습니다.

저는 이 사건을 접하자마자 보고서 사본에 제가 쓴 편지를 덧붙여 화이트의 직속 상사인 프레드 빈슨 재무장관에게 보냈습니다. 1946년 2월 6일자로 첨부한 편지에 저는 이렇게 적었습니다.

"오늘 아침 국무장관에게서 받은 메모도 같이 첨부합니다."

"내용을 읽으시되 철저히 비밀로 하기 바랍니다. 나중에 장관과 나, 국무장관 셋이 따로 만나 이 문제를 논의해 처리방안을 찾아봅시다."

이 부분이 제가 빈슨에게 쓴 마지막 글입니다.

저는 그날 늦게 이 사안을 빈슨 장관, 번스 장관과 협의했습니다.

앞에 언급했듯 당시 화이트는 재무차관이었습니다. 향후 그가 미국을 대표해 새로 출범하는 IMF 총재직을 맡도록 할 계획이었습니다.

2월 6일, 제가 두 장관과 협의하기 직전 상원에서 화이트를 IMF 총재로 임명하는 안이 통과됐습니다. 저는 이 소식을 접하자마자 빈슨 장관에게 이 문제를 관련 부처와 협의한 뒤 처리 방안에 대해 의견을 달라고 부탁했습니다.

빈슨 장관은 톰 클라크 법무장관뿐만 아니라 다른 부처 관료들과도 상의했습니다. 협의 결과는 화이트를 임명하는 일을 매끄럽게 처리해야 한다는 내용이었습니다.

물론 최종 결정권은 저에게 있었습니다. 저는 결정을 내리기 전에 FBI가 화이트뿐만 아니라 다른 사람들도 많이 조사하고 있다는 사실을 고려했습니다. FBI 요원 수백 명이 혐의 대상자 모두를 수사하고 있었습니다.

현재 수사를 받고 있는 사람들의 혐의를 밝혀내고 추가 연루자도 찾아내기 위해서는 수사를 계속하는 일이 매우 중요하다고 판단했습니다.

화이트 임명과 관련해 비정상적 조치를 취하면 관련 당사자들이 화이트가 조사받고 있다는 사실에 놀랄 뿐만 아니라 수사도 성공적으로 진행할 수 없다는 점은 자명했습니다.

당초 미국은 화이트를 IMF 집행임원보다 높은 총재로 선출될 수 있도록 지원할 계획이었습니다.

하지만 FBI 보고서를 받고 장관들과 협의한 뒤 그를 집행임원으로 제한해야 한다고 결론을 내렸습니다.

집행임원은 권한이 많지 않을 뿐만 아니라 국무부의 감독도 받아야 합니다. 담당하는 업무도 재무차관으로서 하는 일보다 덜 중요하고 덜 민감한 내용입니다.

## 등장인물

나이절 로널드(Ronald, Nigel, 1894~1973). 영국 외교관. 국무부 차관보, 1942~1947. 브레턴우즈 회의 영국 대표단 단원.

네빌 체임벌린(Chamberlain, Neville, 1869~1940). 영국 보수당 의원. 재무장관, 1923~1924, 1931~1937. 영국 수상, 1937~1940. 제2차 세계대전 발발 전 대(對) 독일 유화정책을 실시함. 재무장관 당시 적자재정을 반대함. 케인스로부터 끊임없이 비판 받음.

네이선 그레고리 실버마스터(Silvermaster, Nathan Gregory, 1898~1964). 러시아인과 우크라이나인 혼혈 미국 경제학자. 재무부와 전시자산관리국 관련 업무를 함. 1941~1945년 동안 실버마스터 간첩조직을 이끌었음. 자기 집 지하실에서 엄청난 기밀정보를 촬영한 혐의를 받음. 화이트는 반미활동조사위원회에 출석해 이곳에서 탁구를 즐겼다고 증언함.

니콜라이 표도로비치 체출린(Chechulin, Nikolai Fyodorovich, 1908~1955). 러시아 은행가. 소련 국영은행 부총재, 1940~1950. 브레턴우즈 회의 러시아 대표단 단원.

덩컨 그랜트(Grant, Duncan, 1885~1978). 영국 화가 겸 디자이너. 작가와 예술가 모임인 블룸스버리 회원으로 활동함. 케인스와 한때 연인 관계였음.

데니스 홀름 로버트슨 경(Robertson, Sir Dennis Holme, 1890~1963). 영국 경제학자. 당시 매우 존경 받는 고전적 자유방임주의 경제학자로서 케인스의 《고용·이자 및 화폐의 일반이론》을 시장경제 모델로서 유효하지 않다며 배격함. 브레턴우즈 회의 영국 대표단 단원. 달러를 금을 대신하는 기축통화로 만들려는 화이트의 속임수를 실수로 방조함.

데이비드 로이드 조지(Lloyd George, David, 1863~1945). 영국 진보주의 정치가. 재무장관, 1908~1915. 영국수상, 1916~1922. 케인스를 충동적이고 변덕스러운 인물로 평가해 1917년 여왕 훈장 수상자 명단에서 삭제함. 케인스는 제1차 세계대전과 파리강화회의가 진행되는 동안 로이드 조지를 아주 싫어함. 나중에는 혐오감을 많이 누그러뜨렸다고 함.

데이비드 웨일리 경[Waley, Sir David (Sigismund David Schloss, 지기스문트 데이비드 슐로스), 1887~1962]. 영국 공무원. 재무부 차관보, 1939~1946. 미국이 구상하는 통화기구가 전후 영국에 미치는 문제점을 미리 예견하고 케인스에게 화이트 및 모겐소 등과 협력하는 대신 다른 민간은행에서 대출을 받으라고 촉구함. 케인스는 그의 충고를 단호히 거절함.

드와이트 데이비드 아이젠하워(Eisenhower, Dwight David, 1890~1969). 미군 장교 및 정치가. 미국 대통령, 1953~1961년. 제2차 세계대전 당시 서유럽 연합군최고사령관.

딘 애치슨(Acheson, Dean, 1893~1971). 미국 변호사 및 정치가. 국무장관, 1949~1953년. 매우 이지적이고 귀족적인 영국 예찬론자로서 브레턴우즈 회의에 미 국무부 대표로 참석해 케인스가 이끄는 세계은행위원회에서 미국 대표로 활동함.

라이오넬 로빈스(Robbins, Lionel, 1898~1984). 영국 경제학자. 런던 정경대 교수, 1929~1961년. 전시내각 국무조정실 이사, 1941~1945년. 브레턴우즈 회의 영국 대표단 단원. 케인스주의를 반대하는 자유무역주의자였지만 불황 시에는 공공지출을 해야 한다는 케인스의 주장을 결국 받아들임. 브레턴우즈 회의에서 케인스의 중요한 협력자로 활동함.

랜돌프 버제스(Burgess, Randolph, 1889~1978). 미국 은행가 및 외교관. 브레턴우즈 회의 당시 뉴욕 은행협회 이익을 대변함. 기초가 튼튼하지 못하다는 이유를 들어 IMF를 반대함.

러츨린 커리(Currie, Lauchlin, 1902~1993). 캐나다 출신 미국 경제학자. 제2차 세계대전 당시 프랭클린 루스벨트 대통령 자문위원이었으나 휘태커 체임버스와 엘리자베스 벤틀리에 의해 포섭돼 실버맨이 이끄는 간첩단에서 소련 요원으로 활동했다고 밝혀짐.

레드버스 오피(Opie, Redvers, 1900~1984). 영국 경제학자. 워싱턴 주재 영국대사관 경제 자문위원 및 고문, 1939~1946년. 브레턴우즈 회의 영국 대표단 단원.

레오 크롤리(Crowley, Leo, 1889~1972). 미국 사업가 및 정부 관료. 미국 해외경제관리국장, 1943~1945년. 영국과의 무기대여협상에 참여함.

레오폴드 에머리(Amery, Leopold, 1873~1955). 영국 보수당 의원. 인도 및 버마 담당 국무장관, 1940~1945년. 처칠의 대영제국 내 특혜관세 정책을 앞장서서 지지함.

레옹 블룸(Blum, Leon, 1872~1950). 프랑스 사회당 의원. 프랑스 수상, 1936~1937년. 1938년. 임시정부 대통령, 1946~1947년. 제2차 세계대전 당시 유태인으로서 수감됐다가 나치에 의해 처형당할 뻔 함.

레이먼드 마이크셀(Mikesell, Raymond, 1913~2006). 미국 경제학자 및 정부관료. 브레턴우즈 회의 당시 미국 전문위원으로서 비협조적이었던 러시아 대표단을 강도 높게 비판함.

레지널드 매케너(McKenna, Reginald, 1863~1943). 영국 은행가 및 자유당 의원. 영국 재무장관, 1915~1916년. 제1차 세계대전 당시 경제 자문위원이었던 케인스를 깊이 신뢰함.

로버트 부스비(Boothby, Robert, 1900~1986). 영국 보수당 의원. 국회의원, 1924~1958년. 의회내에서 금본위제를 앞장서서 반대하고 브레턴우즈 체제를 비판함.

로버트 브랜드(Brand, Robert, 1878~1963). 영국 공무원 및 은행가. 1944~1946년 동안 워싱턴에서 영국 재무부 대표로 일함. 케인스의 진보적 사상에 공감하고 영미 협력을 매우 지지함.

로버트 스키델스키 경(Skidelsky, Lord (Robert), 1939~). 영국 경제사학자. 워릭대 정치경제학 명예 교수. 케인스 일대기를 3권의 책으로 출간해 상을 받음.

로버트 와그너(Wagner, Robert, 1877~1953). 미국 정치가. 뉴욕주 민주당 상원의원, 1927~1949년. 상원 은행통화위원회 의장, 1937~1947년. 노동자를 옹호하는 진보주의자로서 프랭클린 루스벨트 옆에서 뉴딜정책을 적극 도움. 브레턴우즈 회의 미국 대표단 단원.

로버트 태프트(Taft, Robert, 1889~1953). 미국 정치가. 오하이오주 공화당 상원의원, 1939~1953년. IMF를 미국이 엄청난 금으로 부채에 허덕이는 채무국을 구제하려는 어처구니없는 기구라고 간주하고 완강히 반대함.

로버트 트리핀(Triffin, Robert, 1911~1993). 벨기에 태생 미국 경제학자. 1959년 의회에 출석해 브레턴우즈 체제가 근본적 결함이 있다고 경고하는 내용으로 증언하며 유명해짐. 그의 진단은 '트리핀 딜레마'로 알려짐.

루퍼스 아이작스 레딩 경[Reading, Lord (Rufus Isaacs), 1860~1935]. 영국 변호사 및 자유당 의원. 영국 대법관, 1913~1921년. 주미 대사, 1918~1919년. 외무장관, 1931년. 1917년 케인스와 함께 워싱턴에서 구걸 외교를 주도함.

리디아 로포코바(Lopokova, Lydia, 1892~1981). 러시아 출신 발레리나이자 케인스의 아내.

리오 파스볼스키(Pasvolsky, Leo, 1893~1953). 러시아인과 우크라이나인 혼혈 미국 경제학자. 미국무부 특별보좌관, 1936~1938년, 1939~1946년. 영국과 긴밀히 협의하며 전후 경제체제 구상에 깊이 관여함.

리처드 닉슨(Nixon, Richard, 1913~1994). 미국 정치가. 미국 대통령, 1969~1974년. 하원 반미활동 조사위원회에서 일하던 1948년 8월 화이트와 의회에서 언쟁을 벌임. 1950년 휘태커 체임버스에게서 받은 화이트 자필 문서를 증거로 제시함. 1971년 금태환을 금지하면서 브레턴우즈 통화 시스템을 사실상 끝냄.

리처드 로[Law, Richard (later Lord Coleraine, 콜레인 경으로 개명), 1901~1980]. 영국 보수당 의원. 의회 외교담당 정무차관, 1941~1943년. 국무성장관, 1943~1945년. 결과는 미약했지만 1944년 영미공동선언을 열렬히 지지함.

리처드 스태포드 크립스 경(Cripps, Sir Richard Stafford, 1889~1952). 영국 외교관 및 정치가. 소련 주재 영국대사, 1940~1942년. 상무부 대표, 1945~1947년, 경제담당 총리, 1947년. 재무장관, 1947~1950년. 1945년 미국과 대출협상에 참여함.

리처드 오토 클라크 경[Clarke, Sir Richard ('Otto'), 1910~1975]. 영국 공무원. 1945년 재무부에서 근무하기 전 여러 부처에서 일함. 케인스를 흠모했지만 1945년 미국과 대출협상을 벌이는 전략을 맹비난함.

리처드 칸(Kahn, Richard, 1905~1989). 영국 경제학자. 케임브리지대 킹스칼리지에서 공부할 때 케인스의 총애를 받는 제자였음. 재정승수 개념을 창시하자 케인스가 이를 더욱 발전시킴.

리처드 크로스맨(Crossman, Richard, 1907~1974). 영국 노동당 의원. 1960년대 해럴드 윌슨 수상 밑에서 장관을 지냄. 처음에는 아랍을 지지했지만 나중에 노동당에서 시온주의를 앞장서서 지지함.

마벨 뉴커머(Newcomer, Mabel, 1892~1983). 미국 경제학자. 바사대 교수로서 브레턴우즈에서 유일한 여성 미국 대표단 단원으로 활동함.

매리너 에클스(Eccles, Marriner, 1890~1977). 미국 은행가. FRB 의장, 1934~1948년. 브레턴우즈 회의 미국 대표단 단원. 브레턴우즈 회의 때 러시아 요구에 응하는 문제를 놓고 화이트와 다툼.

몬터규 콜릿 노먼 경[Norman, Lord (Montagu Collet), 1871~1950]. 영국 은행가. 영국중앙은행 총재, 1920~1944년. 금본위제도를 놓고 케인스와 공개적으로 자주 논리 싸움을 벌임.

미하일 스테파노비치 스테파노프(Stepanov, Mikhail Stepanovich, 1896~1966). 러시아 관료. 1940년대에 러시아 무역부 차관을 지냄. 브레턴우즈 회의에서 소련 대표를 맡음. 회의 때 솜씨 있게 의사진행을 방해함으로써 인상 깊게 헨리 모겐소의 기운을 뺌.

밀턴 프리드먼(Friedman, Milton, 1912~2006). 미국 경제학자. 저명한 통화주의자로서 일찍이 자신이 지지하는 변동환율제도를 논리정연하게 설명함. 1976년 노벨경제학상을 받음.

발터 풍크(Funk, Walther, 1890~1960). 독일 경제학자 및 경제 관료. 독일 경제장관, 1937~1945년. 독일 중앙은행 총재, 1939~1945년. 골수 국수주의자이자 반공산주의자로서 브레턴우즈 통화 구상이 소련을 달래기 위한 수단이라고 맹비난함. 전범으로서 뉴렘부르크에서 재판 받음.

버나드 바루크(Baruch, Bernard, 1870~1965). 미국 금융전문가 및 정치인. 유능한 사업가로서 윌슨 및 루스벨트 대통령의 정치자문위원으로 발탁됨.

벤자민 섬너 웰스[Welles, (Benjamin) Sumner, 1892~1961]. 미국 외교관. 국무부 차관, 1937~1943년. 영국의 제국주의적 무역특권을 강력히 반대함.

보리스 비코프 대령(Bykov, Colonel Boris). 소련 총정보국(GRU) 요원. 1937년 휘태커 체임버스가 보리스 비코프 대령을 화이트에게 소개해 줬다고 주장함.

브렌트 스펜스(Spence, Brent, 1874~1967). 미국 정치가. 켄터키주 민주당 의원, 1931~1963년. 하원 은행통화위원회 의장, 1943~1947년, 1949~1953년, 1955~1963년. 브레턴우즈 회의 미국 대표단 단원.

블라디미르 프라브딘(Pravdin, Vladimir, 1905.1970). 러시아 소련 국가보안위원회(KGB) 장교. 미국에서 소련 타스통신 기자로 위장하고 화이트에게서 받은 기밀정보를 모스크바로 넘김.

비버브룩 경[Beaverbrook, Lord (William Maxwell Aitken, 윌리엄 맥스웰 에이킨), 1879~1964]. 캐나다 출신 영국 정치가 및 언론 부호. 제1차 및 제2차 세계대전 기간 동안 장관을 지낸 세명 가운데 하나임. 케인스가 제시한 청산기구뿐만 아니라 1944년 영미공동선언을 반대함.

비아체슬라프 몰로토프(Molotov, Vyacheslav, 1890~1986). 러시아 외교관. 러시아 외무장관, 1939~1949년. 브레턴우즈 회의에서 소련 대표단들에게 모스크바의 허락 없이는 조금도 양보하지 말라고 지시하며 협상에서 끈질기게 줄다리기를 함. 소련의 협력을 헨리 모겐소 장관에 대한 개인적 존중이라고 포장함.

비탈리 파블로프(Pavlov, Vitali, 1914~2005). 소련 정보요원. 소련 내무인민위원회(NKVD) 정보국 미국 담당 총책임자. 《흰 눈 작전》이라는 저서에서 1941년 '영향력 있는 요원'인 화이트를 포섭하기 위해 워싱턴으로 파견됐다고 밝힘.

빅터 펄로(Perlo, Victor, 1912~1999). 미국 경제학자로서 미국 공산당 당원으로 활동함. 소위 '펄로 조직'을 이끌었던 소련 간첩이었다고 밝혀지기 전까지 재무부를 포함해 정부 여러 부처에서 근무함. 빅터 펄로의 전 아내가 1944년 루스벨트 대통령에게 익명으로 편지를 보내 화이트의 간첩 활동을 폭로함.

샤를 드골(de Gaulle, Charles, 1890~1970). 프랑스 장교 및 정치가. 프랑스 대통령, 1959~1969년. 제2차 세계대전 당시 자유 프랑스군을 이끌었고 1958년 프랑스 제5공화국을 세움. 미국 달러화가 터무니없이 지나치게 특권을 누리고 있다고 비난함. 1963년 프랑스에 지급하는 무역대금의 80퍼센트를 금으로 결제하라고 요구함.
솔로몬 애들러[Adler, Solomon ('Sol'), 1909~1994]. 미국 경제학자. 재무부 근무, 1936~1950. 정부에서 일하면서, 그리고 관직을 그만둔 뒤에도 중국에서 많은 시간을 보냄. 휘태커 체임버스와 엘리자베스 벤틀리에 의해 소련 간첩이었다고 밝혀짐.

아돌프 벌리(Berle, Adolf, 1895~1971). 미국 변호사 및 외교관. 미 국무부 차관, 1938~1944년. 루스벨트 대통령이 신뢰하는 자문위원이었음.
아서 세실 피구(Pigou, Arthur Cecil, 1877~1959). 영국 경제학자. 케임브리지대 킹스칼리지 평의원, 1902~1959년. 1930년대 케인스와 경제이론으로 서로 다퉜음. 케인스의 비난을 받은 뒤 특히 케인스의 《고용·이자 및 화폐의 일반이론》을 신랄하게 비난하는 글을 씀.
안드레이 그로미코(Gromyko, Andrei, 1909~1989). 러시아 외교관 및 정치가. 주미 대사, 1943~1946년. 외무장관, 1957~1985년. 소련최고회의 의장, 1985~1988년. 1943년에 향후 브레턴우즈 회의에 참여하는 러시아 대표는 '참관인에 불과하므로 어떤 의견도 주지 않겠다'고 화이트에게 말함.
알렉산더 카도건 경(Cadogan, Sir Alexander, 1884~1968). 영국 관료. 주중 대사, 1933~1936년. 외무부 사무차관, 1938~1946년. 1944년 9월 루스벨트와 모겐소 등과 하는 영미 옥타곤 회담에 참여함.
알프레드 사오케 제(Sze, Alfred Sao-ke, 1877~1958년). 중국 정치가 및 외교관. 주미 대사, 1935~1937년. 1930년대 중국이 은본위제 폐지를 선언했을 때 미국에 은을 판매하는 문제를 놓고 헨리 모겐소와 협의함.
앤 테리 화이트(White, Anne Terry, 1896~1980). 러시아인과 우크라이나인 혼혈 미국 동화 작가. 해리 덱스터 화이트의 아내.
앤드류 보너 로[Law, (Andrew) Bonar, 1858~1923]. 영국 보수당 의원. 재무장관, 1916~1919년. 영국 수상, 1922~1923년. 토리당원으로서 드물게 케인스를 지지함.
앤서니 이든(Eden, Anthony, 1897~1977). 영국 보수당 의원. 외무장관, 1935~1938년, 1940~1945년, 1951~1955년. 영국 수상, 1955~1957년. 전후 독일을 탈공업화 하려는 모겐소 계획과 이를 묵인하는 처칠을 강력하게 비난함.
앤설 프랭크 럭스포드(Luxford, Ansel Frank, 1911~1971). 미국 변호사 및 정부 관료. 국무부 차관, 1944~1946년. 브레턴우즈 회의 미국 대표단의 수석 법률자문위원.

앨번 바클리(Barkley, Alben, 1877~1956). 미국 정치가. 상원 민주당 대표, 1937~1947년. 트루먼 대통령 재임 시 부통령, 1949~1953년. 상원 민주당 대표로서 '무기대여법안'이었던 H.R. 1776 법안을 발의함.

앨저 히스(Hiss, Alger, 1904~1996). 미국 변호사 및 정부 관료. 미 국무부 산하 특별정무국 이사, 1944~1946년. 휘태커 체임버스에 의해 포섭돼 소련 간첩으로 활동. 나중에 휘태커 체임버스가 반미활동조사위원회에 출석해 엘저 히스의 활동을 폭로함. 1950년 소련 간첩 활동과 관련해 위증죄 선고를 받음.

앨프리드 마셜(Marshall, Alfred, 1842~1924). 영국 경제학자. 현대 경제학이론 기반을 다진 위대한 경제학자. 1908년 케임브리지대 킹스칼리지에서 케인스를 조교로 선발함으로서 케인스가 26세 나이에 종신 평의원으로 선출되는 데 크게 기여함.

어니스트 베빈(Bevin, Ernest, 1881~1951). 영국 노동자를 대변하는 노동당 의원. 노동장관, 1940~1945년. 외무장관, 1945~1951년.

어니스트 프란시스 펜로즈(Penrose, Ernest Francis, 1895~1984). 영국 경제학자. 주미 영국대사인 존 위넌트의 경제 자문위원을 지냄. 화이트를 '케인스만큼이나 스스로 잘났다'고 생각하는 인물이라고 말함.

에드워드 라일리 스테티니어스(Stettinius, Edward Reilly, Jr. 1900~1949). 미국 사업가 및 정부 관료. 국무부 근무, 1944~1945년

에드워드 번스타인[Bernstein, Edward ('Eddie'), 1904~1996]. 미국 경제학자. 재무부 수석 경제 학자, 1940~1946년. IMF 연구분과 이사, 1946~1958년. 화이트를 경제전문가로 여기지 않고 정책을 잘 고안해 내는 인물로 평가함.

에드워드 우드 핼리팩스 경[Halifax, Lord (Edward Wood), 1881~1959]. 영국 보수당 의원. 외무장관, 1938~1940년. 주미 대사, 1941~1946년. 케인스와 아주 친하게 지냄. 1945년 12월 워싱턴에서 윌 클레이턴과 함께 영미금융협정을 체결함.

에드워드 이글 브라운(Brown, Edward Eagle, 1885~1959). 미국 변호사 및 은행가. 퍼스트내셔널시카고은행 은행장. 브레턴우즈 회의에 참석한 미국 대표단의 민간인 두 명 가운데 한 명. 케인스가 이 사람처럼 능력 있고 뛰어난 은행가를 본 지 오래됐다며 칭찬함.

에드워드 폴리(Foley, Edward, 1906~1982). 미국 변호사 및 정부 관료. 미 재무부 자문위원, 1939~1942년. 재무부 차관보, 1946~1948년. 재무부 차관, 1948~1953년. 무기대여법안 초안을 처음으로 작성함.

에드워드 피콕 경(Peacock, Sir Edward, 1871~1962). 캐나다 출신 영국 은행가. 영국중앙은행 이사, 1921~1924년, 1929~1946년. 케인스가 제시한 청산기구를 열렬히 지지함. 하지만 수십 년

등장인물

안에 실현되기 어렵다고 판단함.
에밀리오 코야도(Collado, Emilio, 1910~1995). 미국 경제학자. 재무부, 1934~1936년. 뉴욕 연방준비은행, 1936~1938년. 국무부, 1938~1946년. 세계은행 집행임원, 1946~1947년. 미국 쪽 전문위원으로 브레턴우즈 회의에 참석함.
에이브러햄 조지 실버맨(Silverman, Abraham George, 1900~1973). 미국 수학자 및 정부 관료. 엘리자베스 벤틀리에 의해 포섭돼 네이션 그레고리 실버마스터가 이끄는 소련 간첩단 소속으로 활동함. 화이트와 소련 정보기관 사이에서 연락책 노릇을 했다고 베노나 도청 프로젝트에 의해 밝혀짐.
엘리자베스 벤틀리(Bentley, Elizabeth, 1908~1963). 1938~1945년 사이에 소련 간첩으로 활동함. 1945년 공산당 활동을 그만두고 자수함. 실버마스터와 펄로 간첩망을 폭로하고 화이트를 포함해 소련을 도왔던 미국인 명단 80명 이상을 자백함.
오마 브래들리(Bradley, Omar, 1893~1981). 미군 장교. 합참의장, 1949~1953년. 베노나 프로젝트가 화이트 간첩 활동의 명백한 증거였지만 이를 증거로 제시하면 백악관이 프로젝트 관련 정보를 누설할까 걱정해 트루먼 대통령에게 이를 숨김.
요한 빌렘 바이옌(Beyen, Johan Willem, 1897~1976). 네덜란드 은행가 및 공무원. 브레턴우즈 회의에서 네덜란드 대표단을 이끔. 국제결제은행 총재, 1937~1939년.
요한 비트베인(Witteveen, Johannes, 1921~ ). 네덜란드 경제학자 및 정치가. IMF 총재, 1973~1978년. IMF의 조정가능한 고정환율제도 원칙을 깬 역사적 사건의 주인공임.
우드로 윌슨(Wilson, Woodrow, 1856~1924). 미국 학자 및 정치가. 미 대통령, 1913~1921년. 케인스가 《평화의 경제적 귀결》이라는 회고록에서 우드로 윌슨을 풍자함. 미국이 국제연맹에 가입하는 법안의 상원 통과 실패가 루스벨트의 브레턴우즈 전략 수립에 커다란 영향을 미침.
울턴 경[Woolton, Lord (Frederick James Marquis, 프레더릭 제임스 마퀴스), 1883~1964]. 영국 사업가 및 보수당 의원. 보수당 총재, 1946~1955년. 나라를 책임지는 사람들은 대영제국의 경제적 특권에서 물러나서는 안 된다고 말하며 브레턴우즈 체제는 영국을 달러의 힘에 굴복시키는 기구라며 반대함.
월터 컨리프 경[Cunliffe, Lord (Walter), 1855~1920]. 영국 은행가. 영국중앙은행 총재, 1913~1918년. 1917년 케인스가 파운드·달러 환율을 지키려는 재무부 정책을 지지하자 격분한 나머지 그를 해고하려고 했음.
윈스턴 처칠(Churchill, Winston, 1874~1965). 영국 보수당 의원. 재무장관, 1924~1929년. 영국수상, 1940~1945년, 1951~1955년. 1925년 영국을 금본위제(금환본위제)로 복귀시키려고 하자 케인스가 강력하게 반대함.

윌리엄 깁스 매카두(McAdoo, William Gibbs, 1863~1941). 미국 변호사 및 정치가. 재무부 차관, 1913~1918년. FRB 의장. 1914년. 캘리포니아주 민주당 상원의원, 1933~1938년. 제1차 세계대전 당시 미국이 영국에 재정지원을 해주는 문제로 케인스가 끈질기게 애걸복걸함에 따라 제2차 세계대전 때 다시 영국이 지원을 요청했을 때 영국이 그 대가로 지정학적 특권을 포기해야 한다고 주장함.

윌리엄 루드비히 울만[Ullmann, William Ludwig ('Lud'), 1908~1993]. 미 정부 관료. 화이트의 재무부 동료. 엘리자베스 벤틀리가 윌리엄을 실버마스터 간첩단원이라고 폭로한 부분이 베노나 전신 도청 프로젝트에 의해 확증됨.

윌리엄 불릿(Bullitt, William, 1891~1967). 미국 외교관, 언론인, 소설가. 소련 주재 대사, 1933~1936년. 프랑스 주재 대사, 1936~1940년.

윌리엄 에버렐 해리먼(Harriman, William Averell, 1891~1986). 미국 은행가, 외교관, 정치가. 소련 주재 대사, 1943~1946년. 영국 주재 대사, 1946년. 상무장관, 1946~1948년. 제2차 세계대전 중 플레센티아만회담(1941년), 테헤란회담(1943년), 얄타회담(1945년)에 참여함.

윌리엄 클레이턴(Clayton, William, 1880~1966). 미국 정치가. 경제담당 국무차관보, 1944~1945년. 경제담당 국무차관, 1946~1947년. 1945년 영미금융협정에 서명함. 시장개방에 기초한 자유무역을 강력하게 지지하고 마셜 플랜의 이론적 기반을 제공함.

윌프리드 에디 경(Eady, Sir Wilfrid, 1890~1962). 영국 외교관, 재무부 관료. 브레턴우즈 회의 영국 대표단 단원. 1945년 케인스가 미국과 대출협상에 나서는 것을 반대함.

이매뉴얼 골든와이저(Goldenweiser, Emanuel, 1883~1953). 러시아인과 우크라이나인 혼혈 미국 경제학자. FRB 연구통계분과 이사, 1926~1945년. 브레턴우즈 회의 미국 대표단 단원. 케인스를 사상과 표현에서 인류 역사상 가장 뛰어난 사람이지만 의장으로서는 최악이라고 악평함.

이삭 아흐메로프(Akhmerov, Iskhak, 1901~1975). 소련 내무인민위원회 간부로서 1930~1940년대 미국에서 활동함. 화이트로 하여금 일본을 부추겨 미국을 치게 하는 작전으로 의심되는 '흰 눈 작전'을 주도한 집단의 일원.

자크 뤼에프(Rueff, Jacques, 1896~1978). 프랑스 경제학자. 자유시장경제를 옹호하는 보수주의자로서 프랑스 정부에서 오랫동안 경제자문위원으로 일함. 1914년 이전의 고전적 금본위제로 복귀해야 한다고 주장함.

장 바티스트 세이(Say, Jean-Baptiste, 1767~1832). 프랑스 경제학자. 고전파 경제이론인 '세이의 법칙'으로 유명하며, 케인스가 《일반이론》에서 이 이론을 무너뜨리려고 했음.

저우샤오촨(周小川, 1948~). 중국 경제학자 및 은행가. 중국 인민은행 총재, 2002~현재.

제시 월콧(Wolcott, Jesse, 1893~1969). 미국 정치가. 미시건주 공화당 의원, 1931~1957년. 브레턴우즈 회의 미국 대표단 단원.

제이콥 골로스(Golos, Jacob, 1890~1943). 러시아인과 우크라이나인 혼혈의 미국 공산당 3인 통제위원회 위원 중 한 명이자 소련 내무인민위원회 위원. 엘리자베스 벤틀리의 미 공산당 첫번째 접선 요원. 자신을 돕는 엘리자베스 벤틀리와 사랑에 빠짐.

제이콥 바이너(Viner, Jacob, 1892~1970). 캐나다 태생 미국 경제학자. 케인스의 적수이자 밀턴 프리드먼의 스승임. 재무부 헨리 모겐소의 경제 자문위원으로서 부서에서 자신의 첫째 과제를 수행하기 위해 화이트를 불러들임.

제임스 미드(Meade, James, 1907~1995). 영국 경제학자. 전시내각 경제분과 이사, 1946~1947년. 케인스의 지적능력을 인정하고 그를 '신'이라고 불렀지만 케인스의 외교술은 부족하다고 지적함. 1977년 노벨경제학상을 받음.

제임스 프란시스 번즈(Byrnes, James Francis, 1882~1972). 미국 정치가. 사우스캐롤라이나 민주당 상원의원, 1931~1941년. 대법관, 1941~1942년. 국무장관, 1945~1947년. 루스벨트 대통령으로부터 신임을 얻었고 트루먼이 상원에 있었던 때부터 트루먼에게 조언해 줌.

조르주 비도(Bidault, Georges, 1899~1983). 프랑스 정치가. 임시정부 수반, 1946년. 외무장관, 1947~1948년. 프랑스 수상, 1949~1950년.

조지 볼턴 경(Bolton, Sir George, 1900~1982). 영국 은행가 및 보수당 의원. 국회의원, 1931~1945년, 1950~1959년. 영국중앙은행 집행임원, 1948~1957년. 영국중앙은행 이사, 1957~1968년. 브레턴우즈 회의 영국 대표단 단원.

조지 슐츠(Shultz, George, 1920~). 미국 경제학자 및 정치가. 재무장관, 1972~1974년. 국무장관, 1982~1989년. 고정환율제도를 공개적으로 비판함.

조지 캐틀릿 마셜(Marshall, George Catlett, 1880~1959). 미군 지휘관 및 정치가. 미 육군 참모총장, 1939~1945년. 국무장관, 1947~1949년. 국방장관, 1950~1951년. 1947년 유럽경제를 새로 부활시키기 위해 대규모 경제지원을 해야 한다는 유명한 하버드대 연설이 마셜 플랜의 토대가 됐음. 1953년 노벨평화상을 받음.

조지 케넌(Kennan, George, 1904~2005). 미국 외교관 및 역사가. 1946년 국무부에 보낸 '장문의 전신문'에서 전후 소련을 견제해야 한다는 논리를 내세움. 마셜 플랜을 고안한 인물 중한 명임.

조지프 슘페터(Schumpeter, Joseph, 1883~1950). 오스트리아 태생 미국 경제학자이자 정치학자. 자본주의 경제체제의 중요한 원동력인 혁신과 기업가 정신을 강조하면서 유명해짐. 케인스의 접근 방식과 경기침체를 불러오는 국수주의를 강도 높게 비판함.

조지프 케네디(Kennedy, Joseph, 1888~1969). 미국 사업가, 외교관, 정부 관료. 영국 주재 대사, 1938~1940년. 미국의 제2차 세계대전 참전을 반대함. 영국 정부가 아주 싫어하는 인물로서 루스벨트가 압박해 대사관 자리에서 물러남. 존 에프 케네디(John F. Kennedy) 대통령의 아버지.

존 길버트 위넌트(Winant, John Gilbert, 1889~1947). 미국 정치가 및 외교관. 공화당 출신 뉴햄프셔주 주지사, 1925~1927년, 1931~1935년. 영국 주재 대사, 1941~1946년. 영국 옹호론자이자 케인스의 친구임.

존 모턴 블럼(Blum, John Morton, 1921~2011). 미국 정치사학자. 예일대 교수로서 《모겐소 일기에서From the Morgenthau Diaries》라는 3권 분량의 책을 저술함.

존 애드거 후버(Hoover, John Edgar, 1895~1972). 미국 정보관리국 관리. 미 연방수사국장, 1924~1974년. 자신을 믿지 않은 트루먼 대통령에게 미국 고위관직에서 소련 간첩들이 활동한다고 주의를 줌.

존 앤더슨 경(Anderson, Sir John, 1882~1958). 영국 공무원 및 정치가. 재무장관, 1943~1945년.

존 코널리(Connally, John, 1917~1993). 미국 정치가. 민주당 출신 텍사스 주지사, 1963~1969년. 재무장관, 1971~1972년. 1971년 닉슨이 금태환을 금지하자 유럽 각국 관료들에게 "달러는 우리나라 화폐지만 달러 때문에 발생하는 문제는 여러분들이 알아서 해결해야 할 문제입니다."라는 유명한 말을 남김.

존 파넬 토머스(Thomas, John Parnell, 1895~1970). 미국 정치가. 뉴저지주 출신 공화당 의원, 1937~1950년. 반미활동조사위원회 의장을 역임하던 1948년 8월 화이트가 위원회에 출석해 유명한 진술을 함.

찰스 토비(Tobey, Charles, 1880~1953). 미국 정치가. 공화당 출신 뉴햄프셔주 주지사, 1929~1931년. 뉴햄프셔주 지역구 하원의원, 1933~1939년. 뉴햄프셔주 지역구 상원의원, 1939~1953년. 브레턴우즈 회의 미국 대표단 단원.

처웰 경[Cherwell, Lord (Frederick Alexander Lindemann, 프레더릭 알렉산더 린데만, 1886~1957).

통계국장으로서 처칠 수상의 깊은 신임을 받음. 미국과의 제2단계 무기대여협상에서 중요한 역할을 함.

카터 클라크 대령(Clarke, Colonel Carter, 1896~1987). 미군 장교. 미군 특수부 부장으로서 1943년 베노나 프로젝트를 주도해 소련이 전시에 주고받은 암호문을 가로채 해독함.

카토 경(Catto, Lord (Thomas), 1879~1959). 스코틀랜드 출신 사업가 및 은행가. 영국중앙은행 총재, 1944~1949년. 뿌리부터 노동자 계층 집안에서 자람. 케인스와 경제이론과 정책에 공감하면서 아주 친하게 지냄.

코델 헐(Hull, Cordell, 1871~1955). 미국 정치가. 국무장관, 1933~1944년. 자유무역 신봉자로서 1930년대 정치경제 위기가 주로 보호무역 정책 때문이라고 믿었음. 영국 특혜관세를 없애려고 노력함.

쿵 샹시[Kung, Hsiang-hsi ('Daddy'), 孔祥熙, 1880~1967]. 중국 은행가, 사업가, 정부 관료. 중국 부총리, 1938~1939년. 공자의 후손이라고 자랑하고 다님. 브레턴우즈 회의에서 중국 대표단을 이끎.

클레멘트 애틀리(Atlee, Clement, 1883~1967). 영국 노동당 의원. 노동당 총재, 1935~1955년. 영국 수상, 1945~1951년. 정부개입을 강조하며 사회복지 정책을 추진함. 대영제국이 관할하던 식민지 영토를 많이 포기하겠다고 선언함.

파벨 안드레이예비치 말레틴(Maletin, Pavel Andreyevich, 1905~1969). 러시아 정부 관료. 소련 재무차관, 1939~1945년. 브레턴우즈 회의 러시아 대표단 단원.

펠릭스 에드워드 에베르(Hébert, Felix Edward, 1901~1979). 미국 정치가. 루이지애나 지역구 공화당 하원의원, 1941~1977년. 반미활동위원회 위원으로 활동하던 1948년 화이트가 위원회에 출석해 유명한 증언을 함.

폴 바로(Bareau, Paul, 1901~2000). 벨기에 태생 영국 금융부문 저널리스트. 1945~1946년 영국 재무부 대표단 일원으로 워싱턴에 파견됨.

폴 볼커(Volcker, Paul, 1927~). 미국 경제학자. 재무부 통화담당 차관, 1969~1974년. 뉴욕 연방준비은행 총재, 1975~1979년. FRB 의장, 1979~1987년. 1970년대 말과 1980년대 초 매우 높

았던 인플레이션을 급격하게 떨어뜨렸던 인물로 유명함.
피에르 망데스 프랑스 (Mendès-France, Pierre, 1907~1982). 프랑스 정치가. 프랑스 수상, 1954~1955년. 브레턴우즈 회의에서 프랑스 대표단을 이끔.
프랭크 코(Coe, Frank, 1907~1980). 미국 경제학자 및 정부 관료. 재무부 통화연구분과 이사, 1944~1945년. IMF 사무총장, 1946~1952년. 휘태커 체임버스와 엘리자베스 벤틀리가 프랭크 코의 소련 간첩 활동을 폭로함에 따라 의회의 압력에 굴복해 사무총장 직에서 물러남.
프랭클린 델러노 루스벨트[Roosevelt, Franklin Delano (FDR), 1882~1945]. 미국 정치가. 미국 대통령, 1933~1945년. 케인스는 루스벨트가 추진한 대담한 경제정책을 긍정적으로 평가함. 하지만 루스벨트는 처칠과 같이 대외경제정책에는 큰 관심을 보이지 않음에 따라 화이트의 주장과는 반대로 대외경제정책을 지정학적 무기로 사용하지는 않았음.
프레더릭 빈슨 판사[Vinson, Frederick ('Judge'), 1890~1953]. 미국 변호사, 판사, 정부 관료. 켄터키주 지역구 민주당 하원의원, 1931~1938년. 재무장관, 1945~1946년. 대법원장, 1946~1953년. 브레턴우즈 회의 미국 대표단 부단장. 화이트를 혐오했으며 그가 소련간첩이었다고 주장해 화이트를 자리에서 물러나게 하려고 함.
프레더릭 클리블랜드 스미스(Smith, Frederick Cleveland, 1884~1956). 미국 의사 및 정치가. 오하이오주 지역구 공화당 하원의원, 1939~1951년. 의회 은행통화위원회 위원. 브레턴우즈 협정을 반대함.
프레더릭 필립스 경(Phillips, Sir Frederick, 1884~1943). 영국 공무원. 1940~1943년 워싱턴에서 영국 재무부 대표로 통화협상을 벌임. 미국 주장을 케인스와 런던에 잘 전달하려고 노력했지만 내용을 모두 이해시키지는 못함.
프리드리히 하이에크(Hayek, Friedrich, 1899~1992). 오스트리아 출신 영국 경제학자. 시장경제에 기반을 둔 자본주의와 고전적 자유주의를 옹호한 인물로 유명함. 케인스 이론을 반박했지만 케인스와는 서로 존경하며 원만한 관계를 유지함. 1974년 노벨경제학상을 받음.
피에르 폴 슈바이처(Schweitzer, Pierre-Paul, 1912~1994). 프랑스 정부 관료. IMF 총재, 1963~1973년. 미국 닉슨 행정부가 슈바이처를 아주 싫어함.

하워드 킹슬리 우드 경[Wood, Sir (Howard) Kingsley, 1881~1943]. 영국 보수당 의원. 재무장관, 1940~1943년.
해럴드 글래서(Glasser, Harold, 1905~1992). 미국 경제학자. 재무부 근무, 1936~1947년. 자기를

재무부로 데리고 온 화이트를 옆에서 도왔음. 엘리자베스 벤틀리에 의해 간첩 활동을 했다고 밝혀짐.

해리 본 준장(Vaughan, Brigadier General Harry, 1893~1981). 미군 장교. 부통령과 트루먼 대통령 군사담당 보좌관, 1945~1953년. 에드거 후버 국장이 화이트를 IMF 총재로 임명하지 못하도록 막았던 1946년 연방수사국 백악관 연락관으로 일함.

해리 트루먼(Truman, Harry S., 1884~1972). 미국 정치가. 미 대통령, 1945~1953년. 1945년 7월 브레턴우즈 법안에 서명함. 취임 직후 무기대여협상안을 버림으로써 영국을 다시 위기에 빠뜨림. 대외경제정책 통제권을 재무부에서 국무부로 넘김.

해리 홉킨스(Hopkins, Harry, 1890~1946). 미국 관료. 연방긴급구호국 이사, 1933~1935년. 공공사업진흥국 이사, 1935~1938년. 상무장관, 1938~1940년. 루스벨트 대통령의 측근으로서 뉴딜정책과 무기대여법안을 마련하는 데 크게 기여함.

햘마르 샤흐트(Schacht, Hjalmar, 1877~1970). 독일 은행가. 독일국립은행 총재, 1926~1930년. 경제장관, 1934~1937년. 국가 경제를 관리하는 '샤흐트 방식' 창설로 유명함. 수입을 엄격히 규제하고 구상무역에 기반을 둔 쌍무무역을 실시해, 독일경제를 서유럽과 통합된 자유시장 경제 체제에서 폐쇄된 자급자족 경제로 바꿈.

허먼 올리펀트(Oliphant, Herman, 1884~1939). 미국 법학교수. 재무부 자문위원, 1934~1939년.

허버트 브라우넬(Brownell, Herbert, 1904~1996). 미국 변호사 및 정치가. 법무장관, 1953~1957년. 트루먼 대통령이 화이트를 IMF 총재 후보로 지명하자 의회에 출석한 트루먼에게 화이트가 '소련 간첩'이었음을 알았는지 여부를 추궁함.

허버트 페이스(Feis, Herbert, 1893~1972). 미국 정치가, 작가, 역사가. 후버와 루스벨트 행정부 당시 국무부 국제담당 경제 자문위원으로 일함.

헨리 로이 해로드 경[Harrod, Sir (Henry) Roy, 1900~1978]. 영국 경제학자. 영국 수상의 통계분과 자문위원, 1940~1942년. 케인스와 오랫동안 친분을 유지하며 전문적 내용의 서신을 주고받았으며 나중에 케인스 일대기를 저술함.

헨리 모겐소(Morgenthau, Henry, 1891~1967). 미국 정치가. 재무장관, 1943~1945년. 루스벨트의 막역한 친구임. 화이트와 서로 의존 관계를 유지함. 화이트는 재무장관에게 정책을 제시하는 대신 장관의 도움을 받아 승진도 하고 더욱더 큰 영향력을 행사함.

헨리 스팀슨(Stimson, Henry, 1867~1950). 미국 변호사, 정치가. 국무장관, 1929~1933년. 전쟁부 장관, 1940~1945년.

헨리 월리스(Wallace, Henry, 1888~1965). 미국 정치가. 루스벨트 대통령 재임 당시 부통령을 역임함, 1941~1945년. 상무장관, 1945~1946년. 1948년 진보당을 이끌고 대통령에 출마함. '러시아가 평화를 추구한다'는 가정을 줄기차게 내세움. 화이트를 재무장관 자리에 앉히고 싶어했음. 화이트가 열렬히 지지함.

헨리 캐벗 로지(Lodge, Henry Cabot, 1850~1924). 미국 정치가. 메사추세츠 지역구 공화당 상원의원, 1893~1924년. 그가 제시한 14개 원칙 영향으로 1919년 상원에서 베르사이유 조약 법안이 부결됐음.

휘태커 체임버스(Chambers, Whittaker, 1901~1961). 미국 저널리스트. 공산당 소속 요원으로서 화이트를 포섭함. 화이트를 포함해 미국에서 활동하는 간첩 명단 13명을 폭로함.

휴 돌턴(Dalton, Hugh, 1887~1962). 영국 경제학자. 노동당 의원. 재무장관, 1945~1947년. 1945년 케인스가 미국과 대출협상을 벌이는 과정에서 케인스와 크게 충돌함.

휴버트 헨더슨 경(Henderson, Sir Hubert, 1890~1952). 영국 경제학자. 재무부 자문위원, 1939~1944년. 케인스가 고안한 청산기구를 공개적으로 반대함. 청산기구가 금본위제나 금환본위제도보다 훨씬 더 나쁘다고 주장함.

## 주석

## 제1장 머리말

**1** James (1996: 57).
**2** 1940년 영국 원정대가 프랑스 북부 항구 도시인 됭케르크(Dunkirk)에서 철수하면서 유럽 저지대 국가의 합동방어작전이 철저한 패배로 끝났다. 이후 영국에서 됭케르크라는 말을 참패라는 뜻으로 쓴다.
**3** Gardner (1956 [1980]: xiii).
**4** Howson and Moggridge (1990: 133, 135).
**5** Bareau (1951).
**6** Keynes (1980) XXV, Oct. 3, 1943, p. 356.
**7** Keynes (1980) XXV, Oct. 9, 1943, pp. 370~371.
**8** White 문서보관소(날짜 미상), 〈미래 정치 · 경제 체제 *Political Economic Int. of Future*〉. 사진은 별첨 1 참조.

## 제2장 온 세계가 화이트산맥에 모이다

**1** 〈뉴욕 타임스 *New York Times*〉(July 2, 1944: 14). 헨리 모겐소 재무장관은 따뜻한 면양말을 지참하지 않았다고 후회했다. 그 다음주 장관을 지지하는 사람들이 양말 일곱 켤레를 보내왔다(〈워싱턴 포스트 *Washington Post*〉, July 11, 1944: 3).
**2** 미국 대표단 수석 전문위원이자 보좌관인 에드워드 번스타인은 블랙의 말을 인용했다(1991: 47).
**3** Robbins (1990: 166).
**4** Foreign Office (July 4, 1944).
**5** Grant (1992).
**6** Eckes (1975). Skidelsky (2000).
**7** Grant (1992).
**8** Eckes (1975: 139).
**9** 〈뉴요커 *The New Yorker*〉(Aug. 5, 1944: 12).

**10** Skidelsky (2000: 347).
**11** 〈뉴욕 타임스〉(Feb. 20, 2009).
**12** 호텔 자료에는 케인스가 129호실에 머물렀다고 기록돼 있고, 심지어 129호실 문에 그가 1944년에 머물렀다는 표식까지 달았다. 스키델스키(2000: 347)와 다른 사람들은 129호실이 케인스의 방이었다고 주장했지만 이는 분명 사실이 아니다. 119호실에 머물렀던 모겐소 장관은 복도 저편이 아닌 천정 쪽 219호실에서 케인스의 아내가 발레 연습하면서 내는 쿵쿵거리는 소리가 났다고 회상했다. 미국 대표단 일원이었던 골든와이저도 케인스가 감화와 지도, 타협을 기대할 만한 케인스 자신의 특별객실에서 주로 업무를 수행했다고 기록한 점도 케인스 방이 219호실이었다는 사실을 뒷받침한다(Morgenthau, 《Diaries》, Vol. 747, pp. 60A~C). 더불어 모겐소의 아들은 아버지가 특별객실인 케인스 부인 방 바로 아래에 머물렀다고 했다(Morgenthau III [1991: 344~345]). 219호실은 모겐소가 머무는 119호실과 구조가 거의 같은 반면 129호실은 상대적으로 작은 일반객실이다. 미국인들이 영국대표를 작은 129호실로 배정했을 리 없다. 따라서 언제인지는 불분명하지만 아마 호텔 소유주가 바뀌었을 때 219호실을 129호실로 잘못 기록했을 가능성이 매우 크다.
**13** Robbins (1990: 167).
**14** '상호원조조약(mutual-aid agreement) 제7조' 추가.
**15** Harrod (1951: 512).

## 제3장 믿기지 않는 화이트의 부상

**1** 〈타임 Time〉(1953).
**2** Interlocking Subversion in Government Departments Hearings, Aug. 30, 1955, p. 2,647.
**3** 〈타임〉(1953). Rees (1973).
**4** 〈타임〉(1953).
**5** 〈타임〉(1953). Rees (1973).
**6** Nathan White (1956: 270~271).
**7** Nathan White (1956: 271).
**8** Whipple (1953).
**9** Interlocking Subversion in Government Departments Hearings, Aug. 30, 1955, pp. 2,541~2,542.

**10** Zweig (1943 [2009]: 1).
**11** Harry Dexter White (1933: 301~312).
**12** Interlocking Subversion in Government Departments Hearings, Aug. 30, 1955, p. 2,570.
**13** White 문서보관소 (Jan. 22, 1934), p. 5.
**14** White 문서보관소 (Jan. 22, 1934), pp. 7~8.
**15** White 문서보관소 (Jan. 22, 1934), p. 245.
**16** White 문서보관소 (Jan. 22, 1934), pp. 308, 310.
**17** Bureau of Economic Analysis (2010).
**18** United Nations Statistics Division (1962).
**19** Lebergott (1957).
**20** McJimsey (2003).
**21** Blum (1959: 141).
**22** 케인스는 〈예일 리뷰Yale Review〉지에 이상, 지식, 과학, 환영, 여행 등은 본질적으로 국제적이지만 제품은 가능한 국내에서 만든 물건을 써야 하고 자금도 주로 국내에서 조달해야 한다는 유명한 글을 남겼다.
**23** Blum (1959: 70).
**24** Blum (1959: 71).
**25** Morgenthau (1947).
**26** Levy (2010).
**27** Morgenthau III (1991: 272).
**28** 첫 유대인 출신 장관은 시어도어 루스벨트 대통령 집권 당시 1906년부터 1909년까지 상무·노동장관(the Secretary of Commerce and Labor)을 지냈던 오스카 스트라우스(Oscar Straus)다.
**29** Meltzer (2003).
**30** White 문서보관소 (1935), "Deficit Spending" (원본에 밑줄이 표시됨 'any Government expenditure').
**31** White 문서보관소 (1935), "Outline of Analysis."
**32** White 문서보관소 (1935), "Deficit Spending."
**33** "Outline Analysis of the Current Situation," Feb. 26 and Mar. 5, 1935, Rees (1973: 56, f. 3) 참조.
**34** White 문서보관소 (Mar. 15, 1935).
**35** White 문서보관소 (Mar. 15, 1935), pp. 9~110.

**36** Blum (1959: 139).
**37** Interlocking Subversion in Government Departments Hearings, June 1, 1955, pp. 2,281~2,282.
**38** White 문서보관소 (Jun. 13, 1935), "Personal Report on London Trip, April-May, 1935", p. 2.
**39** White 문서보관소 (Jun. 13, 1935), "Summary of conversations with men interviewed in London", p. 1.
**40** Feis (1966: 107), Kimball (1969: 5).
**41** Rees (1973: 63).
**42** Blum (1959).
**43** Blum (1959: 145).
**44** Blum (1959: 162).
**45** Blum (1959: 178).
**46** Blum (1967: 90).
**47** Morgenthau III (1991: 310~311).
**48** Morgenthau III (1991: 313).
**49** Blum (1967: 90).
**50** Rees (1973).
**51** 이는 체임버스의 주장이다(1952: 414~417). Rees(1973: 454, f. 22)는 화이트는 그런 양탄자를 보유한 적이 없다고 했다. 하지만 화이트 사망 후 그의 미망인은 1937년 가을이 오기 전에 양탄자를 받았다고 진술했다. (조지 실버맨과의 인터뷰, Apr. 26, 1949, in Weinstein [1997: 553, f. 40]). Weinstein의 양탄자에 대한 자세한 설명 참조(Weinstein [1997: 189~192]).
**52** Chambers (1952: 415~416). 실버맨의 가정부는 양탄자 3개가 화이트 집으로 배달됐다고 밝혔다(Sibley [2004: 262, f. 127] 참조, Weinstein [1997: 212~216) 참조].
**53** Weinstein (1997: 189~190).
**54** Chambers (1952: 417).
**55** Chambers (1952: 426, 419, 384, 430) 참조.
**56** Chambers (1952: 421~423).
**57** Institute of Pacific Relations Hearings, Aug. 16, 1951, p. 492.
**58** Chambers (1952: 70, 383~384, 442).
**59** Blum (1967: 127).
**60** Chambers (1952: 419).

주석                                                                                                        519

**61** Chambers (1952: 430).
**62** Rees (1973).
**63** Chambers (1952: 430~431).
**64** White 문서보관소 (Aug. 4, 1942), Section IV, p. 17 (주: 문서철에는 같은 번호로 표시된 쪽이 많음).
**65** 화이트 사건을 기록한 주요 서적 가운데 가장 냉철하고 자세하게 다룬 것은, 화이트와 그의 1940년대 간첩 활동에 대한 비판적 폭로 자료가 발표되기 전 20년에 걸쳐 정리된 자료다(이 책 제10장 참조). 1973년에 출간된 David Rees의 평범한 작품에는 화이트를 둘러싼 논란과 관련해 그의 간첩 활동을 강력하게 뒷받침할 만한 증거 같은 추가 정보를 얻을 수 없었다.
**66** 특히 《Schecter and Schecter》(2002)와 《Romerstein and Breindel》(2000) 참조.
**67** 특히 Craig(2004)와 Boughton(2000, 2004) 참조. 크레이그(Craig)는 화이트의 일대기를 그린 작품에서 화이트의 간첩 활동을 '일종의 간첩 활동'이라고 두루뭉술하게 표현했다. 크레이그는 화이트가 이 책 제10장에서 자세히 다룬 베노나 프로젝트로 밝혀진 주요 인물이라는 것과 '극우파'의 더러운 중상모략의 희생양이라는 크레이그 자신의 선입견을 서로 대조하는 모습으로 애매모호하게 그렸다. 크레이그의 책에는 이렇게 균형된 시각을 유지하려는 데에서 비롯된 문제뿐만 아니라 틀린 부분도 많았다. 화이트는 실제 보스턴에서 태어나 자랐는데도, 크레이그는 화이트가 태어난 곳이 러시아라고 하면서 이 때문에 그가 모국 러시아에 애착이 있었다고 적었다. 크레이그는 화이트가 공산당원을 미 정부 요직에 심지도 않았고 심려 하지도 않았다고 근거 없이 주장했다. 더욱이 화이트가 자신의 부하가 공산당원인지 아닌지 별 관심이 없었다고도 했지만 이 말은 옳지 않다. 만약 크레이그 주장이 사실이라면 화이트가 의회에 출석해, 공산당원이거나 그렇다고 의심되는 사람이라면 정부 요직에 앉히지 않았을 것이고 조금이라도 공산당원으로 의심되는 사람은 기밀을 다루는 자리를 차지할 수 없다는 생각에 공감하고 이를 잘 인식하고 있다고 한 발언은 거짓이 되기 때문이다. (Craig [2004: 263, 277, 275, 111]).
**68** White 문서보관소 (날짜 미상), 〈미래 정치·경제 체제〉. 사진은 별첨 1 참조.
**69** Interlocking Subversion in Government Departments Hearings, Apr. 6, 1954, pp. 1,421~1,432.
**70** Laski (1944: 57).
**71** Morgenthau III (1991: 314).
**72** Export Policy and Loyalty Hearings, July 30, 1948. See also May (1994: 96); Sibley (2004: 120).
**73** Chambers (1952: 432). 체임버스는 진술에서 화이트를 '재무부 차관'이라고 표현했다. 하지만 화이트는 1945년 1월부터 1946년 4월까지 잠깐 동안만 재무차관으로 일했다.

**74** Chambers (1952: 67~68).
**75** Bentley (1951 [1988]: 164~165).
**76** Chambers (1952: 426).
**77** 2010년 6월 연방수사국(FBI)이 해제시킨 러시아 간첩조직에 대해서도 비슷하게 말할 수 있다.
**78** Chambers (1952: 427).
**79** Rees (1973: 65).
**80** White 문서보관소 (Mar. 22, 1938).
**81** 하지만 화이트가 지적한 대로 1931년 각 나라가 금본위제를 포기하자 은 가격이 오르기 시작했다. 따라서 은 구매법이(the Silver Purchase Act) 중국 경제 침체를 촉발했다고 할 수는 없다. White 문서보관소 (1936) 참조.
**82** 미국이 중국에 위안화를 달러에 연동시키는 페그 환율제를 폐지하라고 계속 요구하는 상황에서는 화이트의 주장이 이상해 보일 수 있다. 하지만 현재 중국 위안화 환율은 시장에서 절하 압력이 아닌 절상 압력을 받고 있다. 미국이 추구하는 가장 중요한 목표는 늘 똑같다. 즉, 미국은 자국에 유리한 환율을 원한다.
**83** Blum (1959: 212).
**84** Blum (1959: 223).
**85** White 문서보관소 (1936), pp. 40~41.
**86** Blum (1959: 524).
**87** Blum (1959: 524).
**88** White 문서보관소 (Oct. 10, 1938).
**89** Blum (1965: 48).
**90** 제목 없는 White 메모 2개, June 15 and Aug. 13, 1940, Rees (1973: 109, f. 27) 참조.
**91** White 문서보관소 (날짜 미상), Rees (1973: 109, f. 7) 참조. Young (1963: 193~194, 463).
**92** White 문서보관소 (Mar. 31, 1939).
**93** 제목 없는 White 메모 2개, June 15 and Aug. 13, 1940, Rees (1973: 108, f. 27) 참조.
**94** Sherwood (1948 [2008]: 109).
**95** Gilbert (1989: 272~275).
**96** Hastings (2009: 181).
**97** Schecter and Schecter (2002: 45).
**98** Rees (1973: 121~125).
**99** Karpov (2000: 1), Schecter and Schecter (2002: 43~44) 참조.

주석                                                                                                                521

**100** Pavlov (1996). 번역을 도와준 니콜라이 크릴로프(Nikolai Krylov)에게 감사 드린다. 파블로프는 책이 출간되기 1년 전 아래 잡지에 자신의 이야기를 처음으로 밝혔다. 〈*Novosti Razvedki I Kontrrazvedki*[News of Intelligence and Counterintelligence]〉, 1995, nos. 9~10, 11~12.

**101** 타타르인인 아흐메로프(Akhmerov)는 북경대학에 등록하기 위해 터키인으로 위장했다. 이렇게 신분을 위장한 덕분에 미국으로 들어갈 수 있었다.

**102** '흰 눈 작전'을 전혀 알지 못하고 화이트가 제안한 '외교 혁명'이라는 미일 관련 방안을 높이 평가한 역사가 조너선 유틀리(Jonathan Utley)도 이 방안이 일본에는 너무 급진적으로 보여 받아들이기 어려운 계획이라고 판단한 점은 주목할 만하다(1985: 170, 172).

**103** 이에 일본 정부는 다음과 같이 제안했다. 첫째, 1931년 기준 중국 영토, 인도차이나, 태국에서 모든 일본 육해공군을 철수한다. 둘째, 중국에 중국정부가 아닌 세력에 군사적, 정치적, 경제적으로 지원하는 행위를 완전히 중단한다. 셋째, 중국에 유통되고 있는 엔화표시 화폐(군표, 엔화, 유사 화폐)를 중국, 일본, 영국, 미국 재무부가 합의한 환율로 교환해 준다. 넷째, 중국에서 모든 치외법권을 포기한다. 다섯째, 중국 재건을 위해 중국에 2퍼센트 이자율로 10억 엔(매년 1억 엔)을 대출해 준다. Harry Dexter White (June 6, 1941).

**104** Blum (1965: 376).

**105** 화이트는 아메리카 대륙 국가와도 협력해야 한다고 했다. 모겐소 장관에게 남미국가들에게 경제개발자금을 대규모로 지원하는 일은 이들을 미국으로 끌어들일 수 있는 '훌륭한 기회'라고 조언했다(Rees 1973: 103). 화이트는 미 재무부를 대표해 쿠바 중앙은행법 개혁(1948년 통과) 작업을 포함한 남미 관련 업무에서도 큰 영향력을 행사했다. 반구개발은행(hemispheric development bank) 헌장도 앞장서서 만들었다. 이 헌장은 1940년 2월 미주금융경제자문위원회에서 승인했지만 이후 남미 강국이었던 아르헨티나, 칠레의 재정지원을 받는 데 실패한 뒤 미 상원위원회 거부로 끝내 무산됐다. 하지만 이는 다자간금융협력체를 구상하는 데 화이트에게 좋은 경험이 되어 몇 년 뒤 훨씬 더 규모가 큰 브레턴우즈 체제를 통과시키는 일에 밑거름이 됐다. 화이트는 1941년 6월 미국·캐나다공동경제위원회 위원으로 위촉됐고, 8월에는 미국과 캐나다의 대(對) 영국 무기대여지원을 위한 부처 간 위원회에도 참여했다. 이후 이 일에 깊이 관여해 결국 무기대여법안과 브레턴우즈 체제를 서로 끊을 수 없도록 엮었다.

**106** Blum (1967: 89).

## 제4장 메이너드 케인스와 골칫거리 통화

**1** Skidelsky (1983: 13).
**2** Keynes Papers (Mar. 11, 1906).
**3** Skidelsky (1983: 71).
**4** Skidelsky (1994: 496).
**5** Keynes (1933 [1972]) X, p. 173.
**6** Keynes (1933 [1972]) X, p. 446.
**7** Skidelsky (1983: 176).
**8** Hubback (1985: 77).
**9** Keynes Papers (Sept. 13, 1907).
**10** Skidelsky (1983: 206). Keynes Papers (May 10, 1909).
**11** Keynes Papers (Dec. 18, 1908).
**12** Keynes (1913 [1971]) I, p. 51.
**13** Keynes (1913 [1971]) I, p. 135.
**14** Keynes (1983) XII, pp. 713~718.
**15** Keynes (1983) XI, Dec. 1914, p. 320.
**16** Skidelsky (1983: 227).
**17** Skidelsky (1983: 57).
**18** Keynes (1978) XVI, p. 296.
**19** Keynes (1978) XVI, Feb. 28, 1916, p. 178.
**20** Skidelsky (1983: 315~327).
**21** Skidelsky (1983: 333).
**22** Keynes (1978) XVI, Oct. 10, 1916, p. 198; Oct. 24, 1916, p. 201.
**23** Keynes (1978) XVI, Sept. 24, 1939, p. 211.
**24** Skidelsky (1983: 335~336).
**25** Hendrick (1928: 269~270).
**26** Spring-Rice (날짜 미상).
**27** Keynes (1978) XVI, Jan. 1, 1918, p. 264.
**28** Skidelsky (1983: 342).
**29** Keynes (1978) XVI, Apr. 19, 1918, p. 291. Keynes (1978) XVI, May 8, 1918, p. 287.

**30** George (1938: 684).
**31** Keynes (1978) XVI, Dec. 24, 1917, p. 265.
**32** Keynes (1919 [1971]) II, pp. 20~32. 로이드 조지(Lloyd George)에 대한 글이 결국 삭제됐지만 다음 자료에 수록됐다. Keynes (1933 [1972]) X, p. 23.
**33** Keynes (1919 [1971]) II, p. 9.
**34** Skidelsky (1983: 359~360).
**35** Keynes (1919 [1971]) II, p. 11.
**36** Keynes (1978) XVI, p. 375.
**37** Keynes (1978) XVI, p. 418.
**38** MacMillan (2003: 184).
**39** Rueff (Sept. 1929) 참조(케인스 답장 수록). Chivvis (2010: 50~55) 참조.
**40** Skidelsky (1983: 352).
**41** Keynes (1981) XX, Feb. 20, 1930, p. 64. Keynes (1981) XIX, Aug. 1, 1923, p.112.
**42** Keynes (1981) XIX, Nov. 24, 1923, p. 152.
**43** Keynes (1981) XIX, Dec. 13, 1923, p. 160.
**44** Keynes (1982) XXI, July 8 and 15, 1933, p. 244.
**45** Keynes (1923 [1971]) IV, pp. 138, 139, 155.
**46** Keynes (1923 [1971]) IV, p. 65.
**47** Skidelsky (1994: 161).
**48** 케인스 친구인 헨리 스트라코슈(Henry Strakosch)가 1925년 7월 31일 〈더 타임스 The Times〉에 보낸 편지 참조. 이에 케인스는 그 다음날 답장을 보냈다.
**49** Mundell (2000: 331) 참조.
**50** Keynes (1981) XX, Dec. 30, 1930, p. 263.
**51** Skidelsky (1994: 227~229).
**52** Keynes (1931 [1972]) IX, Aug. 8 and 15, 1925, p. 297.
**53** Keynes (1931 [1972]) IX, Aug. 8 and 15, 1925, p. 306.
**54** Keynes Papers (1925~1926).
**55** Keynes (1931 [1972]) IX, Oct. 11 and 18, 1930, p. 329.
**56** Keynes Papers (Sept. 12, 1933) and (Oct. 2, 1933).
**57** Keynes (1983) XII, p. 11.
**58** Keynes (1981) XX, Mar. 7, 1930, p. 153.

59 Keynes (1930 [1971]) V, p. 152.
60 Keynes (1930 [1971]) V, p. 152.
61 Keynes (1930 [1971]) VI, p. 134.
62 Committee on Finance and Industry (1931: 7,653, 7,836).
63 Skidelsky (1994: 366). 케인스와 헨더슨이 경제회복 방법을 놓고 벌인 논쟁은 오늘날 경제학자들이 헨더슨의 리카르도식 경제회복 방안과 케인스식 재정정책을 두고 티격태격하는 모습과 같다.
64 Keynes (1981) XX, Feb. 20, 1930, p. 64.
65 Keynes (1981) XX, Feb. 26, 1930, p. 318.
66 Keynes (1981) XX, Feb. 28, 1930, p. 109.
67 Keynes (1987) XIII, Sept. 21, 1930, p. 186.
68 Keynes (1981) XX, Mar. 6, 1930, p. 147.
69 Keynes (1931 [1972]) IX, Oct. 11 and 18, 1930, p. 322.
70 Keynes (1931 [1972]) IX, Mar. 7, 1931, pp. 231~238.
71 Keynes (1981) XX, Mar. 16, 1931, pp. 496~497.
72 Keynes (1931 [1972]) IX, Jan. 14, 1931, pp. 135~136.
73 Keynes (1931 [1972]) IX, Sept. 10, 1931, pp. 238~242.
74 http://www.youtube.com/watch?v=U1S9F3agsUA&feature=related.
75 Rolph (1973: 164).
76 Keynes (1931 [1972]) IX, Sept. 29, 1931, pp. 243~244.
77 Keynes Papers (Nov. 22, 1934).
78 Keynes (1978) XIV, Jan. 1, 1935, p. 492. 마르크스(Marx)에 대한 내용은 1934년 12월 2일 쇼(Shaw)에게 보낸 편지에서 인용했다.
79 Keynes (June 1933).
80 〈데일리 메일*Daily Mail*〉(Apr. 26, 1933).
81 Sefton and Weale (1995).
82 Keynes Papers (June 2, 1934).
83 Skidelsky (1994: 481).
84 Skidelsky (1994: 493).
85 Keynes (1982) XXI, July 8 and 15, 1933, pp. 233~246.
86 Skidelsky (1994: 524).

**87** Keynes (1978) XIV, Feb. 1947, p. 111.
**88** Pigou (1936: 115).
**89** Clarke (2009: 156~157).
**90** Keynes (1936 [1973]) VII, p. 18.
**91** Say (1880 [1971]: 134~135).
**92** Rymes (1989: 92).
**93** Barber (1990: 114), Stein (1996: 167).
**94** Skidelsky (1994: 543).
**95** 조지프 슘페터(Joseph Schumpeter), 제이콥 바이너(Jacob Viner), 프랭크 나이트(Frank Knight), 앨빈 한센(Alvin Hansen)이 프랑스 뤼에프(Rueff)처럼 케인스의 《일반이론General Theory》을 자세히 검토한 유명한 미국 경제학자들이었다. 이들 모두 케인스의 '유동성 선호(liquidity preference)' 개념의 중요성에 커다란 관심을 보였다.
**96** Samuelson (1964: 332).
**97** Schumpeter (May 19, 1937).
**98** Rueff (May 1947).
**99** Sefton and Weale (1995).
**100** Keynes (1982) XXVIII, Mar. 25, 1938, pp. 99~104.
**101** Keynes Papers (Aug. 29, 1938). 케인스는 이 날짜를 잘못 표시했다. 1938년 9월 29일이 옳은 날짜다.
**102** Clarke (1996: 192).
**103** Keynes (1982) XXII, Sept. 28, 1939, p. 31.
**104** Keynes Papers (July 3, 1940), Keynes Papers (June 28, 1940).
**105** Keynes (1982) XXII, pp. 353~354.
**106** 〈뉴 리퍼블릭The New Republic〉(July 29, 1940).
**107** Keynes Papers (Nov. 2, 1939).
**108** Keynes Papers (Nov. 2, 1939).
**109** Keynes (1979) XXIII, Mar. 11, 1941, p. 48.
**110** Keynes (1979) XXIII, Oct. 27, 1940, pp. 13~26.

## 제5장 가장 이타적인 법률

1 Sherwood (1948 [2008]: 99).
2 Sherwood (1948 [2008]: 117).
3 Sherwood (1948 [2008]).
4 Sherwood (1948 [2008]).
5 Sherwood (1948 [2008]).
6 Blum (1965: 199~200).
7 Blum (1965: 204).
8 Blum (1965: 205~206).
9 Blum (1965).
10 Harriman and Abel (1975: 5).
11 Lindbergh (1940).
12 Gilbert (1989: 156).
13 Howard (Oct. 1977).
14 Gilbert (1989: 162).
15 Clarke (2008: 11).
16 Churchill (Nov. 10, 1941).
17 Cuthbert Headlam, Hastings (2009: 161)에서 인용.
18 Black (2003: 595).
19 〈데일리 클리블랜드 헤럴드*Daily Cleveland Herald*〉(Mar. 29, 1869)에서 인용. 1930년대 오토 폰 비스마르크(Otto von Bismarck) 때부터 다르게도 표현되기 시작했다.
20 Blum (1967: 122~123).
21 Blum (1967: 123).
22 Blum (1967: 124).
23 Blum (1967: 136).
24 White 문서보관소 (Oct. 21, 1938), p. 1.
25 White 문서보관소 (Aug. 31, 1938), pp. 12~13.
26 White 문서보관소 (Feb. 2, 1939), p. 6.
27 White 문서보관소 (Sept. 6, 1938).
28 Keynes (1979) XXIII, Mar. 11, 1941, pp. 46~48.

**29** Skidelsky (2000).
**30** Keynes (1979) XXIII, Apr. 7, 1941, pp. 62~63.
**31** Skidelsky (2000: 106).
**32** Keynes (1979) XXIV, Dec. 12, 1944, p. 212.
**33** Treasury Papers (May 8~11, 1941).
**34** Keynes (1979) XXIII, June 2, 1941, and July 13, 1941, pp. 107, 154~155.
**35** Skidelsky (2000: 111).
**36** Treasury Papers (May 22, 1941).
**37** Morgenthau, 《*Diaries*》, Vol. 410, June 19, 1941, p. 103.
**38** Keynes (1979) XXIII, May 19, 1941, pp. 87~88.
**39** Treasury Papers (May 24 and 26, 1941).
**40** Halifax, 《*Diary*》, July 7, 1941.
**41** Culbertson (1925: 192).
**42** Skidelsky (2000).
**43** Skidelsky (2000).
**44** Harrod (1951: 512).
**45** 런던 상공회의소(London Chamber of Commerce) (1942).
**46** Acheson (1969: 28).
**47** Keynes (1933: 769).
**48** 《*Foreign Relations of the United States, 1941*》(1941: 21~22); Kimball (1971: 252~253); Dobson (1986: 52).
**49** Hastings (2009: 162~163).
**50** Hastings (2009: 164).
**51** Gilbert (1989: 222).
**52** Hastings (2009: 171).
**53** 웰스(Welles)와 카도건(Cadogan)이 주고 받은 서신, Gardner (1956 [1980]: 42)에도 수록.
**54** Churchill (1950 [2005]: 385).
**55** Welles (1946: 7~8).
**56** Welles (1946: 12~13).
**57** Welles (1946: 12~15).
**58** Churchill (1950 [2005]: 397).

59 《*Congressional Record*》, Senate (Aug. 19, 1941).
60 Gardner (1956 [1980]: 51).
61 Sherwood (1948 [2008]: 298).
62 Roosevelt (1942).
63 Hull (1948: 1152).
64 하원 토론 내용 (1944).
65 Skidelsky (2000: 180).
66 Skidelsky (2000).
67 Morgenthau, 《*Diaries*》, Vol. 753, July 13, 1944, p. 162.

## 제6장 화이트와 케인스가 최선을 다한 계획

1 《*Proceedings and Documents*》(1948), pp. 1,107~1,126.
2 〈뉴욕 헤럴드 트리뷴*New York Herald Tribune*〉(Mar. 31, 1946).
3 Blum (1967: 92, 123).
4 Hastings (2009: 204).
5 Sherwood (1948 [2008]: 394).
6 White 문서보관소 (Mar. 1942), "United Nations Stabilization Fund."
7 WTO는 1995년에야 창설됐다. 그 이전에는 '관세 및 무역에 관한 일반협정(GATT)'이 있었다.
8 Hastings (2009: 212~213).
9 White 문서보관소 (Mar. 1942), "Suggested Plan", pp. 1~3, 9.
10 Hastings (2009: 214, 217).
11 Sherwood (1948 [2008]: 402).
12 "금은 어디서나 통용되는, 구매력이 있는 훌륭한 저장 수단이자 매개체다. 세계 모든 나라들이 물건을 팔아 금을 사려고 한다. 대출을 상환하거나 서비스 대금을 지급할 때 금을 거부하는 나라는 없다. 어느 나라든지 금을 충분히 보유하고 있으면 국제수지가 오랫동안 적자를 기록해도 큰 문제가 없다. 해외에서 돈을 빌리거나 국내 자산을 처분할 필요도 없다. 수입 규제, 자국통화 평가절하, 수출 보조금 정책을 포함해 국제수지 균형을 맞추려는 복잡다단한 통화정책을 실시하지 않아도 된다. 금을 보유하고 있으면 해외에서 경제위기가 발생하더라도 국내 경제가 받는 충격은 어느 정도 줄어든다." White 문서보관소 (Aug. 4, 1942), pp. 4~5, 12 (주: 문서철에는 같

은 번호로 표시된 쪽이 많음).
13 White 문서보관소 (Aug. 4, 1942), pp. 13~14 (주: 문서철에는 같은 번호로 표시된 쪽이 많음).
14 Simmel (1900 [1978]: 181~182).
15 White 문서보관소 (Aug. 4, 1942), pp. 13~14 (주: 문서철에는 같은 번호로 표시된 쪽이 많음).
16 White 문서보관소 (Aug. 4, 1942), Section IV, p. 12 (주: 문서철에는 같은 번호로 표시된 쪽이 많음).
17 White 문서보관소 (Aug. 4, 1942), Section IV, p. 16 (주: 문서철에는 같은 번호로 표시된 쪽이 많음).
18 "스웨덴, 스위스, 아르헨티나는 국제결제를 위한 외환보유고 일부를 미 달러나 미국 국채로 보유한다. 하지만 이렇게 하는 이유는 달러를 언제든지 금으로 바꿀 수 있다고 믿기 때문이다. 외국통화가 언제 어디서나 가치를 유지한다는 믿음이 없다면 이를 축적하려는 나라는 없을 것이다." White 문서보관소 (Aug. 4, 1942), Section IV, pp. 1, 3, 13 (주: 문서철에는 같은 번호로 표시된 쪽이 많음).
19 White 문서보관소 (Aug. 4, 1942), Section IV, p. 20 (주: 문서철에는 같은 번호로 표시된 쪽이 많음).
20 White 문서보관소 (Aug. 4, 1942), Section IV, p. 7 (주: 문서철에는 같은 번호로 표시된 쪽이 많음).
21 "때로는 저절로 작동하기도 하는, 교과서에서 정의하는 금본위제는 1914년에 막을 내렸다. 1925년과 1931년 사이에 금본위제가 고통스럽고도 파란만장한 부활을 시도했지만 경제현실은 이를 받아들이기가 만만치 않았다. 여기서 배워야 하는 교훈은 금본위제 자체를 믿지 않아야 한다는 것이 아니다. 환율조작에 대한 불신, 제1차 세계대전 때문에 생긴 감당하기 어려울 만큼 많아진 대외부실채권, 경제 국수주의, 그리고 모순투성이 경제정책 등이 부활을 시도한 금본위제를 죽였다는 점이다. 이 때문에 새로운 국제통화 시스템을 서둘러 만들려는 움직임이 나타났다. 국제적 가치 척도와 지급 수단이 반드시 필요하다. 각 나라의 통화를 하나의 잣대로 표시할 수 있어야 한다. 이 표준 잣대는 대외부채를 청산하는 데에도 적용돼야 한다. 금이 이 역할을 수행할 수 있다는 주장을 뒷받침하는 근거는 많다. 이 중 가장 중요한 것은 수많은 나라들이 금을 보유하고 숭배한다는 사실이다. 이는 문명 탄생시점까지 거슬러 올라간다. 이런 관행은 하루 아침에 사라지지 않는다. 이 순간에도 금은 봄베이 시장에서 매매되고 있고 전 세계 암시장에서 달러화나 파운드화 공시가격보다 두 배나 비싸게 거래되고 있다. 금을 싫어하는 나라는 없다. 금이나 금에 기반을 둔 국제결제단위를 대체할 만한 기존 통화로는 달러가 유력하다. 즉, 달러를 전후 세계경제 부흥 과정에서 국제적 가치 저장과 지급 수단으로 사용할 수도 있다. 하지만 그러면 세

계 여러 나라들은 엄청나게 반발할 것이다. 전후 세계에서 달러 위상이 얼마나 강하고 지배적이든, 미국이 달러를 금으로 교환해 주겠다는 약속이 얼마나 철저하든, 통화가 제대로 역할을 수행할 수 있게 해주는 안전망 구실을 하는 것은 바로 금이라는 사실만큼은 확실하다." 〈이코노미스트 The Economist〉(Nov. 28, 1942: 655~656).
22 White 문서보관소 (Jan. 8, 1943).
23 White 문서보관소 (Aug. 4, 1942), p. 18 (주: 문서철에는 같은 번호로 표시된 쪽이 많음).
24 White 문서보관소 (Aug. 4, 1942), Section IV, p. 22 (주: 문서철에는 같은 번호로 표시된 쪽이 많음).
25 "들어오는 것을 대변(貸邊)에 기입하는 대신 기금에 쌓고, 반대로 나가는 것은 대변에서 차감하지 않고 기금에서 나가도록 하면 된다. 더불어 기금을 단기자금시장 유동성, 국채가격, 통화량을 조절하는 데에도 활용할 수 있다. 평가절하나 평가절상을 위해서도 쓸 수 있다. 길게든 짧게든 환율을 고정하거나 환율 변동 폭을 조절하는 데에도 이용할 수 있다." White 문서보관소 (날짜 미상), "Stabilization", p. 1.
26 White 문서보관소 (날짜 미상), "Stabilization", pp. 5~6.
27 White 문서보관소 (Mar. 1942), "Suggested Plan", Section I, p. 7.
28 White 문서보관소 (Mar. 1942), "Suggested Plan", Section II, pp. 49~50.
29 White 문서보관소 (Mar. 1942), "Suggested Plan", Section II, pp. 55~56.
30 "러시아는 사회주의 경제체제지만 국제경제제체 안에 들어오면 도움을 주기도 받기도 한다. 러시아가 국제경제관계 개선을 위해 함께 협력하려는 노력을 우리가 거부한다면 이는 지난 세대에 저질렀던 치명적 실수를 반복하는 것이며 만인이 원하는 새 시대를 열려는 노력에 찬물을 끼얹는 짓이다. 러시아 정부가 적극 참여하기를 원하면 다른 나라들과 마찬가지로 적극적으로 예비교섭을 하여 기금과 은행 회원으로 기꺼이 받아들여야 한다. 사회주의 경제체제도 자본주의 체제와 마찬가지로 다른 나라에게 도움을 주거나 해를 끼칠 수 있는 국제무역과 금융거래를 한다. 사실 사회주의 경제체제에서는 국제무역과 금융거래를 정부가 주도하기 때문에 국제경제관계를 안정시키고 무역을 촉진하기 위해 이들이 협력하도록 우리가 더욱더 나서야 한다. 강력한 사회주의 경제제도를 실시하는 러시아가 국제무역을 완전히 망가뜨리지만 않는다면, 러시아 참여를 막으려는 생각은 지나치게 근시안적 발상이다." White 문서보관소 (Mar. 1942), "Suggested Plan", Section II, pp. 62~63.
31 Hastings (2009: 238).
32 White 문서보관소 (날짜 미상), 〈미래 정치·경제 체제〉.
33 White 문서보관소, (Mar. 1942), "Suggested Plan", Section II, pp. 62~63.

**34** Skidelsky (2000: 191).
**35** Keynes (1980) XXV, Aug. 8, 1941, p. 28.
**36** Keynes (1980) XXV, Jan. 22, 1942, p. 107.
**37** Goodhart and Delargy (1998).
**38** Keynes (1983) XI, Oct. 13, 1936, p. 501.
**39** Keynes (1980) XXV, Apr. 25, 1941, pp. 16~19.
**40** Keynes (1980) XXV, Jan. 22, 1942, pp. 106~107.
**41** Schumpeter (1952: 274).
**42** Keynes (1980) XXV, Apr. 25, 1941, pp. 16~19.
**43** Keynes (1980) XXV, Dec. 1, 1940, pp. 8~9.
**44** Henderson (Jan. 26, 1951).
**45** 샤흐트(Schacht)의 생생한 초상과 사상, 체계는 Ahamed (2009) 참조.
**46** Keynes (1980) XXV, Apr. 25, 1941, pp. 16~19.
**47** Skidelsky (2000: 202~204).
**48** Keynes (1943).
**49** Keynes (1980) XXV, Dec. 15, 1941, pp. 74~75.
**50** Keynes (1943).
**51** Keynes (1980) XXV, Apr. 19, 1942, p. 148.
**52** Keynes (1980) XXV, Dec. 15, 1941, pp. 86~87.
**53** Keynes (1980) XXV, Nov. 18, 1941, p. 54.
**54** Keynes (1980) XXV, May 4, 1943, p. 258.
**55** Keynes (1980) XXV, Nov. 18, 1941, p. 55.
**56** Keynes (1980) XXV, May 18, 1943, p. 279.
**57** Keynes (1980) XXV, Nov. 18, 1941, p. 60.
**58** Keynes (1980) XXV, Sept. 24, 1943, p. 348. 영국과 미국 대표 사이의 협상내용을 기록한 회의록 참조.
**59** White 문서보관소 (Mar. 1942), "United Nations Stabilization Fund".
**60** Keynes (1980) XXV, Aug. 3, 1942, p. 161.
**61** Keynes (1980) XXV, Apr. 16, 1943, p. 246.
**62** 화이트는 각 나라가 (1) 25퍼센트는 현금(이 중 절반 이상은 금), (2) 25퍼센트는 이자를 지급하는 국채, (3) 나머지 50퍼센트는 기금이 정하는 방식으로 분할 납부하도록 하자고 제안했다.

63 White 문서보관소 (Sept. 3, 1942).
64 Keynes (1980) XXV, July 2, 1943, pp. 330~331.
65 Keynes (1980) XXV, May 8, 1942, p. 152.
66 Treasury Papers (May 16, 1944), Waley to Keynes, Brand, and Eady.


## 제7장 눈가림

1 모겐소 장관은 영국이 제안한 별도의 점령국 통화 안을 받아들였다. 즉, 미군은 '노란 딱지가 붙은 달러화(yellow seal dollar)', 영국군은 '군에서 승인한 파운드화(military authority pound)'를 발행하기로 합의했다. (Blum [1967: 141~142, 158]).
2 Morgenthau, 《Diaries》, Vol. 526, p. 111.
3 Morgenthau, 《Diaries》, Vol. 527, pp. 235~236.
4 《Foreign Relations of the United States, 1942》 (1942: 171~172).
5 Morgenthau, 《Diaries》, Vol. 545, pp. 35~37.
6 Morgenthau, 《Diaries》, Vol. 529, pp. 115~117.
7 Morgenthau, 《Diaries》, Vol. 750, July 5, 1944, p. 125.
8 Morgenthau, 《Diaries》, Vol. 545, pp. 90~114.
9 Treasury Papers (July 8, 1942).
10 Treasury Papers (July 14, 1942).
11 Treasury Papers (Aug. 4, 1942).
12 Van Dormael (1978: 60).
13 Keynes (1980) XXV, Aug. 3, 1942, pp. 158~159.
14 Keynes (1980) XXV, Aug. 3, 1942, p. 160.
15 Keynes (1980) XXV, Apr. 16, 1943, p. 245.
16 Keynes (1980) XXV, Aug. 3, 1942, pp. 160~166.
17 Treasury Papers (Oct. 7, 1942). 브랜드는 2010~2011년 유럽중앙은행에 대해서도 훌륭한 구상을 했을 것이다. 즉, 민간 투자자들이 처리하지 못하는 그리스, 아일랜드, 포르투갈, 스페인, 이탈리아 국채도 살 수 있는 새로운 유로화를 고안했을 수도 있다.
18 Penrose (1953: 48~49).
19 Keynes (1980) XXV, Dec. 16, 1942, p. 201.

주석 533

**20** Henry Dexter White (Mar. 1943: 382~387).
**21** Keynes (1980) XXV, Jan. 8, 1943, pp. 204~205.
**22** White 문서보관소 (Aug. 28, 1942).
**23** Treasury Papers (Jan. 21, 1943).
**24** Treasury Papers (Feb. 19, 1943).
**25** Treasury Papers (Feb. 16, 1943).
**26** Foreign Office (Feb. 17, 1943).
**27** Treasury Papers (Feb. 18, 1943).
**28** Treasury Papers (Feb. 19, 1943).
**29** Foreign Office (Mar. 24, 1943).
**30** Van Dormael (1978: 72).
**31** Keynes (1980) XXV, Feb. 26, 1943, p. 208.
**32** Keynes (1980) XXV, Apr. 22, 1943, p. 251.
**33** Keynes (1980) XXV, May 5, 1943, p. 266.
**34** Keynes (1980) XXV, Apr. 16, 1943, p. 240.
**35** Morgenthau, 《*Diaries*》, Vol. 622, pp. 8~9.
**36** Morgenthau, 《*Diaries*》, Vol. 622, pp. 242~246.
**37** 〈뉴욕 타임스〉(Mar. 30, 1943).
**38** 〈뉴욕 월드 텔레그램 *New York World-Telegram*〉(1943).
**39** 〈더 타임스〉(London) (Apr. 8, 1943).
**40** 〈데일리 헤럴드 *Daily Herald*〉(Apr. 8, 1943).
**41** Keynes (1980) XXV, Apr. 16, 1943, p. 242.
**42** Keynes (1980) XXV, Apr. 21, 1943, p. 236.
**43** Keynes (1980) XXV, Apr. 16, 1943, p. 242.
**44** Keynes (1980) XXV, Apr. 22, 1943, p. 253.
**45** Keynes (1980) XXV, Apr. 16, 1943, p. 245.
**46** Keynes (1980) XXV, May 18, 1943, p. 278.
**47** Keynes (1980) XXV, May 18, 1943, p. 269.
**48** Keynes (1980) XXV, May 18, 1943, p. 269.
**49** Treasury Papers (Jan. 21, 1943).
**50** Keynes (1980) XXV, Apr. 22, 1943, p. 252.

51 Van Dormael (1978: 86).
52 Van Dormael (1978: 83).
53 Van Dormael (1978: 88).
54 Keynes (1980) XXV, Mar. 2, 1943, p. 227.
55 Keynes (1980) XXV, Mar. 4, 1943, p. 230.
56 Keynes (1980) XXV, Apr. 12, 1943, p. 238.
57 Foreign Office (May 20, 1943).
58 Foreign Office (June 18, 1943).
59 Foreign Office (July 19, 1943; July 1, 1943).
60 Foreign Office (June 13, 1943).
61 《*Foreign Relations of the United States, 1943*》(1943: 1,081~1,082).
62 Gilbert (1989: 447).
63 Keynes (1980) XXV, July 24, 1943, and Sept. 21, 1943, pp. 335~338, 341~342.
64 Harrod (1951: 558~559).
65 Van Dormael (1978: 101).
66 Keynes (1980) XXV, Oct. 3, 1943, p. 356, 361.
67 Keynes (1980) XXV, Oct. 3, 1943, p. 363.
68 Keynes (1980) XXV, Oct. 4, 1943, p. 364.
69 Keynes (1980) XXV, Oct. 3, 1943, p. 364.
70 Keynes (1980) XXV, Oct. 9, 1943, pp. 370~371.
71 Keynes (1980) XXV, Oct. 10, 1943, pp. 372~373.
72 Foreign Office (Jan. 7, 1944).
73 Treasury Papers (Jan. 26, 1944).
74 《*Congressional Record*》, House (Nov. 1, 1943), pp. 8,964~8,975.
75 Treasury Papers (Feb. 3, 1944).
76 Treasury Papers (Jan. 14, 1944).
77 Treasury Papers (Dec. 14, 1943).
78 War Cabinet Minutes, Cab. 66/47.
79 War Cabinet Minutes, Cab. 66/47, WP(44)129; Foreign Office (날짜 미상).
80 War Cabinet Minutes, Cab. 66/46, WP(44)75.
81 Blum (1967).

**82** Keynes (1979) XXIV, p. 63.

**83** Hastings (2009: 244).

**84** Keynes (1980) XXV, Feb. 23, 1944, p. 412.

**85** Keynes (1980) XXV, Mar. 8, 1944, p. 417.

**86** Keynes (1980) XXV, Mar. 11, 1944, pp. 417~418.

**87** Morgenthau, 《*Diaries*》, Vol. 719, pp. 208~209.

**88** Treasury Papers (Apr. 13, 1944).

**89** Van Dormael (1978: 124).

**90** Morgenthau, 《*Diaries*》, Vol. 723, pp. 37~38.

**91** Treasury Papers (Apr. 16, 1944).

**92** Treasury Papers (Apr. 25, 1944).

**93** Foreign Office (Apr. 30, 1944).

**94** Harrod (1951: 573).

**95** Keynes (1980) XXVI, May 16, 1944, p. 5.

**96** Keynes (1980) XXVI, May 18, 1944, pp. 8~9.

**97** Keynes (1980) XXVI, May 23, 1944, p. 10.

**98** Keynes (1980) XXVI, May 23, 1944, pp. 9~21.

**99** Keynes (1980) XXV, Aug. 3, 1942, p. 160.

**100** Keynes (1980) XXVI, May 23, 1944, pp. 9~21.

**101** Keynes (1980) XXVI, May 22, 1944, p. 24.

**102** Keynes (1980) XXVI, May 31, 1944, p. 25.

**103** Keynes (1980) XXVI, May 23, 1944, p. 14.

**104** 〈*Deutsche Bergwerks Zeitung*〉(June 8, 1944). Van Dormael (1978: 150) 참조.

**105** 〈*Kölnische Zeitung*〉(May 26, 1944). Van Dormael (1978: 150) 참조.

**106** National 문서보관소, RG59,800,515 – BWA/6 – 2444.

**107** Treasury Papers (May 16, 1944), Waley to Keynes, Brand, and Eady.

**108** Treasury Papers (May 16, 1944), 케인스 메모.

**109** Foreign Office (May 9, 1944).

**110** Blum (1967: 253).

**111** Keynes (1980) XXVI, May 24, 1944, p. 27.

**112** Keynes (1980) XXVI, May 30, 1944, pp. 41~42.

**113** Foreign Office (May 24, 1944).
**114** Keynes (1979) XXIV, pp. 34~65, 93.
**115** Wapshott (2011) 참조.
**116** Keynes (1980) XXVI, June 25, 1944, p. 56.
**117** Keynes (1980) XXVI, June 25, 1944, p. 61.
**118** Keynes (1980) XXVI, June 25, 1944, pp. 61, 63.
**119** Keynes (1980) XXVI, June 26, 1944, p. 65.
**120** National 문서보관소, RG59.800.515-BWA/6-2444, Collado Notes.
**121** Van Dormael (1978).
**122** National 문서보관소, RG59.800.515/6-2844.
**123** Keynes (1980) XXVI, June 30, 1944, pp. 67~68.
**124** Morgenthau, 《*Diaries*》, Vol. 747, pp. 60A~C.
**125** FRB, 미국 회의 (June 26, 1944).
**126** Van Dormael (1978: 166).
**127** 정확한 외국인 대표 인원 수에 대해서는 13명에서 17명까지 사람마다 주장이 다르다. 세계은행은 15명이었다고 밝혔다: http://jolis.worldbankimflib.org/Bwf/60panel2.htm.
**128** FRB (June 26, 1944).
**129** Van Dormael (1978).
**130** Morgenthau, 《*Diaries*》, Vol. 746, pp. 133~139.
**131** Blum (1967: 253).

## 제8장 역사가 이뤄지다

**1** Gilbert (1989).
**2** Morgenthau, 《*Diaries*》, Vol. 748, June 30, 1944, pp. 228~229.
**3** 〈크리스천 사이언스 모니터*Christian Science Monitor*〉(July 3, 1944: 1).
**4** Morgenthau, 《*Diaries*》, Vol. 748, June 30, 1944, pp. 228~229.
**5** Keynes (1980) XXV, Dec. 15, 1941, p. 71.
**6** Robbins (1990: 167). 스키델스키(2000: 347)와 모겐소의 아들(Morgenthau III, 1991: 339)은 케인스가 개막식에 참석하지 않았다고 썼다. 미국인들을 무시하려는 의도였다고 추측할 수도 있다.

하지만 행사에 참여하지 않았다는 증거가 없으며, 실제 불참했다면 이는 틀림없이 외교 문제가 됐을 것이다. 케인스가 쓴 《Collected Writings》을 편집한 모그리지(Moggridge)는 케인스가 공식적으로 예비행사에 참여하지 않았고 그곳에서 연설도 하지 않았다고 적었다. 이는 단지 참석하지 않았다는 표현과는 다르다(Keynes [1980] XXV, p. 71). 그런데 이상하게도 모겐소 장관의 아들은 케인스가 행사에 참여하는 대신 조촐하게 저녁파티를 열었다는 모그리지 글을 인용했다고 거짓말을 했다. 모그리지 기록에는 그런 내용이 없을 뿐만 아니라 개막행사는 케인스가 저녁파티를 열기 훨씬 전인 오후 3시에 시작해서 오후 5시 이전에 끝났다는 사실을 《Proceedings and Documents》(1948, Vol. 1, p. 3)에서 확인할 수 있다.

**7** 〈타임〉(July 3, 1944).
**8** Robbins (1990: 168).
**9** 〈크리스천 사이언스 모니터〉(July 1, 1944: 1).
**10** 〈시카고 트리뷴Chicago Tribune〉(July 23, 1944: G9).
**11** 〈시카고 트리뷴〉(July 3, 1944: 13).
**12** 〈시카고 트리뷴〉(July 9, 1944: 10), "Good Money For Bad."
**13** 〈월스트리트 저널Wall Street Journal〉(July 5, 1944: 6).
**14** 〈타임〉(July 10, 1944).
**15** Morgenthau, 《Diaries》, Vol. 756, July 21, 1944, pp. 251~252.
**16** Bernstein은 Black(1991: 45)에서 인용.
**17** Tenkotte and Claypool (2009), 《Kenton County Historical Society》(Feb. 1997).
**18** Blum (1967: 252).
**19** 《Biographical Directory of the United States Congress》.
**20** Blum (1967: 251).
**21** 〈시카고 트리뷴〉(June 12, 1944: 12).
**22** 〈시카고 트리뷴〉(July 2, 1944: 6).
**23** 〈타임〉(July 17, 1944).
**24** Keynes Papers (July 22, 1944).
**25** 《Vassar Encyclopedia》.
**26** 〈뉴욕 타임스〉(July 5, 1944: 20), "Monetary Conference Keeps Dr. Newcomer Too Busy for Her Mountain-Climbing Hobby."
**27** Morgenthau, 《Diaries》, Vol. 749, July 1, 1944, pp. 22~23.
**28** Morgenthau, 《Diaries》, Vol. 749, July 1, 1944, p. 24.

**29** Morgenthau, 《*Diaries*》, Vol. 749, July 1, 1944, p. 25.
**30** Morgenthau, 《*Diaries*》, Vol. 749, July 1, 1944, p. 30.
**31** Morgenthau, 《*Diaries*》, Vol. 753, July 13, 1944, p. 125.
**32** 〈크리스천 사이언스 모니터〉(July 15, 1944: 16).
**33** 〈워싱턴 포스트〉(July 8, 1944: 4).
**34** Lippmann (July 13, 1944: 7).
**35** 〈더 타임스〉(London) (July 17, 1944: 3).
**36** Gilbert (1989: 551).
**37** Morgenthau, 《*Diaries*》, Vol. 749, July 3, 1944, pp. 284~286.
**38** Goldenweiser, Papers, Bretton Woods Conference, Box 4.
**39** Morgenthau, 《*Diaries*》, Vol. 753, July 13, 1944, pp. 90~91.
**40** Morgenthau, 《*Diaries*》, Vol. 749, July 2 or 3, 1944, pp. 210~211.
**41** 〈워싱턴 포스트〉(July 12, 1944: 1).
**42** Morgenthau, 《*Diaries*》, Vol. 752, July 10, 1944, pp. 58~78.
**43** 〈시카고 트리뷴〉(July 7, 1944: 10).
**44** 〈월스트리트 저널〉(July 3, 1944: 4).
**45** 〈월스트리트 저널〉(July 7, 1944: 2).
**46** 〈크리스천 사이언스 모니터〉(July 12, 1944: 17).
**47** Robbins (1990: 174, 184).
**48** Robbins (1990: 179).
**49** 〈시카고 트리뷴〉(July 9, 1944: A5), "Study Means to Balk Hiding of Axis Assets."
**50** Bourneuf (July 6, 1944: 3~4), Van Dormael (1978: 201~202).
**51** Morgenthau, 《*Diaries*》, Vol. 753, July 13, 1944, p. 85.
**52** "gold-convertible currency"와 "gold-convertible exchange"는 토론에서 혼용했다.
**53** Rosenberg and Schuler (forthcoming) 참조. 제1위원회 제4차 회의내용(July 13, 1944, 2: 30 p.m.) Bourneuf (July 13, 1944: 3) 참조. 익일인 7월 14일 오전 10시 제1위원회 회의에서 로버트슨이 다른 맥락에서 다음과 같이 이의를 제기했다. "지난번 제안한 수정안이 제3조에 틀림없이 반영됐는지 확인하고 싶습니다. 3쪽에는 '금과 금태환통화 공식 보유액의 10퍼센트'가 아닌 '금과 미국 달러화 보유액의 10퍼센트'라고 표시돼 있습니다." 이에 번스타인이 대답했다. "용어를 어떻게 정의할지에 대한 문제가 제기됐을 때 그렇게 바꾸자고 한 사람은 접니다. 하지만 '금태환통화'를 '달러화'라는 말로 바꿔도 사실상 내용이 같다는 점에 다른 사람들도 의견이 같습니다. 달러

화 이외에는 금태환통화라는 정의에 가장 부합하는 통화는 거의 없습니다. 그리고 지금 이렇게 문구를 바꾸면 일을 더욱 빨리 진척시킬 수 있습니다." 그러자 화이트가 다음과 같이 말하며 이의가 없으니 통과시킨다고 했다. "금태환통화를 달러화로 바꾸자는 제안입니다." (Rosenberg and Schuler [forthcoming]).

**54** Morgenthau, 《*Diaries*》, Vol. 754, July 14, 1944, p. 3.
**55** Gilbert (1989: 552~553).
**56** 〈뉴욕 타임스〉(July 7, 1944: 7), "Britain is 'Broke,' Two Ministers Say."
**57** Keynes (1980) XXVI, July 4, 1944, pp. 78~79, 81.
**58** 〈뉴욕 타임스〉(July 7, 1944: 9), "Keynes Attacks Fund Plan Critics."
**59** 〈뉴욕 타임스〉(July 5, 1944: 19), "Quota Issues Split World Fund Talks."
**60** Robbins (1990: 168).
**61** 〈뉴욕 타임스〉(July 9, 1944: E6).
**62** Robbins (1990: 179).
**63** Foreign Office (July 1944, 날짜 미상).
**64** Foreign Office (July 10, 1944).
**65** Foreign Office (July 11, 1944).
**66** Robbins (1990: 174).
**67** Goldenweiser, Papers, Bretton Woods Conference, Box 4.
**68** Morgenthau, 《*Diaries*》, Vol. 753, pp. 143~144.
**69** Morgenthau, 《*Diaries*》, Vol. 753, July 13, 1944, pp. 133~164.
**70** Robbins (1990: 174).
**71** Morgenthau, 《*Diaries*》, Vol. 752, pp. 33~36; Vol. 753, pp. 122~132.
**72** Morgenthau, 《*Diaries*》, Vol. 752, July 10, 1944, pp. 34~38.
**73** Morgenthau, 《*Diaries*》, Vol. 753, July 13, 1944, p. 89.
**74** Morgenthau, 《*Diaries*》, Vol. 754, July 14, 1944, pp. 4~5.
**75** Blum (1967: 269~270).
**76** Keynes (1980) XXVI, July 14, 1944, p. 92.
**77** Morgenthau, 《*Diaries*》, Vol. 754, July 15, 1944, p. 6.
**78** Keynes (1980) XXVI, July 17, 1944, p. 94~95.
**79** 〈뉴욕 타임스〉(July 19, 1944: 5).
**80** Morgenthau, 《*Diaries*》, Vol. 756, July 20, 1944, p. 120.

81 Robbins (1990: 168).

82 Robbins (1990: 183~184, 192).

83 Acheson (1969: 81~82).

84 Morgenthau, 《*Diaries*》, Vol. 753, July 13, 1944, pp. 133~164.

85 Robbins (1990: 181).

86 Robbins (1990: 190).

87 Skidelsky (2000: 354).

88 Robbins (1990: 190).

89 Morgenthau, 《*Diaries*》, Vol. 756, July 20, 1944, pp. 137~169.

90 Morgenthau, 《*Diaries*》, Vol. 756, July 20, 1944, p. 144.

91 Morgenthau, 《*Diaries*》, Vol. 756, July 20, 1944, p. 120.

92 Skidelsky (2000: 355).

93 Robbins (1990: 191).

94 Foreign Office, July 20, 1944.

95 Morgenthau, 《*Diaries*》, Vol. 756, July 20, 1944, p. 119.

96 Morgenthau, 《*Diaries*》, Vol. 756, July 20, 1944, p. 151.

97 Robbins (1990: 182).

98 〈더 타임스〉(Londod) (July 10, 1944: 3).

99 〈뉴욕 타임스〉(July 17, 1944: 19).

100 Bernstein은 Black(1991: 47)에서 인용.

101 〈뉴욕 타임스〉(July 19, 1944: 18).

102 〈뉴욕 타임스〉(July 18, 1944).

103 〈뉴욕 타임스〉(July 18, 1944: 18).

104 〈시카고 트리뷴〉(July 9, 1944: 10), "Good Money For Bad."

105 〈시카고 트리뷴〉(July 15, 1944: 6).

106 White 문서보관소 (날짜 미상), 〈미래 정치·경제 체제〉.

107 Morgenthau, 《*Diaries*》, Vol. 751, July 9, 1944, pp. 272~291.

108 Morgenthau, 《*Diaries*》, Vol. 754, July 15, 1944, pp. 164~176.

109 Robbins (1990: 172).

110 Mikesell (1951: 104~105).

111 Bernstein은 Black (1991: 43)에서 인용.

주석 541

**112** Robbins (1990: 172).
**113** 〈뉴욕 타임스〉(July 8, 1944: 20).
**114** 〈뉴욕 타임스〉(July 14, 1944: 28).
**115** Morgenthau, 《Diaries》, Vol. 750, July 5, 1944, pp. 87~124.
**116** Mikesell (1951: 108).
**117** Morgenthau, 《Diaries》, Vol. 750, July 5, 1944, pp. 87~124.
**118** Mikesell (1951: 103).
**119** Morgenthau, 《Diaries》, Vol. 750, July 5, 1944, pp. 87~124.
**120** 〈크리스천 사이언스 모니터〉(July 6, 1944: 15).
**121** Morgenthau, 《Diaries》, Vol. 750, July 5, 1944, pp. 87~124.
**122** 〈뉴욕 타임스〉(July 9, 1944: E6).
**123** Mikesell (1951: 104).
**124** 〈시카고 트리뷴〉(July 15, 1944: 6).
**125** Morgenthau, 《Diaries》, Vol. 752, July 11, 1944, pp. 203~216.
**126** Morgenthau, 《Diaries》, Vol. 754, July 14, 1944, pp. 14~20.
**127** Robbins (1990: 185).
**128** Morgenthau, 《Diaries》, Vol. 754, July 15, 1944, pp. 115~139.
**129** Robbins (1990: 186).
**130** Morgenthau, 《Diaries》, Vol. 755, July 17, 1944, pp. 69~86.
**131** 〈뉴욕 타임스〉(July 18, 1944: 1).
**132** 〈뉴욕 타임스〉(July 20, 1944: 24).
**133** Robbins (1990: 192).
**134** Mikesell (1951: 104).
**135** Morgenthau, 《Diaries》, Vol. 756, July 21, 1944, p. 255.
**136** Morgenthau, 《Diaries》, Vol. 756, July 21, 1944, pp. 258~260.
**137** Keynes Papers (July 22, 1944).
**138** Bernstein은 Black (1991: 104)에서 인용.
**139** Bernstein은 Black (1991: 47)에서 인용.
**140** Morgenthau, 《Diaries》, Vol. 757, July 22, 1944, pp. 1~13.
**141** Bernstein은 Black (1991: 48)에서 인용.
**142** Bareau (1951).

**143** Skidelsky (2000: 357).

**144** Black (1991: 57).

**145** 《*Proceedings and Documents*》(1948), Vol. 1, pp. 1,107~1,126.

**146** Robbins (1990: 193).

**147** Morgenthau, 《*Diaries*》, Vol. 757, July 22, 1944, pp. 13A~13B.

**148** Morgenthau, 《*Diaries*》, Vol. 723, pp. 37~38.

**149** Morgenthau, 《*Diaries*》, Vol. 757, July 22, 1944, pp. 13A~13B.

**150** Zlobin (Oct. 15, 1944).

**151** 앨저 히스(Alger Hiss) 사건 관련 대법원 증언, 1947~1949, HDW, Mar. 24~25, 1948, pp. 2,740~2,741.

**152** Mikesell (1951: 104).

**153** Zlobin (Oct. 15, 1944).


## 제9장 애완견 팔라처럼 알랑거리며 애원하다

**1** Foreign Office (Dec. 29, 1944).
  유령: 나는 자다가 동생 손에 의해
    생명, 왕관, 왕비를 한꺼번에 빼앗기고
    한창 죄업을 쌓고 있는 중에 잘렸으니,
    성체 받고 기름 바르는 고해성사도 없이, 죄를 청산하지도 못하고
    온갖 결함을 내 머리에 인 채 심판대로 보내졌다.
    (햄릿*Hamlet*, 1막 5장, 74~79째 줄)

**2** Foreign Office (Apr. 5, 1945).

**3** Skidelsky (2000: 358).

**4** Foreign Office (Dec. 29, 1944).

**5** Morgenthau, 《*Diaries*》, Vol. 805, p. 163.

**6** Morgenthau, 《*Diaries*》, Vol. 807, pp. 151~156.

**7** 〈커머셜 파이낸셜 크로니클*Commercial and Financial Chronicle*〉(Sept. 14, 1944).

**8** Morgenthau, 《*Diaries*》, Vol. 816, pp. 108~118.

**9** Morgenthau, 《*Diaries*》, Vol. 752, p. 279.

10 Morgenthau, 《*Diaries*》, Vol. 763, pp. 219~220.
11 Morgenthau, 《*Diaries*》, Vol. 657, p. 6.
12 Van Dormael (1978: 246).
13 〈월스트리트 저널〉(Apr. 13, 1945).
14 Foreign Office (Dec. 1944).
15 〈이코노미스트〉(July 21, 1945).
16 Skidelsky (2000: 361).
17 Blum (1967: 314).
18 Blum (1967: 315).
19 Morgenthau, 《*Diaries*》, Vol. 780, pp. 1~13.
20 Skidelsky (2000: 367~368).
21 Keynes (1979) XXIV, Dec. 12, 1944, p. 217.
22 Blum (1967: 314).
23 Herring Jr. (1971: 271).
24 Blum (1967: 320).
25 Blum (1967: 323).
26 Herring Jr. (1971: 269).
27 Gilbert (1989: 683~686).
28 Herring Jr. (1971: 274).
29 Blum (1967: 448~449).
30 Blum (1967: 463~464).
31 Blum (1967: 327, 332~333).
32 Blum (1967: 342).
33 Blum (1967: 343).
34 Skidelsky (2000).
35 Blum (1967: 344, 350).
36 Blum (1967: 338).
37 Blum (1967: 338~339).
38 Dietrich (2002: 17).
39 Morgenthau III (1991: 164).
40 Rees (1973).

**41** Blum (1967: 355).
**42** Blum (1967: 369).
**43** Churchill (1953: 158).
**44** Blum (1967: 371).
**45** Rees (1973: 278).
**46** Blum (1967: 374). Rees (1973: 277).
**47** Rees (1973: 279).
**48** Blum (1967: 373).
**49** Hull (1948: 1,614).
**50** Rees (1973: 282).
**51** Dietrich (2002: 71).
**52** Dietrich (2002: 70~72).
**53** Rees (1973: 284~286).
**54** Rees (1973: 177).
**55** Petrov (1967: 122~123).
**56** Blum (1967: 180~181).
**57** 연합군의 마르크화 관련하여 벤틀리(Bentley)가 화이트에 대해 주장한 내용은 혼란스럽고 맞지도 않다. 벤틀리는 소련이 인쇄판 복제본을 만드는 데 실패하자 자신을 시켜 화이트로부터 인쇄판 복제본을 획득해 소련에 넘기라 했다고 주장했다. 하지만 1944년 2월 9일 화이트는 소련 그로미코 대사에게 인쇄판 사본을 공개적으로 전달했다. 따라서 벤틀리의 말대로 비밀스럽게 넘길 필요가 없었다.
**58** Rees (1973: 189).
**59** Petrov (1967).
**60** Dietrich (2002).
**61** Blum (1967: 469~473).
**62** Skidelsky (2000: 381~383).
**63** Keynes (1979) XXIV, June 23, 1945, p. 369.
**64** Clarke (2008: 393).
**65** Skidelsky (2000: 413).
**66** Skidelsky (2000: 410).
**67** Skidelsky (2000: 407).

주석

**68** Skidelsky (2000: 416).
**69** Skidelsky (2000: 420).
**70** Keynes (1979) XXIV, Oct. 12, 1945, p. 541.
**71** Keynes (1979) XXIV, Oct. 12, 1945, p. 540.
**72** Keynes (1979) XXIV, Oct. 5, 1945, p. 535.
**73** Skidelsky (2000: 421).
**74** Skidelsky (2000: 425~427).
**75** Skidelsky (2000: 432).
**76** 이는 영국 쪽 협상 담당이었던 폴 바로(Paul Bareau)가 스키델스키에게 전달한 내용이다(2000: 434). Gardner(1956 [1980]: 201)는 약간 다르게 기록했다.
**77** Skidelsky (2000: 434~444).
**78** Van Dormael (1978: 276~280).
**79** 하원 토론 내용 (Dec. 13, 1945).
**80** Keynes (1979) XXIV, Jan. 1, 1946, p. 627.
**81** Keynes (1979) XXIV, May 15, 1945, p. 278.
**82** Skidelsky (2000: 451~452).
**83** Clarke (1982: 57).
**84** Mikesell (1951).
**85** James (1996: 69~70).
**86** Kennan (1946).
**87** 1945년 1월 18일자 전신에는 '리처드(RICHARD)'가 차관에 임명될 것이라는 내용이 있었다. in "NABOB'S" ([Morgenthau's] 국무부 소속 국가안전국(National Security Agency), 베노나 문서, T247 [재발행], Jan. 18, 1945). 1월 23일 화이트는 차관에 임명됐다.

## 제10장 구 질서를 보내고 새 시대를 맞이하다

**1** Chambers (1952: 453~470).
**2** Haynes and Klehr (1999: 90~92).
**3** Tanenhaus (1997: 203); Rees (1973: 408).
**4** Hayden B. Peake, Bentley (1951 [1988]) 책 후기.

**5** Sibley (2004: 120~121).

**6** Bentley (1951 [1988]: 113~114); Rees (1973: 207); Haynes and Klehr (1999: 133).

**7** Bentley (1951 [1988]: 113~114).

**8** Packer (1962: 117).

**9** Haynes and Klehr (1999: 150).

**10** "당초 우리는 화이트가 IMF 총재로 선출될 수 있도록 지원할 계획이었지만 FBI 보고서를 받고 장관들과 회의한 뒤 그를 이사직에 제한하기로 결정했습니다." 〈뉴욕 타임스〉, Nov. 17, 1953.

**11** 트루먼 진술 전문은 별첨 2에 있다.

**12** Rees (1973: 377~390). Interlocking Subversion in Government Departments Hearings, Dec. 3, 1953, and Dec. 16, 1953, p. 1,219, 1,247.

**13** 에드거 후버(J. Edgar Hoover) 진술 참조, Interlocking Subversion in Government Departments Hearings, Nov. 17, 1953, pp. 1,143, 1,145~1,147.

**14** Keynes (1980) XXVI, Mar. 7, 1946, pp. 210~214. W. M. Tomlinson(Jan. 19, 1946)과 William H. Taylor(Jan. 24, 1946)의 메모 참조, Rees(1973: 367)도 기재. Horsefield(1969: 135)가 기록된 화이트에 대한 IMF 총재 임명 거부 사유는 케인스가 요약한 빈슨(Vinson)의 내용과 일치한다. Mason and Asher (1973: 40) 참조.

**15** Skidelsky (2000: 464~465).

**16** Skidelsky (2000: 465).

**17** Gardner (1956 [1980]: 266).

**18** Bareau (1951).

**19** 1946년 3월 27일자 메모, Harrod(1951: 630)에 다시 기재.

**20** Keynes (1980) XXVI, Mar. 27, 1946, p. 222.

**21** Keynes (1980) XXVI, Mar. 13, 1946, p. 217.

**22** Van Dormael (1978: 299~300).

**23** Bareau (1951).

**24** Skidelsky (2000: 467~468).

**25** Skidelsky (2000: 468~469).

**26** Keynes (1980) XXVI, Mar. 27, 1946, p. 234.

**27** Keynes (1946: 172~187).

**28** Skidelsky (2000: 470).

**29** Rees (1973: 371).

**30** Keynes (1980) XXVII, Feb. 11, 1946, p. 480.
**31** Clarke (2008: 409, 413~415).
**32** Clarke (2008: 417).
**33** Gardner (1956 [1980]: 237).
**34** Keynes (1980) XXVII, Feb. 11, 1946, p. 466.
**35** Keynes (1980) XXVII, Jan. 29, 1946, pp. 464~465.
**36** Clarke (2008: 460~462).
**37** Clarke (2008: 474~487).
**38** Clarke (1982: 156~157)에 다시 기재.
**39** Clarke (1982: 159~166)에 다시 기재.
**40** 1947년 7월 23일자 메모, Clarke(1982: 168~176)에 다시 기재.
**41** Gardner (1956 [1980]).
**42** Nitze (1989: 51~52). Fossedal and Mikhail (1997: 195~199).
**43** Fossedal (1993: 225).
**44** Fossedal (1993: 228~229) 참조. 물론 초안에 많은 사람이 참여했지만 애치슨(Acheson), 케넌(Kennan)과 소련 전문가 찰스(Charles), 볼런(Bohlen), 벤자민 코헌(Benjamin Cohen)이 특히 많이 기여했다.
**45** Acheson (1969: 234~235).
**46** Clarke (2008: 492~493).
**47** Fossedal (1993: 240).
**48** Gardner (1956 [1980]).
**49** Fossedal (1993: 252~253).
**50** 《뉴욕 타임스》(Oct. 15, 1947: 1).
**51** Fossedal (1993: 258).
**52** 로버트 러버트(Robert Lovett)가 클레이턴(Clayton)에게 보낸 메모 참조, 《*Foreign Relations of the United States, 1947*》(Aug. 26, 1947): http://digicoll.library.wisc.edu/cgi-bin/FRUS/FRUS-idx?type=turn&entity=FRUS.FRUS1947v03.p0404&id=FRUS.FRUS1947v03&isize=M.
**53** 여기에는 1950년에 결성된 유럽결제동맹(European Payments Union)과 1951년에 창설된 유럽석탄철강공동체(the European Coal and Steel Community)가 포함된다.
**54** Acheson (1969: 231). Healy (Apr. 2011) 참조.
**55** Clayton (Jan. 5, 1958).

**56** Fossedal (1993: 286).
**57** Henry Dexter White (July 1947: 21~29) 출간.
**58** Rees (1973: 401).
**59** White 문서보관소 (May 19, 1948), "Rough Draft."
**60** White 문서보관소 (날짜 미상), 〈미래 정치·경제 체제〉.
**61** White 문서보관소 (May 19, 1948), "Rough Draft."
**62** 1948년 1월 17일 화이트가 헨리 월리스에게 보낸 편지 초안. Rees (1973: 407)에 인용.
**63** Rees (1973: 407). Interlocking Subversion in Government Departments Hearings, Aug. 3, 1955, pp. 2,529~2,530. Craig (2004: 204).
**64** Kennan (1967: 292).
**65** Nathan White (1956: 71).
**66** Craig (2004: 208).
**67** 반미활동조사위원회(HUAC) 청문, July 31, 1948, pp. 511, 553.
**68** 〈선데이 글로브Sunday Globe〉(Aug. 1, 1948).
**69** HUAC 청문, Aug. 3, 1948, pp. 574, 580.
**70** Tanenhaus (1997: 214).
**71** HUAC 청문, Aug. 13, 1948, pp. 877~906.
**72** 〈뉴욕 타임스〉(Aug. 14, 1948).
**73** HUAC 청문, Aug. 13, 1948, p. 891.
**74** Tanenhaus (1997: 438).
**75** Chambers (1952: 38, 40~41).
**76** 《*Congressional Record*》, House (Jan. 26, 1950).
**77** Chambers (1952: 40).
**78** 첫 분석은 1948년 12월 6일 FBI가 실시했다(Craig [2004: 299~300, f. 82]). "Report by Harold Gesell, Handwriting Expert of the Veterans' Administration, on the 'White Memorandum,' March 2, 1949" 참조, Rees(1973: 435~436)에 재인쇄.
**79** Haynes and Klehr (1999: 1~15).
**80** Haynes and Klehr (1999). Romerstein and Breindel (2000). Andrew and Mitrokhin (1999).
**81** Haynes and Klehr (1999: 15).
**82** FBI (Oct. 16, 1950). 이 메모 사본은 Harvey Klehr 도움을 받아 얻었다.
**83** 아이작 돈 러바인(Isaac Don Levine)과 아돌프 벌리(Adolf Berle)의 주장대로 화이트는 체임버스

가 밝힌 명단 여덟 명 가운데 하나라고 가정한다.
84 Haynes and Klehr (1999: 91).
85 이 감청 내용은 아래 국가안전국(National Security Agency) 웹사이트에 나와 있다: http://www.nsa.gov/public_info/declass/venona/.
86 Andrew and Mitrokhin (1999: xxi, 106, 109).
87 Haynes and Klehr (1999: 142).
88 Romerstein과 Breindel(2000)은 지시를 받은 사람은 아흐메로프(Akhmerov)라고 했지만 실제 해독한 교신 내용에는 누구인지 지칭하지 않고 'ALBERT'라고만 나와 있다.
89 Haynes, Klehr, and Vassiliev (2009: 260, 592, f. 118) 참조.
90 Craig (2004: 257).
91 Weinstein and Vassiliev (2000: 169).
92 Chambers (Dec. 2, 1953).
93 국가기밀 보호·축소 위원회(Commission on Protecting and Reducing Government Secrecy) (1997). 화이트를 가장 오랫동안 충실히 옹호했던 IMF 역사가 제임스 보튼(James Boughton)은 베노나 도청 프로젝트는 화이트가 소련 문제를 논의할 때 '부주의했다'는 사실을 밝혀낸 것뿐이라고 주장했다. 하지만 이는 타당하지 않다. 도청 내용을 보면 화이트는 자신의 행동을 많이 의식했을 뿐만 아니라 그가 다른 미국 연락책을 활용했다는 사실이 드러났기 때문이다. 그저 '부주의했다'는 표현은 논리상 화이트가 소련과 직접 접촉할 때에만 해당되는 말이다.

보튼은 소련에 전시 금융지원을 하는 방안을 놓고 루스벨트 행정부가 토론한 내용을 화이트가 소련에 미리 알린 일은 자신이 평소에 하는 업무의 일부라고 썼다(2004: 234~235). 보튼은 화이트가 소련이 더욱더 좋은 조건으로 대출을 받을 수 있도록 노력하고 있다는 사실을 소련 외교관에게 사심 없이 알렸다고 주장했다. 하지만 보튼은 화이트가 소련에 기밀정보를 넘기면 협상 전략에 크게 영향을 끼치는 문제가 있다는 점을 보지 못했다. 더욱 중요한 사실은 보튼이 화이트가 정보를 전달한 경로에 대해서도 왜곡했다는 점이다. 소련은 화이트로부터 기밀 정보를 직접 받지 않고, 대신 미국내 소련 간첩단 총책인 네이션 그레고리 실버마스터(Nathan Gregory Silvermaster)라는 미국 관료로부터 넘겨 받았다. 그는 화이트에게서 받은 정보를 소련에 정기적으로 전달했다. 더욱이 교신 내용을 보면 화이트는 정보가 어디로 가는지 알고 있었다는 사실을 확인할 수 있다.

## 제11장 맺음말

1 〈이코노미스트〉(Aug. 23, 1947).
2 〈뉴욕 타임스〉(Feb. 14, 1947).
3 Gardner (1956 [1980]: 298).
4 Eichengreen (2008: 104).
5 James (1996: 97).
6 Kunz (1991)의 훌륭한 설명 참조.
7 Triffin (Oct. 28, 1959).
8 Triffin (1960: 87, 145).
9 James (1996: 158).
10 De Gaulle (1970: 372~375).
11 Rueff (1972: 72)에도 수록.
12 Rueff (1972: 76).
13 뤼에프와 트리핀은 달러 위기의 불가피성에 대해 공동 인터뷰를 했다. 이 내용은 1966년 7월 3일자 〈선데이 타임스 Sunday Times〉에 보도됐고, 이튿날 파리 〈오로르 l'Aurore〉에도 기사화됐다. (Rueff [1972: 107~114]에도 기재).
14 Triffin (1960: 91~93).
15 Rueff (1972: 41).
16 Rueff (1972: 95, 143). 뤼에프가 말한 '존재하지도 않는 것'은 IMF의 특별인출권(SDR)을 뜻했지만 이는 케인스의 뱅코르, 에드워드 번스타인의 합성본위단위(CRU), 또는 다른 국제 명목화폐 단위에도 해당된다.
17 Triffin (1960: 146).
18 최근까지의 SDR 역사는 Wilkie (2012) 참조. 하지만 SDR을 주로 긍정적으로 그렸다.
19 James (1996: 211~220).
20 1930년대까지 중국에서 그랬듯 은(Silver)도 역사적으로 중요한 화폐구실을 했다(3장 참조).
21 White 문서보관소 (Aug. 4, 1942), Section IV, pp. 1, 3, 13 (주: 문서철에는 같은 번호로 표시된 쪽이 많음).
22 James (1996: 222).
23 Dale Jr. (Dec. 19, 1971: 1).
24 Cohen (1974: 129).

25 Witteveen (Jan. 15, 1974).
26 Friedman (Nov. 14, 1963).
27 Hayek (1937 [1989]: 64).
28 하이에크와 프리드먼이 고정환율제와 변동환율제를 놓고 벌인 논쟁은, 1930년대 국제연맹(League of Nations)과 관련해 영향력을 크게 행사했던 저명한 경제학자인 래그나 넉시(Ragnar Nurkse)와 고트프리트 하벌러(Gottfried Haberler)가 다툰 싸움과 비슷하다. James (1996: 38, 89) 참조.
29 Zhou (Mar. 23, 2009).
30 Hayek (1976).
31 Stock and Watson (2002). Bernanke (Feb. 20, 2004).
32 Rubin (May 26, 1998).
33 Summers (Mar. 23, 2004).
34 Schumer and Graham (Sept. 25, 2006).
35 Xinhua News Agency (Aug. 6, 2011).
36 〈월스트리트 저널〉(Jan. 18, 2011).
37 Zhou (Mar. 23, 2009).
38 〈월스트리트 저널〉(Aug. 8, 2011).
39 IMF (2011). Goldberg and Tille (2009).
40 Steil (July 11, 2011).
41 IMF (2012).
42 중국 위안화 국제화 과제에 대한 더욱 폭넓은 견해는 Mallaby and Wethington (2012) 참조.
43 Steil (2007).
44 Eichengreen (2011: 159).
45 Kissinger (2011: 518~519).
46 Zheng (2005).
47 Kissinger (2011: 520~530).

# 참고문헌

Acheson, Dean. 1969. *Present at the Creation: My Years in the State Department.* New York: W. W. Norton.
Ahamed, Liaquat. 2009. *Lords of Finance: The Bankers Who Broke the World.* New York: Penguin.
Andrew, Christopher, and Vasili Mitrokhin. 1999. *The Sword and the Shield: The Mitrokhin Archives and the Secret History of the KGB.* New York: Basic Books.
Barber, William J. 1990. "Government as a Laboratory Under Roosevelt." In *The State and Economic Knowledge: The American and British Experience*, ed. Mary Furner and Barry Supple. Cambridge: Cambridge University Press.
Bareau, Paul. 1951. "Anglo-American Financial Relations during and since the War." Four lectures delivered at the London School of Economics. In the possession of Peter Bareau.
Bentley, Elizabeth. 1951 [1988]. *Out of Bondage: The Story of Elizabeth Bentley.* New York: Ballantine.
Bernanke, Ben S. Feb. 20, 2004. "The Great Moderation." Remarks by Governor Ben S. Bernanke at the meetings of the Easter Economic Association, Washington, D.C.
*Biographical Directory of the United States Congress.* "Wolcott, Jesse Paine (1893-1969)." Available at http://bioguide.congress.gov/scripts/biodisplay.pl?index=W000668.
Black, Conrad. 2003. *Franklin Delano Roosevelt: Champion of Freedom.* New York: Public Affairs.
Black, Stanley W. 1991. *A Levite among the Priests.* Boulder: Westview Press.
Blum, John Morton. 1959. *From the Morgenthau Diaries: Years of Crisis, 1928-1938.* Boston: Houghton Mifflin.
———. 1965. *From the Morgenthau Diaries: Years of Urgency, 1938-1941.* Boston: Houghton Mifflin.
———. 1967. *From the Morgenthau Diaries: Years of War, 1941-1945.* Boston: Houghton Mifflin.
Board of Governors of the Federal Reserve System. June 26, 1944. American meeting. Washington, D.C.
Boughton, James M. 2000. "The Case Against Harry Dexter White: Still Not Proven." International

참고문헌

Monetary Fund Working Paper 00/149. International Monetary Fund, Washington, D.C.
———. June 2004. "New Light on Harry Dexter White." *Journal of the History of Economic Thought* 26: 179–195.
Bourneuf, Alice. July 6, 1944. Notes on Bretton Woods Conference. Bretton Woods Conference Collection, International Monetary Fund, Box 15.
———. July 13, 1944. Notes on Bretton Woods Conference. Bretton Woods Conference Collection, International Monetary Fund, Box 15.
Bureau of Economic Analysis. Aug. 2010. *GDP and Other Major NIPA Series, 1929–2010: II*. Available at http://www.bea.gov/scb/pdf/2010/08%20August/0810_gdp_nipa_series.pdf.
Chambers, Whittaker. 1952. *Witness*. New York: Random House.
———. Dec. 2, 1953. "The Herring and the Thing." *Look*.
*Chicago Tribune*. June 12, 1944. "Babes in Bretton Woods."
———. July 2, 1944. "Among Those Absent."
———. July. 3 1944. "White Admits Bankers Fight Money Scheme."
———. July 7, 1944. "Front Views & Profiles."
———. July 9, 1944. "Good Money for Bad."
———. July 9, 1944. "Study Means to Balk Hiding of Axis Assets."
———. July 15, 1944. "Skin Game."
———. July 23, 1944. "The Englishman Who Rules America."
Chivvis, Christopher S. 2010. *The Monetary Conservative: Jacques Rueff and Twentieth-Century Free Market Thought*. Dekalb: Northern Illinois Press.
*Christian Science Monitor*. July 1, 1944. "Monetary World Looks to Bretton Woods Parley."
———. July 3, 1944. "Money Experts Start on Draft of World Plan."
———. July 6, 1944. "Money Parley Pace Is Slowed; Fund Transactions Major Topic."
———. July 12, 1944. "Fund Quotas Still Unsettled; Final Russian Answer Asked."
———. July 15, 1944. "Mimsy Were the Borogoves."
Churchill, Winston. Nov. 10, 1941. Mansion House speech. Available at http://www.ibiblio.org/pha/policy/1941/411110a.html.
———. 1950 [2005]. *The Second World War, Volume 3: The Grand Alliance*. London: Penguin.
———. 1953. *Triumph and Tragedy*. Boston: Houghton Mifflin.

Clarke, Peter. 1996. *Hope and Glory: Britain, 1900–2000*. London: Penguin.

———. 2008. *The Last Thousand Days of the British Empire: Churchill, Roosevelt, and the Birth of the Pax Americana*. New York: Bloomsbury Press.

———. 2009. *Keynes: The Rise, Fall, and Return of the 20th Century's Most Influential Economist*. New York: Bloomsbury Press.

Clarke, Sir Richard. 1982. *Anglo-American Economic Collaboration in War and Peace, 1942–1949*. Oxford: Oxford University Press.

Clayton, William, L. Jan. 5, 1958. "Removing Trade Barriers." *New York Times*.

Cohen, Benjamin J. 1974. "The Revolution in Atlantic Economic Relations: A Bargain Comes Unstuck." In *The United States and Western Europe: Political, Economic and Strategic Perspectives*, ed. Wolfram F. Hanrieder. Cambridge: Winthrop.

*Commercial and Financial Chronicle*. Sept 14, 1944. Reprint from the National Economic Council.

Commission on Protecting and Reducing Government Secrecy. 1997. *Report of the Commission on Protecting and Reducing Government Secrecy*. Washington, D.C.: United States Government Printing Office. Available at http://www.fas.org/sgp/library/moynihan/.

Committee on Finance and Industry [Macmillan Committee]. 1931. *Minutes of Evidence*. Vols. I and II. London: HMSO.

*Congressional Record*, House. Nov. 1, 1943. 78th Congress, 1st Session.

———. House. Jan. 26, 1950. 81st Congress, 2nd Session.

———. Senate. Aug. 19, 1941. 77th Congress, 1st Session.

Craig, R. Bruce. 2004. *Treasonable Doubt: The Harry Dexter White Spy Case*. Lawrence: University Press of Kansas.

Culbertson, William S. 1925. *International Economic Policies: A Survey of the Economics of Diplomacy*. New York: Appleton and Company.

*Daily Cleveland Herald*. Mar. 29, 1869.

*Daily Herald*. Apr. 8, 1943.

*Daily Mail*. Apr. 26, 1933.

Dale, Edwin L., Jr. Dec. 19, 1971. "Nixon Hails Pact." *New York Times*.

De Gaulle, Charles. 1970. *Memoirs of Hope: Renewal and Endeavor*. New York: Simon and Schuster.

Dietrich, John. 2002. *The Morgenthau Plan: Soviet Influence on American Postwar Policy*. New

York: Algora Publishing.
Dobson, Alan P. 1986. *US Wartime Aid to Britain*. London: Croom Helm.
Eckes, Alfred E., Jr. 1975. *A Search for Solvency: Bretton Woods and the International Monetary System, 1941–1971*. Austin: University of Texas Press.
*The Economist*. Nov. 28, 1942. "The Future of Gold."
―――. July 21, 1945.
―――. Aug. 23, 1947.
Eichengreen, Barry. 1992. *Golden Fetters: The Gold Standard and the Great Depression, 1919–1939*. Oxford: Oxford University Press.
―――. 2008. *Globalizing Capital: A History of the International Monetary System*. Princeton: Princeton University Press.
―――. 2011. *Exorbitant Privilege: The Rise and Fall of the Dollar and the Future of the International Monetary System*. New York: Oxford University Press.
Export Policy and Loyalty Hearings. July 30–Aug. 6, 1948. Hearings Before the Investigations Subcommittee of the Committee on Expenditures in the Executive Departments. United States Senate.
Federal Bureau of Investigation. Oct. 16, 1950. Memorandum, Ladd to Director.
Feis, Herbert. 1966. *1933: Characters in Crisis*. Boston/Toronto: Little, Brown.
Foreign Office (National Archives, Kew, UK). Feb. 17, 1943. FO371/35330, Phillips to Treasury.
―――. Mar. 24, 1943. FO371/35331, Casaday to Waley.
―――. May 20, 1943. FO371/35334, Phillips to Keynes.
―――. June 13, 1943. FO371/35334, Halifax to Foreign Office.
―――. June. 18, 1943. FO371/35335, Halifax to Foreign Office.
―――. July 1, 1943. FO371/35335, Keynes to Jebb.
―――. July 19, 1943. FO371/35335, Keynes to Eady.
―――. Jan. 7, 1944. FO371/40583, Halifax to Foreign Office.
―――. Apr. 30, 1944. FO371/40587, Halifax to Foreign Office.
―――. May 9, 1944. FO371/40588, Opie to Ronald.
―――. May 24, 1944. FO371/40588, Opie to Foreign Office.
―――. July 1944 (day unclear). FO371/40918, Response from Bretton Woods to telegrams No. 68 and 69.

———. July 4, 1944. FO371/40918, Richard Miles memorandum.

———. July 10, 1944. FO371/40916, No. 51.

———. July 11, 1944. FO371/40917, Response to telegram No. 37.

———. July 20, 1944. FO371/40918.

———. Dec. 1944. FO371/45662, Report.

———. Dec. 29, 1944. FO371/45662, Keynes memorandum.

———. Apr. 5, 1945. FO371/45664, Keynes to Brand.

———. Undated. FO371/40585.

*Foreign Relations of the United States, 1941.* 1941. *Volume III, The British Commonwealth; the Near East and Africa.* Washington, D.C.: United States Department of State.

———, *1942.* 1942. *Volume I, General; the British Commonwealth; the Far East.* Washington, D.C.: United States Department of State.

———, *1943.* 1943. *Volume I, General.* Washington, D.C.: United States Department of State.

———, *1947.* 1947. *The British Commonwealth; Europe.* Washington, D.C.: United States Department of State.

Fossedal, Gregory. 1993. *Our Finest Hour: Will Clayton, the Marshall Plan, and the Triumph of Democracy.* Stanford: Hoover Institution Press.

Fossedal, Gregory, and Bill Mikhail. May/June 1997. "A Modest Magician: Will Clayton and the Rebuilding of Europe." *Foreign Affairs* 76 (3): 195–199.

Friedman, Milton. Nov. 14, 1963. "Using the Free Market to Resolve the Balance of Payments Problem." Statement to the congressional Joint Economic Committee. Reprinted Mar./Apr. 1964. *Financial Analysts Journal* 20 (2): 21–25.

Gardner, Richard N. 1956 [1980]. *Sterling–Dollar Diplomacy: Anglo–American Collaboration in the Reconstruction of Multilateral Trade.* New York: Columbia University Press.

George, David Lloyd. 1938. *War Memoirs.* London: Oldhams Press.

Gilbert, Martin. 1989. *The Second World War: A Complete History.* New York: Henry Holt and Company.

Goldberg, Linda, and Cedric Tille. Nov. 2009. "Micro, Macro, and Strategic Choices in International Trade Invoicing." CEPR Discussion Paper No. 7534. London: Centre for Economic Policy Research.

Goldenweiser, Emanuel. Goldenweiser Papers, Bretton Woods Conference, Library of Con-

참고문헌 557

gress.
Goodhart, Charles, and P.J.R. Delargy. 1998. "Financial Crises: Plus ça Change, plus c'est la Même Chose." *International Finance* 1 (2): 261–287.
Grand Jury Testimony in the Alger Hiss Case. 1947–1949. Record Group 118. New York, National Archives.
Grant, James. 1992. *Money of the Mind: Borrowing and Lending in America from the Civil War to Michael Milken.* New York: Noonday Press.
Halifax, Edward Frederick Lindley Wood. *Diary.*
Harriman, W. Averell, and Elie Abel. 1975. *Special Envoy to Churchill and Stalin, 1941–1946.* New York: Random House.
Harrod, Roy. 1951. *The Life of John Maynard Keynes.* New York: W. W. Norton.
Hastings, Max. 2009. *Winston's War: Churchill, 1940–1945.* New York: Alfred A. Knopf.
Hayek, Friedrich. 1937 [1989]. *Monetary Nationalism and International Stability.* New Jersey: Augustus M. Kelley.
———. 1976. *Denationalisation of Money—the Argument Refined: An Analysis of the Theory and Practice of Concurrent Currencies.* London: Institute of Economic Affairs.
Haynes, John Earl, and Harvey Klehr. 1999. *Venona: Decoding Soviet Espionage in America.* New Haven: Yale University Press.
———. 2003. *In Denial.* San Francisco: Encounter Books.
Haynes, John Earl, Harvey Klehr, and Alexander Vassiliev. 2009. *Spies: The Rise and Fall of the KGB in America.* New Haven: Yale University Press.
Healy, Timothy. Apr. 2011. "Will Clayton, Negotiating the Marshall Plan, and European Economic Integration." *Diplomatic History* 35 (2).
Henderson, Hubert. Jan. 26, 1951. *The Spectator.* Review of Roy Harrod's *The Life of John Maynard Keynes.*
Hendrick, Burton Jesse. 1928. *The Training of an American: The Earlier Life and Letters of Walter H. Page.* London: Heinemann.
Herring, George C., Jr. June 1971. "The United States and British Bankruptcy, 1944–1945: Responsibilities Deferred." *Political Science Quarterly* 86 (2): 260–280.
Horsefield, J. Keith. 1969. *The International Monetary Fund, 1945–1965: Twenty Years of International Monetary Cooperation. Volume I: Chronicle.* Washington, D.C.: International

Monetary Fund.

House of Commons Debates. Apr. 21, 1944. "Orders of the Day—Empire and Commonwealth Unity." Available at http://www.theyworkforyou.com/debates/?id=1944-04-21a.495.4.

———. Dec. 13, 1945. "Anglo-American Financial and Economic Discussions." Available at http://hansard.millbanksystems.com/commons/1945/dec/13/anglo-american-financial-and-economic.

House of Lords Debates. May 18, 1943. "International Clearing Union." Available at http://hansard.millbanksystems.com/lords/1943/may/18/international-clearing-union.

Howard, Michael. Oct. 1977. "It Is Never Very Easy for the British." *Books & Bookmen*, in a review of Joseph P. Lash's *Roosevelt and Churchill, 1939–41*.

Howson, Susan, and Donald Moggridge (eds.). 1990. *The Wartime Diaries of Lionel Robbins and James Meade, 1943–45*. New York: St. Martin's Press.

HUAC Hearings. Hearings Before the Committee on Un-American Activities. House of Representatives, 80th Congress.

Hubback, David. 1985. *No Ordinary Press Baron: A Life of Walter Layton*. Worthing, West Sussex: Littlehampton Book Services.

Hull, Cordell. 1948. *The Memoirs of Cordell Hull*. New York: Macmillan.

Institute of Pacific Relations Hearings. Hearings Before the Subcommittee to Investigate the Administration of the Internal Security Act and Other Internal Security Laws. United States Senate, 82nd Congress.

Interlocking Subversion in Government Departments Hearings. Hearings Before the Subcommittee to Investigate the Administration of the Internal Security Act and Other Internal Security Laws. United States Senate, 83rd and 84th Congress.

International Monetary Fund. 2011. "Currency Composition of Official Foreign Exchange Reserves (COFER)." Available at http://www.imf.org/external/np/sta/cofer/eng/index.htm.

———. 2012. International Financial Statistics Database. Available at http://elibrary-data.imf.org/DataExplorer.aspx.

James, Harold. 1996. *International Monetary Cooperation since Bretton Woods*. New York: Oxford University Press.

Karpov, Vladimir. Jan. 21, 2000. "Notes from the Archive." *Independent Military Review*. Moscow.

참고문헌

Kennan, George F. 1946. Telegram from George Kennan Charge d'Affaires at United States Embassy in Moscow to the Secretary of State: The Long Telegram, 02/22/1946. College Park, Md., National Archives.
———. 1967. *Memoirs: 1925–1950*. Boston: Atlantic, Little, Brown.
Kenton County Historical Society. Feb. 1997. *Bulletin*. Available at http://www.nku.edu/~myerssh/KCHS/scans/99.pdf.
Keynes, John Maynard. Mar. 11, 1906. JMK to Lytton Strachey. Keynes Papers. King's College Archive Centre, University of Cambridge.
———. Sept. 13, 1907. JMK to Lytton Strachey. Keynes Papers. King's College Archive Centre, University of Cambridge.
———. Dec. 18, 1908. JMK to Duncan Grant. Keynes Papers. King's College Archive Centre, University of Cambridge.
———. May 10, 1909. JMK to Duncan Grant. Keynes Papers. King's College Archive Centre, University of Cambridge.
———. 1913 [1971]. *The Collected Writings of John Maynard Keynes: Volume I, Indian Currency and Finance*. Cambridge: Cambridge University Press.
———. 1919 [1971]. *The Collected Writings of John Maynard Keynes: Volume II, The Economic Consequences of the Peace*. Cambridge: Cambridge University Press.
———. 1923 [1971]. *The Collected Writings of John Maynard Keynes: Volume IV, A Tract on Monetary Reform*. Cambridge: Cambridge University Press.
———. 1925–1926. Unpublished fragment. Keynes Papers, PS/6. King's College Archive Centre, University of Cambridge.
———. 1930 [1971]. *The Collected Writings of John Maynard Keynes: Volume V, A Treatise on Money in Two Volumes: 1 The Pure Theory of Money*. Cambridge: Cambridge University Press.
———. 1930 [1971]. *The Collected Writings of John Maynard Keynes: Volume VI, A Treatise on Money in Two Volumes: 2 The Applied Theory of Money*. Cambridge: Cambridge University Press.
———. 1931 [1972]. *The Collected Writings of John Maynard Keynes: Volume IX, Essays in Persuasion*. Cambridge: Cambridge University Press.
———. Oct. 1931. Filmed monologue. Available at http://www.youtube.com/watch?v=U1S9F3

agsUA&feature=related.

———. 1933 [1972]. *The Collected Writings of John Maynard Keynes: Volume X, Essays in Biography*. Cambridge: Cambridge University Press.

———. 1933. *The Means to Prosperity*. London: Macmillan. Available at http://guten berg.ca/ebooks/keynes-means/keynes-means-00-h.html.

———. June 1933. "National Self-Sufficiency." *The Yale Review* 22 (4): 755–769.

———. Sept. 12, 1933. Max Radin to JMK. Keynes Papers, L/33. King's College Archive Centre, University of Cambridge.

———. Oct. 2, 1933. JMK to Max Radin. Keynes Papers, L/33. King's College Archive Centre, University of Cambridge.

———. June 2, 1934. JMK to Victor Szeliski. Keynes Papers, AV/1. King's College Archive Centre, University of Cambridge.

———. Nov. 22, 1934. JMK to Alick de Jeune. Keynes Papers, A/34. King's College Archive Centre, University of Cambridge.

———. 1936 [1973]. *The Collected Writings of John Maynard Keynes: Volume VII, The General Theory of Employment, Interest and Money*. Cambridge: Cambridge University Press.

———. Aug. 29, 1938. JMK to Florence Keynes. Keynes Papers. King's College Archive Centre, University of Cambridge.

———. Nov. 2, 1939. Notes on the War for the President. Keynes Papers, W/2. King's College Archive Centre, University of Cambridge.

———. June 28, 1940. JMK to Florence Keynes. Keynes Papers. King's College Archive Centre, University of Cambridge.

———. July 3, 1940. JMK to Arthur C. Pigou. Keynes Papers, PP/45. King's College Archive Centre, University of Cambridge.

———. Apr. 1943. "Proposals for an International Clearing Union." British Government White Paper Cmd. 6437.

———. July 22, 1944. JMK to Lord Catto. Keynes Papers, W/1. King's College Archive Centre, University of Cambridge.

———. June 1946. "The Balance of Payments in the United States." *Economic Journal* LVI, No. 222: 172–187.

———. 1978. *The Collected Writings of John Maynard Keynes: Volume XIV, The General Theory* and After: Defence and Development. Cambridge: Cambridge University Press.

──. 1978. *The Collected Writings of John Maynard Keynes: Volume XVI, Activities 1914–19: The Treasury and Versailles.* Cambridge: Cambridge University Press.

──. 1978. *The Collected Writings of John Maynard Keynes: Volume XXII, Activities 1939–45: Internal War Finance.* Cambridge: Cambridge University Press.

──. 1979. *The Collected Writings of John Maynard Keynes: Volume XXIII, Activities 1940–43: External War Finance.* Cambridge: Cambridge University Press.

──. 1979. *The Collected Writings of John Maynard Keynes: Volume XXIV, Activities 1944–46: The Transition to Peace.* Cambridge: Cambridge University Press.

──. 1980. *The Collected Writings of John Maynard Keynes: Volume XXV, Activities 1940–44: Shaping the Post-war World: The Clearing Union.* Cambridge: Cambridge University Press.

──. 1980. *The Collected Writings of John Maynard Keynes: Volume XXVI, Activities 1943–46: Shaping the Post-war World: Bretton Woods and Reparation.* Cambridge: Cambridge University Press.

──. 1980. *The Collected Writings of John Maynard Keynes: Volume XXVII, Activities 1940–46: Shaping the Post-war World: Employment and Commodities.* Cambridge: Cambridge University Press.

──. 1981. *The Collected Writings of John Maynard Keynes: Volume XIX, Activities 1924–29: The Return to Gold and Industrial Policy: Part I and II.* Cambridge: Cambridge University Press.

──. 1981. *The Collected Writings of John Maynard Keynes: Volume XX, Activities 1929–31: Rethinking Employment and Unemployment Policies.* Cambridge: Cambridge University Press.

──. 1982. *The Collected Writings of John Maynard Keynes: Volume XXI, Activities 1931–39: World Crises and Policies in Britain and America.* Cambridge: Cambridge University Press.

──. 1982. *The Collected Writings of John Maynard Keynes: Volume XXVIII, Social, Political, and Literary Writings.* Cambridge: Cambridge University Press.

──. 1983. *The Collected Writings of John Maynard Keynes: Volume XI, Economic Articles and Correspondence: Academic.* Cambridge: Cambridge University Press.

———. 1983. *The Collected Writings of John Maynard Keynes: Volume XII, Economic Articles and Correspondence: Investment and Editorial*. Cambridge: Cambridge University Press.

———. 1987. *The Collected Writings of John Maynard Keynes: Volume XIII, The General Theory and After: Part 1. Preparation*. Cambridge: Cambridge University Press.

Keynes Papers: See individual items, listed by date, under Keynes, John Maynard.

Kimball, Warren F. 1969. *The Most Unsordid Act: Lend-Lease, 1939 – 1941*. Baltimore: Johns Hopkins University Press.

———. 1971. "Lend-Lease and the Open Door: The Temptation of British Opulence 1937 – 42." *Political Science Quarterly* 86 (2): 232 – 259.

Kissinger, Henry. 2011. *On China*. New York: Penguin.

Kunz, Diane B. 1991. *The Economic Diplomacy of the Suez Crisis*. University of North Carolina Press.

Laski, Harold J. 1944. *Faith, Reason, and Civilisation: An Essay in Historical Analysis*. London: Gollancz.

Lebergott, Stanley. 1957. "Annual Estimates of Unemployment in the United States, 1900 – 1954." *The Measurement and Behavior of Unemployment*. Cambridge, Mass.: National Bureau of Economic Research. Available at http://www.nber.org/chapters/c2644.pdf.

Levy, Herbert. 2010. *Henry Morgenthau, Jr.: The Remarkable Life of FDR's Secretary of the Treasury*. New York: Skyhorse Publishing.

Lindbergh, Charles Augustus. May 19, 1940. "The Air Defense of America." Speech.

Lippmann, Walter. July 13, 1944. "Bretton Woods and Senator Taft." *Washington Post*.

London Chamber of Commerce. 1942. *Report on General Principles of a Post-war Economy*.

MacMillan, Margaret. 2003. *Paris 1919: Six Months That Changed the World*. New York: Random House.

Mallaby, Sebastian, and Olin Wethington. Jan./Feb. 2012. "The Future of the Yuan." *Foreign Affairs* 91 (1): 135 – 146.

Mason, Edward S., and Robert E. Asher. 1973. *The World Bank since Bretton Woods*. Washington, D.C.: The Brookings Institution.

May, Gary. 1994. *Un-American Activities: The Trials of William Remington*. New York: Oxford University Press.

McJimsey, George (ed.). 2003. "Document 80, Papers as President: President's Secretary's File."

*Documentary History of the Franklin D. Roosevelt Presidency, Volume 17, FDR and the London Economic Conference*. New York: LexisNexis.

Meltzer, Allan H. 2003. *A History of the Federal Reserve, Volume 1: 1913–1951*. Chicago: University of Chicago Press.

Mikesell, Raymond F. 1951. "Negotiating at Bretton Woods, 1944." In *Negotiating with the Russians*, ed. Raymond Dennett and Joseph E. Johnson. Boston: World Peace Foundation.

Morgenthau, Henry, Jr. *The Morgenthau Diaries*.

———. Oct. 25, 1947. "The Morgenthau Diaries: the Paradox of Poverty and Plenty." *Collier's*.

Morgenthau, Henry, III. 1991. *Mostly Morgenthaus: A Family History*. New York: Ticknor & Fields.

Mundell, Robert A. June 2000. "A Reconsideration of the Twentieth Century." *The American Economic Review* 90 (3): 327–340.

National Archives, Washington, D.C. State Decimal File 1940–44, RG59.800.515–BWA/6–2444.

———. RG59.800.515/6–2844.

National Security Agency. Venona Files. Available at http://www.nsa.gov/public_info/declass/venona/.

*The New Republic*. July 29, 1940. "The United States and The Keynes Plan."

*New York Herald Tribune*. Mar. 31, 1946. "Morgenthau 'Shocked' by News Douglas May Head World Bank."

*New York Times*. Mar. 30, 1943. "A 'New' World Currency?"

———. July 2, 1944. "Delegates Search for Warm Clothes."

———. July 5, 1944. "Monetary Conference Keeps Dr. Newcomer Too Busy for Her Mountain-Climbing Hobby."

———. July 5, 1944. "Quota Issues Split World Fund Talks."

———. July 7, 1944. "Britain is 'Broke,' Two Ministers Say."

———. July 7, 1944. "Keynes Attacks Fund Plan Critics."

———. July 8, 1944. "Funk Denounces Currency Parley."

———. July 9, 1944. "Fund Talks Reveal Post-war Attitude."

———. July 14, 1944. "Five Snags Delay Monetary Accord."

———. July 17, 1944. "Expect Early Pact on a World Bank."

———. July 18, 1944.

―――. July 18, 1944. "Conference Adds 3 Days to Talks: Snarled on Bank."

―――. July 18, 1944. "Results at Bretton Woods."

―――. July 19, 1944.

―――. July 19, 1944. "An International Bank?"

―――. July 20, 1944.

―――. Feb. 14, 1947. "We Stand By Britain."

―――. Oct. 15, 1947. "Europe Will Feel Loss."

―――. Aug. 14, 1948. "Currie and White Deny under Oath They Aided Spies."

―――. Nov. 17, 1953.

―――. Feb. 20, 2009. "An Economic Bright Spot in New Hampshire."

*New York World-Telegram*. 1943.

*The New Yorker*. Aug. 5, 1944. "Host."

Nitze, Paul H. 1989. *From Hiroshima to Glasnost: At the Center of Decision; A Memoir of Five Perilous Decades*. New York: Weidenfeld & Nicolson.

Obsfeld, Maurice, and Alan M. Taylor. 2004. *Global Capital Markets: Integration, Crisis, and Growth*. New York: Cambridge University Press.

Packer, Herbert L. 1962. *Ex-Communist Witnesses: Four Studies in Fact Finding―a Challenging Examination of the Testimony of Whittaker Chambers, Elizabeth Bentley, Louis Budenz, and John Lautner*. Stanford: Stanford University Press.

Pavlov, Vitali. 1995. *Novosti Razvedki I Kontrrazvedki* [News of Intelligence and Counterintelligence]. Nos. 9–10, 11–12.

―――. 1996. *Operatsia Sneg*. Moscow: Gaia Iterum.

Penrose, Ernest Francis. 1953. *Economic Planning for the Peace*. Princeton: Princeton University Press.

Petrov, Vladimir. 1967. *Money and Conquest: Allied Occupation Currencies in World War II*. Baltimore: Johns Hopkins Press.

Pigou, Arthur C. 1936. "Mr. J. M. Keynes' General Theory of Employment, Interest and Money." *Economica* 3 (10): 115–132.

*Proceedings and Documents of United Nations Monetary and Financial Conference, Bretton Woods NH, July 1–22, 1944*. 1948. Washington, D.C.: United States Department of State.

Rees, David. 1973. *Harry Dexter White: A Study in Paradox*. New York: Coward, Mc-Cann &

Geoghegan.

Robbins, Lionel. 1990. "Bretton Woods, June–August 1944." In *The Wartime Diaries of Lionel Robbins and James Meade, 1943–45*, eds. Susan Howson and Donald E. Moggridge. New York: St. Martin's Press.

Rolph, C. H. 1973. *Kingsley: The Life, Letters & Diaries of Kingsley Martin*. London: Gollancz.

Romerstein, Herbert, and Eric Breindel. 2000. *The Venona Secrets: Exposing Soviet Espionage and America's Traitors*. Washington, D.C.: Regnery History.

Roosevelt, Franklin D., President. Mar. 11, 1942. *Message from the President of the United States Transmitting a Report on the First Year of Lend–Lease Operations*. Washington, D.C.: Government Printing Office.

Rosenberg, Andrew, and Kurt Schuler (eds.). Forthcoming. *The Bretton Woods Transcripts*.

Rubin, Robert E. May 26, 1998. "Remarks for Opening Plenary China–U.S. Joint Economic Committee—Eleventh Session." Office of Public Affairs, United States Treasury, Washington, D.C.

Rueff, Jacques. Sept. 1929. "Mr. Keynes on the Transfer Problem." *The Economic Journal* 39 (155): 388–408.

———. May 1947. "The Fallacies of Lord Keynes' General Theory." *Quarterly Journal of Economics* 61 (3): 343–367.

———. 1972. *The Monetary Sin of the West*. New York: Macmillan.

Rymes, Thomas K. (ed.). 1989. *Keynes's Lectures, 1932–1935: Notes of a Representative Student*. London: Macmillan.

Samuelson, Paul A. 1964. "A Brief Survey of Post-Keynesian Developments [1963]." In *Keynes' General Theory: Reports of Three Decades*, ed. Robert Lekachman. New York: St. Martin's Press.

Say, Jean-Baptiste. 1880 [1971]. *A Treatise on Political Economy*, trans. C. R. Prinsep. New York: Augustus M. Kelley.

Schecter, Jerrold L., and Leona P. Schecter. 2002. *Sacred Secrets*. Washington, D.C.: Brassey's.

Schumer, Charles E., and Lindsey O. Graham. Sept. 25, 2006. "Play by the Rules." *Wall Street Journal*.

Schumpeter, Joseph A. May 19, 1937. JAS to K. Bode. Schumpeter Papers, 4.8, Box 2, Harvard

University Archives.

———. 1952. *Ten Great Economists*. Sydney: Allen & Unwin.

Sefton, James, and Martin Weale. 1995. *Reconciliation of National Income and Expenditure: Balanced Estimates of National Income for the United Kingdom, 1920–1990*. Cambridge: Cambridge University Press.

Sherwood, Robert E. 1948 [2008]. *Roosevelt and Hopkins: An Intimate History*. New York: Enigma Books.

Sibley, Katherine A. S. 2004. *Red Spies in America: Stolen Secrets and the Dawn of the Cold War*. Lawrence: University Press of Kansas.

Simmel, Georg. 1900 [1978]. *The Philosophy of Money*. London: Routledge & Kegan Paul.

Skidelsky, Robert. 1983. *John Maynard Keynes: Hopes Betrayed, 1883–1920*. London: Macmillan.

———. 1994. *John Maynard Keynes: The Economist as Saviour, 1920–1937*. New York: Penguin.

———. 2000. *John Maynard Keynes: Fighting for Britain, 1937–1946*. London: Macmillan.

Spring-Rice, Cecil. Undated. Cecil Spring-Rice to Florence Spring-Rice. Spring-Rice Papers. Churchill Archives Centre, University of Cambridge.

Steil, Benn. May/June 2007. "The End of National Currency." *Foreign Affairs* 86 (3).

———. July 11, 2011. "Central Banks Can't Paper Over the Economy." *Financial News*.

Stein, Herbert. 1996. *The Fiscal Revolution in America: Policy in Pursuit of Reality*. Washington, D.C.: American Enterprise Institute.

Stock, James H., and Mark W. Watson. 2002. "Has the Business Cycle Changed and Why?" In *NBER Macroeconomics Annual 2002, Volume 17*, ed. Mark Gertler and Kenneth Rogoff. Cambridge, Mass.: MIT Press.

Summers, Lawrence H. Mar. 23, 2004. "The United States and the Global Adjustment Process." Speech at the Third Annual Stavros S. Niarchos Lecture, Peterson Institute for International Economics, Washington, D.C. Available at http://www.iie.com/publications/papers/paper.cfm?researchid=200.

*Sunday Globe*. Aug. 1, 1948. "White Denies He Gave Secret Information."

Tanenhaus, Sam. 1997. *Whittaker Chambers: A Biography*. New York: Random House.

Tenkotte, Paul A., and James C. Claypool (eds.). 2009. *The Encyclopedia of Northern Kentucky*.

　　　　Lexington: University Press of Kentucky.
Time. July 3, 1944. "U.S. At War: The Mission of Daddy Kung."
―――. July 10, 1944. "Exchange: Money Talks."
―――. July 17, 1944. "Exchange: 1,300 Men with a Mission."
―――. Nov. 23, 1953. "Investigations: One Man's Greed."
The Times (London). July 31, 1925.
―――. Apr. 8, 1943.
―――. July 10, 1944. "Fixing the Quotas."
―――. July 17, 1944. "Monetary Fund Quota: Contributions Fixed."
Treasury Papers (National Archives, Kew, UK). May 8–11, 1941. T247/113, Lucius Thompson's diary.
―――. May 22, 1941. T175/121, E. Playfair to S. D. Waley.
―――. May 24 and 26, 1941. T247/113, JMK to Lord Halifax, May 24, 1941; Lord Halifax to JMK, May 26, 1941.
―――. July 8, 1942. T160/1281/F18885/1, Phillips to Foreign Office.
―――. July 14, 1942. T160/1281/F18885/1, Waley to Hopkins.
―――. Aug. 4, 1942. T160/1281/F18885/1, The International Clearing Union.
―――. Oct. 7, 1942. T160/1281/F18885/1, note by Brand.
―――. Jan. 21, 1943. T160/1281/F18885/1, Keynes to Eady.
―――. Feb. 16, 1943. T160/1281/F18885/1, Keynes to Waley.
―――. Feb. 18, 1943. T160/1281/F18885/1, Keynes memorandum.
―――. Feb. 19, 1943. T160/1281/F18885/1, Waley to Chancellor.
―――. Dec. 14, 1943. T160/1281/F18885/7, Waley to Padmore.
―――. Jan. 14, 1944. T160/1281/F18885/7, The Monetary Plan.
―――. Jan. 26, 1944. T160/1281/F18885/7, Keynes, Draft Section on Monetary Policy.
―――. Feb. 3, 1944. T160/1281/F18885/8, White to Keynes.
―――. Apr. 13, 1944. T160/1281/F18885/10, Opie to Keynes.
―――. Apr. 16, 1944. T160/1281/F18885/10, Keynes to Chancellor.
―――. Apr. 25, 1944. T160/1281/F18885/11, Newsletter.
―――. May 16, 1944. T160/1281/F18885/11, Keynes memorandum.
―――. May 16, 1944. T160/1281/F18885/11, Waley to Keynes, Brand, and Eady.

Triffin, Robert. Oct. 28, 1959. "Statement to the Joint Economic Committee of the 87th Congress." Reprinted 1960. *Gold and the Dollar Crisis*. New Haven: Yale University Press.

———. 1960. *Gold and the Dollar Crisis*. New Haven: Yale University Press.

United Nations Statistics Division. May 1962. International Trade Statistics, 1900–1960. Available at http://unstats.un.org/unsd/trade/imts/Historical%20data%201900–1960.pdf.

Utley, Jonathan G. 1985. *Going to War with Japan, 1937–1941*. Knoxville: University of Tennessee Press.

Van Dormael, Armand. 1978. *Bretton Woods: Birth of a Monetary System*. New York: Holmes and Meier.

*Vassar Encyclopedia*. "Mabel Newcomer." Available at http://vcencyclopedia.vassar.edu/faculty/prominent-faculty/mabel-newcomer.html.

*Wall Street Journal*. July 3, 1944. "Treasury Finds Most Bankers Are Opposed to Stabilization Fund, White Discloses."

———. July 5, 1944. "Right Names Would Help."

———. July 7, 1944. "Russia Asks Stabilization Fund Quote Equaling or Exceeding That of England."

———. Apr. 13, 1945.

———. Jan. 18, 2011. "Q&A with Hu Jintao."

———. Aug. 8, 2011. "China Takes Aim at U.S. 'Debt Addiction.'"

Wapshott, Nicholas. 2011. *Keynes Hayek: The Clash That Defined Modern Economics*. New York: W. W. Norton.

War Cabinet Minutes. Cab. 66/46, WP(44)75. National Archives, Kew, UK.

———. Cab. 66/47. National Archives, Kew, UK.

———. Cab. 66/47, WP(44)129. National Archives, Kew, UK.

*Washington Post*. July 8, 1944. "At Bretton Woods."

———. July 11, 1944. "The Federal Diary."

———. July 12, 1944. "Taft Predicts Nations' Bank Will Be Rejected by Congress."

Weinstein, Allen. 1997. *Perjury: The Hiss-Chambers Case*. New York: Random House.

Weinstein, Allen, and Alexander Vassiliev. 2000. *The Haunted Wood: Soviet Espionage in America—the Stalin Era*. New York: Modern Library.

Welles, Sumner. 1946. *Where Are We Heading?* New York: Harper & Brothers.

참고문헌

Whipple, Charles L. Nov. 18, 1953. "An Instructor at Harvard." Boston Globe.
White, Harry Dexter. 1933. *The French International Accounts, 1880–1913*. Cambridge, Mass.: Harvard University Press.
———. Jan. 22, 1934. Selection of a Monetary Standard for the United States. Harry Dexter White Archives, Princeton University, Box 4, Folder 3.
———. 1935 (underscore in original). Deficit Spending Policy in 1935. Harry Dexter White Archives, Princeton University, Box 4, Folder 12.
———. 1935. Outline of Analysis of Current Situation. Harry Dexter White Archives, Princeton University, Box 4, Folder 9.
———. Feb. 26, Mar. 5, 1935. Outline Analysis of the Current Situation. Referenced in Rees (1973: 56, f. 3).
———. Mar. 15, 1935. Recovery Program: The International Monetary Aspect. Harry Dexter White Archives, Princeton University, Box 3, Folder 13.
———. June 13, 1935. Personal Report on London Trip, April–May, 1935. Harry Dexter White Archives, Princeton University, Box 1, Folder 6.
———. June 13, 1935. Summary of conversations with men interviewed in London. Harry Dexter White Archives, Princeton University, Box 1, Folder 6.
———. 1936. Memo to Secretary Morgenthau on China. Harry Dexter White Archives, Princeton University, Box 1, Folder 3.
———. Mar. 22, 1938. Monetary Possibilities. Harry Dexter White Archives, Princeton University, Box 4, Folder 10.
———. Aug. 31, 1938. The Sterling Situation. Harry Dexter White Archives, Princeton University, Box 1, Folder 7.
———. Sept. 6, 1938. The Sterling Decline and the Tripartite Accord. Harry Dexter White Archives, Princeton University, Box 1, Folder 7.
———. Oct. 10, 1938. Memo to Secretary Morgenthau. Harry Dexter White Archives, Princeton University, Box 1, Folder 4.
———. Oct. 21, 1938. The Dollar-Sterling Situation. Harry Dexter White Archives, Princeton University, Box 1, Folder 7.
———. Feb. 2, 1939. Economic Factors Relating to the Appropriateness of the Sterling-Dollar Rate. Harry Dexter White Archives, Princeton University, Box 1, Folder 7.

———. Mar. 31, 1939. Proposal for Economic Aid to Latin America, China, and Russia. Harry Dexter White Archives, Princeton University, Box 5, Folder 5.

———. June 15, Aug. 13, 1940. Two untitled memoranda, referenced in Rees (1973: 109, f. 27).

———. June 6, 1941. Memorandum to Secretary Morgenthau. In The Morgenthau Diaries, Vol. 405, p. 470.

———. Mar. 1942. Suggested Plan for a United Nations Stabilization Fund and a Bank for Reconstruction of the United and Associated Nations. Harry Dexter White Archives, Princeton University, Box 6, Folder 6.

———. Mar. 1942. United Nations Stabilization Fund and a Bank for Reconstruction and Development of the United and Associated Nations (preliminary draft). Harry Dexter White Archives, Princeton University, Box 6, Folder 16.

———. Aug. 4, 1942. The Future of Gold: An Unpublished Study. Harry Dexter White Archives, Princeton University, Box 1, Folder 9.

———. Aug. 28, 1942. Letter from Sir Frederick Phillips, UK Treasury Representative at the British Embassy in Washington, to Harry White. Harry Dexter White Archives, Princeton University, Box 7, Folder 1.

———. Sept. 3, 1942. U.S. Treasury memorandum. Harry Dexter White Archives, Princeton University, Box 7, Folder 2.

———. Jan. 8, 1943. Memo from John W. Gunter on "The Future of Gold," The Economist, Nov. 28, 1942. Harry Dexter White Archives, Princeton University, Box 1, Folder 9.

———. Mar. 1943. "Postwar Currency Stabilization." *The American Economic Review* 33 (1) Part 2, Supplement, Papers and Proceeding of the Fifty-fifth Annual Meeting of the American Economic Association: 382–387.

———. Nov. 30, 1945. Maintaining Peace. Harry Dexter White Archives, Princeton University, Box 6, Folder 5.

———. July 1947. "The International Monetary Fund: The First Year." *The Annals of the American Academy of Political and Social Science* 252 (1): 21–29.

———. May 19, 1948. Proposed Amendments to the Articles of Agreement of the International Monetary Fund. Harry Dexter White Archives, Princeton University, Box 9, Folder 16.

———. May 19, 1948. Rough Draft of a Statement that Might Be Used to Introduce the Proposed Amendments on the Agenda. Harry Dexter White Archives, Princeton University, Box 11,

참고문헌

Folder 27.
―――. Undated. Political Economic Int. of Future. Harry Dexter White Archives, Princeton University, Box 9, Folder 18.
―――. Undated. Stabilization and International Trade. Harry Dexter White Archives, Princeton University, Box 4, Folder 1.
White, Nathan I. 1956. *Harry D. White—Loyal American*. (Privately printed by Bessie White) Bloom, Waban, Mass.
White Archives: See individual items, listed by date, under White, Henry Dexter.
Wilkie, Christopher. 2012. *Special Drawing Rights: The First International Money*. New York: Oxford University Press.
Witteveen, Johannes. Jan. 15, 1974. "The Role of the International Monetary Fund." Address to the World Banking Conference, London.
Xinhua News Agency. Aug. 6, 2011. "After Historic Downgrade, U.S. Must Address Its Chronic Debt Problems."
Young, Arthur N. 1963. *China and the Helping Hand, 1937–1945*. Cambridge, Mass: Harvard University Press.
Zheng, Bijian. Sept./Oct. 2005. "China's 'Peaceful Rise' to Great-Power Status." *Foreign Affairs* 84 (5).
Zhou, Xiaochuan. Mar. 23, 2009. "Statement on Reforming the International Monetary System". Available at http://www.cfr.org/china/zhou-xiaochuans-statement-reforming-international-monetary-system/p18916.
Zlobin, I. D. Oct. 15, 1944. "Meetings in America." *The War and the Working Class*, No. 20. Translation in FBI files (WFO 65-5428) by John Dorosh, curator of the Slovak Room of the Library of Congress.
Zweig, Stefan. 1943. *The World of Yesterday: An Autobiography*. New York: Viking Press.

# 찾아보기

| | |
|---|---|
| 14개 평화원칙 | 115 |
| 20개국 위원회 | 23 |

## ㄱ

| | |
|---|---|
| 간첩 활동 | 80, 415~417, 419~421, 424, 450, 459~461, 466, 497, 504, 506~507, 512~513 |
| 강제수용소 | 290 |
| 경제 마그나카르타 헌장 | 425 |
| 〈계간 경제학저널〉 | 143 |
| 계획경제 | 28~29, 203, 339, 410, 441, 495 |
| 고립주의(자) | 73, 152, 162, 183, 258, 268, 296, 369, 370, 433 |
| 《고용·이자 및 화폐의 일반이론》 | 24, 26~27, 81, 117, 127, 132, 138, 140~145, 148, 500, 505, 509 |
| 고정환율(제) | 7~8, 109, 111, 116, 119, 121~124, 192, 196, 200~202, 207, 259, 281, 336, 358, 365, 368, 390, 467, 472, 475, 478~481, 484~486, 507, 509 |
| 골드뱅킹 | 489 |
| 공공사업진흥국 | 81, 513 |
| 공산당원 | 70, 416, 419, 451~453, 455 |
| 관세동맹 | 444, 446 |
| 관세및무역에관한일반협정(GATT) | 445 |
| 구상무역 | 210, 270, 300~302, 513 |

찾아보기

| | |
|---|---|
| 국제 기축통화 | 24, 471, 480, 487 |
| 국제결제은행(BIS) | 324~327 |
| 국제금융센터 | 189, 206, 269, 312, 318, 322, 426 |
| 국제부흥개발은행 | 192 |
| 국제수지 | 50, 198~200, 203~204, 206, 221~222, 241, 249~250, 276, 298, 370, 393, 432, 439, 470, 473, 476, 479, 481 |
| 국제신용화폐 | 475 |
| 국제외환기구 | 248 |
| 국제청산은행(ICB) | 211~215, 217~218, 221, 224 |
| 국제통화기금(IMF) | 8, 11~12, 22~23, 30, 76, 190, 192, 257, 291, 293, 295~296, 308, 310, 313, 321, 324~325, 327, 341, 364, 404, 409, 412, 421~426, 428~431, 439, 445, 447~449, 459, 468~470, 473~477, 479~480, 484, 487, 493, 498~499, 501~502, 506~507, 512~513 |
| 〈국제통화동맹을 위한 제안〉 | 211 |
| 그리스 | 241, 290, 330~331, 337~338, 374, 436~438 |
| 금본위제 | 21~22, 45, 49~52, 60~63, 105~106, 120~123, 127, 133, 143, 192, 197~199, 204~208, 220, 232, 243, 259, 262~263, 268, 271, 358, 364, 366, 409, 474, 480~482, 489, 502~503, 507~508, 514 |
| 금융위기 | 9, 11, 21~23, 131, 282, 481, 484, 488 |
| 〈금의 미래〉 | 194, 196 |
| 금준비법 | 55, 64 |
| 금태환 | 9, 111, 133, 196, 283, 308~309, 358, 367, 438, 440, 471, 486, 502, 510 |

| | |
|---|---|
| 금환본위제 | 197~198, 259, 335, 471, 473, 507, 514 |
| 기금 위원회 | 303, 308, 316 |

### ㄴ

| | |
|---|---|
| 나이 위원회 | 152 |
| 나이절 로널드 | 324, 326~327, 500 |
| 나치 | 147, 153, 157, 165, 171, 290, 324, 335, 388, 410, 415, 435, 459~460, 501 |
| 남아프리카공화국 | 241, 263 |
| 네빌 체임벌린 | 53, 88~89, 136, 146~147, 149, 154, 292, 500 |
| 네이션 그레고리 실버마스터 | 66, 389, 418~422, 450~451, 454~455, 461~465, 500, 507~508 |
| 노르망디 | 36, 289~290, 308 |
| 노르웨이 | 148, 154, 324, 326 |
| 노변담화(爐邊談話) | 251 |
| 《농노제도로 가는 길》 | 278 |
| 농업과 목축업만 하는 나라 | 384 |
| 〈뉴 스테이츠먼〉 | 146 |
| 뉴딜재건금융공사 | 172 |
| 뉴딜정책 | 28, 47, 63, 72, 85, 136, 139, 165, 188, 192, 200, 228, 297, 363, 429, 502, 513 |
| 〈뉴 리퍼블릭〉 | 149 |
| 〈뉴요커〉 | 34, 96 |
| 〈뉴욕 월드 텔레그램〉 | 243 |
| 〈뉴욕 타임스〉 | 31, 243, 297, 310~312, 321, 330, 340, 348, 366, 386, 395, 445, 447, 456, 468, 497 |
| 니콜라이 표도로비치 체출린 | 344, 355, 464, 500 |

## ㄷ

| | |
|---|---|
| 다이스 위원회 | 419 |
| 당좌차월 | 217 |
| 대공황 | 21, 34, 45, 51, 71, 127, 139, 214, 239 |
| 대서양 헌장 | 38, 180, 182~183, 191 |
| 대영제국 | 23, 39, 91, 103, 114, 123, 134, 146~147, 150~151, 157, 161, 165, 167, 174~175, 177, 183~185, 189, 209, 225, 260, 263, 313, 318, 323, 329, 373~374, 406, 410, 432, 436~438, 443, 491~492, 501, 507, 511 |
| 〈더 타임스〉 | 244, 269 |
| 덩컨 그랜트 | 104, 107, 112, 114, 500 |
| 데니스 홀름 로버트슨 | 135, 249, 272, 292, 294, 309, 357~358, 500 |
| 데이비드 로이드 조지 | 113~115, 117, 500 |
| 데이비드 웨일리 경 | 151, 226, 239, 260, 273, 278, 500 |
| 〈데일리 헤럴드〉 | 244 |
| 독·소 불가침 조약 | 95, 97, 415 |
| 〈독일 베르크베르크스 신문〉 | 272 |
| 〈독일이 제3차 세계대전을 일으키지 못하도록 하는 방안〉 | 381 |
| 〈돈의 철학〉 | 195 |
| 됭케르크 | 23, 154, 359, 405 |
| 드와이트 데이비드 아이젠하워 | 386~387, 390, 501 |
| 디플레이션 | 50, 81, 83, 121~122, 124, 146, 205, 210, 214, 235, 241, 259, 489 |
| 딘 베이커 | 11 |
| 딘 애치슨 | 38, 54~55, 166, 177, 230~231, 292, 295, |

|  |  |
|---|---|
|  | 304~305, 314~316, 319, 321~325, 332~333, 347, 352, 379, 438, 442, 446, 501 |

## ㄹ

| 〈라이프〉 | 71 |
|---|---|
| 〈르 몽드〉 | 445 |
| 라이오넬 로빈스 | 32, 35, 60, 130~131, 207, 249, 278~279, 291~292, 294, 307, 312~313, 316~317, 321~326, 328, 334~335, 347~348, 354, 396, 402~403, 501 |
| 래리 서머스 | 10, 485 |
| 랜돌프 버제스 | 274, 361, 369, 501 |
| 러시아 | 28~29, 34~35, 41, 47~48, 67~69, 73~78, 89~90, 97, 108, 118, 179, 186, 202~204, 224, 237, 239~240, 247~249, 251, 258, 266~267, 274, 302~303, 327, 329, 333~351, 354~355, 380, 382, 389~391, 404, 414, 417~419, 442~443, 449, 458, 462, 464, 484, 490, 495 |
| 러즐린 커리 | 141, 229, 418, 421, 450~451, 461, 501 |
| 런던 상공회의소 | 176, 370 |
| 레드버스 오피 | 249, 257, 265, 267~268, 273~274, 501 |
| 레오 크롤리 | 295, 501 |
| 레오폴드 에머리 | 177, 260, 501 |
| 레옹 블룸 | 62, 375, 501 |
| 레이먼드 마이크셀 | 334, 337, 355, 501 |
| 레지널드 매케너 | 108, 113, 501 |

| | |
|---|---|
| 로마 조약 | 447 |
| 로버트 부스비 | 366, 404, 502 |
| 로버트 브랜드 | 235, 384, 394, 399, 502 |
| 로버트 스키델스키 | 137, 143, 205, 352, 502 |
| 로버트 와그너 | 296, 298, 319, 332, 502 |
| 로버트 태프트 | 162, 296, 301, 305, 351, 368~369, 502 |
| 로버트 트리핀 | 471~474, 480, 482, 484, 486~487, 502 |
| 루퍼스 아이작스 레딩 | 111, 502 |
| 리디아 로포코바 | 35, 118, 502 |
| 리오 파스볼스키 | 229, 232, 238, 242, 379, 463, 502 |
| 리처드 닉슨 | 9, 456~458, 475~479, 486, 502, 510, 512 |
| 리처드 로(콜레인) | 232, 261, 502 |
| 리처드 스태포드 크립스 | 397, 502 |
| 리처드 오토 클라크 | 412, 439, 503 |
| 리처드 칸 | 129, 136, 401~402, 428, 503 |
| 리처드 크로스맨 | 433~434, 503 |

## ㅁ

| | |
|---|---|
| 마르크스(주의) | 71, 131, 135, 138 |
| 마벨 뉴커머 | 297~298, 503 |
| 마셜 플랜 | 30, 163, 210, 442~444, 446~449, 467, 508~509 |
| 마운트워싱턴호텔 | 31~34, 294, 307 |
| 마이너스 교역 | 205 |
| 막스 앤 스펜서 | 216 |
| 매리너 에클스 | 81, 305, 337~338, 340, 362, 396, 401, 503 |
| 매캐런 위원회 | 458 |
| 맥밀런 금융산업위원회 | 128 |

| | |
|---|---|
| 명목화폐 | 144, 205, 481, 483~484, 488~489 |
| 모겐소 계획 | 258, 381, 383~384, 386~388, 456, 505 |
| 모리슨–그래디안(Morrison–Grady Plan) | 435 |
| 몬터규 콜릿 노먼 | 54, 211, 431, 503 |
| 몰로토프–리벤트로프 조약 | 147 |
| 무기대여법 | 38, 160~177, 183~186, 261~262, 276, 323, 373, 375, 394, 396, 447, 506, 513 |
| 무솔리니 | 77, 86, 251 |
| 뮌헨협정 | 86, 88 |
| 〈미국 달러를 즉시 강화시키는 조치〉 | 477 |
| 〈미국에서 연 모임〉 | 355 |
| 미드웨이 해전 | 251 |
| 〈미래 정치·경제 체제〉 | 72, 494~495 |
| 미연방수사국(FBI) | 93~94, 356, 416~417, 420~424, 450, 452, 458, 460~461, 464, 466, 497~499 |
| 미하일 스테파노비치 스테파노프 | 334~335, 342~346, 349~350, 354~355, 503 |
| 민스크 | 290, 302 |
| 밀턴 프리드먼 | 48, 120, 480~482, 503 |

### ㅂ

| | |
|---|---|
| 반미활동조사위원회 | 450, 452, 457, 500, 502, 506, 510~511 |
| 발터 풍크 | 335, 503 |
| 뱅코르(Bancor) | 128, 212~214, 218~220, 235~236, 238, 252, 254, 269~270, 367, 474~475, 487 |
| 버나드 바루크 | 117, 326, 374, 504 |
| 《번영으로 가는 수단》 | 136 |
| 베네수엘라 | 275 |

| | |
|---|---|
| 베노나 프로젝트 | 414, 459~461, 463~464, 466, 507~508, 511 |
| 베르사이유 조약 | 114, 123, 146, 514 |
| 베르사이유 평화회의 | 317 |
| 베를린 | 140, 179, 251, 375 |
| 베버리지 사회보장프로그램 | 435 |
| 베트남전쟁 | 368, 475 |
| 벤자민 섬너 웰스 | 179~183, 185, 209, 504 |
| 변동환율제 | 7, 63, 122, 202, 207~208, 365, 476, 480~481, 485~486, 504 |
| 보리스 비코프 | 67, 69~70, 78, 503 |
| 〈보스턴 글로브〉 | 41 |
| 보이지 않는 손 | 431 |
| 보호무역 | 119, 130, 132, 137, 201, 441, 444, 472, 478, 511 |
| 부하라 양탄자 | 66~67, 78, 419 |
| 브렌트 스펜스 | 296~297, 320, 350, 504 |
| 블라디미르 프라브딘 | 463~464, 504 |
| 비버브룩 | 177, 260, 262~264, 410, 504 |
| 비아체슬라프 몰로토프 | 203, 266, 354~355, 388, 442~443, 504 |
| 비탈리 파블로프 | 91~92, 95~98, 504 |
| 빅터 펄로 | 418, 421, 455, 504, 507 |

## ㅅ

| | |
|---|---|
| 사도 | 103 |
| 사우디아라비아 | 470 |
| 삼국 통화협정 | 62~63, 68 |
| 샤를 드골 | 473, 504 |
| 세계무역기구(WTO) | 190, 445 |

| | |
|---|---|
| 세계은행(World Bank) | 190, 192, 204, 303, 309, 324, 327, 344, 422, 424~425, 428, 430, 448, 501, 507 |
| 소련 국가보안위원회(KGB) | 460~461, 463~464, 504 |
| 소련 내무인민위원회(NKVD) | 91, 95, 418, 504, 508~509 |
| 소련 총정보국(GRU) | 67, 81, 94, 504 |
| 솔로몬 애들러 | 416, 418, 450~451, 461, 505 |
| 수에즈 위기 | 469~470, 491 |
| 스탈린그라드 | 251 |
| 스태그플레이션 | 127~128, 144, 482 |
| 스털링 지역 | 175, 222, 234, 260~261, 263, 269, 276, 278, 402, 407 |
| 스페인 | 33, 74, 82, 330 |
| 시뇨리지(Seigniorage) | 283 |
| 시온주의 | 433, 503 |
| 《시카고 트리뷴》 | 293, 297, 306, 330, 341 |
| 신 경제정책 | 477 |
| 신국제통화 시스템 | 24 |
| 《신념과 이성, 그리고 문명》 | 76 |
| 쌍무무역(협정) | 177, 222, 300, 468, 490, 513 |
| 쌍무청산(협정) | 200, 213, 259, 365 |

## ㅇ

| | |
|---|---|
| 아돌프 벌리 | 232, 235, 238~239, 242, 248, 415~416, 451, 461, 505 |
| 아메리칸 비스코스 | 168, 172 |
| 아서 세실 피구 | 130~131, 140, 505 |
| 안드레이 그로미코 | 335, 505 |

찾아보기

| | |
|---|---|
| 알렉산더 카도건 | 180, 182, 383, 505 |
| 알프레드 사오케 제 | 84, 505 |
| 애틀랜틱시티 | 275~276, 279~280, 285~288, 302~304, 310, 428 |
| 앤 테리 화이트 | 43, 465, 505 |
| 앤드류 보너 로 | 110, 505 |
| 앤서니 이든 | 383~384, 505 |
| 앤설 프랭크 럭스포드 | 295, 319, 322, 325~327, 332~333, 340, 346~347, 352, 362, 398, 505 |
| 앨번 바클리 | 161, 296, 506 |
| 앨저 히스 | 80~81, 452, 457, 459, 462, 465, 466, 506 |
| 앨프리드 마셜 | 100, 102, 506 |
| 얄타회담 | 363, 416, 508 |
| 어니스트 베빈 | 310, 397, 405, 436~437, 442~443, 506 |
| 어니스트 프란시스 펜로즈 | 236, 381, 506 |
| 에드워드 라일리 스테티니어스 | 373, 463, 506 |
| 에드워드 번스타인 | 64, 78, 253, 255~256, 284, 288, 295, 308~309, 335, 340, 350~351, 353, 398, 506 |
| 에드워드 우드 핼리팩스 | 25, 149, 169, 172, 174, 185, 251, 395, 397, 399~400, 403, 409, 506 |
| 에드워드 이글 브라운 | 297, 324~325, 338, 340, 351, 506 |
| 에드워드 폴리 | 160, 506 |
| 에드워드 피콕 | 245, 506 |
| 에밀리오 코야도 | 303, 332, 352, 507 |
| 에이브러햄 조지 실버맨 | 28, 66, 68, 78~79, 418, 421, 450, 461~462, 501, 507 |
| 엔화 | 8, 476, 478 |
| 엘리자베스 벤틀리 | 66, 78, 80, 389, 416~421, 423, 450~451, |

| | |
|---|---|
| | 453, 458, 461, 464, 466, 501, 505, 507~509, 512~513 |
| 연방잉여구제국 | 81 |
| 연방준비은행 | 52, 54~55, 68, 82, 110, 274, 477 |
| 연방준비제도이사회(FRB) | 10, 12, 50, 81, 108, 121, 127, 193, 206, 229, 286, 295, 298, 303, 362, 476, 482~483, 486, 488, 503, 508, 511 |
| 영국산업연맹 | 370 |
| 영국연방자치령(영연방) | 216, 237, 240, 263~265, 270, 276, 300, 318, 329, 394, 396, 404, 406, 410 |
| 영국중앙은행 | 110~111, 119, 127, 129, 133~134, 149, 206, 211, 245, 260, 262~263, 278, 324, 327, 350, 431, 475, 503, 506~507, 509, 511 |
| 오마 브래들리 | 387, 507 |
| 오버로드 작전 | 289, 308 |
| 오타와 협정 | 181~182 |
| 옥타곤 | 371, 382, 505 |
| 외화보유액 | 9~12, 155~156, 165~166, 205, 262, 377, 440, 468~469, 471, 485, 488, 491 |
| 요한 비트베인 | 480, 507 |
| 요한 빌렘 바이옌 | 324, 507 |
| 우드로 윌슨 | 33, 42, 108~109, 115, 117, 320, 504, 507 |
| 울턴 | 405, 507 |
| 워싱턴 스미스소니언 협회 | 478 |
| 〈워싱턴 포스트〉 | 300, 386 |
| 원숭이 우리 | 112, 239, 275, 281, 286, 315 |
| 원자폭탄 프로젝트 | 460 |
| 〈월 스트리트 저널〉 | 243, 294, 363, 386 |

| | |
|---|---|
| 월마트 | 216 |
| 월터 컨리프 | 110, 507 |
| 위안화 | 7, 10, 84~86, 484~485, 488, 490 |
| 윈스턴 처칠 | 30, 34, 38, 91, 122~124, 149, 154, 156, 158, 163~164, 169, 173, 177~187, 189~190, 193, 262, 281, 289, 371, 373~377, 379, 382~385, 387~393, 400, 404~405, 410, 432, 434~437, 447, 472, 501, 505, 507, 511~512 |
| 윌리엄 깁스 매카두 | 110~111, 508 |
| 윌리엄 루드비히 울만 | 418~419, 423, 450~451, 461, 463, 465, 508 |
| 윌리엄 불릿 | 458, 508 |
| 윌리엄 에버렐 해리먼 | 266, 343~344, 354, 508 |
| 윌리엄 클레이턴 | 395~396, 398, 400, 403, 426, 428, 431, 440~447, 485, 506, 508 |
| 윌프리드 에디 | 239~240, 253, 255, 278, 402, 508 |
| 유고슬라비아 | 331, 443 |
| 유니타스(Unitas) | 218~219, 252, 257, 367 |
| 유대인 | 41~42, 55, 126, 170, 255, 410, 433, 435 |
| 유동성 선호 | 143 |
| 유럽결제동맹 | 469~470 |
| 은 구매법 | 83~84 |
| 의사진행 방해 | 29, 443, 503 |
| 이라크 | 275 |
| 이란 | 275, 331 |
| 이매뉴얼 골든와이저 | 303, 313, 508 |
| 〈이브닝 스탠다드〉 | 133 |
| 이샥 아흐메로프 | 95~97, 463, 465, 509 |
| 〈이코노미스트〉 | 196, 370~371, 467 |

| | |
|---|---|
| 〈이코노믹 저널〉 | 104, 106 |
| 〈이코노믹스〉 | 133 |
| 이탈리아 | 74, 77, 82~83, 113, 150, 154~155, 251, 417 |
| 〈인도의 최근 경제적 사건들〉 | 104 |
| 인민은행 | 9, 21, 245, 481, 487, 509 |
| 인플레이션 | 83, 121, 124, 128, 144, 148, 204, 235, 293, 341, 432, 441, 468, 474~475, 482~483, 512 |
| 일본 | 8, 27, 34, 73, 76, 83~84, 87, 90~99, 142, 164, 167, 184, 190~191, 193, 251, 275, 310, 371, 379, 393, 458, 476, 479, 490, 508 |

### ㅈ

| | |
|---|---|
| 자레드 번스타인 | 11 |
| 《자본론》 | 138 |
| 자유무역 | 106~107, 119, 130, 132, 166, 176~177, 181, 201, 203~204, 209, 211, 216, 234, 264, 378, 395, 441, 446, 485, 501, 511 |
| 자유방임주의 | 45, 120, 124, 144, 208~209, 244, 408, 410, 474, 500 |
| 자크 뤼에프 | 117, 143~144, 473~474, 480, 482, 484, 508 |
| 장 바티스트 세이 | 141, 509 |
| 저우샤오촨 | 9, 21, 481, 486~487, 509 |
| 전국 부흥청 | 136 |
| 《전비조달론》 | 148~149 |
| 전시동원복구청 | 377 |
| 〈전쟁과 노동자 계급〉 | 355 |
| 〈전환기 영국 대외재정 문제〉 | 276 |

| | |
|---|---|
| 〈전후 통화정책〉 | 211 |
| 제1위원회 | 295, 303~304, 310, 315~316, |
| 제1차 세계대전 | 21, 23, 45, 83, 116, 147~148, 150~152, 163, 207~208, 262, 297, 350, 364~365, 378, 473, 492, 500~501, 504, 508 |
| 제2단계 무기대여(협상/방안/지원) | 371, 382~384, 393, 511 |
| 제2위원회 | 308, 314~315 |
| 제2차 세계대전 | 8, 21, 23, 27, 34, 63, 72, 76, 78, 94, 113, 147, 459, 500~501, 504, 508, 510 |
| 제3단계 금융지원 방안 | 378 |
| 제3차 세계대전 | 381 |
| 제네바 무역협상 | 444 |
| 제시 윌콧 | 296~297, 302, 306, 318, 342, 509 |
| 제이콥 골로스 | 418, 422, 509 |
| 제이콥 바이너 | 28, 48, 56, 81, 222~223, 509 |
| 제이피 모건 | 108, 110 |
| 제임스 미드 | 25, 411, 509 |
| 제임스 프란시스 번즈 | 162, 509 |
| 조르주 비도 | 442, 509 |
| 조지 볼턴 | 324, 326~327, 430~431, 509 |
| 조지 슐츠 | 479, 509 |
| 조지 캐틀릿 마셜 | 94, 157, 295, 390, 438, 440~444, 446~449, 467, 485, 508, 509 |
| 조지 케넌 | 413, 441, 449, 509 |
| 조지프 슘페터 | 102, 144, 208, 510 |
| 조지프 케네디 | 161, 169, 510 |
| 존 길버트 위넌트 | 168~169, 172, 183, 236, 264, 267, 381~382, 506 510 |

| | |
|---|---|
| 존 모턴 블럼 | 65, 165, 189, 378, 510 |
| 존 애드거 후버 | 421~424, 460, 510 |
| 존 앤더슨 | 267, 321, 510 |
| 존 코널리 | 476~477, 510 |
| 존 파넬 토머스 | 455~456, 510 |
| 준비금도시은행협회 | 361 |
| 중국 | 7~10, 21, 34~35, 72, 74, 83~87, 90, 93~99, 166, 202, 205, 231, 239~241, 245, 247~248, 265, 292, 298, 302, 327, 329, 334, 337, 339, 347, 349, 423, 427, 481, 484~493, 505, 509, 511 |
| 《증인》 | 458 |
| 진주만 | 91~92, 94, 99, 190 |

## ㅊ

| | |
|---|---|
| 찰스 토비 | 32~33, 296, 351, 370, 510 |
| 처웰 | 371~372, 383~384, 510 |
| 《처칠 정책의 경제적 귀결》 | 123 |
| 철의 장막 | 434 |
| 청산동맹 | 211 |
| 치앙마이 이니셔티브 다자화(CMIM) | 12 |

## ㅋ

| | |
|---|---|
| 카터 클라크 | 459, 511 |
| 카토 | 310~311, 327, 350, 511 |
| 케인스 사망 | 30, 432 |
| 케인스학파 | 128~129, 142, 144, 198, 215 |

| | |
|---|---|
| 코델 헐 | 38, 59, 61, 64, 84, 92~94, 157, 161, 164, 166, 174, 176~177, 182~185, 209, 211, 216, 219, 228~230, 238, 248, 271, 274, 333, 373, 380, 385~387, 390, 395, 441, 468, 511 |
| 코코넛 조항 | 307 |
| 코톨드 | 168, 406 |
| 콜롬비아 | 34, 65, 275, 329 |
| 〈쾰른 신문〉 | 272 |
| 쿠바 | 275, 329 |
| 쿵 샹시(대디 쿵) | 35, 292, 511 |
| 퀘벡회담 | 374, 376~377, 385 |
| 〈크리스천 사이언스 모니터〉 | 291~292, 338 |
| 클레멘트 애틀리 | 148, 393, 402~403, 405, 435~437, 511 |
| 킹스칼리지 | 100, 102, 292, 299, 402~403, 503, 505~506 |

## ㅌ

| | |
|---|---|
| 〈타임〉 | 78, 294, 297 |
| 〈타임스〉 | 122~123, 148, 244, 250, 269, 302, 310, 312, 415 |
| 탈무드 | 255 |
| 태평양전쟁 | 94, 251, 371~372 |
| 태환통화정책 | 393~394 |
| 테헤란회담 | 332, 379, 508 |
| 통화 민족주의 | 13, 493 |
| 투기자본 | 206, 476 |
| 트루먼 독트린 | 438 |
| 트리핀 딜레마 | 471~472, 502 |
| 특별인출권(SDR) | 475, 487~488 |

| | |
|---|---|
| 특혜관세 | 38, 183~185, 260~262, 264, 271, 323, 378, 444, 447, 501, 511 |
| 티모시 가이트너 | 8, 213, 485 |

## ㅍ

| | |
|---|---|
| 〈파이낸셜 뉴스〉 | 242 |
| 〈포린 어페어스〉 | 492 |
| 〈플레인 톡〉 | 415 |
| 《평화의 경제적 귀결》 | 115, 117, 123, 507 |
| 《프랑스의 국제수지, 1880~1913》 | 44 |
| 파리강화회의 | 8, 32, 114, 290, 333, 500 |
| 파벨 안드레이예비치 말레틴 | 346, 511 |
| 파시즘 | 93, 150, 152, 191, 417 |
| 파운드화 | 10, 59~61, 63, 68, 84~86, 105, 116, 119, 122~123, 133~134, 166~167, 169, 175, 205, 215, 220~221, 251, 257, 260, 262, 265, 270, 283, 300, 312~313, 330, 365, 378, 398~399, 402, 405, 410~411, 438, 440, 467~468, 470, 490~491 |
| 패리티 환율 | 481 |
| 페르 귄트(Peer Gynt) | 324 |
| 펠릭스 에드워드 에베르 | 456, 511 |
| 평가절상 | 205, 212~213, 476 |
| 평가절하 | 10, 52, 58, 60, 63~64, 82, 119, 133, 167, 200~202, 205, 208, 212~213, 217, 243, 282, 323, 360, 411, 439, 469, 472, 476, 484 |
| 폴 바로 | 25, 425~426, 429, 511 |
| 폴 볼커 | 476, 479, 482~483, 511 |

| | |
|---|---|
| 폴란드 | 89, 147, 331, 337, 339, 349, 415 |
| 프랑스 | 21, 43, 45~46, 51~52, 58, 61~63, 86~89, 107, 112~113, 115, 117, 152~155, 190, 212, 237, 289, 310, 327, 329, 333~334, 336, 339, 347, 375, 427, 441~443, 446, 458, 469~470, 473, 475, 477, 480 |
| 프랑스 피에르 망데스 | 333~334, 512 |
| 프랭크 코 | 377, 416, 418, 423, 450, 455, 461, 464, 512 |
| 프랭클린 델러노 루스벨트 | 7, 26~27, 32~33, 36, 47, 51~55, 58, 60~62, 82~83, 88, 90~91, 94~95, 136, 141, 150, 153~156, 158~160, 164, 173, 178~181, 184~186, 193, 203, 225, 242, 251, 281, 289, 293, 295~296, 307, 320, 360, 364, 369~371, 373~377, 379, 382~385, 387, 392~393, 415~416, 418, 421, 435, 438, 462, 501~502, 504~505, 507, 509~510, 512~513 |
| 프레더릭 빈슨 | 295, 302~303, 321~322, 325, 347~349, 377, 391, 395~396, 398~403, 423~427, 444, 498, 512 |
| 프레더릭 클리블랜드 스미스 | 258, 367~368, 512 |
| 프레더릭 필립스 | 151, 156, 172, 231~233, 235, 237~242, 245~249, 257, 512 |
| 프레드 베르그스텐 | 11, 22 |
| 프리드리히 하이에크 | 135, 148, 278~279, 481~482, 512 |
| 피에르 폴 슈바이처 | 476~478, 480, 512 |

## ㅎ

| | |
|---|---|
| 하버드 데이비드 웰스상 | 44 |
| 하워드 킹슬리 우드 | 149, 231, 512 |
| 한국 | 8, 11, 484 |
| 해럴드 글래서 | 70, 416, 418, 422, 450, 455, 462, 512 |
| 해리 본 | 421~423, 497, 513 |
| 해리 트루먼 | 26, 28, 189, 369~370, 375~378, 391~393, 418, 421~423, 435~436, 438, 444, 446~447, 457~460, 463, 497~499, 506~507, 509~510, 513 |
| 해리 홉킨스 | 81, 172, 175, 178, 182, 186, 193, 513 |
| 햘마르 샤흐트 | 210, 216, 410, 513 |
| 허먼 올리펀트 | 81, 513 |
| 허버트 브라우넬 | 421, 458, 513 |
| 허버트 페이스 | 229, 238, 513 |
| 헨리 로이 해로드 | 103, 215, 224, 246, 249, 252, 513 |
| 헨리 스팀슨 | 93~94, 161~162, 373, 378, 380~381, 387, 513 |
| 헨리 월리스 | 396, 449, 513 |
| 헨리 캐벗 로지 | 320, 514 |
| 〈현재 상황에 대한 개괄적 분석〉 | 56 |
| 호주 | 189, 193, 313, 488 |
| 화이트 계획 | 220, 233, 236, 239~240, 242, 247, 249, 268, 381, 456 |
| 화이트 사망 | 457 |
| 《화폐 개혁론》 | 120~121, 127, 204 |
| 《화폐론》 | 126~128, 135, 142~143, 204, 210 |
| 환율 변동 | 60, 62, 207~209, 221, 283, 478, 481 |

| | |
|---|---|
| 〈후세의 경제문제〉 | 126 |
| 후진타오 | 486 |
| 휘태커 체임버스 | 28, 66~71, 78~80, 415~421, 450~455, 457~458, 461, 463, 465~466, 501, 504~506, 512, 514 |
| 휴 돌턴 | 60, 397~399, 402~403, 427, 438~440, 514 |
| 휴버트 헨더슨 | 129~131, 144, 209, 259~260, 514 |
| 희소통화 | 249, 305~306, 369, 479 |
| 흰 눈 작전 | 95, 98, 504, 508 |
| 히틀러 | 36, 64, 77, 86~87, 146~147, 153, 155, 160, 162~163, 165, 349, 353, 375, 380, 386 |

**옮긴이 오인석**

연세대학교 경제학과를 졸업하고 영국 크랜필드대학에서 MBA 학위를 취득했다. 프랭클린 템플턴 투신운용과 미래에셋 자산운용에서 자산관리와 투자상품 관련 업무를 담당했다. 현재 KB국민은행에서 금융투자상품과 포트폴리오 추천 업무를 하고 있다. 지은 책으로는《주식투자 경험이 많지 않은 김 팀장은 어떻게 1년 만에 해외 투자로 성공했을까?》가 있고, 옮긴 책으로《집중투자의 정석》(공역)《가장 사업처럼 하는 투자 주주행동주의》(공역)《터틀 트레이딩》등이 있다.

THE BATTLE OF BRETTON WOODS

# 브레턴우즈 전투

**초판 1쇄 발행** 2015년 4월 29일
**초판 6쇄 발행** 2023년 9월 1일

**지은이** 벤 스틸
**옮긴이** 오인석

**펴낸곳** 아산정책연구원
**주소** 서울시 종로구 경희궁1가길 11
**등록** 2010년 9월 27일 제 300-2010-122호
**전화** 02-730-5842
**팩스** 02-730-5849
**이메일** info@asaninst.org
**홈페이지** www.asaninst.org
**편집 디자인** All Design Group

ISBN 979-11-5570-098-3  03340
**값** 20,000원

※ 이 책은 아산정책연구원이 저작권자와의 계약에 따라 발행한 것이므로 본원의 허락 없이는 어떠한 형태나 수단으로도 이 책의 내용을 이용할 수 없습니다.

※ 이 도서의 국립중앙도서관 출판예정도서목록(CIP)은 서지정보유통지원시스템 홈페이지(http://seoji.nl.go.kr)와 국가자료공동목록시스템(http://www.nl.go.kr/kolisnet)에서 이용하실 수 있습니다.(CIP제어번호: CIP2015011165)